Direito Fiscal

Direito Fiscal

2022 · 11ª Edição · Reimpressão

José Casalta Nabais
Professor da Faculdade de Direito de Coimbra

ALMEDINA

DIREITO FISCAL

AUTOR
José Casalta Nabais

EDITOR
EDIÇÕES ALMEDINA, S.A.
Rua Fernandes Tomás, nºs 76, 78 e 80
3000-167 Coimbra
Tel.: 239 851 904 · Fax: 239 851 901
www.almedina.net · editora@almedina.net

DESIGN DE CAPA
FBA.

PRÉ-IMPRESSÃO
EDIÇÕES ALMEDINA, S.A.

IMPRESSÃO E ACABAMENTO
ACD Print, S.A.

Setembro,2022

DEPÓSITO LEGAL
452929/19

ALMEDINA | GRUPOALMEDINA

BIBLIOTECA NACIONAL DE PORTUGAL – CATALOGAÇÃO NA PUBLICAÇÃO

NABAIS, José Casalta, 1952-

Direito fiscal. – 11ª ed. – (Manuais universitários)
ISBN 978-972-40-7875-5

CDU 34

NOTA À 11ª EDIÇÃO

Constitui objectivo deste livro, desde a 1ª edição, em 2000, fornecer aos alunos da licenciatura em direito uma exposição dos principais pontos da matéria versada nas aulas. Objectivo que não foi abandonado com o desenvolvimento de algumas das matérias versadas a partir da 2ª edição, em 2003, o qual foi mantido nas edições posteriores.

Propósito que mantemos nesta edição que, assim, conserva as características apontadas. Por conseguinte, continuamos a versar os temas clássicos do direito fiscal, seja os da parte geral, seja os da parte especial. Deste modo, embora esta edição contenha uma ou outra alteração mais significativa do que as de edições anteriores, continua a ser, fundamentalmente, uma actualização.

Devemos sublinhar, como nas edições anteriores, que, apesar do esforço desenvolvido no sentido dessa actualização, não temos quaisquer veleidades em fornecer um texto inteiramente actualizado. Na verdade, versando ele sobre um domínio verdadeiramente agitado, como é o direito dos impostos, essa pretensão apresenta-se como uma missão praticamente impossível.

Coimbra, Março de 2019

ABREVIATURAS E SIGLAS

Ac. – acórdão
AcTC – *Acórdãos do Tribunal Constitucional*
AT – *Autoridade Tributária e Aduaneira*
AO – *Abgabenordnung*
APPT – Acordos Prévios de Preços de Transferência
AR – Assembleia da República
BFDE – *Boletim da Faculdade de Direito de Coimbra*
BCE – *Boletim de Ciências Económicas*
BEPS – *Base Erosion and Profit Shifting*
BFDC – *Boletim da Faculdade de Direito de Coimbra*
BMJ – *Boletim do Ministério da Justiça*
CAC – Código Aduaneiro Comunitário
CC – Código Civil
CFI – Código Fiscal do Investimento
CIMI – Código do Imposto Municipal sobre Imóveis
CDT – Convenção de Dupla Tributação
CIEC – Código dos Impostos Especiais de Consumo
CIMT – Código do Imposto Municipal sobre as Transmissões Onerosas de Imóveis
CIRC – Código do Imposto sobre o Rendimento das Pessoas Colectivas
CIRS – Código do Imposto sobre o Rendimento das Pessoas Singulares
CIS – Código do Imposto de Selo
CIVA – Código do Imposto sobre o Valor Acrescentado
CJA – *Cadernos de Justiça Administrativa*

CJT – *Cadernos de Justiça Tributária*
CNAPU – Comissão Nacional de Avaliação de Prédios Urbanos
CNAPR – Comissão Nacional de Avaliação de Prédios Rústicos
CNC – Comissão de Normalização Contabilística
CP – Código Penal
CPA – Código do Procedimento Administrativo
CPC – Código de Processo Civil
CPCI – Código de Processo das Contribuições e Impostos
CPLP – Comunidade de Países de Língua Portuguesa
CPP – Código de Processo Penal
CPT – Código de Processo Tributário
CPPT – Código de Procedimento e de Processo Tributário
CPTA – Código de Processo nos Tribunais Administrativos
CRP – Constituição da República Portuguesa
CSC – Código das Sociedades Comerciais
CTF – *Ciência e Técnica Fiscal*
CVM – Código de Valores Mobiliários
Dec – Decreto
DecR – Decreto Regulamentar
DGCI – Direcção Geral das Contribuições e Impostos ou (após a LOMF de 1996) Direcção Geral dos Impostos
DGT – Direcção Geral do Tesouro
DL – Decreto-Lei
DPT – *Diritto e Pratica Tributaria*
DR – Diário da República ou Demonstração dos Resultados
DStJG – *Deutschen Steuerjuristischen Gesellschaft*
EBF – Estatuto dos Benefícios Fiscais
EStG – *Einkommensteuersgesetz* (alemã)
ETAF – Estatuto dos Tribunais Administrativos e Fiscais
EWS – *Europäisches Wirtschafts & Steurecht* (*Betribs-Berater für Europäischesrecht*)
FGO – *Finanzgerichtsordnung* (alemã)
GATT – General Agreement on Tariffs and Trade (Acordo Geral sobre Pautas Aduaneiras e Comércio)
GG – *Grundgesetz* (alemã)
HPH – *Hacienda Publica Española*
IA – Imposto Automóvel
IABA – Imposto sobre o Álcool e as Bebidas Alcoólicas

IAS – *International Accounting Standard*
IAS – Indexante de Apoios Sociais
IASB – International Accounting Standard Board
IEC – Impostos Especiais de Consumo
IFA – International Fiscal Assotiation
IFRS – *International Finantial Reporting Standard*
IGF – Inspecção Geral de Finanças
IMI – Imposto Municipal sobre Imóveis
IMT – Imposto Municipal sobre as Transmissões Onerosas de Imóveis
IRC – Imposto sobre o Rendimento das Pessoas Colectivas (ou *Internal Revenue Code* – EUA)
IRS – Imposto sobre o Rendimento das Pessoas Singulares (ou *Internal Revenue Service* – EUA)
IS – Imposto de Selo
ISD – Imposto sobre Sucessões e Doações
ISP – Imposto sobre Produtos Petrolíferos e Energéticos
ISV – Imposto sobre Veículos
IT – Imposto sobre o Tabaco
IUC – Imposto Único de Circulação
L – Lei
LEOE – Lei de Enquadramento do Orçamento do Estado
LFL – Lei das Finanças Locais
LFRA – Lei das Finanças das Regiões Autónomas
LGT – Lei Geral Tributária
LOAT – Lei Orgânica da AT
LODGT – Lei Orgânica da Direcção Geral do Tesouro
LO – Lei Orgânica
LOE – Lei do Orçamento do Estado
LOMF – Lei Orgânica do Ministério das Finanças
NIC – Normas internacionais de contabilidade
NIRF – Normas internacionais de relato financeiro
OA – Ordem dos Advogados
NTJ – *National Tax Journal*
OCDE – Organização de Cooperação e Desenvolvimento Económico
OE – Orçamento do Estado
OMC – Organização Mundial do Comércio

Port. – Portaria
RC – Revisão Constitucional
RCPIT – Regime Complementar do Procedimento da Inspecção Tributária
RCR – Regulamento de Cobrança e de Reembolso do IRS e do IRC
RDFHP – *Revista de Derecho Financiero y Hacienda Publica*
RDFSF – *Rivista di Diritto Finanziario e Scienza della Finanze*
RDT – *Revista de Direito Tributário* (brasileira)
REDF – *Revista Española de Derecho Financiero*
RFAL – Regime de Financiamento das Autarquias Locais e Entidades Intermunicipais
RFFDF – *Revista de Finanças Públicas e Direito Fiscal*
RFFP – *Revue Française de Finances Publiques*
RGIT – Regime geral das Infracções Tributárias
RGTAL – Regime Geral das Taxas das Autarquias Locais
RIS – Regulamento do Imposto de Selo
RITI – Regime do IVA nas Transacções Intracomunitárias
RLJ – *Revista de Legislação e de Jurisprudência*
ROC – Revisores Oficiais de Contas
RRF – Regulamento de Retenção na Fonte em IRS
RTE – Regime da Tesouraria do Estado
SNC – Sistema de Normalização Contabilística
StuW – *Steuer und Wirtschaft*
STA – Supremo Tribunal Administrativo
TC – Tribunal Constitucional
TCA – Tribunal Central Administrativo
TFUE – Tratado sobre o Funcionamento da União Europeia
TGIS – Tabela Geral do Imposto de Selo
TJUE – Tribunal de Justiça da União Europeia
TSU – Taxa Social Única

BIBLIOGRAFIA GERAL

Portuguesa:

FRANCISCO ANTÓNIO CORRÊA, *Elementos de Direito Fiscal*, Lisboa, 1913.

ÁGUEDO DE OLIVEIRA, *O Imposto de Rendimento na Teoria e na Prática*, Coimbra, 1923.

OLIVEIRA SALAZAR, *Direito Fiscal Português*. Tomo I: *Princípios Gerais. Contribuição Predial e Industrial* (lições coligidas por António Batoque), Coimbra, 1923.

——, *Estudos de Direito Fiscal*, Lisboa, 1953.

JOÃO P. COSTA LEITE (LUMBRALES), *Lições de Direito Fiscal* (coligidas por Manuel Anselmo e Joaquim A. Tomás Morgado), Coimbra, 1930.

ARMINDO MONTEIRO, *Introdução ao Estudo do Direito Fiscal*, Lisboa, 1951.

J. J. TEIXEIRA RIBEIRO, *Apontamentos das Lições de Direito Fiscal* (ao curso do 3º ano jurídico de 1951-52, coligidos por Mário Bento e Gabriel Abrantes), Coimbra, 1951-52.

——, *Lições de Finanças Públicas*, 5ª ed., Coimbra,1995.

P. SOARES MARTINEZ, *Direito Fiscal*, 7ª ed., Coimbra, 1993.

ALEXANDRE DO AMARAL, *Direito Fiscal* (lições ao curso do 3º ano jurídico de 1959-60), Coimbra, 1959-60.

A. C. MOUTEIRA GUERREIRO, *Direito Processual Tributário*, Coimbra, 1961.

F. PESSOA JORGE, *Curso de Direito Fiscal* (lições ao curso do 3º ano jurídico de 1963-64), Lisboa, 1963-64.

J. M. CARDOSO DA COSTA, *Curso de Direito Fiscal*, 2ª ed., Coimbra, 1972.

ALBERTO XAVIER, *Manual de Direito Fiscal*, vol. I, Lisboa, 1974.

——, *Direito Tributário Internacional*, 2ª ed., Coimbra, 2007.

A. BRAZ TEIXEIRA, *Direito Fiscal*, Lições no ano de 1981-82, aafdl, Lisboa, 1982.

——, *Princípios de Direito Fiscal*, vol. I, 3ª ed., Coimbra, 1985.

MANUEL PIRES, *Da Dupla Tributação Jurídica Internacional sobre o Rendimento*, Lisboa, 1984.

Manuel Pires e Rita C. Pires, *Direito Fiscal* – 4ª ed., Coimbra, 2010.

Pamplona Corte-real, *Curso de Direito Fiscal*, vol. I, Lisboa, 1981.

N. Sá Gomes, *Lições de Direito Fiscal*, vol. I, 1996, e vol. II, 1997, Lisboa.

——, *Direito Penal Fiscal*, Lisboa, 1983.

——, *Teoria Geral dos Benefícios Fiscais*, Lisboa, 1991.

Vitor Faveiro, *Noções Fundamentais de Direito Fiscal Português*: vol. I – *Introdução ao Estudo da Realidade Tributária. Teoria Geral do Direito Fiscal*, Coimbra, 1984; vol. II – *Estrutura Jurídica do Sistema Fiscal Português. Impostos sobre o Rendimento*, Coimbra, 1986.

——, *O Estatuto do Contribuinte. A Pessoa do Contribuinte no Estado Social de Direito*, Coimbra Editora, Coimbra, 2002.

Saldanha Sanches, *Manual de Direito Fiscal*, 3ª ed., Coimbra, 2007.

——, *Os Limites do Planeamento Fiscal*, Coimbra, 2006.

——, *Justiça Fiscal*, Fundação Francisco Manuel dos Santos, 2010.

Xavier de Basto, *A Tributação do Consumo e a sua Coordenação Internacional*, Cadernos de CTF, Lisboa, 1991.

——, *IRS: Incidência Real e Determinação dos Rendimentos Líquidos*, Coimbra, 2007.

Lima Guerreiro, A. B., *Lei Geral Tributária Anotada*, Lei dos Livros, 2000.

Jorge Lopes de Sousa, *Código de Procedimento e de Processo Tributário Anotado*, I, II, III e IV Volumes, Lisboa, 2011.

J. Casalta Nabais, *Contratos Fiscais. Reflexões acerca da sua Admissibilidade*, Coimbra, 1994.

——, *O Dever Fundamental de Pagar Impostos*, Coimbra, 1998.

——, *Por um Estado Fiscal Suportável – Estudos de Direito Fiscal*, Coimbra, vol. I, 2005, vol. II, 2008, vol. III, 2010, vol. IV, 2015, e vol. V, 2018.

J. C. Vieira de Andrade, *Direito Administrativo e Fiscal* (lições ao 3º ano do curso de 1996-97), II Parte, *Direito Fiscal*, Coimbra, 1996-97.

Diogo Leite de Campos e Mônica Leite de Campos, *Direito Tributário*, 2ª ed., Coimbra, 2000.

Diogo Leite de Campos/Benjamim S. Rodrigues/J. Lopes de Sousa, *Lei Geral Tributária Comentada e Anotada*, 3ª ed., Lisboa, 2003.

Diogo Leite de Campos e Outros, *Problemas Fundamentais do Direito Tributário*, Vislis, Lisboa, 1999.

Aníbal Almeida, *Estudos de Direito Tributário*, Coimbra, 1996.

Ana Paula Dourado, *Lições de Direito Fiscal Europeu. Tributação Directa*, Coimbra Editora, 2010.

——, *Direito Fiscal*, Almedina, 2016.

L. Rodrigues de Almeida, *Introdução ao Direito Tributário Português*, Coimbra, 1997.

B. Moita da Costa, *O Imposto sobre o Rendimento das Pessoas Colectivas*, CEFA, Coimbra, 1997.

Glória Teixeira, *Manual de Direito Fiscal*, 2ª ed., Coimbra, 2010.

Gabriela Pinheiro, *A Fiscalidade Directa na União Europeia*, Porto, 1998.

Clotilde Celorico Palma, *Introdução ao Imposto sobre o Valor Acrescentado*, 5ª ed., Almedina, 2011.

L. M. T. Menezes Leitão, *Estudos de Direito Fiscal*, Coimbra,1999.

Ministério da Finanças, *Relatório da Comissão para o Desenvolvimento da Reforma Fiscal*, Lisboa, 1996.

——, *Estruturar o Sistema Fiscal do Portugal Desenvolvido*, Coimbra, 1998.

——, *Projecto de Reforma da Tributação do Património*. Relatório da Comissão de Reforma da Tributação do Património, Cadernos de CTF, Lisboa, 1999.

——, *A Fiscalidade do Sector Financeiro Português em Contexto de Internacionalização*. Relatório da Comissão de Estudo da Tributação das Instituições e Produtos Financeiros, Cadernos de CTF, Lisboa, 1999.

——, *Debate sobre a Reforma Fiscal. Observações ao Relatório Silva Lopes e Jornadas Fiscais*, Lisboa, 1999.

——, *Finanças Públicas. Relatório de Actividades de Julho de 2001 a Março de 2002*, Lisboa, 2002.

——, *Relatório do Grupo para o Estudo da Política Fiscal*, Outubro de 2010.

A. Carlos dos Santos, *Da Questão Fiscal à Reforma da Reforma Fiscal*, Lisboa, 1999.

Vasco Valdez Matias, *Autonomia Tributária dos Municípios*, Vida Económica, 2014.

L. Sousa Franco/A. Carlos Santos, *Estruturar o Sistema Fiscal de Portugal Desenvolvido: Balanço de uma Legislatura*, Ministério das Finanças, 1999.

António Martins, *A Fiscalidade e o Sistema Económico*, Coimbra, 2002.

Albano Santos, *Teoria Fiscal*, 2ª ed., ISCSP, 2013.

J. Freitas Rocha, *Lições de Procedimento e Processo Tributário*, 5ª ed., Coimbra, 2014.

Rui D. Morais, *A Execução Fiscal*, 2ª ed., Coimbra, 2006.

——, *Apontamentos ao IRC*, Coimbra, 2007.

——, *Sobre o IRS*, 3ª ed., Coimbra, 2014.

M. H. Freitas Pereira, *Fiscalidade*, 4ª ed., Coimbra, 2011.

A. F. Brás Carlos, *Impostos. Teoria Geral*, Coimbra, 2006.

Sérgio Vasques, *O Princípio da Equivalência como Critério de Igualdade Tributária*, Coimbra, 2008.

——, *Manual de Direito Fiscal*, Coimbra, 2011.

J. Ricardo Catarino/V. Branco Guimarães, *Lições de Fiscalidade*, Coimbra, 2012.

Domingos Pereira de Sousa, *Direito Fiscal e Processo Tributário*, Coimbra Editora, 2013.

Suzana Tavares da Silva, *Direito Fiscal. Teoria Geral*, 2ª ed., Imprensa da Universidade de Coimbra, 2015.

——, *As Taxas e a Coerência do Sistema Tributário*, 2ª ed., Coimbra Editora, 2013.

João Sérgio Ribeiro, (Coord.), *International Taxation. New Challenges*, School of Law, University of Minho, 2017.
——, *Direito da União Europeia. Tributação Direta*, Almedina, 2018.
Joaquim Freitas da Rocha / Hugo Flores da Silva, *Teoria Geral da Relação Jurídica Tributária*, Almedina, 2017.

Brasileira, angolana e moçambicana:

Aliomar Baleeiro, *Direito Tributário Brasileiro*, 11ª ed., Rio de Janeiro, 2010.
——, *Limitações Constitucionais ao Poder de Tributar*, Rio de Janeiro, 1977.
A. Augusto Becker, *Teoria Geral do Direito Tributário*, 5ª ed., 2007.
Gandra da Silva Martins (Coord.), *Curso de Direito Tributário*, 5ª ed., S. Paulo, 2007.
S. C. Navarro Coelho, *Comentários à Constituição de 1988. Sistema Tributário*, 4ª ed., Rio de Janeiro, 1992.
——, *Curso de Direito Tributário Brasileiro*, 11ª ed., Rio de Janeiro, 2010.
Hugo de Brito Machado, *Curso de Direito Tributário*, 32ª ed., S. Paulo, 2012.
Roque A. Carraza, *Curso de Direito Constitucional Tributário*, 28ª ed., S. Paulo, 2012.
Paulo B. Carvalho, *Curso de Direito Tributário*, 23ª ed., S. Paulo, 2001.
Alberto Xavier, *Direito Tributário Internacional do Brasil*, 7ª ed., Rio de Janeiro, 2010.
——, *Princípios do Processo Administrativo e Judicial Tributário*, Rio de Janeiro, 2005.
——, *Do Lançamento no Direito Tributário Brasileiro*, 3ª ed., Rio de Janeiro, 2005.
Heleno Torres, *Pluritributação Internacional sobre as Rendas das Empresas*, 2ª ed., S. Paulo, 2001.
Heleno Torres (Coord.), *Direito Tributário Internacional*, vol. I, 2003, e vol. II, 2004, S. Paulo.
Heleno Torres (coord.), *Direito Tributário Ambiental*, S. Paulo, 2005.
Marco Lívio Gomes/Leonardo Pietro Antonelli, *Curso de direito tributário Brasileiro*, 3 vols., S. Paulo, 2005.
Ricardo Lobo Torres, (Coord.), *Tratado de Direito Constitucional Financeiro e Tributário*, 6 vols., Rio de Janeiro, 2005.
Luciano Amaro, *Direito Tributário Brasileiro*, 18ª ed., São Paulo, 2012.
Renato L. Becho, *Filosofia do Direito Tributário*, S. Paulo, 2009.
Paulo Caliendo, *Direito Tributário. Três Modos de Pensar a Tributação*, Porto Alegre, 2009.
Carlos Alexandre de Azevedo Campos / Denise Lucena Cavalcante / Paulo Caliendo (Coord.), *Leituras Clássicas de Direito Tributário*, Editora Ius Podium, 2018.

Vasco Guimarães, *Manual de Direito Fiscal Moçambicano*, Maputo, 1993.
Ibraimo Ibraimo, *O Direito e a Fiscalidade*, Maputo, 2002.
T. Andrade Waty, *Direito Fiscal*, Maputo, 2007.
——, *Contributo para uma Teoria da Descentralização Financeira em Moçambique*, Coimbra, 2010.
Rui Cruz, *Estudos Fiscais*, Luanda, 2001.
Associação Fiscal Angolana, *África. Reformas Fiscais e Desenvolvimento*, Luanda, 2001.
——, *Tributação dos Serviços Petrolíferos e Finanças Locais*, Luanda, 2004.
Saldanha Sanches/Taborda Gama, *Manual de Direito Fiscal Angolano*, Coimbra, 2010.
Cláudio Pene, *Apontamentos de Direito Fiscal Moçambique*, Escolar Editora, Maputo, 2014.
Manuel Carlos do Nascimento, *Garantia da Tutela Jurisdicional Efectiva dos Sujeitos Passivos das Relações Jurídicas Fiscais. Uma Análise do Direito Angolano a partir do Direito Português*, Edição do Autor, Coimbra, 2014.

Espanhola e argentina:

J. J. Perules Bassas, *Manual de Derecho Fiscal*, (*Parte General*), Barcelona, 1964
Narciso Amorós, *Derecho Tributario*, Madrid, 1963.
Sainz de Bujanda, *Hacienda y Derecho*, vols. I e II, 1962, III, 1963, IV, 1966, V, 1967, e VI, 1973, Madrid.
——, *Lecciones de Derecho Financiero*, Madrid, 1987.
G. Fonrouge, *Derecho Financiero*, vols. I e II, Buenos Aires, 1970.
Dino Jarach, *Il Fatto Imponibile*, Padova, 1981 (trad. da 2ª ed. edição castelhana: *El Hecho Imponble*, Buenos Aires, 1971).
Héctor Villegas, *Curso de Derecho Tributario*, 7ª ed., Buenos Aires, 2011.
Perez de Ayala/Eusebio Gonzalez, *Curso de Derecho Tributário*, vols. I e II, 2ª ed., Madrid, 1989.
Perez de Ayala/Ernesto Lejeune, *Derecho Tributário*, vols. I e II, 2ª ed., Salamanca, 2000.
J. J. Ferreiro Lapatza, *Curso de Derecho Financiero Español*, Vols. II e III, 24ª ed., Madrid, 2011.
Concha P. Ayala Pelaio, *Temas de Derecho Financiero*, 2ª ed., Madrid, 1989.
Casado Ollero/Falcón y Tella/Lozano Serrano/Simón Acosta, *Cuestiones Tributarias Praticas*, 2ª ed., Madrid, 1990.
R. Falcón y Tella, *Introdución al Derecho Financiero y Tributario de las Comunidades Europeas*, Madrid, 1988.

R. R. Spisso, *Derecho Constitucional Tributario*, Buenos Aires, 1991.
C. A. García-Quintana, *Sistema Tributario Español e Comparado*, 2ª ed., Madrid, 1992.
L. M. Alonso Gonzalez, *Jurisprudencia Constitucional Tributaria*, Madrid, 1993.
J. García Añoveros e Outros, *Manual del Sistema Tributario Español*, 9ª ed., Madrid, 2001.
Martin Queralt/Lozano Serrano/Casado Ollero/Tejerico Lopez, *Curso de Derecho Financiero y Tributario*, 28ª ed., Madrid, 2017.
F. Perez Royo, *Derecho Financiero y Tributario*. Parte General, 18ª ed., Madrid, 2008.
Carlos M. Espadafor, *Princípios Básicos de Fiscalidad Internacional*, Madrid, 2010.
L. Sánchez Serrano, *Tratado de Derecho Financiero y Tributario Constitucional*, vol. I, Madrid, 1997.
Tulio Rosembuj, *Fiscalidad Internacional*, Marcial Pons, Madrid, 1998.
R. Calvo Ortega, *Derecho Tributario (Parte General)*, 11ª ed., Madrid, 2007.
Gloria Alarcón Garcia, *Manual del Sistema Fiscal Español*, 2ª ed., Madrid, 2009.
César García Novoa, *El Concepto de Tributo*, Marcial Pons, 2012.

Francesa e belga:

P. Beltrame, *Os Sistemas Fiscais*, Coimbra, 1976.
——, *La Fiscalité en France*, 13ª ed., Paris, 2007.
P. Beltrame/L. Mehl, *Tecnhiques, Politiques et Institutions Fiscales Comparées*, 2ª ed., Paris, 1997.
M. Lauré, *Traité de Politique Fiscale*, Paris, 1957.
——, *Science Fiscale*, Paris, 1993.
M. Cozian, *Précis de Fiscalité des Entreprises*, 32ª ed., Paris, 2011-2012.
——, *Les Grands Principes de la Fiscalité des Entreprises*, 4ª ed., Paris, 1999.
P. Gaudemet/ J. Moliinier, *Finances Publiques*. Tomo II – *Fiscalité*, 6ª ed., Paris, 1996.
G. Gest/G. Tixier, *Manuel de Droit Fiscal*, 4ª ed., Paris, 1986.
L. Cartou, *Droit Fiscal International et Européen*, 2ª ed., Paris, 1986.
D. Berlin, *Droit Fiscal Communautaire*, Paris, 1988.
L. Trotabas/ J.-L. Cotteret, *Droit Fiscal*, 7ª ed., Paris, 1992.
F. Goré/B. Jadaud, *Droit Fiscal des Affaires*, Paris, 1992.
J.-C. Martinez/P. Di Malta, *Droit Fiscal Contemporain*, 2 vols. Paris, 1989.
J. J. Bienvenu, *Droit Fiscal*, Paris, 1987.
L. Philip, *Droit Fiscal Constitutionnel*, Paris, 1990.
P. Di Malta, *Droit Fiscal Europeén Comparé*, Paris, 1995.

G. TIXIER, *Droit Fiscal International*, 2ª ed., Paris, 1995.

R. ANDERSON/J. MALHERBE (Dir.), *Protection des Droits Fondamentaux du Contribuable*, Bruxelles, 1993.

P. SERLOOTEN, *Droit Fiscal des Affaires*, 10ª ed., Paris, 2011.

J.-B. GEFFROY, *Grands Problèmes Fiscaux Contemporains*, Paris, 1993.

JEAN-MICHEL COMMUNIER, *Droit Fiscal Communautaire*, Bruxelles, 2001.

MICHEL BOUVIER, *Introduction au Droit Fiscal Général et à la Theorie de l'Impôt*, 13ª ed., Paris, 2016.

A. LAMBERT/O. NEGRIN/L. AYRAULT, *Droit Fiscal Général*, Paris, 2009.

MARTIN COLLET, *Droit Fiscal Général*, 5ª ed., Paris, 2015.

Italiana:

G. TESORO, *Principi di Diritto Tributario*, Bari, 1934.

A. D. GIANNINI, *Istituzioni di Diritto Tributario*, 9ª ed., Milano, 1965.

R. ALESSI/G. STAMMATI, *Istituzioni di Diritto Tributario*, Torino, 1965.

A. BERLIRI, *Principi di Diritto Tributario*, vols. I e II, 2ª ed., 1967 e 1972, e vol. III, 1ª ed., 1965, Milano.

——, *Corso Istituzionale di Diritto Tributario*, 2ª ed., vol. I, 1985, vol. II, 1978, e vol. III, tomo I, 1987, Milano.

——, *Scritti Scelti di Diritto Tributario*, Milano, 1990.

G. A. MICHELI, *Corso di Diritto Tributario*, Torino, 1974.

E. PISTONE, *Lezioni di Diritto Tributario*. (I – *L' Ordinamento Tributario*), Padova, 1986.

L. RASTELLO, *Diritto Tributario. Principi Generali*, 4ª ed., Padova, 1994.

E. DE MITA, *Principi di Diritto Tributario*, 5ª ed., Milano, 2007.

——, *Interesse Fiscale e Tutela del Contribuente*, 5ª ed., Milano, 2006.

——, *Fisco e Costituzioni*, I (1957-1983), 1984, e II (1984-1992), 1993, Milano.

G. GAFFURI, *Lezioni di Diritto Tributario. Parte Generale*, Padova, 1994.

A. FANTOZI/R. LUPI, *Le Società per Azioni nella Disciplina Tributaria*, Torino, 1993 (Parte I do Tomo 9 – *Profili Tributari e Profili Concorsuali*) do *Trattato delle Società per Azioni*, dirigido por G. E. Colombo e G. B. Portale).

G. GIULIANI, *Diritto Tributario*, 2ª ed., Milano, 1994.

G. GIULIANI (Coord.), *Manuale delle Imposte Dirette*, 5 vols., folhas amovíveis, Milano, 1994.

P. RUSSO, *Lezioni di Diritto Tributario. Parte Generale*, vol. I, Milano, 1992.

——, *Manuale di Diritto Tributario*, nova ed., Milano, 2007.

A. AMATUCCI (Dir.), *Trattato di Diritto Tributario*, 4 vols., Padova, 1994.

A. FANTOZZI, *Corso di Diritto Tributario*, Torino, 2004.

GIANNI MARONGIU, *I Fondamenti Costituzionali dell'Imposizione Tributaria. Profili Storici e Guiridici*, 2ª ed., Torino, 1995
V. UCKMAR (Coord.), *Corso di Diritto Tributario Internazionale*, 2ª ed., Padova, 2002.
TESAURO, FRANCESCO, *Istituzioni di Diritto Tributario. Parte Generale*, vol. I, 11ª ed., Padova, 2011.
SALVATORE LA ROSA *Principi di Diritto Tributario*, 3ª ed., Torino, 2009.
RAFAELLO LUPI, *Diritto Tributario*, I e II vols. 8ª ed., Milano 2005.
GASPARE FALSITTA, *Manuale di Diritto Tributario*, I e II vols., 5ª ed., Padova, 2005.
PIETRO BORIA, *Diritto Tributario Europeo*, 2ª ed., Milano, 2015.
——, *Diritto Tributario*, Torino, 2016.

Alemã, austríaca e suíça:

F. VON MYRBACH-RHEINFELD, *Précis de Droit Fiscal*, Paris, 1910.
E. BLUMENSTEIN, *Sistema di Diritto delle Imposte*, Milano, 1954.
E. BLUMENSTEIN/P. LOCHER, *System des Steuerrechts*, Zurich, 1992.
A. HENSEL, *Diritto Tributario*, Milano, 1956.
F. NEUMARK, *Principios de la Imposición*, Madrid, 1974.
H. W. KRUSE, *Derecho Tributario. Parte General*, Madrid, 1978.
——, *Lehrbuch des Steuerrechts*, vol. I, München, 1991.
H. PAULIK, *Lehrbuch des allgmeines Steuerrechts*, 3ª ed., Köln, Berlin, Bonn, München, 1977.
K. VOGEL, *Der offene Finanz- und Steuerstaat*, Heidelberg, 1991.
K. TIPKE, *Die Steuerrechtsordnung*, 3 vols., Köln, 1993.
K. TIPKE/J. LANG, *Steuerrecht*, 22ª ed., Köln, 2015.
K. TIPKE/J. LANG, *Direito Tributário*, trad. da 18ª ed. alemã, São Paulo, 2008.
W. HALLER, *Die Steuern*, 3ª ed., Tübingen, 1983.
W. DORALT/H. G. RUPPE, *Grundriss des österreichischen Steuerrechts*, vol I, 5ª ed., 1994, e vol. II, 2ª ed., 1988, Manz, Wien, Orac.
E. HOEHN, *Steuerrecht*, 7ª ed., Bern, Stuttgart, Wien, 1993.
J. LANG, *Die Bemessungsgrunlagen der Einkommensteuer*, Köln, 1988.
H.-W. ARNDT, *Grundzüge des Allgemeines Steuerrechts*, 2ª ed., München, 2005.
D. BIRK, *Steuerrecht*, 14ª ed., München, 2011.
E. HOEHN/A. VALLENDER (Eds.), *Steuerrecht im Rechtsstaat*, Bern, Stuttgart, 1990.
V. KLUGE, *Das deutsche Internationale Steuerrecht*, 3ª ed., München, 1992.
F. KIRCHHOF, *Grundriss des Abgabenrechts*, 2ª ed., Heidelberg, 2001.
O.-G. LIPROSS, *Allgemeines Steuerrecht*, 11ª ed., Munster, 2009.
H.-W. BAYER, *Steuerlehre. Steuerverfassung – Steuergesetz – Steuergericht*, Berlin, New York, 1997.

J. M. Mössner (Ed.), *Steuerrecht international tätiger Unternehmen*, 3ª ed., Köln, 2005.
O. Fehrenbacher, *Steuerrecht*, 3ª ed., Nomos, 2011.

Britânica e estadunidense:

Erwin R. A. Seligman, *L'Impôt Progressif en Théorie et Pratique*, Paris, 1909.
——, *Essais sur l'Impôt*, tomos I e II, Paris, 1914.
J. Freeland/S. A. Lind/R. A. Stephens, *Fundamentals of Federal Income Taxation: Cases and Materials*, 14ª ed., Westbury, New York, 2006.
Brennen/Buchan, *The Power to Tax. Analytical Foundations of a Fiscal Constitution*, Cambrige U. P., 1980.
Ronald D. Pasquariello, *Tax Justice. Social and Moral Aspects of American Tax Policy*, Lanham, New York, London, 1985.
Geoffrey Morse/David Willians, *Davies: Principles of Tax Law*, 5ª ed., London, 2004.
J. A. Kay/M. A. King, *The British Tax System*, 5ª ed., Oxford, New York, 1990.
Sven Steinmo, *Taxation and Democracy. Swedish, British and American Approaches to Financing the Modern State*, Yale UP, New Haven and London, 1993.
Vito Tanzi, *Taxation in an Integrating World*, The Broockings Institution, Washington, D. C., 1995.
Charles Adams, *For Good and Evil. The Impact of Taxes on the Course of Civilization*, 2ª ed., Madison Boocks, Lanham. New York. Oxford, 1999.
Joel Slemrod/Jon Bakija, *Taxing Ourselves. A Citizen's Guide to the Great Debate Over Taxes Reform*, 4ª ed., The MIT Press, Cambridge (Massachusetts), London, 2008.
W. Elliot Brownlee, *Federal Taxation in America. A Short History*, 2ª ed., Wilson Center, Cambridge UP, 2004.
Hugh J. Ault/Brian Jarnold, *Comparative Income Taxation. A Strutural Analysis*, 2ª ed., Kluwer The Hague. London, Boston, 2004.
Stephen Holmes/Cass R. Sunstein, *The Cost of Rights. Why Liberty Depends on Taxes*, New York. London, 2000.
Michael J. Graetz/Deborah H. Schenk, *Federal Income Taxation. Principles and Policies*, 6ª ed., Foundation Press, New York, 2008.
J. Tiley/Glen Loutzenhiser, *Revenue Tax. Introduction to UK Tax Law, Income Tax; Capital Gains Tax, Inheritance Tax*, 7ª ed., Hart Publishing, 2012.
Liam Murphy/Tomas Nagel, *The Myth of Ownwrship. Taxes and Justice*, Oxford University Press, 2002, trad. portuguesa de Marcelo Brandão Cipolla, *O Mito de Propriedade. Os impostos e a justiça*, Martins Fontes, São Paulo, 2005.
Monica Bhandari (Ed.), *Philosophical Foundations of Tax Law*, Oxford University Press, 2017.

ALGUMAS CITAÇÕES E OBSERVAÇÕES

Neste mundo nada está garantido senão a morte e os impostos (*Benjamin Franklin*).

O poder de tributar envolve o poder de destruir (*John Marshall*).

Acabem com os impostos e apoiem o livre comércio e os nossos trabalhadores em todas as áreas da economia passarão a servos e pobres como na Europa (*Abraham Lincoln*).

Os impostos são o que pagamos por uma sociedade civilizada (*Oliver W. Holmes*).

A coisa mais difícil de compreender neste mundo é o imposto sobre o rendimento (*Albert Einstein*).

O direito, na sua igualdade majestática, proíbe tanto o rico como o pobre de dormir debaixo das pontes, de mendigar nas ruas ou de roubar pão (*Anatole France*).

O problema político da humanidade é combinar três coisas: eficiência económica, justiça social e liberdade individual (*John Maynard Keynes*).

A reforma fiscal não é uma estação a que tenhamos de chegar, mas antes um modo de viajar (*Joel Slemrod*).

A reclamação de direitos e a sua realização não é suficiente; o cidadão tem também deveres (*Alexis de Tocqueville*).

Os impostos não podem continuar a ser vistos como uma mera imposição coactiva e arbitrária do Estado, mas têm de ser encarados como uma forma de partilha de solidariedade e responsabilidade (*Grandes Opções do Plano para 1998*).

***

Depois destas citações, colhidas de entre muitas outras, bem demonstrativas da inevitabilidade dos impostos, sobretudo nas sociedades actuais, e antes de entrarmos propriamente na matéria do Direito Fiscal que vamos leccionar, impõe-se que façamos aqui algumas observações preliminares, naturalmente muito breves, relativas à produção do direito fiscal e ao desfasamento cada vez maior entre o mundo normativo do direito dos impostos e o mundo da realização concreta deste mesmo direito.

Pois bem, a primeira observação prende-se com a actual produção de normas jurídicas fiscais que, sendo um problema geral que afecta todo o complexo mundo do direito, ganha especiais contornos de gravidade nos domínios normativos massificados como o paradigmático domínio do direito dos impostos. Assim, verifica-se, neste ramo do direito, uma produção normativa que se caracteriza por ser: 1) uma turboprodução, pois não há praticamente dia nenhum em que nas folhas do DR não surjam diplomas legais respeitantes a impostos, 2) uma produção marcada cada vez mais pelo efémero e pelo descartável como que a dar razão ao slogan "usar e deitar fora", 3) com patentes sinais de falta de qualidade técnica, própria duma produção normativa a granel, o que contribui naturalmente para fomentar, em vez de evitar, a litigação, que assim cresce exponencialmente, bloqueando, em termos práticos, a efectiva garantia constitucional de acesso aos tribunais. O que leva a interrogarmo-nos mesmo se esta litigação não é, em parte, expressão dum fenómeno perverso, que podemos designar por sistema de "produção integrada de litigação", em que nos deparamos com segmentos do ordenamento jurídico em que o direito, desde a sua produção até à sua aplicação pelos tribunais, passa exclusiva ou hegemonicamente pelas mãos do mesmo grupo ou corporação profissional, cabendo assim ao mesmo grupo (ou até à mesma sociedade) de profissionais a elaboração dos (ante)projectos das leis, a disponibilização da necessária parcerística de suporte e o fornecimento do correspondente patrocínio judiciário em caso de litígio.

Assim, num tal contexto de total incontinência na produção legislativa (em geral e não apenas no domínio fiscal), interrogamo-nos sobre se não seria de reclamar maior responsabilidade do legislador, parlamentar ou governamental, exigindo-lhe, através inclusive da constitucionalização duma tal exigência, a fundamentação adequada das leis e decretos-lei, a concretizar numa verdadeira *exposição de motivos* preambular, que, como sabemos não existe relativamente às leis e deixou de ter qualquer significado relevante em relação aos decretos-lei. Uma proposta que nos atrevemos a fazer, não esquecendo que, num quadro de desenvolvimento constitucional tão peculiar quanto o nosso, marcado por claras manifestações de panconstitucionalização e novorriquismo constitucional, expressão duma fuga para a frente, ou melhor, dada a estrutura vertical da ordem jurídica, fuga para cima (a lembrar a "promoção" para cima de outros universos e, esperemos, de outros tempos), em que se altera a Constituição por tudo e por nada, bom seria que a Lei Fundamental apenas fosse modificada quando razões substanciais e ponderosas o reclamassem.

Por sua vez, a segunda observação, que não deixa de estar ligada à primeira, tem a ver com a tentativa do legislador resolver, em sede legislativa, o défice da aplicação das soluções legais, o que, entre diversas manifestações, se traduz, por exemplo, em assistirmos, não raro, à reivindicação e ao estabelecimento de uma segunda (terceira, quarta, etc.) camada de medidas legislativas sem que, primeiro, se tenham aplicado, executado adequadamente ou simplesmente ousado aplicar a primeira (segunda, terceira, quarta, etc.) camada. É o que ocorre, a nosso ver, em sede da oponibilidade do segredo bancário à administração fiscal, em que assistimos ao apelo da generalidade dos juristas que se dedicam ao direito fiscal (entre os quais também nós nos incluímos) para que se ponha termo ao arcaísmo que essa oponibilidade representa actualmente, quando é certo que os meios actuais de que a administração fiscal dispõe, que passam pela prévia intervenção do juiz, têm sido e continuam a ser muito escassamente utilizados.

INTRODUÇÃO

NOÇÃO, OBJECTO E ÂMBITO DO DIREITO FISCAL

1. Direito financeiro, direito tributário e direito fiscal

Constitui uma evidência que, para a satisfação das necessidades colectivas correspondentes às múltiplas e diversificadas funções que os actuais ordenamentos colocam a seu cargo, tanto o Estado como os demais entes públicos carecem, sobretudo nos tempos que correm, de grandes quantidades de bens materiais e de recursos humanos.

Para termos uma pequena ideia do que estamos a falar, basta referir que em Portugal o peso das despesas públicas passou se de 17,5% do PIB em 1970 para 48% do PIB em 2015, em linha com o que, de resto, aconteceu, se bem que com uma progressão diferente, nos países da União Europeia[1]. Uma realidade que, como facilmente se compreende, postula a obtenção e a disponibilidade de muito dinheiro, sendo certo que, podemos antecipar, as despesas públicas são sempre cobertas por impostos: *impostos de hoje*, da geração actual (impostos), e *impostos de amanhã*, da geração ou gerações futuras (empréstimos).

Dinheiro que, acrescente-se desde já, num Estado não patrimonial, como é a regra dos Estados actuais, em que os bens susceptíveis de produção de rendimentos na titularidade dos entes públicos são muito limitados, e por conseguinte muito reduzidas as chamadas receitas patrimoniais, há-de ser obtido, em larga medida, junto dos agentes económicos privados. Por isso, a chamada actividade financeira dos entes públicos, isto é, a actividade de obtenção e gestão das receitas e de realização das despesas públicas, reconduz-se basicamente à percepção, gestão e dispêndio de dinheiro ou meios pecuniários obtidos junto dos agentes económicos[2].

[1] Trigo Pereira e Outros, *Economia e Finanças Públicas*, 5ª ed., Editora Escolar, Lisboa 2016, p. 178.

[2] Cf. A. Berliri, *Corso Istituzionale di Diritto Tributario*, vol. I, 2ª ed., Milano, 1985, p. 3 e ss.

Ora bem, no moderno Estado de direito, ao contrário do que foi prática no Estado absoluto, a actividade financeira, como toda a actividade pública de que aquela constitui um sector dos mais relevantes, desenvolve-se inteiramente em execução de normas jurídicas que os agentes públicos estão obrigados a observar. É, pois, ao conjunto de normas jurídicas que disciplinam a actividade financeira do Estado e demais entes públicos que damos o nome de *direito financeiro* ou, para sermos mais rigorosos, *direito financeiro público*[3], um ramo de direito que podemos definir como o complexo de normas jurídicas que disciplinam a obtenção e distribuição do dinheiro necessário ao funcionamento dos entes públicos e, bem assim, à gestão dos bens propriedade desses mesmos entes[4].

Como, por certo, já resulta do que acabamos de dizer, a actividade financeira dos entes públicos não constitui uma actividade homogénea, desdobrando-se antes por uma série diversificada de operações relativas seja à aquisição e à gestão das receitas, seja à realização das despesas. Por conseguinte, compreende-se que o direito financeiro se apresente como um conjunto bastante heterogéneo de normas jurídicas, uma situação que tem diversas expressões.

Desde logo, o direito financeiro estende-se por três sectores bem diversos, a saber: o direito das receitas, o direito das despesas e o direito da administração ou gestão financeira. Depois, cada um destes sectores do direito financeiro ou não levanta em rigor o problema duma específica disciplina jurídica, ou apresenta ainda uma visível heterogeneidade.

Na primeira situação temos o grosso do direito das despesas públicas que, enquanto disciplina da utilização dos recursos financeiros para fazer face às diversas exigências financeiras dos entes públicos, se distribui pelos diversos sectores do direito da acção e intervenção estadual, reconduzindo-se funda-

[3] *Public finance law* na terminologia anglo-saxónica, pois não podemos esquecer o chamado *direito financeiro privado* ou *direito das finanças privadas* relativo à disciplina dos múltiplos e variados instrumentos do mercado financeiro (que cada vez mais se distingue menos do mercado monetário). Instrumentos que, tanto no respeitante ao seu número como à sua variedade, não conhecem, ao fim e ao cabo, outros limites senão os da imaginação dos investidores e especuladores financeiros – v. José Manuel Quelhas, «Sobre a evolução recente do sistema financeiro (Novos produtos financeiros), *BCE*, XXXIX, 1996, p. 121 e ss.

[4] Cf. J. M. Cardoso da Costa, *Curso de Direito Fiscal*, 2ª ed., Coimbra, 1972, p. 1 e ss.; P. Soares Martinez, *Direito Fiscal*, Coimbra, 1993, p. 21 e ss.; A. Berliri, *Corso*, cit., p. 4, e A. Fantozzi, *Diritto Tributario*, Torino, 1994, p. 3 e ss.

mentalmente ao *direito administrativo*, em que, relativamente à regulação e intervenção económica e social, podemos referir o chamado *direito da economia* no respeitante às despesas cuja realização tenha por objectivo essa regulação ou intervenção[5]. Mas idêntica ideia vale relativamente ao direito da administração ou gestão financeira, que rege a organização e funcionamento da administração financeira e cujo domínio mais unificado é constituído pelo *direito orçamental* ou *orçamentário* e *direito da contabilidade pública* em sentido amplo[6] que, todavia, não deixa de ser fundamentalmente também um sector do direito administrativo[7].

Por sua vez, na segunda situação encontramos o direito das receitas que se distribui pelos seguintes sectores ou segmentos: 1) o *direito patrimonial* relativo às receitas patrimoniais dos entes públicos derivadas do património mobiliário (ou carteira de títulos), do domínio rural e das explorações industriais e comerciais de utilidade pública; 2) o *direito do crédito público*, que disciplina o recurso ao crédito por parte das entidades públicas e a gestão da dívida pública[8]; e 3) o *direito tributário* ou direito das receitas coactivas do Estado e demais entes públicos em que, por seu turno, ainda se destaca o *direito fiscal* ou direito relativo ao mais importante sector das receitas coactivas – as receitas coactivas unilaterais ou impostos[9]. Uma ideia que pode ser ilustrada pelo seguintes esquema e gráfico.

[5] Intervenção esta que pode, de resto, ser levada a cabo através de instrumentos fiscais, *maxime* através de benefícios fiscais, constituindo justamente estes o mais importante segmento do que designamos por *direito económico fiscal* – cf. *infra*, nºs 40 e segs. Sobre o direito económico, v. J. L. SALDANHA SANCHES, *Direito Económico. Um Projecto de Reconstrução*, Coimbra, 2008.

[6] Pois que respeita não só ao(s) orçamento(s) público(s) *stricto sensu*, mas também à(s) conta(s) pública(s), ou seja, à contabilidade *ex-ante* e à contabilidade *ex-post*.

[7] Cf. A. FANTOZZI, *Diritto Tributario*, cit., p. 4, e A. L. SOUSA FRANCO, *Finanças Públicas e Direito Financeiro*, vol. I, 4ª ed., Coimbra, 1992, p. 98.

[8] Relativamente às receitas patrimoniais e ao crédito público, v. TEIXEIRA RIBEIRO, *Lições de Finanças Públicas*, p. 241 e ss., e 185 e ss.; E. PAZ FERREIRA, *Ensinar Finanças Públicas numa Faculdade de Direito*, Coimbra, 2005, p. 215 e ss.; e J. RICARDO CATARINO, *Finanças Públicas e Direito Financeiro*, Coimbra, 2012, p. 463 e ss.

[9] Cf. A. L. SOUSA FRANCO, *Ibidem*, e ANÍBAL ALMEIDA, *Estudos de Direito Tributário*, Coimbra, 1996, p 21 e ss. Quanto às diversas componentes do direito financeiro, v., para a Alemanha, os estudos publicados por F. KLEIN (Ed.), *Öffentliches Finanzrecht*, 2ª ed., Berlin, 1993.

- *Direito Financeiro*
  - *Direito das receitas públicas*
    - Direito das receitas patrimoniais
    - Direito do crédito público
    - *Direito Tributário*
      - *Direito fiscal*
      - Direito das taxas e das contribuições
  - Direito das despesas públicas
  - Direito da Administração Financeira
    - Direito orçamental e da Contabilidade Pública
    - ....

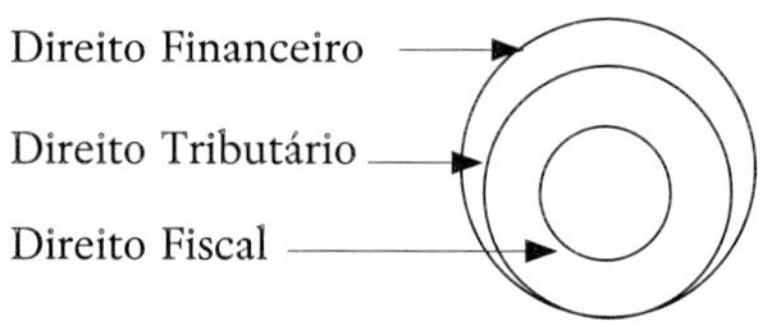

Perante uma tal diversidade de normas, compreende-se que a doutrina, desde há muito, tenha procurado isolar dentro do direito financeiro um sector suficientemente homogéneo quanto ao seu objecto e específico no concernente ao seu regime jurídico para objecto de tratamento científico. Pois bem, esse sector tem sido, nuns casos, o direito da generalidade das receitas coactivas de natureza contributiva, ou seja, o direito dos tributos ou *direito tributário*, e, noutros casos, o mais importante segmento deste domínio normativo, que é constituído pelo direito das receitas coactivas unilaterais, isto é, pelo direito dos impostos ou *direito fiscal*.

Pela primeira solução têm optado as doutrinas italiana, espanhola e brasileira que, para o efeito, se apoiam nas disposições constitucionais que, nesses países, consagram um específico regime para a generalidade dos tributos e não apenas para os impostos. Assim acontece com o princípio da legalidade, previsto no art. 23º da Constituição italiana e no art. 31º da Constituição espanhola, em que se dispõe que nenhuma prestação de carácter pessoal ou patrimonial pode ser imposta sem base na lei[10], bem como com os arts. 145º e seguintes da Constituição brasileira.

[10] Como é fácil de ver, esse princípio abrange, para além dos tributos, também as próprias prestações de carácter pessoal. Todavia, tanto a doutrina como a jurisprudência (com relevo para a constitucional) acabam por atribuir ao referido princípio constitucional um significado sobretudo no respeitante aos tributos, e mesmo nesta sede especificando que ele deve ser interpretado no sentido de valer apenas para os impostos ou de valer para estes em termos

Pela segunda opção, por sua vez, se vêm pronunciando tradicionalmente as doutrinas portuguesa, francesa, alemã, austríaca, suíça, etc., que, nesse sentido, invocam quer expressas disposições constitucionais, como é o caso de Portugal e da França, em que se impõe uma específica legalidade para os impostos[11], quer princípios deduzidos do conjunto das disposições constitucionais relativas aos impostos, ou seja, os princípios da "constituição fiscal".

Por conseguinte, em Itália, Espanha e Brasil estuda-se, por via de regra, o direito tributário, enquanto nos outros países referidos se estuda, em princípio, o direito fiscal ("*droit fiscal*", "*Steuerrecht*"). O que não quer dizer que, na prática, haja diferenças muito acentuadas entre o universo das matérias versadas nos manuais de direito tributário e o universo das matérias tratadas nos manuais de direito fiscal.

Na verdade, em geral, nem naqueles o tratamento dos tributos bilaterais ou taxas é tão desenvolvido quanto, à primeira vista, seria de esperar, nem nestes se verifica uma ausência total de referência aos tributos bilaterais ou taxas. Pelo que tanto nos manuais de direito tributário como nos manuais de direito fiscal do que se trata essencialmente é, ao fim e ao cabo, do direito dos impostos.

Mas, independentemente destas ou de outras considerações que possam fazer-se a este respeito, é do direito fiscal ou direito dos impostos que vamos tratar[12]. O que significa que, por um lado, não cuidaremos, ao menos desenvolvidamente, do direito dos outros tributos ou tributos bilaterais, que nós

bem mais exigentes do que vale para os restantes tributos. Cf. o nosso livro *O Dever Fundamental de Pagar Impostos*, Coimbra, 1998, p. 325 e 366 e s.

[11] Como a prescrita nos arts. 165º, nº 1, *al. i*), e 103º, nº 2, da CRP, e no art. 34º, *al.* 2, 4º, da Constituição francesa. Uma ideia que não deixa de ser verdadeira mesmo que para os tributos bilaterais (as taxas) também se exija uma legalidade diferenciada (da legalidade geral da administração), como voltou a ocorrer (após a RC/97) em Portugal, em que o art. 165º, nº 1, al. *i*) retomando a solução vigente na Constituição de 1933 colocou sob a reserva relativa da AR o "regime geral das taxas e demais contribuições financeiras a favor das entidades públicas".

[12] Refira-se que, por vezes, se fala de direito tributário com o sentido de direito fiscal (v. Diogo Leite de Campos e Mônica Leite de Campos, *Direito Tributário*, 2ª ed., Coimbra, 2000, que versam apenas o direito dos impostos) ou de direito fiscal com o sentido de direito tributário (v. Alberto Xavier, *Manual de Direito Fiscal*, Lisboa, 1974, que tem por objecto o direito dos tributos). Em geral, o adjectivo tributário(a) é utilizado como sinónimo de fiscal (v., por exemplo, as expressões relação tributária, obrigação tributária, substituição tributária, responsabilidade tributária, etc.), o que também ocorrerá ao longo deste manual. O que não significa que, por vezes, não aconteça o contrário, utilizando-se o adjectivo fiscal com o sentido de tributário, como se verifica com as expressões "tribunais fiscais" e "questões fiscais".

tendemos a reconduzir à figura das taxas assentes numa armadura jurídico-constitucional diferente da dos impostos[13], e, por outro, estarão presentes nas nossas preocupações todos os impostos que, independentemente do nome que ostentem ou da configuração que tenham em sede da ciência das finanças ou do direito financeiro, possam ser tidos como impostos de um ponto de vista jurídico-constitucional.

Selecção esta que bem se justifica se tivermos em conta o profundo significado que os impostos e a sua disciplina jurídica têm para a vida do dia a dia de cada um de nós[14]. Com efeito, constitui uma evidência que os impostos são, sobretudo no tempo que nos é dado viver, uma instituição omnipresente na vida dos cidadãos, não havendo qualquer outro domínio do ordenamento jurídico com o qual nos encontremos tantas vezes como com o direito fiscal. Na verdade, em nenhum outro segmento do universo jurídico estabelecemos com o Estado uma relação tão duradoura, que em rigor nos acompanha desde o nascimento até à morte, e tão diversificada, já que afecta praticamente todos os aspectos da nossa vida por mais variados ou mesmo vulgares que se apresentem[15].

É, pois, das normas que disciplinam a figura dos impostos que vamos tratar. Ou seja, das normas que têm por objectivo assegurar a *capacidade funcional*

[13] Cf. os nossos estudos «Jurisprudência do Tribunal Constitucional em matéria fiscal», em *Por um Estado Fiscal Suportável – Estudos de Direito Fiscal*, Almedina, 2005, p. 441 e ss., *Contratos Fiscais. Reflexões acerca da sua Admissibilidade*, cit., p. 236 e ss., e *O Dever Fundamental de Pagar Impostos*, cit., p. 261 e ss.

[14] Daí que um liberal como BEMJAMIN FRANKLIN, que, como é sabido, inventou o pára-raios, tenha confessado que não há, afinal, pára-raios que nos valha face aos impostos, concluindo resignado que neste mundo nada temos de tão certo como a morte e os impostos. Sobre a presença dos impostos ao longo da história, v., entre outros, de um lado, GABRIEL ARDANT, *Théorie Sociologique de l'Impôt*, vols. I e II, Paris, 1965, e *Histoire de l'Impôt*, vols. I e II, Fayard, Paris, 1971 e 1972, que realça sobretudo a evolução do entendimento dos impostos que fizeram destes uma *técnica liberal*, e, de outro lado, CHARLES ADAMS, *For Good and Evil. The Impact of Taxes on the Course of Civilization*, 2ª ed., Madison Books, Lanham. New York. Oxford, 1999, autor que, com grande profundidade e uma louvável dose de humor, procura demonstrar, que os impostos estiveram presentes nos acontecimentos históricos, bons e maus, mais importantes e marcantes da nossa civilização.

[15] E isto é válido mesmo face aos sectores jurídicos que, à semelhança do direito fiscal, também têm por objecto procedimentos de massa como são os casos, por exemplo, do direito da segurança social, do direito eleitoral, do direito dos trabalhadores em funções públicas, etc., pois é visível que as relações e os actos tributários são bem mais numerosos do que as relações e os actos jurídicos correspondentes aos mencionados ramos de direito. Cf. K. TIPKE/J. LANG, *Steuerrecht*, 22ª ed., Köln, 2015, p. 1 e ss.

do Estado, proporcionando-lhe os meios financeiros que suportam tanto a sua existência como o seu funcionamento[16].

Mas, para termos uma ideia mais aproximada do que é o direito fiscal, impõe-se precisar o seu objecto e delimitar o seu âmbito. O que exige, quanto ao primeiro aspecto, enunciar o conceito de imposto com que vamos operar, analisando as suas características de modo a delimitá-lo das figuras próximas e a dar uma ideia do sistema fiscal, descrever os momentos em que se desdobra a dinâmica impositiva e proceder a um inventário ainda que sintético das classificações mais importantes dos impostos.

Por sua vez, quanto à delimitação do âmbito do direito fiscal, é necessário analisar a diversidade das normas que o integram, a sua natureza jurídica e as relações mais visíveis que mantêm com os outros sectores do ordenamento jurídico. Para além disto, há ainda que fazer menção ao facto de o imposto constituir objecto das mais diversificadas disciplinas científicas.

2. Imposto, figuras afins e sistema fiscal

Vejamos, num primeiro momento, o conceito de imposto, enumerando e analisando as diversas notas características ou típicas que o integram para, num segundo momento, aludirmos às figuras tributárias que apresentam algum ou alguns pontos de contacto com um tal conceito e, num terceiro momento, darmos uma ideia do sistema fiscal.

[16] O que não pode servir de pretexto para a ausência da necessária articulação do direito dos impostos com o direito financeiro, especialmente com o direito das despesas públicas. Na verdade, não podemos votar ao esquecimento o *poder de gastar* como se nada tivesse a ver com o poder tributário, pois é sabido quanto um tal poder esteve presente e foi decisivo na afirmação do princípio da *no taxation without representation*, assim como é patente que, por detrás das preocupações ancoradas nos limites ao poder tributário, estão as preocupações em limitar o poder de gastar – cf. o nossos estudos «O princípio da legalidade fiscal e os actuais desafios da tributação», *BFDC – Volume Comemorativo dos 75 Anos*, 2002, p. 1067 e ss. e 1078 e ss., e «A constituição fiscal de 1976, sua evolução e seus desafios» em *Por um Estado Fiscal Suportável*, cit., p. 139 e ss. Também no domínio das Finanças Públicas se vem chamando a atenção para as despesas, um movimento iniciado por *Martin S. Feldstein* – v. R. Trigo Pereira e Outros, *Economia e Finanças Públicas*, cit., p. 194 e s. Acrescente-se que a referida realidade tem expressão superlativa na União Europeia, em que a falta de articulação das "constituições fiscais" nacionais, com as "constituições financeiras" europeizadas e a "constituição económica" transferida para a União, se vem revelando um factor de efectiva "desintegração europeia" – v. o nosso texto «Reflexões sobre a constituição económica, financeira e fiscal portuguesa», *RLJ*, ano 144, 2014/15, p. 103 e ss.

2.1. O conceito de imposto

Num certo entendimento das coisas, podemos definir o imposto com base em três elementos, a saber: um elemento objectivo, um elemento subjectivo e um elemento teleológico (ou finalista)[17]. Objectivamente o imposto é uma prestação (1) pecuniária (2), unilateral (3), definitiva (4) e coactiva (5). Por sua vez, subjectivamente, o imposto é uma prestação, com as características objectivas que acabámos de mencionar, exigida a (ou devida por) detentores (individuais ou colectivos) de capacidade contributiva (6) a favor de entidades que exerçam funções ou tarefas públicas (7). Finalmente, em termos teleológicos, o imposto é exigido pelas entidades que exerçam funções públicas para a realização dessas funções (8), conquanto que não tenham carácter sancionatório (9).

Pois bem, o imposto é do *ponto de vista objectivo*, antes de mais, uma *prestação*, o que significa que integra uma relação de natureza obrigacional e não uma relação de carácter real, rejeitando-se assim certa doutrina que, nomeadamente em Itália, defendeu a eficácia real de certos impostos como os impostos fundiários e os impostos aduaneiros[18].

Depois para quem, como nós, tenha por preocupação metodológica elaborar um conceito tipológico (e não definitório), válido apenas para o nosso tempo e desprovido por conseguinte de qualquer pretensão de intemporalidade que espelhe fielmente toda a sua evolução passada, o imposto é uma *prestação pecuniária*, ou seja, uma prestação de *dare pecunia* ou concretizada em dinheiro[19]. Através desta característica ou nota típica do seu conceito

[17] V., neste sentido, A. Braz Teixeira, *Princípios de Direito Fiscal*, vol. I, 3ª ed., Coimbra, 1985, p. 36 e ss., e os nossos estudos «Jurisprudência do Tribunal Constitucional em matéria fiscal», *ob. cit.*, p. 441 e ss., *Contratos Fiscais*, cit., p. 148 e s., e *O Dever Fundamental de Pagar Impostos*, cit., p. 223 e ss.

[18] Ainda que a obrigação de imposto possa, nalguns casos, ser qualificada de obrigação real ou obrigação *propter rem* – v., neste sentido, M. Henrique Mesquita, *Obrigações Reais e Ónus Reais*, Coimbra, 1990, p. 14 e s., nota 9, 100 e s. e 291, no respeitante à então contribuição autárquica. Sobre o problema, cf. também Alberto Xavier, *Manual de Direito Fiscal*, cit., p. 36, e P. Soares Martinez, *Direito Fiscal*, cit., p. 28.

[19] Rejeitamos assim a concepção daqueles autores que continuam a contestar a natureza pecuniária dos impostos, vendo neles também prestações em espécie ou mesmo prestações de *facere* e de *non facere* – v., nesse sentido, Alberto Xavier, *ob. cit.*, p. 38, e A. Braz Teixeira, *ob. cit.*, p. 36. Pois, para além de as situações recenseadas nesse sentido serem muito excepcionais, casos há em que é discutível que se trate de verdadeiros impostos, como os *royalties*, impostos sobre a produção de petróleos e outros minérios traduzidos na entrega ao Estado

o imposto distingue-se claramente quer das prestações de carácter pessoal ou prestações de *facere* como o serviço militar ou o serviço cívico, quer das prestações de bens ou serviços exigidas aos particulares, em certas circunstâncias excepcionais, através de requisição administrativa, quer ainda da prestação consubstanciada na expropriação por utilidade pública[20].

Em terceiro lugar, o imposto é objectivamente uma *prestação coactiva*, isto é, uma prestação *ex lege* ou uma prestação que tem por fonte a lei, que é estabelecida por lei. A obrigação de imposto surge, pois, exclusivamente por força do encontro do facto tributário ou do pressuposto de facto do imposto com a lei, que assim modela o seu conteúdo, independentemente portanto de qualquer manifestação de vontade do contribuinte nesse sentido, como o prescrevem, de resto em termos muito claros, os nºs 1 e 2 do art. 36º da LGT, na medida em que dispõem que a relação jurídica tributária se constitui com o facto tributário e os elementos essenciais da mesma não podem ser alterados por vontade das partes[21].

O imposto é, em quarto lugar, uma *prestação unilateral*, não lhe correspondendo assim qualquer *contraprestação específica* a favor do contribuinte. Uma ideia que consta claramente das definições legais de imposto do art. 16º do *Código Tributário Nacional* brasileiro, em que se prescreve que o "imposto é o tributo cuja obrigação tem por facto gerador uma situação independente de

duma percentagem da respectiva extracção, que mais não são do que preços pagos pelas companhias pela aquisição do petróleo extraído, embora num tal quadro a tributação seja entendida em termos muito amplos, equivalendo a toda a remuneração estadual (*government take*) obtida pela exploração e produção petrolífera. V. também o Capítulo IV (II Parte) «Tributação do petróleo» de José Casalta Nabais e Inês Bento, no livro coordenado por J. C. Vieira de Andrade e Rui Marcos, *Direito do Petróleo*, Instituto Jurídico / FDUC, 2013, p. 225 a 273.

20 Quanto ao serviço cívico, este era exigido aos inaptos para o serviço militar e aos objectores de consciência e podia ser estabelecido para os cidadãos não sujeitos aos deveres militares – v. o art. 276º, nº 3, 4 e 5, da CRP. Por seu lado, no respeitante à requisição administrativa e à expropriação por utilidade pública, estas figuras ainda se distinguem dos impostos por não constituírem prestações definitivas, pois dão lugar a indemnização. V. sobre estas, Marcello Caetano, *Manual de Direito Administrativo*, tomo II, 9ª ed., reimp. de 1980, p. 1016 e ss.

21 Com este sentido a expressão coactiva traduz uma nota específica dos tributos. Uma nota insusceptível, portanto, de se confundir com a coactividade inerente a qualquer obrigação jurídica traduzida em o seu cumprimento poder ser exigido coactivamente. Assim os impostos apresentam-se como prestações duplamente coactivas, pois são coactivas quanto ao seu nascimento e quanto ao seu cumprimento. Tem, pois, o sentido da expressão compulsória constante do art. 3º do *Código Tributário Nacional* brasileiro.

qualquer actividade estatal específica relativa ao contribuinte", e do art. 21º da *Ley General Tributaria* espanhola que define os impostos como sendo "os tributos exigidos sem contraprestação, cujo facto tributário seja constituído por negócios, actos ou factos que manifestem a capacidade económica do contribuinte"[22].

O que distingue o imposto dos tributos bilaterais que, assentes numa relação jurídica do tipo *do ut des*, têm justamente carácter bilateral[23]. Uma distinção que é particularmente visível no respeitante à figura mais típica dos tributos bilaterais – as taxas. É que nestas, diversamente do que ocorre nos impostos, em que temos apenas a prestação geral traduzida no conjunto dos diversos serviços públicos que os mesmos suportam, à prestação do particular a favor do Estado e demais entes públicos corresponde uma prestação específica, uma actividade desses mesmos entes especialmente dirigida ao respectivo obrigado.

Actividade que se vem a concretizar seja na prestação de um serviço público, como as taxas devidas pelos serviços de registo e notariado (emolumentos), pelos serviços de justiça (taxa de justiça), pelos serviços de educação pública (propinas), pelos serviços consulares, etc., seja na utilização de bens do domínio público, como as portagens, as devidas pela acostagem de navios nos portos e aterragem de aeronaves nos aeroportos, as devidas pela ocupação do subsolo, do leito das estradas ou da via pública, etc.[24], seja na remoção de um limite jurídico à actividade dos particulares como as devidas pelas licenças de uso e porte de arma, de caçar, de ter cão, etc. Ou, como estabelece agora o art. 4º, nº 2, da LGT, "as taxas assentam na prestação concreta de um serviço

[22] Sobre estes conceitos legais, v., respectivamente, Sacha Calmon Navarro Coelho, «Conceito de tributo», *Direito Tributário em Questão*, FESDT, nº 5, Jan./Jun. 2010, p. 157 e ss., e César García Novoa, *El Concepto de Tributo*, Marcial Pons, 2012, p. 57 e ss.

[23] Tradicionalmente fala-se, a este propósito, como aliás a propósito de quaisquer obrigações, de carácter sinalagmático, como sinónimo portanto de bilateral. Todavia aquele adjectivo deriva da palavra grega *sinàllagma*, que significa "pacto" ou "contrato" – v. Aníbal Almeida, *Estudos de Direito Tributário*, cit., p. 62 e s.

[24] Como se pode ver pelos exemplos dados, as taxas pela utilização do domínio público tanto se verificam em relação ao seu *uso comum* (em que, atenta a regra da gratuitidade, não podem deixar de ter carácter excepcional), como em relação ao seu *uso privativo* (em que, vigorando ao invés a regra da onerosidade, são a regra). Sobre a utilização do domínio público, v. D. Freitas do Amaral, *A Utilização do Domínio Público pelos Particulares*, Lisboa, 1965, e Marcello Caetano, *Manual de Direito Administrativo*, tomo. II, 9ª ed., reimp. de 1980, p. 927 e ss.

público, na utilização de um bem do domínio público ou na remoção de um obstáculo jurídico ao comportamento dos particulares"[25].

Quanto a estas últimas, correntemente designadas por *licenças* (muito embora este termo designe, em rigor, não as taxas, mas sim a autorização constitutiva, ou seja, o acto administrativo que efectiva a remoção desse obstáculo), impõe-se, a nosso ver, duas notas. Uma para dizer que o seu pressuposto de facto também se reconduz, a seu modo, à prestação de um serviço público, pois a remoção de um obstáculo jurídico à actividade dos particulares, conquanto que tenha sido levantado por exigência dum específico interesse administrativo, não deixa de se configurar como a prestação de um serviço público. Daí que lá fora, com destaque para Espanha e Itália, se não faça qualquer referência à remoção de um obstáculo jurídico à actividade dos particulares como pressuposto de facto autónomo das taxas[26].

Outra nota para assinalar que tais tributos apenas se configurarão como verdadeiras taxas naqueles casos em que o obstáculo jurídico a remover constitua um obstáculo real, levantado por exigência de um específico interesse administrativo. O que já não acontece quando o mesmo seja artificialmente erguido para, ao removê-lo, a administração cobrar uma receita, pois, numa tal hipótese, referida pelos autores sob a designação de *licenças fiscais*, deparamo-nos com verdadeiros impostos. Com efeito, não se vislumbra aí qualquer prestação real a favor do contribuinte, constituindo o levantamento e a posterior remoção do obstáculo em causa uma verdadeira actividade e os serviços correspondentes um verdadeiro serviço de lançamento e cobrança do referido imposto[27].

[25] V., neste sentido, também o art. 3º do RGTAL. Quanto a esta divisão tripartida das taxas, v., desenvolvidamente, ALBERTO XAVIER, *Manual*, cit., p. 42 e ss.

[26] V., por exemplo, para Espanha o art. 2º, nº 2, al. *a*), da actual versão da *Ley General Tributaria*, em vigor desde 1 de Julho de 2004 (embora essa solução já constasse da anterior versão de 1963).

[27] Cf. ALBERTO XAVIER, *Ibidem*, p. 52 e s., e os nossos *Contratos Fiscais*, cit., p. 237. A respeito das licenças, ou melhor, das taxas devidas por licenças administrativas, é de referir que as mesmas eram, por vezes, objecto de impostos, como era o caso do imposto de selo devido por licenças constante da verba nº 12 da Tabela Geral do Imposto de Selo, revogada pela LOE/2010. Disposição que levantava o problema de saber até que ponto dispõe o Estado de legitimidade constitucional para erigir em facto tributário a concessão de licenças independentemente quer de a solicitação destas ser ou não reveladora de capacidade contributiva, quer da circunstância de o facto tributário se situar no domínio das atribuições e competências das Regiões Autónomas ou das autarquias locais.

Casos de verdadeiras licenças fiscais foram os apreciados pelo Tribunal Constitucional nos Acs. 558/98 e 63/99 relativos à publicidade através de anúncios, em que este Tribunal, considerando que, do ponto de vista jurídico-constitucional, estava face a verdadeiros impostos, julgou organicamente inconstitucional, respectivamente, o tributo exigido pelo Município de Guimarães pela licença para a afixação de painéis publicitários em veículos de transporte colectivo e em veículos particulares, e o tributo exigido pelo Município de Lisboa pela licença para a afixação de anúncios luminosos em prédios. Jurisprudência que, não obstante ter sido reiterado em diversos acórdãos posteriores, veio a ser revista pelo Ac. 172/2010, em que, por unanimidade, veio considerar tais licenças taxas[28].

Por último, o imposto apresenta-se-nos como uma *prestação definitiva*, ou seja, uma prestação que não dá lugar a qualquer reembolso, restituição ou indemnização. Em certo sentido, podemos dizer que o imposto é uma prestação unilateral não só no presente (unilateral *stricto sensu*), mas uma prestação unilateral também no futuro (definitiva)[29]. A utilidade da autonomização desta nota típica face à da unilateralidade revela-se, por exemplo, no *empréstimo forçado* que é uma prestação unilateral, mas não definitiva. Enfim, por outras palavras, o imposto constitui uma prestação unilateral tanto em termos sincrónicos como em termos diacrónicos[30].

[28] Para a crítica desta jurisprudência, v. SUZANA TAVARES DA SILVA, *As Taxas e a Coerência do Sistema Tributário*, 2ª ed., Coimbra Editora, 2013, p. 71 e ss. Refira-se que TEIXEIRA RIBEIRO, «Noção jurídica de taxa», *RLJ*, ano 117, 1984-85, p. 289, considera as licenças de uso e porte de arma, de caçar e de ter cão licenças fiscais e, consequentemente verdadeiros impostos. Em nossa opinião ainda estamos aí perante verdadeiras (taxas devidas por) licenças administrativas, uma vez que o obstáculo levantado à actividade dos particulares, cuja remoção vem a constituir a prestação específica da administração, tem por objectivo a realização de específicos interesses públicos reais e não a montagem de um mero estratagema para obter receitas.

[29] Por isso, se compreende que os autores frequentemente falem tão-só de unilateralidade, abarcando nela tanto a unilateralidade como a definitividade do imposto – v., por todos, J. M. CARDOSO DA COSTA, *Curso*, cit., p. 10 e ss.

[30] Em rigor, isto vale apenas para o empréstimo forçado oneroso, pois, no caso do empréstimo forçado gratuito, temos, ao lado do empréstimo forçado, um verdadeiro imposto de montante igual ao montante dos juros a que haveria lugar caso o empréstimo não fosse gratuito – cf. também M. H. FREITAS PEREIRA, *Fiscalidade*, 4ª ed., Coimbra, 2011, p. 23 e s. Um empréstimo forçado gratuito configura o excesso de retenção na fonte em IRS, uma prática que constitui uma verdadeira forma de "compor" as contas públicas, em contramão da exigência

Por seu turno, do *ponto de vista subjectivo*, o imposto é uma prestação, com as características objectivas que acabámos de assinalar, (1) exigida a (ou devida por) detentores (individuais ou colectivos) de capacidade contributiva, (2) a favor de entidades que exerçam funções ou tarefas públicas. Pela primeira nota subjectiva, procura-se convocar para o terreno do próprio conceito de imposto o critério material da igualdade ou da justiça fiscal que constitui o suporte indiscutível de um Estado fiscal de direito – a capacidade contributiva. Uma ideia que não deixa de ter agora clara expressão no art. 4º, nº 1, da LGT, que, a título de indicação dos "pressupostos dos tributos", dispõe: "os impostos assentam essencialmente na capacidade contributiva revelada, nos termos da lei, através do rendimento ou da sua utilização e do património". Capacidade contributiva que, constituindo pressuposto de todos os impostos, é também critério da medida para a maior parte deles.

Com a segunda nota subjectiva, pretende-se, por seu lado, não limitar a titularidade activa dos impostos exclusivamente às pessoas colectivas públicas, admitindo-se assim a hipótese de impostos exigíveis também a favor de pessoas privadas que exerçam funções públicas. O que ocorrerá no caso, por exemplo, das empresas concessionárias de obras públicas, serviços públicos ou bens do domínio público, na medida em que a lei lhes confira a qualidade de titulares activos de relações jurídicas fiscais.

Poder-se-ia acrescentar aqui que as referidas funções ou tarefas públicas hão-de assumir um carácter geral, isto é, hão-de dizer respeito à generalidade dos contribuintes e não a certas categorias ideais destes. Assim se excluem do conceito de imposto o que podemos designar por *tributos associativos*, como as quotas obrigatórias para as associações públicas, em que sobressaem as quotas para as ordens profissionais que têm por finalidade o financiamento de tarefas públicas muito especiais, porquanto relativas à realização de interesses constitucional e legalmente configurados como próprios dos respectivos membros.

Todavia, o afastamento da observância do princípio da legalidade fiscal não impõe, a nosso ver, a rejeição do seu carácter de imposto, podendo ser considerados impostos especiais – *impostos associativos* –, que, em virtude da sua própria natureza, concretizam a ideia de autotributação através da apro-

da União Europeia de elaborar as contas na perspectiva da *contabilidade nacional* e não na perspectiva da *contabilidade pública*.

vação das referidas quotas pelos respectivos associados ou pelos seus representantes[31].

Finalmente, do *ponto de vista teleológico* ou *finalista*, o imposto é exigido pelas entidades que exercem funções públicas para a realização das suas funções de carácter não sancionatório. O que significa que o imposto pode ter por finalidade não apenas a finalidade financeira ou fiscal, mas também outras, excluída a função sancionatória. Por conseguinte e de um lado, os impostos, que mesmo na época do liberalismo económico oitocentista nunca tiveram uma natureza totalmente neutra em termos económicos e sociais, prosseguem, sobretudo no actual Estado social, ao lado da finalidade reditícia, os mais variados objectivos de natureza económica e social[32].

Mais, entre nós, como de resto lá fora, não está constitucionalmente vedada a possibilidade de o Estado utilizar o imposto (e quem diz o imposto diz o agravamento do imposto) com o objectivo ou finalidade principal ou dominante de evitação de certos comportamentos económicos e sociais dos seus destinatários (impostos sufocantes na terminologia alemã[33] e *destrutive taxes* na designação anglo-saxónica), caso em que, em rigor, não estamos face a (verdadeiros) impostos subsumíveis na "constituição fiscal" (dominada por uma exigente reserva de lei e pelo princípio da igualdade aferido pela capacidade contributiva), mas perante típicas medidas de intervenção económica e social por via fiscal a subsumir na "constituição económica" (ancorada num flexível princípio da legalidade e nas exigências do princípio da proibição do excesso ou da proporcionalidade *lato sensu*).

Por isso, impõe-se nesta sede distinguir muito claramente os verdadeiros impostos ou impostos fiscais, que têm por objectivo ou finalidade principal a obtenção de receitas, dos falsos impostos ou impostos extrafiscais cuja finali-

[31] É, pois, esta, a nosso ver, a razão por que se excluem da aplicação do princípio da legalidade fiscal, enquanto reserva à Assembleia da República, as quotas para as ordens profissionais. Uma conclusão a que o Tribunal Constitucional também chegou, no seu Ac. 497/89, mas com base no fundamento de que o que se pretendeu com aquela reserva foi deixar à competência da Assembleia da República – para ficar dependente das opções políticas do Parlamento – a criação e a definição dos elementos essenciais daquelas receitas unilateralmente impostas que hão-de custear o financiamento em geral das despesas públicas (isto é, das despesas públicas "gerais"), a repartir pela "generalidade" dos contribuintes de harmonia com os critérios apontados nos (então) arts. 106º e 107º da Constituição.

[32] V. os nossos *Contratos Fiscais*, cit., p. 150 e ss.

[33] *Erdrosselungssteuern* – cf. os nossos *Contratos Fiscais*, cit., p. 156 e 161 e s.

dade principal é, em direitas contas e no limite, evitar ou obstar à verificação do respectivo pressuposto de facto ou facto gerador. O que os configura como verdadeiros "impostos suicidas", os quais, como bem se compreende, não podem ter por suporte a "constituição fiscal"[34].

Embora a definição ampla da finalidade dos impostos não se prenda em rigor com os referidos impostos extrafiscais, que obstam a comportamentos dos seus destinatários para os quais há alternativa adequada à sua plena eficácia, mas com a função distributiva dos impostos para a qual se vem fazendo um renovado apelo no quadro de uma neutralidade fiscal activa ao serviço directo do bem-estar dos membros da comunidade estadual[35]. Mas da finalidade dos impostos está excluída necessariamente a finalidade sancionatória. Na verdade, se com o imposto se pretende aplicar uma sanção, então estaremos perante uma multa (sanção pecuniária penal), uma coima (sanção pecuniária contra-ordenacional), um confisco (sanção penal traduzida na apreensão e correspondente perda a favor do Estado do produto obtido e dos instrumentos utilizados na prática de acto ilícito[36]), uma indemnização (reparação do prejuízo ou dano causado a outrem através de acto ilícito), etc., mas nunca perante um imposto. Uma ideia que, devemos sublinhá-lo, tem expressão muito clara no conceito de tributo do já referido art. 3º do *Código Tributário Nacional* brasileiro, que considera tributo «toda a prestação pecuniária compulsória, em moeda ou cujo valor nela se possa exprimir, que não

[34] Exemplos claros de impostos extrafiscais são os impostos autonómicos espanhóis vigentes na Andaluzia e na Estremadura sobre as terras não cultivadas, em que, ao fim e ao cabo, estamos mais perante medidas de reforma agrária. O mesmo vale, entre nós, para a taxa sobre lâmpadas de baixa eficiência energética e para a contribuição sobre os sacos de plástico, criada pela Lei nº 82-D/2014, de 31 de Dezembro – cf. *infra*, n.os 40 e segs.

[35] V., neste sentido e por todos, José Andrés Rozas Valdés, «De la justicia tributaria a la justicia financeira», *Revista Empresa y Humanismo*, vol. XV, 2/2012, p. 111 e ss. V. também o nosso texto «Finanças Públicas e redistribuição dos rendimentos», *Boletim de Ciências Económicas*, ano LX, 2017 (que foi escrito em 1979).

[36] Que só é constitucionalmente admissível se constituir uma reacção criminal e desde que respeite as exigências da necessidade, da proporcionalidade e da subsidiariedade, que hão-de presidir a todas as reacções criminais. Isto é, que se apresente como um confisco especial. Excluído está o chamado confisco geral, inadmissível no Estado de direito, pelo que era mais do que questionável o preceito do art. 82º, nº 2, da CRP, que o permitia e que foi eliminado (logo) na RC/82. Quanto à figura do confisco, é de acrescentar que a CRP o consagrava no art. 87º, nº 2, relativamente aos meios de produção em abandono injustificado, e o autorizava no art. 88º, nº 2, como consequência de actividades delituosas contra a economia nacional, preceitos eliminados na RC/89.

constitua sanção a acto ilícito, instituída em lei e cobrada mediante actividade administrativa plenamente vinculada»[37].

2.2. Algumas figuras afins do imposto

Como vimos, os impostos constituem o mais importante sector dos tributos. Mas estes integram outras figuras tributárias a que é importante aludir até para as não confundir com os impostos, a única figura tributária que constitui o objecto do nosso estudo.

2.2.1. A divisão dos tributos

Entre nós a figura dos tributos tem sido objecto de uma *divisão dicotómica*, bipartida ou binária, que os distribui por tributos unilaterais ou impostos e tributos bilaterais ou taxas, ou de uma *divisão tripartida* ou ternária, que distingue entre impostos, taxas e contribuições ou tributos especiais[38]. Pois bem, temos sido favoráveis, ao menos em sede jurídico-constitucional ou para efeitos jurídico-constitucionais, a uma verdadeira *summa divisio*, a uma divisão dicotómica ou binária dos tributos, sendo estes, independentemente do nome que ostentam, ou tributos unilaterais que integram a figura dos impostos, ou tributos bilaterais que se reconduzem à figura das taxas.

Por isso, a diversidade de designações e de figuras tributárias que se observa nomeadamente em sede da ciência das finanças e do direito financeiro – em que, ao lado dos impostos e das taxas, encontramos contribuições ou tributos especiais, tarifas ou preços públicos, contribuições, tributos ou receitas parafiscais, etc. – não tem tido correspondência no direito fiscal, entendido este como um ramo especial de direito administrativo. Um ramo de direito cuja especialidade tem por suporte a própria Constituição, na medida em que esta consagra um específico regime jurídico, formal e material, para os impostos diverso do regime jurídico aplicável às taxas.

Com efeito, enquanto os impostos obedecem ao exigente *princípio da legalidade fiscal* e e o seu pressuposto e medida têm por base o *princípio da capacidade contributiva*, as taxas bastam-se com a reserva à lei parlamentar (ou decreto-lei parlamentarmente autorizado) do seu *regime geral* e e o seu pressuposto e medida assentam no *princípio da bilateralidade* e no *princípio da proporcionalidade*

[37] Definindo, depois, no art. 16º, o imposto, como vimos ao falarmos do seu carácter unilateral.

[38] Isto para além de muitas outras, v. o nosso estudo *O Dever Fundamental de Pagar Impostos*, cit., p. 251 e ss.

taxa/prestação estadual proporcionada ou taxa/custos específicos causados à respectiva comunidade.

Apesar de a nossa ordem jurídica, a começar pelo nível constitucional, conhecer uma divisão tripartida de tributos (impostos, taxas e contribuições financeiras a favor das entidades públicas[39]), isto não obsta à necessidade de uma distinção entre os tributos com estrutura unilateral (impostos) e os tributos com estrutura bilateral (individual nas taxas e grupal nas contribuições financeiras). Distinção assente em diversos elementos, entre os quais temos: para os impostos, uma *legitimidade política* expressa no voto popular e na específica legalidade fiscal, constituírem tributos sem causa específica assentes na capacidade contributiva e terem as suas receitas uma afectação geral; e para as taxas e contribuições financeiras, uma *legitimidade económica* assente em tributos sujeitos a uma legalidade tributária menos exigente, que assentam numa *causa específica* constituída pela prestação pública a que a taxa ou contribuição serve de contraprestação, estarem as suas receitas consignadas ao serviço ou departamento responsável pela prestação e terem por medida critérios relativos à relação de troca de utilidades ou de mercado. O que, impondo retirar desta distinção todo o seu sentido e alcance, em nada afecta a abertura ao estabelecimento de três diferentes regimes legais[40].

Mas voltando ao confronto entre impostos e taxas, podemos assinalar que, face a um tributo, para sabermos se, do ponto de vista jurídico-constitucional, estamos perante um tributo unilateral ou imposto ou perante um tributo bilateral ou taxa, há que fazer o teste da sua medida ou critério, estando perante um imposto se apenas puder ser medido com base na capacidade contributiva do contribuinte, ou perante uma taxa se for susceptível de ser medida com base na referida ideia de proporcionalidade. Concretizando um pouco mais, podemos dizer que, há aqui dois testes: o da *bilateralidade* e o da *proporcionalidade*. Pelo que não basta que o tributo tenha carácter bilateral, para podermos concluir pela sua conformidade constitucional. Exige-se também proporcionalidade entre o tributo e a respectiva prestação específica.

Daí que, tendo presente a jurisprudência do Tribunal Constitucional relativa às taxas por infra-estruturas urbanísticas, não baste averiguar o carácter

[39] Como consta da alínea *i)* do n.º 1 do art. 165º da Constituição.

[40] Regimes que têm expressão desde logo na legislação geral v. os art.s 3.º e 4.º da Lei Geral Tributária. Relativamente ao que dizemos no texto, v., para mais desenvolvimentos, o nosso estudo «Que sistema fiscal para o século XXI?», *BFDC*, vol. XCV, Tomo I, 2019, p.

bilateral destas, isto é, se já se verificou a realização das respectivas infra-estruturas, como ocorreu no Ac. nº 357/99 (taxa de urbanização de Amarante), ou, no caso de tais infra-estruturas ainda não terem sido efectuadas, se a ordem jurídica prevê a "possibilidade jurídica" de exigir a realização das mesmas, como no Ac. nº 410/2000 (taxa de urbanização da Póvoa de Varzim). Antes se impõe que, ultrapassado com êxito o teste da bilateralidade, se proceda ao teste do critério em que assenta a taxa pelas infra-estruturas urbanísticas: ou esse critério assenta na ideia de proporcionalidade entre a contraprestação (a taxa) e a prestação específica (as infra-estruturas), deparando-nos com uma taxa; ou não assenta numa tal ideia, caso em que teremos uma figura tributária que, em virtude de ter por base a capacidade contributiva, não pode deixar de guiar-se pelo regime dos impostos.

Uma ideia que parece presente no Acórdão nº 274/2004 (taxa de urbanização de Baião), em que o Tribunal julgou inconstitucional algumas normas municipais na medida em que permitiam a cobrança da taxa municipal de infra-estruturas relativamente a promotores que tinham suportado integralmente os custos com a realização das infra-estruturas decorrentes da aprovação da correspondente loteamento. Pois estavamos aí perante um tributo que podia ser cobrado ainda que este não fosse contrapartida da realização, mesmo futura, por parte da câmara municipal, de nenhuma obra de infra-estrutura consequência directa ou indirecta da aprovação de uma operação de loteamento. E esteve presente também no Ac. 471/2007, que julgou inconstitucional uma norma do Código de Custas Judicias aplicável ao caso, por constituir suporte de uma taxa de justiça cujo montante tinha carácter manifestamente desproporcionado[41].

Mas, continuando a ilustrar a distinção entre impostos e taxas, com base na jurisprudência do Tribunal Constitucional, podemos referir também os emolumentos pagos em sede dos registos e do notariado. Em regra, os emolumentos constituem taxas que têm de característico o facto de as receitas que proporcionam serem, total ou parcialmente, destinadas à retribuição dos

[41] V. também os Acs. 490/2000 (taxa de urbanização de Paredes), 501/2000 (taxa de urbanização do Porto), 577/2000 (taxa de urbanização de Vila do Conde) e 334/2002 (taxa de urbanização de Celorico de Basto). Para maiores desenvolvimentos, v. o nosso estudo «Tributação do urbanismo no direito europeu», em *Por um Estado Fiscal Suportável*, cit., p. 316 e ss. Cf. também SALDANHA SANCHES, «Poder tributário dos municípios e legislação ordinária», *Fiscalidade*, 6, Abril de 2001, p. 117 e ss., e JORGE CARVALHO/FERNANDA PAULA OLIVEIRA, *Perequação. Taxas e Cedências. Administração Urbanística em Portugal*, Coimbra, 2003, p. 55 e ss.

funcionários do respectivo serviço público, como acontece no domínio das taxas devidas por actos de registo e actos notariais.

Ora bem, na anterior disciplina dos emolumentos, a maneira como o montante de alguns deles era definido e determinado, levava-nos a concluir que estávamos perante impostos. Na verdade, os emolumentos devidos pelo registo predial, comercial e de navios, relativos a inscrições de valor superior a certo montante, suportavam um tributo com uma taxa ou alíquota regressiva com quatro escalões: de 1%, 0,5%, 0,4% e 0,3%[42]. Pelo que o montante dos emolumentos era função, não dos custos do serviço de registo ou do serviço notarial prestado, mas sim função da capacidade contributiva revelada na solicitação desses serviços , sendo pois impostos, embora o TC, nos Acs. nºs 115/2002 e 269/2002, os tenha julgado não inconstitucionais, por no caso concreto se configurarem como taxa e não como imposto.

A respeito da recondução dos tributos aos impostos ou às taxas, consoante se apresentem como tributos unilaterais ou como tributos bilaterais, tem sido tradicional na doutrina e jurisprudência do Tribunal Constitucional com expressão, de resto, tanto na Constituição como na LGT.

Assim e quanto à doutrina, podemos referir aqui as diversas manifestações do referido encargo de mais-valia, em relação ao qual a generalidade da doutrina se tem pronunciado no sentido de o equiparar ao imposto. Uma orientação que parece impor-se por duas ordens de razões: de um lado, não se vislumbrando aí nenhuma contraprestação específica a favor do contribuinte, não podemos pedir quaisquer préstimos à figura das taxas; de outro lado, tais contribuições especiais não passam de impostos, que apresentam a particularidade de terem por base manifestações da capacidade contributiva resultantes do exercício de uma actividade administrativa e não, ou não exclusivamente, do exercício de uma actividade do respectivo contribuinte. Pois bem, em todos estas hipóteses nos deparamos, ao menos em termos jurídico-constitucionais, com verdadeiros impostos[43].

[42] Contida na Port. nº 996/98, de 25 de Novembro, substituída pelo Regulamento Emolumentar dos Registos e Notariado aprovado pelo DL nº 322-A/2001, de 14 de Dezembro, que Portugal foi obrigado a adoptar na sequência da jurisprudência do TJUE.

[43] Relativamente à tradicional recusa entre nós de qualquer autonomia à figura das contribuições ou tributos especiais, v., por todos, J. M. Cardoso da Costa, *Curso*, cit., p. 14 e s., e «Ainda a distinção entre "taxa" e "imposto" na jurisprudência constitucional», *Homenagem a José Guilherme Xavier de Basto*, Coimbra, 2006, p. 547 e ss.; Alberto Xavier, *Manual*, cit.,

Também a jurisprudência do TC se inscreveu na referida divisão dicotómica. Para o que basta lembrar que este Tribunal considerou como imposto um "encargo" por deficiência de estacionamento (Acs. 236/94 e 582/99), que se integrava claramente nas contribuições especiais, na modalidade de contribuição por maiores despesas, as "contribuições" das entidades empregadoras para a segurança social (Acs. 183/96 e 1203/96), as "taxas" para os organismos de coordenação económica (Acs. 387/91, 207/93 e 1239/96), tradicionalmente remetidas pela doutrina para as contribuições parafiscais, a "taxa" de Radiodifusão Portuguesa (Ac. 354/98), um claro imposto sobre o consumo de energia eléctrica de receita consignada à RDP, e os já referidos tributos exigidos pelas "licenças" relativas à publicidade através de anúncios em suportes fixos ou móveis (Acs. 558/98 e 63/99).

Uma solução infirmada posteriormente, pois veio considerar taxas, revelando um alargamento inaceitável desta figura tributária, a taxa devida pela "renovação anual" de taxas pelo licenciamento de painéis publicitários instalados em propriedade privada (Ac. 177/2010) bem como a taxa exigida pelo município de Sintra pelo funcionamento de postos de combustíveis situados em propriedade privada (Ac. 316/2014). Casos em que a prestação indicada para base da contraprestação, que constitui a pretensa taxa, não passa de uma manifestação da capacidade contributiva entendida com base na teoria da equivalência, à maneira da Escola de Pavia[44].

Também considerou tributos bilaterais ou taxas as propinas universitárias pagas nas universidades públicas (Ac. 148/94), as portagens pagas na Ponte 25 de Abril (Ac. 640/95), as taxas devidas pela realização de infra-estruturas urbanísticas (nos termos a que aludimos), a taxa exigida pela recolha do lixo (Ac. 1139/96), etc.[45]

Todavia, considerou não ter a natureza de taxa a "taxa municipal de protecção civil" instituída em alguns municípios, tendo declarado com força

p. 58, e A. L. Sousa Franco, *Finanças Públicas e Direito Financeiro*, vol. II, 4ª ed., Coimbra, 1992, p. 58 e ss.

[44] Que foi seguida sem cedências (ao contrário de outros membros dessa Escola) por Federico Maffezzoni, *Il Principio di Capacità Contributiva nel Diritto Finanziario*, Torino, 1970.

[45] V. o nosso estudo «Sobre o regime jurídico das taxas», *RLJ*, ano 145, 2015/16, p. 42 e ss. V., em geral, J. M. Cardoso da Costa, «O enquadramento constitucional do direito dos impostos em Portugal: a jurisprudência do Tribunal Constitucional», em *Perspectivas Constitucionais. Nos 20 anos da Constituição de 1976*, vol. II, Coimbra, 1997, p. 397 e ss. (402).

obrigatária geral os regulamentos que a suportavam no município de Lisboa e no município se Vila Nova de Gaia (Ac. 848/2017 e Ac. 367/2018).

Uma orientação que não foi infirmada, a nosso ver, pelo art. 165º, nº 1, al. *i*), da Constituição, nem pelos arts. 3º e 4º da LGT. Pois aquele preceito constitucional que, após a revisão de 1997, passou a referir os impostos, as taxas e demais contribuições financeiras a favor das entidades públicas, estabelece apenas dois regimes de reserva relativa da Assembleia da República: um, para os impostos, sujeitando-os ao exigente princípio da legalidade fiscal; outro, para as taxas e demais contribuições financeiras, traduzido na integração do seu "regime geral" na reserva relativa da competência legislativa da Assembleia da República. É preciso ter presente que a reserva parlamentar contida da alínea *i)* do art. 165.º da Constituição se reporta a duas reservas bem distintas: a respeitante aos impostos (e sistema fiscal) que, em articulação com o disposto no n.º 2 do art. 103.º, implica que a Assembleia da República ou o Governo munido de autorização legislativa se pronuncie sobre cada um dos elementos essenciais de cada imposto; e a respeitante às taxas e demais contribuições financeiras, em que à Assembleia da República ou ao Governo apenas se exige que estabeleça o correspondente regime geral[46].

Por sua vez, os mencionados preceitos da LGT ou repetem o que prescreve aquele preceito constitucional, como o faz o art. 3º, nº 3, ou consideram impostos as *contribuições especiais*, como prescreve o art. 4º, nº 3, que dispõe: "as contribuições especiais que assentem na obtenção pelo sujeito passivo de benefícios ou aumentos de valor dos seus bens em resultado de obras públicas ou da criação ou ampliação de serviços públicos ou no especial desgaste de bens públicos ocasionados pelo exercício de uma actividade são consideradas impostos". Pelo que e em conclusão, o referido *tertium genus* – as demais *contribuições financeiras* – não parece ser ainda objecto de um regime jurídico próprio, uma vez que as "contribuições especiais" são consideradas impostos e as demais "contribuições financeiras" são equiparadas, pelo menos em termos do seu *regime formal*, às taxas.

Tendo em conta o que vimos de dizer bem como o disposto no art. 5º, nº 2, do RGTAL, podemos alinhar os diversos tipos de tributos como segue:

[46] Que não tem de ser um só regime para as taxas e um só regime para as contribuições. O que, de resto, aconteceu com as taxas, relativamente às quais foi cumprida em parte essa imposição constitucional com a aprovação do RGTAL – v. o nosso estudo «Sobre o regime jurídico das taxas», *Por um Estado Fiscal Suportável – Estudos de Direito Fiscal*, vol. IV, p. 303 e ss., bem como o Ac. do TC 539/2015.

Tributo	Estrutura	Critério (medida)
Imposto	Unilateral	Cap. contributiva
Taxa	Bilateral	Prop. prestação/contraprestação
Contribuição – especial →	Unilateral → (grupal) →	Cap. contributiva
Contribuição – financeira →	Bilateral → (grupal) →	Prop. prestação/contraprestação

Mas vejamos melhor esses dois tipos de contribuições, bem como outras figuras tributárias frequentemente consideradas autónomas[47].

2.2.2. As contribuições, as tarifas e as receitas parafiscais

Mas a divisão dicotómica dos tributos, em sede jurídico-constitucional, não significa que a distinção das diversas figuras tributárias se não possa fazer noutros termos. Em termos que, embora tendencialmente irrelevantes naquela sede, tenham importância nomeadamente no domínio do direito financeiro.

Pois bem, na divisão tripartida dos tributos, encontramos no nosso sistema tributário actual dois tipos de contribuições entre a figura dos impostos e a figura das taxas: as clássicas *contribuições especiais* e as demais *contribuições financeiras*. Contribuições que têm de comum, podemos adiantar já, não se reportarem seja a normais detentores de capacidade contributiva como nos impostos, nem a destinatários de específicas prestações individuais como nas taxas, mas antes a grupos de pessoas ligados seja por uma particular manifestação de capacidade contributiva decorrente do exercício de uma actividade administrativa (nas contribuições especiais), seja pela partilha de uma específica prestação de natureza grupal (nas demais contribuições financeiras). Digamos alguma coisa sobre tais contribuições, bem como sobre outras figuras que o legislador menciona com variados nomes como tarifas ou preços públicos e contribuições, tributos ou receitas parafiscais.

Assim e quanto às *contribuições especiais* (*tributi* ou *contributi speciali* em Itália, *contribuciones especiales* em Espanha, *Beiträge* na Alemanha), é habitual, seguindo uma distinção há muito consolidada sobretudo na doutrina italiana

[47] Sobre esta problemática das figuras próximas do imposto, v. também os desenvolvimentos de Vitor Faveiro, *O Estatuto do Contribuinte. A Pessoa do Contribuinte no Estado Social de Direito*, Coimbra, 2002, p. 303 e ss.

e espanhola, referenciar duas modalidades: a das "contribuições de melhoria", que se verifica naqueles casos em que é devida uma prestação, em virtude de uma vantagem económica particular resultante do exercício de uma actividade administrativa, por parte de todos aqueles que tal actividade indistintamente beneficia; e a das "contribuições por maiores despesas", que ocorre naquelas situações em que é devida uma prestação em virtude de as coisas possuídas ou de a actividade exercida pelos particulares darem origem a uma maior despesa das autoridades públicas[48].

Ora, como se pode ver, tais contribuições ou tributos especiais não passam de *impostos especiais* impostos que, como já referimos, apresentam a particularidade de terem por base manifestações da capacidade contributiva de determinados grupos de pessoas resultantes do exercício de uma actividade administrativa pública e não, ou não exclusivamente, do exercício de uma actividade do respectivo contribuinte como acontece nos impostos. Manifestações da capacidade contributiva que operam de maneira diferente consoante de trate de "contribuições de melhoria" ou de "contribuições por maiores despesas", já que, enquanto nas primeiras a actividade administrativa pública provoca manifestações positivas dessa capacidade, aumentando-a, nas segundas, a actividade administrativa pública limita-se a obstar a que surjam manifestações negativas dessa capacidade, ou seja, limita-se a manter essa mesma capacidade. Há assim uma prestação pública traduzida numa vantagem que, embora indeterminada relativamente a cada contribuinte como nos impostos, não deixa, a seu modo, de ser determinável na perspectiva do grupo beneficiado pela correspondente actividade administrativa.

Um exemplo muito claro desta figura tributária, na sua modalidade de contribuições de melhoria, temo-lo no tradicionalmente designado *encargo de mais-valia*, uma contribuição especial incidente em geral sobre o aumento de valor de prédios rústicos que, em virtude de obras de urbanização ou da construção de infra-estruturas, ficam aptos para a construção, encargo esse a liquidar e a cobrar aquando da solicitação da respectiva licença de construção. Um encargo que conhecia seis manifestações ou hipóteses – as três primeiras designadas na lei por encargo de mais-valias, a que podemos chamar contri-

[48] V., por todos, ALBERTO XAVIER, *Ibidem*, p. 57 e ss., A. BERLIRI, *Corso*, cit., vol. I, p. 65 e ss. e G. FALSITA, *Manuale di Diritto Tributario. Parte Generale*, 5ª ed., Padova, 2005, p. 33 e s. Em Espanha é a própria *Ley General Tributaria*, no seu art. 2º, que dispõe que "os tributos classificam-se em taxas, contribuições especiais e impostos", definindo depois cada uma destas espécies.

buições especiais da primeira geração, e as três últimas designadas na lei por contribuições especiais, a que podemos chamar contribuições especiais da segunda geração.

Limitando-nos aqui apenas às contribuições especiais da segunda geração[49], temos: 1) a contribuição especial incidente sobre o aumento do valor dos prédios rústicos, terrenos para construção e áreas resultantes da demolição de prédios urbanos já existentes, na área dos municípios beneficiados pela construção da nova ponte sobre o Tejo (DL nº 51/95, de 20 de Março); 2) a contribuição especial incidente sobre o aumento do valor dos prédios rústicos, terrenos para construção e áreas resultantes da demolição de prédios urbanos devido à realização da EXPO/98 (DL nº 54/95, de 22 de Março); e 3) a contribuição especial incidente sobre o aumento de valor dos prédios rústicos, terrenos para construção e áreas resultantes da demolição de prédios urbanos dos concelhos beneficiados pelos investimentos concretizados na CREL e na CRIL na área de Lisboa e na CREP e na CRIP na área do Porto (DL nº 43/98, de 3 de Março)[50].

No respeitante às demais *contribuições financeiras* a favor das entidades públicas, podemos dizer que se trata de contribuições, como tendem a ser as taxas de regulação e supervisão que suportam financeiramente a actividade do actual Estado regulador e supervisor que, de algum modo, têm por base uma prestação de natureza grupal, na medida em que constituem um preço público, operando assim à maneira das clássicas taxas, a pagar pelo conjunto

[49] Quanto às contribuições da primeira geração que subsistem (pois o encargo de mais-valias relativo a "obras de urbanização" foi abolido pela al. *h*) do art. 128, do DL nº 280/2007, de 7 de Agosto), v. a 5ª edição deste *Direito Fiscal*, p. 29.

[50] Quanto às contribuições especiais relativas aos terrenos valorizados pela construção da nova ponte sobre o Tejo e pela realização da EXPO/98 e pelos terrenos valorizados pelas circulares externa e interna de Lisboa e do Porto, parece-nos que ambas estão afectadas de inconstitucionalidade. Por um lado, estamos perante impostos retroactivos, pois tributam mais-valias verificadas antes da entrada em vigor dos DLs nºs 51/95, 54/95 e 43/98 que aprovaram os respectivos regulamentos, já que, nos termos dos arts. 2ºs de tais regulamentos, as contribuições incidem sobre a valorização dos terrenos ocorrida entre, respectivamente, 1 de Janeiro de 1992 ou 1 de Janeiro de 1994 e a data do requerimento da respectiva licença de construção, o que briga com o art. 103º, nº 3, da Constituição, como veio a ser reconhecido pelo Tribunal Constitucional em diversos acórdãos entre os quais se conta o Ac. 63/2006. V. a nossa anotação a este acórdão com o título «O arco temporal do facto tributário e a retroactividade dos impostos», *Cadernos de Justiça Administrativa*, 59, Setembro/Outubro de 2006, p. 12 e ss.

dos regulados à respectiva entidade ou agência de regulação. O que implica que, também face a tais contribuições, se tenha de respeitar a Constituição, tendo o seu regime geral de constar de lei ou de decreto-lei parlamentarmente autorizado, e o seu montante suportar o correspondente teste da proporcionalidade, ou seja, o teste da proporcionalidade entre as taxas a pagar pelos conjunto dos regulados do correspondente sector de actividade sujeita a regulação pública e a respectiva prestação específica traduzida na prestação desse serviço de regulação e supervisão suportado pela correspondente entidade ou agência de regulação, conquanto se reporte efectivamente aos custos desse serviço e não a quaisquer outros. Diferentes destas contribuições financeiras de financiamento das entidades independentes de regulação e de supervisão, são as contribuições que não passam de impostos especiais incidentes sobre certas empresas, como a contribuição sobre o sector bancário, a contribuição extraordinária sobre o sector energético, a taxa de segurança alimentar e a contribuição sobre a indústria farmacêutica[51].

Por sua vez, no concernente às *tarifas*, é de referir que, não obstante a falta de consenso, a nosso ver, elas reconduzem-se a um especial tipo de taxas – as taxas que exprimem não apenas uma *equivalência jurídica*, como é característico de todas as taxas (nº 2 do art. 15º do RGTAL), mas também uma *equivalência económica*, como é característico dos preços. Por isso, são de designar preferentemente por tarifas as taxas (economicamente) equivalentes, o que as equipara, de algum modo, às *redevances* em França, muito embora o que distingue juridicamente uma tarifa-taxa de uma tarifa-preço público não seja a referida equivalência económica mas o seu regime jurídico, pois enquanto a tarifa-taxa, como tributo que é, se apresenta como uma obrigação *ex lege* e implica a aplicação dum regime de direito público integrado por uma série

[51] V. sobre estes tributos o Ac do TC 539/2015, bem como o que dizemos *infra*, no nº 54.3. Relativamente às contribuições a favor das entidades de regulação e supervisão, é de assinalar que estas podem revelar-se constitucionalmente ilegítimas, não em si mesmas, uma vez que corresponderão ao conjunto dos custos que a correspondente regulação ou supervisão implica, mas porque a intervenção económica por via da regulação ou supervisão na situação se revele excessiva suportando uma regulação ou supervisão opressiva do mercado e, por conseguinte, da liberdade de iniciativa economia e de empresa, restringindo a liberdade de actuação das empresas reguladas não só pelo que a regulação impede ou exige, mas também pelos encargos tributários excessivos que acarreta. Para a distinção das contribuições entre contribuições associativas, contribuições financeiras e contribuições extrafiscais, seguindo a doutrina alemã, v. SUZANA TAVARES DA SILVA, *As Taxas e a Coerência do Sistema Tributário*, ob. cit., p. 87 e ss.

de prerrogativas atinentes nomeadamente à sua garantia e execução, a tarifa-preço público não beneficia desse regime[52].

Como verdadeiras tarifas, neste sentido, se configuravam as exigidas pelos municípios, previstas no art. 20º da LFL de 1998, sob a epígrafe "tarifas e preços", a cobrar, designadamente, pelas actividades de exploração dos sistemas públicos de distribuição de água, de drenagem de águas residuais, de recolha, depósito e tratamento de resíduos sólidos, de transportes colectivos de pessoas e mercadorias, de distribuição de energia eléctrica em baixa tensão (embora presentemente se encontre concessionada à EDP), etc. Com efeito, tais tarifas, que na LFL de 2007 e no RFAL (do mesmo modo que na actual LFRA) se passaram a designar, por "preços" e "mais instrumentos de renumeração" dos municípios para além de não terem de ser estabelecidas pela assembleia municipal, como as taxas, podendo ser fixadas pela câmara municipal, não devem ser inferiores aos custos directa e indirectamente suportados com a prestação dos serviços e com o fornecimento dos bens (art. 16º da LFL)[53].

Finalmente, quanto às contribuições, tributos ou *receitas para-fiscais*, podemos dizer que se caracterizam por serem tributos (é esta a designação que ostentam na recente legislação fiscal como acontece no art. 3º da LGT e no art. 1º do CPPT) que são cobrados para a cobertura das despesas de pessoas colectivas públicas não territoriais, ou seja, de tributos objecto de uma verdadeira consignação subjectiva de receitas[54]. Exemplo destas receitas têm-no constituído, de um lado, os tributos parafiscais de natureza económica, as

[52] A referida falta de consenso é visível entre nós, em que as tarifas são consideradas quer apenas preços voluntariamente estabelecidos, quer tanto preços voluntariamente estabelecidos como preços autoritariamente fixados, quer apenas preços autoritariamente fixados. V. o Ac. do STA (1ª Sec.), de 2 de Maio de 1996, Teixeira Ribeiro, na anotação desse Ac. na *RLJ*, 129 (1996-97), p. 296 e ss., e o Ac. do STA (1ª Sec.), de 17 de Junho de 1997, e a nossa anotação a este Ac. nos *CJA*, 6, Nov.-Dez. de 1997, p. 48 e ss., em que referenciamos quatro sentidos para a figura das tarifas.

[53] V. o nosso livro *A Autonomia Financeira das Autarquias Locais*, Coimbra, 2007, p. 46 e ss, e António Malheiro de Magalhães, *O Regime Jurídico do Preços Municipais*, Coimbra, 2012.

[54] V., neste sentido, o art. 4º da *Ordonnance* de 2 de Janeiro de 1959 – cf. G. Gest/G. Tixier, *ob. cit.*, p. 60 e ss. Uma categoria que foi suprimida em 2004 pela Lei Orgânica relativa às Lei de Finanças (Lei 2001-693, de 1 de Agosto de 2001). Entre nós, são tradicionalmente reconduzidas às contribuições, tributos ou receitas parafiscais as contribuições para a segurança social, as "taxas para os organismos de coordenação económica" e as quotas para as associações públicas.

chamadas "taxas" para os organismos de coordenação económica e, de outro, os tributos parafiscais de natureza social, as contribuições para a segurança social[55].

Porém, não obstante a caracterização própria de que são susceptíveis estas figuras (a que se podiam acrescentar muitas outras), o certo é que, pelo menos entre nós, tem sido tendência reconduzir todos os tributos àquela dicotomia, considerando-os impostos ou taxas, consoante sejam unilaterais ou bilaterais. O que não levantará problemas em sede do seu regime constitucional. Todavia, atenta a complexidade das realidades que hoje em dia tendem a ser erigidas em objecto de tributação, como, por exemplo, a que recentemente vem dando suporte às taxas de regulação e supervisão, seja questionável esse posicionamento teórico, pois é evidente que a referida complexidade cada vez menos se conjuga, sobretudo em sede do seu regime legal, com a mencionada visão dicotómica dos tributos[56]. Daí que se fale, a este respeito, quer de "categorias camaleónicas" quer da "erosão" ou "diluição" da figura dos tributos e suas espécies com destaque para a figura dos impostos[57].

A respeito da divisão dicotómica ou tripartida dos tributos, é de sublinhar que o critério para a distinção entre os tipos de tributos se reporta exclusivamente à *estrutura da relação tributária*, ao tipo de relação que se estabelece entre os respetivos sujeito ativo e sujeito passivo, e não à *titularidade activa* dessa relação, como o sugere a frequentemente utilizada expressão «tributos parafiscais», nem a *finalidade do tributo* como, por vezes, vai subentendido na expressão «tributos extrafiscais». É, pois, a estrutura bilateral da relação jurídica, em que assentam tanto as taxas como as contribuições financeiras, que revela a natureza comutativa destes tributos, os quais, porque concretizam uma efectiva troca de utilidades económicas, têm por base, como referimos, uma *legitimidade económica*.

55 Cf. A. L. Sousa Franco, *Finanças Públicas e Direito Financeiro*, vol. II, 2ª ed., Coimbra, 1992, p. 59 e s., e Alfredo J. de Sousa/J. Silva Paixão, *Código de Procedimento e de Processo Tributário Comentado e Anotado*, Coimbra, 2000, p. 25 e ss..

56 V., quanto às contribuições, J. M. Cardoso da Costa, «Sobre o princípio da legalidade das "taxas" (e das "demais contribuições financeiras")», *Estudos em Homenagem ao Professor Doutor Marcello Caetano no Centenário do seu Nascimento*, Coimbra Editora, 2006, p. 789 e ss., e Suzana Tavares da Silva, *As taxas e a Coerência do Sistema Tributário*, cit., p. 82 e ss.

57 V. Suzana Tavares da Silva, *As Taxas e a Coerência do Sistema Tributário*, ob. cit., p. 84 e s. e o nosso estudo «Algumas considerações sobre a figura dos tributos», *Estudos em Homenagem ao Prof. Doutor Aníbal de Almeida*, Coimbra, 2012, p. 733 e ss.

O que vale também relativamente à titularidade da receita dos tributos. De facto esta titularidade, até porque está para além da relação tributária, integrando, como veremos melhor ao distinguir impostos estaduais e impostos não estaduais e ao cuidar do sujeito activo da relação tributária, numa relação financeira a constituir-se a jusante da relação tributária, nada pode dizer sobre o tipo de tributo. É certo que a consignação de receitas é inerente à natureza dos tributos de estrutura bilateral (individual ou grupal), pois as receitas são a contraprestação à prestação que é o facto gerador do tributo, sendo algo totalmente alheio à estrutura dos tributos unilaterais ou impostos. Daí que a consignação de receitas em sede dos impostos seja absolutamente excepcional, como expressamente se prescreve no art. 16.º da Lei de Enquadramento Orçamental.

2.3. Ideia sobre o sistema fiscal

E vista a noção de imposto e mencionadas algumas das figuras que integram o multifacetado universo dos tributos, é agora o momento de enunciarmos o conceito de sistema fiscal. Ora bem, o sistema fiscal é o sistema dos impostos (ou dos tributos que sejam de considerar impostos de um ponto de vista jurídico-constitucional), ou seja, os impostos vistos como um conjunto dotado duma dada articulação ou estrutura interna.

Pelo que, de um lado, se não confunde com o que podemos designar por sistema tributário que integra o conjunto dos tributos – impostos e tributos bilaterais. Rejeita-se assim a posição que, com base na contraposição das expressões "criação de impostos" e "sistema fiscal" constantes do art. 165º, nº 1, al. *i*), da CRP, e com o manifesto intuito de subordinar a figura das taxas ao princípio da legalidade fiscal, equiparava o sistema fiscal ao sistema tributário.

Por outro lado, não se diga que a mencionada referência constitucional ao sistema fiscal constitui uma redundância e que não tem, por isso, qualquer efeito útil, pois a mesma tem por consequência reservar à lei parlamentar, para além dos elementos essenciais de cada imposto, enunciados no nº 2 do art. 103º, a estruturação do próprio sistema fiscal, ou seja, a articulação dos diversos impostos entre si: seja a articulação, que podemos designar de *horizontal*, dos impostos sobre o rendimento com os impostos sobre o património e com os impostos sobre o consumo, de molde a obter-se um adequado equilíbrio entre esses três tipos de tributação, seja a articulação, que podemos designar de *vertical*, do sistema fiscal nacional com o sistema fiscal da União

Europeia (*in fieri*), com os (sub)sistemas fiscais que estão a constituir-se nas regiões autónomas, ao abrigo do art. 227º, nº 1, al. *i*), da Constituição, ou mesmo com os (sub)sistemas ficais (autárquicos) que possam emergir nas autarquias locais, ao abrigo do nº 4 do art. 238º da Constituição.

Assim e no respeitante às regiões autónomas, a Constituição, e no seu seguimento a Lei das Finanças das Regiões Autónomas, atribui-lhes importantes poderes tributários. Segundo o disposto no nº 2 do art. 56º da LFRA, as assembleias regionais podem criar e regular impostos vigentes apenas nas regiões autónomas respetivas, definindo a correspondente incidência, a taxa, a liquidação, a cobrança, os benefícios fiscais e as garantias dos contribuintes, bem como adaptar os impostos de âmbito nacional às especificidades regionais[58].

Finalmente, no concernente às autarquias locais, dispõe a Constituição, no seu art. 238º, nº 4, aditado pela RC/97, que "as autarquias locais podem dispor de poderes tributários, nos casos e nos termos previstos na lei". O que, em nossa opinião, não sendo mais do que a expressão duma adequada compatibilização ou concordância prática do princípio da legalidade fiscal com o princípio da autonomia local, já dispunha de adequada consagração constitucional[59].

Relativamente ao poder tributário das autarquias locais, é de salientar, que o legislador ordinário tem vindo, de algum modo, ampliar esse poder tributário, como se pode ver pelo disposto nos arts. 15º e 16º do RFAL. Saliente-se que essa ampliação tem sido sobretudo no domínio do *poder tributário negativo*, traduzido na possibilidade da concessão de benefícios fiscais, como consta dos nºs 2 a 9 do referido art. 16º. De resto, nessa situação se integra também o poder já antes reconhecido aos municípios pela LFL de 2007 e agora regulado no art. 26º do RFAL, de renunciar a parte ou a totalidade da transferência estadual correspondente a 5% do IRS loca-

[58] Sobre o sistema fiscal das regiões autónomas, v. E. PAZ FERREIRA, «O poder tributário das regiões autónomas: desenvolvimentos recentes», *BCE*, XLV-A, 2002, p. 265 e ss., e GUILHERME W. D'OLIVEIRA MARTINS, «Os poderes tributários nas regiões autónomas: criar ou adoptar, eis a questão...», *RFDL*, XLII, 2001, 2, p. 1085 e ss.

[59] Um poder tributário que, com base na harmonização dos princípios constitucionais da reserva parlamentar e da autonomia local na sua manifestação de autonomia financeira sempre entendemos não estar o legislador constitucionalmente impedido de, em alguma medida, o atribuir aos municípios, como, de resto, sempre o fez. V. os nossos estudos *Contratos Fiscais*, cit., p. 246 e s., e *O Dever Fundamental de Pagar Impostos*, cit., p. 371 e ss.

lizado na respectiva circunscrição municipal. O que se inscreve, não na política fiscal ou de obtenção de receitas, mas antes na utilização dos benefícios fiscais como instrumento da política de desenvolvimento económico e social.

Uma utilização extrafiscal, que, a seu modo, está presente também no poder, que veio a ser atribuído aos municípios pelos nºs 6 a 9 do art. 112º do CIMI. Um poder que se concretiza em as assembleias municipais estarem legalmente autorizadas a diferenciar as taxas do IMI, aumentando-as ou diminuindo-as em função de objectivos de política urbanística.

O que nos leva a questionar, tanto em relação às regiões autónomas como em relação aos municípios, se estas estruturas, respectivamente, de desconcentração política e de descentralização administrativa do Estado[60]

[60] Para o entendimento das expressões usadas no texto, tenha-se presente o super-conceito *descentração*, que conhece muitas formas. Formas essas que podem ser de *descentralização* ou de *desconcentração*. Assim e pelo que à descentração política diz respeito, temos: 1) a descentralização política própria dos Estados federais, em que o Estado é verdadeiramente descentralizado, o que se revela na existência de vários Estados (e, consequentemente, uma constituição federal articulada com as constituições estaduais); e 2) a desconcentração política como ocorre nos Estados regionais ou regionalizados, em que, embora havendo um só Estado, se verifica a desconcentração de parcelas das suas funções política, legislativa e judicial em estruturas regionais. Por sua vez, na descentração administrativa, encontramos: 1) a descentralização administrativa concretizada na existência de administrações autónomas face à administração estadual ou regional como são as que integram, de um lado, os entes, corporações, colectividades ou autarquias locais e, de outro, as instituições ou corporações não territoriais, mormente as de natureza profissional; e 2) a desconcentração administrativa traduzida nas administrações indirectas do Estado ou das administrações autónomas, em que um ente autónomo prossegue os seus interesses próprios através da interposição de um órgão (desconcentração orgânica) ou mesmo de uma pessoa colectiva constituída para esse efeito (desconcentração personalizada). Ou em esquema:

- *descentração*
  - política
    - descentralização – Estado federal
    - desconcentração – Estado regional(izado)
  - administrativa
    - descentralização
      - territorial (autarquias locais)
      - institucional e corporativa
    - desconcentração
      - personalizada (administ. indirecta)
      - orgânica

estão verdadeiramente interessadas no *poder tributário positivo*. Ou se, pelo contrário, não estão interessadas sobretudo no *poder tributário negativo* ou, o que é a mesma coisa, no poder de aumentar a carga fiscal que o Estado há-de impor aos cidadãos residentes no Continente, já que são estes, ao fim e ao cabo, que têm de arcar com os défices financeiros regionais e municipais que o exercício do referido poder tributário negativo necessariamente agravará.

Uma fenomenologia que tem o significado e alcance inaceitáveis, pois, num Estado de direito democrático, tais estruturas, embora aparentemente exerçam um poder tributário (negativo) próprio, estão, na realidade e ao invés, a usurpar parcelas não despiciendas do poder tributário (positivo) do Estado, estabelecendo assim, nas respectivas circunscrições territoriais, um regime claramente de privilégio em matéria de carga fiscal objectiva global, a nosso ver, violador do princípio da solidariedade nacional. E isto não obstante as afirmações pomposas tanto da Constituição como da LFRA e do RFAL, indo estes dois regimes ao ponto de assegurar uma *solidariedade nacional recíproca*, como se a solidariedade nacional pudesse, em circunstância alguma, valer em termos unilaterais[61].

Mas o sistema fiscal não se tem degradado apenas em consequência do exercício do poder tributário pelas mencionadas estruturas de descentração territorial, já que no mesmo sentido vão as investidas a montante do TJUE. Com efeito, a acção militante de harmonização fiscal negativa levada a cabo

Cf. o nosso estudo «A autonomia local. Alguns aspectos gerais», agora em *Estudos sobre autonomias territoriais e Cívicas*, Almedina, Coimbra, 2010, p. 23 e segs, (82 e s.), e Vital Moreira, *Administração Autónoma e Associações Públicas*, Coimbra, 1997, esp. 23 ss. Refira-se que a desconcentração política concretizada nas nossas regiões autónomas apenas diz respeito às funções política e legislativa do Estado.

[61] Por isso, interrogamo-nos sobre se o termo *recíproco*, não participa, de algum modo, da prática linguística que podemos designar por "adjectivos assassinos", em que o adjectivo, afastando-se totalmente da sua função, acaba por liquidar o substantivo que acompanha, como ocorre nas célebres e bem conhecidas expressões "democracia popular", "república democrática", "república popular", etc. A respeito dos problemas que o poder tributário dos municípios levanta, designadamente os traduzidos nos fenómenos do *"parasitismo" municipal* e da *"esquizofrenia" municipal*, v. os nossos estudos «A Constituição fiscal de 1976, sua evolução e seus desafios» e «As bases constitucionais da reforma da tributação do património», em *Por um Estado Fiscal Suportável*, cit., p. 130 e ss. e 226 e ss. Sobre os poderes tributários dos municípios, v., por todos, Vasco Valdez, *Autonomia Tributária dos Municípios*, Vida Económica, 2014, esp. p. 201 e ss.

por este Tribunal, "funcionalizando" os sistemas fiscais dos Estados ao funcionamento do mercado, subverte os sistemas fiscais nacionais impedindo que estes desempenhem o papel que lhes cabe como meio de assegurar o financiamento público, no quadro da soberania fiscal que, por enquanto, ao menos formalmente, continua na titularidade dos Estados[62].

A respeito da ideia de sistema fiscal, é de sublinhar que, atenta a nossa abordagem jurídica, o que aqui vamos ter em conta é o sistema de normas respeitante aos impostos, ou seja, o corpo de normas jurídicas relativas ao sistema fiscal, e não qualquer outro dos múltiplos e diversificados aspectos que os sistemas fiscais ostentam, a exigir uma abordagem interdisciplinar. Por isso, estão fora das nossas preocupações, nomeadamente, a dimensão económica, o contexto institucional e os aspectos políticos, sociológicos e psicológicos dos impostos e do sistema fiscal.

3. Os momentos da vida do imposto

Olhando para o imposto numa perspectiva dinâmica, tendo em conta os momentos em que se desdobra a sua vida, encontramos dois momentos essenciais do ponto de vista da sua disciplina jurídica, mormente em sede jurídico-constitucional. Por um lado, temos o momento do estabelecimento, criação, instituição ou incidência do imposto e, por outro, o momento da sua aplicação, efectivação, administração ou gestão.

No primeiro momento trata-se de definir o se (*an*) e o quanto (*quantum*) do imposto, o que engloba a definição normativa: 1) do facto, actividade ou situação que dá origem ao imposto (o chamado pressuposto de facto, facto gerador ou facto tributário); 2) dos sujeitos activos e passivos (contribuinte, responsáveis, substitutos, etc.) da obrigação de imposto; 3) do montante do imposto, montante em regra (sempre que não seja um imposto de quota fixa) definido através do valor sobre que recai (definição em abstracto da matéria colectável), mediante a percentagem desse valor ou a quantidade por unidade a exigir do contribuinte (a taxa ou alíquota) e, eventualmente, das deduções a fazer ao valor assim apurado (no caso de deduções à colecta); e 4), na medida em que decidem que não há lugar a imposto ou há lugar a menos imposto, dos benefícios fiscais[63]. Saber, pois, o que cabe neste momento e o que dele

[62] V. o nosso estudo «Reflexões sobre a constituição económica, financeira e fiscal portuguesa», *ob. cit.*

[63] Trata-se de definir a incidência jurídica que é diversa da incidência económica – v. sobre esta M. H. Freitas Pereira, *Fiscalidade*, cit., p. 31 e ss.

está excluído, é importante sobretudo porque, como havemos de ver, se trata dum momento normativo, mais exactamente dum momento legislativo qualificado, já que a sua disciplina se encontra subordinada às exigências do princípio da legalidade fiscal.

Por sua vez, no segundo momento da dinâmica dos impostos, procede-se à sua aplicação, efectivação, administração ou gestão. O que se traduz nas operações de lançamento, liquidação e cobrança dos impostos. Pelo *lançamento* identifica(m)-se o(s) contribuinte(s), através do *lançamento subjectivo*, e determina-se a matéria colectável (ou tributável[64]) e a taxa (na caso de pluralidade de taxas[65]), mediante o *lançamento objectivo*. Pela *liquidação*, por seu turno, determina-se a colecta aplicando a taxa à matéria colectável, colecta que vem a coincidir com o imposto a pagar, a menos que haja lugar a deduções à colecta, caso em que a liquidação também abarca esta última operação[66]. Finalmente, através da *cobrança* (ou pagamento quando vista do lado do sujeito passivo), o imposto vai dar entrada nos cofres do Estado, seja através da cobrança voluntária se há lugar ao pagamento espontâneo pelo contribuinte do montante liquidado, seja através da cobrança coerciva se for preciso recorrer à apreensão dos bens necessários à solvência do débito fiscal do devedor[67].

[64] Como é actualmente mais frequente, uma vez que a designação de matéria colectável, a designação tradicional e dominante até à reforma fiscal dos anos oitenta do século passado, é mais rara.

[65] Taxa que, no respeitante aos impostos sobre o consumo, pode ser uma *taxa "ad valorem"*, como ocorre nos impostos sobre o rendimento e sobre o património, fixada numa percentagem do valor dos bens, uma *taxa específica*, fixada em função da quantidade (número, peso, superfície, volume ou outros elementos quantitativos) dos bens ou de componentes dos bens, como acontece com a generalidade dos impostos especiais de consumo, ou até uma *taxa mista*, em parte *ad valorem* e em parte específica, como se verifica no Imposto sobre o Tabaco. Cf. Teixeira Ribeiro, *Lições de Finanças Públicas*, cit., p. 365.

[66] Utilizamos os termos lançamento e liquidação no seu sentido estrito, pois, no seu sentido amplo, qualquer desses termos abarca o conteúdo do outro, significando assim o conjunto de actividades ou operações de identificação do contribuinte e de determinação do imposto. Devemos acrescentar que é bastante frequente, não só na doutrina mas também na legislação e na jurisprudência, a utilização do termo liquidação em sentido amplo. Algo que se verifica também no Brasil, embora com o termo lançamento.

[67] Cf. J. M. Cardoso da Costa, *Curso*, cit., p. 21; A. L. Sousa Franco, «Tributação», *Dicionário Jurídico da Administração Pública*, vol. VII, 1996, p. 491 e ss., e M. H. Freitas Pereira, «Estrutura e dinâmica do imposto», *Ensaios de Homenagem a Rogério Fernandes Ferreira*, ISEG, 2001, p. 317 e ss.

E aqui temos o chamado *procedimento fiscal*, isto é, a sequência funcional de actos conducentes à identificação do sujeito passivo e à determinação do montante do imposto a pagar[68]. Como bem se vê, não se trata nesta fase de instituir ou de criar o imposto, mas antes e só de o administrar ou gerir.

Administração ou gestão que, ao contrário do que tem sido tradicional, está no presente longe de caber exclusivamente à administração fiscal, sendo cada vez mais frequente a administração total ou parcial de alguns impostos pelos próprios particulares, mormente pelas empresas, seja na qualidade de contribuintes (casos de autoliquidação e de pagamentos por conta), seja na qualidade de terceiros (casos de substituição fiscal e de cobrança contratual de impostos alheios). Por conseguinte, estamos aqui face ao momento administrativo dos impostos, compreendendo-se assim que a sua disciplina jurídica não esteja subordinada ao exigente princípio constitucional da legalidade fiscal, bastando-se a Constituição, em contrapartida, com o respeito pelo princípio geral da legalidade da administração[69]. Um momento que pode ser mais ou menos complexo consoante o tipo de imposto.

Como exemplo de uma liquidação *lato sensu* bastante complexa, relativamente à quantificação da obrigação de imposto, temos o IRS, em que aquela se desdobra nas seguintes operações: 1) apuramento do rendimento bruto por categoria[70], 2) a dedução relativamente a cada categoria das despesas realizadas para a obtenção do respectivo rendimento, tornando este uma categoria líquida, 3) o englobamento dos diversos rendimentos líquidos apurados, obtendo assim o rendimento líquido total, 4) aplicação do quociente "familiar", 5) a determinação da taxa aplicável, 6) a aplicação desta ao rendimento colectável, apurando assim a colecta (a liquidação em sentido estrito), e 7) as deduções à colecta, entre as quais justamente se contam as despesas de

[68] Refira-se que a *estrutura dos códigos* dos diversos impostos segue os momentos da vida do imposto – v., por exemplo, os códigos do IRS, do IRC e do IVA.

[69] Já que, a nosso ver, a referência à lei na parte final do nº 3 do art. 103º da Constituição, relativa à liquidação e cobrança dos impostos, não tem o sentido de diploma legislativo, mas o sentido de norma jurídica. V. *infra*, nº 9.2.1.

[70] Que são: a categoria A – *rendimentos do trabalho dependente*, a categoria B – *rendimentos empresariais e profissionais*, a categoria E – *rendimentos de capitais*, a categoria F – *rendimentos prediais*, a categoria G – *incrementos patrimoniais* (categoria em que foram integradas as anteriores categorias G –mais-valias e I – outros rendimentos, na qual sobressaíam os rendimentos do jogo como os prémios atribuídos em sorteios e apostas mútuas e quaisquer outros ganhos de jogo), e a categoria H – *pensões* – v. os arts. 1º a 12º do CIRS.

carácter pessoal das famílias adstritas à realização dos direitos sociais à saúde, à educação, à habitação e à segurança social, deduções que, uma vez realizadas, nos dão o montante do imposto a pagar[71]. Segue-se o pagamento do imposto.

Em suma, do ponto de vista dinâmico, o que é importante é distinguir e separar adequadamente o momento da instituição ou do estabelecimento dos impostos do momento da sua aplicação ou efectivação. É de acrescentar que, entre esses dois momentos da responsabilidade, respectivamente, do legislador fiscal e da administração fiscal, temos naturalmente o momento constituído pela verificação ou realização do facto tributário, pressuposto de facto ou facto gerador do imposto cujo protagonista é o contribuinte que o concretiza através da prática de factos que se reconduzam a expressões ou manifestações da sua capacidade contributiva.

Esquematicamente temos, quanto aos momentos da vida dos impostos:

1. Instituição do imposto / incidência – momento legislativo
2. Verificação do facto gerador – actuação dos contribuintes
3. Aplicação do imposto – momento administrativo (cada vez mais "privatizado")
   3.1. Liquidação em sentido amplo:
      - Lançamento – subjectivo (identificação do contribuinte)
        – objectivo (determinação da matéria tributável e determinação da taxa)
      - Liquidação em sentido estrito (aplicação da taxa à matéria tributável → colecta)
      - Deduções à colecta
   3.2. Cobrança / pagamento
      - Voluntária
      - Coerciva = execução fiscal (Administração Fiscal com a eventual participação dos tribunais)

[71] Refira-se que os Códigos do IRS e do IRC mencionam dois tipos de deduções à colecta, reportando-os à liquidação: as mencionadas no texto, que integram efectivamente a liquidação, e as retenções na fonte e os pagamentos por conta que integram a cobrança / pagamento do imposto (excepto os pagamentos por conta do período tributário anterior dedutíveis para efeitos da determinação do pagamento especial por conta conforme o nº 3 do art. 106º do Código do IRC) – cf. *infra* nºs 56.7 e 56.8.

4. Algumas classificações dos impostos

Várias são as distinções a que tradicionalmente se procede relativamente aos impostos. Vejamos algumas delas, enunciando sinteticamente os seus termos e indicando a sua importância prática para o nosso ordenamento jurídico fiscal[72].

4.1. Impostos diretos e impostos indirectos

Diversos são os critérios económicos e jurídicos que têm servido de base a esta distinção clássica dos impostos. Quanto aos primeiros, podemos apontar os seguintes.

1) O *critério financeiro*. É um critério que atende ao objecto do imposto, segundo o qual são impostos directos aqueles que, atingindo manifestações imediatas da capacidade contributiva, têm por pressuposto a própria existência duma pessoa, dum património ou dum rendimento, e impostos indirectos aqueles que, atingindo manifestações mediatas da capacidade contributiva, tributam a despesa, a transferência de bens ou outras manifestações indirectas da capacidade contributiva[73]. Constitui um critério a que tradicionalmente se dava muita importância em sede da ciência das finanças públicas e do direito financeiro, mas que hoje em dia tem escasso relevo, sobretudo se, como acontece entre nós, ele não é tido em conta pela legislação.

2) O *critério económico* stricto sensu *ou da contabilidade nacional*. Trata-se dum critério que tem em conta a natureza económica dos impostos, ou seja, a sua integração ou não nos custos de produção das empresas. De acordo com este critério, são impostos directos aqueles que não constituem custos de produção das empresas e impostos indirectos aqueles que constituem custos de produção das empresas.

Por conseguinte, enquanto os impostos directos, porque não integram os preços dos bens e serviços, não são tidos nem havidos no apuramento do

[72] V. J. M. Cardoso da Costa, *Curso de Direito Fiscal*, cit., p. 24 e ss., Alberto Xavier, *Manual de Direito Fiscal*, cit., p. 91 e ss.; P. Soares Martinez, *Direito Fiscal*, cit., p. 46 e ss., A. Braz Teixeira, *Princípios de Direito Fiscal*, cit., p. 55 e ss., e A. L. Sousa Franco, «Tributação», *cit.*, p. 496 e ss.

[73] Ou, na versão de Teixeira Ribeiro, *Lições de Finanças Públicas*, 5ª ed., Coimbra, 1995, p. 309, seguindo de Viti de Marco, os impostos são directos ou indirectos conforme incidam sobre a matéria colectável directa ou indirectamente tributada.

produto e rendimento nacionais, os impostos indirectos, porque integram os referidos preços, são deduzidos ao *produto nacional* (bruto ou líquido) para apurar o *rendimento nacional* (bruto ou líquido). É que, o rendimento nacional é igual ao produto nacional menos os impostos indirectos ou impostos sobre o consumo[74]. O que significa que os impostos indirectos neste sentido correspondem aos impostos sobre o consumo. Um critério cuja importância, é de sublinhar, se vê reforçada com a exigência do direito comunitário europeu, mais especificamente do SEC/95 e do SEC/2010, ou seja, com a exigência de as contas das Administrações Públicas, pela informação essencial que fornecem à elaboração das contas nacionais, serem analisadas segundo a óptica da contabilidade nacional.

3) O *critério da repercussão económica*. Este tem em conta se os impostos são repercutíveis ou não no consumidor, ou em termos mais rigorosos, no adquirente final de bens e serviços, sendo indirectos os primeiros e directos os segundos. Em aplicação deste conceito, tradicionalmente têm-se considerado repercutíveis os impostos sobre o consumo, e irrepercutíveis os impostos sobre o rendimento e sobre o património, pois enquanto nestes se verifica uma identidade entre o contribuinte e o suportador económico do imposto, naqueles o contribuinte não coincide com o suportador económico do imposto[75].

Todavia, como é fácil de constatar e largamente reconhecido, o fenómeno da repercussão económica é muito mais amplo, abarcando frequentes vezes manifestações da própria tributação do rendimento e do património. Por isso, a distinção em apreço tende a assentar não na simples susceptibilidade de repercussão económica, mas antes na repercussão económica tida em conta

[74] Sobre o produto e o rendimento nacional, v. J. A. Avelãs Nunes, *Economia Política. A Produção, Mercados e Preços*, SSUC, Serviço de Textos, Coimbra, 1997, p. 165 e ss. (184 e ss.); Fernando Araújo, *Introdução à Economia*, 3ª ed., Coimbra, 2005, p. 741 ss., e M. C. Lopes Porto, *Economia: Um Texto Introdutório*, 4ª ed., Coimbra, 2014, p. 207 e ss. Refira-se que, em sede da contabilidade empresarial (SNC), dá-se tratamento autónomo aos impostos sobre lucros (conta 8.12), distinguindo, porém, quanto aos que constituem gastos por natureza ainda entre impostos directos e impostos indirectos (conta 6.81).

[75] V., neste sentido, F. Kirchhof, *Grundriss des Abgabenrechts. Steuern – Gebühren – Beiträge – EG – und Sonderabgaben*, Heidelberg, 1991, p. 34, e K. Tipke/J. Lang, *Steuerrecht*, cit., p. 251. Refira-se que há quem distinga, a este propósito, *contribuinte de direito* de *contribuinte de facto*, mas, constituindo o conceito de contribuinte um conceito estritamente jurídico e tendo o chamado contribuinte de facto, por via de regra, relevo jurídico, revela-se inapropriado falar de contribuinte de facto.

e querida pelo legislador fiscal aquando do recorte legal do pressuposto de facto do respectivo imposto, como no IVA, em que, nos termos do art. 37º do CIVA, há uma *obrigação formal de repercussão*. O que, convenhamos, exprime mais um critério jurídico do que económico. Em contrapartida, nem sempre nos impostos indirectos *hoc sensu*, em que é pressuposto haver uma obrigação material de repercussão, esta se verifica, pois as concretas condições do mercado, que fixa os preços dos bens e serviços, podem obstar a que a mesma tenha lugar[76].

Por sua vez, quanto aos critérios jurídicos, podemos indicar os seguintes.

1) O *critério do lançamento administrativo*. Segundo este critério, elaborado por O. Mayer no princípio do século XX, seriam impostos directos ou impostos com lançamento[77] aqueles em cujo procedimento fiscal houvesse lugar a um acto administrativo de lançamento ou acto tributário, e impostos indirectos ou impostos sem lançamento aqueles em que esse acto administrativo não tivesse lugar. Porém, cedo se deu conta de que havia impostos, por todos considerados indirectos, em que na prática havia lugar a um acto administrativo (caso, por exemplo, do despacho aduaneiro nos impostos aduaneiros), e impostos tidos por directos em que esse acto estava de todo ausente[78].

Ao que acresce actualmente, de um lado e em geral, a dificuldade cada vez maior em encontrar o acto administrativo crescentemente diluído no respectivo procedimento ou em verdadeiras constelações encadeadas de actos[79] e, de outro lado e em particular, o facto de o acto tributário estar frequentemente dependente do cumprimento dos importantes deveres de colaboração do contribuinte ou de terceiros. Isto quando, como é cada vez mais frequente,

[76] Sobre a inoperacionalidade do critério em causa, v., J. L. Perez de Ayala, «La distinción entre los impuestos directos en virtud de sus diversos efectos de "percusión" y "substitución"», *RDFHP*, 200/1989, p. 285 e ss. É de assinalar que o referido no texto para a *obrigação material de repercussão* vale também para a *obrigação material de não repercussão*, podendo o cumprimento desta ser exigido apenas quando se trate de preços regulados, como ocorre, por exemplo, com a Contribuição Extraordinária sobre o Sector Energético, cujo valor, nos termos do nº 1 do art. 5º do seu Regime, não é susceptível de repercussão nas tarifas de uso das redes de transporte, de distribuição ou de outros activos regulados de energia eléctrica ou de gás natural. V., a este respeito, o Parecer da PGR n.º 4/2016 (DR, II S, de 2 de Março de 2018).

[77] Termo utilizado aqui naturalmente em sentido amplo de que falámos *supra*, na nota 66.

[78] V. desenvolvidamente J. M. Cardoso da Costa, *Curso*, cit., p. 27 e ss.

[79] V., sobre este fenómeno e por todos, V. Pereira da Silva, *Em Busca do Acto Administrativo Perdido*, Coimbra, 1996, esp. p. 301 e ss.

não houver lugar a autoliquidação ou a liquidação por terceiro, caso em que a administração fiscal pura e simplesmente não participa no procedimento tributário[80].

2) O *critério do rol nominativo*. De acordo com este critério, que teve adeptos sobretudo em Itália, seriam directos os impostos cujo lançamento se baseasse na existência junto da administração fiscal de uma lista ou rol nominativo de contribuintes, e indirectos os impostos cujo lançamento não tivessem por base essa lista ou rol. Hoje em dia, porém, com um sistema fiscal extremamente complexo, em que a matéria colectável de parte significativa dos impostos é levada ao conhecimento da administração fiscal ou determinada pelos contribuintes ou por terceiros, e não conhecida antecipadamente daquela, e em que é cada vez mais frequente o recurso a técnicas de autoliquidação, retenção na fonte e pagamentos por conta, o papel da administração fiscal tende a ser limitado mesmo naqueles casos em que há lugar a lançamento e liquidação administrativos com base numa lista nominativa de contribuintes agora suportada em meios informáticos[81]. Daí que a existência ou ausência duma tal lista não seja actualmente um critério adequado, e muito menos um critério decisivo, para a taxinomia dos impostos e, portanto, para a distinção entre impostos directos e impostos indirectos.

Um imposto com lançamento baseado em rol nominativo era, por exemplo, a antiga contribuição predial, em que esse rol era constituído pelos chamados verbetes de lançamento com base nos quais as repartições de finanças procediam em cada ano ao seu lançamento e liquidação, seguindo-se, depois, a sua cobrança através da então chamada cobrança virtual. De resto, é de acrescentar que o actual IMI, embora se baseie exclusivamente em dados na posse dos serviços de finanças, é lançado e liquidado pelos Serviços Centrais da AT e não por aqueles serviços locais[82].

[80] Podemos dizer que, no sistema anterior, resultante da reforma fiscal de 1958-66, era visível esse lançamento administrativo na maioria dos impostos, o que está cada vez mais longe de se verificar no actual sistema.

[81] Aliás essa lista, a seu modo, continua a existir mesmo em relação aos impostos resultantes da reforma dos anos oitenta – v. as listas resultantes do registo de sujeitos passivos de IRS (art. 150º do CIRS), dos processos individuais dos sujeitos passivos de IRC (art. 130º do CIRC).

[82] Para a situação anterior, v., entre nós, J. M. Cardoso da Costa, *Ibidem*, p. 30 e ss. Cf. também G. Gest/G. Tixier, *Manuel de Droit Fiscal*, cit., p. 102 e s.

3) O *critério do tipo de relação jurídica base do imposto*. Em conformidade com este critério a distinção entre impostos directos e impostos indirectos reside no tipo de relação jurídica fonte da obrigação de imposto, ou seja, na configuração instantânea ou duradoura do elemento temporal do facto tributário. Assim, se se tratar de uma relação desencadeada por um facto ou acto isolado ou por factos ou actos sem continuidade entre si, isto é, de uma relação de carácter instantâneo, que dá origem a uma obrigação de imposto isolada (ainda que o seu pagamento possa ser realizado em parcelas ou prestações), o imposto que sobre ela recai é um imposto indirecto.

Se, pelo contrário, a relação jurídica fonte da obrigação de imposto tiver na base situações estáveis, situações que se prolongam no tempo, mantendo-se ano após ano, dando origem, por conseguinte, a obrigações periódicas, a obrigações que se renovam todos os anos, então estamos perante um imposto directo[83]. Com este sentido a distinção entre impostos directos e impostos indirectos vem a coincidir com a distinção entre *impostos periódicos* (duradouros) e *impostos de obrigação única* (instantâneos), de que tratamos a seguir.

Mas, de todos estes critérios, qual ou quais os adoptados pelo nosso ordenamento jurídico-fiscal? Pois bem, ao que julgamos, a distinção entre impostos diretos e indiretos é utilizada por ou está subjacente em cinco disposições legais vigentes no ordenamento português, a saber: 1) na classificação orçamental (e da contabilidade pública) das receitas fiscais, 2) no art. 736º, nº 1, do CC, 3) no art. 254º, nº 1, da CRP, 4) nos arts. 112º e 113º do Tratado sobre o Funcionamento da União Europeia (TFUE), e 5) no art. 6º, nºs 1 e 2, da LGT (onde se contrapõe a tributação direta à tributação indireta).

Quanto à classificação ou arrumação orçamental das receitas fiscais, há consenso no sentido de que ela segue o critério da contabilidade nacional. Introduzida pelo DL nº 305/71, de 15 de Julho, uma tal classificação ou arrumação das receitas fiscais está disciplinada, relativamente ao orçamento e contabilidade pública do Estado, no DL nº 26/2002, de 14 de Fevereiro, que contém os códigos de classificação económica das receitas e das despesas públicas e, no respeitante ao orçamento e contabilidade das

[83] Cf. J. M. Cardoso da Costa, *Ibidem*, p. 35 e ss.; A. Braz Teixeira, *Princípios de Direito Fiscal*, cit., p. 58 e s.; G. Gest/G. Tixier, *Ibidem*, p. 103 e s., e L. Trotabas/J.-M. Cottteret, *Droit Fiscal*, 7ª ed., Paris, 1992, p. 53 e s.

autarquias locais, no DL nº 54-A/99, de 22 de Fevereiro (que aprovou o POCAL)[84].

Por sua vez, no respeitante ao nº 2 do art. 736º do CC (em que se dispõe: "o Estado e as autarquias locais têm privilégio mobiliário geral para garantia dos créditos por impostos indirectos, e também pelos impostos directos inscritos para cobrança no ano corrente na data da penhora, ou acto equivalente, e nos dois anos anteriores"), entende a doutrina e a própria jurisprudência que tem por base o critério jurídico indicado em terceiro lugar, ou seja, o critério que identifica os impostos directos com os impostos periódicos e os impostos indirectos com os impostos de obrigação única. Com efeito, tanto do teor do preceito como dos trabalhos preparatórios que estão na sua origem, decorre que foi objectivo da lei limitar temporalmente o privilégio creditório mobiliário geral no caso dos impostos cuja incidência se renova anualmente, ou seja, dos impostos periódicos[85].

No que concerne ao art. 254º, nº 1, da CRP (que dispõe: «os municípios participam, por direito próprio e nos termos da lei, nas receitas provenientes dos impostos directos»), dada sobretudo a ausência de qualquer indicação quanto ao sentido da expressão impostos diretos nos trabalhos preparatórios, parece-nos que se terá tido em mente a arrumação orçamental das receitas fiscais então vigente, a qual, como vimos, seguia já o critério da contabilidade nacional.

Relativamente à referência aos impostos indirectos dos arts. 112º e 113º do TFUE, é de assinalar que estes preceitos têm por objectivo a harmonização das legislações nacionais relativas à tributação da despesa, harmonização que, como bem se compreende, tem particular importância no estabelecimento e realização do mercado interno[86]. Nesta conformidade, o primeiro permite aos Estados, relativamente a imposições que não sejam impostos sobre o volume

[84] Quanto a essa classificação, v. J. M. Cardoso da Costa, *Ibidem*, p. 32 e ss.; P. Soares Martinez, *Direito Fiscal*, cit., p. 51; A. L. Sousa Franco, *Finanças Públicas e Direito Financeiro*, vol. I, cit., p. 393 e s., e as notas explicativas constantes do ponto 11.2. do POCAL relativas ao que deve registar-se como receitas de "impostos directos" e como receitas de "impostos indirectos" no orçamento e na conta das autarquias locais.

[85] Cf. J. M. Cardoso da Costa, *Curso*, cit., p. 35 e s.

[86] É claro que o mercado interno também exige a harmonização da tributação directa, sobretudo em sede de tributação das empresas, como de resto o demonstra a jurisprudência do TJCE fundada no princípio da não discriminação com base na nacionalidade e algumas directivas já adoptadas para esse sector.

de negócios, sobre consumos específicos e outros impostos indirectos, a concessão de exonerações e reembolsos à exportação e o lançamento de direitos de compensação à importação, medidas estas qualificada, sob proposta da Comissão, para vigorarem por um período de tempo limitado[87].

Por seu lado, o segundo preceito prevê a harmonização das legislações fiscais nacionais no respeitante aos impostos sobre o volume de negócios, aos impostos especiais de consumo e a outros impostos indirectos, sendo este o preceito que tem servido de base às diversas directivas adoptadas em sede de IVA e dos impostos especiais de consumo[88]. Ora, tendo em conta o objectivo de tais preceitos, fácil será concluir que também aqui está subjacente o critério da contabilidade nacional.

Finalmente, no que concerne à tributação directa/tributação indirecta, mencionada no art. 6º, nºs 1 e 2, da LGT, parece-nos, atendendo às características que nesses preceitos se indicam para cada uma dessas tributações, que se pretendeu contrapor, a título de tributação directa, a tributação do rendimento e do património e, a título da tributação indirecta, a tributação do consumo.

4.2. Impostos periódicos e impostos de obrigação única

Como já vimos o critério, em que se apoia esta distinção, coincide com o terceiro critério jurídico da distinção impostos directos/impostos indirectos, que enunciámos e que está subjacente ao art. 736º, nº 1, do CC. Por isso, não há, a este respeito, mais nada a acrescentar.

A não ser para dizer, a título fundamentalmente de nota histórica, que esta distinção já teve relativa utilidade no passado, mormente no sistema fiscal anterior, em que uma parte significativa dos impostos periódicos tinha por objecto rendimentos antecipadamente conhecidos da administração fiscal, designadamente porque incidiam sobre rendimentos reais presumidos ou

[87] Um preceito que, acrescente-se, nunca foi aplicado no passado e que, é de prever, não virá a ser aplicado no futuro – cf. V. Constantinesco e Outros, *Traité insituant la CEE. Commentaire article par article*, Paris, 1992, p. 527.

[88] Quanto ao IVA, assinale-se que, depois da adopção dum IVA intracomunitário assente na tributação no país do destino (para vigorar transitoriamente de 1993-1996), propôs-se um regime assente no país de origem, embora acompanhado de uma solução financeira quanto à distribuição das receitas – v. Arlindo N. M. Correia, «O sistema comum de IVA na União Europeia: um sistema de IVA adaptado às exigências do mercado único», *Fisco*, 80-81, Janeiro – Fevereiro de 1997, p. 41 e ss., e o documento «Um sistema comum de IVA. Programa para o mercado único», *Idem*, p. 97 e ss.

mesmo rendimentos normais e em que o trânsito da fase do lançamento e liquidação, da responsabilidade das repartições de finanças, para a fase da cobrança, a cargo das tesourarias da Fazenda Pública[89], se fazia de maneira diferente nos impostos periódicos e nos impostos de obrigação única.

Nos primeiros, tínhamos a chamada *cobrança virtual*, em que, efectuada a liquidação com base nos dados na posse da repartição de finanças, fornecidos pelo contribuinte ou obtidos por esta, o chefe da repartição extraía os *conhecimentos de cobrança*, donde constavam a identificação do sujeito passivo, a natureza do imposto e a importância da colecta, enviando-os oficiosamente e debitando-os ao tesoureiro da Fazenda Pública. Este emitia, então, os *avisos* aos contribuintes para estes pagarem o correspondente imposto no prazo de *pagamento à boca do cofre* ou no prazo de *pagamento com juros de mora*. Findo este último prazo, o tesoureiro procedia ao *relaxe* daqueles títulos de cobrança, extraindo certidão dos conhecimentos de cobrança não cobrados e enviando-os ao chefe da repartição de finanças para este, com base no título executivo constituído pela referida certidão, iniciar o correspondente processo de execução fiscal.

Nos segundos, tínhamos, por sua vez, a chamada *cobrança eventual* em que, uma vez realizada a liquidação, era o próprio sujeito passivo quem solicitava o título de cobrança constituído pelas *guias de pagamento* na repartição de finanças, indo depois pagar o imposto na tesouraria da Fazenda Pública. Caso o imposto não fosse pago, então a cobrança eventual convertia-se em cobrança virtual, seguindo-se o processo desta[90].

Mas o regime de cobrança virtual foi extinto expressamente pelo art. 40º do anterior Regime da Tesouraria do Estado[91], tendo este instituído o chamado *documento de cobrança* para a cobrança da generalidade dos impostos[92].

De outro lado, continua a haver impostos cobrados com base em *guias de pagamento*, como acontece, designadamente, com o Imposto de Selo (que, nos termos do art. 16º do seu Regulamento, passou a conhecer apenas a forma de pagamento por meio de guia) e com os impostos pagos na fase da cobrança coerciva (v. os arts. 93º, 97º e 162º a 164º do CPPT). Daí que os impostos

[89] Que, até ao CPT, se designava Fazenda Nacional.

[90] V. o art. 19º do CPCI, e J. M. Cardoso da Costa, *Curso*, cit., p. 38 e ss. e 440 e ss.

[91] Aprovado pelo DL nº 275-A/93, de 9-8, o qual, depois, passou a constar do DL nº 191/99, de 5-6.

[92] Todavia, como um tal regime se aplicava apenas à Tesouraria do Estado, subsistiu a distinção entre cobrança virtual e cobrança eventual no que respeita, nomeadamente, às receitas das autarquias locais.

tenham hoje por título de cobrança fundamentalmente o *documento* (ou *nota*) *de cobrança* ou as *guias de pagamento*, título que, no caso de não ser pago, dará lugar à extracção da correspondente certidão de dívida que servirá de título executivo à respectiva execução fiscal.

Tendo isto em conta, compreende-se que a importância da distinção resida presentemente noutra sede, mais precisamente na configuração do elemento temporal do facto tributário. Pois, se os impostos instantâneos ou de obrigação única, por terem na base do facto tributário um elemento temporal cuja definição não carece de critérios jurídicos, bastando-se a mesma com simples critérios naturalísticos, não levanta problemas jurídicos de maior, já os impostos duradouros ou periódicos, por terem na base do facto tributário um elemento temporal que tende a manter-se, a reiterar-se, coloca o problema do fraccionamento jurídico desse facto, o qual é naturalisticamente unitário no tempo, ou seja, o problema do período do imposto, período que, em geral, é de um ano e coincide com o ano civil[93].

O que tem importância, designadamente, em sede da contagem dos prazos da caducidade da liquidação e da prescrição da obrigação de imposto, os quais, como consta dos arts. 45º, nº 4, e 48º, nº 1, da LGT, se contam em termos diferentes consoante estejamos perante impostos periódicos ou perante impostos de obrigação única, pois, enquanto nos primeiros se contam a partir do termo do ano em que se verificou o facto tributário, nos segundos contam-se a partir da data em que ocorreu o facto tributário, com excepção do IVA e nos impostos sobre o rendimento quando a tributação seja efectuada por retenção na fonte a título definitivo, caso em que o prazo se conta a partir do ano civil seguinte àquele em se verificou, respectivamente, a exigibilidade do imposto ou o facto tributário[94].

Uma excepção para o IVA que se compreende por ser um imposto de obrigação única, pois os factos tributários constituem-nos cada uma das transmissões de bens e cada uma das prestações de serviços, embora, por razões de praticabilidade, para efeitos da sua liquidação e cobrança os factos tributários sejam agregados mensal ou trimestralmente consoantes os sujeitos passivos tenham um volume de negócios igual ou superior a € 650.000 ou inferior a este montante. Uma realidade que até pode ter uma outra configuração como

[93] Cf. Alberto Xavier, *Manual de Direito Fiscal*, cit., p. 251 e s. e os arts. 1º e 143º do Código do IRS e 8º do Código do IRC.

[94] Nas palavras do nº 4 do art. 45º e do nº 1 do art. 48º da LGT.

a traduzida na anualização das liquidações adicionais e oficiosas que podem ser agregadas por anos civis num único documento de cobrança, como acontece no caso a que se reporta o art. 95.º do Código do IVA. Daí que, do estrito ponto de vista da liquidação e cobrança, o IVA, assim como os impostos especiais de consumo, se apresentem como impostos periódicos, sujeitos portanto a declarações e correspondentes pagamentos periódicos. Trata-se, portanto, de um imposto de obrigação única quanto à incidência, embora periódico em sede da liquidação e cobrança. Muito embora seja de sublinhar que é a incidência, enquanto momento constitutivo da obrigação do imposto e, por conseguinte, o *core business* do direito dos impostos, que é relevante no caso[95].

Importância que se revela também em sede da distinção entre impostos retroactivos e impostos não retroactivos, porquanto, se relativamente aos impostos de obrigação única reportados a factos tributários ou factos geradores passados temos sempre uma situação de efectiva retroactividade, já nos impostos períodos verificar-se-ão situações de não retroactividade sempre que a lei se reporte a factos tributários ou factos geradores cujo período, que consubstancia o elemento temporal da sua incidência, ainda se não tenha esgotado, não sendo assim retroactivos os impostos periódicos cuja disciplina legal seja editada até ao último dia do correspondente período tributário, ou seja, quando este coincida com o ano civil, até ao dia 31 de Dezembro.

De outro lado, quando se trate de impostos periódicos, nos termos do art. 38º, nº 3, e do art. 79º do CPPT, a notificação do correspondente acto tributário é feita por via postal simples e os prazos para a sua cobrança serão divulgados pela comunicação social.

A este propósito é ainda de referir que frequentemente se usa a terminologia impostos de prestação única (em vez de impostos de obrigação única), o que, em nosso entender, é de evitar, uma vez que há impostos que, embora de obrigação única, são ou podem ser pagos em prestações. Assim são pagos em prestação o imposto de selo sobre as transmissões gratuitas beneficiando de um desconto no caso de se optar pelo pagamento a pronto (art. 45º do CIS), e o IMI que é pago em duas ou três prestações se ultrapassar certo montante. Por seu turno, podem ser pagos em prestações, a requerimento

[95] Refira-se que em casos excepcionais, o prazo da caducidade conta-se do acto tributário, como acontece na liquidação adicional decorrente de rectificação a favor do Estado de deduções anteriormente efectuadas em IVA (n.º 2 do art. 94.º do Código do IVA). Uma solução que tem, de resto, uma expressão mais geral em sede da revisão dos actos tributários, nos termos dos n.ºs 1, 4 e 6 do art. 78.º da LGT.

do interessado os impostos em relação aos quais a lei o preveja, como dispõe o art. 42º da LGT.

4.3. Impostos reais e impostos pessoais

Atendendo ao peso relativo da incidência real e da incidência pessoal, pode falar-se de impostos reais e impostos pessoais. Nos primeiros, atinge-se a matéria colectável objectivamente determinada, fazendo-se abstracção portanto da concreta situação económica e social do contribuinte, como acontece no IMI, no IMT, no IVA, no IRC, etc.; nos segundos, tem-se em consideração a concreta situação económica e social do contribuinte, isto é, o valor da sua fortuna e dos seus rendimentos, por um lado, e o montante dos encargos que tem obrigatoriamente de suportar, por outro, como ocorre no IRS. De resto, os impostos pessoais podem ser mais ou menos pessoais consoante partilhem da generalidade das características dos impostos pessoais ou apenas de algumas delas.

Tais características são: 1) atendem ao rendimento global do contribuinte, o que constitui um verdadeiro pressuposto da pessoalização do imposto, uma vez que, a não ser assim, não se pode conhecer minimamente a situação pessoal do contribuinte; 2) excluem da tributação o mínimo de existência, ou seja, aquela quota de rendimento necessária à satisfação das necessidades essenciais à salvaguarda da dignidade humana do contribuinte e sua família[96]; 3) têm em consideração os encargos com a família, abatendo-os à matéria colectável, ou tendo-os em conta através de deduções à colecta; 4) sujeitam a matéria colectável a uma taxa progressiva.

Assim, no respeitante ao IRS, essas características de pessoalização residem: na sua (tendencial) incidência sobre a globalidade dos rendimentos, pois tributa o rendimento em sentido lato ou rendimento-acréscimo; na não tributação do mínimo de existência[97]; na consideração dos encargos com a família do(s) contribuinte(s), designadamente das despesas com a saúde, a educação, a habitação e a segurança social realizadas com cada um dos membros do agregado familiar (sujeitos passivos, dependentes e ascendentes), que agora se concretiza em deduções à colecta; na divisão do rendimento

[96] A este propósito, fala-se tradicionalmente de isenção do mínimo de existência, o que não é inteiramente correcto, já que a isenção pressupõe a tributabilidade do mesmo, à qual se opõe o princípio da capacidade contributiva.

[97] V. o art. 70º do CIRS.

colectável pelo quociente "familiar", ou seja por dois, no caso de opção pela tributação conjunta de casados ou unidos de facto, para efeitos de apuramento da taxa a aplicar[98]; e na progressividade da taxa[99].

Refira-se, a este propósito, que o carácter pessoal do IRS, que sempre esteve longe do que seria desejável atento o disposto no nº 1 do (agora) art. 104º da Constituição, tem vindo a diminuir e a degradar-se, o que não foi, nem podia ser, muito contrariado pelas alterações introduzidas pela recente reforma desse imposto, muito embora nesta se tenha feito um esforço significativo no sentido de inverter aquele plano inclinado[100]. Duma pessoalização parcial partilhava, por exemplo, o extinto Imposto sobre as Sucessões e Doações, traduzida no facto de ter uma taxa progressiva (em função do valor da quota hereditária e do grau de parentesco entre o autor da herança ou doador e o herdeiro, legatário ou donatário) e de haver uma isenção até certo montante dos bens adquiridos[101].

4.4. Impostos proporcionais e impostos progressivos

Tradicionalmente distinguia-se, a este propósito, entre impostos de quota fixa e impostos de quota variável, um critério que tem a ver com o modo de definir o montante individual do imposto, nos termos da qual a lei serve-se de dois métodos: ou determina que esse montante seja para todos os contribuintes uma importância fixa por ela mesma estabelecida, ou faz variar esse montante em função da matéria colectável ou tributável, indicando neste caso, por via de regra sob a forma duma percentagem, o factor ou factores

[98] Uma expressão que, por ser a correspondente à da Reforma do IRS de 2015, se revela inadequada quando se reporta ao quociente conjugal.

[99] V. os arts. 1º a 12º e 22º (as diversas categorias de rendimento e o seu englobamento), o art. 70º (mínimo de existência), os arts. 78º, 79º e 82º a 84 e 86º (deduções à colecta), o art. 69º (quociente familiar) e o art. 68º (taxa progressiva) do CIRS.

[100] Um quadro perante o qual nos interrogamos, em termos mais amplos, sobre se ainda faz sentido manter o disposto no art. 104º da Constituição – v. o nosso texto «Ainda fará sentido o artigo 104 da Constituição?», *Para Jorge Leite*, vol. II – *Escritos Jurídicos*, Coimbra, 2014, p. 467 e ss.

[101] Um imposto que, porque incidia apenas sobre as quotas hereditárias e não sobre o cúmulo das heranças, não respeitaria a exigência de contribuir para a igualdade dos cidadãos prevista no art. 107º, nº 3 (na versão originária) da CRP – v. Teixeira Ribeiro, «O sistema fiscal na Constituição de 1976», *BCE*, XXII, 1979, p. 1 e ss. (18 e ss.), e «O sistema fiscal na Constituição revista», *BCE*, XXV, 1982, p. 219 e ss. (225 e s.).

(taxa ou alíquota) que devem recair sobre o valor da matéria colectável para o apuramento da colecta.

No primeiro caso temos os *impostos de quota fixa*, que têm de característico, além do mais, a dispensa de uma liquidação (*stricto sensu*), já que o montante da colecta consta da própria lei. Imposto de quota fixa se apresenta a Contribuição para o Audiovisual, uma vez que todos os contribuintes (com a excepção naturalmente dos que se encontram isentos) pagam o mesmo imposto.

Por sua vez, no segundo, temos os *impostos de quota variável*, cujo montante varia em função da variação da matéria colectável ou tributável, seja esta variação numa proporção ou taxa fixa, caso em que temos os impostos *proporcionais* (ou de taxa fixa), seja numa proporção ou taxa variável (em função também da matéria colectável), caso em que temos *impostos progressivos*, se a variação da proporção ou taxa for ascendente, elevando-se até certo máximo em função da matéria colectável, ou perante *impostos regressivos*[102], se a variação da proporção ou taxa for descendente, diminuindo até certo mínimo da matéria colectável[103]. Assim, os impostos progressivos aumentam duplamente em função da matéria colectável, já que aumentam directa e indirectamente (através da taxa ou alíquota) em função da matéria colectável. É o que se verifica no IRS e no IMT sobre prédios urbanos destinados à habitação e agora, se bem que em diminuta medida, também no IRC, em que temos uma *progressividade por escalões*, uma vez que a cada *escalão* (fatia) do rendimento tributável se aplica a correspondente taxa, diversamente do que ocorre na *progressividade por classes* em que se aplica uma única taxa a *todo o rendimento tributável*, a taxa correspondente ao montante deste.

Relativamente aos impostos de quota fixa, é de acrescentar que os mesmos, para não violarem o princípio da igualdade fiscal aferida pela capacidade contributiva, hão-de ter por base uma manifestação desta capacidade, não podendo portanto apresentarem-se como puras capitações, e uma manifestação da capacidade contributiva que não seja susceptível de significativa diferen-

[102] Um imposto regressivo era o referido *imposto emolumentar* incidente sobre certos actos de registo predial, comercial e de navios e certos actos notariais.

[103] A elevação ou progressão da taxa, aqui tida em conta é a elevação ou progressão da taxa média do imposto, já que a taxa marginal pode progredir, manter-se ou regredir – v. Teixeira Ribeiro, *Lições de Finanças Públicas*, cit., p. 273 e ss. A este respeito, é de acrescentar que a distinção em referência tem por base impostos com taxa *ad valorem*, muito embora não vejamos obstáculo a que a mesma também possa valer, de algum modo, para os impostos com taxa específica.

ciação entre os contribuintes, uma vez que, como havemos de ver, o princípio da igualdade fiscal, isoladamente considerado, exige impostos proporcionais.

Assim, tendo em conta que vimos de dizer, temos nesta classificação:

- impostos
  - de quota fixa
  - de quota variável
    - de taxa fixa (proporcionais)
    - de taxa variável (em regra, progressivos)

Importa sublinhar que, dada a escassa possibilidade real de instituir impostos de quota fixa, a distinção relevante em sede da definição e determinação do montante dos impostos é a que distingue entre *impostos proporcionais e impostos progressivos.*

4.5. Impostos estaduais e impostos não estaduais

Do ponto de vista da titularidade activa dos impostos, estes podem ser estaduais ou não estaduais consoante o seu titular activo seja o Estado, ou outros entes públicos territoriais como as regiões autónomas (impostos regionais) e as autarquias locais (impostos locais – municipais ou paroquiais[104]), ou entes públicos não territoriais (impostos parafiscais, aos quais são reconduzidas as contribuições para a segurança social, actualmente constituída pela "taxa social única", as "taxas para os organismos de coordenação económica", presentemente substituídas pelas taxas para as entidades de regulação ou supervisão, e as quotas ou quotizações para as associações públicas[105]).

Por via de regra, a titularidade aqui tida em conta é a capacidade tributária ativa, isto é, a qualidade de sujeito ativo ou de credor da correspondente relação jurídica fiscal, e não outras titularidades activas, como o poder tributário (poder materialmente legislativo de instituição do imposto) de que dispõem o Estado, as regiões autónomas e os municípios, a competência tributária

[104] A este propósito pode também falar-se de *impostos comunitários* e mesmo de *impostos internacionais* como é o caso do imposto sobre a produção proveniente dos fundos marinhos geridos pela Autoridade Internacional dos Fundos Marinhos, um imposto cuja titularidade é assim da Comunidade Internacional – v. o art. 13º do Anexo III à Convenção das Nações Unidas sobre o Direito do Mar (Convenção de Montego Bay).

[105] Que nós temos considerado impostos *tout court* no caso das duas primeiras categorias, ou impostos especiais no caso da última.

(competência para administrar ou gerir o imposto) ou a titularidade (constitucional ou legal) da receita do respectivo imposto.

Nesta conformidade nem os impostos cobrados nas regiões autónomas, que têm a sua receita constitucionalmente reservada à respectiva região (art. 229º, nº 1, al. *j*) da CRP), nem os chamados impostos municipais (IMT, IMI, Imposto sobre veículos, etc.), cuja receita veio a ser reservada aos municípios pela lei[106], constituem verdadeiros impostos regionais ou municipais, respectivamente. É que, enquanto o lançamento, a liquidação e a cobrança, ou seja, a gestão ou administração desses impostos couber, como presentemente cabe, à administração do Estado, não vemos como as correspondentes relações jurídicas fiscais se possam estabelecer e desenvolver entre os contribuintes e a correspondente região autónoma ou o correspondente município.

Efectivamente, estranha relação tributária seria essa em que os pretensos sujeitos activos (a região e o município) jamais se encontram com o correspondente sujeito passivo (o contribuinte ou o devedor do imposto) e em que aqueles só intervêm, ao fim e ao cabo, quando os impostos já foram pagos e as respectivas obrigações fiscais já se encontram extintas. Ideias estas que, a nosso ver, em nada são afectadas pelo conceito legal de sujeito activo da relação tributária, constante do art. 18º, nº 2, da LGT, segundo o qual "o sujeito activo da relação tributária é a entidade de direito público titular do direito de exigir o cumprimento das obrigações tributárias, quer directamente, quer através de representante".

Naturalmente que entre a Administração do Estado, enquanto administradora ou gestora dos impostos de receita reservada pela constituição e pela lei, respectivamente, às regiões autónomas e aos municípios, e as regiões autónomas e os municípios se estabelecem relações, mas não relações de direito fiscal. Efectivamente, trata-se de relações de crédito reguladas pelo direito financeiro, às quais, por se situarem a jusante das correspondentes relações tributárias e se apresentarem como relações paritárias entre entes públicos, os contribuintes ou devedores dos impostos são alheios[107]. Assim,

[106] Constante agora do RFAL.

[107] Conclusão esta que não é posta em causa pelo facto de os estatutos político-administrativos das regiões autónomas dos Açores e da Madeira e o art. 61º da LFRA, disporem que cabe às regiões autónomas exercer a posição de sujeito activo nos impostos nelas cobrados. No sentido do texto, v. P. Soares Martinez, *Direito Fiscal*, cit., p. 48 e s.; A. Braz Teixeira, *Princípios de Direito Fiscal*, vol. I, cit., p. 188 e s.; G. Giuliani, *Diritto Tributario*, 2ª ed., Milano,

graficamente as relações tributárias e financeiras em causa têm a seguinte configuração:

2. relação financeira: ⟶ Adm. Fiscal ⟷ regiões/municípios
↕
1. relação fiscal: ⟶ contribuinte/devedor do imposto

O que já não ocorrerá, porém, se e na medida em que haja lugar à regionalização ou municipalização da liquidação e cobrança desses impostos, pois, numa tal hipótese, nada obsta a que o sujeito activo dessas relações tributárias seja a região autónoma ou o município. Assim, se as direcções de finanças das regiões autónomas forem regionalizadas, como ocorreu com a da Região Autónoma da Madeira, regionalizada pelo Decreto-Lei nº 18/2005, de 18 de Janeiro, e do Decreto Regulamentar Regional nº 29-A/2005/M, de 31 de Agosto, ou na medida em que os municípios assumam a liquidação e a cobrança dos impostos municipais, nos termos do art. 17º do RFAL, então o sujeito activo dessas relações tributárias será a região autónoma ou o município.

A respeito desta distinção de impostos é de acrescentar que, por vezes, se fala de *impostos locais* com um outro sentido, contrapondo-os aos *impostos nacionais* (centrais ou gerais). Em tal caso, tem-se em conta o critério do âmbito territorial ou espacial da eficácia das normas dos diversos impostos, distinguindo os que têm uma eficácia relativamente a todo o território nacional ou a todo um espaço fiscal – os impostos nacionais (centrais ou gerais), como são o IRS, o IRC, o IVA, o IMI, o IMT, o IS, etc. –, dos que têm o seu campo de acção limitado às fronteiras de uma autarquia, de uma fracção do território nacional ou de um espaço fiscal – os impostos locais, como são, de um lado, as contribuições especiais que designámos de segunda geração e, de outro, as derramas municipais[108].

É de sublinhar que o direito de renunciar por parte dos municípios, no todo ou em parte, à *transferência estadual* igual a 5% do IRS devido pelos resi-

1994, p. 95 e s.; L. Rastello, *Diritto Tributario. Pincipi Generali*, 4ª ed., Padova, 1994, p. 128 e s., e o Ac. do TC 553/94 (*AcTC*, 29, p. 79 e ss.).

[108] Ou outros impostos que os municípios (ou, mais amplamente, as autarquias locais) possam estabelecer nos termos dos poderes tributários conferidos por lei em concretização do art. 238º, nº 4, da CRP. Para a distinção acabada de mencionar no texto, v., por todos, A. Braz Teixeira, *Princípios de Direito Fiscal*, vol. I, cit., p. 62. Para a distinção entre impostos centrais e locais, cf. Alberto Xavier, *Manual*, cit., p. 91 e s.

dentes no respectivo território municipal, não concretiza qualquer municipalização do IRS, antes autoriza os municípios a atribuírem um benefício fiscal aos sujeitos de IRS até ao limite máximo dessa percentagem[109].

Por seu lado, a propósito dos *impostos gerais* acabados de referir, há que fazer também uma advertência, assinalando que essa expressão, por via de regra, se contrapõe à de *impostos especiais*, um entendimento que, como referimos a seguir no texto, deve ser o adoptado. Daí a necessidade de, face a tais expressões, ter o cuidado e ver em que sentido as mesmas são utilizadas.

4.6. Impostos gerais e impostos especiais

Como resulta do que acabamos de dizer, os impostos podem ser classificados também em *impostos gerais* e *impostos especiais*. Enquanto os primeiros estão previstos na lei de modo a aplicarem-se a toda uma categoria de situações homogéneas, os segundos, não obstante dizerem respeito a factos ou situações genericamente abrangidos nos primeiros, são objecto de uma disciplina jurídica especial.

Com base nesse critério facilmente se compreende que o IRS e o IRC constituem impostos gerais sobre o rendimento e o IVA um imposto geral sobre o consumo. Ao invés: de um lado, as contribuições especiais, face à tributação das mais-valias imobiliárias em IRS ou IRC, e o Imposto de Jogo e o Imposto Especial de Jogo Online (com prescrevem os art.s 87º a 92º do Regime Jurídico dos Jogos e Apostas Online) , face ao IRC, apresentam-se como impostos especiais sobre o rendimento; de outro, os IEC's face ao IVA configuram-se como impostos especiais sobre o consumo.

A propósito dos IEC's, que são impostos especiais no sentido acabado de referenciar, é de acrescentar que tradicionalmente têm sido conhecidos entre nós por "impostos sobre consumos específicos". Uma designação que, embora coincidente com os IEC's comunitariamente harmonizados, identifica, num arranjo basicamente convencional, os impostos selectivos que inci-

[109] V. sobre essa renúncia, o nosso estudo «Cidadania fiscal e "municipalização" do IRS», *Por um Estado Fiscal Suportável – Estudos de Direito Fiscal*, vol. III, Almedina, Coimbra, 2010, p. 43 e ss. É de referir que a atribuição de poderes tributários aos municípios, como aliás às regiões ou outras unidades territoriais, vem sendo abordada no quadro do chamado *federalismo fiscal* – v. sobre este, P. Trigo Pereira e Outros, *Economia e Finanças Públicas*, cit., p. 315 e ss.; Inês Pisco Bento, «Federalismo fiscal na Constituição Portuguesa?», *Boletim de Ciências Económicas*, vol. LIII (2010), e Vasco Valdez Matias, *Autonomia Tributária dos Municípios*, Vida Económica, 2014.

dem sobre bens materiais, excluindo assim os impostos que incidem sobre as prestações de serviços[110].

Acrescente-se, a título complementar, que não temos na tributação do património, ao contrário do que sucede na tributação do rendimento e na tributação do consumo, qualquer imposto geral, uma vez que o IMI, o IMT e o IS (sobre transmissões gratuitas) constituem impostos especiais.

4.7. Impostos principais e impostos acessórios

Os impostos podem ser classificados também em principais e acessórios, conforme existam por si ou dependam, na sua existência ou nos seus elementos, da prévia existência de outros. Assim, de harmonia com o conhecido brocardo *principale accessorium sequitur*, os impostos acessórios seguem as vicissitudes dos impostos principais de que dependem.

Atenta a técnica tributária utilizada para a definição da incidência e a determinação do montante do imposto a pagar, os impostos acessórios podem assumir duas modalidades: os *adicionamentos*, se incidem sobre a matéria colectável dos impostos principais, também designados por sobretaxas ou sobrimpostos, como é o caso do adicionamento (e não de um adicional como diz a lei) ao ISP, criado pela LOE/2004, a *derrama municipal*, pois, nos termos do art. 18º do RFAL, incide até 1,5% sobre o lucro tributável dos contribuintes sujeitos e não isentos a IRC que exerçam, a título principal, uma actividade de natureza comercial, industrial ou agrícola, considerando ser desta natureza também a actividade de prestação de serviços, e a *derrama estadual* que, prevista no art. 87º-A do Código do IRC, incide sobre o lucro tributável à taxa progressiva em três escalões (de 3%, 5% e 9%) sobre o lucro tributável superior a € 1.500.000.[111]; e os *adicionais*, se incidem sobre a colecta dos impostos principais, como era o caso das derramas municipais incidentes com uma taxa que podia ir até 10% sobre a colecta do IRC dos contribuintes[112].

[110] V. XAVIER DE BASTO, *A Tributação do Consumo e a sua Coordenação Internacional*, Cadernos de CTF, Lisboa, 1991, p. 14 e ss., e SÉRGIO VASQUES, *Os Impostos Especiais de Consumo*, Coimbra, 2001.

[111] Criada pela Lei nº 12-A/2010, de 30 de Junho, a qual, embora designada por "adicional", dado incidir sobre ao lucro tributável, se configura como um verdadeiro adicionamento.

[112] Quanto ao adicionamento ao ISP, v. CLÁUDIA SOARES, «O adicional para o Fundo Florestal Permanente: um passo na estratégia nacional para o uso de instrumentos fiscais na prossecução de objectivos ambientais?», *Fisco*, 115/116, Setembro de 2004, p. 101 e ss.

Tendo em conta, todavia, a autonomia financeira dos municípios, a qual constitucionalmente integra como componente essencial a autonomia local, não devia tratar-se aí de impostos acessórios. A derrama devia apresentar-se como um imposto autónomo dos municípios que, por razões de simplicidade na sua gestão, dependia, no concernente à delimitação da sua incidência, ou seja, quanto ao seu objecto e conteúdo do IRC. Os municípios poderiam exigir a derrama mesmo no respeitante a rendimentos isentos de IRC, caso em que a sua incidência seria delimitada pela colecta que seria devida se não houvesse lugar à isenção (do imposto principal). Todavia, a lei parece configurá-la como um imposto acessório, solução a que, por certo, não serão alheias razões de praticapilidade[113].

Aos impostos desse outro tipo, cuja existência não pressupõe a efectiva sujeição ao imposto principal, mas que dependem, quanto ao seu objecto ou conteúdo, do objecto ou conteúdo daquele, chama a doutrina *impostos dependentes*[114]. Constitui justamente um imposto deste tipo o impropriamente designado Adicional ao IMI.

4.8. Impostos sobre o rendimento, sobre o património e sobre o consumo

Embora esta classificação tripartida dos impostos seja das mais correntes actualmente, mormente no seio das organizações internacionais (como o FMI e a OCDE), ela não tem gozado, todavia, de muita simpatia entre os juristas, considerando estes que a mesma assenta exclusivamente em critérios económicos. A sua menção impõe-se, uma vez que não podemos deixar de constatar a sua crescente importância jurídica não só em sede do direito da União Europeia, onde a mesma tem sido mais visível[115], mas também no direito nacional, a começar pela Constituição que a tem claramente subjacente (em termos ainda mais claros após a RC/97) no recorte típico do sistema fiscal português

[113] V. Ac. do TC 284/2001, em que se cuidou das derramas enquanto custos em sede do IRC; Vitor Faveiro, *O Estatuto do Contribuinte. A Pessoa do Contribuinte no Estado Social de Direito*, cit., p. 364 e ss. (376 e ss.), e M. H. Freitas Pereira, *Fiscalidade*, cit., p. 54 e s.

[114] V. Alberto Xavier, *Manual*, cit., p. 94 e ss.

[115] Também nas convenções internacionais para evitar a dupla tributação se tem presente a mencionada distinção, como nos modelos de convenção elaborados pela OCDE, onde temos o Modelo de Convenção Fiscal sobre o Rendimento e o Património e o Modelo de Convenção de Dupla Tributação em Matéria de Sucessões e Doações. V. sobre o Modelo de Convenção da OCDE, M. H. Freitas Pereira, *Fiscalidade*, cit., p. 57 e ss.

constante do art. 104º, onde se prevê e caracteriza o imposto sobre o rendimento pessoal (nº 1), a tributação do rendimento empresarial (nº 2), a tributação do património (nº 3) e a tributação do consumo (nº 4).

Pois bem, nos impostos sobre o rendimento tributa-se ou o *rendimento-produto* (ou rendimento em sentido estrito), isto é, o acréscimo em bens obtidos durante o correspondente período a título de contribuição para a actividade produtiva (a título de salários, juros, rendas ou lucros), ou o *redimento-acréscimo* (ou rendimento em sentido lato) que integra também os acréscimos em bens obtidos a outro título (que não o da contribuição para a actividade produtiva) e sem dano do património inicial (ou seja, integra também outros incrementos patrimoniais, designadamente as mais-valias)[116].

Por sua vez, nos impostos sobre o património tributa-se a titularidade ou a transmissão de valores pecuniários líquidos (valores activos menos passivos), constituam os mesmos capital produtivo, capital lucrativo ou bens de consumo duradouro[117].

Finalmente, nos impostos sobre o consumo tributa-se o rendimento ou o património (que, por via de regra, mais não é do que um rendimento de "ontem") utilizado no consumo.

Distribuindo agora os impostos do nosso sistema fiscal por esta classificação, temos:

- **impostos sobre o rendimento** – o IRS, que tributa o rendimento global das pessoas singulares (incluídas as empresas individuais), e o IRC, que tributa o lucro das empresas (colectivas) ou o rendimento global das demais pessoas colectivas[118];
- **impostos sobre o património** – o IMI incidente sobre o património imobiliário detido e cuja matéria colectável é constituída pelo valor patrimonial tributário dos prédios rústicos ou urbanos (IMI rústico e o IMI urbano), o IMT que tributa a transmissão onerosa de bens imó-

[116] V. Teixeira Ribeiro, *Lições de Finanças Públicas*, cit., p. 296 e ss. Havemos de ver que o conceito de rendimento subjacente ao art. 104º, nos 1 e 2, da CRP e, bem assim, o exigido pelo princípio da igualdade fiscal a aferir pela capacidade contributiva, é o do rendimento--acréscimo.

[117] Sobre estes conceitos, v. Teixeira Ribeiro, *Ibidem*, p. 295.

[118] A que podemos acrescentar as contribuições para a Segurança Social, que integram a Taxa Social Única, as quais, a seu modo, não deixam de constituir impostos sobre o rendimento do trabalho dependente. V. *infra*, nº 65.

veis[119], e o IS (sobre transmissões gratuitas) que incide sobre a transmissão gratuita de bens móveis ou imóveis por actos *inter vivos* ou *mortis causa* a favor de pessoas singulares[120];

- **impostos sobre o consumo** – o IVA e, bem assim, os impostos especiais de consumo (IEC), em que temos: o Imposto sobre os Produtos Petrolíferos e Energéticos (ISP), o Imposto sobre o Tabaco (IT), o Imposto sobre o Álcool e as Bebidas Alcoólicas (IABA), bem como o Imposto sobre Veículos (ISV) e o Imposto Único de Circulação (IUC).

4.9. Impostos fiscais e impostos extrafiscais

Quanto a esta distinção, ela é já nossa conhecida, uma vez que se prende com o elemento teleológico ou finalístico do conceito de imposto. Por isso, tendo em conta o que dissemos quando tratámos desse elemento, basta-nos aqui lembrar que os verdadeiros impostos extrafiscais, justamente porque prosseguem predominantemente objectivos de natureza económica e social, não integram o *direito fiscal*, mas antes o *direito económico fiscal*, o que leva naturalmente a que não se lhes apliquem, ao menos integralmente, os princípios e preceitos constitucionais integrantes da "constituição fiscal"[121].

5. Visão panorâmica do conteúdo do direito fiscal

Enunciado o *conceito* e esboçado o *campus* da figura dos impostos, estamos agora em condições de compreender melhor a noção de direito fiscal como o ramo de direito que disciplina os impostos, recortando o universo das suas normas e surpreendendo a diversidade do seu conteúdo. É que, como decorre do que vimos de dizer, o direito fiscal, não obstante a unidade do seu objecto constituído pela figura dos impostos, alberga no seu seio um universo variado de normas, seja do ponto de vista horizontal ou do seu conteúdo, seja do ponto de vista vertical ou do seu grau hierárquico.

Assim e em termos horizontais, o direito fiscal integra, de um lado, as normas relativas à incidência, objecto de importante modelação constitucional e, de outro, as normas relativas ao procedimento fiscal, isto é, as normas que disciplinam em sede organizacional e procedimental o lançamento, a liqui-

[119] Cuja extinção se encontra programada em duas etapas no art. 81º do RFAL.

[120] Aos quais podemos, de algum modo, acrescentar o Imposto Único de Circulação, embora nós o coloquemos nos impostos sobre o consumo.

[121] Sobre a maior parte das classificações de impostos acabadas de enunciar, v. E. DE MITA, *Principi di Diritto Tributario*, p. 73 e ss. Quanto ao direito económico fiscal, v. *infra*, nºs 40 e sgs.

dação e a cobrança dos impostos. Mas, como facilmente se compreenderá, o direito fiscal não se esgota na disciplina estrita da dinâmica dos impostos e nos múltiplos aspectos em que estes momentos se desdobram.

Com efeito, ele abarca também outras normas, a saber (e sem qualquer preocupação de exaustão): as normas respeitantes aos *recursos administrativos* (o procedimento de revisão da matéria tributável, o procedimento de revisão dos actos tributários, a reclamação graciosa e o recurso hierárquico[122]); as normas relativas à *fiscalização* do cumprimento dos múltiplos e diversificados deveres fiscais (isto é, o dever de imposto e os deveres acessórios), em que sobressaem, de um lado as normas relativas à *inspecção tributária* e, de outro, as normas que descrevem os comportamentos proibidos por desrespeitadores desses deveres e estabelecem as correspondentes sanções (o direito penal e contra-ordenacional fiscal[123]) e disciplinam o respectivo processo (o direito processual penal e contra-ordenacional fiscal[124]); as normas relativas às garantias contenciosas (*recte* jurisdicionais) dos contribuintes (direito processual fiscal, que disciplina o processo de impugnação judicial) e do Estado enquanto credor do imposto (direito processual executivo fiscal, que regula a execução fiscal).

E aqui temos o domínio mais visível e praticamente absorvente do direito fiscal, as *normas de tributação* que podemos designar por *direito da tributação*, uma vez que as normas, que o integram, disciplinam directa ou indirectamente a tributação (a existência e a exigibilidade dos impostos). Um domínio jurídico que, para além do nível constitucional ou da "constituição fiscal", em

[122] Domínio que poderíamos designar por processo administrativo tributário ou processo contencioso tributário (como é designado, respectivamente, no Brasil e em Cabo Verde, onde o contrapõem ao processo judicial tributário) ou contencioso administrativo (enquanto se concretiza em contendas administrativas a solucionar por via administrativa), não se desse o caso de, entre nós, desde há muito tempo, uma tal expressão ser reservada para designar a justiça administrativa (ou seja, a solução por via jurisdicional, se bem que especial, de contendas administrativas). Cf. sobre o mesmo, Alberto Xavier, *Princípios do Processo Administrativo e Judicial Tributário*, Rio de Janeiro, 2005.

[123] Isto é, o direito dos crimes fiscais e das contra-ordenações fiscais.

[124] Refira-se que, enquanto o direito processual contra-ordenacional fiscal tem alguma autonomia (face ao direito processual contra-ordenacional geral), pois concretiza-se num processo próprio que decorre na administração fiscal e, depois, na jurisdição fiscal, nos termos dos arts. 51º e ss. do RGIT, o direito processual penal fiscal não tem qualquer autonomia, uma vez que os crimes fiscais são julgados pelos tribunais judiciais segundo as regras do Código de Processo Penal, observando as especificidades constantes dos arts. 35º e ss. do RGIT.

que encontramos as bases dos impostos e, eventualmente, o recorte constitucional do respectivo sistema fiscal, que integra o chamado *direito constitucional fiscal* – o *Steuerverfassungsrecht* –, tem sido distribuído, sobretudo pela doutrina alemã, entre o direito fiscal material (ou obrigacional), que regula as relações relativas à obrigação de imposto – o *Steuerschuldrecht* –, e o direito fiscal formal, que disciplina as relações relativas à actividade administrativa de aplicação das leis do imposto (ou seja, ao procedimento fiscal), aos meios graciosos e contenciosos de garantia dos direitos emergentes da percepção do imposto, à fiscalização dos deveres fiscais e ao estabelecimento e aplicação graciosa ou contenciosa das correspondentes sanções, etc., – o *Steuerverwaltungsrecht*[125].

Porém, ao lado deste domínio do direito fiscal, outras normas há que, ao menos formalmente, ainda podem ser tidas como integrando o direito fiscal. Estamo-nos a referir, tendo presente a "estratificação" das normas de direito fiscal de que nos fala K. Vogel[126], às *normas extrafiscais*, por um lado, e às *normas de simplificação fiscal*, por outro. As primeiras, já nossas conhecidas, constituem o por nós designado *direito económico fiscal* e regulam os impostos extrafiscais (e, bem assim, os agravamentos extrafiscais de impostos) e os benefícios fiscais, uns e outros concretizados em medidas de natureza económica e social por via fiscal. De destacar no direito económico fiscal são, pela importância que assumem, as normas relativas aos benefícios fiscais, que, não raro, são objecto de legislação ou até de codificação própria como se verifica com o EBF e o CFI[127].

[125] Onde, em rigor, é visível, de um lado, o direito procedimental fiscal *lato sensu* que regula o procedimento fiscal e as correspondentes contendas graciosas e contenciosas administrativas (*Steuerverfahrensrecht*) e, de outro, o direito penal e contra-ordenacional fiscal (*Steuerstraf – und Steuerordnungswidrigkeitenrecht*). V. a exposição destas matérias do direito fiscal em K. Tipke/J. Lang, *Steuerrecht*, cit., esp. p. 1145 e ss., e 1401 e ss., e em Héctor Villegas, *Curso de Derecho Tributário*, S. Paulo, 1980, cit., esp. p. 99 e ss., e 145 e ss.

[126] K. Vogel, «Die Abschichtung von Rechtsfolgen im Steuerrecht», *Der offene Finanz – und Steuerstaat*, Heidelberg, 1991, p. 509 e ss. (575 e ss.). V. também D. Birk, *Das Leistungsfähigkeitsprinzip als Massstab der Steuernormen*, Köln, 1983, p. 67 e ss, 153 e ss., 194 e ss. e 232 e ss., e K. Tipke, *Die Steuerrechtsordnung*, I, Köln, 1993, p. 119 e ss.

[127] Apesar dos esforços muito significativos dos últimos anos para os reconduzir ao EBF e ao CFI, continuam diversos benefícios fiscais nos específicos códigos dos impostos ou em legislação avulsa. Refira-se que é no direito económico fiscal que se localizam as atribuições e competências da União Europeia em matéria fiscal, pois, tendo a seu cargo a defesa da *ordem económica concorrencial* europeia, cabe-lhe obstar a que os impostos tenham efeitos extrafiscais ou os benefícios fiscais constituam auxílios estaduais que distorçam aquela ordem

As segundas, por seu turno, movidas por um dos desafios mais prementes do nosso tempo, visam exclusivamente simplificar a supercomplexidade que as normas dos impostos atingiram, seja a que afecta cada imposto, seja a que envolve o conjunto dos impostos ou o sistema fiscal. Isto para possibilitar um sistema fiscal com um mínimo de coerência capaz de fornecer soluções praticáveis, e praticáveis não apenas no sentido geral de poderem ser levadas à prática, mas antes e sobretudo no sentido de poderem ser levadas à prática em termos de custos minimamente suportáveis para o actual Estado de direito[128].

Mas a diversidade horizontal das normas de direito fiscal não se revela apenas nestas distinções. Com efeito, o seu conteúdo ainda pode ser agrupado, à semelhança do que ocorre nos outros ramos de direito, em dois grandes sectores ou segmentos: a *parte geral* e as *partes especiais*. O primeiro sector é constituído pelas normas que regulam a figura jurídica dos impostos (ou dos tributos) como instituto unitário, como molde geral de cada um dos impostos (ou tributos), que tendem a ser objecto de codificação como a constante da *Reichabgabenordnung* alemã (de 1919, designada *Abgabenordnung* a partir da reforma de 1977), da *Ley General Tributaria* espanhola (de 1963), do *Código Tributário Nacional* brasileiro (de 1966), do *Código Geral Tributário* angolano (de 1968), do *Código Geral Tributário* caboverdiano (de 1992) ou da nossa *Lei Geral Tributária* (de 1999)[129].

económica. Daí que a intervenção do TJUE relativamente a impostos fiscais que, não foram ainda objecto de harmonização positiva, se revele, em princípio, abusiva, violando o próprio direito da União.

[128] Sobre a simplificação fiscal como missão irrecusável do nosso tempo, v. as oportunas e incisivas considerações de J. Isensee, «Vom Beruf unserer Zeit für Steuervereinfachung», *StuW*, 24 (1994), p. 3 e ss., reproduzidas em «Sulla vocazione del nostro tempo per la simplificazione fiscale», *RDFSF*, LV (1996), p. 294 e ss., e, tendo em conta a perspectiva constitucional, A. M. Cubero Truyo, *La Simplificación del Ordenamiento Tributario (desde la Perspectiva Constitucional)*, Madrid, 1997.

[129] Embora a nossa LGT contenha praticamente apenas direito substantivo, pois o direito procedimental consta do CPPT. Refira-se que a afirmação do texto já não vale, ao menos inteiramente, no concernente ao chamado *Code Général des Impôts* francês que contém, em termos de resto muito pouco estruturados, não só a parte geral do direito fiscal, mas também a disciplina dos impostos em especial. A este propósito é de referir que foi na Alemanha com a *Reichabgabenordnung*, devida a E. Becker, que se procedeu à primeira codificação moderna do direito fiscal geral, que é também uma das codificações gerais do direito fiscal mais estruturada e consolidada.

Por seu turno, relativamente às partes especiais temos: umas vezes, as normas que regulam cada imposto de per si ou cada grupo de impostos (como os impostos sobre o rendimento, os impostos sobre o património e os impostos sobre o consumo) nas suas especificidades constantes e integram os diversos códigos fiscais relativos a cada imposto (v., entre nós, o CIRS, o CIRC, o CIVA, o CIMI, o CIMT, o CIEC, etc.) ou a cada grupo de impostos (v., relativamente a Itália, por exemplo, o Texto Único dos Impostos sobre o Rendimento e o Texto Único do Imposto de Registo[130]); outras vezes, a disciplina de determinados segmentos do ordenamento jurídico-fiscal é seleccionada seja por razões que se prendem com a alta especialização da tributação em causa (por exemplo, o direito fiscal das empresas[131] ou dos negócios), com a particular configuração do próprio facto tributário (como acontece com o direito fiscal internacional) ou com a titularidade dos correspondentes poderes tributários (por exemplo, o direito fiscal comunitário, o direito fiscal autonómico e o direito fiscal autárquico), seja porque, em rigor, não estamos perante normas que integrem o direito fiscal *stricto sensu* (como é o caso do direito económico fiscal, em que tem especial relevo o direito dos benefícios fiscais, e o direito penal fiscal), etc.

Perspectivadas em termos verticais as normas de direito fiscal também ostentam uma clara diversidade, distribuindo-se as mesmas por dois degraus (principais): pelo direito constitucional, polarizado no que se vem designando por "constituição fiscal"[132], e (abstraindo-nos por ora do direito comunitário que se sobrepõe ao direito interno, e que vem ganhando relevo crescente) pelo direito administrativo em que ainda são visíveis dois níveis, a saber: o nível legislativo ou das leis e o nível regulamentar ou dos regulamentos. Naturalmente que, como resulta do que já dissemos, o direito fiscal não se distribui igualmente por estes dois planos normativos.

[130] Cf. E. de Mita, *Appunti di Diritto Tributario*, p. 133 e ss.

[131] Utilizamos o plural, e não o singular, por, em geral, se recusar um conceito unitário de empresa. V., por todos, J. M. Coutinho de Abreu, *Da Empresarialidade. As Empresas no Direito*, Almedina, Coimbra, 1996, p. 281 e ss. Lembramos que o *direito fiscal das empresas* constitui uma disciplina do currículo do Curso de Pós Graduação em Direito das Empresas e suporta o Curso de Pós Graduação em Direito Fiscal das Empresas ministrados pelo Instituto de Direito das Empresas e do Trabalho da Faculdade de Direito de Coimbra.

[132] Ou, na medida em que se trate de infracções fiscais, na "constituição penal" ou, ainda, enquanto se refira a medidas económico-sociais por via fiscal (portanto de impostos extrafiscais, de agravamentos extrafiscais de impostos ou de benefícios fiscais), na "constituição económica".

Como havemos de ver, a constituição modela, formal e materialmente, sobretudo o direito fiscal material ou a obrigação de imposto, estando a disciplina do direito fiscal formal, polarizado em torno do procedimento fiscal, entregue ao legislador ordinário, podendo este deixá-la ou devolvê-la ainda à normação administrativa ou regulamentar se e na medida que a isso se não oponha o princípio geral da legalidade da administração.

Considerando toda esta diversidade de conteúdo, o universo do direito fiscal pode ser apresentado através do seguinte esquema:

direito fiscal geral:

– direito constitucional	– princípios jurídico-constitucionais – modelação constitucional do sistema fiscal
– direito administrativo	– organização fiscal – procedimento tributário[133]
– direito obrigacional	– obrigação fiscal
– direito processual	– processo tributário, processo de execução fiscal e processo de contra-ordenação fiscal[134]

direito fiscal especial:

- direito fiscal do rendimento
- direito fiscal do património (ou direito fiscal imobiliário, direito fiscal do urbanismo[135], etc.)
- direito fiscal do consumo
- direito fiscal da família
- direito fiscal das empresas (ou dos negócios)
- direito fiscal internacional
- direito fiscal europeu
- direito fiscal autonómico[136]
- direito fiscal autárquico[137]

[133] Tanto o direito fiscal obrigacional como o direito fiscal procedimental geral têm agora a sua disciplina na LGT e no CPPT.

[134] Processos estes regulados no CPPT, os dois primeiros, e no RGIT, o terceiro.

[135] Cf. o nosso texto «Tributação do urbanismo no direito europeu», em *Por um Estado Fiscal Suportável*, cit., p. 296 e ss.

[136] Constituído, por um lado, pela Lei das Finanças das Regiões Autónomas e, por outro, pelos diplomas regionais que adaptem o sistema fiscal nacional à respectiva região autónoma.

[137] Como se está a ver, a especialização do direito fiscal, em sede do sistema fiscal, pode concretizar-se, através do recurso a diversos critérios, seleccionando o objecto dos impostos (que nos leva ao direito fiscal de cada um dos três sectores por que habitualmente se distribuem os

- direito económico fiscal (*maxime*, direito dos benefícios fiscais)
- direito penal fiscal[138]

6. Natureza do direito fiscal

6.1. A autonomia substancial do direito fiscal

Temos como óbvio, não se levantando por conseguinte a menor dúvida a tal respeito, que o direito fiscal se insere no campo do direito público. Com efeito, qualquer dos critérios tradicionalmente apontados para suporte da mais célebre e clássica dicotomia do mundo do direito – direito público/direito privado[139] – integra a disciplina jurídica dos impostos no *ius publicum*, o qual continua a caracterizar-se por ser constituído por normas que disciplinam relações entre o Estado e os particulares que têm por objectivo satisfazer as necessidades colectivas da comunidade organizada no Estado, em que este se apresenta, por via de regra, munido de poderes de autoridade ou de *ius imperii*[140].

impostos, isto é, ao direito fiscal do rendimento, ao direito fiscal do património e ao direito fiscal do consumo, ou ao direito fiscal de cada um dos impostos em especial), a específica configuração dos factos tributários (direito fiscal internacional), os titulares dos poderes tributários (que nos permite tratar o direito fiscal europeu, o direito fiscal autonómico, e o direito fiscal autárquico) ou aos titulares passivos da tributação ou contribuintes (que nos conduz, por exemplo, ao direito fiscal da família e ao direito fiscal das empresas ou dos negócios), etc.

[138] Relativamente ao direito económico fiscal e ao direito penal fiscal, podemos dizer que, como sugerem as próprias expressões, estamos mais face, respectivamente, a um ramo de direito económico e a um ramo de direito penal, do que face a ramos de direito fiscal, uma vez que, no primeiro, trata-se de mobilizar os impostos, ou mais em geral as normas jurídico-fiscais, para a modelação económica e social, e, no segundo, a prevenção e repressão das infracções às normas tributárias.

[139] Seja o critério da natureza dos interesses, o critério da posição dos sujeitos na respectiva relação jurídica, ou o critério (que tem maior adesão e é seguido por nós) da qualidade dos sujeitos – v., quanto a esses critérios, por todos, C. A. Mota Pinto, *Teoria Geral do Direito Civil*, 4ª ed., Coimbra, 2005, p. 35 e ss., e A. Santos Justo, *Introdução ao Estudo do Direito*, 4ª ed., Coimbra, 2009, p. 234 e ss. Quanto àquela dicotomia, v. N. Bobbio, «La grande dicotomia», *Studi in Memoria di Carlo Esposito*, IV, Milano, 1974, p. 807 e ss.

[140] Cf. L. Rastello, *Diritto Tributario*, cit., p. 21 e ss. Naturalmente que não nos seduzem certas ideias que, partindo da crescente perda de autoritariedade do Estado contemporâneo, expressa em fenómenos tão diversos como a "dissolução" do acto administrativo no procedimento administrativo ou mesmo na relação jurídico-administrativa ou a crescente "fuga" da actividade administrativa para o direito privado, propõem pensar o direito público,

Todavia, autores há que sustentam a autonomia substancial ou material do direito fiscal, seja em termos radicais que o aproximam mesmo do direito privado, seja em termos mais moderados que, afastando-o do direito administrativo, o concebem como um ramo autónomo do direito público. Diversos têm sido os argumentos invocados nesse sentido, assentes quer na ideia de que a administração fiscal não exerceria poderes próprios de autoridade, quer na consideração de que o direito fiscal tem uma origem "libertadora" e um propósito "garantístico" em oposição ao direito administrativo que teria uma origem "autoritária" e uma intenção "salutista".

Assim e quanto à primeira ideia aponta-se, por um lado, que a administração fiscal não teria competência para criar obrigações na esfera dos particulares, derivando a obrigação de imposto directa e exclusivamente da lei e limitando-se a administração a desenvolver uma mera actividade de verificação "contabilística", meramente executiva e totalmente vinculada à lei. Por outro lado, em caso de incumprimento da obrigação de imposto, a administração fiscal não disporia de qualquer poder para, pelos seus próprios meios, executar o património dos particulares, sendo por conseguinte obrigada a recorrer aos tribunais e ao processo de execução. Pelo que o direito fiscal, segundo alguns autores, se aproximaria do direito privado, vigorando nele um sistema de administração próximo do sistema de "administração judiciária".

Contudo, esta construção de recondução do direito fiscal ao direito privado, que chegou a gozar dos favores da doutrina (sobretudo em França e na Itália) nos princípios do século passado e se inscreveu na primeira tentativa de domesticação jurídica da relação fiscal, durante muito tempo considerada uma mera relação de poder, é actualmente rejeitada pela generalidade da

e particularmente o direito administrativo, como um direito paritário. Neste sentido, v. F. BENBENUTI, «Per un diritto amministrativo paritario», *Studi in Memoria de Enrico Giucciardi*, Padova, 1975, p. 807 e ss., e, entre nós, PEDRO MACHETE, *Estado de Direito Democrático e Administração Paritária*, Almedina, 2007. Quanto à dissolução do acto administrativo e à fuga para o direito privado, v., respectivamente, V. PEREIRA DA SILVA, *Em Busca do Acto Administrativo Perdido*, cit., e MARIA JOÃO ESTORNINHO, *A Fuga para o Direito Privado. Contributo para o estudo da actividade de direito privado da Administração Pública*, Coimbra, 1996. Relativamente à perda de autoritariedade do Estado, que mais não é do que uma das múltiplas manifestações pós-modernas de dissolução do Estado, v. o nosso estudo «Algumas reflexões críticas sobre os direitos fundamentais», em *Por uma Liberdade com Responsabilidade – Estudos sobre Direitos e Deveres Fundamentais*, Coimbra, 2007, p. 90 e ss.

doutrina por a mesma não explicar adequadamente a realidade do direito contemporâneo. De um lado, é de todo inaceitável, num Estado constitucional, a defesa do primado do direito privado, que uma tal construção postula e que tem como consequência o direito fiscal estar totalmente subordinado àquele para efeitos da interpretação dos factos tributários, pois, como disse o Tribunal Constitucional Federal alemão, o primado cabe, e cabe só, à Constituição[141].

Depois, são mais que visíveis as relações de autoridade entre a administração e os particulares no direito fiscal. Na verdade, a intervenção administrativa, consubstanciada na exigência e percepção dos impostos, que constitui o elemento caracterizador de um tal sector do ordenamento jurídico, é seguramente das mais agressivas dos nossos dias[142].

Com efeito a actividade da administração fiscal não se distingue substancialmente da restante actividade administrativa no respeitante à sua vinculação à lei, pois a actividade administrativa fiscal não está tão vinculada quanto poderia parecer, já que as normas legais, para além de reconhecerem, por via de regra, importantes poderes discricionários de decisão nos domínios que extravasam o campo dos elementos essenciais dos impostos, como é patente sobretudo em matéria de fiscalização, deixam, mesmo quanto a tais elementos, espaços de avaliação que cabem numa concepção alargada de discricionaridade.

Em contrapartida, a restante actividade administrativa não é tão livre quanto se pensava, seja porque há outras zonas de grande densidade legal, como é por exemplo todo o importantíssimo domínio dos direitos fundamentais, seja porque o próprio exercício dos poderes discricionários também se apresenta juridicamente vinculado, ainda que em menor grau, no atual entendimento do princípio da juridicidade da administração[143].

Por outro lado, o chamado "privilégio da execução prévia", entendido no sentido tradicional de caber por regra à administração executar os seus próprios actos administrativos, ou seja, duma "autotutela executiva", não consti-

[141] Decisão de 27 de Dezembro de 1991. V., quanto a esta e sobre o problema em geral, L. Osterloh, «Il diritto tributario ed il diritto privado», in A Amatucci (Dir.), *Trattato di Diritto Tributario*, vol. I/1, cit., p. 113 e ss.

[142] J. C. Vieira de Andrade, *Direito Administrativo e Fiscal*, Coimbra, 1996-97, Parte II, p. 3.

[143] Cf. J. M. Cardoso da Costa, *Curso*, cit., p. 47 e ss. (50 e ss.), e J. C. Vieira de Andrade, *Ibidem*, p. 4.

tui uma característica típica da administração dos nossos dias, havendo hoje a tendência para se afirmar o princípio da não executoriedade dos actos administrativos[144]. Isto para além de a execução fiscal estar longe de se assemelhar à execução civil, dada sobretudo a relevante participação nela da administração tributária ao ponto de a obrigação fiscal se considerar uma obrigação semi-executória[145].

Entendido, porém, aquele privilégio, com o sentido, que hoje tende a prevalecer, de obrigatoriedade ou força executiva dos actos unilaterais da administração, ou seja, duma autotutela declarativa, então o mesmo também vale para o direito fiscal, designadamente face ao acto tributário ou acto de liquidação *lato sensu*.

Também a argumentação que vê no direito fiscal uma origem libertadora e um propósito garantístico, decorrentes sobretudo da ideia de autotributação, e no direito administrativo uma origem "autoritária" e uma intenção "salutista", carece de aderência à realidade actual. De um lado, o direito fiscal não é hoje tão autoritário e liberal como alguns autores pretendem fazer crer: tenha-se em consideração, por exemplo, a alteração do significado e do relevo da intervenção parlamentar na criação dos impostos, as finalidades extrafiscais da tributação ou mesmo as medidas económicas e sociais levadas a cabo por via fiscal, as quais, como havemos de ver, assumem, não raro, a forma contratual[146].

De outro lado, também o direito administrativo dos nossos dias está longe de ser basicamente autoritário: pense-se, nomeadamente, quer no amplo e crescente domínio da administração não autoritária como a da administração promocional ou de prestação ou a traduzida nas múltiplas e diversificadas for-

[144] Como consta do nº 1 do art. 176º do CPA. A que acresce a circunstância de a execução coerciva das obrigações pecuniárias decorrentes de acto administrativo ser sempre possível, como já antes o era, através do processo de execução fiscal nos termos do art. 179º do CPA. Para a situação anterior, v. M. Esteves de Oliveira/Pedro C. Gonçalves/J. Pacheco de Amorim, *Código do Procedimento Administrativo,* 2ª ed., Coimbra, 1997, p. 698 e ss. e 709 e s.

[145] Pois, nos termos dos arts. 10º, al. *f*), 149º, 150º e 151º do CPPT, cabe ao respectivo serviço periférico local da administração tributária a instauração da execução fiscal e os demais atos a ela respeitantes com excepção da decisão dos incidentes, dos embargos, da oposição, incluindo quando incida sobre os pressupostos da responsabilidade subsidiária, e a reclamação dos actos praticados pelos órgãos da execução fiscal. De resto, presentemente todos os actos primários da execução fiscal cabem à Administração Tributária – cf. *infra*, nº 32.

[146] Cf. *infra*, nº 15.

mas de participação e de concertação administrativa, quer na intenção básica de garantia dos administrados que hoje percorre todo esse extenso sector do ordenamento jurídico público[147].

Em conclusão, o direito fiscal integra o direito público e não se afasta do direito administrativo, em que, dum ponto de vista substancial, continua a inserir-se como um ramo ou sub-ramo especial. Uma especialidade que reside quer na maior exigência do princípio da legalidade fiscal face ao princípio geral da legalidade administrativa[148], quer na diversidade do critério material suporte da intervenção tributária (o princípio da capacidade contributiva) face ao suporte da intervenção administrativa geral (o princípio da proibição do excesso ou da proporcionalidade *lato sensu*).

Aliás provas de que este é o entendimento do direito fiscal na nossa ordem jurídica não faltam. Vejam-se, por exemplo, a aplicação supletiva, nos termos do art. 2º, al. *c)*, da LGT, da disciplina da organização, actividade e procedimento administrativos, constantes do CPA e demais legislação administrativa, à organização, actividade e procedimento fiscais, e a integração dos tribunais fiscais na jurisdição administrativa e fiscal nos termos do ETAF. De resto, uma expressão muito clara no sentido de o direito fiscal ser um ramo especial do direito administrativo, consta do nº 2 do art. 1º da LGT, em que, ao identificar as relações jurídico-tributárias, prescreve: "para efeitos da presente lei, consideram-se relações jurídico-tributárias as estabelecidas entre a Administração Tributária, agindo como tal, e as pessoas singulares e colectivas e outras entidades equiparadas a estas". É, pois, a própria LGT a considerar relações jurídico-tributárias aquelas em que a Administração Tributária, agindo como tal, se apresente como sujeito activo[149].

Integração esta que, acrescente-se, não obsta a que cada um dos diversos sectores do direito fiscal tenha particulares relações com os outros ramos de direito, como acontece, por exemplo e de modo bem visível, da obrigação de imposto com o direito privado.

[147] Cf. J. M. Cardoso da Costa, *Curso*, cit., p. 53 e ss, e J. C. Vieira de Andrade, *Direito Administrativo e Fiscal*, Parte II cit., p. 4.

[148] Isto em geral, pois que outros domínios há em que, à semelhança do que se verifica no direito fiscal, se exige também uma legalidade reforçada, como acontece em sede de afectação (*maxime* de restrição) dos direitos, liberdades e garantias fundamentais.

[149] Cf. A. Lima Guerreiro, *Lei Geral Tributária Anotada*, Rei dos Livros, Lisboa, 2000, anot. 12 ao art. 1º.

6.2. A autonomia científica ou didáctica do direito fiscal

Diferente do problema da autonomia substancial do direito fiscal acabado de tratar é a questão da sua autonomia científica ou didáctica. Ora, a este respeito, ninguém hoje tem dúvidas em afirmar a autonomia científica e didáctica do direito dos impostos, mesmo face ao direito administrativo. Uma autonomia que, consagrada pela primeira vez na reforma de 1945 do plano de estudos das faculdades de direito, que o separou das finanças (públicas), se tem mantido desde então[150].

Autonomia que, convém acentuá-lo, é em todo o caso relativa, uma vez que, tendo por fundamento o reconhecimento de princípios jurídico-constitucionais próprios e uma lógica de sistema típica, não pode pôr em causa a sua adequada inserção na ordem jurídica geral e, especialmente, na ordem jurídico-pública[151]. Uma inserção que tem diversas manifestações entre as quais sobressaem as múltiplas e intensas relações existentes entre o direito fiscal e os outros ramos de direito, relações a que vamos referir-nos no número seguinte.

6.3. Referência ao direito aduaneiro ou alfandegário

Ainda a respeito da natureza do direito fiscal, é de fazer referência ao direito aduaneiro ou alfandegário, que disciplina os impostos aduaneiros ou alfandegários e que tradicionalmente tem sido concebido como um ramo especial do direito fiscal[152]. O que não é de admirar atento o importante significado que as suas receitas tradicionalmente tinham e ainda têm nas economias pouco desenvolvidas ou basicamente fechadas[153].

Atentas, porém, as características que tais impostos presentemente assumem no contexto de economias abertas ou de forte integração económica regional, que nos revela impostos de natureza marcadamente extrafiscal, concretizados em medidas de política económica protectoras e inseridas na polí-

[150] V., sobre aquela reforma o nosso escrito «Notas breves sobre o ensino do direito fiscal na Faculdade de Direito de Coimbra», em *Por um Estado Fiscal Suportável*, cit., p. 539 e ss.

[151] Cf. J. M. Cardoso da Costa, *Curso*, cit., p. 64 e ss.; os nossos *Contratos Fiscais*, cit., p. 9 e ss., nota 1; L. Rastello, *Diritto Tributario*, cit., p. 77 e ss.; A. Pistone, *Lezioni di Diritto Tributario*. (I – *L'Ordinamento Tributario*), Padova, 1986, p. 45 e ss.; A. Fantozzi, *Diritto Tributario*, cit., p. 8 e ss., e L. Trotabas/J.-M. Cotteret, *Droit Fiscal*, cit., p. 10 e s.

[152] V., por todos, Alberto Xavier, *Manual*, cit., p. 25 e s.

[153] Recorde-se, por exemplo, o que se passava entre nós, que, até à década de cinquenta do século XX, os impostos aduaneiros constituíram uma importante receita fiscal do Estado.

tica comercial externa, somos de opinião que eles já não integram o direito fiscal, mas antes o direito económico (fiscal)[154].

Com efeito, constituindo estes impostos aduaneiros os mais importantes meios ou instrumentos da política comercial externa, eles não estão, nem poderiam estar, subordinados à "constituição fiscal", pois, de um lado, o seu critério é o da oportunidade e conveniência das medidas reclamadas por essa mesma política[155], e não o da capacidade contributiva dos que os suportam e, de outro, o seu pendor essencialmente conjuntural exige uma disciplina jurídica que não se compadece minimamente com a sua sujeição à estabilidade e rigidez típicas do clássico princípio da legalidade fiscal.

Aliás, em virtude do actual contexto de internacionalização e globalização do comércio e das economias, o direito aduaneiro, para além de ser um direito mais económico do que fiscal, tende também a ter cada vez menos peso e a ser cada vez menos um direito nacional e cada vez mais um direito internacional ou mesmo supranacional. Assim e quanto ao primeiro aspecto, basta referir a pouca importância que as receitas desses impostos têm hoje em dia, o que teve por consequência entre nós a integração dos procedimento e processo aduaneiros nos procedimento e processo tributários, de um lado, e a extinção dos tribunais aduaneiros, de outro.

Por sua vez, no referente ao seu carácter internacional ou supranacional, trata-se de algo que, naturalmente, não surpreende tantas são as suas expressões quer a nível internacional, quer a nível supranacional, mormente a nível da União Europeia. Pois, ao nível internacional, temos actualmente um importante segmento da disciplina jurídica desses impostos decorrente quer do GATT, quer sobretudo da acção, simultaneamente dinamizadora, vigilante e fiscalizadora deste Acordo, levada a cabo pela Organização Mun-

[154] Neste sentido, v. a obra de Susana Galera Rodrigo, *Derecho Aduanero Español y Comunitario. La Intervención Pública sobre el Comercio Exterior de Bienes*, Madrid, 1995, cujo título é bem elucidativo. V., designadamente, o seu conceito de direito aduaneiro: "o direito aduaneiro é composto por um conjunto de normas de direito público, de finalidade protectora, cujo cumprimento é exigível sempre que se verifique uma operação de comércio internacional de mercadorias, e por aquelas outras normas imprescindíveis para a sua aplicação efectiva" (p. 100 e ss.). Sobre a relação jurídica aduaneira, v., entre nós, J. Costa Santos, *Subsídios para o Estudo da Relação Jurídica de Imposto Aduaneiro*, Cadernos de CTF, Lisboa, 1989.

[155] Em sentido idêntico, v. Teixeira Ribeiro, *Lições de Finanças Públicas*, cit., p. 290 e s.

dial do Comércio, instituída pelo GATT na versão resultante da sua revisão de 1994[156].

Depois, ao nível da União Europeia, o direito aduaneiro é direito comunitário, o qual, sendo uma consequência da união aduaneira que desde sempre caracterizou a integração europeia, deu um salto qualitativo com a entrada em vigor, em 1994, do Código Aduaneiro Comunitário, que veio regular, com critérios absolutamente uniformes, as transacções entre os países da União e os países terceiros, revogando as diversas legislações aduaneiras nacionais[157]. Deste modo, em matéria de disciplina aduaneira, aos Estados membros da União Europeia resta muito pouco. Basicamente cabe-lhes a regulamentação de alguns aspectos da liquidação e cobrança dos impostos aduaneiros, a qual, enquanto a sua administração ou gestão continuar nas mãos dos Estados membros, não pode ser objecto de uma transferência total para a União.

De resto, a perda de importância do direito aduaneiro, que gozava de um elevado grau de especialidade de regime face ao direito fiscal (geral), está patente na organização em que se integram os correspondentes órgãos, uma vez que estes, depois de terem constituído a Direcção Geral das Alfândegas, durante muitas décadas, passaram a integrar a Direcção Geral das Alfândegas e dos Impostos Especiais, em 1999, e a Autoridade Tributária e Aduaneira, em 2012.

[156] V. a publicação do GATT e demais acordos resultantes das negociações do *Uruguai Round* no *DR*, de 27-12-1994, 5º Suplemento, p. 7380 (755 e ss.), com a versão portuguesa a p. 7380 (1000 e ss.).

[157] É de assinalar que o que dissemos para o direito aduaneiro não passa dum aspecto da internacionalização e da supranacionalização da economia e da sua disciplina jurídica, falando-se, no concernente a esta, duma "constituição económica internacional" – v., neste sentido, Stefan Langer, *Grundlagen einer internationalen Wirtschaftsverfassung. Struturprinzipien, Typik und Perspektiven anhand von Europäischer Union und Welthandelorganisation*, München, 1995. Cf. também L. Pedro Cunha, «A Comunidade Europeia enquanto união aduaneira. Disposições fundamentais e instrumentos da política comercial comum», *BCE*, XXXIX, 1996, p. 295 e ss., e nas *Lições de Relações Económicas Externas*, Coimbra, 1997, p. 46 e ss. Para uma visão das especificidades e da complexidade técnica do direito aduaneiro, tendo porém em conta a situação anterior à instituição da União Europeia e ao Código Aduaneiro Comunitário, v., por exemplo, E. Raposo de Medeiros, *O Direito Aduaneiro. Sua Vertente Internacional*, Instituto Superior de Ciências Sociais e Políticas, Lisboa, 1985, e Claude J. Berr/Henri Tremeau, *Le Droit Douanier. Régime des Opérations de Commerce International en France et dans la CEE*, Paris, 1988.

7. Relações do direito fiscal com os outros ramos de direito

7.1. Direito fiscal e direito constitucional (Remissão)

As relações entre o direito fiscal e o direito constitucional consubstanciam-se na chamada "constituição fiscal", onde temos dois grandes segmentos: um clássico, que podemos designar por bases constitucionais dos impostos, concretizado fundamentalmente na ideia do Estado fiscal, no princípio da legalidade fiscal e no critério material dos impostos ou princípio da capacidade contributiva; outro, mais recente, materializado no recorte constitucional caracterizador ou típico do sistema fiscal, seja quanto às finalidades que este deve prosseguir, seja relativamente à delimitação dos principais impostos integrantes do sistema. Mas esta temática há-de ser versada mais adiante, quando tratarmos da constituição como fonte de direito fiscal.

7.2. Direito fiscal e direito administrativo

Como vimos, a grande relação do direito fiscal com o direito administrativo manifesta-se no facto de aquele constituir fundamentalmente um (sub)ramo deste, donde decorre que uma boa parte dos institutos de direito fiscal – seja em sede da organização administrativa fiscal, seja em sede da actividade administrativa fiscal, seja mesmo em sede da organização judiciária fiscal – se encontra numa relação *specie/genus* face aos institutos do direito administrativo.

Assim e no respeitante à organização administrativa fiscal, não podemos esquecer que a administração fiscal constitui a parcela da administração do Estado (ou dos outros entes públicos) ou, mais precisamente, da administração financeira do Estado (ou dos outros entes públicos) a que está confiada a recolha dos meios financeiros indispensáveis à realização dos fins do Estado.

Em consequência não surpreende que múltiplos aspectos da administração fiscal sejam disciplinados pelo direito administrativo: assim a organização dos serviços, as suas atribuições e competências, as formas de descentração (descentralização ou desconcentração) que os mesmos assumam, as relações de trabalho público dos seus funcionários e agentes, as funções administrativas *stricto sensu* que é necessário desenvolver para pôr a funcionar e manter em funcionamento a máquina fiscal, etc., têm a sua disciplina praticamente em termos integrais no direito administrativo[158]. E isto vale, naturalmente,

[158] Cf. A. Pistone, *Lezioni di Diritto Tributario*, cit., p. 85 e ss.

tanto em sede do direito substantivo, como em sede do direito processual e do direito judiciário correspondentes.

Por sua vez, relativamente à actividade fiscal, também é clara a sua recondução à actividade administrativa e à sua disciplina pelo direito administrativo. Na verdade tanto o procedimento fiscal[159] como o acto em que, por via de regra, o mesmo desemboca (o acto tributário), não passam dum procedimento administrativo e dum acto administrativo especiais ou com especificidades.

Aliás, o que acabamos de dizer tem suporte no CPA, na LGT e no CPPT. O CPA estabelece, designadamente, a aplicação subsidiária das suas disposições aos procedimentos administrativos especiais (art. 2º, nº 5)[160]. Por seu lado, a LGT manda aplicar às relações jurídico-tributárias, como legislação complementar, o CPA e demais legislação administrativa (art. 2º, al. *c)*), e à execução das sentenças dos tribunais tributários o regime da execução das sentenças dos tribunais administrativos (art. 102º, nº 1). Finalmente, o CPPT considera como seu direito subsidiário o ETAF e o CPTA, de um lado, e o CPA, de outro (art. 2º), e manda aplicar o CPTA ao recurso contencioso dos actos administrativos em matéria tributária que não comporte a apreciação da legalidade do acto de liquidação da autoria da administração tributária e nos conflitos de competência (art. 97º, nºs 2 e 3)[161].

Enfim, no respeitante à organização judiciária fiscal, temos mesmo a integração dos tribunais ficais numa mesma jurisdição – na jurisdição administrativa e fiscal – disciplinada pelo novo ETAF. Integração essa que, com o art. 3º da Lei nº 15/2001 deixou de comportar qualquer excepção, uma vez que este preceito colocou a organização administrativa dos então tribunais tributários de 1ª instância, anteriormente na dependência do Ministério das Finanças, sob a dependência do Ministério da Justiça, pondo assim termo às especificidades anteriormente existentes no respeitante a esses tribunais, em que todo o pessoal das secretarias integrava a administração fiscal. Aliás, com a reforma da jurisdição administrativa e fiscal levada a cabo com a aprovação do novo ETAF e do CPTA, essa integração dos tribunais tributários nos tribu-

[159] Ou processo administrativo tributário, na terminologia do revogado CPT (arts. 71º e segs.).

[160] De resto, o anterior CPA foi mandado aplicar na administração fiscal pelo Ofício Circulado nº 2 485, de 11 de Novembro de 1992, da DGCI. Cf. M. Esteves de Oliveira/Pedro C. Gonçalves/J. Pacheco de Amorim, *Código do Procedimento Administrativo,* p. 62 e ss.

[161] Remissão que se encontra feita para as "normas sobre processo nos tribunais administrativos".

nais administrativos e fiscais foi complementada pela agregação dos tribunais administrativos de círculo com os tribunais tributários[162].

Ainda relativamente às relações entre o direito administrativo e o direito fiscal é de referir uma situação idêntica à que, como vamos ver, ocorre nas relações entre o direito privado e o direito fiscal. Trata-se da questão dos efeitos no direito fiscal da declaração de invalidade ou de anulação dos actos e contratos administrativos que se reportem ou constituam pressuposto de facto ou facto gerador de impostos ou, mais em geral, de tributos. Um problema que, embora possa surgir no respeitante à generalidade dos tributos, sejam estes de natureza unilateral ou de natureza bilateral, tem especial acuidade em sede dos tributos bilaterais ou taxas enquanto tributos de natureza comutativa.

Com efeito compreende-se, como regra, que à declaração de invalidade ou à anulação de acto ou contrato administrativo, que se reporte ou constitua pressuposto de facto ou facto gerador de um tributo, deva seguir-se a invalidade ou a anulação consequente do acto de liquidação do correspondente tributo. Todavia, essa solução poderá não ter lugar, constituindo a manutenção da referida liquidação mesmo uma exigência do direito. Assim a consequente declaração de invalidade ou a anulação do acto de liquidação de uma taxa, quando a correspondente prestação pública já tenha sido realizada e se mantenha na esfera do beneficiário, coloca o problema de saber se essa declaração de invalidade ou anulação judicial pode ser uma declaração de invalidade ou anulação pura e simples do acto de liquidação da taxa sem qualquer reflexo na prestação pública já realizada e mantida, ou se a subsistência desta tem reflexos na sorte do acto de liquidação. A este respeito, interrogamo-nos sobre se o problema em causa não deve convocar para a sua solução o contributo de outros sectores jurídicos da teoria geral do direito tributário, como, de um lado, o da natureza declarativa do acto de liquidação dos tributos, e, de outro lado, a circunstância de o acto de liquidação concretizar a relação jurídico-administrativa tributária, que tem a montante a relação jurídico-constitucional tributária e, de certo modo, a jusante a relação jurídico-obrigacional tributária.

Todavia e independentemente do tipo de resposta que possa advir desses sectores, afigura-se-nos óbvio que a ideia de equilíbrio implicada no princípio

[162] Nos termos da Port. nº 1418/2003, de 30 de Dezembro. Refira-se que a essa agregação escapa o TAC de Lisboa, nos termos da Portaria nº 11214/2007, de 20 de Setembro.

da proporcionalidade entre a prestação e a contraprestação, que está ínsita na estrutura bilateral da taxa, não pode deixar de ser tida em conta relativamente à subsistência ou não do acto de liquidação. O que terá reflexos quer no âmbito e intensidade dos efeitos da sentença de anulação quer na execução desta, tendo em consideração, de um lado, o tipo e gravidade do vício que o afecta, especificamente se trata de um vício formal ou procedimental ou de um vício substancial e, bem assim, se o acto anulado é renovável ou não, e, de outro lado, as possibilidades de reconstrução da correspondente situação hipotética actual. Como haverá que ter em consideração se e em que medida o sujeito passivo contribuiu para a ilegalidade do acto administrativo[163]. Designadamente parece-nos que a solução juridicamente equilibrada do problema não pode passar por a remeter unicamente para um instituto geral do tipo do enriquecimento sem causa, nos termos em que deste se pode lançar mão nos termos do artigo 37º, nº 1, alínea *i*), do CPTA[164].

Complementarmente, é de assinalar que nem sempre é o direito fiscal a convocar o direito administrativo, pois, por vezes, é o direito administrativo a convocar o direito fiscal, como acontece com os arts. 176º, nº 2, e 179º do CPA, que remetem para o ordenamento jurídico-fiscal, mais concretamente para o processo de execução fiscal (arts. 148º e segs. do CPPT), a cobrança coerciva das obrigações pecuniárias resultantes de actos administrativos. E o mesmo se verifica com a exigência, constante do nº 2 do art. 50º do CPTA, de prestação de garantia por qualquer das formas previstas na lei tributária para suspender a eficácia de um acto administrativo quando esteja em causa o pagamento de uma quantia certa sem natureza sancionatória.

7.3. Direito fiscal e direito privado

São evidentes e múltiplos os estreitos pontos de contacto do direito fiscal com o direito privado (direito civil e direito comercial). Desde logo, o núcleo central da relação tributária tem a estrutura duma obrigação, pois que a mesma se analisa, do lado do credor do imposto, num poder de exigir do contribuinte determinada prestação pecuniária, e, do lado deste último, no dever de realizar essa prestação. Uma obrigação em tudo semelhante às obrigações

[163] O que poderá suceder sobretudo quando haja lugar a autoliquidação da taxa, um caso em que a anulação da taxa pode concretizar-se num verdadeiro *venire contra factum proprium*, beneficiando assim o infractor.

[164] V. o nosso estudo «Sobre o regime jurídico das taxas», em *Por um Estado Fiscal Suportável – Estudos de Direito Fiscal*, vol. IV, Almedina, Coimbra, 2015, p. 308 e s.

jurídicas privadas, o que conduz a que a disciplina e a construção jurídicas da obrigação fiscal se socorra, em maior ou menor medida, dos princípios e conceitos do direito das obrigações.

O mais importante ponto de contacto entre estes dois ramos de direito reside, no entanto, no facto de o direito fiscal ligar, por via de regra, a obrigação de imposto à prática de actos, ao exercício de actividades ou ao gozo de situações que se apresentam disciplinadas enquanto tais pelo direito privado, de modo que o direito dos impostos se move naquele sector do direito público que mais se aproxima do direito privado[165].

Essa circunstância explica também que as normas jurídicas fiscais recorram frequentemente a conceitos utilizados pelo direito privado, como, por exemplo, os conceitos de transmissão, compra e venda, doação, locação, locação de imóveis, locação financeira, arrendamento (importante para a delimitação da isenção simples do nº 30 do art. 9º do CIVA), herança, propriedade, prédio, comércio, pessoa colectiva, contrato de trabalho[166], contrato de prestação de serviços, estabelecimento comercial, estabelecimento individual de responsabilidade limitada, sociedade, sociedade comercial, sociedade civil sob forma comercial, cooperativa, empresa pública, sucursal, agência, delegação ou outras formas de representação das sociedades, grupo de sociedades, sociedade dominante, agrupamento complementar de empresas, agrupamento económico de interesse europeu, domicílio, sede, residência, os numerosos e diversos conceitos da contabilidade das sociedades, etc.

Conceitos relativamente aos quais se põe a questão de saber se os mesmos conservam o significado que têm no direito privado, ou se são objecto de reelaboração no domínio do direito fiscal em termos de virem a assumir aqui um sentido próprio.

Quanto a esta questão, muitas vezes é a própria lei fiscal que, movida por exigências particulares da matéria a disciplinar, se afasta da regulamentação

[165] V. J. M. Cardoso da Costa, *Curso*, cit., p. 116 e ss., obra que aqui seguimos no essencial. Como obra de referência sobre o tema, v. o livro de Heleno Torres, *Direito Tributário e Direito Privado. Autonomia Privada, Simulação, Elisão Tributária*, São Paulo, 2003. Cf. também E. de Mita, «Il diritto tributário tra diritto comune e primcipi costituzionali», *Interesse Fiscale e Tutela del Contribuente*, 6ª ed, Milano, 2006, p. 41 e ss.

[166] Em que se baseia a delimitação da categoria A, rendimentos do trabalho dependente, do IRS – v. o art. 2º, nº 1, al. *a*), do CIRS. V. sobre este conceito, A. Salgado de Matos, *Código do Imposto do Rendimento das Pessoas Singulares Anotado*, ISG, 1999, anots. 1 a 5 do mencionado artigo.

jurídica privada de certos actos ou situações, dando um significado específico aos conceitos do direito privado. Muitos são os casos em que isso se verifica, podendo referir-se, a título de exemplo, a transmissão de imóveis em sede do IMT, em que não só o termo *transmissão*, mas também os termos *onerosa* e *imóveis* têm um sentido próprio.

Pois bem, neste imposto o conceito de transmissão é mais amplo do que o correspondente conceito do direito civil, já que abarca certos actos e contratos que não têm esse alcance, mas que se justifica que sejam havidos como tais, seja porque têm um significado económico equivalente, seja porque só assim se consegue uma eficaz luta contra a evasão ao pagamento do imposto. Nesta conformidade o art. 2º, nºs 2 e 3, do CIMT considera transmissão: as promessas de compra e venda ou de troca de bens imóveis, logo que verificada a tradição destes, ou quando o promitente comprador ou os promitentes mutuantes já estejam usufruindo os bens; aos arrendamentos com cláusula de os bens arrendados se tornarem propriedade do arrendatário uma vez satisfeitas todas a rendas; aos arrendamentos e subarrendamentos a longo prazo, considerando-se como tais os que devam durar mais de trinta anos; as aquisições de partes sociais ou de quotas nas sociedades em nome colectivo, em comandita ou por quotas, quando algum dos sócios fique a dispor de pelo menos 75% do capital social; a celebração de contrato-promessa de aquisição e alienação de bens imóveis com cláusula de cessão da posição contratual a terceiro; a cessão da posição contratual decorrente de contrato-promessa, aquisição e alienação de bens imóveis; a outorga de procuração com a renúncia ao direito de revogação, etc.[167].

Mas, no mesmo sentido, vão os arts. 10º, nº 3, al. *a*), do CIRS e 46º, nº 5, do CIRC, que consideram transmissão onerosa, para efeitos da tributação das mais-valias realizadas a promessa de compra e venda ou de troca acompanhada da tradição dos respectivos bens[168].

[167] Assinale-se que, enquanto as quatro primeiras situações já se encontravam contempladas em sede do imposto municipal de sisa, as três últimas foram introduzidas pela reforma da tributação do património de 2003.

[168] Outros exemplos de conceitos próprios do direito fiscal face ao direito privado, que podemos referir, são, de um lado, os conceitos de prédio rústico e urbano e, de outro, o de estabelecimento estável, um conceito extremamente relevante no domínio do direito fiscal internacional. Assim e quanto aos primeiros, se há coincidência entre os conceitos de prédio rústico e de prédio urbano constantes do nº 2 do art. 204º do Código Civil e do nº 3 do art. 8º do CIRS, o mesmo já se não verifica em relação aos correspondentes conceitos dos arts. 3º e 4º do CIMI

E isto tanto ocorre naqueles casos, como os referidos, em que há específicos preceitos de direito fiscal a afastar o sentido dos conceitos e a aplicação das correspondentes normas do direito privado, como naqueles outros em que a uma tal conclusão se chega através da interpretação conjugada e harmonizada de diversos preceitos fiscais. Exemplo deste último tipo é o que se verifica relativamente aos juros de mora que integram o conceito de indemnização devida ao abrigo de contratos de seguro que, em sede do direito civil e comercial, integram o conceito de indemnização. O que já não acontece no direito fiscal, onde, por força de uma interpretação em concordância prática de preceitos do CIRS – do art. 5º, nº 2, al. *g*), que considera rendimentos de capitais sujeitos a IRS os juros de mora no pagamento de obrigações pecuniárias, com o art. 12º, nº 1, que exclui da incidência do IRS as indemnizações recebidas ao abrigo de contrato de seguro ou devidas a outro título –, se perfilha um conceito mais estrito de indemnização, excluindo dele os juros moratórios devidos pelo atraso na liquidação da indemnização[169].

O mesmo se verifica em relação aos conceitos de *notificação* e de *citação* que são definidos no direito fiscal, no art. 35º do CPPT, em termos diversos dos do direito civil, no art. 228º do Código de Processo Civil. Na verdade, a citação tem um âmbito diferente consoante estejamos no direito civil, através da qual se dá conhecimento ao réu que foi proposta contra si uma acção ou se chama,

(que segue o critério da sua afectação ou destino). Por seu turno, relativamente ao estabelecimento estável, tradicionalmente constante da legislação fiscal – actualmente dos arts. 18º, nº 2, do CIRS, e 5º do CIRC – não coincide com o correspondente conceito do direito comercial (*rectius*, do direito internacional privado). Cf. sobre esse conceito, Alberto Xavier, *Direito Tributário Internacional*, cit., p. 306 e ss., e *infra*, nº 24.5.

169 Cf., neste sentido o Ac. do TC nº 453/97, em *AcTC*, 37, p. 353 e ss., e o Ac. do STA de 10-5-2000 – P. nº 24.936. V. a pertinente anotação deste último (bem como da sentença da 1ª instância que lhe deu origem) de A. Salgado de Matos na *Fiscalidade*, nº 4, Out. 2000, p. 67 e ss. Quanto ao TC, ao ancorar-se exclusivamente na independência do crédito de juros face ao crédito principal na indemnização por acidente de viação, prestando assim excessivo tributo ao direito civil, não convocou, a nosso ver, todos os parâmetros constitucionais que havia que convocar *in casu*, nomeadamente não se questionou sobre se a tributação de tais juros respeitava, de um lado, o princípio da capacidade contributiva, não atingindo apenas meros rendimentos nominais e, de outro, o princípio da igualdade entre os contribuintes cuja indemnização é paga atempadamente, sem haver portanto lugar a juros de mora, e os contribuintes a quem, em virtude do atraso no pagamento da indemnização, são liquidados juros de mora.

pela primeira vez, alguém ao processo, e no direito fiscal, através da qual se dá conhecimento ao executado que foi proposta contra si uma execução ou se chama a esta, pela primeira vez, alguém.

Não é, porém, nestes casos, que têm uma inequívoca solução legal, que o problema em análise se coloca. Pelo contrário, ele só surge verdadeiramente quando o legislador fiscal, sem se afastar expressamente da disciplina jurídica privada de certos actos ou situações, se limita a utilizar conceitos pertencentes ao arsenal conceptual do direito privado.

Embora se trate duma questão que já deu azo a um extenso debate, entre os defensores da ideia de que as normas fiscais seriam necessariamente tributárias das regras e conceitos jurídicos privados, e os apoiantes da autonomia dos conceitos fiscais face aos conceitos do direito privado, contentamo-nos aqui em afirmar que o problema se resolve através da directriz metodológica segundo a qual, quando as normas fiscais utilizam expressões correspondentes a certos conceitos do direito privado, caberá aos órgãos a quem compete a sua aplicação indagar, em cada caso, de acordo com as regras da hermenêutica jurídica e recorrendo aos elementos de interpretação disponíveis, se essa norma ou essas normas deram a tais conceitos um significado próprio ou se mantiveram o seu conteúdo originário jurídico-privado[170].

Uma orientação metodológica que, com entrada em vigor da LGT, passou a ter consagração legal, dispondo o art. 11º, nº 2, desta Lei: "sempre que, nas normas fiscais, se empreguem termos próprios de outros ramos de direito, devem os mesmos ser interpretados no mesmo sentido daquele que aí têm, salvo se outro decorrer directamente da lei". Uma disposição não totalmente isenta de reparos, já que, ao utilizar o termo "directamente", parece impor uma interpretação estritamente literal das normas fiscais que consagrem sentidos específicos para os termos provenientes de outros ramos de direito, quando é óbvio que ao intérprete não pode ser colocado qualquer obstáculo à plena utilização dos diversos meios de interpretação que a teoria da interpretação jurídica põe à sua disposição para apurar o exacto sentido e alcance das normas de direito fiscal. Em suma, o intérprete pode chegar à conclusão de que estamos perante um sentido próprio ou específico do direito fiscal, relativamente a termos provenientes de outros ramos do direito, decorra tal sentido directa ou indirectamente das normas interpretandas.

[170] J. M. CARDOSO DA COSTA, *Curso*, cit., p. 124, e L. OSTERLOH, «Il diritto tributario ed il diritto privado», *cit.*, esp. p. 127 e ss.

Uma outra questão, intimamente ligada ao valor na esfera jurídica fiscal dos conceitos de direito privado, prende-se com o problema de saber qual o relevo que assumem para efeitos fiscais os actos ou negócios jurídico-privados que enfermem de vício que afecte a sua validade e eficácia. Uma questão que tem agora uma solução na LGT. Seja uma solução de carácter geral integrante do nº 4 do art. 36º, que prescreve: "a qualificação do negócio jurídico efectuada pelas partes, mesmo em documento autêntico, não vincula a administração tributária", e do nº 1 do art. 38º da LGT que dispõe: "a ineficácia dos negócios jurídicos não obsta à tributação, no momento em que esta deva legalmente ocorrer, caso já tenham produzido os efeitos económicos pretendidos pelas partes".

Seja uma solução relativa à simulação dos negócios jurídicos constante do art. 39º, o qual prescreve: "1 – em caso de simulação de negócio jurídico, a tributação recai sobre o negócio jurídico real e não sobre o negócio simulado", pois o nº 2 desse preceito, que dispunha que "[s)em prejuízo dos poderes de correcção da matéria tributável legalmente atribuídos à administração tributária, a tributação do negócio jurídico real constante de documento autêntico depende de decisão judicial que declare a sua nulidade"[171], foi revogado pela LOE/2014. Daí que a crítica que fazíamos na edição anterior[172] tenha deixado de fazer sentido.

[171] V., a este propósito, o Ac. 601/04, em que o Tribunal Constitucional julgou não inconstitucional essa exigência. Refira-se que a utilização da expressão negócio real, em vez da de negócio dissimulado, como é a tradicional e a constante do Código Civil (art. 241º, nº 2), não colhe o nosso aplauso dada a equivocidade própria daquela expressão. V. J. M. Cardoso da Costa, *A invalidade dos negócios jurídicos no Código da Sisa e do Imposto sobre as Sucessões e Doações*, Cadernos de CTF, Lisboa, 1976. No respeitante à simulação no direito fiscal, v. D. Leite de Campos, «Simulação dos negócios jurídicos», em Idem e Outros, *Problemas Fundamentais do Direito Tributário*, cit., p. 219 e ss., e Manuel A. Torres, «A simulação fiscal na Lei Geral Tributária», *Revista da Banca*, 47, Janeiro/Junho de 1999, p. 71 e ss.; «A simulação na Lei Geral Tributária», *Fiscalidade*, 1, Janeiro de 2000, p. 33 e ss.; Heleno Torres, *Direito Tributário e Direito Privado*, cit., p. 281 e ss., e Nuno Pombo, *A Fraude Fiscal. A Norma Incriminadora, a Simulação e Outras Reflexões*, Coimbra 2007, p. 113 e ss. Hipótese diversa da contemplada no texto é a concretizada num acordo anulatório de negócio jurídico baseado em determinados pressupostos fiscais com o objectivo de evitar que um certo resultado fiscal se produza – cf., sobre esta hipótese, A. Lobo Xavier, «Efeitos de um acordo anulatório em impostos periódicos: o caso do IRC», *RDES*, Ano XXXIV, 2ª Série, nº 4, 1992, p. 275 e ss.

[172] À semelhança do que ocorre no direito civil em que, segundo o nº 2 do art. 240º do Código Civil, os negócios simulados são nulos, podendo a sua nulidade ser invocada a todo o tempo.

Por conseguinte a administração tributária pode agora, relativamente a simulação de negócio que conste de documento autêntico, agir nos mesmos termos em que o já o vinha fazendo relativamente à simulação de preço, corrigindo o seu valor sem ter de obter antes qualquer pronúncia de invalidade junto dos tribunais, como, de resto, foi reconhecido pelo STA[173].

De assinalar, a respeito das relações entre o direito fiscal e o direito privado, é a grande autonomia que o direito fiscal tem face ao direito privado. É que a relação jurídica fiscal constitui-se com a verificação do facto tributário previsto na lei, independentemente portanto, seja da vontade dos particulares orientada nesse sentido, seja da actuação da administração fiscal. Por isso, a autonomia da vontade não pode moldar a obrigação fiscal como molda as obrigações privadas.

Daí que a LGT prescreva no seu art. 36º: "a relação jurídica tributária constitui-se com o facto tributário" (nº 1); "os elementos essenciais da relação jurídica tributária não podem ser alterados por vontade das partes" (nº 2); "a qualificação do negócio jurídico efectuada pelas partes, mesmo em documento autêntico, não vincula a administração tributária" (nº 3).

E, no mesmo sentido, podemos referir a disposição, que veio consagrar no nosso sistema de direito fiscal, à semelhança do que se verifica, desde há muito tempo, na Alemanha (com o § 42 da *Abgabenordnung*) e em Espanha (com o art. 24º da *Ley General Tributária*), uma cláusula geral anti-abuso.

Introduzida pela LOE/99, consta essa cláusula do nº 2 do art. 38º da LGT, que prescreve: "são ineficazes no âmbito tributário os actos ou negócios jurídicos essencial ou principalmente dirigidos, por meios artificiosos ou fraudulentos e com abuso das formas jurídicas, à redução, eliminação ou diferimento temporal de impostos que seriam devidos em resultado de factos, actos ou negócios jurídicos de idêntico fim económico, ou à obtenção de vantagens fiscais que não seriam alcançadas, total ou parcialmente, sem utilização desses meios, efectuando-se então a tributação de acordo com as normas aplicáveis na sua ausência e não se produzindo as vantagens fiscais referidas"[174].

[173] V. os Acs. do STA de 19-02-2003 – Rec. 1757/02, de 26-02-2003 – Rec. 89/03, e de 02-04--2004 – Rec. 1756/02.

[174] Refira-se que esta cláusula começou por ser introduzida no art. 32º-A do CPT, o que não deixou de ser estranho e inexplicável, uma vez que o CPT estava, em virtude da codificação do direito fiscal geral da LGT, a ser desmantelado. Aspecto que veio ser corrigido pela Lei nº 100/99, de 27 de Junho, que aditou o referido nº 2 do art. 38º da LGT.

De acordo com este preceito, a administração tributária pode, verificados certos pressupostos e observada determinada tramitação, desconsiderar os actos praticados ou negócios jurídicos concluídos com o objectivo principal de obstar à tributação ou de obter vantagens fiscais, considerando, em contrapartida, a correspondente situação fiscal como se esses actos não tivessem sido praticados ou esses negócios jurídicos não tivessem sido concluídos[175].

Em suma e para concluirmos este ponto relativo à influência do direito privado sobre o direito fiscal, bem podemos dizer, que o direito privado, tanto civil como comercial ou mercantil, continua a modelar, numa parte muito significativa, as relações jurídico-fiscais[176].

Mas, ao contrário do que podia ser-se levado a pensar, as relações entre o direito fiscal e o direito privado não têm carácter meramente unilateral, pelo que não se esgotam no contributo deste para o direito dos impostos. Com efeito, exprimindo de certa maneira as exigências do princípio da sistematicidade ou da coerência lógica do sistema jurídico na sua globalidade, não surpreende que haja situações em que o contributo seja justamente no sentido inverso – isto é, o direito fiscal a ter um papel activo no direito privado.

Contributo este que se revela, nomeadamente, no pioneirismo do direito fiscal face ao direito privado, sobretudo no que ao direito comercial se refere, como se vem verificando de modo muito particular em sede do importante sector do direito fiscal das empresas ou dos negócios, que podemos definir como a disciplina dos impostos aplicáveis aos comerciantes e industriais e, bem assim, às actividades comerciais e industriais[177].

[175] V. o que dizemos *infra*, no nº 20.

[176] Há quem fale, a este respeito, de direito privado fiscal – assim Jose Menendez, *Derecho Privado Fiscal*, Madrid, 1977, uma obra, que não obstante o seu título, se limita a tratar do que podemos designar por direito civil fiscal, já que versa apenas a aplicação do Código Civil às relações jurídico-fiscais. Do direito comercial como modelador das relações jurídico-tributárias parece ter-se esquecido a LGT, ao não referir, no seu art. 2º, a título de "legislação complementar" (em que estranhamente inclui a própria LGT), qualquer legislação comercial (Código Comercial, Código das Sociedades Comerciais, etc.).

[177] Isto não obstante os comerciantes e industriais (ou os comerciantes *lato sensu*) não esgotarem os sujeitos ou titulares das empresas – v. J. M. Coutinho de Abreu, *Curso de Direito Comercial*, vol. I, 10ª ed., Coimbra, 2016, esp. p. 88 e ss. e 265 e ss.

Assim e a mero título de exemplo, podemos referir que foi o CCI que, em 1963, veio impor determinadas regras contabilísticas. Pois, embora já o Código Comercial de Ferreira Borges (de 1836) contivesse normas dedicadas à escrituração e correspondência mercantil, e o Código Comercial de Veiga Beirão (de 1888) tenha estabelecido, pela primeira vez, a obrigatoriedade da escrita para todos os comerciantes (art. 29º), o certo é que, por não se ter previsto qualquer imposição relativamente à arrumação da escrita comercial, ter acabado por vigorar um princípio de inteira liberdade nesse domínio.

Daí que tenha sido o CCI a desenvolver determinadas regras de contabilidade e de escrituração, estabelecendo que "o lucro tributável reportar-se-á ao saldo revelado pela conta de resultados do exercício ou de ganhos e perdas, elaborada em obediência a sãos princípios da contabilidade" (art. 22º)[178]. Regras estas que só bastante mais tarde vieram a ser consagradas na legislação comercial, primeiramente no POC e agora no SNC[179], às quais é de acrescentar a disciplina elaborada pelo Banco de Portugal, com base no art. 115º do Regime Geral das Instituições de Crédito e Sociedades Financeiras, no respeitante à contabilidade das instituições bancárias, e a editada pelo Instituto de Seguros de Portugal, com base no art. 16º do Regime Jurídico de Acesso e Exercício da Actividade Seguradora e Resseguradora, no respeitante à contabilidade das seguradoras[180].

Temos assim um ramo de direito comercial – o direito contabilístico – que tem uma grande importância para o direito fiscal, mais especificamente para o direito fiscal das empresas, já que o lucro tributável destas é determinado segundo um modelo de dependência parcial do direito fiscal face ao direito contabilístico e, por via deste, face à ciência da contabilidade[181].

[178] Ou, na terminologia actual da contabilidade "princípios contabilísticos geralmente aceites", normalmente referidos através da sigla correspondente à sua designação inglesa: GAAP = *Generally Acepted Accounting Principles.*

[179] Aprovado pelo Decreto-Lei nº 158/2009, de 13 de Julho, que entrou em vigor em 1 de Janeiro de 2010.

[180] Para uma ideia dos problemas que a disciplina jurídica da contabilidade coloca, v. R. Fernandes Ferreira, «Contabilidade e fiscalidade (Algumas reflexões)», em *Estudos – XXX Aniversário (1963-1993) do Centro de Estudos Fiscais*, Lisboa, 1993, p. 215 e ss.; Maria Ramalho Croca, «As contas do exercício. Perspectiva civilística», *Revista da Ordem dos Advogados*, ano 57, 1997/II, p. 629 e ss., e Saldanha Sanches, «Problemas jurídicos da contabilidade», em *Ab Uno Ad Omnes – 75 Anos da Coimbra Editora*, Coimbra, 1998, p, 469 e ss.

[181] V., sobre esta dependência parcial, Tomás M. C. Castro Tavares, *Da Relação de Dependência Parcial entre a Contabilidade e o Direito Fiscal na Determinação do Rendimento Tributável das*

E, quanto à disciplina jurídica da contabilidade das empresas em geral, não podemos esquecer que ela não consta apenas do SNC, sendo integrada também pelas normas contabilísticas de relato financeiro (NCRF) propostas pela Comissão de Normalização Contabilística (CNC) e publicadas no Diário da República depois de homologadas pelo Ministro das Finanças, bem como as normas internacionais de contabilidade (NIC)e as normas internacionais de relato financeiro (NIRF). No respeitante às NIC, é de referir que a sua observância se tornou obrigatória, por exigência do direito comunitário, para as contas consolidadas das sociedades cotadas, nos termos do DL nº 35/2005, de 17 de Fevereiro, que transpôs para a ordem jurídica portuguesa diversas directivas relativas à prestação de contas das empresas[182].

Assim como, em termos mais amplos, o direito fiscal das empresas dificilmente poderá desempenhar a sua função se o mesmo não estiver devidamente articulado com o direito integrante dos diversos domínios pelos quais se estende o direito comercial, seja das empresas em geral, seja em termos mais específicos das sociedades comerciais. O que passa, designadamente, pela necessidade de o CIRS e o CIRC serem devidamente articulados não só com o SNC, mas também com o CSC, o CVM, etc.[183]. Por isso, a compreensão do direito fiscal das empresas implica naturalmente o conhecimento desses diversos e complexos domínios do direito comercial.

Pessoas Colectivas: Algumas Reflexões ao Nível dos Custos, separata da *CTF*, 396, Out.-Dez. de 1999, esp. p. 47 e ss., e *IRC e Contabilidade. Da Realização ao Justo Valor*, Coimbra, 2011, bem como Filipe de Vasconcelos Fernandes, *Constituição e Lucro Real – Contributo ao Direito Fiscal Constitucional Português*, AAFDL Editora, 2018. V. também Arnaud de Bissy, *Comptabilité et fiscalité: Du résultat compable au résutat fiscal*, LexisNexis, 2014.

[182] V. sobre as NIC e NIRF, os textos de B. Grossfeld, de Ana Costa Lourenço / Ana Isabel Morais, de J. L Saldanha Sanches e de Fernando Castro Silva, em Francisco Sousa da Câmara / J. L Saldanha Sanches / João Taborda Gama, *O Direito do Balanço e as Normas Internacionais de Contabilidade*, Coimbra, 2007, p. 11 e ss., 51 e ss., 61 e ss. e 247 e ss., bem como Fabian Arrizabalaga Uriarte, *Introducción a las Normas Internacionales de Información Financiera*, Marcial Pons, 2006, e Nina Aguiar, *Tributación y Contabilidad. Una Perspectiva Histórica y de Derecho Conparado*, Ruiz de Alosa Editores, Granada, 2011, esp. p. 252 e ss.. Para o SNC, v. Ana Maria Rodrigues (Coord.) *Sistema de Normalização Contabilístico*, Almedina, 2010.

[183] Para uma ideia do complexo e multifacetado universo do actual direito comercial, v. a colectânea de legislação comercial organizada por Agostinho Caeiro/Nogueira Serens, *Código Comercial. Código das Sociedades Comerciais*, 18ª ed., Coimbra, 2011.

7.4. Direito fiscal e direito penal

Também entre estes dois ramos de direito há importantes e evidentes relações. E a primeira, que deve ser salientada, prende-se com o paralelismo na constituição e desenvolvimento destes dois ramos de direito.

A este propósito, tendo em conta que o direito penal se constituiu e desenvolveu em torno do valor da liberdade e o direito fiscal se constituiu e desenvolveu em torno do valor da propriedade, bem podemos dizer que estamos aqui perante dois ramos de direito gémeos. Pois é de todos sabido como os valores da liberdade e da propriedade estiveram presentes na formação do lastro de valores em que iria assentar o que a modernidade nos legou como sendo o Estado de direito, um lastro que hoje reconduzimos, numa fórmula bem mais analítica, aos direitos fundamentais[184].

Uma outra relação entre estes dois ramos de direito reside no facto de no direito fiscal também haver normas cuja função é a de qualificar certos comportamentos, traduzidos em acções ou omissões, dos contribuintes ou de terceiros (face à relação jurídica fiscal) como infracções, estabelecendo as correspondentes sanções. Ou seja, o direito fiscal integra no seu seio um sector de direito sancionatório – o chamado direito penal fiscal constante basicamente do RGIT.

Como se prescreve no art. 2º, nº 2, desta codificação e à semelhança do que se verifica no direito penal comum, o direito penal fiscal partilha também duma concepção dualista, pelo que temos: de um lado, o direito penal fiscal (*stricto sensu*) e, de outro, o direito contra-ordenacional fiscal.

No primeiro, temos, de acordo com os arts. 87º a 107º do RGIT, quatro tipos de crimes: 1) os *crimes tributários comuns*, em que temos a burla tributária, a frustração de créditos, a associação criminosa, a desobediência qualificada e a violação de segredo; 2) os *crimes aduaneiros*, em que temos o contrabando, o contrabando de circulação, o contrabando de mercadorias de circulação condicionada em embarcações, a fraude no transporte de mercadorias em regime suspensivo e a introdução fraudulenta no consumo; 3) os *crimes fiscais*, em que temos a fraude fiscal, a fraude fiscal qualificada e abuso de confiança fiscal; 4) os *crimes contra segurança social*, em que temos a fraude contra a segurança social e o abuso de confiança contra a segurança social[185].

[184] Para a evolução paralela do princípio da legalidade penal e do princípio da legalidade fiscal, v., por todos, D. JESCH, *Gesetz und Verwaltung*, 2ª ed., Tübingen, 1968, p. 104 e ss.
[185] Para alguns desenvolvimentos, v. *infra*, os nºs 45 e segs.

No segundo, por sua vez, estão previstas as contra-ordenações aduaneiras e fiscais a sancionar através de coimas, julgadas, na fase administrativa, pela administração fiscal e, na fase judicial, pelos tribunais tributários com observância do processo contra-ordenacional fiscal, regulado nos arts. 51º e segs. do RGIT.

Um outro ponto de contacto entre o direito fiscal e o direito penal encontramo-lo na questão da tributação de rendimentos provenientes de actividades ilícitas. Uma questão relativamente à qual, desde há muito tempo, defendíamos uma resposta positiva, conquanto que a tributação de tais manifestações da capacidade contributiva não se constituísse em disfunção do direito penal.

Uma resposta que agora tem consagração legal expressa no art. 10º da LGT, em que se dispõe que "o carácter ilícito da obtenção de rendimentos ou da aquisição, titularidade ou transmissão dos bens não obsta à sua tributação quando esses actos preencham os pressupostos das normas de incidência tributária", bem como nos arts. 1º dos CIRS e CIRC em que se prescreve que estes impostos incidem sobre os correspondentes rendimentos, "mesmo quando provenientes de actos ilícitos"[186].

7.5. Direito fiscal e direito processual

O ponto de contacto mais visível e importante entre o direito fiscal e o direito processual tem expressão no facto de o direito fiscal também conhecer segmentos de direito processual, ou seja, conjuntos mais ou menos estruturados de normas cuja função é disciplinar os diversos processos judiciais fiscais. Trata-se, mais exactamente, do processo tributário (em que se destaca o processo de impugnação judicial), do processo de execução fiscal e do processo de contra-ordenação fiscal.

A sua disciplina encontra-se actualmente: 1) no CPPT, no respeitante ao processo tributário (título III – arts. 96º a 147º), e ao processo de execução fiscal, que tem por objectivo a cobrança coerciva de dívidas tributárias e de outras equiparadas e que, como referimos, decorre, quanto aos actos primários, na administração tributária e, relativamente à eventual impugnação

[186] V., sobre este problema, o nosso estudo *O Dever Fundamental de Pagar Impostos*, cit., p. 505 e ss. e 608 e ss., e, tendo em conta as citadas disposições legais, D. LEITE DE CAMPOS, «Tributação dos rendimentos de factos ilícitos», em IDEM e Outros, *Problemas Fundamentais do Direito Tributário*, cit., p. 9 e ss.

daqueles, nos tribunais tributários (título IV – arts. 148º a 278º)[187]; e 2) no RGIT, o processo de contra-ordenacão fiscal, através do qual são julgadas as contra-ordenações fiscais, que, como também já vimos, tem duas fases – a fase administrativa e a fase judicial (cap. II da parte II – arts. 51º a 86º)[188].

E, porque se trata de direito processual fiscal, não admira que a legislação processual administrativa e a legislação processual civil constituam direito subsidiário dos processos tributários regulados no CPPT, como prescreve o seu art. 2º, ao estabelecer que são de aplicação supletiva ao processo judicial tributário: 1) as normas de natureza processual dos códigos e demais leis tributárias, 2) as normas de organização e processo nos tribunais administrativos e tributários, e 3) o Código de Processo Civil.

7.6. Direito fiscal e direito internacional

O direito fiscal também tem relações com o direito internacional. E quando falamos aqui de direito internacional, temos naturalmente em vista o direito internacional público. Pois bem, também em sede das normas fiscais encontramos normas de direito internacional. Por outras palavras, é cada vez mais visível nos ordenamentos fiscais nacionais a existência de segmentos de direito internacional fiscal, isto é, de normas fiscais provenientes de convenções internacionais que visam fundamentalmente situações internacionais ou plurilocalizadas[189].

Todavia, hoje em dia, nesta sede, procura-se mais tratar do chamado *direito fiscal internacional*, polarizado em torno das normas que regulam *situações fiscais internacionais*, do que do referido *direito internacional fiscal*, polarizado em torno das *normas de fonte internacional*, isto é, de normas cuja violação dá origem a problemas de direito internacional público, como o da responsabilidade internacional dos Estados.

[187] Quanto ao âmbito do processo de execução fiscal, recortado pelo art. 148º do CPPT, é de referir que o mesmo se tem alargado, como o prova o aditamento, pela LOE/2010, da alínea *c*) ao nº 1 desse artigo, disponibilizando o processo de execução fiscal para a execução das dívidas por coimas e outras sanções pecuniárias decorrentes da responsabilidade civil nos termos do art. 8º do RGIT.

[188] Como se está a ver o CPPT não regula todos os processos anteriormente regulados no CPT, já que o processo de contra-ordenação fiscal consta agora do RGIT.

[189] O que não significa, naturalmente, que não haja casos de convenções internacionais que disciplinam situações fiscais exclusivamente internas, como é o caso, por exemplo, das disposições fiscais constantes da Concordata de Portugal com a Santa Sé de 2004 (arts. 26º e 27º).

Por isso, o que é frequente é seleccionar o conjunto de normas, de origem interna, comunitária ou internacional, que contêm a regulamentação directa (através de normas materiais) ou indirecta (através de normas de conflito) dos factos tributários internacionalmente plurilocalizados. Ou seja, trata-se daquele conjunto de normas jurídicas fiscais que têm por objecto a regulamentação das "situações da vida que têm contacto, por qualquer dos seus elementos, com mais do que uma ordem jurídica dotada de poder de tributar"[190] ou, noutra formulação, compreende a totalidade das disposições jurídicas que se referem à tributação relativa a hipóteses que ultrapassam as fronteiras nacionais, ou seja, hipóteses que, implicando relações com âmbitos territoriais ou com ordenamentos jurídicos relativos a mais de um Estado, conduzem a que se apresente como credor tributário mais de um Estado[191].

Significa isto que o direito fiscal internacional diz respeito à disciplina dos factos tributários internacionalmente plurilocalizados. Uma noção, cuja aparente singeleza não pode levar-nos a esquecer a diversidade relativa de normas que integram um tal sector do direito fiscal.

Pois nele encontramos dois grandes tipos de normas: 1) as normas substanciais, que delimitam a competência legislativa dos Estados em presença, em que temos ainda normas de conflito, que podem ser de fonte interna ou de fonte internacional, e normas materiais, que também podem ser de fonte interna ou de fonte internacional; 2) as normas (meramente) instrumentais, que se limitam a definir a competência dos órgãos administrativos ou a jurisdição dos órgãos judiciais nacionais para actuarem relativamente a questões ligadas a mais de uma ordem jurídica, ou estabelecer em que medida os actos administrativos ou judiciais de execução da lei fiscal, praticados num Estado, podem produzir os seus efeitos no território de outro Estado.

Ou, numa outra perspectiva, na perspectiva das fontes das normas que disciplinam as situações fiscais internacionais, as situações fiscais plurilocalizadas, temos três tipos de normas, a saber: 1) as normas de fonte interna,

[190] Alberto Xavier, *Direito Tributário Internacional*, cit., p. 3.

[191] K. Vogel «Il diritto tributario internazionale», in A. Amatucci (Dir.), *Trattato di Diritto Tributario*, vol. I/2, cit., p. 691 e ss. V. também V. Uckmar, na apresentação da obra por ele coordenada *Corso di Diritto Tibutario Internazionale*, Padova, 1999. Diversamente v. Heleno Tôrres, *Pluritributação Internacional sobre as Rendas das Empresas*, 2ª. ed., 2001, p. 47 e ss., autor que, com base na teoria dualista da ordem jurídica interna/ordem jurídica internacional, distingue entre direito tributário internacional e direito internacional tributário, reconduzindo o primeiro a um sector do direito tributário e o segundo a um sector do direito internacional.

que podemos designar por direito fiscal externo (*Aussensteuerrecht*), que na Alemanha dispõe de legislação própria (a *Aussenssteuergesetz*); 2) as normas de fonte internacional, que são normas simultaneamente de direito internacional fiscal e de direito fiscal internacional; e 3) as normas de fonte comunitária, que integram o que designamos por direito comunitário fiscal internacional[192].

Estas situações têm hoje uma importância fundamental crescente, dada a cada vez maior internacionalização das relações económicas exigida pela tendencial globalização dos mercados, quer a nível mundial, quer especialmente dentro dos espaços de forte integração económica como o é o caso da União Europeia. Compreende-se assim o actual empenhamento na luta contra a dupla tributação e a evasão fiscal internacionais, que aquela internacionalização facilitam extraordinariamente. Uma luta que naturalmente não pode deixar de mobilizar os diversas vias: interna, comunitária e internacional[193].

Empenhamento este que, acrescente-se, tende a ser concretizado pela generalidade dos países, através das vias referidas, seguindo as soluções propostas pela convenção-modelo da OCDE, ou seja, pelo Modelo de Convenção Fiscal sobre o Rendimento e o Património (2005)[194]. Acrescente-se, a

[192] Para mais desenvolvimentos, v. ALBERTO XAVIER, *Direito Tributário Internacional*, cit., p. 53 e ss., e SALDANHA SANCHES, *Direito Fiscal*, cit., p. 78 e ss.

[193] ALBERTO XAVIER, *Direito Tributário Internacional*, cit., p. 3 e ss. V. também MANUEL PIRES, *Da Dupla Tributação Jurídica Internacional sobre o Rendimento*, Lisboa, 1984; G. GEST/G. TIXIER, *Droit Fiscal International*, 2ª ed., Paris, 1990; V. KLUGE, *Das deutsche internationale Steuerrecht*, 3ª ed., München, 1992; K. VOGEL, «Il diritto tributario internazionale», *cit.*, V. UCKMAR, «I trattati internazionali in materia tributaria», in A. AMATUCCI (Dir.), *Trattato di Diritto Tributario*, vol. I/2, cit.; T. SHERER, *Doppelbesteuerung und Euripäisches Gemeinschaftsrecht*, München, 1995; C. M. LOPEZ ESPADAFOR, *Fiscalidade Internacional y Territorialidad del Tributo*, Madrid, 1995; M. A. SÁNCHEZ JIMENEZ, *La Doble Imposición Internacional en la Unión Europea*, Madrid, 1995; P. DI MALTA, *Droit Fiscal Européen Comparé*, Paris, 1995; HELENO TÔRRES, *Pluritributação Internacional sobre as Rendas das Empresas*, 2ª ed., S. Paulo, 2001; TULIO ROSEMBUJ, *Fiscalidad Internacional*, Madrid, 1998, e PAULA ROSADO PEREIRA, *Princípios de Direito Fiscal Internacional. Do Paradigma Clássico ao Direito Fiscal Europeu*, Coimbra, 2010.

[194] Na que constitui a sua sexta versão, sendo as anteriores de 1963, 1977, 1992, 1997 e 2003. V. a sua publicação, na versão de 2005, pelo Centro de Estudos Fiscais: OCDE, *Modelo de Convenção Fiscal sobre o Rendimento e o Património*, Lisboa, 2006. Refira-se que, com base na convenção da OCDE, foram elaboradas as convenções modelo sobre o rendimento e o património das Nações Unidas (a *UN Model*), actualizada em 1999, e dos EUA (a *US Model*), objecto de actualização em 1996. Acrescente-se que o Conselho da Europa e a OCDE prepararam uma convenção multilateral sobre a assistência mútua administrativa em matéria fiscal, que veio

este respeito, que sempre que se verifique uma situação fiscal plurilocalizada, simultaneamente contemplada por uma convenção internacional e por uma norma de direito interno, por força do princípio da primazia do direito internacional convencional sobre o direito (ordinário) interno, aceite pela generalidade da nossa doutrina, aplica-se-lhe naturalmente a norma convencional.

Aliás, assim o estabelecem os arts. 81º, nº 2, do CIRS, e 91º, nº 2 do CIRC, preceitos estes que, para além de se revelarem totalmente desnecessários, parecem pretender mais do que juridicamente lhes é permitido, uma vez que, tratando-se de simples normas de direito ordinário, não vemos como possam ter a pretensão de estabelecer o lugar hierárquico das convenções internacionais na nossa ordem jurídica.

7.7. Direito fiscal e direito europeu

Embora se possa conceber o direito da União Europeia e do Espaço Económico Europeu como um especial (qualificado) domínio do direito internacional, como o fazem aqueles autores que defendem a primazia deste sobre *todo* o direito interno (incluindo o direito constitucional), nós, porém, preferimos tratá-lo autonomamente nesta sua relação com o direito fiscal. Com efeito, não podemos deixar de ponderar o reconhecido carácter supranacional desse direito, uma característica de que, ao menos no actual estado de desenvolvimento da comunidade internacional, ainda não partilha o direito internacional[195].

Ora bem, o direito fiscal tem igualmente relações importantes com este novel ramo do direito. Relações que se consubstanciam basicamente na existência de um direito fiscal europeu, um sector do direito financeiro europeu que disciplina, por um lado, os impostos europeus ou impostos comunitários

a entrar em vigor em 1 de Abril de 1995, a qual revista em 2011, foi ratificada por Portugal em 2014. Para a interpretação das convenções modelo sobre o rendimento e o património referidas, v. a obra de K. VOGEL, *Klaus Vogel on Double Taxation Conventions. A Commentary to the OECD, UN and US Model Convention for the Avoidance of Double Taxation of Income and Capital, with Particular Reference to German Treaty Pratice*, 3ª ed., Kluwer, London, The Hague, Boston, 1996, e JOSÉ MARIA TOVILLAS MORÁN, *Estudio del Modelo de Convenio sobre Renta y Patrimonio de la OCDE de 1992*, Madrid, 1996.

[195] V., sobre o problema e por todos, A. GONÇALVES PEREIRA/FAUSTO DE QUADROS, *Manual de Direito Internacional Público*, 3ª ed., Coimbra, 1997, p. 81 e ss. e 124 e ss. Cf. também J. SILVA CUNHA/MARIA A. VALE PEREIRA, *Manual de Direito Internacional Público*, Coimbra, 2000, p. 534 e ss. Quanto ao direito comunitário, v., por todos, J. MOTA CAMPOS, *Manual de Direito Comunitário*, 4ª ed., Lisboa, 2004, e MIGUEL GORJÃO-HENRIQUES, *Direito da União*, 6ª ed., Coimbra, 2010.

próprios, que constitui o chamado *direito fiscal europeu próprio*, e, por outro, alguns aspectos dos impostos estaduais para os quais a Comunidade exige harmonização, o que forma o *direito fiscal europeu interestadual*[196].

Quanto aos impostos europeus é de referir que a disciplina europeia nem sempre é integral, como acontecia com as imposições CECA e acontece no respeitante ao imposto incidente sobre os vencimentos dos funcionários comunitários. É o que ocorre com os impostos aduaneiros, concretizados fundamentalmente na chamada pauta aduaneira comum, aos direitos niveladores agrícolas, verdadeiros instrumentos extrafiscais de realização da PAC, à tributação compensadora e à tributação *antidumping*, instrumentos da política comercial comum. Com efeito, embora se trate de impostos europeus, de impostos cuja gestão ou administração é da titularidade da União Europeia, porque o exercício dessa gestão ou administração continua nas mãos das administrações aduaneiras dos Estados, estes não podem deixam de ter alguma competência normativa nesta sede[197].

Por seu turno, no respeitante ao *direito fiscal europeu interestadual* ou *direito de harmonização fiscal*, é de assinalar que esta pode apresentar diversos graus ou níveis de concretização (podendo falar-se, a este respeito, de coordenação, de aproximação de legislações, de harmonização *tout court* e de unificação ou uniformização), pode ser lavada a cabo através de diversas vias ou formas (refere-se, nesta sede, de um lado, a harmonização jurídica, leva da acabo através de instrumentos jurídicos, a qual pode ainda ser positiva ou legislativa e negativa ou jurisprudencial, e, de outro, a harmonização política, efectuada através de instrumentos ou mecanismos políticos como os códigos de conduta) e se verifica não apenas relativamente à tributação do consumo, onde naturalmente atingiu o seu nível mais elevado, mas também no respeitante à tributação directa[198].

[196] V., quanto a estas designações, ALBERTO XAVIER, *Direito Tributário Internacional*, cit., p. 205 e ss. Cf. também, R. FALCÓN Y TELLA, *Introdución al Derecho Financiero y Tributario de las Comunidades Europeas*, Madrid, 1988, p. 47 e ss.

[197] Isto é, em tudo o que vai para além do regime comum da sua gestão, constante do Código Aduaneiro Comunitário. Cf. A. NUNO DA ROCHA (Coord.), *Código Aduaneiro Comunitário Anotado*, Edições Asa, Porto, 1995, e NUNO VICTORINO/J. RICARDO CATARINO, *Código Aduaneiro Comunitário e Disposições de Aplicação. Anotações, Notas Remissivas e Jurisprudência*, Vislis, Lisboa, 2000.

[198] Para maiores desenvolvimentos v. ANA PAULA DOURADO, *Lições de Direito Fiscal Europeu. Tributação Directa*, Coimbra, 2010.

Especial importância tem, no sector do direito de harmonização fiscal, a disciplina dirigida a evitar a dupla tributação e a evasão fiscal decorrentes de situações fiscais europlurilocalizadas, isto é, de situações fiscais com conexão relevante, à face do direito internacional público, com diversos Estados membros da União Europeia.

Trata-se de um sector do direito comunitário fiscal de harmonização, que, pese embora a ostensiva complexidade e equivocidade da expressão, nos atrevemos a designar por *direito fiscal europeu internacional*. Na verdade, as situações fiscais europlurilocalizadas tendem assim a ser objecto de uma disciplina supranacional, em vez da sua tradicional disciplina internacional[199].

7.8. Direito fiscal e os novos ramos do direito

A título de relações do direito fiscal com os outros ramos de direito podemos falar ainda das relações do direito dos impostos com ramos de direito menos clássicos, como é o caso do direito da segurança social, do direito da economia[200] e do direito do ambiente.

No respeitante às relações do direito fiscal com o *direito da segurança social* (ou direito social *stricto sensu*), é de começar por assinalar que este ramo do direito integra dois grandes domínios: o relativo às prestações sociais que, naturalmente, constituem a razão de ser desse ramo de direito, e o respeitante às contribuições para a segurança social, que suportam financeiramente a realização dessas prestações. Como é óbvio, é este segundo segmento do direito da segurança social o que apresenta relações mais intensas com o direito dos impostos. É que as contribuições para a segurança social, que integram

[199] Deste sector do ordenamento do direito fiscal comunitário tratam particularmente as obras citadas nas notas anteriores: T. SHERER, *Doppelbesteuerung und Europäisches Gemeinschaftsrecht*; M. A. SÁNCHEZ JIMENEZ, *La Doble Imposición Internacional en la Unión Europea* e R. FALCÓN Y TELLA, *Introdución al Derecho Financiero y Tributario de las Comunidades Europeas*, p. 149 e ss. Para além destas obras, v. também D. BERLIN, *Droit Fiscal Communautaire*, Paris, 1988; JEAN-MICHEL COMMUNIER, *Droit Fiscal Communautaire*, cit.; G. CASADO OLLERO/R. FALCON Y TELLA/C. LOZANO SERRANO/E. SIMON ACOSTA, *Cuestiones Tributarias Praticas*, 2ª ed., Madrid, 1990, p. 971 e ss., J. LANG, «I pressuposti costituzionali dell'armonizzazione del diritto tributario in Europa», e G. CASADO OLLERO, «L'ordenamento comunitario e l'ordinamento tributario interno», ambos in A. AMATUCCI (Dir.), *Trattato di Diritto Tributario*, vol. I/2, cit., e PAULA ROSADO PEREIRA, *Princípios de Direito Fiscal Internacional. Do Paradigma Clássico ao Direito Fiscal Europeu*, cit., p. 245 e ss..

[200] *Maxime* do direito público da economia ou direito da intervenção do Estado (e demais entes públicos territoriais) na economia.

a Taxa Social Única, constituem receitas parafiscais consideradas tributos cujo regime jurídico-constitucional partilha ou se aproxima do regime dos impostos.

Mas também o direito das prestações sociais tem relações com o direito fiscal. Efectivamente, por exigências do *princípio da coerência do sistema jurídico*, o direito dos impostos não pode deixar de se harmonizar com o direito das prestações sociais de modo a que os mínimos existenciais reconhecidos em sede do direito do imposto sobre o rendimento pessoal correspondam aos do direito das prestações sociais. Isto é, não é legítimo que Estado trate melhor os cidadãos que não atingem os limites sociais mínimos, atribuindo-lhes prestações sociais, do que aqueles que ultrapassam esses limites, tributando parte dos rendimentos que integram esses mínimos[201].

Quanto às relações do direito dos impostos com o *direito da economia*, traduzem-se elas essencialmente na existência do que designamos por *direito económico fiscal* que disciplina o conhecido fenómeno da extrafiscalidade, ou seja, a mobilização do instrumento fiscal como meio de realização de objectivos económicos e sociais. Quatro observações muito rápidas a este respeito.

Uma para dizer que a extrafiscalidade, em sentido próprio, engloba tanto a tributação (impostos extrafiscais ou agravamentos extrafiscais de impostos) como a não tributação ou a menor tributação (benefícios fiscais) cuja função ou objectivo principal é, não a obtenção de receitas ou uma política financeira, mas a prossecução de objectivos económicos e sociais.

Outra para assinalar que, não podendo os impostos extrafiscais e os agravamentos extrafiscais de impostos ter actualmente um papel significativo, a extrafiscalidade corre sobretudo pela via dos benefícios fiscais[202].

Uma terceira para referir que o direito económico (em que, no fundo, a extrafiscalidade se integra), porque dominado pelas ideias de flexibilidade e selecção, não é, nem pode ser, objecto dos exigentes limites constitucionais dos impostos.

Finalmente, é de assinalar que o direito económico se reporta à intervenção e regulação estaduais da actuação dos agentes económicos, o qual tem sido objecto de importante evolução nas últimas décadas, porquanto, para além de ter passado, em larga medida, para a responsabilidade da União Europeia, tem na regulação e supervisão económicas através de

[201] V. o nosso estudo *O Dever Fundamental de Pagar Impostos*, cit., p. 615 e ss.

[202] Para mais desenvolvimentos relativamente aos benefícios fiscais, v. *infra*, nºs 42 e segs.

autoridades administrativas independentes uma das suas mais visíveis manifestações[203].

Por sua vez, no respeitante às relações do direito fiscal com o *direito do ambiente*, algumas considerações devem aqui ser feitas. E a primeira prende-se com a amplitude e diversidade deste sector do ordenamento jurídico. Efectivamente o direito do ambiente abarca um universo muito amplo e heterogéneo de normas, em que podemos destacar ainda o *direito do urbanismo* em sentido amplo[204], o *direito do património cultural* e o *direito do património natural*[205].

Naturalmente que o direito fiscal, como qualquer outro ramo de direito, enquanto normas de conduta dirigidas à orientação dos comportamentos dos cidadãos seus destinatários, não pode alhear-se, devendo mesmo empenhar-se, no desafio de inverter o caminho para o abismo ambiental que as sociedades atuais, com destaque para as mais desenvolvidas, vêm trilhando com total irresponsabilidade.

Empenhamento que, em sede de impostos especificamente ambientais, deu origem ao referido adicional ao ISP, criado pelo art. 38º da LOE/2004, cuja receita se encontra consignada ao Fundo Florestal Permanente, à taxa sobre lâmpadas de baixa eficiência energética", criada pelo DL nº 108/2007, e, sobretudo, em resultado da "reforma da fiscalidade verde" aprovada pela Lei nº 82-D/2014, de 31de Dezembro, ao adicionamento sobre as emissões de

[203] Sobre o direito económico, v., por todos, E. Paz Ferreira, *Lições de Direito da Economia*, aafdl, Lisboa, 2001, e L. S. Cabral de Moncada, *Direito Económico*, 6ª ed., Coimbra, 2012; M. Afonso Vaz, *Direito Económico. A Ordem Económica Portuguesa*, 4ª ed., Coimbra, 1998; A. Carlos Santos/Maria E. Gonçalves/Maria M. Leitão Marques, *Dreito Económico*, 6ª ed., Coimbra, 2011, e J. L. Saldanha Sanches, *Direito Económico*, Coimbra, 2008. V. também Suzana Tavares da Silva, *Direito Fiscal. Teoria Geral*, 2ª ed., Imprensa da Universidade de Coimbra, 2015, p. 27 e ss.

[204] Que integra três sectores: direito do ordenamento do território, direito dos solos e direito da construção. Cf. F. Alves Correia, *Manual de Direito do Urbanismo*, vol. I, 4ª ed. Coimbra, 2008, esp. p. 62 e ss., bem como Fernando R. Condesso, *Direito do Ambiente*, Coimbra, 2001; L. F. Colaço Antunes, *Direito Urbanístico: Um Novo Paradigma: A Planificação Modesto-situacional*, Coimbra, 2002, e Maria da Glória F. P. D. Garcia, *O Lugar do Direito na Protecção Ambiental*, Coimbra, 2007.

[205] Isto para quem, como nós, perfilhe um conceito estrito de património cultural, contrapondo-o ao de património natural – v. o nosso livro *Introdução ao Direito do Património Cultural*, 2ª ed., Coimbra, 2010, p. 11 e ss.

CO_2, pago conjuntamente com o ISP e constante do art. 92º-A do CIEC[206], e à contribuição sobre sacos de plástico[207]. Mais visível é esse empenhamento traduzido seja na existência de certos impostos com incidências ambientais, seja através do relevo ambiental tido em conta nos impostos gerais. Assim, em sede de impostos com incidências ambientais, temos o Imposto sobre Veículos, o Imposto Único de Circulação e o Imposto sobre os Produtos Petrolíferos e Energéticos, que são mesmo considerados impostos ambientais pela OCDE[208].

Por seu turno, em matéria de consideração ambiental nos impostos gerais podemos referir: a isenção de IRC, excepto quanto aos rendimentos de capitais, das entidades gestoras de sistemas de embalagens e resíduos de embalagens parcialmente detidas por municípios, durante o período de licenciamento, relativamente aos resultados obtidos nesse período e reinvestidos na realização dos seus fins (art. 53º do EBF); a dedução em IRC das provisões constituídas pelas empresas do sector das indústrias extractivas para fazer face aos encargos com a recuperação paisagística e ambiental (arts. 40º do CIRC); a aplicação da taxa reduzida de 5% em IVA a certos produtos com relevância ambiental; a isenção em ISP dos biocombustíveis; a definição do montante do ISV e do IUC, em função das emissões de dióxido de carbono dos veículos; etc.[209]. A que acresce a ampla "ambientalização" a que a "reforma fiscal verde" procedeu relativamente à generalidade dos impostos e demais tributos bem patente, de resto, na lista de alterações transversais aos diversos códigos fiscais operacionais que encontramos na referida Lei nº 82-D/2014.

Mas de um tal empenhamento, a propósito do qual bem se pode falar dum "direito fiscal ecológico" ou duma "reforma fiscal ecológica", por maior que seja, e ele pode efectivamente ser bem maior do que é actualmente, não é possível esperar muito para a solução daquele desafio, uma vez que a utilização ecológica do direito fiscal terá, pela própria natureza das coisas, sempre um alcance limitado.

Com efeito, as medidas ecológicas por via fiscal quer na modalidade de impostos predominantemente oneradores de comportamentos antiecológi-

[206] Preceito que foi aditado pela referida Lei nº 82-D/2014.

[207] Cujo regime consta do capítulo V (artigos 30º a 49º) da Lei nº 82-D/2014.

[208] V. o nosso artigo «Direito fiscal e tutela do ambiente em Portugal», em *Por um Estado Fiscal Suportável*, cit., p. 342 e ss.

[209] V., sobre esse empenhamento e por todos, Carlos Santos «Ambiente e fiscalidade», em *Da Questão Fiscal à Reforma da Reforma Fiscal*, cit., p. 405 e ss.

cos, quer na modalidade de medidas beneficiadoras de comportamentos filo-ambientais, atenta a própria natureza fiscal do Estado, terão sempre natureza algo excepcional. Por isso, na salvaguarda de um ambiente são, o Estado não se pode bastar com o "instrumentário próprio da economia de mercado", onde as medidas eco-fiscais se situam, antes tem de lançar mão também das "medidas de carácter imperativo"[210].

Daí que sejam de questionar os entusiasmos ambientalistas depositados no direito dos impostos[211], com base nos quais, a nosso ver com uma abundante dose de ingenuidade, foi proposto substituir o tradicional e actual direito fiscal, assente no princípio da capacidade contributiva, por uma tributação essencialmente suportada por tributos ambientais, sejam tributos unilaterais (impostos), sejam tributos bilaterais (taxas).

Uma proposta relativamente à qual nada temos a opor conquanto se refira apenas: 1) a adequados preceitos fiscais movidos pela preocupação de orientação ambiental dos comportamentos dos cidadãos e agentes económicos, isto é, a medidas de tutela ambiental por via fiscal (através de impostos extrafiscais e benefícios fiscais), e/ou 2) a algum ou alguns impostos fiscais ecológicos de que constituem exemplos, tanto o clássico imposto de A. C. PIGOU que integrava através da tributação os custos da poluição no preço dos bens e serviços, como o mais recente imposto sobre a energia ou o imposto sobre o CO_2 que a Comissão Europeia vem propondo há bastante tempo mas sem êxito até ao momento[212].

Uma consideração ambiental que é, a seu modo, expressão adequada do que prescreve a nossa Constituição, na alínea *h*) do nº 2 do art. 66º, em que se dispõe: "para assegurar o direito ao ambiente, no quadro de um desenvolvimento sustentável, *incumbe ao Estado*, por meio de organismos próprios e

[210] Para esta problemática e terminologia, v. K. TIPKE/J. LANG, *Steuerrecht*, cit., p. 275 e ss., e o nosso *O Dever Fundamental de Pagar Impostos*, cit., p. 651 e ss.

[211] E que as legítimas preocupações com o amanhã, cada vez mais incerto do nosso planeta, bem justificam.

[212] Sobre os impostos ambientais, v. o nosso estudo «Direito fiscal e tutela do ambiente em Portugal», em *Por um Estado Fiscal Suportável*, cit., p. 325 e ss., e «Tributos com fins ambientais», *RFPDF*, nº 4, 12/2008, p. 107 e ss.; os diversos contributos constantes do vol. 15 (1993) da DStJG editado por P. KIRCHHOF, *Umweltschutz im Abgaben – und Steuerrecht*, Köln, 1993; CLÁUDIA SOARES, *O Imposto Ecológico – Contributo para o Estudo dos Instrumentos Económicos de Defesa do Ambiente*, nº 58 da Série Studia Iuridica, 2001, esp. p. 285 e ss., e HELENO TORRES (Coord.), *Direito Tributário Ambiental*, S. Paulo, 2005.

com o envolvimento e participação dos cidadãos:... assegurar que a política fiscal compatibilize desenvolvimento com protecção ambiental e qualidade de vida".

Encetar, porém, uma "reforma fiscal ecológica", orientada para a ainda que tendencial substituição do atual sistema fiscal por um "sistema fiscal ecológico", já não colhe a nossa adesão, pois seria abandonar o Estado à total insegurança financeira, deixando as receitas fiscais futuras integralmente dependentes da realização dos objectivos ecológicos, sobretudo se tiver em conta que o melhor imposto ecológico (isto é, o imposto que melhor concretiza os objectivos ambientais) é o que produz uma menor receita e, no limite, o que proporciona uma receita igual a zero, caso em que se apresenta como um *imposto sufocante* ou *asfixiante* que está, aliás, constitucionalmente proibido[213].

Isto para além de uma tal ideia conduzir a que, ao remeter-se a salvaguarda do ambiente fundamentalmente para os impostos, se correr o risco de se estar a legitimar a "compra" duma tal salvaguarda por parte das empresas economicamente mais poderosas ou melhor sucedidas, as quais, ao disporem de grande capacidade económica para suportar impostos, estariam a obter, ao fim e ao cabo, uma especial "licença" para poluírem à vontade. É que essa tributação não se pauta pelos parâmetros a que se encontram subordinadas as "licenças de emissão", atribuídas ou adquiridas no quadro do plano nacional de atribuição de licenças de emissão e do funcionamento do chamado "comércio de emissões", decorrente da entrada em vigor do Protocolo de Quioto e da sua disciplina pelo direito comunitário e nacional[214].

De resto, a fenomenologia da actual protecção ambiental por via fiscal, que podemos designar por eco-tributação, está muito longe de se reconduzir à extrafiscalidade, visando os chamados impostos ou tributos ecológicos, por via de regra, simultaneamente a obtenção de receitas e a modelação dos

[213] Como o vem entendendo o *BVerfG* alemão – v. K. TIPKE/J. LANG, *Steuerrecht*, cit., p. 277 e s., e o nosso *O Dever Fundamental de Pagar Impostos*, p. 237 e s. e 554.

[214] Constante da Directiva nº 2003/87/CE, do Parlamento e do Conselho, de 13 de Outubro, transposta pelo Decreto-Lei nº 233/2004, de 14 de Dezembro. Quanto à problemática referida no texto, v. K. TIPKE, *Die Steuerrechtsordnung*, vol. I, Köln, 1993, p. 513, e sobretudo K. TIPKE/J. LANG, *Steuerrecht*, cit., p. 275 e ss., e o nosso *O Dever Fundamental de Pagar Impostos*, cit., p. 651 e ss. Para uma "reforma fiscal ecológica", v. a colectânea de estudos editada pela GREENPEACE, *Der Preis der Energie. Pläidoyer für eine öcologische Steuerreform* München, 1995.

comportamentos dos seus destinatários no sentido da defesa do ambiente. Ao que acresce o facto de as receitas por eles proporcionadas frequentemente se apresentarem consignadas à realização dos correspondentes objectivos ecológicos, passe ou não esta consignação de receitas pela instituição de um suporte orgânico próprio, isto é, por um "parafisco"[215]. O que significa que tais impostos prosseguem os objectivos ecológicos por uma dupla via: directamente, limitando a verificação dos factos geradores desses impostos e, indirectamente, na medida em que essa via falhe, utilizando as receitas proporcionadas pelos impostos para atenuar os efeitos anti-ecológicos provocados pela verificação desses factos geradores[216].

8. O direito fiscal e outros saberes sobre impostos

Como resulta do que fomos dizendo, o direito fiscal é uma disciplina jurídica, isto é, tem por objecto as normas jurídicas que regulam os impostos, e é uma disciplina jurídica relativamente especializada. Mas, como é facilmente observável, o direito fiscal não esgota os saberes que têm por objecto os impostos.

Com efeito, constituindo estes uma das realidades mais omnipresentes e marcantes na vida quotidiana dos cidadãos e agentes económicos da sociedade contemporânea, é mais que natural que outras ciências os tenham por objecto. E assim acontece, constituindo os impostos também objecto de outras ciências, quer de ciências com um objecto amplo como o da ciência das finanças públicas, quer de ciências que têm nos impostos o seu exclusivo objecto como são, entre outras, a fiscalidade, a ciência fiscal, a teoria fiscal, a ciência e técnica fiscal, a política fiscal, a sociologia fiscal, a psicologia fiscal, etc.

Sendo já nossa conhecida a ciência das finanças públicas, que estuda os impostos do ponto de vista económico-financeiro e no quadro amplo das receitas e despesas do Estado e demais entes públicos, vejamos, agora, em

[215] V., por todos, K. Tiepekmann/G. Van der Beek (Eds.), *Theorie der Parfiski*, Berlin. New York, 1992, e o nosso *O Dever Fundamental de Pagar Impostos*, cit., p. 256 e ss., 338, 651 e ss. Quanto à consignação de receitas, fiscais à realização de despesas com a protecção do ambiente, v. Cláudia Soares, «A nova e velha problemática da consignação de receitas fiscais», em *Juris et de Iure – Nos 20 Anos da Faculdade de Direito da UC – Porto*, Porto, 1998, p. 1183 e ss.

[216] Para uma crítica da utilização dos impostos como instrumentos das políticas energética e ambiental em sede da União Europeia, v., C. M. Lopes Porto, *Teoria da Integração e Políticas Comunitárias*, 4ª ed., Coimbra, 2009, p. 355 e ss.

termos necessariamente sumários, o sentido de cada um dos outros saberes fiscais mencionados. Assim, no respeitante à *fiscalidade*, entendida em sentido amplo, ela constitui uma abordagem inter ou multidisciplinar dos impostos, tratando estes nos seus múltiplos aspectos – jurídicos, económicos, técnicos, institucionais, políticos, sociológicos, etc.

Entendida, porém, em sentido estrito, ela pode referir-se, ou referir-se preferencialmente, a algum ou alguns destes aspectos, sobretudo aos aspectos de natureza institucional, de natureza jurídica, de natureza económica e contabilística. Na verdade, podemos dizer, que a fiscalidade – geral (relativa à generalidade dos impostos) ou das empresas (relativa aos impostos pagos ou suportados pelas empresas singulares ou colectivas, em que sobressai, como capítulo mais importante, o respeitante à determinação do lucro tributável das empresas em IRC ou IRS) – reserva sempre aos aspectos jurídicos um papel não despiciendo[217].

Quanto à *ciência fiscal*, *teoria fiscal* (ou *ciência e técnica fiscal*), ela concretiza-se, por via de regra, na abordagem múltipla do fenómeno fiscal, a qual, embora também verse os aspectos jurídicos, dá especial ênfase aos aspectos económicos, técnicos, institucionais, políticos, sociológicos e psicológicos dos impostos. Tem sido em França que os impostos vêm sendo encarados sob a perspectiva da ciência (ou ciência e técnica) fiscal, a qual, tendo por base a tradição francesa do tratamento interdisciplinar do fenómeno fiscal, se revelou uma constante sobretudo a partir dos anos 50 do século XX[218].

[217] Como se pode ver, por exemplo, nos planos de estudos da disciplina de fiscalidade na licenciatura em gestão e nos mestrados de gestão e contabilidade apresentados por R. Fernandes Ferreira, *Gestão, Contabilidade e Fiscalidade*, Lisboa, 1997, p. 9 e ss. e 25 e ss. Por vezes, todavia, a fiscalidade não passa duma designação para o direito fiscal fora das faculdades de direito. V. também L. Trotabas/J.-M. Cotteret, *Droit Fiscal*, cit., p. 13 e s., e M. Lauré, *Science Fiscale*, Paris, 1993, p. 13. Para uma abordagem não inteiramente jurídica dos impostos v., entre nós, Albano Santos, *Teoria Fiscal*, 2ª ed., ISCSP, Universidade Técnica de Lisboa, 2013; M. H. Freitas Pereira, *Fiscalidade*, cit.; A. F. Brás Carlos, *Impostos. Teoria Geral*, Coimbra, 2006, e J. Ricardo Catarino/Vasco B. Guimarães (Coord.), *Lições de Fiscalidade*, Coimbra, 2012.

[218] V., entre nós, a obra de Albano Santos, *Teoria Fiscal*, cit. Relativamente à França, devemos sublinhar que sempre se procurou aí uma abordagem de carácter interdisciplinar das normas jurídico-fiscais bem patente, de resto, na designação desta disciplina científica: primeiramente "Ciência e Legislação Financeira" (G. Gèze, J. Laferrière, M. Waline), depois "Ciência e Técnica Fiscal" (L. Trotabas, L. Mehl, P. Beltrame), e presentemente "Técnicas, Políticas e Instituições Fiscais" (P. Beltrame/L. Mehl) – cf. P. Beltrame/L.

Numa determinada visão das coisas, podemos considerar como objecto da ciência fiscal a optimização de todo um pano de fundo do interesse público, assegurando um nível de receitas fiscais adequado à realização das tarefas que um concreto Estado se propõe prosseguir, sem prejuízo, de um lado, para a justiça social e, de outro, para o funcionamento do sistema económico de mercado entregue ao livre jogo das iniciativas individuais[219].

O que aproxima a ciência fiscal da (teoria da) política fiscal, enquanto se concretiza na teorização dos meios adequados à prossecução das finalidades que o sistema fiscal se propõe, e comporta entendimentos mais liberais (ou neoliberais) ou mais keynesianos com a consequente atitude mais avessa ou mais aberta ao intervencionismo fiscal[220].

Por sua vez, a *política fiscal* ou, melhor, a teoria da política fiscal, pode ser perspectivada quer em termos estáticos de análise do sistema fiscal existente, quer em termos dinâmicos de adopção do sistema fiscal mais adequado às finalidades que o mesmo se propõe, quer se trate da finalidade fiscal ou reditícia, quer das demais finalidades prosseguidas ou a prosseguir pelo sistema fiscal. É nesta segunda acepção que a política fiscal integra a eterna e nunca totalmente realizada reforma fiscal, que em todos os países, por via de regra, ocupa várias comissões[221].

MEHL, *Techniques, Politiques et Institutions Fiscales Comparées*, 2ª ed., Paris, 1997, esp. p. 25 e ss.. Entre nós, acrescente-se, aderiu a esse entendimento científico dos impostos FERNANDO PINTO LOUREIRO, «A Ciência Fiscal, nova estruturação do saber teórico sobre os impostos», *Boletim da DGCI*, 6/1959, p. 781 e ss., entendimento que esteve, aliás, na base desse *Boletim* passar a designar-se, a partir de 1961, por *Ciência e Técnica Fiscal*. É de assinalar que, entre as abordagens não jurídicas dos impostos, é sobretudo a abordagem económica aquela que mais frequentemente acaba por ser a seleccionada – v., por exemplo e entre outros, R. A. MUSGRAVE, «Una breve storia della teoria fiscale», in *Finanza Pubblica, Equità, Democrazia*, Bologna, 1995, p. 1 e ss.; B. BOBE/P. LLAU, *Fiscalité et Choix Economique*, Paris, 1978, e ANNIE VALLÉE, *Economie des Systèmes Fiscaux Comparés*, Paris, 1994.

219 Assim, de algum modo, M. LAURÉ, *Science Fiscale*, cit., p. 13 e ss.

220 V. M. LAURÉ, *Science Fiscale*, cit., p. 37 e ss., que defende a interdição do intervencionismo fiscal. O que não admira, pois Maurice Lauré foi sempre muito sensível à neutralidade dos impostos, uma preocupação que esteve, de resto, na base da criação do IVA.

221 O que não constitui nenhum drama, pois como afirma JOEL SLEMROD, a reforma fiscal não é uma estação a que temos de chegar, mas antes um modo de viajar. V. sobre a política fiscal, M. LAURÉ, *Traité de Politique Fiscale*, Paris, 1957; P. BELTRAME/L. MEHL, *Techniques, Politiques et Institutions Fiscales Comparées*, cit., p. 307 e ss., e JOÃO R. CATARINO, *Para uma Teoria Política do Tributa*, 2ª ed., Cadernos de CTF, 2009, p. 333 e ss.

Um dos aspectos mais importantes da política fiscal pende-se com o próprio sucesso na prossecução dos objectivos do sistema fiscal e de cada um dos seus componentes ou unidades. O que implica cada vez mais que, na adopção das medidas ou reformas fiscais e sob pena de nos depararmos com medidas ou reformas falhadas, se tenha em devida conta a aceitabilidade das mesmas pelos contribuintes, designadamente pelos actores fiscais qualificados que constituem as empresas.

A este propósito vem-se chamando a atenção para a necessidade que há em tornar as empresas participantes em tais medidas ou reformas, intervindo quer no momento de criação da lei fiscal, isto é, no processo legislativo, quer no momento da aplicação da mesma, isto é, no procedimento tributário. Uma participação que, devemos acrescentar, deve ter em conta as empresas não apenas enquanto contribuintes, mas também enquanto suportes da cada vez mais omnipresente "administração ou gestão privada" dos impostos[222].

Outro segmento, dos mais visíveis da política fiscal e que não passa afinal de uma das suas dimensões, é actualmente a chamada *política fiscal externa* que visa adequar o sistema fiscal, de um lado, à internacionalização das empresas nacionais não discriminando em sede fiscal desfavoravelmente os lucros gerados no estrangeiro e repatriados e, de outro, a atracção do investimento estrangeiro, não discriminando em sede fiscal desfavoravelmente a exportação dos lucros gerados pelos estabelecimentos estáveis nacionais de sociedades estrangeiras[223]. Trata-se, tanto num caso como no outro, de adoptar disposições internas, pugnar por medidas comunitárias ou negociar convenções internacionais[224] que visem atenuar ou eliminar a dupla tributação internacional que tais situações por via de regra originam.

Todo um sector do ordenamento fiscal fundamentalmente dominado pela preocupação de obstar à discriminação fiscal negativa das empresas portu-

[222] V., quanto a este aspecto, em geral J.-C. MARTINEZ, *Le Statut de Contribuable*, vol. I, Paris, 1980 e, entre nós, MANUELA DURO TEIXEIRA, «A competitividade das empresas portuguesas e a relação com o legislador e a administração fiscal», *Fisco*, 93/94, Janeiro de 2001, p. 27 e ss. Sobre a "administração ou gestão privada" dos impostos, v. *infra*, nº 34.

[223] Uma obra que parece integrar-se neste sector, é a de T. LAMORLETTE/P. RASSAT, *Stratégie Fiscale Internationale*, Boulogne, 1993. V. para Portugal, TÂNIA M. CUNHA, *O Investimento Directo Estrangeiro e a Fiscalidade*, IDET-FDUC, Coimbra, 2006.

[224] Integrando estas a política fiscal convencional – v. a seu respeito, MARIA M. CORDEIRO MESQUITA, «A política convencional portuguesa em matéria de dupla tributação», *Estudos em Homenagem ao Prof. Doutor Pedro Soares Martinez*, vol. II, Coimbra, 2000, p. 189 e ss.

guesas que se internacionalizem e das empresas estrangeiras que invistam em Portugal. E dizemos fundamentalmente porque nem sempre a política fiscal externa se fica por estes objectivos, pois casos há em que, basicamente através de disposições internas, se vai além da mera atenuação ou eliminação da dupla tributação internacional, visando claramente a beneficiação ou incentivação da mencionada internacionalização empresarial ou da atracção do investimento externo, como acontece com os específicos regimes, previstos no nosso ordenamento, de benefícios fiscais para a internacionalização das empresas e para projectos de investimento estrangeiro[225].

Finalmente, no respeitante à *sociologia fiscal* e *psicologia fiscal* (ou, noutras versões, à macrossociologia e microssociologia fiscal ou à psicossociologia fiscal[226]), trata-se de estudar os comportamentos, respectivamente, sociais e individuais dos actores fiscais – legislador fiscal e administração fiscal, de um lado, e contribuintes e demais titulares passivos da relação fiscal, de outro. Relativamente a estes últimos, procura-se analisar fenómenos como a carga e a pressão fiscais e as reacções às mesmas (como a resistência fiscal[227], a objecção de consciência fiscal[228], a greve aos impostos, a desobediência civil fiscal, as revoltas fiscais[229], etc.), designadamente com o objectivo de tornar aquela mais leve (seja através da adopção de impostos ou técnicas tributárias anes-

[225] Cf. o nosso estudo «A soberania fiscal no actual quadro de internacionalização, integração e globalização económicas», em *Por um Estado Fiscal Suportável*, cit., p. 316 e ss.

[226] Aos aspectos psicosociológicos da instituição fiscal dedicam P. Beltrame/L. Mehl a sua obra *Techniques, Politiques et Institutions Fiscales Comparées*, cit., p. 625 e ss., onde tratam sucessivamente das "representações colectivas do imposto", do "imposto e realidade social" e da "psicologia das relações entre o contribuinte e a administração fiscal". Entre nós, v. Domitília D. Soares, *Percepção Social da Fiscalidade em Portugal. Um Estudo Exploratório*, Coimbra, 2004.

[227] Reacção esta que, na sua modalidade passiva, tem constituído, entre nós, tradicionalmente, um direito fundamental, presentemente consagrado no art. 103º, nº 3, da CRP. V., sobre a resistência fiscal, Maria M. Cordeiro Mesquita, *Direito de Resistência e Ordem Fiscal*, Coimbra, 1996.

[228] V., sobre estas, o nosso estudo *O Dever Fundamental de Pagar Impostos*, cit., p. 571 e ss.

[229] Sobre estas, v., por exemplo, o livro de A. O'Sullivan/T. A. Sexton/S. M. Sheffrin, *Property Taxes & Tax Revolts. The Legacy of Proposition 13*, Cambridge University Press, 1995, onde se tem em conta sobretudo a tradicional contestação dos impostos fundiários nos EUA. Contestação que esteve na base da célebre emenda à Constituição da Califórnia que, conhecida pelo nome de *Proposição 13*, elevou ao texto constitucional californiano limitações quantitativas muito estritas em sede da *property tax*.

tesiantes ou mais anestesiantes, seja através da diminuição da carga fiscal) e de prevenir e evitar as referidas reacções[230].

Pois bem, todos estes saberes sobre impostos podem ser vistos, em certa medida, como ciências auxiliares do direito fiscal, já que os mesmos contribuem, cada um a seu modo, para uma melhor compreensão do sentido e alcance das normas jurídicas fiscais, aqui estudadas naturalmente na perspectiva da sua interpretação e aplicação.

Ainda nesta sede, é de referir uma ciência que, muito embora não tenha por objecto os impostos, acaba por ser uma importante ciência auxiliar do direito fiscal, mais concretamente do direito fiscal das empresas. Estamos a referirmo-nos à *ciência da contabilidade*.

Na verdade, sendo o lucro tributável das empresas constituído pela soma algébrica do resultado líquido do perído de tributação (rendimentos menos gastos), corrigida das variações patrimoniais, positivas ou negativas, verificadas no mesmo período e não reflectidas naquele resultado, facilmente se conclui pela importância do lucro contabilístico no apuramento do lucro tributável das empresas. Que o mesmo é dizer da importância da ciência da contabilidade para o direito fiscal das empresas[231].

Uma importância que opera, por assim dizer, de uma maneira indirecta, já que directamente ela é importante, isso sim, para o direito contabilístico. Isto é, para a interpretação e aplicação das normas jurídicas que regem a contabilidade das empresas, que integram, como já vimos, o SNC, as "directrizes

[230] V. os já clássicos estudos de G. ARDANT, *Théorie Sociologique de l'Impôt*, Paris, 1965, e G. SCHMÖLDERS, *Psycologie des Finances et de l'Impôt*, Paris, 1973. Cf. também P. BELTRAME/L. MEHL, *ob. cit.*, p. 625 e ss. Para uma abordagem dum sector muito específico do sistema fiscal, onde os aspectos sociológicos e psicológicos não podiam deixar de estar presentes, v. o estudo de SÉRGIO VASQUES, *Os Impostos do Pecado. O Álcool, o Tabaco, o Jogo e o Fisco*, Coimbra, 1999. Sobre a problemática da tributação do tabaco e do álcool enquanto instrumento de luta anti-tabágica e anti-alcoólica, v. MARIA ISABEL NAMORADO CLÍMACO, «Novas perspectivas da política fiscal anti-tabágica e anti-alcoólica», *BCE*, XLIII, 2000, p. 95 e ss.

[231] A respeito da ciência da contabilidade sempre é de referir que, ao contrário do modelo contabilístico que prevaleceu no passado, assente num registo de informação respeitante fundamentalmente a factos passados, hoje em dia reivindica-se um modelo contabilístico instrumento dinâmico de gestão que, mais do que registar informação passada, antecipe informação futura – cf. F. M. GONÇALVES DA SILVA «Reequacionar o modelo contabilístico», *Revista dos TOC's*, 18, Setembro de 2001, p. 24 e s., e ANA MARIA RODRIGUES e Outros, *Contabilidade Financeira: sua Aplicação*, Almedina, 2010, p. 23 e ss.

contabilísticas" e as "interpretações técnicas do SNC, bem como as NIC e as NIRF[232].

Ora, a interpretação e aplicação dessas normas não pode, naturalmente, fazer tábua rasa dos conceitos e ensinamentos próprios da ciência da contabilidade. Esta constitui, assim, uma ciência auxiliar do direito contabilístico. Mas, sendo as normas deste ramo do direito justamente convocadas pelo direito fiscal, mais precisamente pelo direito fiscal das empresas, forçoso é concluir que a ciência da contabilidade acaba por ser um instrumento muitas vezes necessário para a interpretação e aplicação das normas do direito fiscal[233].

[232] No respeitante à contabilidade das instituições bancárias, v. C. Figueiredo dos Santos, *Operações Bancárias e a sua Contabilidade*, 2ª ed., Rei dos Livros, Lisboa, 1992.

[233] Uma outra ciência, que se cruza com o direito fiscal, é a ciência da gestão empresarial, designadamente a ciência da gestão financeira empresarial – v., sobre esta e por todos, António Martins e Outros, *Manual de Gestão Financeira Empresarial*, Coimbra, 2009.

PARTE I
TEORIA GERAL DO DIREITO FISCAL

Capítulo I
O Ordenamento Jurídico-Fiscal

§ 1 – AS FONTES DO DIREITO FISCAL[1]

9. A Constituição

Numa perspectiva hierárquica, a Constituição é indiscutivelmente a primeira das fontes ou modos de revelação das normas jurídico-fiscais. Efectivamente, não há a menor dúvida de que o direito dos impostos se apresenta fortemente moldado pela chamada "constituição fiscal", isto é, por um conjunto de princípios jurídico-constitucionais disciplinadores, ao mais elevado nível, quer de *quem*, de *como* e de *quando* pode tributar, quer do *que* (é que) e do *quanto* tributar, estabelecendo assim toda uma teia de limites à tributação – de carácter formal, os primeiros, e de carácter material, os segundos[2].

[1] Para o problema das fontes do direito em geral, v., por todos, A. Castanheira Neves, «Fontes de direito. Contributo para a revisão do seu problema», em *Digesta. Escritos Acerca do Direito, do Pensamento Jurídico, da sua Metodologia e Outros*, vol. 2º, Coimbra, 1995, p. 7 e ss., esp. p. 18 e ss. e 35 e ss.; J. Baptista Machado, *Introdução ao Direito e ao Discurso Legitimador*, Coimbra, 1983, p. 153 e ss.; A. Santos Justo, *Introdução ao Estudo do Direito*, cit., p. 187 e ss., e F. Pinto Bronze, *Introdução ao Direito*, 2ª ed., Coimbra, 2006, p. 683 e ss.

[2] Constituição fiscal que, muito embora nem sempre se tenha a devida consciência dela, existe em todas as constituições. Sobre a constituição fiscal pode ver-se: entre nós, Gomes Canotilho/Vital Moreira, *Constituição da República Portuguesa Anotada*, vol. I (arts. 1º a 107º), 4ª ed., Coimbra, 2007, anots. aos arts. 103º e 104º; Vitor Faveiro, *O Estatuto do Contribuinte*, cit., p. 86 e ss., 100 e s. e 417 e ss., e os nossos estudos *O Dever Fundamental de Pagar Impostos*, cit., p. 185 e ss.;

A este respeito é de assinalar que, enquanto perdurou o Estado de direito liberal ancorado no conceito racional de lei próprio do liberalismo oitocentista, a tutela dos contribuintes face ao poder tributário preocupou-se fundamentalmente, quando não mesmo exclusivamente, com o que hoje consideramos princípios de carácter formal, sobretudo com o princípio da legalidade fiscal. O que bem se compreende se tivermos em conta que, no período em referência, era de todo incompreensível que os contribuintes se sentissem oprimidos ou afectados nos seus direitos e liberdades pela lei fiscal, a qual, constituindo o produto dum debate racional entre iluminados, era tida por expressão necessária da razão ou do bem comum[3].

Ou seja, o princípio da legalidade fiscal, assente no conceito racional de lei, assegurava simultaneamente um adequado processo de instituição dos impostos e uma tributação aprioristicamente justa, ou seja, um *due process of law* (processual e material). Abandonado, porém, o conceito racional de lei, e tendo esta passado a ser tão suspeita aos olhos do cidadão como qualquer outra expressão do poder do Estado, os impostos já não podem bastar-se com o princípio da legalidade fiscal, exigindo antes que tenham por base inequívocos critérios materiais de justiça. Daí a actual diversidade de princípios constitucionais – formais e materiais – relativos aos impostos.

Relativamente à constituição fiscal é de chamar a atenção para o crescente *carácter multinível* que o direito apresenta no quadro do Estado pós-moderno, o qual também se reflecte a nível constitucional e é visível no domínio fiscal em que a concorrência entre as jurisdições, decorrente do fenómeno da globalização, tem vindo a colocar importantes segmentos do direito dos impostos a montante dos Estados, para o que têm contribuído organizações de carácter cada vez mais supranacional como a OMC, a OCDE e a União Europeia que

lá fora, BRENNAN & BUCHANAN, *The Power to Tax. Analytical Foundations of Fiscal Constitution*, Cambridge U.P., 1980, os estudos de constantes da obra editada por H. FRIAUF, *Steuerrecht und Verfassungsrecht*, Köln, 1989; K. TIPKE, *Die Steuerrechtsordnung*, cit., vol. I, p. 135 e ss.; ENRICO DE MITA, *Interesse Fiscale e Tutela del Contribuente*, 5ª ed., Milano, 2006; GIANNI MARONGIU, *I Fondamenti Costituzionali dell'Imposizione Tributaria. Profili Storici e Giudici*, 2ª ed., Torino, 1995, e CRISTINA PAUNER CHULVI, *El Deber Constitucional de Contribuir al Sostenimiento de los Gastos Públicos*, Madrid, 2001.

[3] Sob um certo ponto de vista e em termos algo caricaturais, podemos dizer que a passagem do Estado absoluto para o Estado liberal se traduziu, basicamente, em a produção do direito passar de *um* iluminado para um *clube* de iluminados (os burgueses). Um clube que, não nos esqueçamos, durante século e meio impediu a consagração do sufrágio universal e hoje tudo faz para obstar a qualquer hipótese de referendo fiscal – v., a este respeito, *infra* nº 9.2.3.

limitam significativamente o poder constituinte em matéria fiscal. A que é de acrescentar o *direito transnacional* que, tendo um papel decisivo nos domínios mais técnicos e sofisticados abertos à globalização, também tem expressão no direito fiscal, mais especificamente no direito fiscal das empresas, em que o lucro fiscal destas tem por base um direito contabilístico de feição cada vez mais transnacional[4].

Mas vejamos os principais aspectos da constituição fiscal, o que vamos fazer em três momentos. Num primeiro momento, vamos tratar do carácter fiscal do Estado Português. Depois, num segundo momento, vamos analisar os princípios jurídico-constitucionais da tributação. Finalmente, num terceiro momento, faremos alusão ao recorte constitucional do nosso sistema fiscal.

9.1. A natureza fiscal do Estado Português

Como acontece com a generalidade das constituições, também a nossa não faz qualquer referência expressa ao carácter fiscal do Estado. Todavia, salvo as excepções constituídas pela sua primeira forma, conhecida pela designação de Estado absoluto e, mais recentemente, pelos Estados socialistas, que consubstanciaram, através de formas de resto muito diversas, fundamentalmente uma forma de Estado patrimonial ou Estado empresarial (*produtive state*), o Estado moderno apresenta-se por toda a parte como um "Estado fiscal", ou seja, como um Estado que tem por suporte financeiro determinante ou típico a figura dos impostos.

Por conseguinte, como resulta do que vimos de dizer, o *Estado fiscal* não se apresenta, nem se pode apresentar, como contraposto ao *Estado de direito*, já que ele constitui, se não o único, pelo menos um dos mais genuínos e típicos suportes financeiros pelo qual passa a efectiva realização da ideia concretizada no Estado de direito. Um aspecto que é importante salientar e que salta à vista sobretudo quando o Estado fiscal é perspectivado a partir dos cidadãos. Na verdade, numa tal perspectiva, a ideia de Estado fiscal concretiza-se no princípio da liberdade. Isto quer dizer que os actuais impostos são um *preço*:

[4] Relativamente à OCDE, é de aludir ao relatório e ao plano BEPS (*Base Erosion and Profit Shifting*) de Fevereiro e de Julho de 2013, respectivamente, dominados pela preocupação com o fenómeno crescente da dupla ou múltipla não tributação. Assinale-se que uma limitação ao poder tributário dos Estados é também, atenta a sua ampla eficácia extraterritorial, a lei americana *Foreign Account Compliance Tax Act*, aprovada pelo Congresso em 2010, a qual, em larga medida, não deixou de estar na base quer do relatório e plano BEPS, quer da actual discussão e tomada de medidas na União Europeia. V. *infra* nºs 33.5 e 55.3.

o preço que pagamos por termos a sociedade que temos, por dispormos de uma sociedade assente na ideia de liberdade ou, o que é o mesmo, assente no prévio reconhecimento dos direitos, liberdades e garantias fundamentais dos indivíduos e suas organizações. Por isso, os impostos hão-de constituir um preço aceitável, ou seja, um preço limitado. Um preço que, estou certo, muitas das sociedades, que nos antecederam, gostariam de ter pago e algumas das actuais não enjeitariam suportar[5].

Precisando um pouco mais, o Estado fiscal, visto a partir dos indivíduos que o suportam, concretiza-se no princípio da livre disponibilidade económica dos indivíduos e suas organizações empresariais. Em sentido lato, este princípio exige que se permita com a maior amplitude possível a livre decisão dos indivíduos em todos os domínios da vida, admitindo-se a limitação dessa liberdade de decisão apenas quando do seu exercício sem entraves resultem danos para a colectividade ou quando o Estado tenha de tomar precauções para preservar essa mesma liberdade individual. Isto requer uma economia de mercado e a consequente subsidiariedade da acção económica e social do Estado e demais entes públicos.

O que tem como consequência, em sede do sistema económico-social (global), que o suporte financeiro daquele(s) não decorra da sua actuação económica positivamente assumida como agente económico, mas do seu poder tributário ou impositivo, e, em sede do (sub)sistema tributário, o reconhecimento da livre conformação fiscal dos indivíduos, traduzida na liberdade destes para planificarem a sua vida económica sem consideração das necessidades financeiras da comunidade estadual e para atuarem de molde a obter o melhor planeamento fiscal (*tax planning*) da sua vida.

Nesta conformidade tanto os indivíduos como as empresas podem, designadamente, verter a sua acção económica em actos jurídicos e actos não jurídicos de acordo com a sua autonomia privada, guiando-se mesmo por critérios de evitação dos impostos (*tax avoidance*) ou de aforro fiscal, desde que, por uma tal via, não se violem as leis fiscais, nem abusem da (liberdade de)

[5] Sobre o carácter liberal da técnica assente no imposto, v., por todos, as obras monumentais já citadas de GABRIEL ARDANT, *Théorie Sociologique de l'Impôt* e *Histoire de l'Impôt*. Relativamente ao entendimento dos impostos como o preço a pagar por uma sociedade assente no reconhecimento prévio dos direitos, liberdades e garantias fundamentais dos indivíduos e suas organizações, v., o nosso estudo «A face oculta dos direitos fundamentais: os deveres e os custos dos direitos», em *Por um Estado Fiscal Suportável*, cit., p. 9 e ss. V. também PAULO MARQUES, *O Elogio do Imposto*, Almedina, 2011.

configuração jurídica dos factos tributários, provocando evasão fiscal ou fuga aos impostos através de puras manobras ou disfarces jurídicos da realidade económica (*tax evasion*). Manobras e disfarces estes contra os quais se procura lutar presentemente através do recurso a cláusulas anti-abuso[6].

Pelo que, deve ser assinalado, a ideia de Estado fiscal rejeita não só um Estado do tipo patrimonial ou empresarial, mas igualmente o que podemos designar por "Estado fiscal socialista". Um Estado em que as liberdades e os direitos (*maxime* económicos), com destaque para os direitos de propriedade, dos indivíduos e suas organizações económicas e empresariais sejam concebidos, não como um dado anterior aos impostos, como uma realidade pré-fiscal, mas como o resultado ou a criação do próprio sistema fiscal, isto é, como direitos aos recursos em relação aos quais o povo é titular, no quadro amplo da justiça societária ou social (e não no quadro restrito da justiça fiscal)[7]. É que, no confronto das liberdades e direitos fundamentais com os impostos, são estes o preço a pagar pela existência e primazia daqueles e não o contrário, pois a dignidade da pessoa humana e o seu primado face à organização estadual não nos permitem outra alternativa.

Pois bem, limitando-nos a referir o que ocorre entre nós, podemos dizer que a ideia de Estado fiscal encontra diversas e claras afirmações na nossa Constituição. Por um lado, é visível a rejeição de um Estado de natureza patrimonial ou empresarial, cuja base financeira seja constituída fundamentalmente por receitas provenientes da propriedade e da actividade empresarial do Estado. Uma rejeição que, convém salientá-lo, sendo indiscutível logo na

[6] Para maiores desenvolvimentos, v. o nosso estudo *O Dever Fundamental de Pagar Impostos*, cit., p. 204 e ss. Quanto ao planeamento fiscal que, dada a internacionalização crescente da economia, é frequentemente encarado na perspectiva internacional, v., por todos, J. L. Saldanha Sanches, *Os Limites do Planeamento Fiscal*, Coimbra, 2006; A. Fernqandes de Oliveira, *A Legitimidade do Planeamento Fiscal. As Cláusulas Gerais Anti-Abuso e os Conflitos de Interesse*, Coimbra, 2009, e Marta Caldas, *O Conceito de Planeamento Fiscal Agressivo: Novos Limites ao Planeamento Fiscal?*, Almedina, 2015.

[7] No sentido afastado no texto, v. Liam Murphy / Thomas Nagel, *The Myth of Ownership. Taxes and Justice*, Oxford University Press, 2002. Uma compreensão do Estado fiscal que não se confunde com o "Estado fiscal em transição para o socialismo", que terá sido a forma de Estado subjacente ao texto originário da Constituição Portuguesa de 1976 – v. o nosso livro *Contratos Fiscais*, cit., p. 152, nota 449. V. também Patrick Emerton / Kathryn James, «The justice of the tax base and the case of income tax», em Monica Bhandari (Ed.), *Philosophical Foundations of Tax Law*, cit., p. 125 e ss

versão originária da Constituição (1976-1982), se acentuou, e de modo muito significativo, com o posterior desenvolvimento constitucional[8].

Nesse sentido pode invocar-se, fundamentalmente, a consagração de uma economia de mercado, ou seja, de uma economia que, arrancando da separação essencial entre a esfera do Estado (esfera política) e a esfera da sociedade e dos indivíduos (esfera económica)[9], entrega das opções sobre a produção, distribuição e consumo dos bens e serviços basicamente aos agentes económicos privados e suas organizações. Isto significa que o Estado não é o dono da economia, e não sendo o dono da economia está-lhe vedado financiar-se basicamente por via directa ou via económica, tendo antes de o fazer por via indirecta ou via política, através da qual vai exigir as receitas de que precisa para o seu funcionamento junto da organização económica privada.

Mas do facto de o Estado se financiar pela via política (e não pela via económica), que o mesmo é dizer pela via da autoridade que a legitimação política lhe confere, ainda se não pode concluir pela sua natureza de Estado fiscal. Na verdade, essa via é susceptível de se concretizar também através do recurso predominante a tributos bilaterais (ou taxas), ou seja, através dum *Estado taxador*[10]. É, porém, manifesta a opção da nossa Constituição pelos impostos para base do suporte financeiro do Estado.

[8] Deixando aqui de lado, por não ter hoje qualquer interesse, a questão de saber se a constituição fiscal, aquando da aprovação da Constituição, não era passível de outras leituras, designadamente daquela que a reconduzia a um mero instrumento de realização da constituição económica orientada para o socialismo. Isto para quem, como nós, não fosse adepto da tese dualista de F. Lucas Pires, *A Teoria da Constituição de 1976 – A Transição Dualista*, Coimbra, 1988, que via na constituição, considerada na sua globalidade, uma constituição de modelo "ocidental" com sobreposição de uma constituição de modelo "socialista". V., sobre essa interpretação da nossa "constituição fiscal", o nosso livro *Contratos Fiscais,* cit, 1994, p. 139, nota 406, e p. 152, nota, 449.

[9] Não se trata, assim, de uma separação total e estanque à maneira do Estado liberal – seja na versão de defesa do Estado face à sociedade (à maneira de Hegel), seja na versão de defesa da sociedade face ao Estado (à maneira de A. Smith).

[10] Sobre este problema, v. Von Erik Gawel, «Das Steuerstaatgebot des Grundgesetzes. Ein finazwissenschaftlicher Beitrag zu seiner Inhalsbestimmung», *Der Staat*, vol. 39, 2000, p. 209 e ss., autor que justamente nos dá conta das actuais tendências para um Estado assente em taxas (*Gebührenstaat*), mormente através dos actualmente tão atractivos tributos ambientais (*Umweltabgabenstaat*). Cf. também Sérgio Vasques, *O Princípio da Equivalência como Critério da Igualdade Tributária*, Coimbra, 2008, p. 15 e ss., a quem se deve a designação de "Estado taxador".

Desde logo, a possibilidade de opção por um Estado taxador é mais aparente do que real, o que tem levado a que a generalidade dos Estados actuais constituam Estados fiscais e não Estados taxadores. Vários factores jogam nesse sentido.

Por um lado, um bom número de tarefas do Estado, que constituem o núcleo clássico da *estadualidade*, tem a natureza de *bens públicos*. É o que acontece com as tarefas estaduais relativas à polícia e às políticas externa, económica, de defesa, etc., as quais, porque satisfazem apenas necessidades colectivas, sendo insusceptíveis de individualização nas suas vantagens ou benefícios e de divisão dos correspondentes custos, têm de ser financiadas através de impostos.

Por outro lado, há tarefas estaduais que, embora satisfaçam necessidades individuais, sendo portanto os seus custos susceptíveis de ser divididos pelos cidadãos, por imperativos constitucionais, não podem, no todo ou em parte, ser financiadas senão por impostos. Assim ocorre na generalidade dos actuais Estados sociais, em que a realização de um determinado nível dos direitos económicos, sociais e culturais tem por exclusivo suporte financeiro os impostos. Como exemplo podemos referir, tendo em conta a Constituição portuguesa, a gratuitidade do ensino básico, dos serviços de saúde para os que não possam pagá-los, da segurança social relativamente aqueles que economicamente não podem contribuir para o sistema, dos serviços de justiça no respeitante aos que não podem suportar a respectiva taxa, etc.

Pois bem, em casos deste tipo, que podemos considerar de *bens públicos por imposição constitucional*, nos deparamos com tarefas estaduais que hão-de ser financeiramente suportadas por impostos. Daí que seja fácil concluir que a grande maioria das tarefas do Estado dos nossos dias tem de ser coberta por impostos.

Depois, há na Constituição muitas e diversificadas expressões no sentido duma inequívoca opção pelo Estado fiscal. Neste sentido basta salientar, de um lado, a extensa e, quanto a alguns aspectos, intensa "constituição fiscal" que contém (v. os arts. 66º, nº 2, al *h*), 81º, al. *b*), 103º, 104º, 165º, nº 1, al. *i*), 229º, nº 1, als. *i*) e *j*), 238º, nº 4, e 254º) e, de outro, a escassa referência que faz à figura das taxas, limitada basicamente ao art. 238º, nº 3, que qualifica como receitas próprias das autarquias locais, entre outras, as cobradas pela utilização dos seus serviços, e ao art. 165º, nº 1, al. *i*), que integra na reserva relativa da Assembleia da República o "regime geral das taxas...". Por conseguinte, a Constituição portuguesa consagra, sem a menor sombra de dúvida, um Estado fiscal.

Tendo, todavia, em conta a actual fisionomia do Estado, que já não é a do Estado liberal, mas a do Estado social, impõe-se dizer alguma coisa sobre as implicações deste seu carácter social para a "estadualidade fiscal", ou seja, sobre a caracterização do Estado fiscal social. A dois aspectos é de fazer referência.

De um lado, é de pôr em evidência que cabe ao Estado fiscal pagar a *conta do Estado social*. Uma conta que, atendendo às múltiplas e diversificadas tarefas que sucessivamente têm vindo a ser postas a cargo do Estado, não tem cessado de aumentar. O que está, de resto, bem patente no actual nível da fiscalidade (impostos + contribuições para a Segurança Social) expresso na percentagem do PIB que passa pelas mãos do Estado pela via dos impostos.

De outro lado, é de aludir à utilização directa dos impostos, ou mais amplamente das normas jurídico-fiscais, como instrumento de realização dos objectivos económicos e sociais do Estado social, ou seja, aos impostos extrafiscais e aos benefícios fiscais. Na verdade estas medidas de intervenção económico-social por via fiscal, mesmo que não possam considerar-se totalmente excluídas no Estado liberal, só adquiriram pleno cabimento e real significado no Estado social.

Como base do Estado temos o dever *fundamental de pagar impostos* que, entre nós, se encontra formulado pela negativa no nº 3 do art. 103º da Constituição, como expressão do direito de resistência passiva, ao dispor que ninguém pode ser obrigado a pagar impostos que não hajam sido criados nos termos da Constituição, que tenham natureza retroactiva ou cuja liquidação e cobrança se não façam nos termos da lei. Um preceito que constava já do nº 3 do art. 27º da Constituição de 1911 e do nº 16 do art. 8º da Constituição de 1933. Um dever fundamental que, embora como qualquer dever constitua directamente uma posição passiva do contribuinte face ao Estado, reflexamente configura uma posição activa do contribuinte, traduzida em direitos fundamentais que cercam o referido dever fundamental.

Podemos assim dizer que estamos aí perante um *dever cercado de direitos*, em que temos: 1) o *direito de não pagar impostos* a não ser aqueles que hajam sido criados nos termos da Constituição, não tenham natureza retroactiva e cuja liquidação e cobrança se façam nos termos da lei; 2) o *direito de exigir* que todos os outros membros da comunidade também contribuam para o seu suporte financeiro, o que implica para o Estado que todos os membros da mesma sejam constituídos em destinatários desse dever (tarefa do legislador) e, bem assim, que todos eles sejam efectivamente obrigados ao cumprimento do mesmo (tarefa da Administração Tributária e dos tribunais); 3) o *direito à eficiência da despesa pública*, o que significa que o dever fundamental de pagar impostos apenas se conterá dentro dos seus limites constitucionais se a despesa pública assegurar um adequado retorno à sociedade do montante dos impostos através da prestação, em quantidade e qualidade, dos correspondentes serviços públicos.

Até porque, como é sabido, os interesses públicos, entre os quais sobressai o de criar impostos e arrecadar as correspondentes receitas, não são, em rigor, interesses do Estado que, obviamente, não é titular de interesses que possam considerar-se realmente próprios, mas interesses dos membros da comunidade que o Estado realiza como um qualificadíssimo intermediário. O que na situação é por demais evidente, pois o interesse na liquidação e cobrança dos impostos a implicar uma eficaz luta contra o fenómeno da evasão e fraude fiscal é o interesse dos contribuintes que pagam os impostos, cumprindo exemplarmente o correspondente dever fundamental.

É de sublinhar que tem sido o poder relativo à definição e realização das despesas públicas, isto é, o "poder de gastar", o aspecto da relação de direito constitucional, que materializa o Estado fiscal, o mais descurado, ao contrário do que ocorreu no passado, quando o princípio da legalidade fiscal tendo por base a ideia de "lei-*ratio*" e reportando-se fundamentalmente a impostos de repartição no quadro das "finanças neutras", acabava por se focar essencialmente no poder de gastar. A este propósito, impõe-se uma visão que trate da justiça tributária e da justiça financeira de maneira mais integrada, no quadro de uma neutralidade fiscal activa[11].

Mas, para terminarmos esta referência ao Estado fiscal, impõe-se ainda um apontamento complementar. Trata-se de aludir à crise do Estado fiscal. Na verdade, por toda a parte vem sendo apontada uma crise ao actual Estado fiscal. Uma crise que, diagnosticada com base nas mais variadas teorias, afectaria o Estado fiscal social, seja enquanto Estado fiscal social *tout court*, seja na sua forma superlativa de Estado providência ou Estado de bem estar, atingido por alguns dos Estados da Europa Ocidental.

Mais recentemente, porém, uma tal crise vem sendo imputada sobretudo aos fenómenos da mundialização e da globalização económicas, fenómenos

[11] No sentido que propõem, por exemplo, Joseph E. Stigliz, Amartya Sen, Martha Nussbaum, Jean-Paul Fitoussi e Franco Gallo. V., no sentido do texto, José Andrés Rozas Valdés, «De la justicia tributaria a la justicis financeira», *ob. cit.*

que, levando à crescente transnacionalização da produção, minam progressivamente as bases fiscais dos Estados, impossibilitando-os de satisfazer os compromissos decorrentes da sua natureza de Estados sociais.

Com efeito, se ainda não nos deparamos com a exaustão da capacidade de recolha de impostos por parte dos Estados, o certo é que a tributação tende a incidir crescentemente, em virtude do diverso grau de mobilidade do factores de produção, sobre o trabalho (e, dentro deste, sobre o trabalho menos qualificado, com menos mobilidade portanto) e a desonerar o capital dotado de elevada capacidade de deslocalização. O que tem como consequência uma inversão dos princípios subjacentes à própria ideia de Estado fiscal social, o qual, por estar justamente empenhado numa efectiva diminuição das desigualdades por via fiscal, não pode penalizar o trabalho e beneficiar o capital, ou seja, aumentar as desigualdades[12].

9.2. Os princípios jurídico-constitucionais da tributação

Digamos agora alguma coisa sobre os princípios jurídico-constitucionais por que se rege a tributação, começando pelos que fixam limites de natureza formal, limites relativos portanto a *quem* pode tributar, ao *como* tributar e ao *quando* tributar, em que temos os princípios da legalidade fiscal, da segurança jurídica e da proibição do referendo fiscal, e prosseguindo, depois, com os que estabelecem limites de natureza material, limites relativos portanto ao *que* e ao *quanto* tributar, em que se destacam os princípios da igualdade fiscal a aferir pela capacidade contributiva, da não discriminação da família e do respeito pelos direitos fundamentais e pelo princípio do Estado social. Por fim, faremos uma referência às ideias de sistematicidade ou coerência do sistema e de limite aos limites da tributação[13].

[12] Quanto à actual crise do Estado fiscal, v. a obra coordenada por José Casalta Nabais e Suzana Tavares da Silva, *Sustentabilidade Fiscal em Tempos de Crise*, Almedina, Coimbra, 2011, em que consta um texto nosso com o título «Da sustentabilidade do Estado fiscal». Sobre o Estado fiscal e suas relações com o Estado social, v. a obra de Ulrich Becker / Wolfgang Schön (Eds.), *Steuer- und Sozialstaat im europäischen Systemwettbewerb*, Siebeck, 2005, especialmente as observações de Hans F. Zacher, «Steuer- und Sozialstaat im europäischen Systemwettbewerb – Schlussbemerkungen», p. 291 a 317.

[13] O tratamento dos princípios constitucionais é hoje um lugar comum nos manuais de direito fiscal. Para o tratamento dos princípios da legalidade fiscal, da igualdade tributária e do estado social, v. as teses de doutoramento, respectivamente, de Ana Paula Dourado, *O Princípio da Legalidade Fiscal. Tipicidade, Conceitos Jurídicos Indeterminados e Margem de Livre Apreciação*, Coimbra, 2007, Sérgio Vasques, *O Princípio da Equivalência como Critério de Igual-*

Antes de passarmos, porém, à análise desses limites constitucionais da tributação, impõe-se uma observação. É que tudo quanto vamos dizer tem por base o direito constitucional interno, sendo certo que o nosso ordenamento jurídico fiscal, também ao nível constitucional, sofre a contenção e as limitações decorrentes do direito comunitário. Por isso, a análise subsequente é feita, naturalmente, com a ressalva do direito fiscal da União Europeia.

9.2.1. O princípio da legalidade fiscal

Tradicionalmente a tutela dos contribuintes face ao poder tributário limitava-se, fundamentalmente, ao princípio da legalidade fiscal, entendido como um qualificado princípio da legalidade da administração. Uma ideia que, saliente-se, enquanto vigorou o Estado de direito liberal ancorado no conceito racional de lei, não deixou de traduzir uma tutela dos contribuintes próxima da que actualmente reclamamos dos princípios materiais. Com efeito, entendida a lei como uma expressão da razão ou da justiça e havendo, por conseguinte, uma correspondência necessária entre a forma de lei e o seu conteúdo racional ou justo, a reserva dos impostos à lei tinha por efeito automático remeter estes para um critério material de justiça.

Abandonado, porém, aquele entendimento e reconduzida a uma manifestação de vontade do poder político, expressão dos interesses que em cada momento fazem vencimento no Parlamento, a lei deixou de ser garantia da sua qualidade conteudística. Daí a necessidade de princípios materiais que lhe devolvam a qualidade perdida.

Ora bem, o princípio da legalidade fiscal tem na base a ideia de *autoimposição*, *autotributação* ou de *autoconsentimento* dos impostos, segundo a qual os impostos devem ser consentidos pelos próprios contribuintes, uma ideia que remonta à Idade Média e que tem expressão em numerosos documentos medievais entre os quais é de destacar a célebre *Magna Carta Libertatum*, em que muito claramente se (re)afirmou aquela ideia que veio a ter uma das suas mais significativas expressões no conhecido princípio da *no taxation without representation*[14].

dade Tributária, já citada, e João R. Catarino, *Redistribuição Tributária. Estado Social e Escolha Individual*, Coimbra, 2008.

[14] Como se indicia no texto a ideia de autoimposição, autotributação ou autoconsentimento dos impostos está longe de se esgotar no princípio da *no taxation without representation* ou da democracia representativa concretizada no parlamentarismo. Na verdade, aquela ideia mais não era do que uma expressão, de resto das mais significativas, para o específico campo dos

Duas brevíssimas notas apenas sobre os impostos medievais (que explicam, aliás, a sua tradicional designação de contribuições): de um lado, os impostos medievais tinham carácter extraordinário – os monarcas apenas podiam socorrer-se deles quando circunstâncias excepcionais assim o reclamassem, sendo o suporte financeiro da Coroa assegurado, por via de regra, através dos rendimentos proporcionados pelos seus bens e direitos (*in re aliena*); de outro lado, a deliberação da cobrança dos impostos tinha de ser aprovada pelas Cortes que, a seu modo, representavam os contribuintes, já que os procuradores às Cortes estavam estritamente vinculados por um mandato de natureza imperativa.

Foi, aliás, o abandono da antiga regra de convocação das Cortes para a aprovação dos impostos, adoptado no contexto da centralização do poder dos monarcas empenhados na construção do Estado (moderno) e do crescente recurso às receitas fiscais, que conferiram aos impostos não só carácter permanente mas também uma importância decisiva em sede de financiamento do Estado, que veio legitimar as exigências revolucionárias, cujo triunfo, a partir de meados do séc. XVIII, haveria de concretizar as ideias do constitucionalismo ou, numa outra versão, do Estado de direito[15]. Ideias que, como é sabido, visaram basicamente repor a antiga ideia da autotributação.

Uma reposição que, todavia, está longe de ser integral e que se reconduz agora a dois institutos diferentes, a saber: a votação anual da cobrança

impostos, da concepção mais ampla, típica dos sistemas inspirados na *rule of law*, de que os direitos individuais, enquanto direitos naturais reconduzidos fundamentalmente à liberdade e à propriedade (*liberty and property clause*), constituíam um *prius* face ao poder do Estado susceptíveis, por isso, apenas de autolimitação por parte do indivíduo. V. L. ANTONINI, *Dovere Tributario, Interesse Fiscale e Diritti Costituzionali*, cit., p. 34 e ss.

[15] Não assim em Inglaterra, em que a "revolução" liberal, concretizada na supremacia do Parlamento face ao Governo (da Coroa) foi objecto de um processo gradual e lento em continuação das instituições medievais, o qual, todavia, se concluiu, no essencial em 1689. Uma afirmação que, no essencial, não é posta em causa pelo facto de, antes da consolidação da supremacia parlamentar, também a Inglaterra ter conhecido o autoritarismo e o centralismo, no período que vai de 1629 a 1660, correspondente à que ficou conhecida por "longa tirania" (de Carlos I) e à República de Cromwell, em que o Parlamento esteve fora de cena. Aliás, a respeito da República de Cromwell, justamente porque essa experiência foi, em sede dos direitos e liberdades básicas, o que foi, se compreende a pouca simpatia que a ideia de república tem tido entre os ingleses e, especialmente, a total ausência de atribuição a essa ideia do alto significado que tem gozado do lado de cá da Mancha, especialmente em França, em que a república continua a ser a depositária das mais nobres virtudes.

dos impostos através da aprovação anual do orçamento pelo parlamento, e a exigência de os impostos serem criados e disciplinados nos seus elementos essenciais através de lei (do parlamento)[16]. E aqui temos, neste segundo instituto, o princípio da legalidade fiscal.

Um princípio que, por seu turno, se desdobra em dois aspectos ou segmentos: no princípio da reserva de lei (formal) e no princípio da reserva material (de lei). O *princípio da reserva de lei* (formal) implica que haja uma intervenção de lei parlamentar, seja esta uma intervenção material a fixar a própria disciplina dos impostos, ou uma intervenção de carácter meramente formal, autorizando o Governo-legislador a estabelecer essa disciplina (art. 165º, nº 1, al. *i)*, 1ª parte, da CRP).

Refira-se, a título complementar, que as matérias reservadas em causa também são da competência das assembleias das regiões autónomas dos Açores e da Madeira, com base no art. 227º, nº 1, al. *i)*, da CRP, nos termos concretizados no respectivo Estatuto Político-Administrativo e na Lei das Finanças das Regiões Autónomas. O que vale igualmente, de algum modo e em medida bem menor, para as assembleias municipais, com base no art. 238º, nº 3, da CRP, nos termos concretizados na lei sobre o financiamento das autarquias locais.

Por seu lado, o *princípio da reserva material* (substancial ou conteudística) *de lei* (formal), geralmente referido com base na dogmática alemã por princípio da tipicidade (*Tatbestandsmässigkeit*), exige que a lei (lei da Assembleia da República, decreto-lei autorizado, decreto legislativo regional ou regulamento autárquico) contenha a disciplina tão completa quanto possível da matéria reservada, matéria que, nos termos do nº 2 do art. 103º da CRP, integra, relativamente a cada imposto, a incidência, a taxa, os benefícios fiscais e as garantias dos contribuintes, sendo certo que, quanto às garantias dos contribuintes, a reserva apenas é exigida se e na medida em que estas sejam objecto de restrição ou condicionamento e já não quando forem objecto de ampliação ou alargamento[17].

[16] Aliás, no Reino Unido, o orçamento ainda se apresenta em dois documentos, em duas leis: o *appropriation act*, a lei do orçamento *stricto sensu*, e o *finance act*, a lei anual sobre impostos – v. sobre o orçamento no Reino Unido e por todos, GIUSEPPE RAO, «Il bilancio dello Stato nel Regno Unito», em FRANCO BASSANINI/STEFANO MERLINI, *Crisi Fiscale e Indirizzo Politico*, Il Mulino, Bologna, 1995, p. 153 e ss.

[17] Uma reserva que só tem autonomia na medida em que se refira a garantias não fundamentais dos contribuintes, pois se se tratar de garantias fundamentais já estão sob a alçada da

E aqui temos a *intensidade* (ou aspecto vertical) da reserva de lei fiscal a implicar que a lei contenha os *elementos essenciais* do imposto, ou seja, que defina a incidência *lato sensu* e em termos determinados ou determináveis de cada imposto. O que significa que a lei deve abranger todas as normas relativas à incidência real ou objectiva (material, temporal, quantitativa e espacial), à incidência pessoal ou subjectiva (sujeitos activo e passivo, incluindo nestes o contribuinte, os responsáveis, os substitutos, etc.), à taxa, e aos benefícios fiscais.

E deve abranger estas matérias quer se trate da criação ou aumento dos impostos como da sua extinção ou diminuição, pois, como afirmou o TC, não pode interpretar-se restritivamente a reserva de competência da Assembleia da República em matéria fiscal, de forma a não considerar abrangidas por ela as normas que beneficiem os contribuintes, apoiando-se para tanto no fundamento democrático e não exclusivamente liberal do princípio da legalidade fiscal[18].

Em contrapartida, a reserva de lei decorrente do princípio da legalidade fiscal não abrange qualquer outra matéria fiscal. Designadamente, não abrange a liquidação e cobrança dos impostos, momentos estes cuja disciplina não está assim sujeita ao princípio da legalidade fiscal, mas apenas ao princípio geral da legalidade da administração pública. Isto significa que não aderimos à posição de parte significativa da doutrina, a qual, com base no nº 3 do art. 103º da Constituição, em que se dispõe que "ninguém pode ser obrigado a pagar impostos... *cuja liquidação e cobrança se não façam nos termos da lei*", defende que a disciplina de tais momentos da vida do imposto está constitucionalmente sujeita à reserva de diploma legislativo, isto é, de lei, decreto-lei ou decreto legislativo regional. Efectivamente, nada nos leva a crer que a palavra lei, utilizada no preceito constitucional em causa, tenha o sentido de diploma legislativo e não de norma jurídica[19].

reserva de lei constante da al. *b*) do nº 1 do referido art. 165º da CRP. Isto, para além, naturalmente, de terem de constituir verdadeiras garantias dos contribuintes – v. os Acs. do Tribunal Constitucional nºs 168/2002 e 158/2010, em que se concluiu que o prazo de caducidade da liquidação dos impostos integra as garantias dos contribuintes.

[18] V. o Ac. 48/84, que segue a orientação de J. M. Cardoso da Costa, *Curso de Direito Fiscal*, cit., p. 116 e s. e nota 1.

[19] V. o nosso livro *O Dever Fundamental de Pagar Impostos*, cit., p. 366 e s. e os autores aí citados. Em idêntico sentido se pronuncia Ana Paula Dourado, *Direito Fiscal*, Almedina, 2015, p. 158 e s.

O que, naturalmente, não exclui que a disciplina da liquidação e cobrança dos impostos possa integrar outras reservas de lei, na medida em que a mesma se localize em alguma das matérias constitucionalmente reservadas. Designadamente, pode integrar a reserva respeitante aos limites aos direitos, liberdades e garantias fundamentais, na medida em que a disciplina da liquidação e cobrança dos impostos afecte a esfera jusfundamental dos contribuintes ou outros sujeitos fiscais. O que ocorrerá relativamente a obrigações ou deveres acessórios que não tenham uma relação mínima com a obrigação de imposto, como parece ser o caso da imposição do nº 3 do art. 138º do Código do IRS[20].

Todavia, tendo em conta o disposto na al. *a*) do nº 2 do art. 8º da LGT, que veio estender o princípio da legalidade tributária à liquidação e cobrança dos tributos, incluindo os prazos de prescrição e caducidade, temos de concluir que, em virtude dessa exigência legal, a liquidação e cobrança dos impostos (como espécie dos tributos) não podem ter a sua disciplina jurídica em regulamentos, com a excepção, claro está, dos regulamentos das autarquias locais que podem versar inclusivamente matéria essencial dos impostos[21].

Mas o princípio da legalidade fiscal, no seu aspecto intensivo ou vertical, não se esgota no aspecto referido, pois implica que seja uma lei ou um decreto-lei autorizado a conter a disciplina dos elementos essenciais dos impostos. Com efeito, ele exige também que essa lei ou decreto-lei autorizado leve a disciplina dos referidos elementos essenciais, ou seja, a *disciplina essencial* de cada imposto, tão longe quanto lhe seja possível.

O que, à semelhança do que ocorre noutros domínios objecto de uma legalidade qualificada (como é o caso dos direitos fundamentais), não impede em absoluto o recurso a conceitos indeterminados ou se socorra mesmo da atribuição de discricionariedade à administração fiscal, ou que, por interferência de outros princípios constitucionais, como os da praticabilidade, da

[20] V. sobre o problema, Maria Esther Sánchez López, *Los Deberes de Información Tributaria desde la Perspectiva Constitucional*, Madrid 2001, e *infra*, nº 34.

[21] Naturalmente que o princípio constante do referido art. 8º da LGT é um princípio legal e não um princípio constitucional. Por isso, o seu nº 1 afigura-se-nos inútil dado sujeitar a esse princípio legal matérias sujeitas ao correspondente princípio constitucional – v. as als. *a*), *b*) e *c*) do nº 1 do art. 165º da Constituição. A este propósito, interrogamo-nos sobre se a oneração dos particulares, sobretudo das empresas, com múltiplos e pesados encargos a título de obrigações acessórias, não viola as exigências constitucionais das restrições aos direitos, liberdades e garantias fundamentais.

autonomia local ou da igualdade fiscal, delegue certos aspectos dos elementos essenciais dos impostos no poder normativo das autarquias locais ou admita mesmo o recurso à analogia[22].

Assim, começando pelo *princípio da praticabilidade*, há-de decorrer deste a exclusão das exigências da determinabilidade que desemboquem seja em soluções impossíveis de levar à prática, mormente porque permitam uma generalizada evasão ou fraude fiscal, seja em soluções economicamente insuportáveis[23]. Com efeito, são razões de praticabilidade das soluções legais as que estão na base de numerosas hipóteses de concessão de uma margem de livre decisão à administração fiscal, seja através da concessão de verdadeiras faculdades discricionárias, seja através da utilização de conceitos indeterminados (tipo ou *stricto sensu*), seja mesmo através da edição de preceitos mistos ou copulativos[24].

Exemplos da primeira situação encontram-se, por exemplo: no CIRS em que se permite à AT corrigir o valor de mercado dos bens atribuídos pelo empresário em nome individual aquando da sua afectação à empresa ou da sua transferência para o seu património individual (art. 29º, nº 4), e proceder à determinação do valor dos mesmos sempre que se considere fundadamente que possa existir divergência entre o valor declarado e o valor real da transmissão (art. 52º, nº 1); no CIRC em que se deixa dependente de autorização, aceitação ou reconhecimento prévio da AT, a utilização de critérios de mensuração especiais (art. 26º, nº 6), a mudança de critérios de mensuração (art. 27º, nº 2), o deperecimento dos elementos do activo antes de entrarem em funcionamento (art. 29º, nº 3), a utilização de métodos de depreciação e amortização especiais (art. 30º, nº 3), as depreciações e amortizações praticadas para além do prazo máximo de vida útil (art. 34º, nº 1, al. *d*)) e a consideração como gastos dos destinados a realizações de utilidade social (art. 43º, nº 1), se permite à AT efectuar correcções à determinação do lucro tributável no caso de relações especiais do contribuinte com outra ou outras pessoas

[22] Quanto aos poderes das autarquias, é de referir que, com a revisão constitucional de 1997, passaram a estar expressamente previstos na Constituição (art. 238º, nº 4), não sendo preciso agora proceder à sua dedução, como antes, do princípio da autonomia local.

[23] Sobre o princípio da praticabilidade, v. *infra*, nº 9.3.2.

[24] Numerosos exemplos de concessão de uma margem de livre decisão à administração no nosso sistema fiscal, podem ver-se no nosso livro *O Dever Fundamental de Pagar Impostos*, cit., p. 378 e ss.

sujeitas ou não a IRC (art. 63º)[25], se atribui ao Ministro das Finanças poder para autorizar, em caso de reconhecido interesse económico, que os prejuízos de períodos anteriores possam ser deduzidos mesmo no respeitante a sociedades em que tenha havido alteração de mais de 50% do capital social ou da maioria dos direitos de voto (art. 52º, nºs 8 e 12). Poder este que vale também no respeitante à dedução de prejuízos das sociedades fundidas na nova sociedade ou sociedade incorporante (art. 75º, nº, 1)[26].

Como exemplos de conceitos indeterminados utilizados pelo legislador fiscal, podemos referir o expresso em "actividades susceptíveis de originar distorções de concorrência ou aquelas que são exercidas de forma não significativa" (art. 2º, nº 4, do CIVA), e na "utilidade social" (art. 43º, nº 1, do CIRC), diversos outros constantes sobretudo do CIRC como "custos padrões que conduzam a desvios significativos" (art. 26º, nº 3), "preços... em condições normais" ou "considerados idóneos ou de controlo inequívoco" (art. 26º, nº 4), a consideração como rendimentos de gastos dos inventários que resultem dos "preços de venda deduzida da margem normal de lucro" nos sectores de actividade "em que o cálculo do custo de aquisição ou do custo de produção se torne excessivamente oneroso ou não possa ser apurado com razoável rigor" (art. 26º, nºs 1, al. *c)* e 5), a substituição da dedução da "margem normal de lucro, nos casos de não ser facilmente determinável" por uma dedução não superior a 20% do preço de venda (art. 26º, nº 5, *in fine*), a aceitação pela AT de taxas de depreciação ou amortização que "sejam consideradas razoáveis, tendo em conta o período de vida útil esperada" (art. 31º, nº 2), a dedução de importâncias pagas ou devidas a residentes em países de regime fiscal privilegiado desde que o sujeito passivo prove que tais encargos correspondem a operações que "não têm um carácter anormal ou um montante exagerado" (art. 65º, nº 1), etc.[27].

[25] Justamente porque não são tidos como verdadeiros preços, mas antes como transferências de resultados entre empresas realizadas através dos preços – cf. o Ac. do TC 252/2005, e *infra*, nº 57.4.1.

[26] Sobre os limites às reintegrações e amortizações a considerar como custos, v. o Ac. do TC 236/2001. Um caso de atribuição de discricionariedade, embora relativa a obrigações fiscais acessórias, é o contemplado no art. 28º, nº 11, do CIVA, em que se atribui ao Ministro das Finanças o poder de dispensar a obrigação da apresentação dos mapas recapitulativos relativos a clientes e fornecedores no concernente a operações em que seja especialmente difícil o seu cumprimento.

[27] Um outro caso era o relativo à não dedutibilidade ao lucro tributável das despesas de representação consideradas exageradas. Agora tais despesas são objecto de tributação autónoma.

Finalmente, como conceitos mistos ou copulativos, em que se associam uma atribuição de discricionariedade e uma margem de livre apreciação na aplicação de conceitos indeterminados, podemos apontar as hipóteses previstas no art. 11º do CIVA, que dispõe que o Ministro das Finanças poderá determinar a sujeição ao imposto de algumas das actividades isentas nos nºs 36) e 37) do art. 9º do mesmo Código, sempre que as respectivas isenções ocasionem distorções significativas da concorrência[28].

A respeito da exigência de determinabilidade do princípio da legalidade fiscal, é de referir que a mesma apenas é de requerer face a normas de tributação efectiva e não face a normas de tributação fictícia ou aparente, como são as normas que se limitam a actualizar os elementos essenciais dos impostos que tenham sido objecto de desactualização por força da inflação. Por isso, quando o legislador parlamentar (ou o legislador governamental por sua delegação ou qualquer outro órgão com poderes normativos nos termos constitucionais) não assumir a desactualização desses elementos, rejeitando expressamente a actualização ou procedendo a uma mera actualização parcial, deve ele proceder ou autorizar a administração fiscal a proceder à actualização dos impostos em conformidade com a taxa de inflação. De contrário, teremos um *silent tax* incompatível com o princípio da legalidade fiscal[29].

É, a nosso ver, uma aplicação deste critério o que ocorre, por exemplo, no domínio do imposto sobre produtos petrolíferos e energéticos (ISP). Com efeito, segundo o que agora se dispõe no art. 92º do CIEC, as taxas específicas deste imposto são actualizadas, tendo em consideração o princípio da liberdade do mercado e os diferentes impactos ambientais de cada um dos produtos energéticos.

Relativamente à interferência de outros princípios constitucionais no princípio da legalidade fiscal, diremos tão-só que, quanto ao da autonomia local,

[28] Refira-se que o STA, no seu Ac. de 28 de Outubro de 1998, colocou ao TJCE, a questão prejudicial de saber se as distorções de concorrência significativas, a que se refere o segundo parágrafo do nº 5 do art. 4º da Sexta Directiva IVA, podem ser definidas, caso a caso pelo Ministro das Finanças de um Estado membro, ao que, no seu Ac. de 14-12-2000 – Proc. C-466/98, caso *Fazenda Pública/Câmara Municipal do Porto*, respondeu que o Ministro das Finanças de um Estado membro pode ser autorizado por uma lei nacional a precisar o alcance, por um lado, da noção de distorções significativas da concorrência, e, por outro, a noção de actividades exercidas de forma não significativa.

[29] Para maiores desenvolvimentos, v. o nosso livro *O Dever Fundamental de Pagar Impostos*, cit., p. 369 e ss.

o que se extraía desse princípio constitucional para moderar o da legalidade fiscal, tem agora um suporte constitucional expresso na Constituição. Pois prevendo esta, no seu art. 234º, nº 4, a atribuição pelo legislador de poderes tributários às autarquias locais, poderes onde naturalmente se inclui o poder tributário *stricto sensu*, ou seja, o poder de, nos termos da lei, criar impostos ou de disciplinar os seus elementos essenciais, deixou de ser necessário invocar a harmonização, com base na ideia de concordância prática, entre o princípio da legalidade fiscal e o princípio da autonomia local.

Por seu turno, quanto à interferência do princípio da igualdade fiscal no princípio da legalidade fiscal, devemos dizer que, na nossa opinião, ele vinha legitimar a admissão da colmatação de lacunas nos casos em que a lei o permitisse, num são equilíbrio entre esses dois princípios. Todavia, tendo a LGT prescrito, no seu art. 11º, nº 4, no quadro de uma opção legítima do legislador, a exclusão da aplicação analógica das normas fiscais relativas aos elementos essenciais dos impostos, é evidente que os operadores jurídicos concretos, sobretudo a administração e o juiz, não podem colmatar tais lacunas, a menos que leis especiais admitam essa colmatação[30].

Uma configuração do princípio da legalidade fiscal em relação à qual devemos, todavia, acrescentar e sublinhar que, mesmo que venha a ser atenuada, no quadro de uma síntese alcançada para aquele princípio entre a tese de uma legalidade estrita ancorada numa ideia de tipicidade fechada, como a que prevaleceu na segunda metade do século passado, e a actual antítese àquela compreensão no sentido de uma legalidade mais aberta e flexível, não será significativamente posta em causa, pelo menos nos tempos mais próximos[31].

9.2.2. O princípio da segurança jurídica

O princípio da segurança jurídica, ínsito na ideia do Estado de direito democrático constante do art. 2º da Constituição, impõe-se fundamentalmente ao legislador, limitando este em dois sentidos: 1) na edição de normas retroactivas (desfavoráveis), e 2) na livre revogabilidade e alterabilidade das leis

[30] Sobre o princípio da legalidade fiscal, v., para maiores desenvolvimentos, ANA PAULA DOURADO, *O Princípio da Legalidade Fiscal, Conceitos Jurídicos Indeterminados e Margem de Livre Apreciação*, cit., e «Separation of powers in Tax Law», *Estudos em Homenagem ao Prof. Doutor Sérvulo Correia*, Vol. IV, Coimbra Editora, 2010, p. 115 e ss.

[31] No sentido da referida síntese, v. FÁBIO PALLARETTI CALCINI, *Princípio da Legalidade. Reserva de Lei e Densidade Normativa*, Lumen Juris, Rio de Janeiro, 2016.

fiscais (favoráveis). Todavia, um tal princípio aplica-se directamente também aos operadores jurídicos concretos, mormente à administração fiscal, se e na medida em que disponham de uma margem legal de livre decisão cujo parâmetro imediato seja a Constituição.

Podemos, porém, dizer que o primeiro vector do princípio da segurança jurídica, está presentemente desactivado em larga medida, absorvido que foi pelo *princípio da não retroactividade dos impostos* previsto no art. 103º, nº 3, da Constituição, onde se prescreve depois da Revisão Constitucional de 1997: "*ninguém pode ser obrigado a pagar impostos* que não hajam sido criados nos termos da Constituição, *que tenham natureza retroactiva* ou cuja liquidação e cobrança se não façam nos termos da lei". Assim, a proibição de normas fiscais retroactivas de incidência oneradoras ou agravadoras da situação jurídica dos contribuintes, dispõe agora (diferentemente do que acontece na generalidade dos países que nos são próximos) de uma consagração constitucional expressa[32].

O princípio da segurança jurídica, ínsito na ideia do Estado de direito democrático, está longe, porém, de ter sido totalmente absorvido por esse novo preceito constitucional. É certo que ele deixou de servir de balança na ponderação dos bens jurídicos em presença quando estamos perante um imposto afectado de retroactividade verdadeira ou própria. Quando tal acontecer, a solução está agora ditada, *urbi et orbi*, na Constituição, não podendo os órgãos seus aplicadores, sem violação dela, proceder a uma ponderação casuística.

Mas o princípio em causa tem inequivocamente um lastro bem maior, pois ele também serve de critério de ponderação em situações de retroactividade imprópria, inautêntica ou falsa, bem como em situações em que, não se verificando qualquer retroactividade, própria ou imprópria, há que tutelar

[32] Sobre esta solução constitucional, v. as interrogações de J. M. Cardoso da Costa, «O enquadramento constitucional do direito dos impostos em Portugal: a jurisprudência do Tribunal Constitucional», *Perspectivas Constitucionais. Nos 20 Anos da Constituição de 1976*, vol. II, Coimbra, 1997, p. 397 e ss., e a defesa de J. Bacelar Gouveia, «A irretroactividade da norma fiscal na Constituição Portuguesa», *Idem*, vol. III, 1998, p. 445 e ss., e «A proibição da retroactividade da norma fiscal na Constituição Portuguesa», em D. Leite de Campos e Outros, *Problemas Fundamentais do Direito Tributário*, cit., p. 33 e ss. Sobre a segurança jurídica, v. António Marcos, *O Direito dos Contribuintes à Segurança Jurídica*, Universidade Fernando Pessoa, Porto, 1997, esp. p. 421 e ss.; Heleno Taveira Torres, *Direito Constitucional e Segurança Jurídica*, São Paulo, 2011, e Umberto Ávila, *Segurança Jurídica*, São Paulo, 2011.

a confiança dos contribuintes depositada na actuação dos órgãos do Estado. Na verdade, em tais domínios, o princípio da segurança jurídica mantém a sua validade intocada.

A este respeito devemos dizer que o Tribunal Constitucional tem vindo a distinguir, com destaque para os seus acórdãos 128/2009 e 399/2010, entre retroactividade própria, retroactividade imprópria ou inautêntica e retrospectividade, considerando existirem: situações de retroactividade própria ou autêntica, impostos retroactivos proibidos pelo nº 3 do art. 103º da Constituição, apenas quando se trate de impostos que afectem situações que tenham produzido todos os seus efeitos ao abrigo de leis anteriores (verificação do facto tributário, liquidação e pagamento do imposto); situações de retroactividade imprópria ou inautêntica, quando o facto tributário já se verificou, mas ainda não ocorreu a liquidação e cobrança do imposto, devendo, neste caso, o tribunal ponderar a confiança depositada pelo sujeito passivo na norma; e situações de retrospectividade, no caso de o facto tributário que a lei nova pretende regular na sua totalidade não ocorreu totalmente ao abrigo da lei antiga, continuando ainda a sua verificação na vigência da lei nova.

Ora para nós o que releva (para efeitos de estarmos perante um imposto retroactivo ou não) é, e é só, o facto tributário em todas as suas vertentes (subjectiva e objectivas em que temos os elementos quantitativos, espaciais e temporais), o qual consubstancia o momento constitucional do imposto integrante da relação entre o poder de tributar do Estado e o dever fundamental de pagar impostos dos contribuintes, e não a liquidação e cobrança, pois esta releva apenas da gestão ou administração do imposto, que presentemente é, em geral da competência dos particulares, mais especificamente das empresas. Se a manifestação da capacidade contributiva, que o facto tributário do contribuinte materializa, se encontra esgotada aquando da entrada em vigor da lei nova, a pretensão desta actuar sobre essa manifestação é retroactiva, porque inequivocamente vai remexer no passado.

Aliás, perante aquele conceito tão restrito de retroactividade própria ou autêntica, perguntamo-nos se não se está, de algum modo, a tentar repor a situação anterior à consagração constitucional da proibição de impostos retroactivos na revisão constitucional de 1997, pois parece-nos que, por essa via, se chegará tendencialmente a resultados em tudo idênticos ao que o Tribunal Constitucional alcançava através da ponderação baseada no princípio da protecção da confiança. A solução que, para quem, como nós, se opôs àquela proibição constitucional, era a que devia ser. Mas, uma vez estabelecida na Constituição, então há que a respeitar e não proceder como se ela, afinal, não existisse. De facto, a actuação do Tribunal Constitucional, com base nessa concepção tão restritiva de impostos retroactivos, aliada à prática de a Assembleia da República editar normas fiscais (contidas sobretudo nas leis do Orçamento do Estado) pretensamente interpretativas, embora inteiramente inovadoras, constitui uma das manifestações mais visíveis dos múltiplos ataques que o nosso Estado de Direito enfrenta presentemente no domínio dos impostos[33].

Mas, o princípio da segurança jurídica exige também uma certa *Gesetzeskonstanz* que tem expressão sobretudo na limitação ou exclusão mesmo da "livre revogabilidade" das leis relativas a benefícios fiscais. Uma exigência que alguma doutrina aceita com alguma latitude, baseando-se em diversos argumentos como os que decorreriam do conceito ou grau da retroactividade, da tutela dos direitos adquiridos (*vested rights*) ou dos direitos subjectivos, ou da irrevogabilidade dos actos administrativos constitutivos de direitos ou de interesses legalmente protegidos, mas que, a nosso ver, passa igualmente pela ponderação entre o interesse público invocado e efectivável na revogação ou alteração da lei beneficiadora e os interesses dos particulares na manutenção dessa mesma lei relativamente aos benefícios já atribuídos ou reconhecidos. Doutrina esta que, de algum modo, é válida ainda relativamente à manutenção para o futuro dos benefícios fiscais já consolidados por caso julgado[34].

Para além destes sectores, o princípio da segurança jurídica, na sua expressão de princípio de protecção da confiança, operará igualmente em sede das taxas e contribuições (que não sejam tidas por impostos) retroactivas, bem como das normas relativas a elementos não essenciais dos impostos, em que sobressaem os diversificados e onerosos deveres ou obrigações fiscais de natureza acessória, alguns deles de natureza pecuniária (como as obrigações de juros compensatórios e de juros moratórios), que impendem sobre os parti-

[33] V. para o problema em geral, o nosso livro *O Dever Fundamental de Pagar Impostos*, cit., p. 394 e ss., e relativamente às ditas leis interpretativas, o nosso texto «Notas a respeito das leis interpretativas e impostos retroactivos», *RLJ*, ano 147, 2017/18, p. 140 e ss. Para a Alemanha em que o problema da não retroactividade dos impostos continua a ser resolvido através do princípio da protecção da confiança legítima, v., por último, Olivier Lepsius, «Die Rückwirkung von Gesetzen – Teil 1», *Juristishe Ausbildung*, 2018 (6), p. 577 e ss.

[34] Para maiores desenvolvimentos, v. o nosso livro *O Dever Fundamental de Pagar Impostos*, cit., p. 409 e ss.

culares, obstando a que os mesmos possam ser agravados retroactivamente[35]. Isto, naturalmente, se e na medida em que tais deveres ou obrigações não se configurem como verdadeiras restrições aos direitos, liberdades ou garantias fundamentais, pois, neste caso, a proibição da retroactividade, decorrerá do art. 18º, nº 3, da CRP.

9.2.3. A proibição do referendo fiscal

A tradicional recusa constitucional, em termos tão absolutos, do referendo em matéria fiscal, na generalidade dos países que conhecem o instituto referendário, tem mais a ver com a partidocracia instalada e consolidada a expensas do monopólio de representação política conferida aos partidos, do que com objecções de natureza técnica ou com os fundados e legítimos receios de se cair na demagogia e manipulação políticas.

Uma ideia que é bem visível entre nós, em que a preocupação em proibir o referendo fiscal foi tão grande que levou o nosso constituinte a proibi-lo duplamente no próprio art. 115º, nº 4, al. *b*), da CRP. Com efeito, este preceito, ao excluir do referendo "as questões e os actos de conteúdo orçamental, tributário ou financeiro" acaba por proibir o referendo fiscal enquanto matéria tributária e enquanto matéria financeira (em que a matéria tributária está incluída).

Pois bem, por certo que não defendemos que se submeta a referendo se os contribuintes querem ou não pagar impostos – uma questão decidida, de resto, pela própria Constituição, ao consagrar um Estado fiscal –, o que não nos deixa, todavia, como única alternativa a interdição absoluta do referendo fiscal, já que não deixa de haver impostos ou aspectos destes que bem podem ser submetidos a referendo sem dificuldades técnicas de maior e sem receios demagógico-manipulativos, como, de resto, o prova a prática referendária fiscal dos Estados federados norte-americanos e da Confederação Helvética.

De resto, a maioria dos argumentos invocados contra o referendo em geral e, naturalmente, contra o referendo fiscal, são susceptíveis de ser invocados também contra a regra "um homem um voto", ou seja contra o princípio da *universalidade do voto*, que o século XX viu reconhecido por toda a parte. Ora,

[35] A convocação do princípio da protecção da confiança pode ver-se, por exemplo, no acórdão do TJCE, *caso Marks & Spencer*, de 11 de Julho de 2002, em que se concluiu pela incompatibilidade com o direito comunitário de uma norma de um Estado membro que veio diminuir retroactivamente o prazo para os contribuintes pedirem o reembolso de quantias cobradas a título o IVA em violação da Sexta Directiva.

se ninguém hoje contesta a universalidade do direito de voto, reivindicando o regresso à ideia de um qualquer sufrágio censitário, então há que aceitar todas as consequências que essa universalidade impõe e não ter medo do povo, em que, como prescreve a nossa Constituição, reside a soberania e, por conseguinte, assenta a democracia. Por isso, custa-nos a aceitar o bem fundado de tanta contestação ao instituto referendário[36].

Em conclusão, o referendo merece bem uma análise mais profunda e, sobretudo, uma visão menos pessimista. Daí que, a nosso ver e *de iure condendo*, o referendo fiscal não seja de excluir em termos absolutos, podendo justamente vir a constituir um dos novos instrumentos de carácter procedimental pelo qual pode passar a "domesticação" do actual Estado fiscal[37].

9.2.4. O princípio da igualdade fiscal

O princípio da igualdade fiscal sempre se reconduziu a uma específica expressão do princípio geral da igualdade. Ao princípio da igualdade entendido não no seu sentido formal (ou igualdade *perante* a lei), como foi o que prevaleceu a partir de meados do século XIX, mas sim no seu sentido material (ou igualdade *na* lei).

Mesmo nas constituições liberais, a previsão específica do princípio da igualdade fiscal, como uma igualdade material enquanto pautada pela capacidade contributiva, contraposta ao entendimento que prevaleceu do princípio geral da igualdade, como uma igualdade formal, não teve consequências de maior, em virtude do carácter programático que, por via de regra, foi atribuído aos preceitos constitucionais concernentes ao princípio da capacidade contributiva.

Efectivamente, afirmado contra os privilégios próprios do Estado pré-liberal, o princípio da igualdade fiscal teve sempre ínsita sobretudo a ideia de generalidade ou universalidade, nos termos da qual todos os cidadãos se encontram adstritos ao cumprimento do dever de pagar impostos, e da uni-

[36] Naturalmente que, ao dizermos isto, não estamos a menosprezar o papel dos partidos, sem os quais não há democracia (representativa). Estamos antes e tão-só a chamar a atenção para que "o governo do povo, pelo povo e para o povo", na célebre frase de Abraham Lincoln, não se converta no "governo dos partidos, pelos partidos e para os partidos". Ou seja, que as estruturas de mediação democrática não se convertam, afinal de contas, em destinatários da democracia que é suposto servirem.

[37] Para maiores desenvolvimentos, v. o nosso livro *O Dever Fundamental de Pagar Impostos*, cit., p. 422 e ss.

formidade, a exigir que semelhante dever seja aferido por um mesmo critério – o critério da capacidade contributiva. Este implica assim igual imposto para os que dispõem de igual capacidade contributiva (igualdade horizontal) e diferente imposto (em termos qualitativos ou quantitativos) para os que dispõem de diferente capacidade contributiva na proporção desta diferença (igualdade vertical).

Configurando-se o princípio geral da igualdade como uma igualdade material, o princípio da capacidade contributiva enquanto *tertium comparationis* da igualdade no domínio dos impostos, não carece dum específico e directo preceito constitucional. O seu fundamento constitucional é, pois, o princípio da igualdade articulado com os demais princípios e preceitos da respectiva "constituição fiscal" e não qualquer outro. Nomeadamente, o seu fundamento não pode ser o princípio do Estado social.

Embora seja de assinalar que, no actual quadro de crise económico-financeira e de exponencial aumento das desigualdades em que vivemos, se comece a pugnar por um entendimento da capacidade contributiva mais abrangente, que não continue a ser vista apenas como um critério de repartição dos encargos públicos. Por um entendimento que, no contexto de uma assumida *neutralidade fiscal activa* e tendo por base uma compreensão da pessoa do contribuinte que contrarie ou atenue a tradicional separação do contribuinte do titular dos direitos de propriedade, leve os impostos a constituírem um instrumento de política distributiva que suporte a valorização do bem-estar e de um dado grau de justiça social[38].

A capacidade contributiva não dispõe dum suporte adequado nem na teoria do benefício ou da equivalência, nem na teoria do sacrifício. A primeira, para além de estar estritamente vinculada à concepção contratualista do Estado, é de todo impraticável e não está em sintonia com o Estado social, sendo actualmente invocável apenas como suporte dos tributos bilaterais. A segunda, além de se apoiar em premissas indemonstráveis, conduz-nos a três diferentes igualdades (consoante se perfilhe a teoria do sacrifício igual, a teoria do sacrifício proporcional ou a teoria do sacrifício marginal), não nos dando qualquer destas uma resposta unívoca no concernente à taxa dos impostos.

[38] V., neste sentido e por todos, Franco Gallo, «Nuove espressioni di capacità contributiva», *Rassegna Tributaria*, 4/2015, p. 771 e ss., em continuação de textos anteriores, como *L'Ugualianza Tributaria*, Editoriale Scientifica, 2012, esp. p. 7 e ss.

Encarados, porém, numa perspectiva meramente doutrinal, os conceitos de benefício e de sacrifício não são de rejeitar em absoluto. Designadamente o conceito de sacrifício sempre há-de permitir ancorar a ideia de que os impostos que cada um deve suportar hão-de basear-se seja no rendimento obtido ou utilizado, seja na riqueza possuída ou utilizada, e de indiciar, caso se opte pela teoria do sacrifício proporcional ou relativo, uma tributação proporcional[39].

Três têm sido, no essencial, as objecções ao princípio da capacidade contributiva: a que vê nele um objectivo de nivelamento social e o consequente desígnio de aniquilamento da liberdade individual, objecção que, extravasando largamente o terreno duma discussão jurídica, tem por alvo o próprio Estado fiscal social; a que argumenta com a indeterminabilidade e equivocidade do conceito contido na expressão capacidade contributiva, a qual, para além de esquecer os múltiplos conceitos indeterminados com guarida nas actuais constituições que as jurisdições constitucionais têm de interpretar e aplicar, partilha, ao fim e ao cabo, da ideia do carácter meramente programático dum tal princípio; e a que esgrime com a sua falta de previsão constitucional expressa, a qual, valendo apenas para os ordenamentos em que essa mesma falta se verifica, mais não é do que uma expressão do tradicional e arreigado positivismo que tem assolado o direito dos impostos.

Ora bem, a capacidade contributiva constitui o pressuposto e o critério da tributação. Como *pressuposto*, exige não só que todos os tributos, em que naturalmente se incluem os impostos extrafiscais, mas também os próprios benefícios fiscais tenham por objecto "bens fiscais", excluindo da tributação, por conseguinte, tanto o *mínimo existencial* como o chamado *máximo confiscatório*. Em contrapartida, revela-se, a nosso ver, um suporte insuficiente da (in)admissibilidade, tanto das capitações como dos impostos retroactivos.

Enquanto *critério* da tributação, a capacidade contributiva rejeita que o conjunto dos impostos (o sistema fiscal) e cada um dos impostos de per si tenham por base qualquer outro critério, seja ao nível das respectivas normas, seja ao nível dos correspondentes resultados. Atento o seu âmbito, um tal critério vale, em termos objectivos apenas relativamente aos impostos fiscais e

[39] Que o princípio da capacidade contributiva releva apenas para os impostos e não para as taxas e contribuições especiais, demonstra-o Juan Henrique Varona Alabern, «Es el principio de capacidad económica inherente al concepto de tributo?», *BFDC*, n.º 83 (2007), p. 305 e ss., tendo em conta a Constituição Espanhola que reporta esse princípio aos tributos. Para o problema em geral, v. Teixeira Ribeiro, *Lições de Finanças Públicas*, cit., p. 280 e ss.; o nosso livro *O Dever Fundamental de Pagar Impostos*, cit., p. 452 e ss., e Sérgio Vasques, *O Princípio da Equivalência como Critério de Igualdade Tributária*, cit., p. 23 e ss.

no concernente à respectiva obrigação de imposto e diz respeito, em termos subjectivos, somente aos contribuintes (e não a outros sujeitos passivos fiscais), sejam cidadãos ou estrangeiros, pessoas singulares ou colectivas. Relativamente ao *quantum* ou intensidade da tributação, a capacidade contributiva não constitui qualquer suporte da progressividade do sistema fiscal ou dos impostos, indiciando-nos antes a opção por impostos proporcionais[40].

Embora não nos forneça uma resposta para problemas como o da (in)admissibilidade da tributação do capital ou património ou da dupla (ou múltipla) tributação, o princípio da capacidade contributiva tem, todavia, importantes préstimos. De um lado, constituindo a *ratio* ou a causa da tributação, este princípio afasta o legislador fiscal do arbítrio, obrigando-o a que, na selecção e articulação dos factos tributários, se atenha a revelações da capacidade contributiva, ou seja, erija em objecto e matéria colectável de cada imposto um determinado pressuposto económico que seja manifestação dessa capacidade e esteja presente nas diversas hipóteses legais do respectivo imposto.

Daqui decorre, seja a ilegitimidade constitucional das presunções absolutas de tributação[41] e das chamadas *sanções impróprias*[42], seja a necessidade

[40] Embora haja autores que consideram constituir a capacidade contributiva apenas pressuposto e não critério de medida dos impostos, posição que parece resultar também da jurisprudência do Tribunal Constitucional – v., por todos, Xavier de Basto, «A constituição e o sistema fiscal», em *XV Anos de Jurisprudência Constitucional*, Tribunal Constitucional, Coimbra, 2009, p. 167 e ss., que considera não ter o princípio da capacidade contributiva consagração na Constituição, e, sobretudo, J. M. Cardoso da Costa, «O princípio da capacidade contributiva no constitucionalismo português e na jurisprudência do Tribunal Constitucional», *Boletim de Ciência Económicas*, vol. LVII (2014), Tomo I, p. 1159 e ss., que faz uma análise da doutrina e da jurisprudência constitucional sobre o tema. V. também João Pedro Silva Rodrigues, «Algumas reflexões em torno da efectiva concretização do princípio da capacidade contributiva», *Estudos em Homenagem ao Cons. J. M. Cardoso da Costa*, vol- I, Coimbra, 2003, p. 899 e ss.

[41] V. os Acs. n.ºs 348/97 e 211/2003, em que o TC julgou inconstitucionais as presunções inelidíveis de rendimento e património, respectivamente. Quanto ao primeiro desses Acórdãos, v. o a nossa anotação, favorável quanto à decisão mas não inteiramente quanto à fundamentação, na revista *Fisco* nº 84/85, Set./Out. 1998, p. 85 e ss. Para uma concretização em sede do direito probatório, v. o art. 73º da LGT que prescreve: "as presunções consagradas nas normas de incidência tributária admitem sempre prova em contrário", assim como os arts. 64º do CPPT e 6º do CIRS.

[42] As quais, traduzidas em alterações à estrutura do imposto, se concretizam em agravamentos ou majorações deste sem qualquer correspondência na respectiva capacidade contributiva – v. o nosso livro *O Dever Fundamental de Pagar Impostos*, cit., p. 502 e s.

duma válvula de escape para obstar a situações de grave iniquidade no caso da tributação assente em ficções, seja o questionar da específica configuração dos pagamentos antecipados de impostos e da proibição absoluta da aplicação analógica das normas jurídicas fiscais essenciais. Insuficiente base constitui o princípio da capacidade contributiva para solucionar problemas como os do instituto *solve et repete*, da tributação dos proventos derivados das actividades ilícitas ou da tributação dos rendimentos nominais.

Um tal princípio tem, porém, especial densidade no concernente ao(s) imposto(s) sobre o rendimento. De um lado, exige-se um conceito de rendimento mais amplo do que o do *rendimento-produto*, um conceito que, embora seja em geral identificado com o *rendimento-acréscimo* ou, numa versão mais recente, com o *rendimento do mercado*, não integra todo e qualquer aumento de valor aquisitivo como a generalidade dos rendimentos em espécie ou das aquisições a título gratuito, ficando em larga medida na margem de liberdade do legislador. Exigência que, entre nós, tem ainda um suporte constitucional suplementar, ao imputar-se ao sistema fiscal o objectivo duma repartição justa dos rendimentos e da riqueza (art. 103, nº 1) e, ao imposto sobre o rendimento, a diminuição das desigualdades (art. 104º, nº 1).

De outro lado, implica quer o *princípio do rendimento líquido*, a impor que a cada categoria de rendimento sejam deduzidas as despesas específicas para a sua obtenção, quer o *princípio do rendimento disponível*, a exigir que à soma dos rendimentos líquidos sejam abatidas as despesas privadas, sejam as imprescindíveis à própria existência do contribuinte (mínimo de existência individual), sejam as necessárias à subsistência do casal e sua família (mínimo de existência conjugal ou familiar)[43]. Uma ideia que tem expressão, aliás, no nº 1 do art. 6º da LGT, na medida em que prescreve: "a tributação directa tem

[43] Na Alemanha, o princípio do rendimento líquido é conhecido por princípio do rendimento líquido objectivo e o princípio do rendimento disponível por princípio do rendimento líquido subjectivo. Para maiores desenvolvimentos, v. o nosso livro *O Dever Fundamental de Pagar Impostos*, cit., p. 512 e ss. Sobre o princípio do rendimento líquido, desenvolvido sobretudo pela jurisprudência alemã, v., Gloria Alarcón Garcia, «El principio de la renta neta objetiva en la jurisprudencia alemana», *Revista Euroamericana de Estudios Tributarios*, 1/99, p. 221 e ss. Quanto ao princípio da capacidade contributiva, v., entre nós, Clotilde C. Palma, «Da evolução do conceito de capacidade contributiva», *CTF*, 402, Abril-Junho de 2001, p. 109 e ss.; Vitor Faveiro, *O Estatuto do Contribuinte*, cit., p. 147 e ss., e João P. Silva Rodrigues, «Algumas reflexões sobre a não tributação dos rendimentos essenciais à existência como direito fundamental, *Fiscalidade*, 9, Janeiro de 2002, p. 9 e ss.

em conta: a) a necessidade de a pessoa singular e o agregado familiar a que pertença disporem de rendimentos e bens necessários a uma existência digna; b) a situação patrimonial, incluindo os legítimos encargos do agregado familiar; c) a doença, velhice ou outros casos de redução da capacidade contributiva do sujeito passivo".

Aliás, a importância crescente do princípio da capacidade contributiva, como pressuposto e critério da tributação no nosso sistema jurídico fiscal, está bem patente, de resto, em disposições legais introduzidas nos finais dos anos noventa do século passado, como a do art. 4º, nº 1, da LGT que prescreve que "os impostos assentam especialmente na capacidade contributiva revelada através do rendimento ou da sua utilização e do património", bem como as relativas à tributação dos rendimentos ilícitos e às disposições anti-abuso[44].

9.2.5. A consideração fiscal da família

A consideração fiscal da família, requerida pela Constituição (arts. 67º, nº 2, al. *f*), e 104º, nº 1), implica a proibição de discriminações desfavoráveis dos contribuintes casados ou com filhos face aos contribuintes solteiros ou sem filhos, e não a imposição ao legislador da utilização do instrumento fiscal (benefícios fiscais) para o favorecimento da constituição e desenvolvimento da família.

Uma ideia concretizada, de resto em termos bastante precisos, no art. 6º da LGT, em cujo nº 3, especificamente se prescreve: "a tributação respeita a família e reconhece a solidariedade e os encargos familiares, devendo orientar-se no sentido de que o conjunto dos rendimentos do agregado familiar não esteja sujeito a impostos superiores aos que resultariam da tributação autónoma das pessoas que o constituem".

Por duas vias se vem propondo considerar fiscalmente a família: a via da forma da tributação e a via da substância da tributação. Quanto à primeira via, concretizada no problema da unidade fiscal (se a família, se o indivíduo), conclui-se, por um lado, que a discriminação desfavorável da família não constitui um efeito necessário nem é um efeito exclusivo da tributação conjunta, já que ela pode ser facilmente neutralizada nesta e subsiste na tributação separada dos casais com filhos face aos casais sem filhos, e, por outro lado, que a exigência constitucional de o imposto sobre o rendimento ter "em conta os encargos e os rendimentos do agregado familiar" não impõe a tributação conjunta da

[44] Cf. *supra* nº 7.4, e *infra* nº 20.

família. Por isso, é de saudar a solução da Reforma do IRS de 2015, que acabou com a obrigatoriedade da tributação conjunta dos cônjuges, tendo consagrado a regra da tributação separada destes, embora com a possibilidade de opção, nos moldes da solução que já era a aplicada aos unidos de facto.

Por seu lado, no respeitante à segunda via, consubstanciada no quantum da tributação, implica a mesma tutela jurídico-fiscal da família, de modo a evitar que as pessoas passem a pagar mais imposto(s) pelo simples facto de constituírem família. Concretamente, impõe a consideração dos encargos familiares em sede do imposto sobre o rendimento, assente este numa tributação conjunta ou separada. O que implica, de um lado, a não tributação ou intangibilidade fiscal do mínimo de existência conjugal ou familiar e, de outro, a dedução, em termos realisticamente justos, dos encargos com o sustento e a educação dos dependentes[45].

Qual haja de ser o montante desses mínimos existenciais e dos encargos familiares a ter em conta, naturalmente que dependerá da situação de desenvolvimento económico geral do país e das necessidades mínimas reconhecidas pela respectiva comunidade jurídica sobretudo em sede do direito dos auxílios ou prestações sociais (ou do direito social *stricto sensu*). Pelo que o legislador fiscal goza, neste domínio, de ampla liberdade, limitada apenas em o mínimo existencial fiscal não dever situar-se abaixo do válido para o direito social e em os encargos familiares não poderem ser concebidos como benefícios fiscais.

Mas o legislador fiscal não está obrigado, designadamente, a equiparar o mínimo de existência e os encargos familiares ao mínimo de existência e aos encargos familiares do direito civil contemplados no direito de alimentos, pois que este, ao depender, nomeadamente, dos meios económicos do respectivo devedor e das necessidades do respectivo credor, pode ser fixado em montante superior ao mínimo existencial e aos encargos a considerar no direito fiscal. Daí que o tratamento fiscal altamente favorável, de que beneficiavam entre nós as pensões de alimentos, sobretudo confrontado com o manifesto tratamento fiscal desfavorável das restantes despesas, se nos afigurava inconstitucional, até porque, ao exprimir um benefício fiscal ao divórcio ou separação dos cônjuges, afrontava os direitos e as garantias fundamentais de contrair casamento e de constituir família[46].

[45] No respeitante à dedução desses encargos, v. *infra*, nº 56.5.

[46] Tratamento que se traduzia no abatimento das pensões de alimentos contemplado no art. 56º do Código do IRS, revogado pelo art. 68º da LOE/2009.

Assim, as soluções adoptadas na Reforma do IRS de 2015, introduzindo a regra da tributação separada, embora com a possibilidade de opção pela tributação conjunta por parte dos cônjuges e unidos de facto, nos termos do art. 13º, tenha vindo a pôr termo à situação discriminatória em que se encontravam os casados. O que, associado à manutenção das deduções pessoais, que foram, de resto, aumentadas em função do número dos descendentes e ascendentes e alargadas através do reconhecimento de uma dedução por "despesas gerais familiares", tem o importante sentido de inverter o caminho trilhado nos últimos anos de crescente despersonalização do IRS.

Por seu turno, quanto ao outro aspecto da consideração constitucional da família, traduzido na sua protecção ou promoção positiva, o legislador goza de ampla liberdade conformadora seja no concernente aos meios a utilizar, seja no respeitante às metas a atingir. Designadamente, não está obrigado a lançar mão do instrumento fiscal, podendo utilizá-lo se e na medida em que lhe seja permitido usar as normas jurídico-fiscais com objectivos extrafiscais[47]. A mesma ideia está subjacente à não consideração como rendimento as indemnizações por danos não patrimoniais fixados por decisão judicial ou arbitral ou resultante de transacção, nos termos do art. 9º, nº 1, al. *b*), do CIRS.

9.2.6. O respeito pelos direitos, liberdades e garantias fundamentais

Porque integram um dever fundamental, apresentando-se como limites imanentes ou limites máximos de conteúdo ou âmbito dos direitos, liberdades ou garantias fundamentais, os impostos não beneficiam, de acordo com a doutrina e a jurisprudência constitucional, da aplicabilidade do regime jurídico-constitucional das restrições (ou de outras afectações) jusfundamentais, mormente dos testes em que se desdobra o princípio da proibição do excesso.

Todavia, o direito dos impostos não está de todo imune à influência dos direitos fundamentais. Por um lado, é em homenagem a certos direitos ou liberdades fundamentais que algumas constituições estabelecem determinadas *imunidades fiscais* que, ao excluírem da (eventual) tributação manifestações normais da capacidade contributiva, alargam assim o conteúdo constitucional desses direitos ou liberdades.

[47] Para maiores desenvolvimentos, v. o nosso estudo *O Dever Fundamental de Pagar Impostos*, cit., p. 524 e ss., e M. Carpio (Coord.), *Política Fiscal y Familia*, Fundación Argentaria, Madrid, 1999.

Depois, a ideia de intangibilidade da dignidade da pessoa humana, que dá sentido ao conjunto dos direitos fundamentais e consubstancia o conteúdo ou núcleo essencial de cada um deles, além de constituir um eficaz obstáculo às capitações, sempre constitui uma barreira inferior aos impostos, a exigir que estes não ponham em causa que a cada um seja assegurado um mínimo de meios ou recursos materiais indispensáveis a essa mesma dignidade. O que tem concretização no mínimo de existência constante do art. 70º do CIRS.

Por seu turno, as chamadas *liberdades económicas* de trabalho, profissão, de iniciativa económica e de empresa e o direito de propriedade estão em especial contacto com os impostos porque, a mais de constituírem o próprio pressuposto ou a outra face do Estado fiscal, os impostos se concretizam em ablações ou amputações materiais do conteúdo normal ou típico desses direitos. Ora, os impostos, enquanto concretas manifestações dum dever fundamental, não podem, mormente pelo seu montante, ir ao ponto de desfigurar esses direitos enquanto direitos de conteúdo determinado ou determinável com base nos preceitos constitucionais, sob pena de os mesmos terem um conteúdo ou âmbito "sob reserva da lei fiscal" e não "nos termos da constituição".

Em sede das liberdades económicas, não podemos deixar de dar notícia duma liberdade fundamental, expressão importante da liberdade de iniciativa económica e de empresa. Trata-se da *liberdade de gestão fiscal*, uma liberdade imprescindível ao funcionamento da economia de mercado e, por conseguinte, uma liberdade estruturante dum Estado fiscal. Em sentido amplo, esta liberdade exige a maior amplitude possível para a livre decisão dos indivíduos e empresas, inclusive para planificar a sua vida económica sem consideração das necessidades financeiras da comunidade estadual. Concretizada na real possibilidade de escolha das soluções menos onerosas sobretudo por parte das empresas em sede da sua organização e financiamento, a liberdade de gestão fiscal, vista pelo lado dos seus destinatários passivos, Estado e demais entes públicos, consubstancia-se na exigência de *neutralidade fiscal*, que tem expressão no art. 81º, al. *e)*, da Constituição[48].

[48] Para maiores desenvolvimentos desta matéria em geral, v. o nosso livro *O Dever Fundamental de Pagar Impostos*, cit., p. 550 e ss., bem como, relativamente à liberdade de gestão fiscal e de neutralidade fiscal, M. H. Freitas Pereira, *Fiscalidade*, cit., p. 415 e ss., e o nosso livro *Introdução ao Direito Fiscal das Empresas*, 3ª ed., Almedina, 2018, p. 54 e ss.

9.2.7. O princípio do Estado social

Entendido como constituindo *tarefa fundamental* do Estado a realização da democracia económica, social e cultural, no quadro dum *no produtive state*, o princípio do Estado social tem naturalmente implicações importantes no domínio do direito dos impostos. O que tem expressa concretização na própria Constituição, em que: de um lado e em sede (mais geral) da "constituição económica", estabelece como incumbência prioritária do Estado, no âmbito económico e social, "promover a justiça social, assegurar a igualdade de oportunidades e operar as necessárias correcções das desigualdades na distribuição da riqueza e do rendimento, nomeadamente através da política fiscal" (art. 81º, al. *b)*); de outro lado, em sede (mais específica) da "constituição fiscal", prescreve que o sistema fiscal visa também uma justa repartição dos rendimentos e da riqueza (art. 103º, nº 1).

Um princípio e suas concretizações que, deve ser sublinhado, vai tanto no sentido da tributação ou de uma maior tributação, como no sentido da não tributação ou da limitação da tributação. Orienta-se para a tributação ou para uma maior tributação na medida em que suporta a progressividade dos impostos, a tributação do capital, a extrafiscalidade e a tributação das prestações sociais (se e na medida em que excedam os mínimos existenciais estabelecidos e assegurados pelas prestações sociais).

Por sua vez, vai no sentido da não tributação ou da limitação da tributação, na medida em que nos fornece a concreta medida dos mínimos existenciais a ter em conta no direito dos impostos, exigindo, por conseguinte, a não tributação das prestações sociais e dos rendimentos monetários ou imputados afectos pelos contribuintes à satisfação das suas necessidades existenciais, ou seja, as despesas com a habitação, a saúde, a educação, a segurança social, etc., até ao montante dos mínimos decorrentes do direito das prestações sociais[49].

[49] Para maiores desenvolvimentos, v. L. A. MALVÁREZ PASCUAL, «La función tributaria en el marco del Estado social y democratico de derecho», em *Derecho Financiero Constitucional – Estudios en Memoria del Profesor Jaime García Añoveros*, cit., p. 377 e ss., e JOÃO R. CATARINO, *Redistribuição Tributária. Estado Social e Escolha Individual*, cit., esp. p. 373 e ss. V. também HANS F. ZACHER, «Steuer- und Sozialstaat im europäischen Systemwettbewerb – Schlussbemerkungen», *ob. e loc. cits.*

9.3. A coerência do sistema e o limite aos limites da tributação

9.3.1. O princípio da coerência do sistema

Numa perspectiva macroscópica, os limites materiais da tributação têm sobretudo a ver com a ideia de coerência do sistema ou de sistematicidade, entendida como uma coerência conteudística ou substancial de integração do direito fiscal no sistema do direito público e no conjunto do ordenamento jurídico. Embora se defenda que não constitui um suporte autónomo de invalidade das leis fiscais, configurando-se tão-só como um indício de afectação dos princípios constitucionais, sobretudo do princípio da igualdade, uma tal ideia não deve ser menosprezada.

De um lado, ao impor limites intra-sistemáticos, ou seja, coerência entre os diversos impostos e coerência do sistema fiscal no seu conjunto, o princípio em causa deve ser convocado para a solução de problemas tais como a dupla tributação interna, concretize-se esta numa dupla tributação (dupla tributação jurídica) ou numa sobreposição de impostos (dupla tributação económica), a tributação múltipla ou plural, que se traduz em os mesmos bens, por exemplo os imóveis, serem objecto de diversos impostos, a conversão de impostos, que se materializa na transformação de impostos sobre o rendimento em impostos sobre o património em virtude, por exemplo, da inércia do legislador face ao fenómeno da inflação, etc.

De outro lado, ao reclamar limites extra-sistemáticos, a ideia de coerência do sistema implica que o direito fiscal se articule: com o direito financeiro (*rectius*, com o direito das despesas nas quais se incluem as despesas fiscais concretizadas nos benefícios fiscais); com o direito sancionatório (tributação dos proventos das actividades ilícitas e dedutibilidade das despesas com as actividades ilícitas e com as sanções pecuniárias, como consta do art. 11º da LGT, e está concretizado nos arts. 1º dos CIRS e CIRC, que incluem na incidência do IRS e IRC os correspondentes rendimentos "mesmo quando provenientes de actos ilícitos"); com o direito das prestações sociais; com o direito civil (no respeitante aos direitos a alimentos, aos direitos a indemnizações, ao direito das dívidas dos cônjuges[50], etc.); e, ao nível da sua aplicação,

[50] Para a falta de harmonização do nosso direito fiscal, mais especificamente do CIRS, com o direito conjugal patrimonial relativo ao regime das dívidas dos cônjuges, v. C. Pamplona Corte-Rreal, «Família, dívida de imposto e regime de bens», em *Estudos em Homenagem à Dra. Maria de Lourdes Órfão de Matos Correia e Vale*, Cadernos de CTF, Lisboa, 1995, p. 83 e ss.

com o direito do segredo bancário que deve ser harmonizado e temperado com as exigências da luta eficaz contra a evasão e fraude fiscais[51].

Importante domínio, em que o princípio da coerência do sistema não pode deixar de impor limites extra-sistemáticos, é o do direito fiscal das empresas ou, mais especificamente, do direito fiscal das sociedades. Na verdade, atentas as importantes e estreitas relações que mantém com os diversos domínios do direito comercial, compreende-se que um tal segmento do direito fiscal deva ter particulares preocupações de articulação ou harmonização. O que significa, nomeadamente, que o CIRS e o CIRC devem ter na devida conta a disciplina constante dos CSC, SNC, CVM, etc., assim como estes não podem fazer tábua rasa da disciplina contida naqueles códigos.

9.3.2. O limite aos limites da tributação

Dominado por fenómenos de massa, o direito dos impostos está particularmente condicionado pelo *princípio da praticabilidade*, que conduz à exclusão não só das soluções impossíveis de levar à prática mas também das soluções economicamente insustentáveis. Deste princípio decorre, designadamente, que os limites da tributação, mormente os limites materiais, não possam ser levados tão longe quanto, *prima facie*, seria defensável.

Especificamente, o princípio da igualdade fiscal tem de actuar no contexto dum direito fiscal que, para ser exequível e praticável, reclama com veemência a sua simplificação a conseguir sobretudo através do recurso à tipificação ou estandardização (quantitativa ou qualitativa) das leis fiscais.

Um recurso relativamente ao qual o legislador não é, porém, totalmente livre, já que, para além de ter de respeitar o princípio da proibição do excesso ao lançar mão desse instrumento de simplificação, há-de socorrer-se de tipificações objectivamente assentes em efectivas situações típicas e admitir que a administração fiscal possa socorrer-se de "medidas equitativas", dispensando-a assim de observar as tipificações legais naquelas situações em que o seu respeito conduza a intoleráveis iniquidades.

No sentido do que vimos dizendo, se bem que longe ainda das *medidas equitativas* admitidas na Alemanha, parecem ir as hipóteses previstas na lei de requerer o pagamento em prestações, nos termos dos arts. 42º, nº 2, da

[51] V. o *Relatório da Comissão para o Desenvolvimento da Reforma Fiscal*, cit., p. 359 e ss., esp. as recomendações a p. 385 e ss., e o nosso estudo *O Dever Fundamental de Pagar Impostos*, cit., p. 618 e s.

LGT, e 196º a 200º do CPPT, e de solicitar a revisão dos actos tributários, nos termos do art. 78º, do LGT[52]. Bom seria, contudo, que o nosso legislador se mostrasse mais aberto à adopção de medidas equitativas por parte da administração tributária.

9.4. O recorte constitucional do sistema fiscal

O actual apelo a específicos limites constitucionais aos impostos, sobretudo de natureza quantitativa, está longe de ter adesão significativa na doutrina e de conseguir um lugar nas constituições, como o demonstra a persistente rejeição do já célebre *balanced-budget amendment* norte-americano. Por isso e atento o actual panorama dos textos constitucionais, o mais frequente é tais limites reduzirem-se aos decorrentes seja da distribuição constitucional do poder tributário e/ou das receitas fiscais entre os diversos níveis da estrutura descentrada dos Estados[53], seja do quadro constitucional especificamente traçado para o sistema fiscal.

Seguindo esta última modalidade, a nossa Constituição, podemos dizer, recorta o desenho do nosso sistema fiscal em dois momentos. Num primeiro momento, quando fixa as *finalidades do sistema fiscal*, estabelecendo no art. 103º, nº 1, que o sistema fiscal tem, em primeiro lugar, uma finalidade financeira, pois "visa a satisfação das necessidades financeiras do Estado e outras entidades públicas" e, em segundo lugar, uma finalidade de carácter extrafiscal, já que visa também "uma repartição justa dos rendimentos e da riqueza"[54].

E, num segundo momento, quando recorta, mais em pormenor, os exactos contornos do *sistema fiscal* no art. 104º, em que se prevê: 1) um imposto único e progressivo sobre o rendimento pessoal, 2) a tributação real como regra da tributação do rendimento das empresas, 3) uma tributação do património

[52] V., para a Alemanha, os §§ 163, 227 e 184, 2, da AO. Para a revisão dos Actos Tributários, v. *infra*, nº 37.7.

[53] V., a título de exemplo, essa distribuição entre a federação, os Estados federados e os municípios na Alemanha e no Brasil.

[54] E, a seu modo, na medida em que dispõe, na al. *h*) do nº 2 do art. 66º, que "para assegurar o direito ao ambiente, no quadro de um desenvolvimento sustentável, incumbe ao Estado, por meio de organismos próprios e com o envolvimento e participação dos cidadãos:... assegurar que a política fiscal compatibilize desenvolvimento com protecção ambiental e qualidade de vida", e estabelece no art. 81º, al. *b*), como incumbência prioritária do Estado, "promover a justiça social, assegurar a igualdade de oportunidades e operar as necessárias correcções das desigualdades na distribuição da riqueza e do rendimento, nomeadamente através da política fiscal".

que contribua para a igualdade dos cidadãos, e 4) uma tributação do consumo adaptada ao desenvolvimento económico e à justiça social. Vejamos cada um destes preceitos.

9.4.1. O imposto sobre o rendimento pessoal

Assim e quanto à tributação do rendimento pessoal, exige a Constituição um imposto que seja: 1) único, 2) progressivo e 3) tenha em conta as necessidades e os rendimentos do agregado familiar. Todavia, estas exigências constitucionais continuam a não ser respeitadas pelo nosso sistema fiscal.

A este respeito, dizíamos em edições anteriores, que as exigências de unicidade e progressividade, eram postas em causa pela tributação de amplos rendimentos, nos quais sobressaíam os proporcionados pela generalidade das aplicações financeiras (rendimentos de capital e mais-valias), os quais, nos termos da anterior redacção dos arts. 10º, 41º e 74º do CIRS, eram objecto duma tributação separada e proporcional, mediante taxas liberatórias, definitivas e relativamente baixas. O que afrontava claramente o recorte constitucional típico da tributação do rendimento pessoal.

É certo que a tributação de tais rendimentos não pode ser testada exclusivamente com base no referido preceito constitucional, exigindo antes a convocação de outros preceitos constitucionais, como o *princípio da praticabilidade* das soluções que o bom funcionamento dos mercados financeiros, em que tais rendimentos são gerados, impõe. Um princípio que, como bem se compreende, não pode deixar de ser particularmente actuante no actual contexto de internacionalização e globalização dos mercados. O que reclama uma harmonização adequada daqueles requisitos constitucionais do imposto sobre o rendimento pessoal com o mencionado princípio da praticabilidade, harmonização que passa pela ponderação dos referidos bens jurídicos constitucionais.

Mas o legislador fiscal do CIRS, em vez de ter seguido a *regra* da sujeição de tais rendimentos à incidência (normal) do IRS, estabelecendo, depois, as *excepções* a essa regra que o princípio da praticabilidade exigisse, designadamente através da técnica da concessão de benefícios fiscais, optou por fixar para eles uma *tributação regra* separada, proporcional e bastante moderada face à tributação dos restantes rendimentos.

Assim, parece óbvio que o princípio da praticabilidade não exigia que os rendimentos proporcionados pelas mais-valias realizadas com a transmissão onerosa de valores mobiliários se encontrassem excluídas da tributação, como acontecia com as mais-valias realizadas através da transmissão de obrigações e outros títulos de dívida e de acções detidas até 12 meses, ou sujeitas a uma taxa particularmente favorável de 10% no caso da transmissão de acções não detidas por mais de 12 meses, nos termos da redacção anterior dos arts. 10º e 72º do Código do IRS[55].

Por isso, essa solução legal era manifestamente inconstitucional, uma vez que as razões de praticabilidade não impunham um tão generoso regime de tributação, satisfazendo-se as mesmas com a não sujeição dessas mais-valias a uma tributação pessoal em sede do IRS[56]. Ou seja, a uma tributação que não implicasse o englobamento de tais rendimentos e a aplicação aos mesmos da taxa progressiva do IRS[57].

Igualmente a consideração das necessidades e rendimentos do agregado familiar está longe de se verificar, já que as despesas da família realizadas com a satisfação dos direitos sociais à saúde, educação, habitação e segurança social, até àqueles patamares mínimos que o nosso Estado social está em condições de satisfazer a todos os cidadãos, são tidas em conta em sede das deduções à colecta e, especialmente em relação às despesas com a educação, em termos muito limitados, uma vez que se não tem devidamente em consideração o número e a situação específica dos dependentes que integram o agregado familiar[58].

Também o ritmo da progressividade do IRS levanta dúvidas quanto à sua constitucionalidade, já que, atentos a diversidade e o universo de montantes de rendimentos e, por conseguinte, de contribuintes abrangidos pelo 3º escalão (de mais de € 20.261 até € 40.522) e pelo 4º escalão (de mais de

[55] Para uma visão crítica desse regime de tributação das mais-valias, v. Teixeira Ribeiro, «A tributação das mais-valias na reforma fiscal», *BCE*, Vol. XXXVIII (1995), p. e ss.; *Relatório da Comissão para o Desenvolvimento da Reforma Fiscal*, cit., p. 470 e ss., e António Martins, *A Fiscalidade e o Financiamento das Empresas*, cit., p. 394 e ss. e 464 e s.

[56] Refira-se que, em 2000, se tentou pôr cobro a essa situação, mas o sistema então instituído revelou-se tão complexo que acabou por não vingar. Daí a solução actual, em relação à qual, todavia, nos perguntamos se a taxa ou alíquota a que se sujeita essa tributação não será excessiva no quadro da concorrência fiscal sem entraves que presentemente se verifica nos mercados financeiros.

[57] Sobre a tributação das mais-valias, v. Paula Rosado Pereira, *Estudos sobre IRS: Rendimentos de Capitais e Mais-Valias*, Coimbra, 2005, p. 85 e ss.

[58] Para maiores desenvolvimentos, v. o nosso livro *O Dever Fundamental de Pagar Impostos*, cit., p. 581 e ss.

€ 40.522 a € 80.460), torna o imposto proporcional relativamente a grupos de contribuintes com assinaláveis diferenças de rendimento[59].

Enfim, também os níveis de rendimento a que se aplicam as diversas taxas marginais, em especial as que incidem sobre os rendimentos dos escalões superiores, atendendo à realidade económica das famílias portuguesas, nos parecem demasiado baixos[60].

A isto são de acrescentar as alterações levadas a cabo sobretudo pela LOE/2011 e pela LOE/2012, no respeitante às deduções à colecta de despesas sociais, em que quase se eliminou a importante dedução das despesas de saúde. O que nos força à conclusão de que o actual IRS se vem afastando claramente do figurino constitucional, estando cada vez mais longe de um imposto sobre o rendimento disponível. Afastamento esse que, embora tenha sido travado e, em alguma medida, mesmo atenuado pela Reforma do IRS de 2015, não foi de todo posto em causa.

9.4.2. A tributação das empresas

Embora a tributação das empresas seja referida apenas no nº 2 do art. 104º, o facto de ela estar actualmente distribuída pelo IRS, em que são tributadas as empresas singulares, e pelo IRC, em que são tributadas as empresas colectivas, impõe-nos algumas considerações, nomeadamente a de saber se essa solução, adoptada na reforma fiscal, constitui uma exigência constitucional. Por outro lado, há que dizer alguma coisa sobre a regra da tributação das empresas pelo rendimento real.

a) *A tributação das empresas singulares em IRS*. A este respeito, devemos começar por dizer que, ao contrário da ideia que prevaleceu, a exigência de unicidade da tributação do rendimento pessoal, constante do nº 1 do art. 104º da Constituição, não implica a tributação em sede do IRS das empresas individuais.

A nosso ver, não tem razão a ideia segundo o qual se entendeu, no seguimento da posição adoptada pelo Prof. Teixeira Ribeiro[61], que a exclusão da

[59] Nos montantes actualizados pela LOE/2017.

[60] Cf. Teixeira Ribeiro, «Comentários ao Código do IRS», em *A Reforma Fiscal*, Coimbra Editora, 1989, p. 242, e o *Relatório da Comissão para o Desenvolvimento da Reforma Fiscal*, cit., p. 349 e s. Recorde-se que o Prof. Teixeira Ribeiro propunha, já em 1989, que a taxa de 40% se aplicasse a rendimentos superiores a 10.000 contos (€ 49.879,79).

[61] V. o seu estudo «As opções fiscais da Constituição», *BCE*, XXVIII, 1985, p. 91 e ss.

tributação em IRS do rendimento empresarial das empresas singulares seria inconstitucional por violação da *unicidade da tributação* das pessoas singulares que esse preceito imporia. Daí a inclusão da tributação do rendimento dos empresários individuais no IRS. Pois bem, vários argumentos são invocáveis a favor da não exigência constitucional da tributação das empresas individuais ou singulares em IRS.

De um lado, o nº 1 do art. 104º da Constituição, ao falar em imposto sobre o rendimento pessoal e ao exigir que este seja único, progressivo e tenha em conta as necessidades e os rendimentos do agregado familiar, nada diz quanto à tributação das empresas. Desta trata apenas no nº 2, para dizer que, a haver tributação do rendimento das empresas[62], ela assentará fundamentalmente sobre o seu rendimento real. Ora, se a Constituição pretendesse referir-se naquele nº 1 a pessoas singulares, porque é que não utilizou então, no mencionado nº 2, a expressão pessoas colectivas, uma expressão que ela usa, de resto, nos arts. 12º, nº 2, 82º, nº 3, e 87º?

Depois, se o mencionado preceito implicasse a integração da tributação do rendimento dos empresários individuais no IRS, isso significaria que a Constituição, embora por via indirecta, impunha uma determinada forma jurídica para o exercício da actividade económica por parte dos indivíduos e suas organizações empresariais, as quais, para integrarem o domínio da incidência do IRC, teriam de adoptar a forma de pessoa colectiva.

Ora, a Constituição em lado algum impõe a forma de pessoa colectiva para o exercício de quaisquer actividades económicas ou sociais. Com efeito, face às diversas realidades e situações da vida a moldar pelo direito, tirando naturalmente as pessoas humanas que, por força do respeito pela sua eminente dignidade, se impõem ao direito, rege o princípio da liberdade de configuração jurídica.

Segundo esta, os indivíduos, enquanto agentes económicos e sociais, dispõem de liberdade para se organizarem ou estruturarem na forma jurídica que entenderem, designadamente para constituírem ou não pessoas colecti-

[62] Pois a Constituição, por certo não desconhecendo a discussão que desde há muito se trava relativamente à opção entre a separação ou a integração da tributação das sociedades na tributação do rendimento pessoal sobre o rendimento, não impõe a tributação do rendimento das empresas. Sobre essa discussão, v. Xavier de Basto, «O imposto sobre as sociedades e o imposto pessoal de rendimento – separação ou integração?», *Estudos em Homenagem ao Prof. Doutor J. J. Teixeira Ribeiro*, nº especial do *BFDC*, vol. IV, 1980, p. 390 e ss., e Teixeira Ribeiro, *Lições de Finanças Públicas*, cits., p. 322 e ss.

vas. Liberdade de configuração jurídica que, como vimos, sendo corolário do princípio do Estado fiscal, constitui uma importante manifestação da liberdade de disposição económica dos indivíduos e suas organizações cujo exercício anda frequentemente associado ao planeamento fiscal que essa liberdade integra[63].

De resto, se a Constituição pretendesse integrar no IRS a tributação das empresas singulares, excluindo-as portanto da tributação das empresas colectivas, perante a não coincidência da personalidade colectiva no direito em geral e no direito fiscal, sempre haveria que questionar qual a personalidade aqui relevante – se a do direito em geral, se do direito fiscal. Pois a separação entre as primeiras, tributadas em IRS, e as segundas, tributadas em IRC, não é tão estanque quanto, à primeira vista, se possa pensar. Na verdade, a distribuição da tributação das empresas entre o IRS e o IRC é, a seu modo, bastante artificial[64].

Uma afirmação que tem diversas manifestações, tais como: 1) o apuramento do lucro tributável das empresas individuais é determinado através da aplicação do CIRC (art. 32º do CIRS); 2) o fenómeno da transparência fiscal que conduz a que, em vez da tributação em IRC de certas entidades dotadas de personalidade jurídica, haja lugar à tributação em IRS dos seus membros (arts. 6º e 12º do CIRC); 3) a consideração como sujeitos passivos de IRC e, por conseguinte, a inserção na tributação deste imposto de diversas entidades desprovidas de personalidade jurídica (art. 2º do CIRC); 4) a separação entre o património empresarial e o património pessoal relativamente ao titular do EIRL para efeitos da responsabilidade tributária (art. 25º da LGT); 5) a separação entre o património empresarial e o património pessoal dos titulares de

[63] Cf. *supra*, nº 9.1.

[64] Uma ideia que vale também no respeitante à personalidade jurídica das sociedades, pois entre nós, ao contrário do que ocorre no direito comparado, em que se distingue entre sociedades de pessoas (*partnership*), desprovidas de personalidade jurídica, e sociedades de capitais, dotadas de personalidade jurídica, separam-se as sociedades civis, por via de regra desprovidas de personalidade jurídica (pois só disporão dela no caso de a lei especificamente o estabelecer), das sociedades comerciais ou civis sob forma comercial, dotadas de personalidade jurídica. Realidade que esteve, de resto, na base de algumas das reservas apostas por Portugal ao Modelo de Convenção Fiscal da OCDE. Muito embora, como a responsabilidade se encontra deferida aos sócios nos termos do nº 2 do art. 21º da LGT, em sede fiscal é como se, de algum modo, as sociedades de pessoas não tivessem personalidade jurídica.

rendimentos empresariais e profissionais para efeitos de imputação de proveitos e custos (art. 29º do CIRS); etc.

Para além de que não deixa de surpreender que a aplicação de tão importante preceito constitucional esteja dependente, afinal de contas, da vontade do próprio legislador ao atribuir personalidade jurídica a determinada realidade. O que sai reforçado se tivermos em conta que a personalidade colectiva não passa de um instrumento de realização do direito que pode ser utilizado em maior ou menor dose (personalidade total ou parcial) consoante as necessidades, em relação ao qual o legislador não pode deixar de gozar de ampla liberdade.

Isto quando a sujeição a um imposto, em vez da sujeição a outro, não resulte da própria administração fiscal, como no caso do EIRL sujeito a IRS pela Circular nº 19/92, de 19 de Outubro. Ora, sob pena de inversão da ordem das fontes do direito, interpretando a Constituição em conformidade com as leis, a interpretação do preceito constitucional em causa não pode ter por suporte as soluções legais (ou o entendimento que destas tem a administração fiscal) que o referido preceito constitucional visa justamente moldar[65].

Por quanto vimos de dizer, a Constituição não exige a tributação em IRS do rendimento das empresas singulares. Uma solução que pode revelar-se mesmo inconstitucional. Pois pode conduzir a um tratamento discriminatório do rendimento empresarial dos empresários individuais face ao rendimento dos empresários colectivos ou societários.

Um fenómeno que se fica a dever à crescente baixa da taxa geral de IRC que é agora de 21%[66]. Uma discriminação que será patente se tivermos em conta que as empresas individuais continuam sujeitas a uma taxa marginal máxima de IRS de 48%, bem como, no respeitante às pequenas empresas[67], que optem pelo regime simplificado de tributação (*rectius* de determinação da matéria colectável), pois os coeficientes para determinar o rendimento tributável em IRS (art. 31º) e a matéria coletável em IRC (arts. 86º-A e 86º-B) não coincidem no respeitante às vendas de mercadorias e produtos, bem como às prestações de serviços efectuadas no âmbito de acti-

[65] Quanto ao sentido a dar à expressão "rendimento pessoal" do nº 1 do art. 104º do CRP, v. o nosso livro *O Dever Fundamental de Pagar Impostos*, cit., p. 439 e s. 531 e 594.

[66] Taxa essa a que tem de se acrescentar a derrama municipal, bem como, se for o caso, a derrama estadual.

[67] Sobre o conceito de micro e pequena empresa, v. o art. 2º do Estatuto da Micro, Pequena e Média Empresa, anexo ao DL nº 372/2007, de 6 de Novembro.

vidades hoteleiras e similares, restauração e bebidas, sendo de 0,15 em IRS e de 0,04 em IRC[68].

De outro lado, o entendimento em questão pode afectar a manifestação da liberdade de iniciativa e actividade económicas traduzida na liberdade de configuração jurídica da actividade empresarial. Uma afectação que, embora possa ser atenuada pela possibilidade, actualmente reconhecida nos arts. 270º-A e segs. do Código das Sociedades Comerciais, de constituição de sociedades unipessoais, não é totalmente afastada. Ora, essa liberdade, como é fácil de ver, não pode deixar de comportar a importante variável fiscal concretizada na liberdade de planeamento fiscal[69].

Em suma, o art. 104º da Constituição prescreve que o imposto sobre *o rendimento pessoal* seja único, progressivo e não discriminatório negativamente da família[70]. Não exige, por conseguinte, qualquer imposto com tais características sobre o *rendimento empresarial*. Pois a contraposição do nº 1 com o nº 2 desse preceito é entre "imposto sobre o rendimento pessoal" e "tributação das empresas" e não entre "imposto sobre o rendimento das pessoas singulares" e "imposto sobre o rendimento das pessoas colectivas".

A Constituição consagra, assim, uma estrita neutralidade do direito fiscal face à liberdade de configuração jurídica da actividade empresarial dos indivíduos e suas organizações[71].

b) *O princípio do rendimento real*. Outro aspecto do recorte constitucional da tributação das empresas, prende-se com o sentido da exigência da tributação das empresas pelo seu rendimento real constante do nº 2 do art. 104º da Constituição. Ora bem, temos por seguro que este preceito, embora inserido no específico recorte constitucional do nosso sistema fiscal, que a nossa Cons-

[68] Refira-se que o regime simplificado no IRC, que havia sido eliminado, em 2010, foi reintroduzido pela Reforma do IRC de 2014.

[69] Quanto a esta liberdade de escolha da forma da empresa, em função das correspondentes consequências fiscais, v., para além do nosso livro *O Dever Fundamental de Pagar Impostos*, cit., p. 204 e ss., Knobbe & Keuk, *Bilanz-und Unternehmenssteuerrecht*, 9ª ed., Otto Schmidt, Köln, 1993, p. 1027 e ss.

[70] V. sobre este sentido da consideração das necessidades e rendimentos do agregado familiar, *supra* nº 9.2.5.

[71] V. o nosso livro *O Dever Fundamental de Pagar Impostos*, cit., p. 439 e s. Sobre a separação da esfera empresarial da esfera pessoal, embora tendo em conta o património empresarial e profissional das pessoas singulares, v. Emilio Cencerrado Millan, *La Tributación del Patrimonio Empresarial y Profesional de la Persona Fisica*, Marcial Pons, Madrid, 1995.

tituição contém, mais não é do que uma concretização, uma explicitação dos princípios da capacidade contributiva e da igualdade fiscal.

O que implica que a tributação do rendimento real seja, por imposição constitucional, a regra da tributação do rendimento empresarial. Mas isso não exclui qualquer possibilidade de recurso à tributação dos rendimentos empresariais baseada em rendimentos normais, seja este o rendimento médio de uma série de anos, que uma empresa poderia obter operando em condições normais (isto é, nas condições mais frequentes nessa época e lugar e com a diligência, técnica e preços geralmente praticados), seja o rendimento de determinado ano, que uma empresa poderia obter operando em condições normais[72].

O legislador há-de poder estabelecer a tributação com base em rendimentos que não sejam rendimentos reais designadamente em relação aos pequenos contribuintes e às empresas com elevado potencial de evasão fiscal. Uma ideia a favor da qual militam diversos argumentos.

1) *O mito do rendimento real.* Desde logo, é de chamar a atenção para o facto de que mais do que uma divisão cortante ou uma separação estanque entre, de um lado, o rendimento real e, de outro, o rendimento normal, o que temos é uma realidade, ou melhor, a apresentação contabilística e fiscal de uma realidade que exprime, ao fim e ao cabo, uma graduação que, num extremo, se aproxima mais do real e, no outro extremo, se aproxima mais do normal.

Se é que a procura do rendimento real, através do apuramento contabilístico da base tributável, não é um puro mito em que só os contabilistas verdadeiramente acreditam, como observou Luigi Einaudi[73]. Aliás, um entendimento do princípio da tributação pelo rendimento real, a ser levado à risca ou demasiado a sério, conduziria mesmo à conclusão de que o próprio rendimento apurado com base na contabilidade, porque ainda assim afastado da realidade, não satisfaria as exigências constitucionais[74].

[72] V., neste sentido, Teixeira Ribeiro, *Lições de Finanças Públicas*, cit., p. 307.

[73] L. Einaudi, *Mite e Paradossi della Giustizia Tributaria*, Torino, 1938, p. 201 e ss. V. também Carlos Santos, «Sobre a colecta mínima», em *Da Questão Fiscal à Reforma da Reforma Fiscal*, Lisboa, 1999, p. 125 e ss. (129 e s.), e R. Fernandes Ferreira, «Tributação do rendimento – IRC. Tendências fiscais – deterioração ou melhoria?», *CTF*, 398, Abril-Junho de 2000, p. 123 e ss. (131 e s.).

[74] V. também R. Fernandes Ferreira, *Gestão, Contabilidade e Fiscalidade*, vol. II, Editorial Notícias, Lisboa, 1999, p. 91 e ss.

2) *O cariz dirigente do preceito.* Mas o apuramento do sentido do preceito constitucional exige que se atente também no seu cariz dirigente. A este respeito, é de salientar que o preceito em causa se insere numa "constituição fiscal" bastante desenvolvida que integra, para além dos princípios delimitadores e orientadores da actividade do legislador fiscal, o quadro constitucional do sistema fiscal[75].

Pois bem, é neste segundo núcleo de preceitos, constituído pelo art. 104º da Constituição, que encontramos a disposição constitucional em análise, a qual se insere no carácter "dirigente" bastante marcado da Constituição portuguesa. O que certamente contribuiu para que dela fizesse parte o recorte constitucional do sistema fiscal, assumindo este um verdadeiro *programa de reforma fiscal*.

E, ao estabelecer um programa de reforma fiscal, compreende-se que se tenha orientado para a instituição de um sistema fiscal que se aproximasse tanto quanto possível de sistema fiscal dos países mais desenvolvidos. E, por conseguinte, não se tenha pretendido estabelecer um modelo acabado e fechado, mas, antes e tão-só, recortar ou estabelecer os contornos do sistema.

E isto que tem inteira validade para o conjunto dos quatro preceitos que compõem esse artigo constitucional, vale, a seu modo, para cada um dos preceitos individualizados, muito embora a *extentio* e a *intentio* normativa de cada um deles seja radicalmente diversa. O que é particularmente visível no confronto do nº 2 com o nº 1 do artigo. Mas, não obstante isto, não há dúvidas de que todos partilham da ideia de base de que o que se pretendeu foi "recortar" o quadro típico ou caracterizador do sistema fiscal futuro e não "estabelecer" ou "desenhar a cheio" esse mesmo quadro.

O que supõe esse programa não ter de se concretizar de uma só vez e, menos ainda, ser logo realizado no seu grau mais elevado, podendo o mesmo ser posto em prática gradual e progressivamente. Para além de levar implícita a ideia de a sua concretização pode ser objecto de ensaios, de experiências, que podem, nomeadamente, vir a revelar-se excessivamente ambiciosas face à realidade que os suporta, permitindo-se, por conseguinte, que as fasquias de

[75] Ainda assim muito longe da "constituição fiscal" constante da Constituição Brasileira de 1988, a qual se espraia por mais de uma dúzia de arts. (do art. 145º ao 162º), desdobrados em dezenas de parágrafos, incisos e alíneas. Uma extensão que se ficou a dever fundamentalmente ao facto de se ter integrado na Constituição parte significativa das disposições gerais do Código Tributário Nacional.

realização legalmente estabelecidas possam, num momento de menor *performance* económica e empresarial, ser alteradas e mesmo baixadas[76].

3) *O contexto histórico e as exigências do preceito*. Mas, no mesmo sentido, vai o momento histórico em que esse preceito foi adoptado e o específico ambiente em que a Constituição foi elaborada e aprovada. Pois parece não restarem dúvidas de que se pretendeu introduzir e impor como regra de tributação do rendimento das empresas a sua tributação pelo rendimento real, excluindo, por conseguinte, a regra da sua tributação pelo rendimento normal, um modelo com grande tradição no direito fiscal português.

Modelo que, muito embora a reforma fiscal dos anos sessenta tenha pretendido alterar no sentido de diminuir gradual e progressivamente o seu âmbito, alargando a aplicação do modelo assente na tributação do rendimento real, o certo é que esse modelo não foi significativamente modificado. O que se ficou a dever, fundamentalmente, ao aspecto mais marcante daquilo que o Prof. Teixeira Ribeiro designou por "contra-reforma fiscal", traduzido na falta de implementação do modelo de tributação pelo rendimento real e no retrocesso legislativo e administrativo que nesse domínio se veio a verificar[77].

Daí que a medida da tributação do rendimento das empresas, tenha passado a ser, por exigência constitucional, o seu rendimento real. Mas isso não impede que haja empresas que não sejam tributadas pelo seu rendimento real. Pois o que esse preceito impede é que as empresas que tenham todas as condições para revelarem o seu rendimento real, mormente porque estão sujeitas ou porque optaram pela contabilidade organizada e dispõem desta em termos aceitáveis para a administração fiscal, venham a ser tributadas, não por essa medida do rendimento, mas pela medida apurada pela administração a partir de outras realidades, de outros elementos.

[76] Um voltar atrás (embora só ao nível da lei que não da realidade) se verificou, por exemplo, na reforma fiscal de 1929 face à reforma fiscal de 1922. No domínio do recorte constitucional do futuro sistema fiscal português, passa-se algo de semelhante ao fenómeno, bem conhecido da teoria dos direitos fundamentais, que ocorre em sede dos direitos económicos, sociais e culturais, cuja determinação e determinabilidade constitucionais não podem deixar de ser bastante limitadas – v. por todos, J. C. Vieira de Andrade, *Os Direitos Fundamentais na Constituição Portuguesa de 1976*, 4.ª ed. Almedina, 2009, p. 172 e ss.

[77] V. para a referida contra-reforma, J. J. Teixeira Ribeiro, «A contra-reforma fiscal», *BCE*, 11, 1968, p. 115 e ss.

O legislador está assim proibido de subtrair ao modelo de tributação pelo rendimento real empresas relativamente às quais, consideradas na sua realidade empresarial e económica, nenhum motivo ou fundamento se vislumbra que possa suportar uma excepção. Fora, porém, desse domínio, o legislador goza de liberdade para estabelecer desvios ao modelo cuja legitimidade constitucional há-de ter por suporte nomeadamente o princípio da praticabilidade das soluções. Um princípio que, atento o nosso universo empresarial, constituído sobretudo por micro, pequenas e médias empresas, só se estranha que não tenha dado origem a importantes segmentos de tributação empresarial com base no rendimento normal antes da "reforma" da tributação operada pela Lei nº 30-G/2000[78].

c) *Liberdade de gestão fiscal.* De referir nesta sede é também o princípio da liberdade de gestão fiscal das empresas e a exigência para o Estado de neutralidade fiscal. A *liberdade de gestão fiscal*, que parte da própria ideia do Estado fiscal, tem a sua expressão nas liberdades de iniciativa económica e de empresa, contempladas nos arts. 61º, 80º, al. *c)*, e 86º da Constituição. O que legitima que as empresas, guiando-se pelo planeamento fiscal (*tax planning*), tenham liberdade, nomeadamente, para escolher: 1) a forma e organização da empresa – empresa individual/empresa societária, estabelecimento estável/sociedade afiliada, sociedade simples/grupo de sociedades/agrupamento complementar de empresas/agrupamento europeu de interesse económico; 2) o financiamento – autofinanciamento, heterofinanciamento, recurso a suprimentos; 3) o local da sede da empresa, afiliadas e estabelecimentos estáveis; 4) a política de gestão de défices; 5) a política de reintegrações e amortizações; etc.

Mas a liberdade de gestão fiscal das empresas, vista pelo lado do Estado, concretiza-se no princípio da *neutralidade fiscal*, o qual tem clara expressão no art. 81º, al. *e)*, da Constituição, em que se estabelece, como incumbência prioritária do Estado, "assegurar o funcionamento eficiente dos mercados, de modo a garantir a equilibrada concorrência entre as empresas, a contrariar as formas de organização monopolistas e a reprimir os abusos de posição dominante e outras práticas lesivas do interesse geral". Um princípio que, tendo-

[78] V. o nosso estudo «Alguns aspectos da tributação das empresas», em *Por um Estado Fiscal Suportável*, cit., p. 367 e ss. Sobre o princípio do rendimento real v. também A. MOURA PORTUGAL, *A Dedutibilidade dos Custos na Jurisprudência Fiscal Portuguesa*, Coimbra Editora, 2004, p. 36 e ss.

-se ficado a dever à influência do direito comunitário, se traduz em o Estado estar obrigado a não provocar e a obstar que outros provoquem distorções na concorrência entre as empresas.

9.4.3. A tributação do património

Relativamente à tributação do património, a Constituição apenas exige que ela constitua um instrumento de igualdade entre os cidadãos. A diminuição das desigualdades é assim o objectivo constitucional da tributação do património, um objectivo que abre a porta ao legislador para proceder, nomeadamente, à discriminação de patrimónios, tributando os mais elevados e isentando os mais baixos ou adoptando taxas progressivas.

Trata-se de um objectivo que, devemos sublinhar, não foi tido em conta na reforma da tributação do património de 2003/2004, já que o IMI, IMT e IS sobre as transmissões gratuitas praticamente o não têm em consideração[79]. O que não quer dizer que essa reforma, consubstanciada fundamentalmente na fixação do valor dos prédios, não tenha sido positiva, uma vez que veio pôr termo à situação de manifesta injustiça decorrente da total desactualização desse valor. Uma desactualização que levava a que, na prática, a tributação do património, de um lado, incidisse apenas sobre os prédios novos e, de outro lado, que o valor dos prédios não raro fosse fixado em termos totalmente arbitrários. Daí que a tributação do património configurasse um dos suportes mais visíveis e iníquos do fenómeno que designamos por *apartheid* fiscal.

9.4.4. A tributação do consumo

Finalmente, no referente à tributação do consumo, a Constituição exige, por um lado, que ela vise a adaptação da estrutura do consumo à evolução das necessidades do desenvolvimento económico e da justiça social e, por outro, a oneração dos consumos de luxo. Quanto à primeira proposição, não há nada a assinalar a não ser para acentuar a ideia de equilíbrio patente no preceito constitucional, a exigir que a tributação do consumo sirva não só o desenvolvimento económico, mas também a justiça social. Pelo que o legislador, ao disciplinar a tributação do consumo, não pode deixar de fazer uma ponderação entre estes dois bens jurídicos constitucionais.

[79] A não ser na isenção e tributação progressiva em IMT da aquisição de prédios para a habitação.

Já a segunda proposição, não nos merece idêntico juízo, pois trata-se de uma imposição constitucional que, a nosso ver, já devia ter sido eliminada. Na verdade, a manutenção na Constituição desta imposição levanta a questão da sua crescente incompatibilidade com as obrigações decorrentes da integração de Portugal na União Europeia. Pois, proibindo esta a existência de taxas agravadas de IVA, o que teve como consequência a abolição em 1995 da que existia entre nós, não vemos como o legislador possa cumprir tal imposição constitucional[80].

10. O direito europeu

O atual direito europeu, constituído pelo direito da União Europeia e Espaço Económico Europeu, constitui uma fonte cada vez mais relevante do direito fiscal. A este propósito podemos falar de *direito fiscal europeu* em que se descortinam dois segmentos: o direito fiscal europeu próprio e o direito fiscal europeu interestadual[81].

O primeiro – o *direito fiscal europeu próprio* – é o que disciplina os impostos próprios europeus, em que temos[82], 1) a tributação que suporta a união aduaneira concretizada na pauta aduaneira comum, 2) os impostos niveladores agrícolas, a tributação *anti-dumping* e a tributação compensadora, e 3) os impostos sobre os funcionários europeus[83]. Se para o imposto sobre os funcionários comunitários releva exclusivamente o direito comunitário, já em relação à pauta aduaneira comum e aos direitos niveladores, à tributação *anti-dumping* e à tributação compensadora, porque constituem impostos cuja

[80] V., porém, o que dizemos, a este respeito, *infra* no nº 51.3.

[81] Sobre o direito fiscal europeu, v. Ana Paula Dourado, *Lições de Direito Fiscal Europeu. Tributação Directa*, Coimbra Editora, 2010, Paula Rosado Pereira, *Princípios de Direito Fiscal Internacional. Do Paradigma Clássico ao Direito Fiscal Europeu*, cit., e Sérgio Vasques, *Manual de Direito Fiscal*, Almedina, Coimbra, 2011, p. 107 e ss..

[82] Antes havia também as imposições CECA, extintas com o termo da vigência do Tratado CECA em 31.12.2002, que incidiam, anualmente sobre os diversos produtos resultante da produção do carvão e do aço – v. J. M. Santos Quelhas, «A Agenda 2000 e o sistema de financiamento da União Europeia», *Temas de Integração*, 5, 1/1998, p. 53 e ss.

[83] Quanto à pauta aduaneira, cujo recorte consta dos arts. 28º e segs. do TFUE, é de referir que suporta um direito aduaneiro uniforme contido no *Código Aduaneiro Comunitário* v. o (Regulamento (CEE) nº 450/2008, do Parlamento e do Conselho, de 23 de Abril), e, nas *Disposições de Aplicação do CAC*, – v. Nuno Victorino/J. Ricardo Catarino, *Código Aduaneiro Comunitário e Disposições de Aplicação. Anotações*, cit. e, Luis Pedro Cunha, *Lições de Relações Económicas Externas*, Coimbra, 1997, p. 52 e ss.

gestão, embora na titularidade da União, é exercida pelos Estados membros, a disciplina jurídica dessa gestão não pode deixar de caber, nessa medida, aos Estados.

O segundo – o *direito fiscal europeu interestadual* – é o respeitante à harmonização fiscal entre os Estados membros referente a impostos que continuam sendo impostos nacionais. Neste, temos: 1) a disciplina dos impostos indirectos – isto é, do IVA e dos impostos especiais sobre o consumo respeitantes ao tabaco, bebidas alcoólicas e produtos petrolíferos –, baseada nos arts. 112º e 113º do TFUE, em que, por razões que se prendem com a realização do mercado interno, foi instituído um verdadeiro regime comunitário comum com harmonização da estrutura e das taxas dos impostos[84]; 2) a disciplina de alguns aspectos avulsos da tributação directa das empresas, baseada no art. 114º do TUE e concretizada no regime fiscal comum aplicável às fusões, cisões, entradas de activos e permuta de partes sociais entre sociedades de diferentes Estados membros[85], no regime fiscal comum aplicável às sociedades mãe e sociedades afiliadas de diferentes Estados membros[86] e na eliminação da dupla tributação em caso de correcção de lucros de empresas associadas[87].

De mencionar, nesta sede, são também o *Código de Conduta* relativo à fiscalidade das empresas e as directivas respeitantes à tributação da poupança, isto é, à tributação dos juros pagos a pessoas singulares e à tributação dos juros e royalties pagos por sociedades associadas[88].

[84] V., para o IVA: a Sexta Directiva (Directiva 77/388/CEE), entretanto revogada pela Directiva 2006/112/CE do Conselho, de 28 de Novembro; e, na doutrina, Xavier de Basto, *A Tributação do Consumo e a sua Coordenação Internacional*, Cadernos de CTF, Lisboa, 1991; Abel Laureano, *Discriminação Inversa na Comunidade Europeia (O Desfavorecimento dos Próprios Nacionais na Tributação Indirecta)*, Lisboa, 1997, e Clotilde C. Palma, *O IVA e o Mercado Interno. Reflexões sobre o Regime Transitório*, Cadernos de CTF, Lisboa, 1998. Para os impostos especiais, sobre o consumo, v.: a Directiva 2008/118/CE do Conselho, de 16 de Dezembro; e, na doutrina, Sérgio Vasques, *Os Impostos Especiais de Consumo*, Almedina, Coimbra, 2001.

[85] V. a actual Directiva 2009/133/CE do Conselho, de 19 de Outubro.

[86] V. a actual Directiva 2011/96/UE, de 30 de Novembro.

[87] Cf., quanto a esta matéria, A. Lobo Xavier, «O programa das Comunidades em matéria de tributação directa», *in* Xavier de Basto e Outros, *A Fiscalidade no espaço Comunitário em 1993*, Lisboa, 1993. p. 65 e ss., e Gabriela Pinheiro, *A Fiscalidade Directa na União Europeia*, UCP, Porto, 1998.

[88] Directivas 2003/48/CE e 2003/49/CE, do Conselho. V., sobre a tributação dos rendimentos de capitais no seio da União Europeia, Ana Paula Dourado, *A Tributação dos Rendi-*

A respeito do direito fiscal europeu interestadual ou direito de harmonização fiscal, entendida a expressão harmonização em sentido amplo, é de fazer aqui menção seja aos níveis ou graus de harmonização, seja às vias ou formas de harmonização. Assim e quanto ao primeiro aspecto, embora o Tratado de Roma e a legislação comunitária em geral utilize de maneira bastante indistinta os termos coordenação, aproximação e harmonização (que se contraporiam ao de unificação ou uniformização) costuma a doutrina distinguir diversas figuras.

A (*mera*) *coordenação* que, segundo alguns autores, operaria apenas ao nível das políticas dos Estados membros, tendo por objecto não actos de legislação ou outros actos normativos nacionais, mas o exercício do poder político ou governamental num dado sector. Na medida em que, como defendem outros, a coordenação abarque também a coordenação de legislações, ela situa-se ao nível da cooperação internacional dos Estados e concretiza-se através de convenções ou directivas em termos idênticos aos da aproximação de legislações.

A *aproximação de legislações* (ou a *coordenação de legislações* ou a *mera coordenação de legislações*) que se localiza ao nível da cooperação internacional dos Estados, em que se procura formar uma base comum de princípios e regras, de maneira a que não só as soluções, mas também os próprios direitos nacionais se tornem, senão idênticos, pelo menos similares, o que é levado a cabo através de convenções ou directivas.

A *harmonização* stricto sensu ou a *harmonização* tout court de legislações, em que se procede à erradicação das disparidades existentes entre as legislações nacionais de modo a chegar a soluções idênticas, sem limitar, contudo, o exercício da competência legislativa nacional, o que pressupõe um leque mais alargado de instrumentos, em que se contam também os regulamentos comunitários.

A da *unificação* ou *uniformização* que envolve a eliminação total das disparidades e o consequente abrir mão de parcelas significativas da soberania fiscal e que tem por instrumento exclusivamente os regulamentos comunitários[89].

mentos de Capitais: a Harmonização na Comunidade Europeia, Cadernos de CTF, Lisboa, 1996, e MINISTÉRIO DAS FINANÇAS, *A Fiscalidade do Sector Financeiro Português em Contexto de Internacionalização*, Comissão de Estudo da Tributação das Instituições e Produtos Financeiros, Lisboa, 1999, esp. p. 147 e ss.

[89] V. por todos, MANUEL PIRES, «Harmonização fiscal face à internacionalização da economia: experiências recentes», em *A Internacionalização da Economia e a Fiscalidade*, Centro

Do exposto, podemos concluir que a harmonização fiscal representa a solução racional de compromisso entre a necessidade de eliminar as disparidades fiscais existentes entre os Estados membros e a salvaguarda da autonomia destes em sede da sua competência legislativa ou jurisdicional. Uma solução em que o doseamento da componente nacional e da componente supranacional varia consoante o nível de harmonização.

Por seu turno, quanto às vias ou meios de harmonização fiscal, podemos dizer que a harmonização pode ser: 1) *harmonização jurídica*, quando levada a cabo por instrumentos jurídicos, em que temos, de um lado, a *harmonização positiva* ou legislativa, que é realizada através de regulamentos, directivas, recomendações, decisões ou convenções, e, de outro, a *harmonização negativa* ou jurisprudencial, que é levada a cabo através das decisões do TJUE; 2) *harmonização política*, quando é concretizada através de instrumentos políticos como são os códigos de conduta, de que é exemplo o Código de Conduta sobre a fiscalidade das empresas[90].

Donde se conclui que a harmonização fiscal não se limita à tributação do consumo, muito embora tenha sido neste sector que atingiu um grau de concretização e desenvolvimento sem paralelo, seja no respeitante ao IVA, seja em relação aos impostos especiais sobre o consumo. O que não admira dado os preceitos relativos à tributação indirecta – os arts. 110º a 113º do TFUE. Preceitos que se explicam pelo facto de não constituir a harmonização fiscal um fim em si mesmo, mas tão-só um meio para eliminar os obstáculos fiscais ao livre movimento de mercadorias, pessoas, serviços e capitais dentro da União. Na verdade, numa certa perspectiva, só os impostos indirectos, porque integram o preço dos bens e serviços, constituiriam obstáculo à referida liberdade de movimentos.

de Estudos Fiscais, 1993, p. 11 e ss., e Gabriela Pinheiro, *A Fiscalidade Directa na União Europeia*, cit., p. 53 e ss.

[90] Dos tipos da harmonização fiscal baseados nos níveis ou graus de harmonização ou nas vias ou formas de harmonização, são de distinguir os tipos de harmonização fiscal baseados nas causas que levam os Estados à harmonização, em que temos: 1) a harmonização fiscal espontânea ou *harmonização fiscal pelo mercado* (também, por vezes, dita coordenação fiscal ou mera coordenação fiscal, embora, pelo que dizemos no texto, estas designações sejam de evitar), que tem uma causa próxima económica e na qual há que distinguir ainda a causada pela concorrência fiscal benéfica da causada pela concorrência fiscal prejudicial; 2) a harmonização fiscal centralizada ou *harmonização fiscal pelo Estado*, que tem uma causa próxima política.

Mas a ausência de preceitos no TFUE, no respeitante à tributação directa, não tem impedido a harmonização da tributação directa. O que tem sido conseguido, não tanto através da harmonização positiva ou legislativa, mas sobretudo através da harmonização negativa ou jurisprudencial. Na verdade o TJUE, a partir sobretudo da consolidação do mercado interno, com a adopção do Acto Único Europeu, em 1986, começou a projectar as exigências do princípio da não discriminação em razão da nacionalidade, constante do actual art. 18º do TFUE[91], sobre a tributação directa dos Estados, retirando daí diversas limitações para estes e constituindo assim um importantíssimo segmento de harmonização fiscal em sede dos impostos directos[92].

Uma harmonização que não obsta a que chamemos aqui a atenção para o facto do fraco avanço do direito fiscal comunitário em geral. Com efeito, ao contrário do que seria suposto pensar-se, tendo em conta, designadamente, os avanços da construção da União Europeia em sede política, económica e monetária, com expressão superlativa na adopção da moeda única, no domínio fiscal não se avançou significativamente, pois, quanto aos impostos comunitários, é fraco o seu peso no financiamento do orçamento comunitário e, quanto à harmonização fiscal, tem havido muitas propostas, mas poucas e fracas realizações[93].

Designadamente, em sede da tributação directa, que é como quem diz da tributação das empresas e da tributação dos rendimentos proporcionados pelas aplicações financeiras, os avanços da harmonização fiscal continuam a

[91] E nos demais preceitos que, a seu modo, são expressão deste princípio, como são, designadamente, os arts. 21º (livre circulação de pessoas), 28º (livre circulação de mercadorias), 45º (livre circulação de trabalhadores), 49º (proibição de restrições à liberdade de estabelecimento), 57º (proibição de restrições à liberdade de prestação de serviços), e 63º (proibição de restrições à liberdade de circulação de capitais). V. quanto ao controlo comunitário dos sistemas fiscais nacionais decorrentes destas liberdades, JEAN-MICHEL COMMUNIER, *Droit Fiscal Communautaire*, cit., p. 19 e ss., e BRUNO V. SANTIAGO, *O Princípio da Não-discriminação no cruzamento do Direito Fiscal Internacional com o Direito Fiscal Comunitário*, Cadernos de CTF, 2009.

[92] V., por todos ARMANDO MIRANDA PÉREZ, *La No Discriminación Fiscal en los Ámbitos Internacional y Comunitario*, Bosch, Barcelona, 2005; GABRIELA PINHEIRO, *A Fiscalidade Directa na União Europeia*, cit.; ANA PAULA DOURADO, *Direito Fiscal Europeu Tributação Directa*, cit., e PAULA ROSADO PEREIRA, *Princípios de Direito Fiscal Internacional. Do Paradigma Clássico ao Direito Fiscal Europeu*, ob. cit.

[93] À semelhança aliás do que, a seu modo, se tem passado no domínio institucional.

ser modestos[94]. O que se fica a dever a dois factores, que os avanços da união económica e monetária vieram, de algum modo, reforçar, a saber: a tradicional regra da unanimidade em matéria fiscal e a perda por parte dos Estados da política monetária e cambial associada à forte limitação da política fiscal[95]. Compreende-se que os Estados, que abriram mão da sua política monetária e cambial, se refugiem na soberania fiscal que lhes resta, mantendo a regra da unanimidade na adopção de medidas fiscais, e sendo muito cautelosos, na aceitação de novas áreas de harmonização fiscal ou de aprofundamento das áreas já existentes[96].

Aliás, no domínio da harmonização fiscal da tributação das empresas, bem podemos dizer que acabou por se concretizar o velho ditado popular – "quem não tem cão caça com gato". Com efeito, a União Europeia, à falta de consenso na adopção de normas comunitárias, designadamente de directivas, mais consentâneas com os avanços da união económica e monetária, que a regra da unanimidade facilmente origina, acabou por se virar para um instrumento "brando" ou um "direito *soft*", aprovando um Código de Conduta no domínio da fiscalidade das empresas.

Um Código que, não contendo normas jurídicas, não pode, nomeadamente, ser objecto de aplicação pelo TJUE, exprimindo tão-só um compromisso político assumido pelos Estados membros no sentido de adoptarem medidas fiscais concordantes com os objectivos que a União pretende ver concretizados em sede da harmonização da tributação das empresas.

[94] Sobre os limites e constrangimentos da política fiscal nacional no quadro da união económica e monetária, v. Rui Henrique Alves, *Políticas Fiscais Nacionais e União Económica e Monetária na Europa*, 2ª ed., BDP, Porto, 2000. V. também B. Laffan, *The Finances of the European Union*, Macmillan, London, 1997, e P. Pitta e Cunha, «A harmonização da fiscalidade e as exigências da união monetária na Comunidade Europeia», em *A Fiscalidade dos Anos 90*, Coimbra, 1996, p. 53 e ss. Quanto à política monetária da União Europeia, v., por todos, Carlos Laranjeiro, *Lições de Integração Monetária Europeia*, Coimbra, 2000.

[95] Integrante das *binding rules* do Pacto de Estabilidade e Crescimento e do chamado Tratado Orçamental, traduzidos na imposição de limites muito estritos relativamente ao défice orçamental, que não pode ultrapassar 3% do PIB no primeiro e 0,5% do PIB no segundo, e à dívida pública, que não deve ir além de 60% do PIB. Para a crítica desses limites, v. o nosso texto «Reflexões sobre a constituição económica, financeira e fiscal portuguesa», *ob. cit.*

[96] Sobre a evolução da harmonização fiscal comunitária, v. P. Pitta e Cunha, *De Maastricht a Amsterdão. Problemas da União Monetária Europeia*, Coimbra, 1999, p. 122 e ss., e *Sombras sobre a Integração Europeia*, Coimbra, 2013.

Mas, tratando-se de um instrumento político, há o risco de o seu cumprimento ficar dependente, ao fim e ao cabo, do peso político dos Estados e, consequentemente da sua capacidade de pressionar e de suportar a pressão política dos outros Estados membros. O que pode conduzir a que, enquanto os Estados mais fortes se podem dar ao luxo de não cumprir os compromissos assumidos, os Estados mais fracos verem-se compelidos a cumprir integralmente o referido Código[97].

11. As convenções internacionais

Embora ao falarmos de convenções internacionais como fonte de direito fiscal, tenhamos em mente os tratados e acordos em matéria fiscal para evitar a dupla tributação ou lutar contra a evasão e fraude fiscais, que são hoje em dia frequentíssimos, é de fazer alusão a que pode haver tratados internacionais com repercussões fiscais, como acontece com já referida da Concordata de Portugal com a Santa Sé, cujos arts. 26º e 27º regulam situações tributárias exclusivamente internas.

Mas vamos às convenções em relação às quais temos actualmente dois tipos: as tradicionais convenções de dupla tributação (CDT) que, apesar desta designação, têm também presente a luta contra a evasão e fraude fiscais, baseadas no Modelo de Convenção Fiscal sobre o Rendimento e o Património da OCDE, e os mais recentes acordos de troca de informação (ATI), assentes também num Modelo de Convenção da OCDE, de 2002, que conheceram um desenvolvimento extraordinário nos últimos anos.

[97] A respeito deste (novo) tipo de instrumentos da União Europeia é de nos interrogarmos se, afinal de contas, relativamente aos Estados mais fracos, com gato não acaba por se caçar mais do que com cão. O que ocorrerá se os Estados vierem a adoptar medidas que, de outra forma, poderiam rejeitar, como terá ocorrido com a introdução, entre nós, da cláusula geral anti-abuso se se confirmar que a mesma se ficou a dever aos compromissos decorrentes do citado Código de Conduta – v. Carlos Santos/Clotilde C. Palma, «A regulação internacional da concorrência fiscal prejudicial», *CTF*, 395, Jul.-Set. 1999, p. 7 e ss., e A. Carlos Santos, «O estranho caso do conceito comunitário de autonomia suficiente em sede de auxílios de Estado sob a forma fiscal – Comentário ao Acórdão do TJCE de 6 de Setembro de 2006, relativo à insuficiente autonomia da Região Autónoma dos Açores», *RFPDF*, nº 1, 2008, p. 235 e ss. Sobre a problemática da harmonização fiscal comunitária, cf. também o nosso estudo «Constitução Europeia e fiscalidade», em *Por um Estado Fiscal Suportável*, cit., p. 165 e ss., e «Reflexões sobre a constituição económica, financeira e fiscal portuguesa», *ob. cit.*

Pois bem, a este propósito, podemos começar por sublinhar que um dos assuntos mais caracteristicamente nacionais, a tributação, em virtude da abertura económica dos países, primeiro, e da internacionalização e tendencial globalização dos mercados, depois, se transformou numa matéria internacional das mais relevantes[98]. Daí as numerosas convenções que tem sido celebrada pela generalidade dos Estados.

Também Portugal abriu a sua economia sobretudo aos países da OCDE: primeiro, na década de sessenta e inícios da década de setenta, aos Estados membros da EFTA e, depois, na década de setenta e oitenta, aos países membros da actual União Europeia e aos demais países desenvolvidos com uma economia aberta. Em consequência da internacionalização da nossa economia, a nossa tributação passou a ter que se adaptar, o que levou a que a mesma se tenha convertido, a seu modo, num assunto internacional.

O que está bem patente no número de CDT entretanto celebradas por Portugal, o qual integra, convenções com os seguintes países: África do Sul (2008), Alemanha (1982), Argélia (2006), Áustria (1972), Barbados (2010), Bélgica (1971 e 2000[99]), Brasil (1971 e 2001[100]), Bulgária (1996), Cabo Verde (2000), Canadá (2001), Chile (2000), China (2000), Chipre (2013),

[98] Relativamente à globalização, é de referir que alguns autores, mais entusiasmados, a não restringem à economia, alargando-a à política e arriscando mesmo o prognóstico da instituição de um Estado plurinacional ou mesmo universal. Todavia, a globalização está longe de se poder considerar lograda. É certo que há uma tendência para a globalização económica com expressão na Organização Mundial do Comércio. Mas é igualmente certo que o que temos presentemente são sinais que vão no sentido de diversos pólos de globalização, ou seja, diversas "globalizações" regionais, como o NAFTA, o Mercosul e a União Europeia. Depois, a globalização a nível político é bem mais complicada. É que a globalização política teria que ter por pólo aglutinador o Estado democrático, assente no sufrágio universal de um homem um voto, e no Estado respeitador dos direitos fundamentais, o Estado de modelo ocidental. Ora, as profundas diferenças de registo cultural dos Estados actuais não permitem prever a sua colocação sob tão exigente denominador comum. Por isso, estamos em crer que a diferenciação, a autonomia, e os particularismos continuarão a ser uma marca no domínio dos Estados. A nível económico, o que é previsível é a constituição de blocos regionais – v., neste sentido, C. M. Lopes Porto, *Teoria da Integração e Políticas Comunitárias,* 4ª ed., Coimbra, 2009, p. 576 e ss.

[99] Ano em que foi aprovada uma Convenção Adicional que não só altera a de 1971, como regula outras matérias.

[100] Pois a primeira foi denunciada unilateralmente (em termos bastantes discutidos e discutíveis tanto à face do direito constitucional brasileiro como à face do direito internacional) pelo Brasil (com efeitos a partir de 1 de Janeiro de 2000). Sobre a actual CDT com o Brasil, v.

Colômbia (2010), Coreia (1997), Croácia (2015), Cuba (2001), Dinamarca (1973 e 2002), Emiratos Árabes Unidos (2010), Eslováquia (2004), Eslovénia (2004), Espanha (1995), Estados Unidos da América (1996), Estado do Qatar (2011), Estónia (2004), Etiópia (2014), Finlândia (1971), França (1971), Grécia (2002), Guiné-Bissau (2009), Holanda (2000), Hong Kong (2011), Hungria (2000), Índia (2000), Indonésia (2007), Irlanda (1994), Islândia (2002), Israel (2008), Itália (1982), Japão (2012), Koweit (2010), Letónia (2003), Lituânia (2003), Luxemburgo (2000), Macau (1999), Malta (2002), Marrocos (2000), México (2002), Moçambique (1992 e 2009), Moldávia (2010), Noruega (1971), Panamá (2010), Paquistão (2003), Perú (2013), Polónia (1998), Quatar (2012), Reino Unido (1969), República Checa (1997), Roménia (1999), Rússia (2002), San Marino (2010), Senegal (2014), Singapura (2001), Suécia (2003), Suíça (1975), Timor-Leste (2012), Tunísia (2000), Turquia (2006), Ucrânia (2003), Uruguai (2010) e Venezuela (1998).

Algumas observações, a respeito das convenções de dupla tributação. Uma, para referir que, com a RC/1997, e a nova redacção dada ao agora art. 161º, al. *i*), da Constituição, as convenções de dupla tributação não têm que assumir a forma de tratados, como acontecia anteriormente, pois, nos termos de tal preceito constitucional, "compete à Assembleia da República... aprovar os tratados, designadamente os tratados de participação de Portugal em organizações internacionais, os tratados de amizade, de paz, de defesa, de rectificação de fronteiras e os respeitantes a assuntos militares, bem como os acordos internacionais que versem matéria da sua competência reservada ou que o Governo entenda submeter à sua apreciação".

O que significa que a Constituição apenas exige a forma de tratado para as convenções que versem sobre as matérias expressamente referidas na 1ª parte do preceito constitucional transcrito. Por conseguinte, as convenções de dupla tributação não têm que assumir a forma de tratados, podendo, pois, assumir quer a forma de tratado, quer a forma de acordo, sendo certo que, quando assumam esta última forma, os mesmos têm de ser aprovados pela AR. Todavia, até agora, todas as convenções assinadas por Portugal têm seguido a forma de tratado, muito embora, à semelhança do que acontece no plano internacional, todas sejam designadas por convenções.

a sua reprodução acompanhada do comentário de MARIA DOS PRAZERES LOUSA, *Ciência e Técnica Fiscal*, 403, Julho-Setembro de 2001, p. 175 e ss.

Uma segunda observação, para aludir ao facto de Portugal, por imposição da abertura da sua economia ao exterior, ter acelerado, nos últimos anos, a celebração de convenções de dupla tributação sobre o rendimento. Daí que, como acabamos de ver, tenha celebrado convenções com os seus mais importantes parceiros comerciais. E estejam diversas convenções já com a negociação concluída ou a ser negociadas.

Uma terceira observação, para assinalar que as convenções celebradas com países membros da União Europeia tendem a perder bastante da sua importância, à medida que o direito comunitário progride e a luta contra a dupla tributação passa a constituir uma tarefa comunitária a solucionar, portanto, através de instrumentos de harmonização fiscal supranacional, mormente a resultante da harmonização negativa protoganizada pelo TJUE. Pois, não nos podemos esquecer, o direito comunitário prevalece sobre o direito dos Estados membros, seja este direito interno ou direito internacional[101].

Uma quarta observação, para lembrar que a dupla tributação internacional também é afastada através de regimes internos unilaterais, como o previsto entre nós em sede do IRS e do IRC. No primeiro consagra-se, como regra, um crédito de imposto[102] igual à menor das importâncias: 1) o imposto pago efectivamente no estrangeiro; 2) a fracção de IRC, calculado antes da dedução correspondente aos rendimentos estrangeiros, líquidos dos custos e perdas, ou a fracção da colecta do IRS, calculada antes da dedução, correspondente aos rendimentos estrangeiros líquidos das deduções específicas (art. 81º do CIRS). Na prática, para apurar a referida fracção da colecta do IRS, soma-se ao rendimento líquido estrangeiro o imposto pago no estrangeiro, dividindo-se esse montante pelo rendimento total (nacional mais estrangeiro). Já no IRC o método para eliminar a dupla tributação internacional passou a ser, em certa medida (reduzida de resto pela LOE/2016), o método da isenção ou, na expressão inglesa, o método da *participation exemption*, como consta dos

[101] Por isso, é de nos questionarmos sobre se não seria de substituir as diversas CDT's bilaterais por uma CDT multilateral a celebrar por todos os Estados membros ou avançar com uma Convenção Modelo da UE – v., sobre o problema, Paula Rosado Pereira, *Princípios de Direito Fiscal Internacional. Do Paradigma Clássico ao Direito Fiscal Europeu*, cit., esp. p. 463 e ss.

[102] Regra geral, pois, relativamente a rendimentos de fonte estrangeira obtidos por residentes não habituais em Portugal, no quadro do regime especial em IRS criado para esses contribuintes, pode optar-se pelo método da isenção com progressividade – v. *infra* nº 21.2.

art. 51º e seguintes do CIRC. Método que se aplica apenas quando se verifique uma participação qualificada da sociedade residente em território português em sociedades residentes no estrangeiro, uma vez que, quando tal não ocorra, continua a aplicar-se o método do crédito de imposto para eliminar a dupla tributação internacional, tanto jurídica como económica, nos termos do disposto nos arts. 91º e 91º-A do CIRC.

Trata-se de normas de harmonização fiscal que, em tempos de internacionalização e globalização económicas, são mais uma exigência do mercado do que do Estado. Na verdade, estamos perante uma convergência dos sistemas fiscais mais resultado duma harmonização liberal ou espontânea, gerada pelo jogo das forças do mercado do que duma harmonização intervencionista ou consensual decorrente da adopção de medidas deliberadas, mormente através da outorga de convenções. Normas internas essas que, por força da supremacia do direito internacional convencional face ao direito ordinário interno, apenas serão aplicáveis no caso de não haver convenção, pois neste caso aplica-se a convenção e não a norma interna. De resto assim se estabelece, embora disso não houvesse necessidade, nos agora arts. 81º, nº 2, do CIRS, e 91º, nº 2, do CIRC.

Finalmente, é de referir que as CDT subscritas por Portugal, como acontece com as subscritas pela generalidade dos Estados, incluindo as dos Estados que não são membros da OCDE, seguem, em termos bastante estritos, a estrutura do Modelo de Convenção dessa Organização. A mesma estrutura segue, de resto, o Modelo de Convenção da ONU, que, não obstante se guiar mais pelo princípio territorial da tributação na fonte, do que pelo princípio pessoal da residência ou da sede, foi em larga medida decalcado do Modelo de Convenção da OCDE.

Mas vejamos a estrutura tipo das convenções de dupla tributação do Modelo de Convenção da OCDE[103]:

[103] Para uma visão desse Modelo de Convenção, dando-nos conta das alterações decorrentes da sua revisão de 2008, v. Tiago Cassiano Neves «A Revisão de 2008 da Convenção Modelo da OCDE e seus Comentários: notas para perspectiva portuguesa», *RFPDF*, Ano III, 2, p. 209 e ss.

I. Âmbito de aplicação da Convenção:
   1. Âmbito de aplicação subjectivo pessoas abrangidas
   2. Âmbito de aplicação objectivo impostos abrangidos

II. Definições:
   3. Definições gerais (p. ex., pessoas, sociedade, empresa, tráfego internacional, autoridade competente, nacional)
   4. Residente
   5. Estabelecimento estável

III. Tributação dos rendimentos
   6. Rendimentos imobiliários
   7. Lucros das empresas
   8. Navegação marítima interior e aérea
   9. Empresas associadas
   10. Dividendos
   11. Juros
   12. "Royalties"
   13. Ganhos de capital (mais-valias)
   14. Profissões independentes
   15. Profissões dependentes
   16. Percentagens de membros de conselhos
   17. Artistas e desportistas
   18. Pensões
   19. Remunerações públicas
   20. Estudantes
   21. Outros rendimentos

IV. Tributação do património
   22. Património

V. Métodos para eliminar a dupla tributação
   23-A. Método de isenção
   23-B. Método de imputação

VI. Disposições especiais
   24. Não discriminação
   25. Procedimento amigável
   26. Troca de informações
   27. Assistência na cobrança de impostos
   28. Agentes diplomáticos e funcionários consulares
   29. Extensão territorial

VII. Disposições finais
   30. Entrada em vigor
   31. Denúncia

Relativamente aos acordos de troca de informações em matéria fiscal limitamo-nos aqui a referir que também Portugal tem vindo a celebrar acordos deste tipo. Assim conclui ATI com os seguintes países: Andorra (2009), Antiqua e Barbada (2010), Belize (2010), Bermudas (2010), Dominica (2010), Gibraltar (2009), Guernsey (2010), Ilha de Man (2010), Ilhas Caimão (2010), Ilhas Virgens Britânicas (2010), Jersey (2010), Libéria (2011), Saint Kitts & Nevis (2010), Santa Lúcia (2010), Turcos Caicos (2010)[104]. Embora seja de acrescentar que, inexplicavelmente, destes acordos apenas os concluídos

[104] V. sobre tais acordos, MARIA ODETE BATISTA DE OLIVEIRA, *O Intercâmbio de Informação Tributária*, Coimbra, 2012, e SÉRGIO VASQUES, *Manual de Direito Fiscal*, cit., p, 103 e s.

com Andorra, Bermudas, Gibraltar, Ilha de Man, Ilhas Caimão, Jersey e Santa Lucia entraram em vigor, o que ocorreu logo nos anos de 2011 ou de 2012.

A respeito das convenções internacionais, é de acrescentar que, para além das convenções com objecto fiscal, como as CDT que enumerámos, também constituem, em alguma medida, fontes de direito fiscal outras convenções cujo objecto não é especificamente fiscal, como a Convenção Europeia para a Protecção dos Direitos do Homem e das Liberdades Fundamentais (de que Portugal é parte desde 1978), em que algumas das suas disposições poderão ser convocadas no domínio fiscal, como a constante do art. 8º da Convenção respeitante ao respeito da vida privada e familiar ou a integrante do art. 1º do Protocolo Adicional relativa ao direito de propriedade[105].

No concernente às CDT tem-se discutido a possibilidade de elaboração de um instrumento multilateral que permita modificar aquelas convenções, como consta da Acção 15 do Plano BEPS. Embora se observe que, mesmo quando uma alteração ao Modelo de Convenção Fiscal da OCDE é consensual, leva muito tempo e implica muitos recursos para introduzir essa alteração na maioria das CDT, pois a actual rede de CDT não está devidamente sincronizada com o Modelo, não podendo as questões que vão surgindo ao longo do tempo ser abordadas com a rapidez que se exige. De facto, o ritmo das transformações da economia a nível mundial e a necessidade de adaptação às mesmas não se coaduna com o modelo clássico das CDT bilaterais. Todavia no quadro da acção 15 do Plano BEPS, foi recentemente concluída uma convecção multilateral por mais de cem Estados que entrou em vigor em 1 de Julho de 2018.

12. As leis

A título de lei, entendida esta expressão como sentido de diploma legislativo, temos aqui: as leis (da Assembleia da República), os decretos-lei (do Governo) e os decretos legislativos regionais (das assembleias regionais).

[105] V., quanto a esta problemática, os estudos reunidos em MIGUEL POIARES MADURO/PASQUALE PISTONE (Eds.), *Human Rights and Taxation in Europe and the World*, IBFD, 2011; JOSÉ M. MARTÍN DELGADO, *Derecho Financiero y Derechos Fundamentales*, Lección Inaugural Curso 2009 –2010, Universdad de Málaga; e os estudos da obra de FLORIÁN GARCÍA BERRO (Dir.), *Derechos Fundamentales y Hacienda Pública. Perspectiva Europea*, Civitas – Thompson Reuthers, 2015. No respeitante ao direito fiscal internacional, v. os importantes estudos das obras de JOÃO SÉRGIO RIBEIRO (Ed.), *Selected Essays on Interntional Business Law*, e *Preventing and Resolving Tax Treaties and Transfer Pricing Disputes*, School of Law, University of Minho, 2018.

Todavia, como resulta do que já dissemos a respeito do princípio da legalidade fiscal, relativamente aos elementos essenciais dos impostos tem de haver necessariamente uma intervenção prévia de lei (parlamentar). Só depois de uma pronúncia legislativa da Assembleia, podem o Governo e as regiões autónomas, disciplinarem os elementos essenciais dos impostos.

Uma tal intervenção parlamentar é constituída, no que respeita ao Governo, por autorizações legislativas, que tanto podem ser autorizações legislativas comuns, como autorizações legislativas constantes da LOE (art. 165º, nºs 2 a 5, da CRP). De resto, é esta última modalidade a mais frequente, o que facilmente se confirma percorrendo a LOE de cada ano económico, em que há sempre numerosas autorizações legislativas ao Governo. Em suma, o Governo só pode editar, num tal domínio fiscal, decretos-lei (parlamentarmente) autorizados. Refira-se que as leis da AR, com a excepção da lei das finanças das regiões autónomas, que deve assumir a forma de lei orgânica (arts. 166º, nº 2, e 164º, nº 1, al. *t*), da CRP), revestem neste domínio sempre a forma de leis simples. O que vale, designadamente, para a LGT, a qual não constitui, assim, qualquer lei de valor reforçado, se bem que este facto não limite a sua importância nesta sede revelada, por exemplo, no alargamento do princípio da legalidade tributária à liquidação e cobrança dos tributos, nos termos do seu art. 8º, nº 2, al. *a*).

Por sua vez, relativamente às regiões autónomas, aquela prévia pronúncia parlamentar pode ser materializada seja em leis avulsas, que venham fixar os termos em que as regiões autónomas podem exercer o seu poder tributário próprio, seja na LFRA, a qual, segundo o seu art. 69º, configura a lei quadro a que se refere a Constituição (art. 227º, nº 1, al. *i*)), seja nos estatutos político-administrativos. Qualquer dessas leis pode constituir, pois, a base legal parlamentar para as regiões autónomas criarem impostos regionais ou, de outro modo, adaptarem regionalmente o sistema fiscal nacional.

Nos termos dos arts. 227º, nº al. *i*), e 232º, nº 1, da CRP, apenas a primeira manifestação do poder tributário regional, tem de ser exercido pelas assembleias regionais, através de decretos legislativos. Todavia, nos termos dos arts. 56º, nº 2, e 57º, nº 1, da LFRA, que constitui uma lei orgânica (arts. 164º, al. *t*), e 166º, nº 2, da CRP) e, por conseguinte, uma lei de valor reforçado que deve ser respeitada pelas leis que a tenham como parâmetro (art. 112º, nº 3, da CRP), as assembleias regionais, apenas podem delegar nos governos regionais a concessão dos benefícios fiscais, em regime contratual, regime a que se refere o art. 39º do EBF.

Já relativamente aos outros aspectos dos impostos o decreto-lei e o decreto legislativo regional podem intervir sem necessidade de uma prévia intervenção legislativa da AR. Assim acontece, designadamente, em sede de lançamento, liquidação e cobrança dos impostos[106].

13. O costume

Como é sabido, tem constituído entre nós doutrina comum, com expressão no nº 1 do art. 3º do Código Civil (que exclui o costume como fonte imediata de direito, ao estabelecer que "os usos que não forem contrários aos princípios da boa fé são juridicamente atendíveis quando a lei o determine"), a ideia segundo a qual o costume só constitui fonte de direito se e na medida em que para ele remeta a lei ou outra fonte formal de direito.

Uma doutrina mais que discutível, já que, para além de ser expressão dum estatismo e dum positivismo jurídicos inaceitáveis e há muito ultrapassados, afronta directamente a Constituição, já que esta, por um lado, não delegou no legislador ordinário qualquer competência para estabelecer uma lista, e muito menos uma lista fechada, das fontes de direito que exclua o costume e, por outro, admite o costume como fonte de direito, inclusivamente o costume constitucional (excluído naturalmente o costume *contra constitutionem*) como foi reconhecido pelo próprio Tribunal Constitucional a propósito da constitucionalidade das derramas municipais[107].

Por isso, é constitucionalmente ilegítima qualquer pretensão manifestada pelo direito voluntário e positivo, mormente pela lei ordinária como o Código Civil, no sentido de excluir a juridicidade às normas consuetudinárias, isto é, às normas nascidas directa e espontaneamente da comunidade social[108]. Daí que o costume não esteja totalmente arredado do direito fiscal.

[106] Naturalmente se se tratar de direito penal ou contra-ordenacional fiscal, há que observar a correspondente reserva de lei parlamentar constante da al. *b*) ou da al. *c*) do nº 1 do art. 165º da CRP.

[107] Ac. 57/95. Muito embora o costume constitucional tenha sido mal invocado no caso, já que, em nossa opinião, havia na Constituição suporte expresso para o poder tributário municipal relativo às derramas – o princípio da autonomia local. V., mais desenvolvidamente, o nosso livro *O Dever Fundamental de Pagar Impostos*, cit., p. 371 e ss.

[108] V., sobre o problema, especialmente A. Castanheira Neves, «Fontes de direito. Contributo para a revisão do seu problema», em *Digesta. Escritos Acerca do Direito, do Pensamento Jurídico, da sua Metodologia e Outros*, vol. 2º, Coimbra, 1995, p. 7 e ss., esp. p. 18 e ss. e 35 e ss., bem como, em geral, também J. Baptista Machado, *Introdução ao Direito e ao Discurso*

Por certo que os elementos essenciais dos impostos, porque estão constitucionalmente reservados à lei – lei parlamentar ou lei governamental ou regional parlamentarmente autorizada –, não podem ser objecto de direito de geração espontânea como é o direito consuetudinário, mas no domínio dos outros aspectos do direito fiscal nada obsta, em teoria, à formação de normas costumeiras.

Isto, não obstante, como bem se compreende atento o carácter extremamente dinâmico, senão mesmo agitado deste ramo do direito, não ser fácil, na realidade, a verificação dos elementos constitutivos das normas consuetudinárias, ou seja, a verificação da prática reiterada e constante acompanhada da convicção da sua obrigatoriedade jurídica. Daí que o mais provável, neste domínio do ordenamento jurídico, seja, quando muito, a formação de *praxis* burocráticas, que naturalmente não assumem a dignidade de normas costumeiras.

Ainda assim encontramos normas fiscais a remeter para os usos ou costumes. É o que sucede com o art. 59º do EBF relativo à isenção em IRC das comunidades cívicas titulares dos baldios, a qual está dependente de os rendimentos destas serem afectos, de acordo com os planos de utilização aprovados em conformidade com os *usos ou costumes locais* ou com as deliberações dos órgãos competentes dos compartes, a determinados destinos ou fins. Por outro lado, a al. *d*) do nº 5 do art. 1º do Código do Imposto de Selo, exclui da incidência deste imposto as transmissões gratuitas constituídas por donativos conforme aos *usos sociais* de bens ou valores até ao montante de € 500. Enfim, o nº 7 do art. 3º do Código do IVA, em que se excluem das transmissões de bens e, por isso, não são sujeitas ao IVA, as ofertas de valor unitário igual ou inferior a € 50 e cujo valor global anual não exceda cinco por mil do volume de negócios do sujeito passivo no ano civil anterior, em conformidade com os *usos comerciais*[109].

Legitimador, cit., p. 161 e s., e Braz Teixeira, *Princípios de Direito Fiscal*, cit., p. 108 e ss. No respeitante ao costume como fonte direito na nossa história e actualmente, v. Vieira Cura, «O costume como fonte de direito em Portugal», *BFDC*, LXXIV, 1998, p. 241 e ss.

[109] Naturalmente que a remissão para os usos e costumes no respeitante às comunidades cívicas titulares dos baldios se inscreve no relevo que o direito costumeiro assume na disciplina dessas comunidades. V., todavia, o que dizemos a tal respeito no nosso estudo «Alguns perfis da propriedade colectiva nos países do *civil law*», em *Estudos sobre autonomias territoriais, Institucionais e Cívicas*, cit., p. 197 e ss.

14. Os regulamentos

Como facilmente se compreende, os regulamentos, sejam regulamentos do Governo (os decretos regulamentares, as resoluções de Conselho de Ministros, as portarias e os despachos normativos), sejam os regulamentos das regiões autónomas (os decretos regulamentares regionais das assembleias ou dos governos regionais e os demais regulamentos dos governos regionais), sejam os regulamentos das autarquias locais[110], não podem, em virtude do princípio da legalidade fiscal, disciplinar os elementos essenciais dos impostos. Nem agora, por força do princípio da legalidade da administração, na sua concretização constante do art. 8º, nº 2, al. *a*), da LGT, versar sobre a liquidação (*lato sensu*) e a cobrança dos impostos.

Quanto às demais matérias tributárias os regulamentos poderão intervir se e na medida em que o princípio geral da legalidade da administração o permita e não haja disposição legal a impedi-lo, dispondo portanto em contrário.

Relativamente aos regulamentos das autarquias locais, é de referir que, quando esteja em causa o exercício de alguma parcela do *poder tributário*, isto é, do poder de disciplina normativa da criação ou modelação essencial de impostos, como acontece presentemente apenas com os municípios, um tal poder só pode ser exercido pelo órgão deliberativo – a assembleia municipal – e não pelo órgão executivo – a câmara municipal.

Com efeito, embora isto não esteja dito expressamente na Constituição, assim se deve concluir, até por paralelismo com o que acontece com o poder tributário do Estado e das regiões autónomas, que cabe em primeira linha à AR ou às assembleias regionais e só, nos termos em que estas o permitam, ao Governo ou governos regionais.

De resto, é em concretização de um tal princípio que as leis, que atribuem poder tributário aos municípios, o imputam às assembleias municipais – v., por exemplo, o art. 112º, nº 4 a 8, do CIMI, relativamente ao IMI, o art. 53º, nº 2, al. *h*), da LAL, no respeitante aos poderes tributários conferidos por lei ao município, e os art. 16º, nº 2, do RFAL, no referente aos benefícios fiscais[111].

[110] Excepto quando no exercício de alguma parcela do poder tributário que legalmente lhe tenha sido conferida, como vamos referir de seguida. V. para as relações entre regulamentos o art. 138º do CPA.

[111] Segundo o art. 53º, nº 2, al. *e*), da LAL, também cabe às assembleias municipais estabelecer, nos termos da lei, as taxas e fixar o respectivo quantitativo.

De mencionar são aqui também os regulamentos editados por certas entidades públicas a que a lei confere poderes de regula(menta)ção e supervisão. É o caso do Banco de Portugal, uma entidade administrativa independente, que beneficia mesmo de estatuto constitucional e dispõe de amplo poder regulamentar e de supervisão em relação às instituições de crédito e sociedades financeiras. Idêntico papel desempenha o Instituto de Seguros de Portugal no respeitante às empresas seguradoras[112].

Quanto ao poder regulamentar do Banco de Portugal e do Instituto de Seguros de Portugal, ele é especialmente visível e relevante no respeitante aos planos de contas a seguir pelas instituições bancárias e seguradoras, uma vez que estas não se regem pelo SNC, mas pelos planos de contas estabelecidos por essas entidades. Regulamentos que assumem a forma de *avisos* do Banco de Portugal e de *normas* (regulamentares) do Instituto de Seguros de Portugal e vêm sendo publicados na II série do DR[113].

Tais regulamentos tem expressão importante também no domínio do direito fiscal. Pois, nos termos do nº 2 do art. 35º do CIRC, para efeitos da determinação do lucro tributável em IRC, podem ser deduzidas as perdas por imparidade e outras correcções constituídas obrigatoriamente por força de normas emanadas do Banco de Portugal.

Um problema que aqui se coloca é o de saber qual o relevo das chamadas *orientações administrativas*, tradicionalmente apresentadas nas mais diversas formas como instruções, circulares, ofícios-circulares, ofícios-circulados, despachos normativos, regulamentos, pareceres, etc., que são muito frequentes no direito fiscal. Pois bem, a este respeito, temos vindo a dizer que, porque se trata de regulamentos internos que têm como destinatário apenas a administração tributária, só esta lhes deve obediência, sendo, pois, obrigatórios apenas para os órgãos situados hierarquicamente abaixo do órgão autor dos mesmos. Por isso não são vinculativos nem para os particulares nem para os tribunais. E isto quer sejam regulamentos organizatórios, que

[112] V. o art. 102º da Constituição, a Lei Orgânica do Banco de Portugal e o Regime Geral das Instituições de Crédito e Sociedades Financeiras, e o Regime de Acesso à Actividade Seguradora.

[113] A este respeito interrogamo-nos sobre se a publicação de tais regulamentos não devia ser na I série do DR. É que estamos perante regulamentos que, caso a sua emissão não tivesse sido delegada na competência dessas entidades públicas assumiriam a forma de portarias ou de despachos normativos do Governo, sendo, assim, objecto de publicação nessa série do DR.

definem regras aplicáveis ao funcionamento interno da administração tributária, criando métodos de trabalho ou modos de actuação, quer sejam regulamentos interpretativos, que procedem à interpretação de preceitos legais (ou regulamentares)[114].

É certo que tais regulamentos (que correspondem aos *rescrits* franceses e aos *rulings* anglo-saxónicos) densificam, explicitam ou desenvolvem os preceitos legais, definindo previamente o conteúdo dos actos a praticar pela administração tributária aquando da sua aplicação. Mas isso não os converte em padrão de validade dos actos que suportam. Na verdade, a aferição da legalidade dos actos da administração tributária deve ser efectuada através do confronto directo com a correspondente norma legal e não com o regulamento interno, que se interpôs entre a norma e o acto.

Os contribuintes têm, pois, o maior interesse prático em conhecer essas orientações administrativas, já que é segundo os critérios nelas definidos, designadamente quanto à interpretação da lei aplicável, que os funcionários hierarquicamente vinculados vão apreciar os casos que lhes cumpre decidir. Por isso, face às orientações administrativas que considerem ilegais, os contribuintes ou as acatam ou impugnam os actos praticadas com base nelas. Daí haver todo o interesse em que esses regulamentos internos sejam objecto de publicação[115].

Movido certamente por essa preocupação, o legislador do CPPT, veio estabelecer alguma disciplina neste domínio, regulando a edição dessas orientações genéricas. De um lado, estabeleceu que cabe exclusivamente ao dirigente máximo do serviço ou ao funcionário em quem ele tiver delegado a competência para emitir orientações genéricas visando a uniformização da interpretação e aplicação das normas tributárias pelos serviços, que tais orientações devem constar obrigatoriamente de circulares administrativas e que se aplicam exclusivamente aos serviços (art. 55º). De outro lado, veio impor que a administração tributária organize uma base de dados, permanentemente actualizada, contendo as orientações genéricas e faculte aos contribuintes o acesso directo a essa base de dados (art. 56º).

[114] Cf. Saldanha Sanches, *A Quantificação da Obrigação Tributária*, cit., p. 213 e ss.

[115] V., sobre as orientações administrativas, Alberto Xavier, *Manual de Direito Fiscal*, cit., p. 139 e s.; P. Soares Martinez, *Direito Fiscal*, cit., p. 111 e s.; N. Sá Gomes, *Manual de Direito Fiscal*, cit., vol. II, p. 297 e ss., e Saldanha Sanches, *A Quantificação da Obrigação Tributária*, cit., p. 202 e ss.

Essa preocupação foi, de resto, reforçada com o art. 68º-A da LGT, em que se dispõe que administração tributária está vinculada às orientações genéricas constantes de circulares, regulamentos ou instrumentos de idêntica natureza, independentemente da sua forma de comunicação, visando a uniformização da interpretação e da aplicação das normas tributárias (nº 1), não sendo invocáveis retroactivamente perante os contribuintes que tenham agido com base numa interpretação plausível e de boa-fé da lei as orientações genéricas que ainda não estavam em vigor no momento do facto tributário (nº 2)[116]. Para além disso, a administração tributária deve proceder à conversão das informações vinculativas ou de outro tipo de entendimento prestado aos contribuintes em circulares administrativas, quando tenha sido colocada questão de direito relevante e esta tenha sido apreciada no mesmo sentido em três pedidos de informação ou seja previsível que o venha a ser (nº 3).

Todavia, o que vimos de dizer sobre as orientações administrativas merece maior reflexão, justificando-se aqui algumas linhas para dar conta da profunda modificação que se vem operando no quadro clássico da constituição fiscal, sobretudo em sede do princípio da legalidade fiscal, que viu o protagonismo parlamentar, que o suporta, ser objecto de visível atenuação. Daí que a concretização normativa protagonizada pela administração tributária da crescente abertura que as leis do imposto, por razões de praticabilidade, vêm adoptando, não possa mais ser remetida inteiramente para os chamados regulamentos internos, uma vez que estes, na medida em que desenvolvem ou complementam aspectos dos elementos essenciais dos impostos, não mais se compadecem com a ficção de que toda a disciplina essencial dos impostos se encontra na lei, quando, na realidade, consta cada vez mais de circulares da administração tributária. O que não deixa de ser uma manifestação, porventura das mais visíveis, do reaparecimento do "Estado administrativo", o qual, depois de te sido protagonista do Estado de direito do século XIX e, de algum modo, limitado no Estado parlamentar do século XX, suporta agora a nova arquitectura do direito público nestes tempos do que se vem designando, sem grande propriedade, por pós-modernidade[117].

[116] A respeito deste preceito, devemos dizer que não parece correcta a sua inserção nesse artigo da LGT, que tem por epígrafe "informações vinculativas", pelo que estaria melhor localizada nos artigos relativos à interpretação das normas fiscais.

[117] V. sobre o este Estado administrativo, MARTIN LOUGHLIN, *Foundations of Public Law*, Oxford University Press, 2010, p. 435 e ss., e, no direito fiscal, JOHN SNAPE, «The 'Sinews of

Assim, é de perguntar se não estamos face a uma visão das coisas artificial e sem adesão à realidade, pois consideram-se meros regulamentos internos normas administrativas da maior importância porquanto substituem inclusive a normação reservada à lei parlamentar ou a decreto-lei parlamentarmente autorizado. O que tem como inevitável consequência que a sua impugnação judicial não possa ser autonomamente levada a cabo, tanto no respeitante à sua (i)legalidade como no concernente à sua (in)constitucionalidade. Com efeito, ao partir-se da ideia de que as referidas circulares constituem meras orientações administrativas, encontrando-se, por conseguinte, excluídas do universo das normas jurídicas, aquela impugnação apenas poderá operar conjuntamente com a que for dirigida ao acto tributário em que cada circular é objecto de aplicação. O que não só conduz a um esvaziamento do significado e alcance do princípio da legalidade fiscal, como constitui uma inequívoca degradação das garantias jurisdicionais dos contribuintes e demais sujeitos passivos das relações tributárias, concretizando-se assim numa efectiva inversão da posição reforçada destes face à dos administrados em geral.

Pois essa visão das circulares obsta a que as ilegalidades e inconstitucionalidades normativas praticadas pela administração tributária possam ser objecto de impugnação judicial. O que, se em relação ao controlo da constitucionalidade pelo Tribunal Constitucional, ao considerar que tais circulares não constituem normas jurídicas e, assim, não integram o seu objecto de controlo (v. o Ac. nº 42/2014), não se revela muito grave, porquanto isso apenas limita a intervenção desse Tribunal, não impedindo os outros tribunais de exercer o controlo difuso da constitucionalidade, já a impossibilidade da sua impugnação autónoma limita efectivamente a garantia jurisdicional dos contribuintes e demais sujeitos passivos das relações jurídico-tributárias.

Estes não podem, assim, obstar à prática de actos tributários ilegais ou inconstitucionais por terem por base circulares ilegais ou inconstitucionais com o pretexto de que estas não produzem efeitos externos, uma vez que tais efeitos apenas serão produzidos aquando da prática dos correspondentes actos tributários, dando assim por demonstrado o que é preciso demonstrar, ou seja, investigar circular a circular se, de facto, produzem efeitos autónomos, efeitos não reconduzíveis à lei que é suposto apenas inter-

the State': Historical Justifications for Taxes and Tax Law», em Monica Bhandari (Ed.), *Philosophical Foundations of Tax Law*, cit., p. 28 e ss.

pretarem e aplicarem. Por conseguinte, não nos podemos agarrar a uma visão exclusivamente formal, bastando-nos com o circuito que, partindo do *nomen iuris* de tais regulamentos, conduz à conclusão de que não estamos perante normas jurídicas, mas face a orientações administrativas que não produzem quaisquer efeitos autónomos face aos contribuintes. Bem pelo contrário, perante cada circular há que fazer justamente o circuito inverso, qual seja o de, face a cada uma delas, verificar se e em que medida as disposições nela contidas se limitam a interpretar e aplicar a lei do imposto, ou se, como é cada vez mais frequente, completam ou desenvolvem a disciplina jurídica da lei deixada nesta propositadamente por completar ou desenvolver[118].

Embora se trate de normas regulamentares que integram o direito contabilístico e não o direito fiscal, pela importância que revestem para a interpretação e aplicação deste, são de referir também as normas elaboradas e aprovadas pela Comissão de Normalização Contabilística (CNC), um organismo tecnicamente independente, embora funcionando administrativa e financeiramente no âmbito do Ministério das Finanças.

Pois bem, nos termos do art. 4º, nº 1, al. *b*) do DL nº 160/2009, de 13 de Julho, a CNC emite normas contabilísticas e normas interpretativas que sejam de efeito obrigatório, nos termos do SNC[119]. Aliás, tendo presente a actual internacionalização fiscal, resultante da globalização económica, as empresas tendem crescentemente a aplicar as normas contabilísticas internacionais (NIC) e as Normas Internacionais de Relato Financeiro (NIRF), bem como os já referidos *United States GAAP*[120]. Na verdade, o quadro de concorrência global, em que as empresas actuam, cada vez se compadece menos com uma disciplina contabilística estritamente nacional.

[118] V. sobre o problema e por todos, João Taborda Gama, «Tendo surgido dúvidas sobre o valor das circulares e outras orientações...», *Estudos em Memória do Prof. Doutor J. L. Saldanha Sanches*, vol. III, Coimbra Editora, 2011, p. 157 e ss.

[119] V. sobre o problema das normas contabilísticas editadas por comissões do tipo da nossa CNC, para Espanha, Alberto García Moreno, *La Base Imponible del Impuesto sobre Sociedades. Regras Generales para su Determinación*, Madrid, 1999, p. 115 e ss., e entre nós, Hugo Carolino, «Efeito obrigatório das directrizes da CNC», *Revista dos TOC*, nº 15, Junho de 2001, p. 47 e ss. V., no sentido do texto, o acórdão do CAAD, de 24 de Março de 2015, Proc. 633/2014.

[120] NIC e NIRF cuja observância esteve na base da adopção do SNC.

15. Os contratos

Fala-se, no direito fiscal, de contratos fiscais, os quais se encontram agora expressamente mencionados e previstos na codificação geral do direito fiscal – art. 37º da LGT. Por isso, impõe-se saber se estes assumem ou não a qualidade de fontes do direito dos impostos.

Ora bem, a este propósito, distinguem-se dois tipos de contratos. De um lado, temos os contratos que podemos designar por contratos fiscais *stricto sensu*, os quais têm por objecto, em alguma medida, o se e/ou o quanto da incidência do imposto, em que intervêm, de um lado, o titular do poder tributário ou, por delegação sua, a administração fiscal e, de outro lado, o contribuinte e se concretizam sobretudo na atribuição de benefícios fiscais, mormente de benefícios fiscais dinâmicos, isto é, incentivos ou estímulos fiscais.

De outro lado, temos os contratos que se enquadram num conceito amplo ou lato de contratos fiscais, em que se integram, para além dos referidos contratos fiscais *stricto sensu*, também os contratos que têm por objecto o lançamento, a liquidação ou a cobrança do imposto, em que intervêm, de um lado e por parte do sujeito activo, a administração fiscal e, de outro, o próprio sujeito passivo da correspondente relação jurídica fiscal, ou terceiros[121].

Como exemplo paradigmático do primeiro tipo de contratos fiscais, são de salientar os contratos de concessão de benefícios fiscais que têm a sua disciplina no Código Fiscal do Investimento[122]. Trata-se de contratos relativos à concessão a benefícios fiscais que, se integram em contratos de investimento

[121] Para além destes, são de mencionar ainda os que nós designamos por *falsos contratos fiscais* os quais ou não se configuram como verdadeiros contratos ou, sendo contratos, não se apresentam como contratos fiscais. Daí que os falsos contratos fiscais se reconduzam basicamente a dois tipos principais: 1) a situações de maior ou menor participação do contribuinte e demais sujeitos passivos da relação jurídica fiscal no procedimento de edição do correspondente acto tributário, colaborando ou cooperando com a administração fiscal – os chamados *contratos fiscais aparentes*; e 2) a situações em que operam, por via de regra, contratos de direito privado entre o sujeito passivo da relação jurídica fiscal e terceiros relativos quer à modelação do próprio facto tributário, característicos dos impostos em que a lei arvora em pressuposto de facto um acto ou um negócio jurídico, quer ao cumprimento da obrigação fiscal ou de alguma(s) das múltiplas obrigações fiscais acessórias – os chamados *contratos de mera incidência fiscal*. Para maiores desenvolvimentos, v. o nosso livro, *Contratos Fiscais*, cit., p. 86 e ss., bem como o nosso estudo «Investimento estrangeiro e contratos fiscais», em *Por um Estado Fiscal Suportável*, cit., p. 407 e ss. (420 e ss.).

[122] V. o Decreto-Lei nº 162/2014, de 31 de Outubro que aprovou o novo Código Fiscal do Investimento.

respeitantes a projectos de investimento a realizar em Portugal. Estamos, assim, perante contratos fiscais que, em alguma medida, substituem o legislador na definição dos benefícios fiscais e/ou do seu montante.

Por sua vez, relativamente aos contratos que têm por objecto o lançamento, a liquidação ou a cobrança dos impostos, temos ainda, como já se deixou subentendido, dois tipos: um, em que a administração tributária contrata com o próprio contribuinte ou sujeito passivo aspectos da liquidação ou cobrança do respectivo imposto; outro em que a administração tributária contrata com certas entidades a prestação de serviços relativamente à liquidação e cobrança de impostos alheios.

Como exemplo do primeiro tipo, podemos indicar o já clássico *contrato de avença* no imposto de jogo, previsto no art. 89º do DL nº 422/89, de 2 de Dezembro. Trata-se dum contrato celebrado entre as empresas concessionárias das zonas de jogo e a Inspecção Geral dos Jogos (agora Serviço de Regulação e Inspecção de Jogos integrado no Turismo de Portugal I.P.) e que tem por objecto a determinação da matéria colectável do imposto de jogo, que assim é determinado de forma sintética e por acordo. Refira-se que o imposto especial de jogo substitui não apenas o IRC relativamente aos rendimentos concernentes ao exercício da actividade do jogo (e quaisquer outros a que as empresas estejam obrigadas pelo contrato de concessão), mas também o IMI relativo aos prédios afectos à concessão de jogo e o IMT respeitante às aquisições de prédios indispensáveis ao cumprimento das obrigações emergentes do contrato de concessão.

Um tipo mais recente de contratos relativos à liquidação dos impostos, encontramo-lo nos *acordos prévios sobre preços de transferência* reconhecidos entre nós pelo art. 138º do Código do IRC, e regulados pela Portaria nº 620-A/2008, de 16 de Julho, os quais conhecem dois tipos: os *acordos unilaterais* entre a AT e um ou vários sujeitos de IRS ou IRC, e os *acordos bilaterais* ou *multilaterais* em que além do acordo entre a AT e os sujeitos de IRS ou IRC intervêm outras administrações fiscais.

Por seu turno, no respeitante aos contratos de prestação de serviços em sede da liquidação ou cobrança de impostos alheios, estabelece o art. 51º do CPPT: "a administração tributária pode, nos termos da lei e no âmbito das suas competências, contratar o serviço de quaisquer outras entidades para a colaboração em operações de entrega e recepção de declarações ou outros documentos ou de processamento da liquidação ou cobrança das obrigações tributárias" (nº 1); e "a administração tributária igualmente nos termos da lei, celebrar protocolos com entidades públicas e privadas com vista à realização das suas atribuições" (nº 2)[123].

Pois bem, tendo presente o que acabamos de dizer, facilmente é de concluir que os contratos fiscais em sentido amplo, nas diversas modalidades que assumem, dizem respeito a situações concretas e individuais. Por isso não podem considerar-se como fontes de direito fiscal[124].

16. A jurisprudência e a doutrina

Como acontece no direito em geral, também no direito fiscal as decisões dos tribunais não constituem fonte formal de direito. Apresentam-se como excepções a esta afirmação as declarações de inconstitucionalidade e ilegalidade com força obrigatória geral.

Assim tanto as declarações, com força obrigatória geral, de inconstitucionalidade e de ilegalidade (reforçada ou qualificada) pelo TC (arts. 281º e 282º da CRP), como as declarações de ilegalidade (simples) pela 2ª secção dos TCA e tribunais tributários (arts. 38º, al. *c)*, e 49º, nº 1, al. *e)*, *i)*, do ETAF) de normas fiscais constituem fontes formais de direito fiscal[125].

E efeito idêntico têm os acórdãos do TJUE em matéria fiscal, seja os proferidos em *acções de incumprimento* do direito comunitário por parte dos Estados, seja os proferidos nas *acções de reenvio prejudicial*, pois, muito embora estes últimos acórdãos apenas se imponham ao tribunal do reenvio e aos tribunais superiores que venham a julgar o caso, o certo é que eles, atenta a sua reconhecida autoridade de precedentes, acabam por ter um indiscutível alcance geral[126]. À semelhança do que tem sido tradicional relativamente ao

[123] No mesmo sentido v. o art. 20º, nº 2, do Código dos Regimes Contributivos do Sistema Providencial da Segurança Social. É sobretudo em sede da cobrança dos impostos que a administração tributária vem contratando serviços de outras entidades, nomeadamente bancárias.

[124] V. sobre a problemática dos contratos fiscais, para além dos nossos *Contratos Fiscais*, cit., N. Sá Gomes, *Manual de Direito Fiscal*, vol. II, cit., p. 169 e ss. e 301 e ss., e Vitor Faveiro, *O Estatuto do Contribuinte*, cit., p. 708 e ss. e 881 e s. Para o ponto da situação do contrato e outras técnicas convencionais no direito fiscal actual, v. relativamente à Alemanha, Itália e Espanha, a colectânea de textos coordenada por G. Elorriaga Pisarik, *Convención y Arbitrage en el Derecho Tributario*, Madrid, 1996, esp. p. 115 e ss.

[125] Em relação ao TC é de assinalar que, ao contrário de que ocorre em países como a Alemanha e a Espanha, a sua jurisprudência tem-se fixado, fundamentalmente, no controlo das exigências formais e orgânicas da tributação.

[126] V. sobre este alcance, R. M. Moura Ramos, «Reenvio prejudicial e relacionamento entre ordens jurídicas», em *Das Comunidades à União Europeia*, 2ª ed., Coimbra, 1999, p. 213 e ss.

STJ[127], que sempre conheceu instrumentos jurisdicionais com força vinculativa para além do respectivo caso concreto, também agora o STA pode proferir acórdãos de uniformização da jurisprudência, julgando a oposição de acórdãos, ou até mesmo a oposição de sentenças dos tribunais administrativos e fiscais – art. 280º, nº 5, do CPPT[128].

A este respeito, impõe-se manifestar a nossa frontal oposição à prática seguida por alguns autores de, na convocação da jurisprudência, se fazer referência ao relator do acórdão ou (mais raramente) ao juiz da sentença, no quadro de uma larvar promiscuidade entre a doutrina e a jurisprudência que não tem paralelo (a não ser no Brasil) e que não honra o Estado de Direito. Pois quem decide, enquanto órgão de soberania que administra a justiça em nome do povo, é o tribunal (colectivo ou singular), e não o relator A ou o juiz B. A opinião destes, mesmo expressa nas sentenças, não passa, enquanto tal, de doutrina. Ora, constituindo a jurisprudência e a doutrina fontes de direito diferenciadas, há que evitar práticas que contribuam para a sua confusão, seja ao nível das realidades jurídicas em que se materializam, seja dos correspon-

Quanto a exemplos de acórdãos do TJCE, em que este Tribunal confrontou o nosso direito fiscal com o direito comunitário, podemos mencionar: o já referido Ac. de 29.9.1999 – Proc. C-58/98, caso *Modelo SGPS*, que julgou desconforme ao direito comunitário os emolumentos cobrados no aumento de capital das sociedades, o Ac. de 8.6.2000 – Proc. C-375/98, caso *Epson*, que julgou desconforme ao direito comunitário o imposto sucessório pago por avença suportado pelos dividendos pagos por afiliadas portuguesas a sociedades mãe dos outros Estados membros, o Ac. de 26.9.2000 – Proc. C-134/99, caso *IGI – Investimentos*, que julgou desconforme ao direito comunitário os emolumentos cobrados pelo Registo Nacional de Pessoas Colectivas, o Ac. de 14.12.2000 – Proc. C-446/98, caso *Fazenda Pública/Câmara Municipal do Porto*, que considerou não desconforme com o direito comunitário a não sujeição a IVA a C. M. do Porto relativamente às actividades de locação de áreas destinadas a estacionamento de veículos por o exercício das mesmas implicar prerrogativas de autoridade, o Ac. de 22.2.2001 – Proc. C-393/98, caso *A. Gomes Valente/Fazenda Pública*, que julgou desconforme ao direito comunitário o IA pago pelos automóveis usados importados de países do União Europeia, e o Ac. de 8.3.2001 – Proc. C-276/98, caso *Comissão/República Portuguesa*, que declarou a desconformidade com o direito comunitário da taxa reduzida de 5% de IVA aplicada por Portugal a certos bens. V. P. Noiret Cunha/Sérgio Vasques, *Jurisprudência Fiscal Comunitária Anotada*, Almedina, Coimbra, 2002.

[127] V. presentemente os arts. 437º e segs. (*maxime* 445º) do CPP, e 732º-A e 732º-B do CPC.

[128] Verificou-se, assim, uma mudança muito significativa neste sector do ordenamento jurídico, introduzindo no contencioso fiscal recursos com o objectivo de uniformização da jurisprudência, recursos que um tal sector do contencioso desconhecia, pois durante a vigência do art. 2º do Código Civil o STA nunca dispôs de competência para proferir assentos.

dentes sujeitos jurídicos que as suportam e desenvolvem, transformando o *diálogo*, que é imperativo existir entre elas no quadro da sã dialética da argumentação jurídica, num efectivo e, a todos os títulos, perigoso *monólogo*.

Quanto à doutrina, também no direito fiscal ela não integra as fontes formais de direito, muito embora, enquanto fonte material, seja muito importante para suportar um frutuoso diálogo com a legislação e a jurisprudência. Importante instrumento de diálogo entre a doutrina e a jurisprudência são as anotações feitas aos acórdãos do STA, e dos TCA e (em sede do direito constitucional fiscal) do Tribunal Constitucional que encontramos em diversas revistas com destaque para a *Revista de Legislação e de Jurisprudência*, *Cadernos de Justiça Administrativa*, *Revista de Finanças Públicas e Direito Fiscal* e *Cadernos de Justiça Tributária*. Relevante significado tem também a doutrina contida nas *orientações administrativas* que referimos.

17. A codificação do direito fiscal

A codificação da parte geral do direito fiscal consta agora aparentemente da LGT, que entrou em vigor no dia 1 de Janeiro de 1999. Uma codificação relativamente modesta não só em relação às codificações gerais mais conseguidas como são a AO alemã (de 1977, que mais não é do que uma revisão da RAO de 1919) e a LGT espanhola (de 1963, objecto de importante revisão em 2004) e, a seu modo, o Código Tributário Nacional brasileiro (de 1966), mas também face a codificações menos ambiciosas como o Código Geral Tributário angolano (de 1968[129]) e o Código Geral Tributário caboverdiano (de 1992).

Assim, estamos perante uma "codificação" que, em rigor e não obstante o nome, não configura nem uma lei verdadeiramente *geral* nem uma lei efectivamente *tributária*. Pois se, à primeira vista, a LGT parece ter pretendido conter a disciplina *geral* do conjunto dos *tributos*, o certo é que ela integra apenas uma parte da disciplina geral e mesmo esta diz respeito basicamente aos impostos.

[129] A primeira codificação fiscal geral ocorrida no espaço português. Código em relação ao qual a ausência de qualquer referência por parte da doutrina, sobretudo dos autores dos dois manuais mais prestigiados de direito fiscal anteriores à revolução de 1974, J. M. Cardoso da Costa e Alberto Xavier, nos surpreende. Um desconhecimento de que também nós partilhámos, pois apenas tivemos notícia dele numa deslocação a Luanda em 2003. Refira-se que o referido Código foi objecto de revisão, operada pela Lei nº 21/14, de 22 de Outubro, no quadro de uma ampla e profunda reforma tributária angolana.

De um lado, atento o seu conteúdo, a LGT integra apenas: alguns princípios relativos à ordem jurídica tributária (arts. 1º a 14º), o sector mais importante do direito substantivo tributário geral, polarizado na relação jurídica tributária (arts. 15º a 53º) e alguns aspectos gerais do direito procedimental tributário (arts. 54º a 94º) e um ou outro princípio relativo ao processo tributário (arts. 95º a 105º).

Ficou portanto de fora o grosso do direito procedimental tributário, seja em sede da disciplina geral do procedimento tributário, que consta do CPPT, seja em sede da disciplina específica de cada um dos procedimentos tributários, que consta ou do CPPT ou de legislação avulsa, como acontece com os procedimentos de inspecção tributária por iniciativa da administração ou a pedido do contribuinte ou interessado[130], de reconhecimento dos benefícios fiscais, de derrogação do dever de sigilo bancário[131], etc.

De outro lado, a LGT acaba por se aplicar basicamente aos impostos, uma vez que, depois de estabelecer que ela regula as relações jurídico-tibutárias (art. 1º, nº 1) e de dispor que os tributos compreendem os impostos, as taxas e as demais contribuições financeiras a favor de entidades públicas (art. 3º, nº 2), prescreve que o regime geral das taxas e demais contribuições financeiras a favor de entidades publicas consta de lei especial (art. 3º, nº 3).

Em sede de *codificação geral* do direito fiscal, podemos referir também o CPPT, o RGIT, o EBF, etc. Algumas palavras no respeitante ao CPPT.

O CPPT regula, como o próprio nome indica: de um lado, o procedimento tributário, ou melhor, alguns aspectos gerais dos procedimentos tributários e alguns procedimentos específicos, mormente o mais paradigmático de todos eles – o procedimento de liquidação dos impostos – o procedimento tributário geral ou relativo à liquidação dos impostos; de outro, os processos tributários de impugnação judicial e de execução fiscal.

Pelo que o CPPT contém direito procedimental e direito processual, muito embora não contenha todo o direito processual tributário, já que o direito processual relativo às infracções fiscais, mais concretamente o processo tributário relativo às contra-ordenações fiscais, foi remetido para o RGIT.

[130] V. o DL nº 413/98, de 31 de Dezembro, que aprovou o Regime Complementar do Procedimento da Inspecção Tributária, e o o DL nº 6/99, de 8 de Janeiro, que em larga medida se limita a remeter para aquele DL nº 413/98.

[131] V. o art. 65º do CPPT para os benefícios fiscais em geral o art. 146º-A do CPPT para a derrogação do dever de sigilo bancário.

Mas, ao lado das codificações gerais, temos codificações especiais. Relativamente às *codificações especiais*, podemos indicar sobretudo os códigos relativos aos impostos integrantes do nosso sistema fiscal, em que é visível a existência de códigos de duas gerações: uns, provenientes da reforma fiscal dos anos oitenta, como são o CIVA, o CIRS e o CIRC; outros mais recentes como são o CIS aprovado em 1999 (alterado em 2003 a fim de integrar as transmissões gratuitas a favor de pessoas singulares), o CIEC, o CIMI e o CIMT. Relativamente aos que podemos designar por *códigos operacionais*, isto é, os códigos de cada imposto, é de assinalar que todos eles apresentam uma *estrutura* muito semelhante, distribuindo as suas normas por capítulos que têm por base os diversos momentos da dinâmica ou vida do imposto, de acordo com esta ordem: incidência, isenções, determinação da matéria colectável, taxa, liquidação, pagamento, obrigações acessórias, fiscalização, garantias dos contribuintes, disposições diversas[132].

A este propósito, é de acentuar que, não obstante a significativa redução levada a cabo com a reforma fiscal dos anos oitenta e dos esforços dos últimos anos, se mantém diversificada e numerosa legislação fiscal avulsa relativa a matérias que podiam e deviam figurar quer nos códigos ou diplomas gerais – LGT, CPPT, EBF, etc. –, quer nos mencionados códigos dos impostos.

Paradigmático é, nesta sede, de um lado a divisão da disciplina anteriormente contemplada no CPT pela LGT e pelo CPPT e, de outro, a proliferação de legislação avulsa sobretudo no domínio dos benefícios fiscais, em que os variados (e, por vezes, imaginativos) *lobbies* conseguem "extorquir" benefícios fiscais, ou promessas de benefícios fiscais, a quase todos os ministros, concretizando uma situação que Sousa Franco baptizou de "feira de benefícios"[133].

[132] Sendo certo que, por vezes, não têm o capítulo das isenções (caso do Código do IRS), ou juntam num capítulo as obrigações acessórias e a fiscalização (caso do Código do IRC). A este respeito, é de referir que o capítulo relativo às garantias dos contribuintes devia ser eliminado, pois a sua disciplina consta agora da LGT e do CPPT.

[133] V. a expressão na apresentação do Relatório do grupo de trabalho para o estudo dos pequenos impostos, *Ciência e Técnica Fiscal*, 396, Out.-Dez. de 1999, p. 145 e ss. Contra essa situação se vêm pronunciado diversas individualidades, entre as quais cabe destacar Xavier de Basto que, em entrevista à Revista dos *TOC*, nº 16, Julho de 2001, p. 6 e ss., afirmou: "deve pôr-se um travão forte, no limite eliminar toda a filosofia dos benefícios fiscais e tratamentos

Ora é nosso indeclinável dever não encerrar estas considerações sem uma alusão crítica à verdadeira desordem reinante neste sector do ordenamento jurídico, um sector em que falar de sistema jurídico tem quase o sentido de uma heresia. Na verdade, o nosso actual sistema de normas jurídicas fiscais, assemelha-se a uma manta de retalhos em que, para além da incontinência do legislador fiscal e da consequente instabilidade da legislação, as quais impedem uma consolidação mínima do sistema, por toda a parte encontramos descontinuidades, fracturas e contradições da mais diversa índole.

Assim e de um lado, há falta de articulação entre a disciplina geral e a disciplina especial, seja entre o direito administrativo e o direito fiscal, seja dentro deste entre os diplomas gerais como a LGT e o CPPT e os códigos específicos dos impostos, onde continua a figurar a disciplina de aspectos que há muito deviam constar apenas dos diplomas gerais. De outro lado, temos a proliferação da mais variada legislação avulsa que infelizmente não se limita ao já mencionado domínio dos benefícios fiscais.

Como exemplos dessa proliferação de legislação avulsa em sede dos benefícios fiscais, cuja disciplina era suposto constar do respectiva codificação, o já referido Código Fiscal do Investimento, já que os benefícios fiscais constantes do Estatuto do Mecenato e do Estatuto Fiscal Cooperativo foram entretanto reconduzidos ao EBF[134].

Aliás, em relação a "estatutos" como os mencionados, permitimo-nos o seguinte comentário: se a cada tipo de contribuintes fosse contemplado com o seu estatuto fiscal, com o seu "código" fiscal, então estaríamos caídos na dissolução dos códigos fiscais, para não dizer na total anarquia e num regresso à Idade Média, mas com a agravante de não estarmos mais na Idade Média[135]. E contra esta crítica não se argumente com a exigência constitucional de beneficiação fiscal das cooperativas, prescrita no nº 2 do actual art. 85º da Constituição. Pois uma tal beneficiação, para além de não exigir que seja

preferenciais ou diferenciados que, por justamente serem diferenciais, se traduzem também sempre em penalizações para os que não estão em condições de os obter".

[134] O que foi levado a cabo pela LOE/2007 e pela LOE/2012, respectivamente.

[135] Pois, como já dissemos noutro local, nem todos têm aberta a porta de uma corporação, no seio da qual possam ser contemplados com o respectivo estatuto, ou têm aberta a porta de corporações com fraco ou mesmo nulo poder social, cujo estatuto pouco ou nada lhes pode oferecer. V., sobre o problema, o nosso estudo «Algumas reflexões críticas sobre os direitos fundamentais», em *Por uma Liberdade com Responsabilidade – Estudos sobre Direitos e Deveres Fundamentais*, cit., p. 98 e s.

contemplada em diploma próprio, não implica a elaboração de um estatuto tributário próprio para as cooperativas.

Pelo contrário o que é questionável é se o "sistema" fiscal, retalhado a golpes de falsos estatutos como os mencionados, não é inconstitucional, uma vez que a Constituição, ao falar de sistema fiscal, teve por certo presente o que esse termo significa. E, sendo assim, assiste aos contribuintes um direito e um direito fundamental a que o legislador fiscal estruture a legislação fiscal em termos de verdadeiro sistema, ou seja, codificando essa legislação de modo a que a mesma seja acessível e inteligível aos seus destinatários e não uma verdadeira armadilha para os contribuintes[136].

[136] Considerações semelhantes têm sido feitas em Itália – v., por todos, GIANNI MORANGIU, *I Fondamenti Costituzionali dell'Imposizione Tributaria*, cit., p. 165 e ss., autor que coloca justamente esta questão em sede da igualdade de armas entre os contribuintes e o Fisco. Sobre a codificação em geral, v. M. REIS MARQUES, *Introdução ao Direito*, 2ª ed., Coimbra, 2007, p. 419 e ss.

§ 2 – INTERPRETAÇÃO, INTEGRAÇÃO E EFICÁCIA DO DIREITO FISCAL

18. A interpretação das normas jurídico-fiscais[137]

A respeito da interpretação das normas jurídicas fiscais, é de afirmar a rejeição das teorias específicas que neste domínio têm sido propostas, como as da interpretação literal, a da interpretação económica ou a da interpretação funcional[138]. Por isso, é de seguir a orientação no sentido de que as normas

[137] Para a interpretação e a integração das normas jurídicas em geral, v., por todos, A. CASTANHEIRA NEVES, «Fontes de direito. Contributo para a revisão do seu problema», agora em *Digesta. Escritos Acerca do Direito, do Pensamento Jurídico, da sua Metodologia e Outros*, vol. 2º, cit., p. 337 e ss.; J. BAPTISTA MACHADO, *Introdução ao Direito e ao Discurso Legitimador*, cit., p. 175 e ss.; A. SANTOS JUSTO, *Introdução ao Estudo do Direito*, cit., p. 323 e ss., e F. PINTO BRONZE, *Introdução ao Direito*, cit., p. 875 e ss. Especificamente para o direito fiscal, v. RICARDO LOBO TORRES, *Normas de Interpretação e Integração do Direito Tributário*, 4ª ed., Rio de Janeiro, 2006.

[138] Uma palavra sobre cada um destes dois últimos tipos de interpretação. Quanto à interpretação económica, também designada por interpretação segundo o princípio da realidade económica ou da consideração económica (*wirtschaftliche Betrachtungsweise*), para dizer que teve por base normativa o § 4 da *Reichabgabenordnung* (de 1919), que dispunha: "ao interpretar as normas tributárias deve ter-se em conta a sua finalidade, o seu significado económico e a evolução das circunstâncias". Por seu lado, relativamente à interpretação funcional, para referir que a mesma se ficou a dever à *Escola de Pavia*, a partir dos trabalhos do seu criador Griziotti. Sobre a interpretação das normas jurídico-fiscais, v., por todos, G. MELIS, *L'Interpretazione nel Diritto Tributario*, CEDAM, 2003, bem como J. M. CARDOSO DA COSTA, *Curso de Direito Fiscal*, cit., p. 199 e ss.; P. SOARES MARTINEZ, *Direito Fiscal*, cit., p. 131 e ss.; ALBERTO XAVIER, *Manual de Direito Fiscal*, cit., p. 171 e ss.; M. H. FREITAS PEREIRA, *Fiscalidade*, cit., p. 191 e ss.; K. TIPKE/J. LANG, *Steuerrecht*, cit., p. 194 e ss.; G. CASADO OLLERO/R.

jurídicas fiscais se interpretam como quaisquer outras normas jurídicas. Uma orientação que não obsta a que a substância económica dos factos tributários seja tida em conta, naturalmente apenas na exacta medida em que a teoria da interpretação a convoque.

Esta orientação parece ser a que tem concretização no nº 1 do art. 11º da LGT, em que se prescreve que "na determinação do sentido das normas fiscais e na qualificação dos factos a que as mesmas se aplicam são observadas as regras gerais de interpretação e aplicação das leis". Todavia, tendo presente o que se dispõe no nº 3 do mesmo artigo, em que se estabelece que, "persistindo dúvidas sobre o sentido das normas de incidência a aplicar, deve atender-se à substância económica dos factos tributários", é de nos interrogarmos se o legislador da LGT não caiu, de algum modo, na consagração da teoria da interpretação económica, contrariando assim o disposto naquele primeiro preceito. Por isso, esta segunda disposição contém em si o perigo de anular o princípio de que na interpretação das normas jurídicas fiscais devem ser observadas as regras gerais da interpretação.

Para além de que não se percebe muito bem como é que as normas de incidência fiscal, após a utilização das regras gerais da interpretação, ainda sejam objecto de dúvidas acerca do seu sentido, uma vez que tais regras visam justamente dissipar todas as dúvidas que se levantem. Daí que, a nosso ver, o nº 3 do art. 11º da LGT pareça estar a mais, já que ou não acrescenta nada à teoria geral da interpretação das normas jurídicas fiscais, ou, a acrescentar, corre o risco de entrar em contradição com o disposto no nº 1. Todavia, pode considerar-se como um realce da "consideração económica", e não a opção por uma autónoma "interpretação económica" dos factos tributários recortados na lei, chamando a atenção para a importância do elemento teleológico implicado na ponderação da realidade económica enquanto pressuposto e suporte de toda a tributação. Uma importância expressa em geral no conhecido realismo (económico) do direito fiscal ou no princípio da prevalência da substância (económica) sobre a forma (jurídica), especificamente assumida pelo próprio legislador em numerosas disposições legais de que podem servir de exemplo os arts. 36º, nºs 1 e 2, 38º, nº 2, e 39º, nº 1, da LGT[139].

Falcon y Tella/C. Lozano Serrano/E. Simon Acosta, *Cuestiones Tributarias Praticas*, cit., p. 81 e ss..

[139] Segundo informa D. Leite de Campos, «Interpretação das normas fiscais», *cit.*, p. 22, o referido nº 3 foi acrescentado pelo legislador, pois o mesmo não figurava no anteprojecto da LGT. No sentido de que aquele nº 3 consagra a teoria da interpretação económica, v. Menezes

Não obstante o que acabamos de dizer, impõe-se aqui uma referência à interpretação das convenções de dupla tributação (um problema que vem ganhando importância crescente, atendendo às numerosas CDT de que Portugal é parte), de um lado, e à interpretação autêntica, de outro.

Quanto à interpretação das CDT, há que aludir à complexidade de que se reveste a tarefa interpretativa. Complexidade que resulta sobretudo do facto de nessa tarefa se terem de conjugar e articular normas provenientes de diversas fontes e de fontes de diversos níveis normativos. Mais concretamente, há que articular e conjugar direito interno, direito comunitário e direito internacional.

Pois, de um lado, o processo para Portugal se vincular através de convenções está disciplinado na nossa Constituição, podendo agora, como vimos, vincular-se seja através de tratados, seja através de acordos, conquanto que estes sejam objecto de aprovação pela Assembleia da República.

De outro lado, não podemos esquecer que o direito comunitário tem prevalência tanto sobre o direito interno como sobre o direito internacional dos Estados membros, por conseguinte também sobre as CDT. Pois, embora o art. 351º do TFUE disponha que as suas disposições não prejudicam os direitos e obrigações decorrentes de convenções concluídas com Estados terceiros antes do Tratado ou da respectiva Adesão, impõe aos Estados a obrigação de utilizar todos os meios adequados à eliminação das eventuais incompatibilidades dessas convenções com o Tratado. Pelo que o direito comunitário prevalece também sobre as CDT entre Estados membros.

Depois, é de sublinhar a importância do recurso ao Modelo de Convenção Fiscal sobre o Rendimento e o Património da OCDE e, bem assim, aos seus comentários, na interpretação das CDT. Muito embora, como é sabido, estas devam ser interpretadas de acordo com a doutrina geral da interpretação das convenções internacionais, tendo em conta os arts. 31º e 32º da Convenção de Viena (sobre o Direito dos Tratados) de que Portugal é parte desde 2003.

Particular alusão merece o art. 3º, § 2, do Modelo de Convenção da OCDE que estabelece que, para a aplicação da convenção por um Estado contratante, qualquer expressão que nela não se encontre definida terá o significado que lhe é atribuído pela legislação desse Estado contratante relativa

LEITÃO, «As tendências da reforma fiscal: mais ou menos garantias para os Contribuintes?», *Fiscalidade*, 4, Outubro 2000, p. 9 e s. V. sobre o problema, G. MELIS, *L'Interpretazione nel Diritto Tributario*, cit., p. 199 e ss.

ao correspondente imposto, a menos que o contexto imponha interpretação diferente. Uma disposição a que já foi atribuído o sentido de uma *cláusula geral de reenvio* que presidiria tanto à interpretação da convenção como ao problema da qualificação (que respeita à aplicação e não à interpretação), mas que, segundo melhor doutrina, deve limitar-se a presidir à interpretação das CDT, uma vez que o problema da qualificação não é exclusivo das convenções internacionais[140].

Refira-se que, relativamente à interpretação das CDT, têm particular importância os comentários que têm vindo a ser elaborados e actualizados pelo Comité dos Assuntos Fiscais da OCDE ao Modelo de Convenção Fiscal sobre o Rendimento e o Património, os quais, embora não se apresentem como estritamente vinculativos, não podem ser ignorados sobretudo relativamente aos comentários a que os Estados não tenham aposto observações, uma vez que estas têm relativamente os comentários idêntico papel que as reservas desempenham face às disposições do Modelo de Convenção.

Por seu lado, quanto à *interpretação autêntica* de normas fiscais a que a leis do orçamento frequentemente recorrem, com destaque claro para a LOE/2016, importa assinalar que se trate, muitas vezes, de uma verdadeira manobra para tentar passar ao lado da proibição de impostos retroactivos constante do nº 3 do art. 103º da Constituição, uma vez que estamos perante normas inteiramente inovadoras e, por conseguinte, sem qualquer natureza interpretativa. O que veio, de resto, a ser reconhecido pelo acórdão nº 267/ 2017 do Tribunal Constitucional relativamente a um segmento normativo do art. 135º da LOE/2016.

19. A integração das normas jurídico-fiscais

Antes de mais é de referir a tradicional proibição da integração das lacunas no domínio dos elementos essenciais dos impostos fundada no princípio constitucional da legalidade fiscal. Este, ao exigir que a disciplina dos elementos essenciais dos impostos, conste da lei (parlamentar), obstaria a que o legis-

[140] Neste sentido, v. ALBERTO XAVIER, *Direito Tributário Internacional,* cit., p. 154 e ss. Para maiores desenvolvimentos e por todos, v., para além do autor e obra acabadas de citar, RICARDO H. P. BORGES/RAQUEL M. M. RESENDE, «Tax treaty interpretation in Portugal», *Fiscalidade, 6,* Abril de 2001, p. 85 e ss.; GUSTAVO LOPES COURINHA, «Interpretação e aplicação das convenções de dupla tributação – evoluções recentes», em *Estudos em Homenagem ao Prof. Doutor Alberto Xavier,* Vol. I, Almedina, 2013, p. 575 e ss.; e G. MELIS, *L'Interpretazione nel Diritto Tributario,* cit., p. 587 e ss.

lador deixasse para o aplicador das leis – sobretudo a administração tributária e o juiz – qualquer possibilidade de colmatação de lacunas, seja através do recurso à analogia, seja por qualquer outro modo de preenchimento de lacunas. Estas, caso se verifiquem hão-de considerar-se como domínios que o legislador não quis disciplinar, isto é, como lacunas políticas e não como lacunas jurídicas.

A nosso ver terá sido este o entendimento por que se guiou o legislador da LGT ao prescrever, no nº 4 do seu art. 11º, que "as lacunas resultantes de normas tributárias abrangidas na reserva de lei da Assembleia da República não são susceptíveis de integração analógica". É que, não obstante este preceito excluir expressamente apenas a integração analógica, não há dúvidas de que o mesmo deve ser interpretado no sentido de afastar a colmatação de lacunas no domínio coberto pela reserva de lei fiscal, independentemente portanto do meio através do qual a mesma se faça. Não consideramos, todavia, que essa opção do legislador seja inconstitucional como o faz alguma doutrina[141].

Apesar do tradicional consenso que a argumentação a favor da exclusão da integração das lacunas no domínio da reserva de lei fiscal suscita, alguma doutrina actual, entre a qual nos incluímos, contesta, todavia, uma tal rejeição absoluta da integração do *direito fiscal essencial*, propondo uma adequada e equilibrada ponderação dos bens jurídico-constitucionais em presença. Bens jurídicos que são, de um lado, o princípio da legalidade fiscal, a exigir segurança jurídica e, de outro lado, o princípio da igualdade fiscal, a reclamar justiça fiscal.

O que passa por se admitir a integração das lacunas em sede do direito fiscal essencial sempre que a lei especificamente a preveja dentro da referida ponderação de bens jurídico-constitucionais. Uma hipótese a que aquele preceito legal não obsta, nem naturalmente pode obstar, uma vez que a mesma se coloca a nível constitucional e não ao nível legal.

Todavia, se o legislador não está, a nosso ver, impedido de admitir, dentro de certos limites, a integração de lacunas no domínio das normas integrantes da reserva de lei fiscal, já os aplicadores de tais normas, a administração tributária, o juiz e os particulares (enquanto "administram" impostos), estão em absoluto proibidos, por aquele preceito da LGT, de integrar tais lacunas[142].

[141] V. nesse sentido, Cecília Xavier, *A Proibição da Aplicação Analógica da Lei Fiscal no Âmbito do Estado Social de Direito*, Almedina, 2006.

[142] Um tal raciocínio foi seguido pelo STA, nos seus Acs. de 23 de Setembro de 1992 (Proc. 014520), e de 21 de Junho de 1995 (Proc. 014271). Assim, considerou neste último excluída, por violação do princípio da legalidade fiscal, a aplicação analógica à caducidade da isenção

20. As cláusulas anti-abuso

Ainda nesta sede, seja-nos permitida uma alusão à cada vez mais frequente consagração nos ordenamentos jurídicos fiscais de disposições destinadas a prevenir e a reprimir as crescentes práticas de evasão e fraude fiscais designadas normalmente por cláusulas anti-abuso. Cláusulas que, segundo opinião comum ou corrente, se apresentam quer como cláusulas especiais, quer como cláusulas gerais. Aliás em muitos países, depois de terem começado por adoptar uma série de cláusulas daquele primeiro tipo nos sectores mais expostos à evasão e fraude fiscais, acabaram por introduzir uma cláusula geral.

Também entre nós se seguiu semelhante caminho. Com efeito, depois de, no início dos anos noventa do século passado, se terem adoptado um série de disposições em sede do IRC como objectivo de eliminar ou atenuar a evasão e fraude fiscais, veio a LOE/99 introduzir uma cláusula geral anti-abuso.

Relativamente às assim chamadas cláusulas especiais anti-abuso, é de referir que encontramos no CIRC toda uma série de cláusulas, tais como: as que permitem à administração tributária não aceitar os preços declarados nas transacções entre sociedades com relações especiais quando os mesmos não respeitem as regras relativas a preços de transferência (art. 63º), a que imputa aos sócios residentes em território português os lucros obtidos por sociedades sedeadas em paraísos fiscais (art. 66º); a que exclui a aplicação do regime de neutralidade fiscal das fusões, cisões, entradas de activos e permutas de partes sociais quando as sociedades participantes nessas operações tenham como um dos objectivos principais a evasão fiscal e não a sua reestruturação ou racionalização (art. 73º, nº 10); e a que permite à administração tributária requalificar

do Imposto Municipal de Sisa na transmissão de terreno confinante com prédio do adquirente (de cuja reunião resultou uma parcela de terreno apta para cultura que não excedia o dobro da unidade fixada para a região). Para tanto argumentou com o facto de a lei não prever a caducidade na situação, em que o adquirente veio dar destino diverso à parcela de terreno depois da sua aquisição. Sobre a integração das normas jurídicas fiscais, v., por todos, J. M. Cardoso da Costa, *Curso de Direito Fiscal*, cit., p. 212 e ss.; P. Soares Martinez, *Direito Fiscal*, cit., p. 148 e ss.; Alberto Xavier, *Manual de Direito Fiscal*, cit., p. 184 e ss.; A. Braz Teixeira, *Princípios de Direito Fiscal*, cit., p. 135 e ss.; D. Leite de Campos, «Interpretação das normas fiscais», *cit.*, p. 24 e s.; K. Tipke/J. Lang, *Steuerrecht*, cit., p. 204 e ss.; G. Casado Ollero/R. Falcon y Tella/C. Lozano Serrano/E. Simon Acosta, *Cuestiones Tributarias Praticas*, cit., p. 97 e ss.; e J. Martin Queralt/C. Lozano Serrano/G. Casado Ollero/J. M. Tejerizo Lopez, *Curso de Derecho Financiero y Tributario*, cit., p. 184 e ss., e com uma posição crítica face à proibição da analogia, Cecília Xavier, *A Proibição da Aplicação Analógica da Lei Fiscal no Âmbito do Estado Social de Direito*, Coimbra, 2006.

as operações com instrumentos financeiros derivados quando se verifique desfasamento entre a substância e a forma das mesmas (art. 49º, nº 10).

Todavia, devemos acrescentar a este respeito, nem todas estas disposições podem ser tidas por cláusulas anti-abuso, pois, pelo menos algumas delas, como as dos arts. 65º e 66º do CIRC, limitam-se a estabelecer presunções a afastar através do procedimento do art. 64º do CPPT[143]. O que terá estado na base de este procedimento ter sido limitado à aplicação da cláusula geral pela LOE/2012 que, em conformidade, alterou o art. 63º do CPPT.

Por seu lado, quanto à cláusula geral anti-abuso, ela foi introduzida em 1999, com esta formulação, primeiro no art. 32º-A do CPT e, depois, no nº 2 do art. 38º da LGT: "são ineficazes os actos ou negócios jurídicos quando se demonstre que foram realizados com o único ou principal objectivo de redução ou eliminação dos impostos que seriam devidos em virtude de actos ou negócios jurídicos de resultado económico equivalente, caso em que a tributação recai sobre estes últimos".

Todavia, a Lei nº 30-G/2000, veio dar ao referido preceito da LGT uma nova redacção. Por isso, a cláusula geral anti-abuso passou a ter a seguinte formulação: "são ineficazes no âmbito tributário os actos ou negócios jurídicos essencial ou principalmente dirigidos, por meios artificiosos ou fraudulentos e com abuso das formas jurídicas, à redução, eliminação ou diferimento temporal de impostos que seriam devidos em resultado de factos, actos ou negócios jurídicos de idêntico fim económico, ou à obtenção de vantagens fiscais que não seriam alcançadas, total ou parcialmente, sem utilização desses meios, efectuando-se então a tributação de acordo com as normas aplicáveis na sua ausência e não se produzindo as vantagens fiscais referidas".

Duas notas a tal respeito. Em primeiro lugar, a consagração de uma cláusula geral anti-abuso compreende-se em princípio, pois estamos num momento em que se torna cada vez mais necessário dar poderes à administração tributária, sobretudo em segmentos da tributação como o paradigmático exemplo dos rendimentos das aplicações financeiras, cujos mercados são cada vez mais dominados pela desregulação legal, pela desintermediação e consequentes instrumentalização e titularização (através da menor intervenção dos

[143] Como, de resto, o reconhece a doutrina – v., por todos, RUI D. MORAIS, *Imputação de Lucros de Sociedades não Residentes Sujeitas a um Regime Fiscal Privilegiado. Controlled Foreign Companies. O Art. 60º do CIRC*, Porto, 2005, p. 159 e ss., e *infra*, nº 33.2. Sobre a problemática aqui versada v. também HELENO TORRES, *Direito Tributário e Direito Privado. Autonomia Privada, Simulação, Elusão Tributária*, cit., p. 173 e ss.

bancos e estabelecimentos financeiros e da sua maior incorporação em títulos negociáveis) e, bem assim, pela internacionalização[144].

Concordamos, por isso, em princípio, com a adopção de uma cláusula geral contra a evasão e fraude fiscais. Na verdade, reconhecemos que a luta contra as múltiplas e imaginativas formas, que tais fenómenos apresentam, muito dificilmente poderá ser levada a cabo com êxito pelo legislador através de uma casuística previsão de múltiplas e diversificadas cláusulas especiais, num autêntico jogo do gato e do rato. O que foi reconhecido pela União Europeia ao integrar nas medidas de combate à elisão fiscal da Directiva nº 2016/1164/UE, de 12 de Julho, a exigência de os sistemas fiscais dos Estados membros preverem regras gerais para combater as práticas fiscais abusivas que não tenham sido objeto de disposições específicas.

Embora tenhamos inteira consciência de que o resultado pretendido possa ser atingido por outras vias, como o demonstram as técnicas anglosaxónicas de génese jurisprudencial assentes nos princípios do *substance over form*, *business puropose test* e *tax driven transaction*. Assim como, numa perspectiva prática, nos interroguemos sobre a necessidade da introdução, no momento em que o foi, de uma tal cláusula. Pois ela acabou por ser adoptada poucos anos após a introdução no CIRC da maioria das assim chamadas cláusulas especiais anti-abuso. É que, não nos podemos esquecer, uma tal cláusula, independentemente da concepção que a seu respeito se perfilhe e do recorte jurisprudencial ou legal que a suporte, tem sempre natureza claramente excepcional[145].

[144] Sobre uma tal cláusula, v. Gustavo L. Courinha, *A Cláusula Anti-Abuso no Direito Tributário. Contributo para a sua Compreensão*, Coimbra, 2004; Marcelo C. Cavali, *Cláusulas Gerais Antielusivas: Reflexões acerca de sua Conformidade Constitucioal em Portugal e no Brasil*, Coimbra, 2007; Alexandra C. Martins, *A Admissibilidade de uma Cláusula Geral Anti-Abuso em sede de IVA*, Coimbra, 2007; e Pedro Menezes Cordeiro, *A Maioridade de Cláusula Geral Antiabusivo: Análise Crítica e Dinâmica do seu Estado Evolutivo*, AAFDL, Lisboa, 2017..

[145] Para o problema em geral, tendo em conta a situação em Espanha, onde uma tal cláusula já tem uma longa vigência, muito embora a nova *Ley General Tributária*, em vigor desde Julho de 2004, a configure não como "fraude à lei", mas como um "conflito na aplicação da norma tributária" v.: para a situação anterior e por todos, G. Casado Ollero/R. Falcon y Tella/C. Lozano Serrano/E. Simon Acosta, *Cuestiones Tributarias Praticas*, cit., p. 105 e ss.; e para a situação actual, a monografia de César Garcia Novoa, *La Cláusula Antielisiva en la Nueva LGT*, Madrid, 2004, e J. Martin Queralt/C. Lozano Serrano/G. Casado Ollero/J. M. Tejerizo Lopez, *Curso de Derecho Financiero y Tributario*, cit., p. 186 e ss.. Sobre a evasão e fraude fiscais, tendo em conta sobretudo as diversas disposições do CIRC, v. também L. M. T. Menezes Leitão, «A evasão e a fraude fiscais face à teoria da interpreta-

Mas concordar com uma cláusula geral anti-abuso, não significa concordar com uma cláusula com o teor da referida versão originária, pois uma cláusula com tal amplitude, justamente porque se revela demasiado aberta, deixava à administração tributária poderes excessivamente amplos. Poderes que, a serem exercidos nesses precisos termos, se arriscavam a violar a livre disponibilidade económica dos indivíduos e empresas decorrente do princípio do Estado fiscal. Efectivamente, das duas uma: ou pura e simplesmente a administração tributária não ousava utilizar tais poderes, até por não saber os exactos termos em que podia exercê-los ou, utilizava-os em toda a sua plenitude, liquidando de vez a liberdade de conformação que cabe aos contribuintes, bloqueando, por conseguinte, todas as hipóteses de planeamento fiscal que integram essa liberdade.

Com efeito, podendo a administração tributária considerar ineficazes, em sede do direito fiscal que os contribuintes pretendiam ver aplicado, *todos e quaisquer actos ou negócios jurídicos* realizados pelas empresas com o único ou principal objectivo de redução ou eliminação dos impostos, abria-se a enorme porta por onde certamente podia passar a generalidade dos actos e negócios jurídicos das empresas. Pois estas, numa gestão económica correcta, não podem deixar de ter presente o aspecto fiscal, optando pelas actuações que impliquem menores custos fiscais.

Para além de que, numa tal formulação, a cláusula geral anti-abuso alinhava por um particularismo ou realismo do direito fiscal que levava ao triunfo da "razão fiscal", a qual, ao deformar a disciplina dos impostos com o pretexto das exigências do controlo reclamado pelo Fisco em nome da luta contra a evasão e fraude fiscais, conduzia a um acentuado desequilíbrio a favor desse interesse fiscal, em prejuízo portanto da justa repartição dos encargos públicos[146].

ção da lei», «Evasão e fraude fiscal internacional», e «A introdução na legislação portuguesa de medidas destinadas a reprimir a evasão fiscal internacional: o Decreto-Lei nº 37/95, de 14 de Fevereiro», em *Estudos de Direito Fiscal*, Coimbra, 1999, respectivamente, p. 9 e ss., 117 e ss. e 161 e ss., e Carlos Santos, «A situação da fraude fiscal em Portugal e perspectivas para o seu controlo», e «As políticas de combate à fraude e evasão fiscais», em *Da Questão Fiscal à Reforma da Reforma Fiscal*, cit., p. 245 e ss. e 297 e ss.

[146] Justa repartição em relação à qual aquela luta, levada a cabo com peso e medida, não deixa de ser uma segunda frente, pois, não há justa repartição dos encargos fiscais que resista à evasão e fraude fiscais. Quanto ao mencionado particularismo ou realismo do direito fiscal, v. os nossos *Contratos Fiscais*, cit., p. 260 e s e 282, e A. Fantozzi, *Dirittto Tributario*, cit., p. 8 e ss. Por seu turno, relativamente à cláusula geral anti-abuso enquanto expressão de limites ao planeamento fiscal, v. a desenvolvida obra de J. L. Saldanha Sanches, *Os Limites do Pla-*

Pois bem, parece-nos que do princípio do Estado fiscal deriva a liberdade de as empresas escolherem as formas de actuação menos onerosas possíveis do ponto de vista fiscal. E numa tal liberdade integram-se também as possibilidades de praticar actos ou celebrar negócios jurídicos com o principal ou mesmo único objectivo de reduzir ou eliminar impostos, conquanto que esta opção não seja veiculada através da utilização de meios ou instrumentos insólitos ou de todo inadequados ao objectivo ou objectivos económicos pretendidos. Na verdade, só em tais casos será viável e legítimo o recurso a uma cláusula geral de luta contra a evasão e fraude fiscais. Uma cláusula, que convenhamos, deve ter sobretudo uma função preventiva e pedagógica, uma eficácia que previna mais do que remedeie.

Por conseguinte a formulação da cláusula geral anti-abuso da Lei nº 30-G//2000, justamente porque veio precisar os contornos das situações em que a administração tributária pode alhear-se da configuração jurídica dada aos factos tributários pelos contribuintes, tributando-os pelos factos tributários que estes justamente pretenderam evitar, parece estar mais próxima do que deve ser uma cláusula desse género apesar da excessiva extensão e complexidade do seu texto.

Para além de não podermos esquecer as importantes garantias para os contribuintes concretizadas no procedimento que a administração tributária tem de seguir na aplicação da cláusula anti-abuso. Com efeito, nos termos do art. 63º do CPPT, a liquidação de qualquer imposto com base na cláusula anti-abuso, depende da abertura de um procedimento próprio. Um procedimento cuja tramitação e requisitos asseguram importantes garantias aos contribuintes. Pois, embora um tal procedimento possa ser aberto no prazo de três anos após a realização do acto ou a da celebração do negócio jurídico objecto da aplicação da cláusula anti-abuso, exige-se que: 1) o contribuinte seja ouvido no prazo de 30 dias após a sua notificação, por carta registada; 2) a aplicação da cláusula anti-abuso seja prévia e obrigatoriamente autorizada pelo dirigente máximo do serviço ou pelo funcionário em quem tiver delegado essa competência, sendo uma tal autorização, de resto, passível de recurso contencioso autónomo; 3) a decisão de aplicação da cláusula anti-abuso seja especialmente fundamentada, devendo a mesma conter, os elementos constantes do nº 3 do referido art. 63º.

neamento Fiscal, Coimbra, 2007, e César García Novoa, *La Cláusula Antielisiva y la Nueva Ley General Tributaria*, Marcial Pons, Madrid, 2004.

A título complementar, é de referir que tanto a cláusula geral anti-abuso, como as cláusulas especiais com destaque para a do nº 10 do art. 73º do Código do IRC, vêm sendo aplicadas pela administração tributária. Uma aplicação que, tendo sido objecto de impugnação, vem colhendo o suporte da própria jurisdição tributária[147].

21. A eficácia das normas jurídico-fiscais

21.1. A eficácia temporal

A eficácia temporal das normas jurídico-fiscais, como a de quaisquer outras normas jurídicas, reconduz-se a três problemas, a saber: o do início da vigência das normas fiscais, a cessação da vigência das normas fiscais e a sucessão das normas fiscais no tempo. Porque não assumem no direito fiscal qualquer especificidade os dois primeiros problemas, vamos limitar-nos aqui ao terceiro.

Pois bem, o direito dos impostos rege-se pelo princípio *constitucional* e *legal* da não retroactividade. Este, como decorre do que dissemos, apresenta dois níveis: o nível constitucional e o nível legal. A *nível constitucional*, impõe o art. 103º, nº 3, da CRP a proibição de impostos retroactivos, pelo que o legislador está impedido de criar ou aumentar retroactivamente os impostos. Tradicionalmente reconduzido a um aspecto do princípio da segurança jurídica, ao princípio da protecção da confiança ínsito na ideia do Estado de direito democrático, a proibição de impostos retroactivos tem agora este suporte constitucional autónomo.

Enquanto *princípio geral de direito*, ou princípio de nível legal, que tem por destinatários, não o legislador, mas os operadores jurídicos concretos (juiz, administração e particulares), dispõe agora de uma concretização específica

[147] Para as primeiras aplicações pelos tribunais da cláusula geral anti-abuso, v. os acórdãos do TCA Sul de 5 de Fevereiro de 2011 (Proc. 04255/10) e de 31 de Janeiro de 2012 (Proc. 5105/11). O que dizemos para a cláusula especial anti-abuso do nº 10 do art. 73.º do Código do IRC, vale para a cláusula especial constante do art. 1º da Directiva sociedades mães / sociedades afiliadas, resultante da redacção da Directiva 2015/121/UE do Conselho, de 27 de Janeiro, em que se prescreve que os Estados-Membros não devem conceder os benefícios dessa directiva quando se trate de uma montagem ou série de montagens que, tendo sido posta em prática com a finalidade principal ou uma das finalidades principais de obter uma vantagem fiscal, fruste o objecto ou a finalidade da referida directiva, não sendo genuína por não ter em conta todos os factos e circunstâncias relevantes. Uma montagem, que podendo ser constituída por mais de uma etapa ou parte, não será genuína na medida em que não seja posta em prática por razões comerciais válidas que reflictam a realidade económica.

em sede do direito fiscal. Consta ela do art. 12º da LGT que prescreve: 1 – As normas tributárias aplicam-se aos factos tributários posteriores à sua entrada em vigor, não podendo ser criados impostos retroactivos[148]; 2 – Se o facto for de formação sucessiva, a lei nova só se aplica ao período decorrido a partir da sua entrada em vigor; 3 – As normas sobre o procedimento e processo são de aplicação imediata, sem prejuízo das garantias, direitos e interesses legítimos anteriormente constituídos dos contribuintes; 4 – Não são abrangidos pelo disposto no número anterior as normas que, embora integradas no processo de determinação da matéria tributável, tenham por função o desenvolvimento das normas de incidência tributária".

O que significa que, em direito fiscal, o princípio da aplicação imediata da lei nova aos procedimentos e processos em curso, comporta duas importantes excepções, uma vez que ela não se aplica, de um lado, se afectar garantias, direitos ou interesses legítimos anteriormente constituídos dos contribuintes e, de outro, se se tratar de normas que, embora respeitantes ao procedimento de determinação da matéria tributável, tenham por função o desenvolvimento de normas de incidência tributária.

Por seu lado, quanto às normas relativas a prazos, estabelece o art. 5º do DL nº 398/98 (que aprovou a LGT, em que foram encurtados os prazos gerais da prescrição, de dez para oito anos, e da caducidade, de cinco para quatro anos), a aplicação do art. 297º do Código Civil[149]. Muito embora este preceito se aplique apenas à prescrição e com duas importantes excepções: uma, respeitante aos impostos já abolidos à data da entrada em vigor da LGT (1 de Janeiro de 1999), aos quais passaram a aplicar-se os novos prazos de prescrição independentemente das suspensões e interrupções do prazo (nº 2 desse

[148] Proibição esta que parece dirigir-se ao próprio legislador. Mas, na medida em que pretenda dirigir-se a este, é uma disposição totalmente inoperacional, pois o legislador não pode impor proibições jurídicas ao legislador (constituindo aquelas em que haja essa intenção meras injunções políticas, sejam auto-injunções – da AR ou do Governo a si próprios – ou hetero-injunções – da AR ao Governo em caso de matéria legislativa concorrente). O legislador está efectivamente proibido de editar impostos retroactivos, mas é porque a Constituição o prescreve.

[149] Em que, recorde-se, se prescreve nos n.os 1 e 2, os únicos que aqui interessam: "1 – A lei que estabelecer, para qualquer efeito, um prazo mais curto do que o fixado na lei anterior é também aplicável aos prazos que já estiverem em curso, mas o prazo só se conta a partir da entrada em vigor da nova lei, a não ser que, segundo a lei antiga, falte menos tempo para o prazo se completar. 2 – A lei que fixar um prazo mais longo é igualmente aplicável aos prazos que já estejam em curso, mas computar-se-á neles todo o tempo decorrido desde o momento inicial".

art. 5º); outra, respeitante ao prazo máximo da contagem dos juros de mora relativos aos regimes excepcionais de pagamento em prestações em vigor (nº 3 desse art. 5º).

Já quanto à caducidade do direito de liquidação dos tributos e da revisão dos actos tributários, o novo prazo aplica-se aos factos tributários ocorridos a partir de 1 de Janeiro de 1998 (nº 5 desse mesmo art. 5º).

21.2. A eficácia espacial

A eficácia espacial das normas rege-se tradicionalmente pelo chamado *princípio da territorialidade*. Segundo o seu entendimento clássico, as leis tributárias apenas se aplicam aos factos ocorridos no território da ordem jurídica a que pertencem, independentemente portanto de outras características que eventualmente possam ocorrer na situação em causa, como a nacionalidade, o domicílio ou a residência do sujeito passivo.

A territorialidade tem assim um vector negativo e um vector positivo. Segundo o primeiro, as leis estrangeiras não se aplicam no território do país da causa ou, por outras palavras, os órgãos de aplicação do direito de cada Estado apenas aplicam as suas próprias normas tributárias, jamais podendo desencadear a produção de efeitos previstos em leis tributárias estrangeiras. Nos termos do segundo, as leis tributárias internas aplicam-se no território nacional, de modo generalizado, inclusivamente aos que não são nacionais desse Estado, isto é, aos estrangeiros[150].

Tradicionalmente o princípio da territorialidade referia-se à conexão com o território de elementos de carácter real ou objectivo dos factos tributários, como o local da situação dos bens, o local do exercício de uma actividade, o local da fonte de produção ou pagamento de um rendimento, o local do estabelecimento estável, etc. Por conseguinte, rejeitava a conexão com o território de elementos de carácter pessoal ou subjectivo, diversos da nacionalidade, como a sede, o domicílio ou a residência do contribuinte.

Todavia, a progressiva internacionalização da economia, a crescente desmaterialização dos pressupostos de facto dos impostos e a tendência para a personalização da tributação conduziram a que as legislações internas e as

[150] V., nestes precisos termos, Alberto Xavier, *Direito Tributário Internacional*, cit., p. 22 e ss., autor que aqui seguimos de perto. V. também M. H. Freitas Pereira, *Fiscalidade*, cit., p. 221 e ss., e Fernando Serrano Antón, «Los principios básicos de la fiscalidad y los convenios para evitar la doble imposición internacional: historia, tipos, fines, estructura y aplicación», *cit.* p. 137 e ss.

convenções internacionais elegessem como elementos relevantes de conexão com o território já não aspectos objectivos ou reais, mas elementos subjectivos diversos da nacionalidade, como a sede, o domicílio ou a residência do contribuinte.

Isto mesmo está, a seu modo, consagrado no art. 13º da LGT, em que se prescreve: "1 – Sem prejuízo de convenções internacionais de que Portugal seja parte e salvo disposição legal em contrário, as normas tributárias aplicam-se aos factos que ocorram em território nacional; 2 – A tributação pessoal abrange ainda todos os rendimentos obtidos pelo sujeito passivo com domicílio, sede ou direcção efectiva em território português, independentemente do local onde sejam obtidos".

Ora, cá temos no nº 1 o princípio da *territorialidade objectiva* ou real, e no nº 2 o princípio da *territorialidade pessoal* ou subjectiva. A LGT tem, assim, por base um entendimento do princípio da territorialidade que não se limita ao seu sentido tradicional ou clássico de territorialidade objectiva ou real, antes integra também o seu sentido mais moderno de territorialidade pessoal ou subjectiva. Isto para além de um tal princípio dever valer sem prejuízo, seja das convenções internacionais celebradas por Portugal, seja das disposições legais em contrário, como são os arts. 15º do CIRS, 4º do CIRC e 2º, 6º, e 13º a 15º do CIVA.

Tendo em conta os diversos tipos de impostos, vejamos agora quais os elementos de conexão relevantes que, do ponto de vista do direito internacional, se apresentam legítimos em cada um desses tipos, ou seja, em sede dos impostos sobre o rendimento, dos impostos sobre o património e dos impostos sobre o consumo.

Pois bem, pelo que respeita aos *impostos sobre o rendimento*, os elementos de conexão legítimos são a residência do beneficiário do rendimento e o local da produção do rendimento. O primeiro conduz, por via de regra, à tributação do rendimento global do contribuinte, sem ter em conta as suas origens e as fronteiras, ou seja, convoca o princípio da universalidade ou do rendimento mundial (*world wide income principle*), como acontece relativamente aos residentes nos impostos pessoais sobre o rendimento. O segundo, por seu turno, leva a uma tributação limitada dos rendimentos produzidos no território, como ocorre, em regra, no respeitante à tributação dos não residentes, ou seja, implica a aplicação do princípio da territorialidade (*source principle*)[151].

[151] ALBERTO XAVIER, *Direito Tributário Internacional*, cit., p. 226 e ss., e RUI D. MORAIS, *Imputação de Lucros de Sociedades não Residentes Sujeitas a um Regime Fiscal Privilegiado*, cit., p. 93 e ss.

Também em sede da *tributação do património*, se apresentam como elementos de conexão legítimos dois elementos: a residência do proprietário ou titular dos bens patrimoniais e o lugar da situação dos mesmos. Todavia, como facilmente se compreenderá, no domínio dos impostos sobre o património, sejam impostos sobre o património detido, sejam impostos sobre as transmissões do património, tem aplicação importante o princípio da *lex rei sitae*, a lei do local da situação dos bens patrimoniais, uma regra cuja aplicação será praticamente inevitável em sede da tributação do património imobiliário.

É esta, aliás, a regra do nosso direito interno, no respeitante à tributação em IS e em IRC das transmissões gratuitas, os impostos que aqui devemos convocar. Com efeito, neste domínio, em que o Estado português não celebrou até ao momento qualquer CDT, rege o art. 4º, nºs 3 e 4, do CIS, e o art. 4º, nº 3, al. *e)*, nº 1), do CIRC, os quais, pautando-se por um estrito princípio da territorialidade, adoptaram como elemento de conexão o *locus rei sitae* em tais termos que o IS e o IRC apenas atingem os bens situados no território nacional, seja qual for a nacionalidade ou o domicílio do *de cujus*, do doador, do herdeiro, do legatário ou do donatário.

Todavia, o Modelo de Convenção, elaborado pela OCDE em 1982, de dupla tributação relativo às sucessões e doações, adoptou como regra geral, no concernente à transmissão de bens móveis, o princípio do domicílio do *de cujus* ou do doador[152].

Finalmente, em sede dos *impostos sobre o consumo*, os elementos de conexão são a origem ou o destino dos bens transaccionados. A regra, a este respeito, é a de que os impostos sobre o consumo devem ser lançados no país do consumo, revertendo assim em benefício dos Estados em que são consumidos os bens sobre que incidem. Regra que, aplicada à prestação de serviços, conduz a que estes sejam tributados onde são materialmente executados.

Daí que, no país de origem, em que o bem foi produzido, se proceda em geral à isenção com restituição ou isenção do imposto no momento da exportação, verificando-se a primeira modalidade, a isenção com restituição, em impostos do tipo IVA, e a segunda, a isenção, em impostos monofásicos como os IEC.

É também pelo princípio do destino que se continuam a reger as transacções intracomunitárias, muito embora tenha sido planeada, para entrar em vigor no início de 1997, a sua substituição pelo princípio da origem, como se

[152] Cf. ALBERTO XAVIER, *Direito Tributário Internacional*, cit., p. 237 e s. e 259 e s.

impunha a partir da abolição das fronteiras físicas em 1993. Todavia, essa proposta de regime definitivo de IVA nas transacções intracomunitárias, suportada por um documento apresentado pela Comissão da União Europeia em Julho de 1996 e caracterizada pela tributação de todas as operações económicas no Estado membro onde o sujeito passivo se encontrasse registado para efeitos de IVA, independentemente portanto do local onde fossem efectuadas as operações, não foi adoptada.

Uma situação que tem por base sobretudo a oposição dos Estados membros economicamente mais fracos, os quais, estando fortemente dependentes da aquisição de bens e serviços produzidos nos outros Estados membros ou, o que é a mesma coisa, sendo "importadores" líquidos, sofreriam uma significativa perda de receitas provenientes do IVA, se este passasse a ser cobrado no país da origem. Por isso, a passagem da tributação do IVA para o país da origem nas transacções intracomunitárias chegou a ser acompanhada por propostas que contemplavam uma solução financeira para a distribuição das receitas do IVA entre os Estados, de modo a assim serem compensados os Estados economicamente mais fracos pela perda de receita provocada por uma tal solução. Uma solução que não era isenta de dificuldades derivadas, desde logo, da diversidade de taxas do IVA praticados pelos Estados membros[153].

Naturalmente que o que acabamos de dizer, no respeitante às conexões relevantes *iure gentium* em cada tipo de imposto, foi feito com uma ressalva. Com a ressalva de a conexão convocada não configurar um *abuso de conexão* (*excess of jurisdiction*)[154], que se verificará quando um Estado pretenda tributar situações que com ele não têm qualquer conexão ou têm conexões de todo desrazoáveis, o que é proibido pelo direito internacional, nem um *abuso de convenções* (*treaty shopping*), que ocorrerá quando alguém que não é residente em qualquer dos Estados partes de uma CDT, sendo portanto residente num terceiro Estado, desloca a sua residência para um daqueles Estados com o único propósito de beneficiar do regime mais favorável da convenção, do

[153] Cf. Alberto Xavier, *Direito Tributário Internacional*, cit., p. 246 e ss. Quanto à adopção de um regime comum em sede da tributação das transacções intracomunitárias e, bem assim, da referida solução financeira, v., por todos, Arlindo N. M. Correia, «O sistema comum de IVA na União Europeia: um sistema de IVA adaptado às exigências do mercado único», *Fisco*, 80-81, 1997, p. 41 e ss., e o documento «Um sistema comum de IVA. Programa para o mercado único», *Idem*, p. 97 e ss.

[154] *Völkerrechtliche Missbrauchverbot*, em alemão.

qual, de outro modo, não beneficiaria[155]. Uma prática que vem sendo prevenida nas próprias CDT.

Mas sendo legítimo, do ponto de vista do direito internacional, convocar diferentes elementos de conexão relativamente ao mesmo tipo de imposto, então estamos confrontados com o problema da dupla tributação. Situação relativamente à qual se impõe dizer alguma coisa, designadamente no respeitante à tributação do rendimento, seja quanto à noção de dupla tributação, seja quanto aos métodos utilizados para a sua eliminação ou atenuação[156].

Pois bem, a dupla tributação configura uma situação de concurso de normas, isto é, uma situação em que o mesmo facto tributário se integra na hipótese de incidência de duas normas tributárias diferentes, o que implica, de um lado, a identidade do facto tributário e, do outro, a pluralidade de normas tributárias. Como requisito da identidade do facto tributário, costuma exigir-se a *regra das quatro identidades*, ou seja, a identidade do objecto, a identidade do sujeito, a identidade do período da tributação e a identidade do imposto.

Quatro observações a este propósito. Uma primeira, para referir que há quem entenda que a identidade do sujeito não é exigida, bastando-se assim a dupla tributação com as restantes três identidades. Todavia, a posição que colhe maior adesão é a que distingue entre a *dupla tributação jurídica*, em que essa identidade está presente, da *dupla tributação económica* (ou sobreposição de impostos), em que essa identidade está ausente, verificando-se justamente esta última na tributação dos dividendos que são tributados em IRC enquanto rendimento da sociedade e em IRS (ou IRC) enquanto rendimento distribuído aos sócios.

Uma segunda, para assinalar que a identidade do período de tributação apenas releva em sede dos impostos periódicos, como é o caso dos impostos sobre o rendimento e dos impostos sobre o património detido, não se aplicando, por conseguinte, aos impostos sobre a transmissão de bens ou sobre o consumo. Pois, neste o que releva é a identidade do objecto, ou seja, da transmissão do bem ou da mercadoria.

[155] Cf. ALBERTO XAVIER, *Direito Tributário Internacional*, cit., p. 401, 406 e 482 e ss.

[156] V., desenvolvidamente, ALBERTO XAVIER, *Direito Tributário Internacional*, cit., p. 31 e ss. e 746 e ss.

Uma terceira, para chamar a atenção para o facto de que, tanto no respeitante à identidade do sujeito, como no respeitante à identidade do imposto, não nos devemos guiar por rígidos critérios formais, considerando que as mesmas se verificam sempre que haja uma identidade substancial. Por exemplo, no respeitante à identidade do imposto, o que é necessário é que dos aspectos materiais e bases de cálculo ou de outras características resulte uma analogia substancial.

Finalmente, uma quarta observação, para aludir à distinção importante entre *dupla tributação internacional* e *dupla tributação interterritorial*. Verifica-se a primeira quando um facto tributário está em conexão com dois ou mais ordenamentos tributários distintos pertencentes a Estados soberanos. Por seu lado, verifica-se a segunda quando um facto tributário está em conexão com dois ou mais ordenamentos tributários distintos pertencentes a espaços fiscais diferentes dentro do mesmo território soberano.

De referir é, a este respeito, a solução específica da dupla tributação interterritorial, em que o poder central pode impor a adopção de regras tendentes a eliminar a dupla tributação, decorra essa imposição de normas constitucionais, da legislação ordinária ou mesmo de decisões do poder judiciário[157].

Por sua vez, quanto aos *métodos* utilizados para eliminar ou atenuar a dupla tributação, vamos referir-nos apenas à dupla tributação do rendimento. Com efeito, este, como vimos, pode ser tributado tanto no Estado da fonte do rendimento como no Estado da residência do seu titular, sendo certo que, de acordo com o *ius gentium*, incumbe ao Estado da residência, porque tem legitimidade para tributar a globalidade dos rendimentos dos seus residentes, o ónus de eliminar ou atenuar a dupla tributação daí decorrente.

E quais são os métodos de que o Estado da residência dispõe para se desincumbir desse ónus?

Pois bem, dois são os métodos principais para eliminar ou atenuar a dupla tributação do rendimento no Estado da residência: o método da isenção e o método da imputação ou do crédito de imposto, como constam, de resto dos arts. 23º-A e 23º-B do Modelo de Convenção da OCDE. O método da isenção conhece duas modalidades: a *isenção integral*, se o rendimento de fonte externa

[157] Para maiores desenvolvimentos, v. Alberto Xavier, *Direito Tributário Internacional*, cit., p. 37 e s.

não é tido em consideração seja para que efeito for em sede da tributação dos rendimentos de fonte interna; e *a isenção com progressividade*, se o rendimento de fonte externa é tomado em consideração, juntamente com os de fonte interna, para efeitos de determinação da taxa progressiva aplicável ao rendimento global (de fonte interna). Método aplicável apenas a impostos sujeitos a taxas progressivas, como é a regra dos impostos sobre o rendimento pessoal.

Também o método da imputação ou do crédito de imposto (*tax credit*) conhece duas modalidades principais: a *imputação integral*, se o Estado da residência deduz o montante total do imposto estrangeiro, isto é, o imposto efectivamente pago no país da origem do rendimento; e a *imputação ordinária*, se o Estado da residência limita a dedução à fracção do seu próprio imposto correspondente aos rendimentos provenientes do país da fonte. É este método o que tem sido adoptado, em geral, pelo nosso direito, seja enquanto solução do direito interno, nos termos do art. 81º do CIRS e dos arts. 91º e 91º-A do CIRC, seja nas convenções internacionais para evitar a dupla tributação concluídas por Portugal.

Uma solução que comporta, todavia, excepções no sentido do método da isenção, seja em sede o IRS, em que temos uma excepção com alcance limitado, pois reporta ao regime dos chamados residentes não habituais em Portugal, no quadro do qual estes podem optar pelo método da isenção com progressividade, seja em sede do IRC, em que, na sequência da reforma de 2014, se adoptou o método da isenção ou da *participation exemption* relativamente aos lucros e reservas distribuídos a sociedades residentes em território português quando estas detenham uma participação qualificada (de 10% detida durante o ano anterior) de sociedades ou entidades que distribuem os lucros, nos termos do disposto nos arts. 51º e seguintes. do CIRC.

Por conseguinte, pode ser adoptado o *método da isenção com progressividade* relativamente a rendimentos de fontes estrangeira obtidos por residentes não habituais em Portugal, no quadro do regime especial em IRS criado para estes contribuintes constante do art. 81º, nºs 4 a 9, do CIRS[158]. Assim, no quadro deste regime especial, relativamente aos rendimentos de fonte estrangeira obtidos por residentes não habituais em Portugal, pode optar-se pelo método da isenção com progressividade desde que os mesmos sejam tributados no outro Estado contratante, em conformidade com convenção celebrada por Portugal, ou, nos casos em que não exista convenção, desde que esses ren-

[158] V. também os arts. 16º, nºs 8 a 12, e 22º, nºs 4 e 7, do Código do IRS.

dimentos, pelos critérios previstos no artigo 18º, nº 1, do Código do IRS, não sejam de considerar obtidos em território português.

Por seu turno, no respeitante ao método da isenção ou da *participation exemption*, é de assinalar que este se aplica, nos termos do nº 1 do art. 51º do CIRS, aos lucros e reservas distribuídos a sujeitos passivos de IRC com sede ou direcção efectiva em território português, não concorrendo assim para a determinação do lucro tributável, desde que se verifiquem diversos requisitos, entre os quais sobressaem: 1) o sujeito passivo detenha directa ou directa e indirectamente, uma participação não inferior a 10% do capital social ou dos direitos de voto da entidade que distribui os lucros ou as reservas; 2) a participação referida tenha sido detida, de modo ininterrupto, durante o ano anterior à distribuição ou, se detida há menos tempo, seja mantida durante o tempo necessário para completar aquele período. Requisitos estes que, todavia, não são exigidos às sociedades de desenvolvimento regional, sociedades de investimento e sociedades financeiras de corretagem.

Voltando ao método da imputação ou do crédito de imposto é de referir que este conhece outras modalidades para além das duas referidas, designadamente duas mais frequentes que têm por objectivo de evitar que as medidas de desoneração fiscal, praticadas pelos países em vias de desenvolvimento para atrair o investimento estrangeiro, redundem em proveito do tesouro dos países desenvolvidos, que são os países da residência ou sede dos investidores. Trata-se, por um lado, do chamado *crédito de imposto fictício* (*tax sparing credit*), em que o Estado da residência não deduz o imposto efectivamente pago no país da origem dos rendimentos, mas o imposto que teria sido pago não fosse a circunstância de aí tais rendimentos serem objecto de benefício fiscal ou de isenção. O que assegura uma estrita neutralidade, uma vez que o investidor não é objecto de qualquer benefício fiscal no Estado da residência ou sede, mas tão só no Estado da fonte dos rendimentos.

E, por outro lado, trata-se do chamado *crédito de imposto presumido* (*matching credit*), em que o Estado da residência deduz, por força de convenção internacional ou de disposição interna, um montante superior ao do imposto correspondente à taxa normal de retenção na fonte em vigor no país da origem dos rendimentos. O que traduz a atribuição de um verdadeiro benefício fiscal também por parte do país da residência. Ou seja, o investidor acaba por ser objecto de um duplo benefício fiscal, já que ao benefício do Estado da fonte dos rendimentos se soma o benefício do Estado da residência.

Acrescente-se que tanto o crédito de imposto fictício como o crédito de imposto presumido foram adoptados por alguns países nas convenções com Portugal, mas sem que este consagrasse a reciprocidade. Uma solução que se justificava dado o relativo atraso económico de Portugal, que hoje já se não verifica. Por isso já não tem razão de ser a subscrição dessa cláusula por parte dos outros Estados em CDT com Portugal.

Aliás, em contrapartida, justifica-se a adopção do crédito de imposto fictício ou do crédito de imposto presumido por parte de Portugal em CDT com países com um nível de desenvolvimento económico consideravelmente inferior. Nesse quadro, Portugal, durante muito tempo, apenas estabeleceu esse método na CDT com Moçambique de 1992, tendo prescrito no § 2º do seu art. 23º: a "expressão 'imposto sobre o rendimento pago na República de Moçambique' compreende qualquer importância que deveria ter sido paga como imposto moçambicano, mas que não o foi em virtude de isenção ou redução de taxa concedida por força da legislação visando o desenvolvimento económico de Moçambique, nomeadamente a promoção do investimento estrangeiro". Todavia, mais recentemente, veio alargar a previsão desse método, embora por vezes limitado a sua aplicação a um período de tempo (regra geral de 10 anos) ou não o aplicando a todos os rendimentos. Assim, esse método figura nas CDT de Portugal com a Argélia, Cabo Verde, China, Coreia, Guiné-Bissau, Macau, Malta, Moçambique e Tunísia[159].

Métodos esses que, devemos acrescentar, se inscrevem num quadro de cooperação muito estreito e de auxílio ao desenvolvimento desses países. Aliás nesse mesmo quadro se insere, a seu modo, a isenção de impostos em ambos os países contratantes, constante dos arts. 20º das CDT com os países membros da CPLP, das remunerações recebidas em consequência de actividades de ensino ou investigação levadas a cabo por professores residentes de um Estado Contratante no outro Estado Contratante a convite de universidade ou de outra instituição de ensino ou de pesquisa científica sem fins lucrativos.

Refira-se que, embora o crédito de imposto fictício se revele importante em diversas situações, muitos países vêm contrariando a sua consagração, em virtude de ser cada vez mais aproveitado para esquemas de concorrência desleal por parte de investidores de alguns países. Também o Comité dos

[159] Para maiores desenvolvimentos, v. ALBERTO XAVIER, *Direito Tributário Internacional*, cit., p. 752 e ss.

Assuntos Fiscais da OCDE desaconselha tais cláusulas, recomendando a sua adopção em relação apenas àqueles países cujo nível de desenvolvimento seja consideravelmente inferior ao dos Estados que integram a Organização[160].

[160] V., sobre o problema, MARIA M. CORDEIRO MESQUITA, «A política convencional portuguesa em matéria de dupla tributação: contributos para uma redefinição», *cit.*, p. 387 e s.

Capítulo II
A Relação Jurídica Fiscal

22. O carácter complexo da relação jurídica fiscal

Depois de termos discorrido sobre a teoria geral das normas de direito fiscal, vejamos agora os aspectos mais significativos da teoria geral das relações jurídicas fiscais. E a primeira nota digna de menção, no respeitante à relação jurídica fiscal é, sem dúvida, a do seu carácter complexo. Uma complexidade que se analisa e revela em diversos vectores que passamos a referir[161].

22.1. A complexidade da relação jurídica fiscal

Pois bem, a complexidade da relação jurídica fiscal é visível a partir de diversos ângulos ou perspectivas. Vejamo-la a partir dos seus ângulos mais salientes, ou seja, tendo em conta os titulares (activos), os sujeitos (passivos), o conteúdo e as relações em que a mesma se analisa ou desdobra.

Quanto aos *titulares* dos diferentes poderes tributários ou das diversas titularidades activas, podemos indicar os titulares do poder tributário *stricto senso*, os titulares da capacidade tributária activa e os titulares da competência tributária. A estes podemos ainda acrescentar, a seu modo, os titulares da correspondente receita fiscal.

[161] V., por todos, J. M. Cardoso da Costa, *Curso de Direito Fiscal*, cit., p. 255 e ss.; P. Soares Martinez, *Direito Fiscal*, cit., p. 168 e ss.; A. Braz Teixeira, *Princípios de Direito Fiscal*, cit., p. 167 e ss., e K. Tipke/J. Lang, *Steuerrecht*, cit., p. 247 e ss.

Relativamente aos diversos *sujeitos* (passivos) ou titularidades passivas, encontramos o contribuinte, os substitutos, os retentores, os responsáveis fiscais, os sucessores, os suportadores económicos do imposto (em caso de repercussão) e os sujeitos passivos das múltiplas e diversificadas obrigações ou deveres acessórios. E entre estes últimos temos não só os particulares, mormente as empresas, mas também oficiais públicos como os notários, conservadores e oficiais de justiça (v. o art. 123º do CIRS), bem como profissionais liberais, cuja actividade de intermediação nas relações dos contribuintes, sobretudo das empresas, com a administração tributária, é hoje fundamental, como são os despachantes oficiais, os revisores oficiais de contas e os contabilistas certificados[162].

De destacar é o *dever de boa prática tributária* consagrado no art. 32º da LGT, nos termos do qual incumbe aos representantes das pessoas singulares e quaisquer pessoas que exerçam funções de administração em pessoas colectivas ou entes fiscalmente equiparados, o cumprimento dos deveres tributários das entidades que representam. Um dever que tem, de resto, específicas concretizações nos arts. 16º, nº 3, 22º e 23º da LGT.

A que há a acrescentar os *intermediários fiscais*, consultores fiscais e entidades financeiras, que, como prestadores de serviços, suportam a actividade de planeamento fiscal, os quais, nos termos do DL nº 29/2008, de 25 de Fevereiro, se encontram sujeitos a deveres de comunicação, informação e esclarecimento à administração fiscal relativos aos esquemas de *planeamento fiscal abusivo*[163].

No que concerne ao seu *conteúdo*, temos, ao lado da obrigação de imposto, relativa à prestação material ou principal a satisfazer pelo contribuinte, substituto, responsável, sucessor, etc., as mais diversificadas obrigações ou deveres acessórios. Diversificadas porque se traduzem quer em prestações de natureza pecuniária (como as relativas a juros compensatórios, a juros moratórios, ao agravamento da colecta em caso de reclamação ou pedido de revisão da matéria colectável infundados[164], etc.), quer em prestações de carácter formal ou prestações de *facere* a satisfazer seja pelo contribuinte, seja por terceiros.

[162] Profissionais organizados, de resto, em associações públicas, que são: a Câmara dos Despachantes Oficiais, a Ordem dos Revisores Oficiais de Contas e a Ordem dos Contabilistas Certificados.

[163] V., para além das obras referidas *supra*, na nota 6, também o Despacho nº 14592/2008, de 27 de Maio, que contém as "orientações interpretativas em matéria de esquemas de planeamento fiscal".

[164] Agravamento que pode ir até ao montante de 5% da colecta – v. os arts. 77º do CPPT e 91º, n.os 9 e 10, da LGT.

Finalmente, quanto às *relações* que se estabelecem ou *relação fiscal em sentido amplo*, é de salientar que esta se desdobra na *relação fiscal em sentido estrito* ou *relação de imposto* e em diversas relações jurídicas acessórias, sendo certo que estas nem sempre se concretizam, como na concepção clássica, em relações entre os particulares (contribuintes, substitutos, responsáveis, sucessores, etc.) e a administração tributária. Na verdade, muitas delas são relações que se desenvolvem entre os próprios particulares, como as que se traduzem no dever de reter o imposto alheio, no dever de repercutir o imposto, no direito de o sub-rogado nos direitos na Fazenda Pública satisfazer o seu crédito nos mesmos termos desta, no direito de regresso dos responsáveis tributários, etc.

Devemos acrescentar que, mesmo no que concerne à *relação fiscal em sentido estrito*, a complexidade de que vimos falando é visível. O que podemos ilustrar com uma consideração, que se impõe, relativa ao duplo papel que a estrutura orgânica constituída pela administração fiscal em sentido amplo assume no domínio dos impostos. Um duplo papel que, embora traduzido nas categorias bem conhecidas da *competência tributária* e da *capacidade tributária activa*, exige, a nosso ver, sublinhar a diversidade de poderes que essa estrutura orgânica tem em cada um desses papéis.

Na primeira dessas relações, temos uma *relação de direito administrativo* entre a Administração Tributária e o contribuinte ou sujeito passivo do imposto, uma relação de *supremacia/subordinação* em que aquela se apresenta munida do correspondente poder administrativo (um poder funcional ou poder/dever) para aplicar as leis fiscais, praticando os correspondentes actos de autoridade ou actos administrativos, isto é, os actos tributários, nos quais se incluem os próprios actos da competência da Administração Tributária no processo de execução fiscal. O que não admira, pois trata-se de actos de execução do próprio acto tributário.

Já na segunda dessas relações, temos uma *relação de direito obrigacional* entre a Fazenda Pública e o devedor do imposto, uma relação de natureza *paritária*, em que aquela não dispõe de qualquer poder de autoridade, muito embora seja titular de um direito de crédito que tem de característico, face aos direitos de crédito comuns, apresentar-se rodeado de particulares garantias.

Em correspondência com o que vimos de dizer, compreende-se a nossa preferência pelas designações de poder de liquidação (da Administração Fiscal), em vez de direito à liquidação, como é corrente nas nossas leis, e de direito (da Fazenda Pública) a ver satisfeito o seu crédito. Assim como se compreende que, ao contrário do que ocorre na segunda relação, naquela não temos, em rigor, apenas as duas partes constituídas pela Administração Tributária e pelo contribuinte ou sujeito passivo, pois a essas junta-se uma terceira parte constituída pela comunidade (dos contribuintes). Pois a relação jurídica administrativa, enquanto concretização da *relação de direito constitucional* entre o Estado, titular do poder tributário, e os contribuintes, destinatários do dever de todos contribuírem para as despesas públicas em conformidade com a sua capacidade contributiva, não pode deixar de convocar a referida comunidade para a defesa da legalidade dos actos tributários e dos actos de fiscalização suportes do mencionado dever fundamental[165].

Graficamente podemos apresentar os três tipos de relações:

relação constitucional { Estado ↕ contribuintes

relação administrativa { Administração Fiscal ↕ sujeitos passivos

relação obrigacional { Fazenda Pública ↔ devedor do imposto

No respeitante à relação obrigacional fiscal, é preciso ter em conta a distinção entre a *obrigação principal*, que tem a ver com o pagamento da dívida tributária, e as *obrigações acessórias*, que são instrumentais daquela, como decorre claramente do disposto no art. 31º da LGT, em que se dispõe que constitui obrigação principal efectuar o pagamento da dívida tributária e obrigações acessórias as que visam possibilitar o apuramento da obrigação de imposto, nomeadamente a apresentação de declarações, a exibição de documentos fiscalmente relevantes, incluindo a contabilidade ou escrita, e a prestação de informações. Quanto às obrigações ou deveres acessórios, três observações se impõem. De um lado, atendendo ao modesto tratamento que damos a esta temática e à falta de consenso ainda reinante a seu respeito, utilizamos como sinónimos as expressões obrigações acessórias e deveres

[165] No sentido desta separação de papéis, se vem pronunciando Gabriel Casado Ollero, «Tutela judicial y garantias del contribuyente en el procedimento tributario», *Estudios de Derecho Tributario em Memoria de Maria del Carmen Bollo Arocena*, Universidad del Pais Vasco, Bilbao, 1993, p. 145 e ss. (p. 151 e s.). V. também G. Falsita, *Manuale di Diritto Tributário, Parte Generale*, 5ª ed., Padova, 2005, p. 23, e o nosso estudo «Responsabilidade civil da Administração Fiscal», em *Por um Estado Fiscal Suportável*, vol. III, cit., p. 145 e ss.

acessórios[166]. Muito embora, devamos acrescentar, a legislação fiscal fale quase sempre de obrigações acessórias ou de obrigações sem mais.

De outro lado, fala-se, a este propósito, em deveres de cooperação do contribuinte para com a administração tributária, em concretização do princípio da cooperação da administração e do contribuinte – v. o art. 48º do CPPT. Todavia, tendo em conta que a relação entre o contribuinte e a administração tributária não é uma relação de natureza paritária, parece-nos mais adequada a designação de deveres de colaboração, uma terminologia que é, de resto, a utilizada no direito administrativo geral (art. 11º do CPA) e na própria LGT (art. 59º)[167].

Por último, não vamos proceder aqui a quaisquer considerações relativas às múltiplas distinções que podem fazer-se no respeitante às obrigações ou deveres acessórios no sentido amplo que esta expressão tem nas nossas leis fiscais, a não ser a brevíssima referência que se segue.

Entre as obrigações ou deveres acessórios, podem distinguir-se: 1) as obrigações ou deveres secundários, que integram, por um lado, os deveres acessórios da prestação principal que se destinam a preparar o cumprimento ou assegurar a perfeita execução da prestação e, por outro, os deveres relativos a prestações substitutivas ou complementares da prestação principal; e 2) os deveres de conduta, que têm como objectivo o regular desenvolvimento da relação de imposto e se baseiam no princípio da boa fé[168].

[166] V. L. M. Alonso Gonzalez, *Sustitutos y Retenedores en el Ordenamiento Español*, Madrid, 1992, esp. o Cap. I; os relatórios, com destaque para o relatório geral de Eusébio González, subordinados ao tema «sujeitos passivos y responsables tributarios», *XVII Jornadas Latino-americanas de Derecho Tributario*, Cartagena de Indias, Madrid, 1997; Jose M. Lago Montero, *La Sujeción a los Diversos Deberes y Obligaciones Tributarios*, Madrid, 1998, e Maria Esther Sánchez López, *Los Deberes de Información Tributaria desde la Perspectiva Constitucional*, cit., p. 93 e ss.

[167] V., sobre tais deveres, desenvolvidamente, Saldanha Sanches, *A Quantificação da Obrigação Tributária*, cit., p. 70 e ss., e *Manual de Direito Fiscal*, cit., p. 108 e 237 e ss. Quanto à preferência pela expressão colaboração à de cooperação, uma terminologia que está, aliás, na base da distinção entre contratos administrativos de colaboração e contratos administrativos de cooperação ou coordenação, v., por todos, Sérvulo Correia, *Legalidade e Autonomia Contratual nos Contratos Administrativos*, Coimbra, 1987, p. 420 e ss., e os nossos *Contratos Fiscais*, cit., p. 78 e s.

[168] V. sobre estes e outros aspectos, Saldanha Sanches, *A Quantificação da Obrigação Tributária*, cit., p. 70 e ss., e Vasco Guimarães, «A estrutura da obrigação de imposto e os princípios constitucionais da legalidade, segurança e protecção da confiança», em *Estudos em Homenagem à Dra. Maria de Lourdes Órfão de Matos Correia e Vale*, cit., p. 517 e ss. (539 e ss.).

Por isso, neste domínio vamos limitar-nos a contrapor as obrigações ou deveres acessórios, tomados no seu conjunto, à obrigação de imposto.

22.2. Ilustração das obrigações ou deveres acessórios

Para ilustrar a multiplicidade e variedade de obrigações ou deveres acessórios das relações fiscais actuais, tomemos como exemplos paradigmáticos o que se passa no IRS relativo aos rendimentos empresariais e profissionais, no IRC e no IVA, em que temos, para além da obrigação de imposto, diversas outras obrigações sejam de natureza declarativa ou comunicativa, sejam de natureza contabilística, sejam outras obrigações acessórias. Digamos alguma coisa sobre cada um destes tipos de obrigações, primeiro em relação ao IRS empresarial e profissional e ao IRC e, depois, em relação ao IVA, sendo certo que algumas dessas obrigações acessórias, como as relativas à declaração de início, de alteração ou de cessação da actividade e, bem assim, a relativa à declaração anual de informação contabilística e fiscal, uma vez cumpridas, valem tanto para a tributação do rendimento como para a tributação em IVA.

22.2.1. Em sede do IRS e do IRC

Assim e no que respeita a estes impostos, temos, em cada um dos tipos de obrigações que vamos referir, as seguintes.

I – *Obrigações declarativas*. Nesta sede, os sujeitos passivos de IRS e de IRC ou os seus representantes têm de apresentar as seguintes declarações.

a) A *declaração de início, de alterações* (no prazo de 15 dias a contar da data da alteração) e *de cessação de actividade* (no prazo de 30 dias a contar da data da cessação), a apresentar no serviço de finanças do domicílio fiscal (arts. 112º e 114º do CIRS), ou a declaração de inscrição, de alterações ou de cancelamento no registo de sujeitos passivos de IRC, a apresentar em qualquer serviço de finanças, no prazo de 90 dias a partir da data de inscrição no Registo Nacional de Pessoas Colectiva, sempre que esta seja legalmente exigida ou, no caso de o sujeito passivo estar sujeito ao registo comercial, no prazo de 15 dias a partir da apresentação a registo na Conservatória do Registo Comercial (arts. 117º, nº 1, al. *a*), e 118º do CIRC)[169].

[169] Uma declaração que, a partir da Port. nº 77/99, de 2-2, passou a ser comum com a declaração para efeitos do IVA.

b) A *declaração periódica* de rendimentos, a apresentar de 1 de Abril a 31 de Maio, no caso do IRS (art. 60º do CIRS), e até ao último dia do mês de Maio, no caso do IRC (art. 120º do CIRC).
c) A *declaração de substituição*, a apresentar nos trinta dias imediatos à ocorrência de factos que impliquem a alteração dos rendimentos declarados em IRS (art. 60º, nº 2, do CIRS), ou no prazo de um ano a contar do termo do prazo legal quando tiver sido autoliquidado IRC superior ao devido ou declarado prejuízo fiscal inferior ao efectivo (art. 122º do CIRC).
d) A *declaração anual de informação contabilística e fiscal*, a apresentar por transmissão electrónica de dados, até ao dia 15 de Julho (arts. 113º do CIRS e 117º, nº 1, al. *c*), e 121º do CIRC. Refira-se que esta declaração foi integrada, a partir de 2007, na Informação Empresarial Simplificada (IES), que veio reunir num único documento as anteriores obrigações anuais das empresas relativas a quatro entidades públicas: a declaração contabilística e fiscal à administração fiscal, o registo de contas a realizar na competente conservatória do registo comercial, a informação de natureza estatística ao INE e a informação contabilística para fins estatísticos ao Banco de Portugal[170].

II – *Obrigações contabilísticas e de escrituração.* Aqui podemos apontar, entre outras, diversas obrigações.

a) O dever de possuir *contabilidade organizada*, nos termos da lei comercial (ou seja, nos termos do SNC ou dos planos de contas das instituições bancárias e seguradoras) e da lei fiscal, relativamente àqueles contribuintes que a ela estejam legalmente obrigados ou que por ela tenham optado.
A contabilidade organizada é exigida, no respeitante aos sujeitos de IRS isto é, às empresas individuais que, segundo o art. 109º, nº 1, do CIRS, são os titulares de rendimentos empresariais e profissionais, que não estejam abrangidos pelo regime simplificado de tributação. Ora, nos termos do art. 28º, nº 2, do CIRS, estão abrangidos pelo regime simplificado os titulares de rendimentos empresariais e profissionais que, não tendo optado pelo regime de contabilidade organizada, não tenham atingido valor superior a € 200.000 no montante anual ilí-

[170] Refira-se que a IES foi criada pelo Decreto-Lei nº 8/2007, de 17 de Janeiro.

quido da categoria B. Pelo que, no respeitante às empresas singulares, estão sujeitas à contabilidade organizada, para além das que tenham optado por esse regime, as que ultrapassem esse montante[171]. Por sua vez, no respeitante aos sujeitos de IRC, a contabilidade organizada é exigida, segundo o art. 123º, nº 1, do CIRC: 1) às sociedades comerciais ou civis em forma comercial, às cooperativas e às empresas públicas; 2) às demais entidades ou sujeitos passivos de IRC que sejam empresas, isto é, que exerçam, a título principal, uma actividade de natureza comercial, industrial ou agrícola; e 3) aos não residentes que obtenham em território português rendimentos imputáveis a estabelecimento estável.

b) O dever de constituir e manter um *processo de documentação fiscal* (também designado por *dossier fiscal*) nos termos dos arts. 129º do CIRS e 130º do CIRC. Segundo estes preceitos, os sujeitos passivos de IRS, quando obrigados a possuir contabilidade organizada, e os sujeitos passivos de IRC, com excepção dos isentos nos termos do art. 9º do CIRC[172], devem constituir, até ao termo do prazo para a entrega da declaração anual de informação contabilística e fiscal, um processo de documentação fiscal relativo a cada período de tributação.
c) O dever de os sujeitos passivos de IRC, bem como os sujeitos passivos de IRS que disponham ou devam dispor de contabilidade organizada, possuírem, nos termos do art. 63º-C da LGT, pelo menos uma *conta bancária* através da qual devem ser, exclusivamente, movimentados os pagamentos e recebimentos respeitantes à actividade empresarial desenvolvida.
d) O dever de possuir um *regime simplificado de escrituração* para os sujeitos passivos de IRS (que obtenham rendimentos da categoria B) e das entidades não empresariais sujeitas a IRC que não estejam obrigadas a possuir contabilidade organizada ou que por ela não tenham optado. Este regime traduz-se na obrigação de possuir os seguintes registos ou livros:

[171] Segundo o nº 6 do art. 28º do CIRS, cessa a aplicação do regime simplificado quando o valor referido for ultrapassado em dois períodos de tributação consecutivos ou se o for num único exercício em montante superior a 25% desse limite, caso em que a tributação pelo regime de contabilidade organizada se faz a partir do período de tributação seguinte ao da verificação de qualquer desses factos.

[172] Isto é, do Estado, regiões autónomas, autarquias locais, suas associações de direito público e federações e instituições de segurança social.

– 1) no caso de sujeitos passivos de IRS que obtenham rendimentos da categoria B: i) o livro de registo de compras de mercadorias e ou livro de registo de matérias-primas e de consumo, ii) o livro de registo de vendas de mercadorias e ou livro de registo de produtos fabricados, iii) o livro de registo de serviços prestados (arts. 116º, nº 1, al. *a*), do CIRS, e 50º, nº 1, do CIVA)[173].

– 2) no caso das entidades não empresariais sujeitas a IRC: i) o registo dos rendimentos segundo as categorias de rendimentos considerados em IRS, ii) o registo de encargos, organizado de modo a distinguirem-se os encargos específicos de cada categoria de rendimento e os outros encargos, e iii) o registo de inventário, em 31 de Dezembro, dos bens susceptíveis de gerarem mais-valias (art. 124º, nº 1, do CIRC);

e) O dever de *proceder aos lançamentos* por ordem cronológica, nos diversos registos ou livros, sem emendas ou rasuras no prazo máximo de 60 dias (art. 116º, nº 4, do CIRS) ou sem atrasos superiores a 90 dias (art. 123º, nº 3, do CIRC).

f) Os deveres de *passar recibo* das importâncias recebidas e de *emitir factura* por cada transmissão de bens ou prestação de serviços (art. 115º do CIRS).

g) O dever de *ter documentos de suporte*, isto é, os documentos justificativos adequados dos diversos registos e livros (art. 123º, nº 2, do CIRC).

h) O dever de *centralização da contabilidade* ou *da escrituração* em estabelecimento ou instalação situada em território português (art. 118º do CIRS e 125º do CIRC).

III – O*utras obrigações acessórias*. Neste domínio, devemos ter em atenção, designadamente, as obrigações relativas ao arquivo de livros, registos auxiliares e respectivos documentos de suporte, deveres de retenção e da sua comunicação, deveres de cooperação com a administração tributária e, bem assim, obrigações de comunicação (arts. 119º e 124º do CIRS, e 127º e 128º do CIRC)[174].

[173] A que há que acrescentar ainda as especificidades dos sujeitos passivos de IRS que exerçam actividades agrícolas, silvícolas ou pecuárias, contemplada no art. 116º, nº 2, do CIRS, e dos pequenos retalhistas, contempladas no art. 65º do CIVA.

[174] V., no respeitante ao IRC, B. Moita da Costa, *O Imposto sobre o Rendimento das Pessoas Colectivas*, cit., p. 146 e s.

22.2.2. Em sede do IVA

Por seu turno, no respeitante ao IVA, são de mencionar, entre outras, as seguintes obrigações.

I – *Obrigações declarativas.* Neste domínio, os sujeitos passivos de IVA devem entregar as seguintes declarações (nos termos do art. 29º, nº 1, als. *a*), *c*), *d*), *e*) e *f*), do CIVA):

a) a *declaração de início*, alteração ou cessação da sua actividade, que é a mesma para efeitos do IRS ou IRC;
b) a *declaração mensal* ou *trimestral* (consoante o volume de negócios no ano civil anterior seja igual ou superior a € 650.000 ou inferior a este montante) relativa às operações efectuadas no exercício da sua actividade, a realizar até ao dia 10 do segundo mês seguinte aquele a que respeitam as operações, ou até ao dia 15 do segundo mês seguinte ao trimestre a que respeitam as operações (art. 41º do CIVA);
c) a *declaração de informação contabilística e fiscal* e anexos exigidos para os regimes especiais, que fazem parte integrante da declaração anual a que se referem os CIRS e CIRC (agora integrada na IES);
d) o *mapa recapitulativo*, a enviar durante os meses de Maio e Junho, com a identificação dos sujeitos passivos seus clientes, donde conste o montante total das operações internas realizadas com cada um deles no ano anterior, desde que superior a € 25.000, o qual é parte integrante da declaração anual a que referem os Códigos do IRC e IRS;
e) o *mapa recapitulativo* com a identificação dos sujeitos passivos seus fornecedores, donde conste o montante total das operações internas realizadas com cada um deles no ano anterior, desde que superior a € 25.000, o qual é parte integrante da declaração anual a que referem os Códigos do IRC e IRS.

II – *Obrigações contabilísticas e de escrituração.* Quanto a estas obrigações, vale aqui o que dissemos, em sede do IRC e IRS, já que tais obrigações resultam do SNC, do CIRC ou do IRS para o qual remete o CIVA ou deste último Código para o qual remetem, por sua vez, o CIRC e o CIRS.

III – *Outras obrigações acessórias.* Entre as muitas outras obrigações acessórias que pendem sobre o sujeito passivo do IVA, são de destacar, pela sua importância e pelo carácter típico que apresentam neste imposto, as obrigações de *emitir factura* e de *repercussão do imposto*, previstas, respectivamente, na al. *b*) do nº 1 do art. 29º[175] e no art. 37º do CIVA.

Assim, segundo a primeira das disposições referidas, os sujeitos passivos de IVA estão obrigados a *emitir uma factura* por cada transmissão de bens ou prestação de serviços, tal como vêm definidas nos arts. 3º e 4º do CIVA, bem como pelos pagamentos que lhes sejam efectuados antes da data da transmissão de bens ou da prestação de serviços. Refira-se que a obrigação de emissão de factura pode ser satisfeita com a emissão de *factura simplificada* quanto se verifiquem as situações e se encontrem preenchidos os requisitos do art. 40º do CIVA.

Por sua vez, nos termos dos nºs 1 e 2 do mencionado art. 37º, a importância do imposto liquidado deverá ser adicionada ao valor da factura (ou documento equivalente) ou, no caso de a emissão desta não ser obrigatória, incluído no valor do preço, para efeitos da sua exigência aos adquirentes das mercadorias ou aos utilizadores dos serviços[176]. Preceitos que, como se está a ver, contêm uma *obrigação jurídica* apenas *formal*, ou seja, uma obrigação de efectuar a repercussão na factura. Pois, quanto à *obrigação material* de repercussão, à exigência efectiva do IVA aos adquirentes das mercadorias ou aos utilizadores dos serviços, numa economia de mercado, não pode a mesma apresentar-se senão como uma obrigação que se assemelha a uma *obrigação natural*[177].

A título de nota complementar devemos referir que as declarações periódicas devem ser assinadas pelo contabilista certificado nos casos em que respeitem a sujeitos passivos que possuam ou sejam obrigados a possuir contabilidade organizada para efeitos do IRC ou do IRS.

[175] E, bem assim, nos arts. 35º a 39º do CIVA.

[176] Constituem excepção a esta obrigação de repercussão do imposto aqueles casos, previstos no nº 3 do referido art. 36º, em que se trata de transmissão de bens ou da prestação de serviços que configuram um negócio do sujeito passivo de IVA consigo próprio em que o consumidor final dos primeiros ou o utilizador dos segundos é, a seu modo, a própria empresa. Sobre a figura da repercussão, v. SUSANA SARTORIO ALBALAT, *La Repercusion de las Cuotas Tributarias en el Ordenamiento Juridico Español*, Madrid, 1992, e BRUNO BOTELHO ANTUNES, *Da Repercussão Fiscal no IVA*, Almedina, 2008.

[177] Com efeito, tratando-se de um imposto integrado no preço dos bens e das prestações de serviços, e sendo o mesmo fixado pelos mecanismos do mercado (e não pelo Estado), não pode o legislador dispor de meios para assegurar a referida repercussão material. Daí que essa obrigação se aproxime duma obrigação natural com o sentido e regime constantes dos arts. 402º e segs. do Código Civil.

Às obrigações acabadas de mencionar, que constam dos códigos do IRS, do IRC e do IVA, são de acrescentar outras inseridas em legislação avulsa, as quais, embora reportadas a sujeitos passivos de IVA, constituem obrigações relevantes para o sistema fiscal no seu conjunto. Estamos a referir-nos às obrigações: de fazer acompanhar os bens em circulação objecto de transacções constante do regime de bens em circulação aprovado pelo Decreto-Lei nº 147/2003, de 11 de Julho, alterado sobretudo pelo Decreto-Lei nº 198/2012, de 24 de Agosto; de comunicação à AT, até ao dia 25 do mês seguinte ao da emissão, dos elementos das facturas emitidas nos termos do Código do IVA, conforme o disposto no art. 3º do Decreto-Lei nº 198/2012; e de comunicação à AT, até ao dia 31 de Janeiro, dos inventários, nos termos do art. 3º-A do Decreto-Lei nº 198/2012, aditado pelo art. 233º da LOE/2015.

22.3. A obrigação fiscal

Como acabamos de ver, a relação jurídica fiscal desdobra-se, de um lado, na relação de imposto e, de outro, em diversas relações jurídicas acessórias, ou seja, na *relação fiscal material* e em múltiplas *relações fiscais formais* com os mais diversos conteúdos e diferentes intervenientes, muitos deles sem qualquer ligação com a relação jurídica de imposto[178].

Todavia, não obstante toda esta complexidade, que não foi analisada, de resto, com toda a minúcia, o núcleo central da relação jurídica fiscal é constituída pela obrigação fiscal ou obrigação de imposto. Uma obrigação que, sendo estruturalmente uma obrigação (ou direito de crédito) como qualquer outra, tem uma série de características peculiares, que é de todo o interesse indicar.

Embora estruturalmente seja uma obrigação como qualquer outra, do ponto de vista do seu regime jurídico, como é fácil de compreender, a obrigação fiscal apresenta diversas características que a diferenciam claramente das obrigações jurídicas privadas. Assim a obrigação fiscal caracteriza-se por ser uma obrigação: 1) legal, 2) pública, 3) exequível e executiva, 4) semi-executória, 5) indisponível e irrenunciável, 6) autotitulada e 7) especialmente garantida.

[178] V., sobre o problema, também V. Vasco Guimarães, «A estrutura da obrigação de imposto e os princípios constitucionais da legalidade, segurança e protecção da confiança», *cit.*, p. 521 e ss.

Em primeiro lugar, é uma *obrigação legal*, porque se trata duma obrigação *ex lege*, duma obrigação que tem por fonte a lei. Por isso nasce do encontro do facto gerador ou facto tributário com a hipótese legal, como o prescreve a LGT no nº 1 do seu art. 36º, ao dispor que a relação jurídica fiscal se constitui com a verificação do facto tributário.

Depois, constitui uma *obrigação pública*, dado a sua disciplina jurídica integrar o direito público, o que tem tradução nomeadamente na presunção de legalidade do acto de liquidação ou acto tributário que suporta a sua exigibilidade[179].

Em terceiro lugar, trata-se duma *obrigação exequível* e *executiva*, na medida em que, por um lado, o acto tributário não é autoexequível, carecendo, portanto, de execução e, por outro lado, a sua execução não está dependente de qualquer outra pronúncia para além da constituída pelo próprio acto tributário.

É também uma *obrigação semi-executória*, já que a sua execução corre, primariamente, na administração tributária (nos serviços de finanças do domicílio ou sede do devedor ou da situação dos bens) e, secundariamente, nos tribunais tributários. Com efeito, nos termos do art. 151º do CPPT, cabe a estes decidir os embargos, a oposição, incluindo quando incida sobre os pressupostos da responsabilidade subsidiária e as reclamações dos actos materialmente administrativos praticados pelos órgãos da administração tributária em sede da execução fiscal[180].

Cabe, por conseguinte, à administração tributária a prática de todos os demais actos, designadamente a instauração da execução, a citação dos executados, a verificação e graduação dos créditos, a reversão da execução contra terceiros, a penhora dos bens, a venda dos bens penhorados, a anulação da dívida, a extinção da execução, etc. Ou seja, a prática em primeira mão

[179] Presunção da legalidade que é, como sabemos, uma das características que a doutrina clássica dos países de regime administrativo atribui aos actos administrativos. V. sobre essa doutrina, tendo em conta sobretudo a necessidade da sua revisão, RUI CHANCERELLE DE MACHETE, «Algumas notas sobre a chamada presunção da legalidade dos actos administrativos», *Estudos em Homenagem ao Prof. Doutor Pedro Soares Martinez*, vol. II, Coimbra, 2000, p. 717 e ss.

[180] Refira-se que a anulação da venda passou com a LOE/2012 a caber, em primeira mão à administração tributária nos termos do art. 257º do CPPT. Sobre os conceitos de exequibilidade, executividade e executoriedade que utilizamos no texto, v. ROGÉRIO E. SOARES, *Direito Administrativo*, Lições ao Curso Complementar de Ciências Jurídico-Políticas da Faculdade de Direito no ano lectivo de 1977/78, p. 269 e ss.

da generalidade dos actos de execução fiscal, não cabendo aos tribunais tributários outra intervenção que não seja a de decidir as eventuais reacções e contestações dirigidas contra os actos primários de execução.

Apresenta-se igualmente como uma *obrigação indisponível* e *irrenunciável*, uma vez que ao credor não cabem, em princípio, quaisquer poderes para conceder moratórias, admitir o pagamento em prestações ou conceder o perdão da dívida. Um princípio com inequívoca consagração na LGT, na qual, para além da expressão que esse princípio tem nos arts. 29º, nºs 1 e 3, 36º, nº 3, e 37º, nº 2, se prescreve no nº 2 do seu art. 30º: "o crédito tributário é indisponível, só podendo fixar-se condições para a sua redução ou extinção com respeito pelos princípios da igualdade e da legalidade tributária".

E no mesmo sentido vai o art. 85º, nº 3, do CPPT, ao estabelecer que "a concessão de moratória ou a suspensão da execução fiscal fora dos casos previstos na lei, quando dolosas, são fundamento de responsabilidade tributária subsidiária". Uma excepção ao princípio enunciado constitui o pagamento dos impostos em prestações naqueles casos em que o contribuinte está legalmente autorizado a requerer esse pagamento – v. os arts. 42º da LGT, 86º, nºs 2 e 3, e 196º do CPPT, no respeitante às dívidas tributárias em geral. Pagamento em prestações que pode ser requerido tanto antes da instauração do processo de execução fiscal como após a instauração desse processo, bem como ser solicitado no quadro do processo conducente à celebração de acordo de recuperação dos créditos do Estado.

A obrigação fiscal é também uma obrigação *autotitulada*, isto é, uma obrigação relativamente à qual a administração fiscal – o Fisco – cria os seus próprios títulos executivos, constituídos pelas certidões de dívida extraídas pelos serviços competentes das notas de cobrança ou de outros elementos que tiverem ao seu dispor, sendo estas certidões que servirão de base à instauração do correspondente processo de execução fiscal – art. 88º do CPPT[181].

Finalmente estamos perante uma *obrigação especialmente garantida*, dadas as garantias especiais que rodeiam o crédito tributário, garantias que colocam o credor tributário, por via de regra, numa posição particularmente vantajosa face aos credores comuns.

[181] V., quanto a esta característica da obrigação fiscal, J. T. M. Menezes Leitão, «A substituição e a responsabilidade fiscal no direito português», *CTF*, 388, Outubro-Dezembro de 1997, p. 93 e ss. (p. 98 e ss.).

23. O sujeito activo da relação jurídica fiscal

A este respeito, é de começar por dizer que a *titularidade activa* da relação jurídico-fiscal em sentido amplo, comporta diversas situações, a saber: o poder tributário, a competência tributária, a capacidade tributária (activa) e a titularidade da receita fiscal.

Em sentido estrito ou técnico, o *poder tributário* consubstancia-se no poder conferido constitucionalmente ao legislador para a criação, instituição, estabelecimento ou "invenção" dos impostos (*Steuererfindungsrecht*) e a sua disciplina essencial. Por conseguinte inserindo-se na *relação constitucional fiscal*, distingue-se das outras titularidades activas relativas aos impostos, isto é, da competência tributária que se localiza na *relação administrativa fiscal*, da capacidade tributária activa que se integra na *relação obrigacional fiscal*, e da titularidade da receita fiscal que se situa mesmo *fora da relação tributária*[182].

A *competência tributária* diz respeito à administração ou gestão dos impostos, traduzida no lançamento, liquidação e cobrança dos impostos, uma competência que tradicionalmente cabia à administração fiscal, mas que, hoje em dia, se divide entre a administração fiscal e os particulares (os contribuintes e terceiros). Na verdade, estes são cada vez mais legalmente incumbidos de, no cumprimento do dever de colaboração (art. 59º da LGT), liquidar e entregar nos cofres do Estado os mais diversos impostos, o que tem conduzido a uma acentuada "privatização" da administração ou gestão dos impostos[183].

Por sua vez, a *capacidade tributária activa* traduz a qualidade de sujeito activo da relação de crédito em que a relação fiscal se consubstancia. Consiste, por isso, na titularidade do crédito de imposto e demais direitos tributários, uma qualidade que é inerente à personalidade tributária activa ou susceptibilidade de ser sujeito activo da relação jurídica tributária e que cabe aos credores tributários, entre os quais se destaca, pelo seu significado e importância, o credor do imposto (v. o art. 15º da LGT).

Finalmente, temos a *titularidade da receita* dos impostos, uma situação que se verifica naqueles casos em que, por imposição constitucional ou legal, as

[182] V. o nosso livro *O Dever Fundamental de Pagar Impostos*, cit., p. 290 e ss. Refira-se que se fala de capacidade tributária com um outro sentido, com o sentido de *capacidade tributária de um país*, isto é, a aptidão de um país para afectar, através de impostos, uma parte do seu rendimento à realização de despesas públicas – cf. M. H. FREITAS PEREIRA, *Fiscalidade*, cit., p. 342 e ss. Sublinhe-se que é com este sentido que a expressão é geralmente usada fora do âmbito do direito fiscal.

[183] V. sobre o fenómeno, *infra*, nº 34.

receitas proporcionadas por certos impostos estejam subjectivamente consignadas a determinados entes públicos que não tenham todas ou algumas das outras titularidades fiscais activas[184].

Três notas quanto ao poder tributário *stricto sensu*. Uma, para referir que, do ponto de vista da evolução da sua titularidade, podemos dizer que o mesmo foi objecto de um desenvolvimento de sentido totalmente oposto entre os Estados federais e os Estados unitários: naqueles, no sentido de uma longa e paulatina concentração na federação ou união; nestes, no sentido da sua recente descentração[185]. O que teve como resultado aproximar ambos os tipos de Estado quanto à centralização, no essencial, da titularidade do poder tributário, exigida sobretudo pela actual fisionomia do Estado social.

Outra nota, para assinalar que é a propósito do poder tributário que ainda faz sentido falar de *soberania fiscal*. Na verdade, se a concebermos em termos jurídicos, não absolutos e válida para as situações correntes ou normais, a soberania mantém-se um conceito útil que se exprime sobretudo na função legislativa enquanto manifestação normativa do "poder jurídico supremo" do Estado.

Com um tal sentido, compreende-se que continuemos a falar num dos seus mais importantes vectores – a soberania fiscal – para designar o nível supremo do poder tributário, separando assim esse nível, que cabe ao Estado, dos outros níveis, que cabem às regiões ou outras estruturas da descentração estadual contemporânea, como são as autarquias locais.

Finalmente, uma terceira nota para indicar as características apontadas ao poder tributário. Pois bem, este pode ser caracterizado como um poder constitucional, indisponível (a título definitivo ou a título temporário), abstracto, permanente e limitado (em que se inclui o seu carácter territorial), pelo que

[184] Em rigor a titularidade das receitas fiscais não se integra na relação jurídica fiscal, antes constitui uma relação de crédito de direito financeiro, constituída a jusante daquela entre a entidade pública que tem a seu cargo a administração dos impostos e o titular constitucional ou legal dessas receitas. De titularidade de receita do imposto, se poderá falar ainda, de algum modo, no caso da consignação a favor das igrejas, comunidades religiosas, certas pessoas colectivas de utilidade pública e instituições particulares de solidariedade social, por parte dos contribuintes, de 0,5% do correspondente IRS, liquidado com base nas declarações anuais.

[185] Assinale-se que, ao contrário do que se verificou nos Estados federais, cuja afirmação e êxito se ficou a dever em muito ao desenvolvimento do poder tributário a favor das federações ou uniões, nos Estados regionalizados a reivindicação do poder tributário por parte das regiões autónomas não se tem feito sentir com tanta acuidade.

nem todo o poder tributário pode ser tido como um poder soberano, imprescindível, originário e legal, notas estas que apenas cabem ao poder tributário do Estado[186].

Uma questão a que não devemos deixar de fazer menção aqui é a respeitante ao sujeito activo da relação jurídica fiscal dos impostos de receita regional ou municipal administrados pela administração fiscal do Estado. Ora bem, como já dissemos, para nós tanto a afirmação nos Estatutos político-administrativos dos Açores e da Madeira da qualidade de sujeito activo da respectiva região autónoma relativamente aos impostos nela cobrados, como a qualificação da administração fiscal do Estado sedeada nas regiões autónomas como *representante legal* da respectiva administração regional relativamente a esses mesmos impostos decorrente do art. 61º, nº 2, al. *c*), da LFRA e, a seu modo, do art. 18º, nºs 1 e 2, da LGT, não nos força à conclusão de que as regiões autónomas são os sujeitos activos, os credores, das correspondentes relações jurídico-fiscais[187]. A menos que haja lugar à regionalização das direcções de finanças sedeadas nas regiões autónomas, como ocorreu na Região Autónoma da Madeira através do Decreto-Lei nº 18/2005, de 18 de Janeiro.

Uma ideia que é, todavia, mais visível no que se refere aos impostos de receita municipal, cuja legislação não contém qualquer disposição a considerar a administração fiscal do Estado representante legal dos municípios[188].

24. O sujeito passivo da relação jurídica fiscal

24.1. Contribuinte, devedor do imposto e sujeito passivo

A respeito do sujeito passivo *lato sensu* ou das titularidades passivas em sede da relação jurídica fiscal, costuma a doutrina[189] distinguir as seguintes figu-

[186] Quanto ao carácter soberano e demais características apontadas ao poder tributário, v. o nosso livro *O Dever Fundamental de Pagar Impostos*, cit., p. 290 e ss.

[187] Dispõem os nºs 1 e 2 do art 18º da LGT: "1 – O sujeito activo da relação tributária é a entidade de direito público titular do direito de exigir o cumprimento das obrigações tributárias, quer directamente quer através de representante. 2 – Quando o sujeito activo da relação tributária não for o Estado, todos os documentos emitidos pela administração tributária mencionarão a denominação do sujeito activo".

[188] V., no sentido do texto, o Ac. 553/94 do TC. Uma conclusão que, a nosso ver, não é posta em causa por quem, como Vitor Faveiro, *O Estatuto do Contribuinte*, cit., p. 551 e ss., distinga entre sujeito activo directo e sujeito activo por delegação legal, configurando esta última situação a então taxa de radiodifusão, agora Contribuição para o Audiovisual.

[189] V., por todos, Alberto Xavier, *Manual de Direito Fiscal*, cit., p. 353 e ss.

ras: contribuinte, devedor do imposto e sujeito passivo da relação jurídica fiscal. O *contribuinte* é a pessoa relativamente à qual se verifica o facto tributário, o pressuposto de facto ou o facto gerador do imposto, isto é, o titular da manifestação de capacidade contributiva que a lei tem em vista atingir e que, por conseguinte, deve suportar a ablação ou corte patrimonial que o imposto acarreta.

O que, visto pelo prisma do credor de imposto, o contribuinte apresenta-se como um devedor qualificado, pois trata-se de um devedor a título directo (e não indirecto, como o substituto tributário), originário (e não derivado, como o sucessor legal) e principal (e não acessório, como o responsável fiscal)[190].

Por outro lado, é de sublinhar que tanto é contribuinte o *contribuinte directo*, em relação ao qual a referida ablação patrimonial ocorre directamente na sua esfera (seja ele ou não o devedor do imposto), como o *contribuinte indirecto*, em relação ao qual a mencionada ablação patrimonial ocorre na sua esfera através do fenómeno da repercussão do imposto.

A este respeito, costumam alguns autores distinguir entre *contribuinte de direito* e *contribuinte de facto*, sendo o primeiro a pessoa em relação à qual se verifica o pressuposto de facto do imposto, e o segundo o que, em virtude da repercussão, suporta economicamente o imposto. Todavia, o conceito de contribuinte é um conceito jurídico e a repercussão, quando legalmente prevista como é a regra dos impostos sobre o consumo, convoca o suportador do imposto não apenas em termos económicos mas também em termos jurídicos, uma vez que, para além de uma obrigação jurídica de repercussão formal, temos uma de obrigação natural de repercussão material[191].

Por isso mesmo, não admira que a al. *a*) do nº 4 do art. 18º da LGT fale de *repercussão legal* e reconheça legitimidade processual activa ao consumidor final ou adquirente de serviços para impugnar, administrativa ou judicialmente, o correspondente acto tributário. Um reconhecimento que a nossa jurisprudência já vinha aceitando e que, a nosso ver, é mesmo exigido pelo respeito do princípio da capacidade contributiva, uma vez que a capacidade

[190] V., neste preciso sentido, ALBERTO XAVIER, *Manual de Direito Fiscal*, cit., p. 406.

[191] Sobre a repercussão material v. também o art. 3º, nº 1, do Código do Imposto de Selo, em que se dispõe que "o imposto constitui encargo dos titulares dos interesses económicos nas situações referidas no artigo 1º", bem como o relevo que lhe é dado no art. 42º, nº 2, da LGT, que exclui do pagamento em prestações as quantias repercutidas a terceiros.

contributiva, que em tais impostos se visa atingir, é efectivamente a do consumidor final (adquirente dos bens ou utilizador dos serviços) e não a do sujeito passivo do IVA[192]. Para além de a legislação avulsa prever, embora excepcionalmente, situações de atribuição de isenções aos suportadores do IVA.

Por sua vez, o *devedor do imposto* é um sujeito passivo qualificado ou o sujeito passivo que deve satisfazer perante o credor fiscal a obrigação de imposto, isto é, a prestação ou prestações em que o imposto se concretiza. Em sentido estrito, o devedor do imposto limitar-se-ia ao chamado devedor principal ou originário, aquele em relação ao qual o Fisco exige, em princípio ou em primeira linha, a satisfação do crédito de imposto. Todavia, num sentido mais amplo, o devedor do imposto abrange também os chamados devedores indirectos, derivados ou acessórios, aos quais o Fisco exige, excepcionalmente ou em segunda linha, o crédito de imposto.

Finalmente, o *sujeito passivo* da relação fiscal é toda e qualquer pessoa, singular ou colectiva, a quem a lei imponha o dever de efectuar uma prestação tributária, seja a prestação de imposto, sejam as prestações correspondentes às múltiplas e diversificadas obrigações acessórias. Pelo que, sendo o devedor do imposto um qualificado sujeito passivo, não admira que, por vezes, não coincidam. Como exemplo paradigmático de sujeito passivo que não é devedor do imposto, podemos apontar as sociedades transparentes reguladas nos arts. 6º e 12º do CIRC e 20º do CIRS, as quais, embora sujeitos passivos de IRC, não são devedoras desse imposto, uma vez que, nessa hipótese, é devido IRS do qual são devedores os sócios.

Olhando para as disposições legais que definem ou enumeram essas titularidades, encontramos: em sede geral, os nºs 3 e 4 do art. 18º da LGT que definem o sujeito passivo da relação jurídica tributária; e, em sede do IVA, de um lado, o nº 1 do art. 2º do CIVA, que enumera os sujeitos passivos de IVA e, de outro lado, a al. *a*) do nº 2 do art. 2º do RIVATI, que enumera os sujeitos passivos do IVA nas transacções intracomunitárias.

Dispõem os nºs 3 e 4 do art. 18º da LGT: "3 – O sujeito passivo é a pessoa singular ou colectiva, o património ou a organização de facto ou de direito que, nos termos da lei, está vinculado ao cumprimento da prestação tributária, seja como contribuinte directo, substituto ou responsável. 4 – Não é

[192] Quanto à jurisprudência, v. o Ac. do STA (2ª Secção) de 4-7-1990, *Ap. ao DR*, de 15-4-1993, p. 775 e ss.

sujeito passivo quem: a) suporte o encargo do imposto por repercussão legal, sem prejuízo do direito de reclamação, recurso ou impugnação nos termos das leis tributárias; b) deva prestar informações sobre assuntos tributários de terceiros, exibir documentos, emitir laudo em processo administrativo ou judicial ou permitir o acesso a imóveis ou locais de trabalho".

Um preceito a nosso ver criticável, já que utiliza a expressão sujeito passivo com o sentido demasiado estrito, identificando-o com o de devedor do imposto *lato sensu*, quando há outros sujeitos passivos, isto é, outros obrigados tributários para além do devedor do imposto em sentido amplo. Um aspecto negativo a que acresce a falta de harmonização entre o CPPT e a LGT, pois aquele, ao dispor no nº 1 do seu art. 9º, que "têm legitimidade no procedimento, para além da administração tributária, os contribuintes, incluindo os substitutos e responsáveis...", parece perfilhar um conceito amplo de contribuinte no qual integra os substitutos e responsáveis fiscais, o que é rejeitado claramente pela LGT.

Por seu lado, o nº 1 do art. 2º do CIVA enumera como sujeitos passivos deste imposto, entre outros: a) as pessoas singulares ou colectivas que de modo independente e com carácter de habitualidade exerçam actividades de produção, comércio ou prestação de serviços; b) as pessoas singulares ou colectivas que de modo independente pratiquem uma só operação que esteja sujeita a IRS ou IRC; c) as pessoas singulares ou colectivas que, segundo a legislação aduaneira, realizem importação de bens e as pessoas singulares ou colectivas que efectuem operações intracomunitárias; d) as pessoas singulares ou colectivas que, em factura, mencionem indevidamente IVA; e) o Estado e as demais entidades de direito público relativamente a actividades que não respeitem ao exercício de poderes de autoridade.

Finalmente, segundo a al. *a*) do nº 2 do art. 2º do RITI, são considerados sujeitos passivos do IVA nas aquisições intracomunitárias, não apenas as pessoas singulares ou colectivas sujeitos do IVA, nos termos do CIVA, mas também "os particulares que efectuem aquisições intracomunitárias de meios de transporte novos", o que configura uma situação em que os adquirentes dos bens ou serviços, que suportam economicamente o imposto, são qualificados como sujeitos passivos do IVA (*reverse charge*).

Como facilmente se pode observar, tanto no caso dos preceitos do CIVA como no dos preceitos do RITI, o conceito de sujeito passivo subjacente é muito amplo. O que, aliado ao facto de essas codificações não distinguirem entre sujeito passivo e devedor do imposto e a Sexta Directiva do IVA (arts. 9º e 193º) considerar sujeito passivo aquele que exerce uma actividade económica e conceber o devedor de imposto em termos amplos de modo que engloba os próprios sujeitos passivos, torna claro não haver qualquer coincidência com os correspondentes conceitos da LGT.

Em conclusão, resumindo e integrando as diversas titularidades passivas nos termos em que aparecem ordenadas nas leis tributárias (com excepção do CIVA e do RITI), podemos reconduzi-las todas ao conceito de sujeito passivo *lato sensu*, em que temos: 1) os sujeitos passivos *stricto sensu* ou devedores do imposto *lato sensu*, e 2) os demais obrigados tributários[193]. Por seu lado, nos devedores de imposto em sentido amplo, temos ainda: a) os devedores do imposto em sentido estrito ou contribuintes, e b) os demais devedores de imposto (substitutos, responsáveis, e outros). Vejamos isto num esquema:

- sujeitos passivos em sentido amplo
  - s. passivo s. estrito ou devedor do imp. s. amplo
    - dev. imp. s. estrito ou contribuinte (directo)
    - outros devedores do imposto
      - substitutos
      - responsáveis
      - outros
  - demais obrigados tributários

Importa, todavia, assinalar que sendo o contribuinte aquele que pratica o facto tributário ou facto gerador do imposto, é de evitar considerar os substitutos e responsáveis fiscais contribuintes, mesmo no quadro de um conceito amplo de contribuinte.

A título complementar é de chamar a atenção para a necessidade de distinguir entre a situação de sujeito passivo objecto de *isenção*, da situação de *não sujeição* a um imposto, pois enquanto na primeira hipótese estamos

[193] Uma expressão cujo sentido é de criticar. Relativamente a Espanha, em que o problema foi muito discutido, em virtude de a LGT espanhola, por um lado, contrapor sujeitos passivos e restantes obrigados tributários e, por outro, ter um conceito de sujeito passivo ainda mais estrito do que o da nossa LGT, integrando nele apenas o contribuinte e substituto tributário, v. Jose M. Lago Montero, *La Sujeción a los Diversos Deberes y Obligaciones Tributarios*, cit., p. 53 e ss., e G. Casado Ollero/R. Falcon y Tella/C. Lozano Serrano/E. Simon Acosta, *Cuestiones Tributarias Praticas*, cit., p. 187 e ss. Uma discussão a que a LGT revista em 2004 veio pôr termo, reordenando esses conceitos nos arts. 35º e segs. – cf. J. Martin Queralt/C. Lozano Serrano/G. Casado Ollero/J. M. Tejerizo Lopez, *Curso de Derecho Financiero y Tributario*, cit., p. 277 e ss.

perante um destinatário da correspondente norma de incidência, ainda que objecto de isenção (que mais não é do que uma posterior excepção à incidência), na segunda hipótese deparamo-nos com uma exclusão tributária, com alguém que se encontra fora do âmbito da norma de incidência, seja porque não foi positivamente considerado, seja porque, através de uma delimitação negativa da incidência, dela foi excluído[194].

24.2. A personalidade e a capacidade tributárias

A este respeito, impõe-se uma observação preliminar relativa ao lugar em que tratamos destas figuras, já que elas se reportem tanto aos sujeitos activos como aos sujeitos passivos da relação jurídica fiscal. Todavia, dado que as convocamos tendo em conta sobretudo os sujeitos passivos da relação tributária, compreende-se, de algum modo, que delas cuidemos neste lugar. O que vai ocorrer também, relativamente às figuras da representação legal, mandato tributário e gestão de negócios de que tratamos de seguida.

Pois bem, em conformidade com o que dispõem os arts. 15º e 16º, nº 2, da LGT, a *personalidade tributária* traduz-se na susceptibilidade de ser sujeito (activo ou passivo) de relações tributárias, sendo inerente a esta a *capacidade tributária* (de gozo), ou seja, a qualidade de ser titular dos direitos e deveres tributários correspondentes. Mas, para além dos conceitos de personalidade e de capacidade de gozo tributárias, é de mencionar também a *capacidade tributária de exercício* (ou de agir) como a medida dos direitos e deveres que cada sujeito pode exercer e cumprir por si.

Por conseguinte, podemos afirmar que, como referimos ao tratar das relações entre o direito fiscal e o direito privado, em princípio, serão sujeitos passivos das relações jurídicas tributárias os detentores de personalidade jurídica. Só assim não será quando a lei fiscal diga o contrário, como acontece em diversas situações em que considera sujeitos tributários entidades desprovidas de personalidade jurídica ou, ao invés, não considera sujeitos tributários entidades detentoras de personalidade jurídica.

Na primeira situação temos, por exemplo, as entidades referidas no art. 2º do CIRC: 1) as entidades desprovidas de personalidade jurídica, com sede ou direcção efectiva em território português, cujos rendimentos não sejam tributados em IRS ou em IRC directamente na titularidade de pessoas singulares

[194] V. o que dizemos *infra*, no nº 42.

ou colectivas, em que se consideram incluídas, designadamente, as heranças jacentes, as pessoas colectivas em relação às quais seja declarada a invalidade do acto constitutivo, as associações e sociedades civis sem personalidade jurídica e as sociedades comerciais ou civis sob forma comercial anteriormente ao registo definitivo; 2) as entidades, com ou sem personalidade jurídica, que não tenham sede nem direcção efectiva em território português e cujos rendimentos nele obtidos não estejam sujeitos a IRS. Em consequência têm personalidade jurídica tributária, nomeadamente, as sucursais, filiais, agências, delegações ou representações de entidades sem sede ou direcção efectiva em território português[195]. Acrescente-se que, segundo o disposto no nº 2 do art. 135º-A do Código do IMI, relativo ao adicional ao IMI, as heranças indivisas são equiparadas às pessoas colectivas.

Por sua vez, na segunda situação encontram-se, por exemplo, as sociedades sujeitas à *transparência fiscal* (arts. 6º e 12º do CIRC), em que, em vez de serem tributadas as sociedades em IRC, são tributados os sócios em IRS, ou em vez de serem tributados os agrupamentos de empresas são tributadas as sociedades integrantes do agrupamento.

Ainda a respeito da personalidade tributária, é de fazer menção a duas ideias. Uma, para assinalar que a família, ou melhor o *agregado familiar* (o conceito que figura tanto no art. 104º da Constituição como no art. 13º CIRS), não constitui sujeito passivo de IRS, mas tão-só uma *unidade fiscal* para efeitos da tributação conjunta da família em sede deste imposto, quando tenha sido feita a opção pela tributação conjunta. O que não obsta a que qualquer dos cônjuges possa praticar todos os actos relativos à situação tributária do agregado familiar e ainda os relativos aos bens ou interesses do outro cônjuge, desde que este os conheça e não se lhe tenha expressamente oposto, conhecimento e ausência de oposição que se presumem até prova em contrário (art. 16º nºs 5 e 6, da LGT). Unidades fiscais constituem também os grupos de sociedades tributadas pelo Regime Especial de Tributação dos Grupos de Sociedades e os condomínios pelos rendimentos que obtenham das partes comuns (como rendas ou contrapartidas pela colocação de painéis publicitários ou equipamentos de telecomunicações), pois estes rendimentos são imputados aos condóminos na quota-parte da sua permilagem. As unidades

[195] Refira-se que as sucursais, filiais, agências, delegações e representações, mesmo quando não disponham de personalidade jurídica tributária, sempre disporão de capacidade judiciária tributária, segundo o disposto no art. 4º do CPPT.

fiscais constituem, pois, suportes de lançamento e liquidação dos correspondentes impostos, mas não sujeitos passivos[196].

Outra, para referir que não há, em princípio, qualquer obstáculo a que as *pessoas colectivas públicas* sejam sujeitos passivos da obrigação de imposto, mesmo quando sejam simultaneamente também sujeitos activos dos mesmos impostos. Ideia esta que parece mesmo confirmada pelos arts. 2º, nº 1, al. *a*), e 9º do CIRC, que isenta de IRC o Estado, as regiões autónomas, as autarquias locais, as associações de municípios e as instituições de segurança social e, bem assim, pelo art. 2º, nºs 2, 3 e 4, do CIVA, em que são considerados sujeitos passivos de IVA o Estado e as demais pessoas colectivas de direito público quando realizem operações que não se integrem no exercício dos seus poderes de autoridade[197].

Por seu turno, relativamente à *capacidade tributária de exercício*, que nem todos os sujeitos tributários têm, não dispondo dela os menores, interditos e inabilitados, há que ter em conta os nºs 1, 3 e 4 do art. 16º da LGT que, no essencial, remetem para a teoria da representação em direito civil. Aí se dispõe nestes termos: "1 – Os actos em matéria tributária praticados em nome do representado produzem efeitos na esfera jurídica deste, nos limites dos poderes de representação que lhe forem conferidos por lei ou por mandato. 3 – Os direitos e deveres dos incapazes e das entidades sem personalidade jurídica são exercidos, respectivamente, pelos seus representantes, designados de acordo com a lei civil, e pelas pessoas que administrem os respectivos interesses. 4 – O cumprimento dos deveres pelos incapazes não invalida o respectivo acto, sem prejuízo do direito de reclamação, recurso ou impugnação do representante".

[196] Acrescente-se que, a seu modo, de *unidade fiscal* também poderá falar-se relativamente às sociedades transparentes e aos grupos transparentes (art. 6º do Código do IRC), muito embora nestas situações não sirva para apurar o imposto a pagar pelos sujeitos passivos mas apenas o rendimento tributável a imputar aos sócios das sociedades transparentes e às sociedades dos grupos transparentes. No respeitante aos grupos de sociedades, embora para a situação anterior à actual, v. Gonçalo Avelãs Nunes, *A Tributação dos Grupos de Sociedades pelo Lucro Consolidado em Sede do IRC. Contributo para um Novo Enquadramento Dogmático e Legal do seu Regime*, Coimbra, 2001, p. 95 e ss.

[197] V. sobre o problema, J. M. Cardoso da Costa, *Curso de Direito Fiscal*, cit., p. 273 e ss., e o nosso livro *O Dever Fundamental de Pagar Impostos*, cit., p. 486 e s. Relativamente ao exercício de poderes de autoridade por parte das pessoas colectivas de direito público a que se refere o art. 2º do CIVA, v. o Ac. do TJCE de 14-12-2000 – Proc. C-466/98, caso *Fazenda Pública/ /Câmara Municipal do Porto*.

24.3. A representação legal, o mandato tributário e a gestão de negócios

Relativamente à representação legal ou através de mandato, devemos ter em conta o disposto no art. 16º da LGT, transcrito e o nº 1 do art. 5º do CPPT que dispõe: "os interessados ou os seus representantes legais podem conferir mandato, sob a forma prevista na lei, para a prática de actos de natureza procedimental ou processual tributária que não tenham natureza pessoal". Assim, no caso de incapacidade de exercício ou de agir, isto é, no caso de menores, interditos e inabilitados, essa incapacidade é suprida, também no direito dos impostos, pelos representantes legais – os pais, tutores ou curadores.

De representante têm de dispor os não residentes. Assim o prescreve o nº 6 do art. 19º da LGT, bem como, relativamente aos que obtenham rendimentos em Portugal e não disponham de estabelecimento estável em território português, os arts. 130º do CIRS e 126º do CIRC. Pois bem, os não residentes, sejam pessoas singulares ou pessoas colectivas sem estabelecimento estável em território português, estão obrigados a nomear um representante legal, que tanto pode ser uma pessoa singular como uma pessoa colectiva, com residência, sede ou direcção efectiva em território português. Designação de representante que, nos termos do nº 8 daquele artigo, é meramente facultativa, em relação a não residentes de, ou a residentes que se ausentem para, Estados membros da União Europeia ou do Espaço Económico Europeu.

Mas, para além desses casos de representação legal, prevê a lei fiscal a representação voluntária concretizada através do mandato fiscal. Como se prescreve no preceito acabado de reproduzir, o contrato de mandato fiscal pode ser celebrado pelos próprios contribuintes e demais sujeitos passivos ou pelos seus representantes legais, podendo abranger a prática de quaisquer actos de natureza procedimental ou processual tributária que não tenham natureza pessoal.

De chamar é a atenção para o que dispõe o CPPT no nº 2 do mencionado art. 5º, ao prescrever que "o mandato tributário só pode ser exercido, nos termos da lei, por advogados, advogados estagiários e solicitadores quando se suscitem questões de direito perante a administração tributária em quaisquer petições, reclamações ou recursos".

Uma disposição relativamente à qual, na medida em que pretenda impor a constituição de advogado ou de solicitador na impugnação administrativa de actos tributários, o que parece desmentido logo pelo disposto no artigo seguinte, relativo ao mandato judicial fiscal, seria de perguntar se a mesma não é expressão da excessiva "intermediação burocrático-corporativa" no exercício das liberdades e direitos dos contribuintes[198].

Por seu lado, quanto à gestão de negócios, prescreve o art. 17º da LGT que: 1 – Os actos em matéria tributária que não sejam de natureza puramente pessoal podem ser praticados por gestor de negócios, produzindo efeitos em relação ao dono do negócio nos termos da lei civil. 2 – Enquanto a gestão de negócios não for ratificada, o gestor de negócios assume os direitos e deveres do sujeito passivo da relação tributária. 3 – Em caso de cumprimento de obrigações acessórias ou de pagamento, a gestão de negócios presume-se ratificada após o termo do prazo legal do cumprimento".

Importante é, nesta sede, fazer menção às disposições contidas no art. 27º da LGT, relativas à responsabilidade dos gestores de bens ou direitos de não residentes. Pois bem, segundo este preceito, os gestores de bens ou direitos de não residentes sem estabelecimento estável em território português são solidariamente responsáveis em relação a estes e entre si por todas as contribuições e impostos dos não residentes relativos ao exercício a seu cargo.

Do *gestor de negócios* dos não residentes é de distinguir o mero *representante legal* de que falámos, cuja função (excepto no IVA – v. art. 29º, nº 3, do CIVA) é a garantia do cumprimento das obrigações acessórias previstas nos arts. 112º e segs. do CIRS e 117º e segs. do CIRC. O que, claro está, também não obsta a que a mesma pessoa desempenhe ambos os papéis.

Esclareça-se, a título complementar, que a lei civil para a qual remete o nº 1 do art. 17º da LGT são os arts. 464º a 472º do Código Civil e, bem assim, que a presunção contida no reproduzido nº 3 daquele artigo constitui uma presunção elidível.

Refira-se, ainda, que se pôs termo à presunção de o representante fiscal ser também gestor de negócios do não residente com a revogação do nº 3 do art. 27º da LGT operada pela lei que aprovou a Reforma do IRS de 2015.

24.4. O domicílio fiscal

Nos termos dos arts. 19º, nº 1, da LGT, 16º do CIRS, e 2º, nº 3, do CIRC, o domicílio do sujeito passivo é, salvo disposição em contrário: a) para as pessoas singulares, o local da residência habitual; b) para as pessoas colectivas, o

[198] Fenómeno que denunciamos e criticamos no nosso estudo «Algumas reflexões críticas sobre os direitos fundamentais», em *Por uma Liberdade com Responsabilidade – Estudos sobre Direitos e Deveres Fundamentais*, cit. p. 115 e ss.

local da sede ou direcção efectiva ou, na falta destas, do seu estabelecimento estável em Portugal.

Todavia, tendo em conta o art. 16º do CIRS, esse critério do local da residência habitual acaba por não se aplicar num número significativo de casos, pois considera residentes no território português os que, tendo permanecido neste território menos de 183 dias, nele disponham, em 31 de Dezembro do correspondente ano, de habitação em condições que façam supor a intenção de a manter e ocupar como residência habitual (al. *b* do nº 1)[199].

Segundo o art. 19º, nºs 3 e 4, da LGT, a mudança de domicílio deve ser comunicada à administração tributária. Uma obrigação cujo incumprimento desencadeará a aplicação das correspondentes sanções. Todavia, de acordo como o nº 9 do referido art. 19º, a administração tributária poderá rectificar oficiosamente o domicílio fiscal dos sujeitos passivos se tal decorrer dos elementos em seu dispor.

Por sua vez, de acordo com o art. 19º, da LGT, os sujeitos passivos residentes no estrangeiro, bem como os que, embora residentes no território nacional, se ausentem por período superior a seis meses, devem, para efeitos tributários, designar um representante com residência em território nacional, designação que é, todavia, facultativa para os residentes nos Estrados membros da União Europeia ou do Espaço Económico Europeu, uma solução decorrente do acórdão do TJUE de 5 de Maio de 2011 (Processo C 267/09). Em caso de não designação do representante, para além das sanções que essa falta desencadeia, concretizadas nas coimas previstas no art. 124º do RGIT, depende dessa designação o exercício dos direitos dos sujeitos passivos perante a administração tributária, incluindo os de reclamação, recurso ou impugnação.

Importante é referir a situação dos chamados *residentes não habituais*, uma categoria reconhecida entre nós com a aprovação do Código Fiscal do Investimento. Trata-se de estrangeiros ou de nacionais que não tenham residido em Portugal nos últimos cinco anos, os quais são objeto de um regime fiscal

[199] Refira-se que a anterior *residência por dependência* ou *residência por atracção*, concretizada na consideração como residentes no território português de todas as pessoas integrantes do agregado familiar, desde que qualquer dos membros a quem incumbisse a direcção desse agregado residisse em Portugal, foi abolida pela Reforma do IRS de 2015. Muito embora a mesma já viesse a ser considerada incompatível com as CDT subscritas por Portugal – v. o acórdão do STA de 25-03-2009, Proc. nº 68/09, anotado favoravelmente por RUI MORAIS, *RFPDF*, 2009, 2, p. 217 e ss.

especial em sede do IRS. Pois bem, a definição dessa categoria de residentes consta dos nºs 8 a 12 do art. 16º do Código do IRS aditados pela Lei 20//2012, de 14 de Maio, cujo art. 6º revogou a parte III, relativa a regime dos residentes não habituais, do Código Fiscal do Investimento[200].

Apesar da aparente clareza dos preceitos mencionados, é de referir que alguns problemas relativos ao domicílio fiscal estão longe de ser fáceis de resolver. Pois, mesmo sem os desenvolvimentos que a questão bem merecia, sempre se dirá que há situações em que os contribuintes acabam por dispor legalmente de duplo domicílio fiscal, o que ocorre sobretudo com a dupla residência das sociedades[201].

24.5. O estabelecimento estável

Quanto ao *estabelecimento estável* (ou permanente, como devia ser, pois é assim nas línguas mais próximas, bem como no Brasil), este é definido, no nosso direito interno, isto é, no art. 5º, nº 1, do CIRC, como "qualquer instalação fixa através da qual seja exercida uma actividade de natureza comercial, industrial ou agrícola". Uma noção em que encontramos dois elementos de verificação cumulativa: um elemento estático, constituído pela organização através da qual é exercida uma actividade, e um elemento dinâmico, constituído pela actividade exercida considerada em si mesma. Duas notas sobre estes elementos.

Uma, quanto à *natureza da actividade exercida*, para dizer que a lei fiscal a define em termos muito amplos. Na verdade, segundo o nº 4 do art. 3º do CIRC, "são consideradas de natureza comercial, industrial ou agrícola todas as actividades que consistam na realização de operações económicas de carácter empresarial, incluindo as prestações de serviços".

Outra, respeitante ao *tipo de organização*, para assinalar que essa noção, ao referir-se apenas a "qualquer instalação fixa", parece integrar em geral apenas *estabelecimentos reais*. O que é concretizado no nº 2 desse artigo 5º, que dispõe: "incluem-se na noção de estabelecimento estável, desde que satisfeitas as

[200] Uma revogação que, à primeira vista, até parece ir no sentido da eliminação desse regime, o que, todavia, é incompatível não só com as alterações que essa mesma lei introduziu no Código do IRS, como com o disposto na Circular nº 9/2012, de 3 de Agosto, da AT, que veio simplificar o procedimento para a sua aplicação.

[201] V. F. Sousa da Câmara, «A dupla residência das sociedades à luz das convenções de dupla tributação», em *Conferência sobre Fiscalidade*, Universidade Nova de Lisboa, 12 e 13 de Março de 2003, p. 213 e ss.

condições estipuladas no número anterior: a) um local de direcção; b) uma sucursal, c) um escritório; d) uma fábrica; e) uma oficina; f) uma mina, um poço de petróleo ou de gás, uma pedreira ou qualquer outro local de extracção de recursos naturais situado em território português".

Mas, nos termos do nº 3 do mencionado art. 5º, são também considerados estabelecimentos estáveis um local ou um estaleiro de construção, de instalação ou de montagem, as actividades de coordenação, fiscalização e supervisão em conexão com os mesmos ou as instalações, plataformas, ou barcos de perfuração utilizados na prospecção ou exploração de recursos naturais, quando a sua duração ultrapasse seis meses. Além disso, a lei prevê a existência de estabelecimentos estáveis sem a presença de uma instalação fixa, ou seja, de *estabelecimentos pessoais*, como é o caso, contemplado no nº 6 desse artigo, de uma pessoa que, não sendo de considerar agente independente, actue no território português por conta de uma empresa e exerça habitualmente poderes de intermediação e de conclusão de contratos que vinculem a empresa[202].

Três considerações a este propósito. Uma primeira, para referir que o conceito de estabelecimento estável do nosso ordenamento jurídico continua com um âmbito que não coincide inteiramente com o previsto no art. 5º do Modelo de Convenção da OCDE, apresentando-se mais amplo, pois considera verificar-se quando a duração das realidades a que se reporta o referido o nº 3 ultrapasse seis meses, quando no Modelo de Convenção se exige que a duração ultrapasse doze meses. Uma solução que tem suporte na reserva que Portugal apôs àquele artigo do Modelo de Convenção da OCDE.

Outra consideração para sublinhar que, no actual quadro e contexto de implementação das acções do Plano BEPS da OCDE, é visível a preocupação

[202] Cf. Alberto Xavier, *Direito Tributário Internacional*, cit., p. 306 e ss.; P. Pitta e Cunha, «Sobre a noção de estabelecimento estável», em *A Fiscalidade dos Anos 90*, cit., p. 309 e ss.; Vasco Guimarães, «O conceito de estabelecimento estável e o comércio electrónico», em *Os Efeitos de Globalização na Tributação do Rendimento da Despesa*, Cadernos de CTF, 2000, p. 151 e ss.; Maria M. Cordeiro Mesquita, «A política convencional portuguesa em matéria de dupla tributação: contributos para uma redefinição», *Estudos em Homenagem ao Prof. Doutor Pedro Soares Martinez*, vol. II, cit., 2000, p. 387 e s.; L. Menezes Leitão, «O conceito de estabelecimento estável na tributação do rendimento», *15 Anos de Reforma Fiscal de 1988/89*, Coimbra, 2005, p. 171 e ss.; Carla Palmeira, «O estabelecimento estável nas convenções da OCDE e da ONU», em *Miscelâneas* nº 4, IDET-FDUC, Coimbra, 2006, p. 35 a 130, e Manuela D. Teixeira, *A Determinação do Lucro Tributável dos Estabelecimentos Estáveis de Não Residentes*, Coimbra, 2007, e José Carlos Abreu, *A Tributação dos Estabelecimentos Estáveis*, Vida Económica, 2012.

em tributar as empresas multinacionais nas diversas jurisdições em que operam segundo a correspondente criação de valor, enfrentando assim a fragmentação pelas diversas jurisdições da cadeia de valor suportada em complexos e sofisticados esquemas de planeamento fiscal. O que, por certo, não deixará de conduzir à expansão do conceito de estabelecimento estável pela força conjugada da acção 1 (enfrentar os problemas da economia digital) e da acção 7 (impedir a evitação da aplicação do estabelecimento estável).

Enfim, uma terceira consideração para dar conta de que o conceito de estabelecimento estável em sede do IVA não coincide com o decorrente do Modelo de Convenção da OCDE que opera em sede dos impostos sobre o rendimento, já que tanto nos termos da jurisprudência do TJUE como do Regulamento de Execução nº 282/2011 do Conselho, de 16 de Março (que estabelece medidas de aplicação da Directiva IVA), o estabelecimento estável tem que ser dotado, em simultâneo, de meios humanos e técnicos, uma cumulação cuja verificação não é estritamente necessária em sede da tributação do rendimento[203].

24.6. O número de identificação fiscal

O *número de identificação fiscal*, vulgarmente conhecido por *número de contribuinte*, foi instituído entre nós, tanto para as pessoas singulares como para as pessoas colectivas, pelo DL nº 463/79, de 30 de Novembro, revogado pelo Decreto-Lei nº 14/2013, de 28 de Janeiro, diploma que procedeu à sistematização e harmonização da legislação referente ao NIF, designadamente com o regime atinente ao cartão do cidadão, por um lado, e com o regime do cartão da empresa e do cartão de pessoa colectiva, por outro. Refira-se que a atribuição do NIF, inicialmente prevista relativamente a pessoas sujeitas a impostos, ainda que isentas, passou em 2011 a ser de atribuição obrigatória. O que tem concretização agora no art. 3º do Decreto-Lei nº 14/2013, em que se prescreve que o NIF é obrigatório para as pessoas singulares e colectivas ou entidades legalmente equiparadas que, nos termos da

[203] V. Paula Rosado Perreira, «O papel do estabelecimento estável no Direito Fiscal Internacional», e Tânia Meireles da Cunha, «O conceito de estabelecimento estável para efeitos do IVA», em *Estudos em Homenagem ao Prof. Doutor Alberto Xavier*, vol. II, Almedina, 2013, respectivamente, p. 571 e ss., e p. 849 e ss., bem como Jorge Manuel Santos Lopes de Sousa, «What future for the atribution of profits to permanent establishments», em João Sérgio Ribeiro (Coord.), *International Taxation. New Challenges*, School of Law, University of Minho, 2017, p. 115 e ss.

lei, se encontrem sujeitas ao cumprimento de obrigações ou pretendam exercer os seus direitos junto da AT. Introdução que constituiu uma indiscutível medida de simplificação que é de louvar.

Refira-se que, com a introdução do cartão de cidadão, concentraram-se neste documento, para além do número de identidade civil (o tradicional número do BI), o NIF, o número da Segurança Social e o número de Utente de Saúde.

25. A substituição tributária

25.1. Noção e espécies

Nos termos do art. 20º da LGT "a substituição tributária verifica-se quando, por imposição da lei, a prestação tributária for exigida a pessoa diferente do contribuinte" (nº 1), sendo a mesma "efectivada através do mecanismo da retenção na fonte do imposto devido" (nº 2). Um entendimento consonante com os conceitos de *retenção na fonte* e de *pagamento por conta* dos arts. 34º e 33º, mas que não corresponde inteiramente ao referido pela doutrina e ao que constava, primeiro, do CPCI e, depois, do CPT. Com efeito, a LGT entende a retenção na fonte em termos que abrange não apenas a verdadeira retenção na fonte, mas também os pagamentos por conta de imposto efectuados por terceiro. De outro lado, integra nos pagamentos por conta não só as entregas pecuniárias antecipadas efectuadas pelo próprio contribuinte, mas também as entregas efectuadas por terceiro[204].

[204] O que revela que a LGT trabalha aqui com um conceito de retenção na fonte e de pagamento por conta em sentido amplo. Assim, atento o disposto nos arts. 20º, 28º, 33º e 34º da LGT, temos:

- retenção na fonte
  - em sentido próprio
  - a título de pag. por conta de imposto de terceiro
- pagamento por conta
  - em sentido próprio
    - pag. geral p/ conta (IRC e IRS)
    - pag. especial p/ conta (IRC)
    - pag. p/ conta na execução
    - pag. adicional p/ conta
  - por conta de imposto de terceiro

Assim e de um lado, reconduz a substituição tributária à que se concretiza na técnica da retenção na fonte, reduzindo o substituto a um retentor do imposto, quando é possível haver substituição tributária sem retenção. O que, de resto, se verifica em relação à Contribuição para o Audiovisual, em que a lei qualifica de substituição tributária uma situação em que não há retenção na fonte nem pagamento por conta de terceiro. De outro lado, pode haver retenção na fonte sem haver substituição tributária, pelo menos substituição tributária em sentido próprio[205].

A este respeito é de assinalar que, muito embora tanto em termos legais como em termos doutrinais a substituição tributária seja definida exclusivamente com referência ao contribuinte, o certo é que a figura da substituição não deixa, a seu modo, de se reportar também à Administração Fiscal. Efectivamente o substituto tributário acaba, de algum modo, por "substituir" também a Administração Fiscal na liquidação e cobrança dos impostos. O que, de algum modo, não deixa de ser denunciado pela inserção sistemática dos deveres de retenção na fonte os quais aparecem integrados no Código do IRS no capítulo relativo ao pagamento, e no Código do IRC no capítulo relativo à liquidação. Significa isto que, em rigor, a substituição tributária não tem a ver apenas com o devedor do imposto, com obrigação de imposto, reportando-se também à relação administrativa em que se integra a liquidação e cobrança. O que não surpreende porquanto a substituição tributária é uma das mais importantes manifestações do que designamos por "privatização" da administração dos impostos de que falamos no capítulo seguinte.

Importante a este respeito é a distinção entre a substituição tributária e a *repercussão fiscal* dos impostos sobre o consumo como o IVA, sobretudo quando esta constitui uma repercussão legalmente exigida. É que, apesar da afinidade traduzida em ser a capacidade contributiva do suportador do imposto e do substituído a visada, sendo portanto ambos contribuintes, só o substituído se apresenta como sujeito passivo da relação fiscal. O que não

[205] No respeitante à Contribuição para o Audiovisual, v. *infra*, nº 66. Quanto à doutrina, v. L. M. Alonso Gonzalez, *Sustitutos y Retenedores en el Ordenamiento Español*, cit., p. 317 e ss.; L. M. T. Menezes Leitão, «A substituição e a responsabilidade fiscal no direito português», *cit.*, p. 104 e ss.; Ana Paula Dourado, «Substituição e responsabilidade tributária», *CTF*, 391, Julho-Setembro de 1998, p. 31 e ss. (39 e ss.); Diogo Feio, *A Substituição Fiscal e a Retenção na Fonte: o Caso Específico dos Impostos sobre o Rendimento*, Coimbra, 2001, e Manuel Faustino, *O Dever de Retenção na Fonte e Outros Deveres Autónomos de Cooperação em IRS*, cit. p. 24, nota 5.

é posto em causa pelos direitos de impugnação ou outros reconhecidos ao suportador do imposto.

Neste domínio é importante distinguir, tendo em conta as disposições legais constantes dos art.s 20º e 28º da LGT, entre a *substituição tributária em sentido próprio*, que corresponde ao tradicional conceito doutrinal e à descrição que dessa figura é feita no nº 1 do referido art. 20º, que se verifica quando retenção na fonte é uma retenção na fonte a título definitivo, tendo esta natureza liberatória relativamente ao pagamento do correspondente imposto (caso das taxas do art. 71º do CIRS), e a *substituição em sentido impróprio*, em que não há propriamente uma substituição tributária em virtude de o devedor do imposto continuar a ser o contribuinte, porquanto as retenções na fonte feitas pelo substituto constituem meros pagamentos por conta, como sucede no IRS relativamente aos rendimentos do trabalho dependente e na generalidade das retenções na fonte em IRC. Enquanto na primeira situação, o substituto paga imposto alheio, imposto de terceiro, havendo uma efectiva separação entre o contribuinte e o devedor do imposto, na segunda a qualidade de contribuinte e a qualidade de devedor do imposto continuam reunidas na mesma pessoa, cabendo ao substituto apenas fazer pagamentos por conta de imposto de terceiro, os quais, como entregas antecipadas do imposto que o contribuinte há-de pagar, constituem uma espécie de medida cautelar[206]. Distinção que está bem patente no regime da responsabilidade originária e subsidiária que cabe ao substituto e ao substituído em cada uma das situações, quanto o substituto não tiver procedido à retenção na fonte, como vamos ver.

Daí que a distinção entre *substituição total* e *substituição parcial*, muito importante antes da aprovação da LGT, faça sentido apenas em sede da substituição em sentido próprio. Pois bem, ocorre a primeira quando a substituição respeite à obrigação de imposto e às correspondentes obrigações acessórias, o que acontece, por via de regra, na retenção na fonte com carácter definitivo

[206] Antes do DL nº 47/95, que introduziu no art. 15º do CPT a referência aos pagamentos por conta através de retenções na fonte, os pagamentos por conta eram entendidos como referindo-se aos pagamentos feitos pelo próprio contribuinte. Todavia, a partir desse diploma, agora nos termos do art. 33º da LGT, os pagamentos por conta constituem entregas pecuniárias antecipadas efectuadas pelos sujeitos passivos no período de formação do facto tributário, sejam estes contribuintes ou terceiros. Sobre a diversidade e complexidade dos deveres de retenção na fonte, v. Manuel Faustino, *O Dever de Retenção na Fonte e Outros Deveres Autónomos de Cooperação em IRS*, cit.

– caso da generalidade dos rendimentos das pessoas singulares tributados em IRS através de taxas liberatórias (art. 71º do CIRS) e dos rendimentos de pessoas colectivas não residentes e sem estabelecimento estável em território português tributados em IRC (art. 94º, nº 3, do CIRC). Em contrapartida, verificar-se-á a substituição parcial quando o substituído tiver de cumprir a generalidade ou alguma das correspondentes obrigações acessórias do imposto[207].

25.2. Regime jurídico

Quanto ao regime jurídico da substituição tributária, devemos dizer que ele se concretiza numa relação de tipo triangular entre o substituto, a administração fiscal e o contribuinte ou substituído. Pois bem, nesta relação triangular, temos, no respeitante à relação entre o credor (Fisco) e o devedor, um devedor primário, em primeira linha ou originário, que é o substituto, e um devedor secundário de segunda linha ou responsável subsidiário, que é o substituído ou contribuinte. Depois, no respeitante à relação entre o substituto e o substituído, temos um direito de retenção ou de regresso do substituto face ao substituído ou contribuinte.

De acordo com o art. 28º da LGT, há na substituição tributária três situações de responsabilidade tributária[208], a saber: 1) no caso de o imposto ter sido retido e não entregue nos cofres do Estado, o substituto é o único responsável, ficando o substituído desonerado de qualquer responsabilidade pelo seu pagamento[209]; 2) na hipótese de a retenção ter natureza de pagamento por

[207] Cf. L. M. T. Menezes Leitão, «A substituição e a responsabilidade fiscal no direito português», *cit.*, p. 104 e ss.; Ana Paula Dourado, «Substituição e responsabilidade tributária», *cit.*, p. 39 e ss.; Diogo Feio, *A Substituição Fiscal e a Retenção na Fonte*, cit. esp. p. 102 e ss., e Vitor Faveiro, *O Estatuto do Contribuinte*, cit., p. 560 e ss. Sobre as retenções na fonte na modalidade de pagamentos por conta, v. as monografias de Ernesto Lejeune Valcarcel, *La Antecipación de Ingresos en el Impuesto sobre la Renta de las Personas Fisicas*, Madrid, 1983, e de Maria Teresa Mories Jiménez, *La Retencón a Cuenta en el Impuesto sobre la Renta de las Personas Físicas*, Madrid, 1996.

[208] Como se pode ver, a expressão responsabilidade fiscal tem aqui um sentido amplo, abarca a responsabilidade por dívidas próprias, referindo-se não apenas aos devedores acessórios do imposto, aos responsáveis fiscais em sentido estrito, mas também ao próprio devedor principal do imposto.

[209] Caso em que, nos termos do art. 105º do RGIT, o substituto comete, se entretanto tiverem ocorrido mais de 90 dias sobre o termo do prazo legal para a entrega da prestação, o crime de abuso de confiança fiscal.

conta do imposto do substituído ou contribuinte devido a final, cabe a este a responsabilidade originária pelo imposto não retido e ao substituto a responsabilidade subsidiária, ficando ainda este sujeito aos juros compensatórios desde o termo do prazo da entrega (dia 20 do mês seguinte ao da ocorrência da retenção) até ao termo do prazo para a apresentação da declaração pelo contribuinte ou até à data da entrega do imposto retido se anterior; 3) nos restantes casos de retenção na fonte, isto é, nos casos em que a retenção não tem a natureza de pagamento por conta do imposto do contribuinte devido a final, mas natureza de pagamento definitivo (caso das taxas liberatórias em IRS e IRC), em que o substituto não procede à retenção, o substituto é o responsável originário e o substituído o responsável subsidiário pelo pagamento das importâncias que deviam ter sido retidas e não o foram[210].

O que bem se compreende, pois, enquanto na retenção na fonte com natureza de pagamentos por conta, o substituto apenas tem de adoptar uma espécie de providência cautelar, fazendo *pagamentos por conta de imposto de terceiro*, na retenção na fonte, a título definitivo ou com natureza liberatória do imposto, o substituto é o verdadeiro *devedor do imposto de terceiro*, verificando-se assim a efectiva separação entre o contribuinte e o devedor do imposto, a característica identificadora da figura da substituição tributária.

25.3. Ideia sobre a sua natureza

Várias têm sido as teorias adiantadas para explicar a natureza jurídica da substituição tributária. Em geral, todas elas procuram reconduzir esta figura do direito fiscal a institutos de natureza substantiva ou processual conhecidos do direito público ou do direito privado. Daí que haja quem veja no substituto um órgão de cobrança da administração tributária e na substituição uma forma de execução fiscal, uma delegação legal, um agir em nome próprio com eficácia sobre a esfera jurídica alheia, uma cessão de crédito, uma representação *ex lege* de direito público, uma subrogação na relação de débito, etc.[211]

Tendo, todavia, em conta que qualquer destas ideias está longe de fornecer uma explicação cabal e adequada da figura da substituição tributária, e sem proceder aos desenvolvimentos que esta conclusão obviamente reclama,

[210] Ficando, porém, a cargo do substituído os juros compensatórios devidos desde o termo do prazo de entrega até ao termo para a apresentação da declaração pelo responsável originário ou até à data da entrega do imposto retido, se anterior.

[211] V., sobre estas explicações e sua crítica, ALBERTO XAVIER, *Manual de Direito Fiscal*, cit., p. 415 e ss., e A. BRAZ TEIXEIRA, *Princípios de Direito Fiscal*, cit., p. 236 e ss.

somos de parecer que a substituição tributária constitui uma figura própria, típica do direito fiscal, insusceptível de se reconduzir inteiramente a qualquer instituto do direito privado ou do direito público, substantivo ou processual[212].

26. A responsabilidade tributária

Ao contrário do que ocorre no direito cível, ou mais em geral no direito privado, em que o instituto da responsabilidade cobre toda uma série de situações, no direito fiscal, porque labora com um conceito, a seu modo, restrito de responsabilidade, é imperioso distinguir entre solidariedade tributária e responsabilidade tributária fiscal. Muito embora e em contrapartida, por vezes, se refira à responsabilidade no sentido amplo de responsabilidade por dívidas próprias e alheias, como acontece nos arts. 22º e 28º da LGT. Esquematicamente, tendo em conta a linguagem do legislador da LGT, podemos apontar as seguintes situações:

- responsabilidade
  - por dívidas próprias
  - por dívidas alheias
    - solidariedade tributária
    - responsabilidade tributária
      - solidária
      - subsidiária

26.1. A solidariedade tributária

Esta verifica-se quando o credor do imposto pode exigir o cumprimento integral da dívida tributária (em que, nos termos do art. 22º, nº 1, da LGT se incluem os juros e demais encargos legais) tanto ao devedor como ao responsável ou responsáveis.

O que acontece, podemos dizer, excepcionalmente, ou seja, quando a lei especificamente o prescreva, como nas situações seguintes: 1) quando os pressupostos do facto tributário se verifiquem em relação a mais de uma pessoa, caso em que, salvo disposição da lei em contrário, todas são solidariamente responsáveis pelo cumprimento da dívida tributária (art. 21º, nº 1, da LGT); 2) no caso de liquidação de sociedades de responsabilidade ilimitada ou de outras entidades sujeitas ao mesmo regime de responsabilidade em

[212] Neste sentido, v. A. D. Giannini, *Istituzioni di Diritto Tributario*, cit., p. 129 e ss.; Alberto Xavier, *Manual de Direito Fiscal*, cit., p. 415 e ss.; P. Soares Martinez, *Direito Fiscal*, cit., p. 250 e s., e A. Braz Teixeira, *Princípios de Direito Fiscal*, cit., p. 236 e ss.

que os sócios ou membros são solidariamente responsáveis com aquelas e entre si pelos impostos em dívida (art. 21º, nº 2, da LGT), diversamente do seu regime societário constante do art. 175º, nº 1, do Código das Sociedades Comerciais; 3) o caso contemplado no art. 26º da LGT, segundo o qual, na liquidação de qualquer sociedade, os liquidatários devem começar por satisfazer as dívidas fiscais, sob pena de ficarem pessoal e solidariamente responsáveis pelas importâncias respectivas; 4) na hipótese do art. 27º da LGT, em que se dispõe no nº 1 que "os gestores de bens ou direitos de não residentes sem estabelecimento estável em território português são solidariamente responsáveis em relação a estes e entre si por todas as contribuições e impostos dos não residentes relativos ao exercício do seu cargo"[213]; 5) na hipótese do art. 213º do Código Aduaneiro Comunitário, que prescreve: "quando existam vários devedores por uma mesma dívida aduaneira, estes ficam obrigados ao pagamento dessa dívida a título solidário"; 6) no caso do art. 118º do CIRC da responsabilidade das sociedades do grupo pelo imposto devido pelo grupo; 7) nas hipóteses do art. 42º do Código do IS da responsabilidade das pessoas que intervenham nos actos ou recebam papéis e dolosamente não tenham liquidado ou arrecadado o correspondente imposto, bem como das pessoas que tenham autorizado o registo relativo a transmissões gratuitas sem se certificarem de que o correspondente imposto se encontrava liquidado; 8) nos casos de responsabilidade solidária do adquirente dos bens ou serviços e de sujeitos passivos que intervenham em operações realizadas ou declarados com a intenção de não entregar o imposto, nos termos do art. 79º do CIVA; 9) quando vários devedores respondam pela mesma dívida de imposto especial sobre o consumo, estes ficam obrigados ao pagamento dessa dívida a título solidário, nos termos do art. 4º, nº 3, do CIEC; 10) no caso de opção pela tributação conjunta em IRS, em que a responsabilidade dos sujeitos passivos pelo pagamento do imposto é solidária (art. 102º-C, nº 1, do CIRS).

26.2. A responsabilidade tributária

A responsabilidade tributária é, de acordo com o disposto nos arts. 22º, nº 4, e 23º da LGT, e 159º e 160º do CPPT, por via de regra, de natureza subsidi-

[213] Quanto à exigência de nomeação de um representante por parte dos não residentes sem estabelecimento estável e dos que se ausentem do território nacional por um período superior a seis meses, v. o art. 19º da LGT. Cf. *supra*, nota 199.

ária face ao devedor originário, embora possa ser subsidiária ou solidária na relação entre os diversos responsáveis no caso de pluralidade de responsáveis tributários.

Daí que a distinção, dentro desta responsabilidade subsidiária face ao dever originário, entre responsabilidade "solidária" e responsabilidade "subsidiária" seja relevante apenas quando haja pluralidade de responsáveis, pois, nesse caso, verificada a inexistência ou insuficiência de bens penhoráveis do devedor e seus sucessores, a execução reverte contra todos os responsáveis tributários se forem responsáveis subsidiários a fim de apurar as quantias por que responde cada um deles, ou pode reverter apenas contra um deles tratando-se de responsabilidade solidária.

O que, todavia, não acontece quando, nos termos do nº 4 do art. 103º do CIRS, se trate de rendimentos sujeitos a retenção que não tenham sido contabilizados nem comunicados como tal aos respectivos beneficiários, caso em que o substituto assume a responsabilidade solidária pelo imposto não retido.

26.3. Alguns casos de responsabilidade tributária

Como situações mais significativas de responsabilidade tributária, podemos indicar as seguintes situações previstas na LGT: art. 24º (responsabilidade dos administradores, directores ou gerentes e outras pessoas que exerçam funções de administração nas pessoas colectivas e estes fiscalmente equiparados – responsabilidade subsidiária face a estas e responsabilidade solidária face aos demais administradores ou gerentes); art. 25º (responsabilidade do titular do EIRL – responsabilidade limitada aos bens afectos a este); e art. 28º (responsabilidade em caso de substituição tributária).

Façamos algumas considerações a respeito da responsabilidade dos administradores, directores ou gerentes e outras pessoas que exerçam funções de administração nas pessoas colectivas. Pois bem, de acordo com o art. 24º da LGT, estas pessoas são subsidiariamente responsáveis em relação às sociedades ou demais pessoas colectivas em que exerçam, ainda que só de facto, funções e solidariamente entre si:

a) pelas dívidas tributárias cujo facto constitutivo se tenha verificado no período de exercício do seu cargo ou cujo prazo legal de pagamento ou entrega tenha terminado depois deste, quando, em qualquer dos casos, tiver sido por culpa sua que o património da sociedade se tornou insuficiente para a sua satisfação;

b) pelas dívidas tributárias cujo prazo legal de pagamento ou entrega tenha terminado no período do exercício do seu cargo, quando não provem que não lhes foi imputável a falta de pagamento[214].

O que traduz algumas alterações face à solução anterior constante do art. 13º do CPT[215]. Alterações que vão no sentido tanto da modificação do seu âmbito como duma distribuição mais equilibrada do ónus da prova. Assim e quanto ao primeiro aspecto, se, por um lado, parece que alargou essa responsabilidade a todos os tributos, aos administradores ou gerentes das cooperativas e empresas públicas e aos administradores nominais, por outro, excluiu do seu âmbito de aplicação as empresas singulares.

Por sua vez, no respeitante ao segundo aspecto, procedeu-se a uma distribuição do ónus da prova mais favorável aos administradores ou gerentes, do que na solução anterior, pois impôs-se à administração tributária a prova da culpa dos administradores ou gerentes relativamente às dívidas tributárias cujo facto constitutivo se tenha verificado no período de exercício do seu cargo ou cujo prazo legal de pagamento ou entrega tenha terminado depois do referido prazo, e aos administradores ou gerentes a prova de ausência de culpa na insuficiência do património da sociedade no respeitante às dívidas

[214] V., tendo em conta essa solução, P. Pitta e Cunha/J. Costa Santos, *Responsabilidade Tributária dos Administradores ou Gerentes*, Lisboa, 1999, p. 75 e ss. Sobre a problemática da responsabilidade dos administradores e gerentes, v. também: Teixeira Ribeiro, «Anotação ao Ac. do STA de 28 de Novembro de 1990», *RLJ*, ano 125, 1992-1993, p. 49 e ss.; Saldanha Sanches/Rui Barreira, «Culpa no incumprimento e responsabilidade dos gerentes», *Fisco*, 70/71, Maio-Junho de 1995, p. 98 e ss.; I. Marques da Silva, «A responsabilidade tributária dos corpos sociais», em D. Leite de Campos e Outros, *Problemas Fundamentais do Direito Tributário*, cit., p. 121 e ss.; Sérgio Vasques, «A responsabilidade do gestores na Lei Geral Tributária», *Fiscalidade*, 1, Janeiro 2000, p. 47 e ss., e Tânia Meireles da Cunha, «Responsabilidade tributária subsidiária. Apontamentos», em *Miscelâneas*, nº 5, IDET, Coimbra, 2008, p. 137 e ss.

[215] No respeitante à evolução da responsabilidade tributária dos administradores ou gerentes, podemos dizer que, depois de a mesma ter sido concebida como uma responsabilidade funcional, estritamente objectiva, no Decreto nº 17.730, de 7 de Dezembro de 1929, mantida no essencial no CPCI de 1963, foi profundamente alterada pelo DL nº 68/87, de 9 de Fevereiro, que, ao remeter o seu regime para o art. 78º do Código das Sociedades Comerciais, lançou sobre a administração tributária o ónus da prova da culpa dos administradores ou gerentes. Todavia, o art. 13º do CPT (1991) veio repor, na prática, a solução de 1929, alterada pela LGT (1999) no sentido do texto.

tributárias cujo prazo legal de pagamento ou entrega tenha terminado no período do exercício do cargo.

Uma distribuição do ónus da prova que, ainda assim, pode ser discutível, na medida em que a prova de ausência da culpa possa revelar-se um ónus demasiado oneroso. Na verdade, a exigência de prova de ausência de culpa pode assentar numa inadequada ponderação entre os bens jurídicos constituídos, de um lado, pelo interesse público na percepção dos impostos que está por detrás da responsabilidade dos administradores e gerentes e, de outro, pelos diversos direitos (como o direito de propriedade e a liberdade de iniciativa económica ou empresarial) destes particulares, revelando-se não inteiramente conforme aos princípios constitucionais da igualdade e da proporcionalidade[216].

O problema neste domínio reside em saber até que ponto o ónus da prova, que recai sobre os administradores e gerentes das sociedades, não se revela demasiado gravoso para a gestão das empresas, tornando esta uma actividade de alto risco que ou afugenta os administradores ou gestores sérios ou fomenta os mais variados e imaginativos expedientes lícitos para obstar aos pesados efeitos desse ónus da prova. Por isso mesmo, parece-nos que a solução mais acertada seria a que equipara o regime da responsabilidade dos administradores e gerentes no direito fiscal à do direito das sociedades, constante do art. 78º da Código das Sociedades[217].

[216] Naturalmente que o problema que aqui se coloca insere-se num problema bem maior, o da justa e equilibrada repartição do ónus da prova entre as partes processuais, e merece um tratamento adequado, a começar pelo seu nível constitucional no quadro do direito de acesso à justiça e a uma tutela jurisdicional efectiva. V. Gomes Canotilho, «O ónus da prova na jurisdição das liberdades», em *Estudos sobre Direitos Fundamentais*, Coimbra, 2004, p. 169 e ss., e Elisabete Louro Martins, *O Ónus da Prova no Direito Fiscal*, Coimbra, 2010.

[217] Para uma crítica contundente desta solução, muito embora tendo em conta as disposições legais anteriores, v. P. Pitta e Cunha/Costa Santos, *Responsabilidade Tributária dos Administradores ou Gerentes*, cit., p. 113 e ss., autores que contestam os fundamentos da jurisprudência do Tribunal Constitucional, que julgou não inconstitucional o art. 16º do CPCI, decidindo que este preceito não viola nem os princípios da igualdade e do Estado de direito democrático (Ac. nº 328/94), nem os princípios da culpa e da capacidade contributiva (Acs. 576/99 e 577/99). Sobre o problema da responsabilidade dos administradores ou gerentes em Espanha, v. Tomás Marcos Sánchez, «Responsabilidad de los administradores de entidades en materia tributaria», em Eduardo Galán Corona/José António Garcia – Cruces González (Coords.), *La responsabilidad de los Administradores de las Sociedades de Capital. Aspectos Civiles, Penales y Fiscales*, Madrid, 1999, p. 203 e ss.

A responsabilidade tributária de que vimos falando também se aplica, nos termos do nº 2 do art. 24º da LGT, aos órgãos de fiscalização e revisores oficiais de contas nas pessoas colectivas em que as houver, desde que se prove que a violação dos deveres tributários destas resultou do incumprimento das suas funções de fiscalização. Idêntica responsabilidade se aplica, segundo o nº 3 desse art. 24º, aos contabilistas certificados em caso de violação dolosa dos deveres de assunção da responsabilidade pela regularização técnica nas áreas contabilística e fiscal ou de assinatura de declarações fiscais, demonstrações financeiras e seus anexos.

A título meramente informativo, é de sublinhar que deixamos intocadas, mesmo em termos sumários, as complexas questões que a responsabilidade em causa coloca, tais como: a relativa à *gerência de facto / gerência de direito* (em que decisivo é a gerência de facto, a qual se presume *iuris tantum* relativamente a quem seja titular da gerência de direito); a respeitante à compatibilização do *benefício de excussão prévia* (ligado à própria natureza subsidiária da responsabilidade tributária) com a *fundada insuficiência* do património do devedor (que não pode deixar de ser exigida e devidamente ponderada); e a referente ao decretamento da *reversão contra os responsáveis* e aos meios de defesa dos revertidos (que têm de fazer valer através da oposição à execução fiscal)[218].

Ainda assim duas notas a este respeito. Uma relativa à gerência de facto e gerência de direito para dizer que a jurisprudência dos nossos tribunais tem, e a nosso ver bem, considerado que, embora a gerência de direito presuma a gerência de facto, esta pode ser, todavia, afastada pela prova em contrário. Uma posição contra a qual naturalmente se pode argumentar com os deveres que impendem sobre os administradores e gerentes como o dever de cuidado e diligência constante do art. 64º do Código das Sociedades Comercias e o dever de boa prática tributária contemplado no art. 32º da LGT, como é defendido por alguma doutrina do direito societário[219]. Todavia, atenta a realidade sociológica de milhares das nossas micro e pequenas empresas societárias, em que o gerente ou administrador de direito frequentemente não tem qualquer actuação correspondente à efectiva gestão da sociedade

[218] V. sobre a reversão PEDRO VIDAL MATOS, «A reversão do processo de execução fiscal», *ROA*, ano 68, II/III, Setembro-Dezembro de 2008, p. 961 e ss.

[219] V. nesse sentido e por todos, COUTINHO DE ABREU, *Responsabilidade dos Administradores de Facto*, Cadernos do IDET nº 5, 2.ª ed., IDET /FDUC, 2010, p. 108 e ss.; e RICARDO COSTA, *Os Administradores de Facto das Sociedades Comerciais*, Almedina, Coimbra, 2014, p. 41 e ss.

de que é gerente ou administrador, se compreenda aquela jurisprudência no quadro de soluções jurídicas pautadas por uma ideia de justiça material. O que não impede também que haja um esforço, mormente político e legislativo, no sentido da sensibilização e da formação das pessoas para não assumirem cargos administração que não espelhem a correspondente realidade.

Outra, para aludir à circunstância de os revertidos apenas poderem reagir contra a validade dos actos tributários a que se reporta a reversão da execução através da oposição à execução fiscal e, segundo a jurisprudência dos nossos tribunais tributários, em temos limitados, uma vez que na reclamação ou impugnação judicial desse acto somente podem invocar a ilegalidade abstracta do acto tributário, ou seja, a ilegalidade do acto não por violar o seu parâmetro legal imediato mas por este parâmetro ser ele ilegal face a um nível normativo superior. O que, na nossa opinião, é inaceitável como veremos ao falar da execução fiscal.

26.4. A responsabilidade civil por multas e coimas fiscais

No respeitante à responsabilidade civil dos administradores, gerentes e outras pessoas que exerçam funções de administração em pessoas colectivas, sociedades e outras entidades fiscalmente equiparadas pelo pagamento das sanções pecuniárias, isto é, das multas e coimas, temos aqui duas situações: uma, no caso de os administradores ou gerentes não terem colaborado dolosamente na prática da infracção fiscal; outra, no caso de essa colaboração dolosa ter ocorrido.

Assim, no primeiro caso, o nº 1 do art. 8º do RGIT prevê a responsabilidade subsidiária dos administradores, gerentes e outras pessoas que exerçam, ainda que somente de facto, funções de administração em pessoas colectivas, sociedades e outras entidades fiscalmente equiparadas pelas multas ou coimas a estas aplicadas: 1) por factos praticados no período do exercício do cargo ou por factos anteriores, quando tenha sido por culpa sua que o património social se tornou insuficiente para o pagamento; 2) também por factos anteriores, quando a decisão condenatória tenha sido notificada no período do exercício do cargo e lhes seja imputável a falta de pagamento. Como se está a ver, não se presume a culpa dos administradores ou gerentes na insuficiência do património ou na falta de pagamento, ao contrário do que acontecia na solução anterior, em que se previa a presunção de culpa na segunda das hipóteses.

Já, no segundo caso, quando o administrador ou gerente colaborou dolosamente na prática da infracção fiscal, como se prescreve no nº 6 do art. 8º do RGIT, há lugar a uma responsabilidade solidária tanto face ao agente principal da infracção como entre os colaboradores. Uma solução que se compreende, uma vez que mais não é do que uma emanação do princípio constante do art. 497º do Código Civil relativo à responsabilidade pelo dano em caso de pluralidade de responsáveis[220].

Acrescente-se que foi a respeito desta responsabilidade que se discutiu o recurso ao processo de execução fiscal, processo este aplicado à execução das dívidas por coimas e outras sanções pecuniárias decorrentes da responsabilidade civil determinada nos termos do art. 8º do RGIT. O que ocorreu, numa primeira fase, sem adequada base legal, pela administração tributária, o que deu origem a divergências jurisprudenciais entre o STA e o Tribunal Constitucional, tendo essa solução vindo a ser imposta pela LOE/2010, através do aditamento da alínea *c)* ao nº 1 do art. 148º do CPPT.

27. A transmissão da obrigação fiscal

Em consonância com o seu carácter indisponível e irrenunciável, estabelece o art. 29º da LGT, nos seus nºs 1 e 3, o princípio da intransmissibilidade dos créditos e das dívidas tributárias. Assim, salvo disposição em contrário da lei, os créditos e as dívidas tributárias são insusceptíveis de transmissão.

Disposições em contrário constituem, desde logo, o nº 2 do citado art. 29º, no respeitante à transmissão pelo lado passivo ou sucessão legal, e o art. 41º, nº 2, da LGT, no respeitante à transmissão pelo lado activo ou sub-rogação nos direitos da Fazenda Pública. De uma transmissão da obrigação fiscal pelo lado activo não se deve falar, a nosso ver, no caso de cessão de créditos por parte do Estado e da segurança social para efeitos da sua titularização, prevista na Lei nº 103/2003, de 5 de Dezembro. Vejamos os dois casos de transmissão da obrigação fiscal, referindo-nos, depois, à cessão de créditos.

[220] Cf. Isabel Marques da Silva, «Considerações acerca da responsabilidade por dívidas e por infracções tributárias dos membros dos corpos sociais», *cit.*, p. 278 e ss. V., a respeito da reversão contra responsáveis por multas e coimas tributárias, a divergência entre o Ac. do Tribunal Constitucional nº 129/09 e o Ac. do STA de 16-12-2009 – Proc. nº 01074/09. Uma divergência entretanto ultrapassada nos Acs. nº 150/2010, 481/2010 e 26/2011 daquele Tribunal, em que afastou o entendimento que perfilhado no Ac. 129/09. V. sobre o problema, a anotação dos mesmos por Rui Morais, *RFPDF*, 2010, 1, p. 301 e ss.

27.1. A sub-rogação nos direitos da Fazenda Pública

Começando pela *sub-rogação nos direitos da Fazenda Pública*, é de referir que, como já entendíamos e agora está expressamente previsto no nº 1 do art. 41º da LGT, qualquer pessoa pode pagar as dívidas fiscais de outrem, muito embora as relações deste terceiro com o sujeito passivo ou devedor do imposto sejam, por via de regra, regidas pelo direito privado.

São os arts. 41º da LGT e 91º e 92º do CPPT que prevêem e disciplinam a figura da sub-rogação. Nos termos do nº 2 daquele primeiro preceito, "o terceiro que proceda ao pagamento das dívidas tributárias após o termo do prazo de pagamento voluntário fica sub-rogado nos direitos da administração tributária, desde que tenha previamente requerido a declaração de sub-rogação e obtido autorização do devedor ou prove interesse legítimo". Falamos em sub-rogação nos direitos da Fazenda Pública, em vez de sub-rogação nos direitos da Administração Tributária, como o faz a LGT, porque, para além de ser aquela a designação tradicional e comum na legislação, evita-se assim usar a mesma designação para o sujeito activo da relação administrativa fiscal e para o sujeito activo da relação obrigacional fiscal, sendo certo que, como vimos, estas relações são radicalmente diferentes, como está patente no papel que cabe à administração tributária no processo de execução fiscal.

O que quer dizer que, verificadas certas condições – 1) ter decorrido o prazo do pagamento voluntário do imposto, 2) haver o terceiro requerido a sub-rogação, e 3) ter obtido autorização do devedor do imposto ou provado interesse legítimo –, tem lugar uma transmissão da obrigação fiscal pelo lado activo, isto é, relativamente ao credor do imposto.

O terceiro, que pague o imposto de outrem e obtenha a sub-rogação, assume assim, na relação tributária, o lugar que cabia antes à Fazenda Pública. Daí que: de um lado, o crédito do sub-rogado face ao devedor fique com as mesmas garantias, pessoais e reais, que tinha o crédito da Fazenda Pública; de outro, tenha ao seu dispor o mesmo processo de cobrança coerciva, isto é, o processo de execução fiscal.

É isto justamente o que dispõe o art. 92º do CPPT, ao estabelecer: "1 – A dívida paga pelo sub-rogado conserva as garantias, privilégios e processo de cobrança e vencerá juros pela taxa fixada na lei civil, se o sub-rogado o requerer. 2 – O sub-rogado pode requerer a instauração ou o prosseguimento da execução fiscal para cobrar do executado o que ele tiver pago, salvo tratando-se de segunda sub-rogação". Sublinhe-se que a dívida passa a vencer juros legais civis, aos quais não se aplica o limite do art. 44º, nº 2, da LGT.

O que significa que o subrogado, caso a Administração Fiscal, expressa ou tacitamente, se recuse a instaurar ou a dar seguimento ao processo de execução fiscal, tem o direito de pedir a sua condenação ao competente tribunal tributário através da acção de intimação para um comportamento prevista no art. 147º do CPPT.

Uma questão que aqui pode levantar-se é o de saber se o instituto da sub-rogação não deve, *de iure condendo*, aplicar-se também ao direito de regresso (contra o devedor originário ou contra os demais responsáveis solidários) dos responsáveis fiscais que tenham satisfeito o crédito fiscal do devedor originário. Pela nossa parte, não vemos qualquer objecção a uma tal extensão da sub-rogação, uma vez que os argumentos que têm sido invocados contra uma tal solução não nos convencem.

Com efeito, quanto ao argumento de que o legislador, ao instituir o regime de sub-rogação, visou incentivar o pagamento dos impostos por terceiros, podemos responder com o relevante interesse público que está na base da cobrança dos impostos em geral. A que acresce o facto de o pagamento do imposto pelos responsáveis fiscais não deixar, a seu modo, de ser também um pagamento de impostos por terceiros.

Por sua vez, relativamente ao argumento de que assim se estariam a colocar os titulares do direito de regresso numa posição privilegiada face aos demais credores do sujeito passivo, é de chamar a atenção para a profunda diferença existente entre os créditos fiscais e os créditos comuns[221].

27.2. A sucessão legal

Como manifestação da transmissão da obrigação tributária pelo lado passivo, temos a *sucessão legal*, prevista no nº 2 do art. 29º da LGT. Aqui se prescreve que "as obrigações tributárias originárias e subsidiárias transmitem-se, mesmo que não tenham sido ainda liquidadas, em caso de sucessão universal por morte, sem prejuízo do benefício do inventário".

[221] V. estes argumentos em J. M. Cardoso da Costa, *Curso de Direito Fiscal*, cit., p. 309 e s. Quanto à solução do texto, já por nós apontada em *O Dever Fundamental de Pagar Impostos*, cit., p. 489 e s., v. L. M. T. Menezes Leitão, «A substituição e a responsabilidade fiscal no direito português», *cit.*, p. 129.

Quer isto dizer que as obrigações fiscais do *de cujus* se transmitem aos respectivos sucessores – herdeiros ou legatários. Porém, como facilmente se compreenderá, estes só são responsáveis pelas dívidas à Fazenda Pública até às forças da herança ou do legado[222].

Relativamente à efectivação da responsabilidade dos sucessores, segundo o art. 155º do CPPT, há que separar: a situação em que já houve partilha, caso em que será mandado citar cada um dos herdeiros para pagar o que proporcionalmente lhe competir na dívida exequenda, da situação em que ainda não houve partilha, em que será citado, respectivamente, consoante esteja ou não a correr inventário, o cabeça-de-casal ou qualquer dos herdeiros sob pena de cominação de penhora em quaisquer bens da herança.

De acordo com o art. 2.071º do Código Civil, há também que distinguir consoante a herança tenha sido aceita pura e simplesmente ou a benefício de inventário, uma vez que a distribuição do ónus da prova quanto à insuficiência dos bens é diversa. Com efeito, enquanto no primeiro caso cabe ao herdeiro ou legatário provar que na herança não existem valores suficientes para o cumprimento dos encargos das dívidas tributárias, na segunda hipótese cabe ao credor provar a existência de outros bens para além dos inventariados que possam responder pelos encargos, isto é, pelas dívidas tributárias[223].

27.3. A cessão de créditos para titularização

Com a Lei nº 103/2003 foi introduzida entre nós um regime próprio de cessão de créditos fiscais do Estado e da segurança social, para efeitos da sua titularização. Introduzida com o objectivo de obter receitas extraordinárias a fim de combater o défice das contas públicas, essa cessão de créditos tem diversas particularidades.

Assim, nos termos do art. 1º dessa Lei, a cessão abrange os créditos emergentes de relações jurídico-tributárias, provenientes, designadamente, de impostos directos e indirectos e das contribuições e quotizações para a segurança social, ainda que esses créditos se encontrem vencidos, sujeitos a condição ou litigiosos, podendo neste caso o cedente não garantir a sua existência e exigibilidade. Depois, trata-se de uma cessão efectiva, completa e irrevogá-

[222] Como se prescrevia nos arts. 2.019º do Código Civil de Seabra e 103º do Código das Execuções Fiscais (de 1913).

[223] Recorde-se que, nos termos do art. 2.053º do Código Civil, a aceitação da herança a benefício de inventário faz-se requerendo inventário judicial, nos termos da lei de processo, ou intervindo em inventário pendente.

vel[224], em bloco e a título oneroso, podendo o preço inicial da cessão ser inferior ao seu valor nominal. A que acrescem duas outras notas importantes: de um lado, estamos perante uma cessão de créditos contratual que, segundo o art. 4º da Lei, pode ser realizada por negociação, com ou sem prévia publicação de anúncio, ou por ajuste directo; de outro lado, os créditos cedidos mantêm, segundo o art. 3º da Lei, a sua natureza e o processo de cobrança, conservando as garantias e privilégios, designadamente os respectivos juros compensatórios e moratórios, sem necessidade de qualquer formalidade ou registo.

Aspectos do seu regime que claramente dão conta de que não estamos aqui perante uma verdadeira transmissão da obrigação fiscal pelo lado activo, uma vez que o cessionário dos créditos não entra nas correspondentes relações fiscais, que se mantêm exclusivamente entre os contribuintes ou devedores dos impostos e a administração tributária. Pelo que as relações de carácter contratual que suportam a cessão de créditos desenrolam-se apenas entre os cessionários e a administração, constituindo relações de crédito, mas não relações fiscais. Asim, temos aqui, a seu modo, algo idêntico ao que vimos no caso da titularidade de receitas fiscais, residindo a diferença entre essas situações no facto de na cedência de créditos para titularização a relação de crédito se constituir na pendência da relação fiscal entre o contribuinte ou devedor do imposto e a administração tributária.

27.4. A cessão de créditos tributários pelos sujeitos passivos a terceiros

É de referir que a LOE/2018 veio instituir a transmissão dos créditos tributários dos contribuintes, tendo para ao efeito aditado o nº 4 ao art. 29º da LGT, estabelecendo que o disposto no n.º 1 (que dispõe os créditos tributários não são suscetíveis de cessão a terceiros), não obsta a que o pagamento de um crédito resultante de actos de liquidação de imposto seja efectuado a pessoa diferente do sujeito passivo desde que este expressamente o autorize, mediante requerimento a efetuar à AT, sem prejuízo dos mecanismos de cobrança ou de constituição de garantias previstos na lei.

Significa isto que os créditos tributários resultantes da liquidação de impostos de que sejam credores os contribuintes ou outros sujeitos passivos,

[224] A irrevogabilidade foi, aliás, uma condição para que, de acordo com os critérios definidos pelo EUROSTAT, a titularização fosse aceite como uma verdadeira cessão de créditos e não como uma concessão de crédito, caso em que entraria para o cálculo da dívida pública. Quanto à titularização de créditos em geral, v., por todos, J. Calvão da Silva, *Titul[ariz]ação de Créditos. Securitization*, Coimbra, 2003.

que resultem de direitos a reembolso, restituição ou devolução de impostos podem ser transmitidos a terceiros, isto é, a pessoas que não sejam partes da relação tributária, desde que isso seja requerido à AT e essa transmissão não ponha em causa os mecanismos de cobrança e da constituição de garantias previstos na lei. Sendo que também aqui, preenchidos que sejam os requisitos referidos, os créditos transmitidos devem manter integralmente as características que tinham na titularidade do credor tributário originário, designadamente conservando as correspondentes garantias e o processo de cobrança coerciva.

28. A extinção da obrigação fiscal

28.1. O cumprimento

Como qualquer outra obrigação também a obrigação fiscal pode extinguir-se por morte natural ou por morte provocada. A forma normal de extinção da obrigação fiscal é, como se sabe, o seu cumprimento, que pode ser voluntário ou coercivo (arts. 40º da LGT e 84º e segs. do CPPT).

O cumprimento ou pagamento voluntário das dívidas tributárias é o que é efectuado dentro do prazo estabelecido nas leis tributárias, podendo as prestações tributárias ser realizadas em moeda corrente ou por cheque, débito em conta, transferência conta a conta e vale postal ou por outros meios utilizados pelos serviços dos correios ou pelas instituições de crédito que a lei expressamente autorize (art. 40º, nº 1, da LGT). Entre estes meios conta-se actualmente o pagamento electrónico, designadamente por meio das máquinas ATM, um meio de pagamento que tem tido uma enorme adesão em sede geral e naturalmente também no domínio do pagamento dos impostos.

A este propósito, são de lembrar o *princípio da indisponibilidade da obrigação fiscal* e que, decorrido o prazo para o pagamento voluntário, começam a contar juros de mora. Quanto ao princípio da indisponibilidade da obrigação fiscal, é de referir a possibilidade, agora contemplada na lei em termos amplos, de o contribuinte, que não possa cumprir integralmente e de uma só vez a dívida tributária, requerer o pagamento em prestações (art. 42º da LGT).

Por seu lado, no respeitante aos juros de mora, há que distinguir estes dos juros compensatórios. Os juros de mora são devidos quando o sujeito passivo não pague o imposto no prazo legal, sendo a sua taxa a definida para as dívidas ao Estado e outras entidades públicas (art. 44º, nºs 1 e 3, da LGT), a qual, nos termos do art. 3º do DL nº 73/99, de 3 de Março (na redacção do art. 165º da LOE/2010), é igual à média das médias mensais das taxas EURIBOR a 12 meses, verificadas nos últimos 12 meses, acrescida de um diferencial de cinco pontos precentuais[225].

Já os juros compensatórios são devidos "quando, por facto imputável ao sujeito passivo, for retardada a liquidação de parte ou da totalidade do imposto devido ou a entrega de imposto a pagar antecipadamente, ou retido ou a reter no âmbito da substituição tributária", sendo a sua taxa equivalente à taxa dos juros legais fixados nos termos do nº 1 do art. 559º do Código Civil (art. 35º, nºs 1 e 10, da LGT), a qual, nos termos da Port. nº 291/2003, de 8 de Abril, é presentemente de 4% ao ano[226].

Relativamente aos juros de mora, há ainda que fazer duas observações. Uma, para dar conta de que a taxa em causa é, segundo o nº 3 do referido art. 3º do DL nº 73/99, reduzida a metade no caso de dívidas cobertas por garantias reais constituídas por iniciativa da entidade credora ou por ela aceites e para as dívidas cobertas por garantia bancária.

Outra, para assinalar que o limite legal ao montante de juros de mora a favor do credor fiscal do nº 2 do art 44º da LGT, segundo o qual a liquidação de juros de mora não podia ultrapassar os últimos três anos anteriores à data do pagamento da dívida sobre que incidiam, deixou de se aplicar em virtude da nova redação dada a esse preceito pela LOE/2012, dispondo agora: "os juros de mora aplicáveis às dívidas tributárias são devidos até à data do pagamento da dívida". Uma alteração que, atentos os efeitos intoleráveis que pode desencadear, nos suscita a questão da sua inconstitucionalidade, já que a contagem de juros, ao deixar de ter um limite temporal, pode conduzir a montantes totalmente exorbitantes, que resultam, de resto, da demora de litígios cujo andamento processual os contribuintes não dominam.

Nos termos dos arts. 42º da LGT e 86º do CPPT, terminado o prazo de pagamento voluntário, pode o contribuinte: 1) requerer o pagamento em prestações se e na medida em que as leis tributárias assim o contemplem, como no caso do IRS e IRC previsto nos arts. 29º a 37º do RCR; 2) efec-

[225] A qual é anualmente fixada pela Agência de Gestão da Tesouraria e da Dívida Pública (IGCP) em Dezembro para valer no ano seguinte.

[226] Juros estes que não devem confundir-se com os juros indemnizatórios, juros devidos ao contribuinte ou sujeito passivo pelo excesso de imposto pago imputável a erro da administração tributária, cuja taxa é igual à dos juros compensatórios (art. 43º da LGT), nem com os juros moratórios a favor do contribuinte previstos no nº 2 do art. 102º da LGT.

tuar pagamentos por conta de dívidas por tributos constantes das notas de cobrança, desde que verificadas as condições do nº 4 do art. 86º do CPPT.

Caso não se verifique o cumprimento voluntário, então tem lugar, nos termos do art. 88º do CPPT, a extracção da certidão de dívida por parte dos serviços competentes com base nos elementos que tiverem ao seu dispor. Assinala-se que era esta extracção da certidão de dívida que, na legislação anterior, se designava por *relaxe* da dívida fiscal[227].

28.2. Outros modos de extinção da obrigação fiscal

Para além do cumprimento, há outros modos de extinção da obrigação fiscal, como a prescrição, a dação em cumprimento e a compensação. Quanto à prescrição, regulada nos arts. 48º e 49º da LGT, é de referir que as dívidas tributárias prescrevem, salvo o disposto em lei especial, no prazo de oito anos contados, nos impostos periódicos, a partir do termo do ano em que se verificou o facto tributário e, nos impostos de obrigação única, a partir da data em que o facto tributário ocorreu (art. 48º, nº 1).

O prazo da prescrição interrompe-se em virtude de citação, reclamação, recurso hierárquico, impugnação e pedido de revisão oficiosa da liquidação do imposto, e suspende-se por motivo de paragem do processo de execução fiscal em virtude de pagamento de prestações legalmente autorizadas ou de reclamação, impugnação ou recurso (art. 49º, nºs 1 e 3)[228].

Da prescrição das dívidas tributárias deve distinguir-se a caducidade do poder de que a administração tributária dispõe para liquidar os impostos. Um poder cuja disciplina consta dos arts. 45º a 47º da LGT e que deve ser exercido no prazo de quatro anos, contados no mesmos termos que acabamos de ver para a prescrição, sendo, porém, de três anos no caso de erro evidenciado na declaração do sujeito passivo (nºs 1 e 2 do art. 45º). Prazos estes que não são aplicáveis quando a lei estabelecer outro, como sucede no IMT, cujo prazo de caducidade é, nos termos do art. 35º, nº 1, do CIMT, de oito anos a contar da correspondente transmissão.

[227] Cf. J. M. Cardoso da Costa, *Curso de Direito Fiscal*, cit., p. 450 e s.

[228] Recorde-se que o prazo geral de prescrição das obrigações tributárias era de 20 anos no CPCI (art. 27º) e de 10 anos no CPT (art. 34º). Relativamente à prescrição, v. Benjamim S. Rodrigues, «A prescrição no direito tributário», em D. Leite de Campos e Outros, *Problemas Fundamentais do Direito Tributário*, cit., p. 259 e ss., e sobretudo J. Lopes de Sousa, *Sobre a Prescrição da Obrigação Tributária. Nestas Práticas*, 2ª ed., Áreas Editora, 2010.

É de acrescentar que, com as alterações introduzidas pela LOE/2012 na LGT, aditando o nº 7 ao art. 45º e o nº 4 ao art. 48º, os prazos da prescrição e da caducidade relativamente a factos tributários relacionados com paraísos fiscais ou contas sediadas em países diversos dos da União Europeia, são, respetivamente, de quinze e de doze anos.

Relativamente à dação em cumprimento e à compensação, dispõe o art. 40º, nº 2, da LGT que essas formas de extinção das prestações tributárias apenas são admitidas nos casos expressamente previstos na lei. Assim, no respeitante à dação em cumprimento ou em pagamento, ela está expressamente prevista, em termos gerais, no CPPT, que a admite quer antes da instauração da execução fiscal, no âmbito de processo conducente à celebração de acordo de recuperação de créditos do Estado (art. 87º), quer no próprio processo de execução fiscal (arts. 201º e segs.). Acrescente-se que, desde o ano de 2002, os decretos-lei de execução orçamental têm previsto para o respectivo ano económico a extinção por dação em pagamento de todas as dívidas ao Estado que ainda se não encontrem abrangidas pelo processo de execução fiscal.

Por sua vez, no respeitante à compensação, o CPPT configura-a actualmente como um modo geral de extinção da obrigação fiscal. Um modo que conhece, aliás, duas modalidades: 1) a compensação por *iniciativa da administração fiscal*, prevista no art. 89º, em cujo nº 1 se dispõe: "os créditos do executado resultantes de reembolso, revisão oficiosa, reclamação graciosa, ou impugnação judicial de qualquer acto tributário são obrigatoriamente aplicados na compensação das suas dívidas à mesma administração tributária, salvo se pender reclamação graciosa, impugnação judicial, recurso judicial ou oposição à execução da dívida exequenda ou esta esteja a ser paga em prestações, devendo a dívida exequenda mostrar-se garantida nos termos deste Código"; 2) a compensação por *iniciativa do contribuinte*, por seu turno, está prevista no art. 90º, no respeitante a dívidas de impostos relativamente aos quais ainda não tenha terminado o prazo de pagamento voluntário[229].

A respeito da compensação obrigatória por parte da Administração Fiscal, é de acrescentar que, embora o reproduzido nº 1 do art. 89º do CPPT ressalve a pendência de reclamação graciosa, impugnação judicial, recurso judicial

[229] Assinale-se que a admissibilidade gradual da extinção da obrigação fiscal por compensação se vem verificando um pouco por toda a parte – v., por exemplo, para Espanha, MARIA CARMEN BALLESTEROS SOLER, *La Extinción de la Deuda Tributaria Mediante Compensación*, Madrid, 1997.

ou oposição à execução, o Tribunal Constitucional, no seu Ac. nº 386/2005, veio julgar não inconstitucional essa norma quando interpretada no sentido de essa compensação poder ser realizada desde o momento em que a dívida se torne exequível, apesar de ainda não se encontrar esgotado o prazo para o exercício do direito de impugnação e de esta ainda se não encontrar deduzida. Pois essa interpretação, no entendimento do Tribunal, tem como consequência que, "caso queira obter o efeito jurídico de não compensação entre o seu crédito com a dívida de imposto, decorrido que seja o prazo de pagamento voluntário, deverá o contribuinte antecipar o exercício do direito de impugnação judicial, tendo de fazê-lo dentro do prazo de 30 dias em vez de o ser dentro de 90 dias". O que não afrontaria os princípios constitucionais da igualdade, do acesso ao direito e da garantia de uma tutela jurisdicional efectiva. Uma solução que, certamente por se revelar uma manifestação de intolerável "fiscalismo" a favor do credor fiscal, foi afastada através da nova redacção ao art. 89º do CPPT pela LOE/2010[230].

Há quem fale também na possibilidade de extinção da obrigação fiscal através de *confusão*. O exemplo apontado pela doutrina era o do extinto imposto sobre sucessões e doações quando o Estado fosse chamado à sucessão do contribuinte. Outro exemplo é o que se verifica quando o contribuinte sucede ao terceiro sub-rogado nos direitos da Fazenda Pública.

Tendo, todavia, em conta que as heranças jacentes têm a natureza de património autónomo (art. 872º do Código Civil) e que são consideradas sujeitos passivos de IRC, de IMI e de IS, não haveria no primeiro caso apontado lugar para a figura da confusão. Uma hipótese que deixou, todavia, de se verificar com a substituição do imposto sobre as sucessões e doações pelo IS sobre as transmissões gratuitas, já que este abrange apenas as realizadas a favor de pessoas singulares, sendo as realizadas a favor das pessoas colectivas tributadas em IRC, imposto em relação ao qual o Estado se encontra, de resto, isento (art. 2º, nº 2, do CIS, e arts. 21º, nº 2, e 9º do CIRC).

Já no caso de o contribuinte suceder ao terceiro sub-rogado nos direitos da Fazenda Pública, tudo se conjuga no sentido de ocorrer a extinção da obrigação tributária por confusão, uma vez que a qualidade de credor e de devedor da obrigação tributária se reúnem na mesma pessoa[231].

[230] O que decorre, desde logo, do carácter paritário que, em nossa opinião, tem a relação obrigacional fiscal.

[231] Refira-se que, entre os índices históricos a arquivar nos termos do nº 2 do art. 28º do CPPT, consta na sua alínea *g*) o índice das "execuções extintas por confusão".

29. As garantias de cumprimento da obrigação fiscal

29.1. A garantia geral

Como qualquer credor, também o Estado ou outro credor tributário tem no património do devedor a garantia geral do seu crédito. Assim o prescreve agora o nº 1 do art. 50º da LGT, embora isso não fosse necessário, já que o mesmo decorre dos arts. 601º e 817º do Código Civil.

Ainda em sede de garantias gerais dos credores tributários, é de fazer referência à importante garantia de natureza adjectiva ou processual constante do art. 80º do CPPT. Dispõe este preceito: "salvo nos casos expressamente previstos na lei, em processo de execução que não tenha natureza tributária serão obrigatoriamente citados os dirigentes dos serviços centrais da administração tributária que procedam à liquidação de tributos e os órgãos periféricos locais da área do domicílio ou sede do executado, dos seus estabelecimentos comerciais e industriais e da localização dos bens penhorados para apresentarem, no prazo de 15 dias, certidão de quaisquer dívidas de tributos imputadas ao executado que possam ser objecto de reclamação de créditos, sob pena de nulidade dos actos posteriores à data em que a citação devia ter sido efectuada"[232].

O que significa que impende sobre o juiz de qualquer execução comum a obrigação de citar a administração tributária para esta reclamar os créditos da Fazenda Pública no processo de execução comum[233].

29.2. As garantias especiais

Mas, como bem se compreende, para além desta garantia geral, os credores tributários não podem deixar de dispor de outras garantias, de garantias especiais, quer de natureza pessoal como é a concretizada no instituto da responsabilidade tributária e a fiança voluntária, quer de natureza real.

Pois bem, como garantias especiais dos créditos tributários, são de apontar as seguintes:

a) *Os privilégios creditórios*. Aos privilégios creditórios, previstos no CC ou nas leis tributárias, se refere a al. *a*) do nº 2 do art. 50º da LGT. Assim, temos: o privilégio mobiliário geral sobre os bens existentes

[232] Como garantia dos créditos do Estado a qualificava o art. 31º do CPT, que dispunha: "constituem garantias dos créditos do Estado, além de outras previstas na lei, a sua cobrança coerciva mediante o processo de execução fiscal e o direito de reclamação dos créditos fiscais em processo de execução que não siga os termos da execução fiscal".

[233] V. que dizemos a seguir no n.º 29.3.

no património do devedor no momento da penhora ou outro acto equivalente para pagamento do IRS e IRC relativos aos três últimos anos (arts. 736º do CC, 111º do CIRS e 116º do CIRC); o privilégio mobiliário especial sobre os bens móveis transmitidos relativamente aos créditos fiscais resultantes do IS sobre as transmissões gratuitas (art. 738º, nº 2, do CC); o privilégio imobiliário geral sobre os bens existentes no património do devedor no momento da penhora ou outro acto equivalente para pagamento do IRS e IRC relativamente aos três últimos anos (arts. 111º do CIRS e 116º do CIRC); o privilégio imobiliário especial sobre os bens sujeitos a IMI para pagamento desse imposto relativo aos três últimos anos (arts. 744º, nº 1, do CC e 122º do CIMI) e sobre os bens cuja transmissão está sujeita ao IMT ou ao IS (art. 744º, nº 2, do CC)[234].

b) *O penhor e a hipoteca*. Segundo a al. *b*) do nº 2 e o nº 3 do art. 50º da LGT, podem constituir-se, nos termos em que a lei os preveja, *penhor* ou *hipoteca legal* quando essas garantias se revelem necessárias à cobrança efectiva da dívida ou quando o imposto incida sobre a propriedade dos bens. Pois bem, nos termos do art. 195º do CPPT, quando o risco financeiro o torne recomendável, o órgão da execução fiscal, para garantia dos créditos tributários, poderá fundamentadamente constituir penhor ou hipoteca legal, de forma a assegurar o pagamento da totalidade da dívida exequenda e acrescido. Tratando-se de hipoteca, o órgão da execução fiscal deverá promover na conservatória do registo predial competente, a favor da Fazenda Pública, o correspondente registo.

   Por seu turno, segundo o nº 2 do art. 199º do CPPT, a exigência de garantia idónea, designadamente para que a impugnação judicial tenha efeito suspensivo (art. 103º, nº 4, do CPPT), pode ser satisfeita também através de *penhor* ou *hipoteca voluntária*, desde que a mesma seja requerida pelo interessado e haja a concordância da administração tributária. No caso de hipoteca, haverá igualmente que promover,

[234] Sobre os privilégios creditórios, v. Miguel Lucas Pires, *Os Privilégios Creditórios. Regime Jurídico e Influência no Concurso dos Credores*, Coimbra, 2004. Assinale-se que esta amplitude dos privilégios creditórios constitui um regresso ao passado anterior ao Código Civil de 1966, pois este Código limitou tais privilégios, que antes valiam também para a tributação do rendimento, como era o caso da Contribuição Industrial, aos impostos relativos ao património (basicamente a bens imóveis), ou seja, à contribuição predial, à sisa e ao imposto sobre sucessões e doações.

na competente conservatória do registo predial, o seu registo a favor da Fazenda Pública.

c) *O direito de retenção*. Segundo a al. *c*) do nº 2 do art. 50º da LGT, constitui garantia dos créditos tributários também o direito de retenção de quaisquer mercadorias sujeitas à acção fiscal de que o sujeito passivo seja proprietário, nos termos que a lei fixar. Trata-se de uma garantia que é típica do direito aduaneiro.

d) *A prestação de caução*. A garantia dos créditos tributários é ainda assegurada pela prestação de garantia idónea, quando o contribuinte, ao exercer determinados direitos, como os de impugnação administrativa, de impugnação judicial e de recurso judicial pretenda obter a suspensão do procedimento ou processo de execução fiscal – v. os arts. 169º e 170º e 183º e 183º-A do CPPT. Tal garantia consistirá, segundo o nº 1 do art. 199º do CPPT, em garantia bancária, caução, seguro-caução ou qualquer outro meio susceptível de assegurar os créditos do exequente.

Uma nota, ainda a respeito dos privilégios creditórios e das hipotecas legais, para referir a sua extinção quando ocorra a declaração de insolvência. Pois, segundo o art. 97º do Código da Insolvência e da Recuperação de Empresas, extinguem-se com a declaração de insolvência os privilégios creditórios e as hipotecas legais do Estado, das autarquias locais e das instituições de segurança social, nos seguintes termos: os privilégios creditórios gerais constituídos mais de 12 meses antes do início do processo de insolvência; os privilégios creditórios especiais vencidos mais de 12 meses antes do início do processo de insolvência; as hipotecas legais cujo registo haja sido requerido mais de 2 meses anteriores à data do início do processo de insolvência.

29.3. O "fiscalismo" na garantia do credor fiscal

Antes de terminar esta matéria relativa às garantias de cumprimento da obrigação fiscal, devemos acrescentar ainda uma nota suplementar. Uma nota para darmos conta de que é justamente este um dos sectores em que tradicionalmente se têm verificado entre nós importantes manifestações de um "fiscalismo" ou de uma *raison d'Etat* fiscal inaceitáveis no Estado de direito. Uma alusão a três manifestações desse fenómeno, duas delas objecto, de resto, de declaração de inconstitucionalidade por parte do Tribunal Constitucional.

A primeira dessas manifestações tem a ver com a garantia traduzida na impenhorabilidade total dos bens anteriormente penhorados pelas (então) repartições de finanças em execuções fiscais. Consagrada no nº 1 do art. 300º do CPT, essa impenhorabilidade foi, a muito justo título, declarada inconstitucional pelo Ac. 451/95.

Assim, através deste Acórdão, o TC "declarou a inconstitucionalidade, com força obrigatória geral – por violação da garantia do direito do credor à satisfação do seu crédito (que se extrai do nº 1 do art. 62º da Constituição), conjugada com o princípio da proporcionalidade (que se extrai, entre outros, do art. 18º da Constituição) –, da norma constante da primeira parte do nº 1 do art. 300º do Código de Processo Tributário, na parte em que estabelece o regime da impenhorabilidade total dos bens anteriormente penhorados pelas repartições de finanças em execuções fiscais". Por conseguinte, um bem, objecto de execução fiscal, pode agora ser também objecto de posterior execução comum.

Por seu lado, a segunda diz respeito às relações e à articulação do privilégio imobiliário geral, que garante diversos créditos fiscais, com os direitos reais de garantia, mais precisamente com a hipoteca. Com ela pretende-se aludir à declaração de inconstitucionalidade constante do Ac do TC nº 262/2002, por violação do princípio da protecção da confiança ínsito no princípio do estado de direito democrático, do art. 111º do CIRS, na interpretação segundo a qual o privilégio imobiliário geral conferido nesse preceito à Fazenda Pública, preferia à hipoteca constituída nos termos do art. 751º do Código Civil[235].

Uma jurisprudência que, tanto num caso como no outro, é inteiramente de saudar na medida em que libertou o nosso ordenamento jurídico-fiscal de soluções que traduziam um manifesto entendimento abusivo da garantia do direito do credor fiscal, em flagrante violação dos direitos dos credores comuns e do princípio do Estado de direito democrático.

Mas o "fiscalismo" manifesta-se também na separação total do processo de execução fiscal face ao processo de execução comum que esteja pendente sobre o mesmo bem, consagrada no art. 218º, nº 3, do CPPT. Segundo este preceito, "podem ser penhorados pelo órgão de execução fiscal os bens apre-

[235] Da mesma inconstitucionalidade padecia, naturalmente, o correspondente art. 108º do CIRC. Aliás, idêntica declaração de inconstitucionalidade consta do Ac. do TC nº 263/2002, no respeitante a normas que conferiam análogo privilégio à Segurança Social.

endidos por qualquer tribunal, não sendo a execução, por esse motivo, sustada ou apensada". O que afasta da execução fiscal a aplicação do art. 794º do CPC, segundo o qual, pendendo mais de uma execução sobre os mesmos bens, é sustada, quanto a estes a execução em que a penhora tiver sido posterior, podendo o exequente reclamar a todo o tempo o respectivo crédito no processo em que ocorreu a primeira penhora.

Um afastamento que, a nosso ver, consagra um privilégio do credor fiscal, a seu modo, infundado. Pois, para além de fazer tábua rasa da execução comum pendente sobre o bem objecto da execução fiscal, susceptível de violar os direitos dos credores comuns e de brigar com o princípio do Estado de direito democrático, pode redundar numa efectiva desprotecção do próprio credor fiscal, se e na medida em que a execução comum se conclua antes da execução fiscal e o bem venha a ser vendido naquela antes de o ser na execução fiscal e não haja outros bens penhoráveis.

Por isso, parece-nos que um tal preceito deve ser objecto de uma interpretação cautelosa, que exclua a sua aplicação, pelo menos, aos bens apreendidos em processo de insolvência e de recuperação de empresas, sob pena de se frustrarem os objectivos destes processos, bem como os bens apreendidos em processos criminais ou contra-ordenacionais, já que, nesses processos, a apreensão de bens tem uma função probatória ou, no caso de se seguir a sua perda, um carácter sancionatório. Para além de não vermos razões que justifiquem essa diferença de tratamento, nomeadamente que essa solução dificulte a vida ao credor fiscal, pois este pode vir à execução comum reclamar o seu crédito, nos termos do art. 794º do CPC[236].

[236] V. sobre o problema, VIEIRA CONDE, «A penhora de um bem anteriormente apreendido em execução pendente», *Separata de Estudos e Temas Jurídicos do Boletim do Conselho Distrital de Coimbra da OA*, nº 0, Julho de 2001, p. 27 e ss., J. LOPES DE SOUSA, *Código de Procedimento e de Processo Tributário Anotado e Comentado*, vol. II cit., p. 440 e s., e JOÃO ANTÓNIO VALENTE TORRÃO, *Código de Procedimento e Processo Tributário Anotado e Comentado*, Almedina, 2005, p. 843. Sobre o regime fiscal da insolvência, v. SUZANA TAVARES DA SILVA / MARTA COSTA SANTOS, «Os créditos fiscais nos processos de insolvência: reflexões críticas e revisão da jurisprudência», disponível em https://estudogeral.sib.uc.pt/bitstream/10316/24784/1/STS_MCS%20insolvencia.pdf; SARA LUÍS DA SILVA VEIGA DIAS, *O Crédito Tributário e as Obrigações Fiscais no Processo de Insolvência*, Dissertação de Mestrado, Escola de Direito da Universidade do Minho, 2012; ANA CRISTINA ARROMBA DINIS / CIDÁLIA MOTA LOPES, *A Fiscalidade das Sociedades Insolventes*, Almedina, 2015; e BRUNO SANTIAGO/BEATRIZ CAPELOA GIL, «A responsabilidade pelo imposto devido na liquidação dos bens que integram a massa insolvente», *Cadernos de Justiça Tributária*, nº 13, Julho – Setembro de 216, p. 3 e ss.

Enfim, uma manifestação de fiscalismo encontramos, a nosso ver, também no entendimento que prevaleceu no STA em sede de juros de mora, que conduzia a uma diversidade de tratamento dos contribuintes face à Fazenda Pública, ao aplicar aos juros moratórios a favor da Fazenda Pública o disposto no nº 3 do art. 44º da LGT, o que conduzia aos juros do art. 3º do DL 73/99, os quais, por seu turno, incidem também sobre os próprios juros compensatórios, enquanto no respeitante aos juros moratórios a favor dos contribuintes se pautava pelo disposto no nº 1 do art. 559º do Código Civil, o que levava a juros mais baixos[237].

Uma situação que foi alterada pela LOE/2012, pois que, no aditado o nº 5 ao art. 43º da LGT, se estabeleceu que juros moratórios a favor dos contribuintes relativos ao período decorrente entre o termo do prazo de execução espontânea da decisão judicial transitada em julgado e a data da emissão da nota crédito são de montante idêntico ao dos devidos à Fazenda Pública. Uma solução de igualdade entre a posição da Fazenda Pública e a dos contribuintes que tem expressão na recente orientação jurisprudencial do STA, constante do Ac. 4/2017, de 18/9, que veio uniformizar a jurisprudência relativa ao entendimento do n.º 5 do art. 43º da LGT no sentido de que é admissível a tributação cumulativa de juros indemnizatórios e de juros moratórios calculados sobre a mesma quantia e relativamente ao mesmo período de tempo.

Devemos acrescentar que algumas manifestações mais violentas desse fiscalismo surgiram recentemente não tanto nas leis mas mais na prática traduzida em tratamentos verdadeiramente desumanos a que os órgãos da AT sujeitam alguns contribuintes, o que é particularmente chocante quando estes são as pessoas economicamente mais frágeis. Estamos a pensar sobretudo na forma como se vêm penhorando e, depois, vendendo a toda a velocidades e, por via de regra, ao desbarato (no quadro de um mercado propício a verdadeiras máfias), bens imprescindíveis ao respeito da dignidade da pessoa humana, que é suposto impor-se a todos os órgãos do Estado, como é claramente o caso da penhora e venda dos imóveis que constituem o suporte do direito à habitação constante do art. 65º da Constituição.

Porque achamos que nenhuma lei pode servir de base a tratamentos desumanos do tipo do referido, somos de opinião que o mencionado tratamento

[237] V., o Acórdão do Pleno de 24 de Outubro de 2007 – Rec. nº 1095/05, e o Acórdão de 31 de Janeiro de 2008 – Proc. nº 0839/07, por nós anotado sob o título «Juros de mora a favor do contribuinte», *Revista de Legislação e de Jurisprudência*, ano 138, 2008/9, p. 51 e ss.

era mais uma prática administrativa alheia à ideia de humanidade do que uma efectiva imposição das leis fiscais, uma vez que estas podem ser aplicadas com humanidade ou de forma desumana. Todavia, se para se pôr cobro à mencionada prática, que devia ser missão da AT, enquanto órgão de um Estado de Direito, não restava outra solução senão a de alterar a lei, então faz sentido a alteração operada pela Lei nº 13/2016, de 23 de Maio, que veio suspender a venda dos imóveis destinados exclusivamente a habitação própria e permanente do executado e do seu agregado familiar.

De resto, também o crescente alargamento do processo de execução fiscal à execução de dívidas que têm pouco ou nada a ver com as que estiveram na base da instituição desse processo tão especial de execução, é expressão de um fiscalismo desnecessário. De facto, um tal processo devia limitar-se à execução de dívidas decorrentes de tributos ou dívidas que devam ser pagas por força de um acto administrativo, como decorre do art. 148º do CPPT. Daí que tenhamos dúvidas sobre a constitucionalidade da utilização do processo de execução fiscal para a cobrança de dívidas decorrentes de preços, como os preços respeitantes às actividades de exploração de sistemas municipais ou intermunicipais cobrados pelo abastecimento público de água, pelo saneamento de águas residuais, gestão de resíduos sólidos e transportes colectivos de pessoas e mercadorias, nos termos do nº 3 do art. 21º do Regime de Financiamento das Autarquias Locais e das Entidades Intermunicipais[238].

[238] V. o nosso estudo «Considerações sobre o ensino e a evolução do direito fiscal nos últimos cem anos», em *Por um Estado Fiscal Suportável*, vol. IV, cit., p. 211 e ss.

Capítulo III
A Actividade Administrativa Fiscal

30. Os órgãos da administração fiscal

30.1. Generalidades

A respeito dos órgãos da administração fiscal, devemos começar por dar sumária nota das profundas alterações que se verificaram na administração ou gestão dos impostos com a passagem do sistema fiscal resultante da reforma fiscal dos anos sessenta para a o sistema fiscal actual resultante da reforma fiscal dos anos oitenta do século passado.

Reforma que se concluiu com a criação da Autoridade Tributária e Aduaneira (AT)[239], cuja lei orgânica consta do Decreto-Lei nº 118/2011, de 15 de Dezembro), que veio reunir nessa autoridade as anteriores Direção Geral dos Impostos (DGCI), Direção Geral das Alfândegas e dos Impostos Especiais sobre o Consumo (DGAIEC) e Direção Geral de Informática e Apoio aos Serviços Tributários e Aduaneiros (DGITA).

O sistema anterior assentava numa administração pública dos impostos, cujas marcas mais visíveis eram, de um lado, a de a liquidação e cobrança da generalidade dos impostos ser da responsabilidade de órgãos locais e, de outro, haver uma separação total entre os órgãos competentes para a

[239] Naturalmente que a sigla devia ser ATA e não AT, como consta da referida lei orgânica. Peca assim por defeito, dando continuidade à falta de correspondência entre o nome e a sigla que já se verificava relativamente à Direção Geral dos Impostos cuja sigla era DGCI, embora esta pecasse por excesso.

liquidação, a cargo dos órgãos locais da Direcção Geral das Contribuições e Impostos (as repartições de finanças), e os órgãos competentes para a sua cobrança, a cargo dos órgãos locais da Direcção Geral do Tesouro (as tesouraria da fazenda pública). Já o sistema actual é fundamentalmente um sistema de "administração privada" dos impostos, a cargo fundamentalmente das empresas, em que, mesmo quando a liquidação e cobrança é da responsabilidade da administração fiscal, deixou de se verificar aquela separação entre a liquidação e a cobrança.

Ora bem, como será fácil de compreender, a administração fiscal integra-se organicamente num departamento ministerial, mais especificamente no Ministério das Finanças (que desde há uns anos, é o Ministério das Finanças e da Administração Pública = MF). Pois, segundo a sua lei orgânica (constante do DL nº 117/2011, de 15 de Dezembro), este Ministério é constituído por múltiplos serviços.

Entre tais serviços, temos: 1) diversos serviços de administração directa de que são de destacar a AT e a Inspecção-Geral de Finanças (IGF); 2) três organismos de administração indirecta do Estado (a Caixa Geral de Aposentações IP, Agência de Gestão da Tesouraria e da Dívida Pública (IGCP) e a Entidade de Serviços Partilhados da Administração Pública, I. P.; 3) três entidades administrativas independentes de supervisão e regulação do sistema financeiro (o Banco de Portugal, o Instituto de Seguros de Portugal e a Comissão do Mercado de Valores Mobiliários).

Como acabamos de ver, no que aos impostos mais directamente diz respeito, temos a Autoridade Tributária e Aduaneira que, nos termos do nº 1 do art. 14º da LOMF, "tem por missão administrar os impostos, direitos aduaneiros e demais tributos que lhe sejam atribuídos, bem como exercer o controlo da fronteira externa da União Europeia e do território aduaneiro nacional, para fins fiscais, económicos e de proteção da sociedade, de acordo com as políticas definidas pelo Governo e o Direito da União Europeia".

Mas, para além destes serviços directamente ligados à gestão dos impostos, merece referência também a Inspecção-Geral das Finanças, que é um serviço de fiscalização do MF, cujo orgânica consta do DL nº 96/2012, de 23 de Abril. Trata-se dum serviço altamente especializado que, de acordo com o nº 1 do art. 2º da referida lei orgânica, "tem por missão assegurar o controlo estratégico da administração financeira do Estado, compreendendo o controlo da legalidade e a auditoria financeira e de gestão, bem como a avaliação de serviços e organismos, atividades e programas, e também a de prestar apoio técnico especializado, abrangendo todas as entidades do setor público administrativo, incluindo autarquias locais, entidades equiparadas e demais formas de organização territorial autárquica, e empresarial, bem como dos setores privado e cooperativo, neste caso quando sejam sujeitos de relações financeiras ou tributárias com o Estado ou com a União Europeia ou quando se mostre indispensável ao controlo indireto de quaisquer entidades abrangidas pela sua acção".

30.2. A Autoridade Tributária e Aduaneira

Segundo o disposto nos arts. 3º e 5º da lei orgânica da AT (constante do Decreto-Lei nº 118/2011 de 15 de Dezembro), esta é dirigida pelo director-geral coadjuvado por 12 subdirectores-gerais, sendo assistido pelo Conselho de Administração da AT (CAAT), o qual é composto, para além do director geral, que preside, pelos 12 subdirectores-gerais, pelo director do Centro de Estudos Fiscais e Aduaneiros[240], pelo director da Unidade dos Grandes Contribuintes[241] e pelos directores de finanças de Lisboa e do Porto, e possui as competências decisórias e consultivas enumeradas no mencionado art. 5º. Refira-se que os subdirectores gerais, segundo o disposto no nº 2 do art. 4º da lei orgânica da AT, exercem as competências que lhes sejam delegadas ou subdelegadas pelo director geral, devendo este identificar a quem compete substituí-lo nas suas faltas e impedimentos[242].

Do ponto de vista da sua estrutura, a Autoridade Tributária e Aduaneira, nos termos do regulamento que, desenvolvendo aquela lei orgânica[243], determina especificamente essa estrutura (a Portaria nº 320-A/2011, de 30 de Dezembro), é integrada por diversos serviços centrais e serviços desconcentrados a nível regional ou local. Quantos aos serviços da AT é de sublinhar que, do ponto de vista da sua estrutura, temos dois tipos de serviços: os serviços de estrutura hierárquica, que integram os serviços operacionais, em que

[240] Que, desde a sua criação, foi designado por centro de Estudos Fiscais, uma designação que não vemos motivo para ser alterada, uma vez que os impostos aduaneiros também integram o direito fiscal.

[241] Unidade que, à semelhança do que sucedeu noutros países, foi recentemente criada entre nós, como consta da lei orgânica da AT e do art. 68º-B da LGT.

[242] Lembra-se que cada um dos subdirectores gerais tem a seu cargo uma área específica de competência delegada ou subdelegada. Para as delegações de competências v. os Despachos nºs 6243/2012, 6244/2012, 6245/2012 e 6246/2012 do Director Geral da AT.

[243] Para o qual remete o art. 14º da lei orgânica da AT.

temos serviços centrais e serviços desconcentrados, e os serviços de estrutura matricial, que integram as áreas de actividade das tecnologias e dos sistemas de informação da AT (Despacho nº 1366/2012, de 31 Janeiro). Relativamente aos primeiros, aqueles que aqui mais interessam, temos a nível central, para além de trinta direcções de serviços, o Centro de Estudos Fiscais e Aduaneiros, a Unidade dos Grandes Contribuintes (UGC) e a Unidade de Gestão da Relação com o Contribuinte (UGRC). Entre as direcções de serviço são de destacar as direções de serviço do IRS, do IRC, do IMI, do IMT, IS, IUC e das Contribuições Especiais, do IVA, dos IEC e do ISV, de Relações Internacionais, de Registo de Contribuintes, de Reembolsos e de Justiça Tributária. Segundo o nº 2 do art. 2º daquela Portaria, aos dirigentes dos serviços centrais, cumpre gerir, a nível nacional, as áreas de resultado cuja responsabilidade lhes esteja cometida, incluindo a tomada de medidas e o prosseguimento das acções tendentes à uniformização de procedimentos nos serviços desconcentrados.

Por seu lado, quanto aos serviços desconcentrados da AT, encontramos serviços em dois níveis: a nível regional e a nível local. A nível regional temos, de um lado, as *direcções de finanças* cuja direcção cabe ao respetivo director de finanças, e, de outro lado, as *alfândegas* cuja direcção cabe ao respetivo director de alfândega. Por seu lado, a nível local, temos, de um lado, os *serviços de finanças* cuja direcção cabe ao respetivo chefe de finanças, e, de outro lado, as *delegações aduaneiras* e os *postos aduaneiros*.

Acrescente-se que, inserindo-se a AT na administração direta do Estado, não admira que os órgãos e serviços, quando não integrem as áreas de estrutura matricial, como as estruturas mais recentes constituídas pelas UGC e UGRC[244], se apresentem organizados segundo uma estrita hierarquia administrativa, como consta do art. 6º da sua lei orgânica. Uma hierarquia em que, como acabamos de ver, temos três níveis hierárquicos de órgãos e serviços, cada um deles correspondente a sua área territorial[245].

[244] É que a estrutura dessas áreas, como as relativas às novas tecnologias e sistemas de informação, é incompatível com a tradicional estrutura das relações hierárquicas, porquanto a estrutura matricial constitui um tipo de organização assente sobretudo na constituição de equipas, estruturas ou unidades de missão, dirigidas fundamentalmente à gestão de projectos ou de produtos, em que a ideia de hierarquia está, em larga medida, ausente. Sobre as estruturas organizacionais de natureza matricial v. João Lisboa e Outros, (Dir e Coord.), *Introdução à Gestão de Organizações*, 3ª ed., Vida Económica, 2011, p. 242 e ss.

[245] Como é fácil de ver, estamos aqui perante uma hierarquia simultaneamente de agentes (ou interna), e de órgãos (ou externa).

Administração Fiscal do Estado

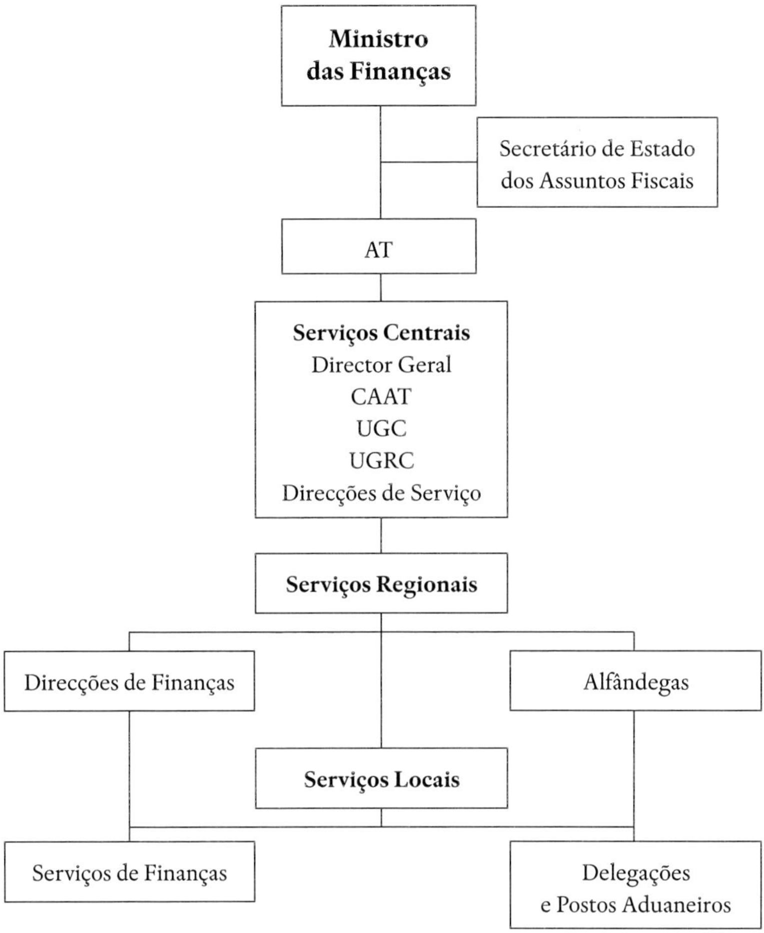

30.3. Os órgãos de revisão e os órgãos e comissões de avaliação

Comum a estes órgãos e comissões é o facto de se tratar de órgãos de composição mista, pois, numa importante manifestação de colaboração dos particulares com a administração tributária, são compostos por elementos designados pela administração tributária e pelos sujeitos passivos ou seus representantes.

a) *Os órgãos de revisão da matéria tributável.* Nos termos dos revogados arts. 85º, 86º e 87º do CPT, das decisões de fixação da matéria tributável com fundamento na errónea quantificação por métodos indiciários havia reclamação necessária para as chamadas *comissões distritais de revisão*, a funcionar junto das direcções distritais de finanças.

Porém, com a entrada em vigor da LGT, a referida reclamação necessária foi convertida num pedido de revisão necessária da determinação da matéria tributável por métodos indirectos, que deve ser dirigido, nos termos dos arts. 91º e 92º da LGT, a um órgão que é constituído por um perito designado pela administração tributária e um perito indicado pelo contribuinte (a que se pode juntar um perito independente a indicar pelo contribuinte e um perito independente a indicar pela administração tributária[246]) que, atenta a sua estrutura e *modus decidendi* se assemelham aos órgãos de natureza arbitral. É, pois, este órgão de natureza paritária que fixa a matéria colectável em sede do procedimento de revisão da matéria colectável com base em métodos indirectos.

b) *Os órgãos de coordenação da avaliação*. Segundo o CIMI, na avaliação dos prédios para efeitos dos IMI, IMT, IS, IRS e IRC, intervêm os órgãos de coordenação da avaliação. Nos *órgãos de coordenação da avaliação* temos, para os prédios rústicos, a CNAPR e as JAM, e, para os prédios urbanos, a CNAPU. Trata-se de órgãos que não procedem à avaliação dos prédios, antes coordenam e supervisionam a avaliação, estabelecendo ou desenvolvendo os parâmetros legais dentro dos quais os peritos avaliadores permanentes ou os peritos locais, consoante se trate de prédios rústicos ou de prédios urbanos (arts. 58º e 59º e 62º e 63º do CIMI), levarão a cabo a tarefa de proceder à avaliação. Por conseguinte, não praticam concretos actos administrativos de avaliação, antes completam ou desenvolvem, em termos gerais e abstractos para a pertinente área territorial, os critérios e subcritérios constantes da fórmula legal.

c) *As comissões de avaliação*. Aqui temos dois tipos de comissões: as comissões de avaliação em sede das contribuições especiais e as comissões das segundas avaliações de prédios em sede do IMI. As primeiras encontram-se previstas nos regulamentos das contribuições especiais relativas às obras de

[246] Assinale-se que a indicação dos peritos independentes (que constam de listas trienais a elaborar pela chamada Comissão Nacional de Revisão, órgão criado e regulado pelo art. 94º da LGT e cujo funcionamento, estatuto e remuneração constam da Portaria nº 640/99, de 12 de Agosto), não tem sido praticada, em virtude de os correspondentes custos terem ficado a cargo de quem indica o respectivo perito independente.

construção da nova ponte do Tejo, da realização da Expo/98 e da construção da CREL, CRIL, CREP e CRIP, cuja função é a avaliação dos prédios rústicos, terrenos para construção e áreas resultantes da demolição de prédios urbanos devido à realização dessas obras. São constituídas pelo contribuinte ou seu representante e por dois peritos nomeados pela AT entre os incluídos em listas das direcções de finanças[247].

Por seu lado, as comissões das segundas avaliações de prédios, que são compostas por dois peritos regionais designados pelo director de finanças, um dos quais preside, e pelo sujeito passivo ou seu representante (arts. 74º, nº 1, e 76º, nº 2, do CIMI), realizam a segunda avaliação dos prédios rústicos e urbanos, a qual, nos termos do art. 77º do CIMI, tem a natureza de uma impugnação administrativa necessária para efeitos de abertura da via da impugnação judicial da avaliação[248].

Refira-se que, com a criação do ISV, em substituição do Imposto Automóvel, deixaram de estar previstas as comissões de avaliação respeitantes aos veículos automóveis usados provenientes da União Europeia. Pois, nos termos do nº 3 do art. 11º do Código do ISV, o sujeito passivo que considere que o imposto resultante da aplicação da tabela do nº 1 desse artigo excede o imposto residual incorporado em veículo idêntico ou similar, introduzido no consumo no ano da primeira matrícula do veículo, pode requerer a sua avaliação ao director da alfândega competente, ficando a eventual impugnação da liquidação do imposto dependente desse pedido prévio de avaliação[249].

31. O procedimento tributário

31.1. Ideia de procedimento tributário

Nos termos dos arts. 54º da LGT e 44º do CPPT, o procedimento tributário compreende toda a sucessão de actos dirigida à declaração de direitos tributários.

[247] V. os arts. 4º, nº 1, do Regulamento da Contribuição da nova ponte do Tejo, 25º do Regulamento da Contribuição da EXPO/98 e 25º do Regulamento da Contribuição das Circulares de Lisboa e Porto.

[248] Cf. *infra*, nº 62.

[249] Para a situação anterior, v. o art. 7º do Regulamento de Aplicação do Método Alternativo de Cálculo do Imposto Automóvel aos Veículos Automóveis Usados Provenientes da União Europeia, aprovado pela Port. nº 1291/2001, de 16-11.

Segundo o art. 44º do CPPT, o procedimento tributário compreende: *a*) as acções preparatórias ou complementares da liquidação dos tributos, incluindo parafiscais, ou de confirmação dos factos tributários declarados pelos sujeitos passivos ou outros obrigados tributários, em que se incluem, naturalmente, as de informação e fiscalização tributária; *b*) a liquidação dos tributos quando efectuada pela administração tributária; *c*) a revisão, oficiosa ou por iniciativa dos interessados, dos actos tributários; *d*) a emissão, rectificação, revogação, ratificação, reforma ou conversão de quaisquer actos administrativos em matéria tributária, incluindo sobre benefícios fiscais; *e*) as reclamações e os recursos hierárquicos; *f*) a avaliação directa ou indirecta dos rendimentos ou valores patrimoniais; *g*) a cobrança das obrigações tributárias, na parte que não tiver natureza judicial; *h*) a contestação de carácter técnico relacionada com a classificação pautal, a origem ou o valor das mercadorias objecto de uma declaração aduaneira, sem prejuízo da legislação especial aplicável; *i*) todos os demais actos dirigidos à declaração de direitos tributários[250].

Uma disposição que, muito embora não tenha natureza taxativa, nos dá uma lista bastante completa de procedimentos, cuja diversidade é patente. Com efeito, podemos dizer que temos aqui três tipos de procedimentos tributários. De um lado, temos o procedimento tributário, isto é, o dirigido à edição do acto tributário, concretize-se este numa liquidação normal ou numa liquidação algo especial (como são a liquidação consequente e a liquidação adicional[251]).

De outro lado, temos os procedimentos dirigidos à edição de outros actos que não o acto tributário, em que temos: uns que são, ou podem ser, procedimentos prévios de actos tributários ou liquidações, como os de informação vinculativa e de avaliação prévia[252]; outros que se inserem basicamente na fiscalização e inspecção tributárias, como os de aplicação da cláusula anti-abuso, de elisão de presunções de incidência tributária, de levantamento administrativo do dever de sigilo bancário, de inspecção tributária e, a seu modo, a inclusão de contribuintes na lista de devedores ao Fisco e à Segurança Social[253];

[250] Na prática, os procedimentos enumerados, à excepção dos dois últimos, que apenas constam do CPPT, estão previstos na LGT.

[251] V., para a primeira, o art. 62º do CPPT e, para a segunda, por exemplo, os arts. 89º do CIRS e 99º do CIRC.

[252] V. os arts. 57º e 58º do CPPT.

[253] V. os arts. 63º e 64º do CPPT, 63º-A, 63º-B e 64º, nº 5, da LGT e o RCPIT.

outros, ainda, que desembocam em actos de não tributação ou de tributação menor como os de atribuição ou de reconhecimento de benefícios fiscais[254].

Finalmente, temos os procedimentos de natureza contenciosa na medida que, tendo por base uma contenda, estão orientados para a solução da mesma pela administração tributária. Trata-se, assim, do que podemos designar por *procedimentos contenciosos* como são os que suportam a revisão dos actos tributários, a reclamação, o recurso hierárquico, a contestação pautal, etc.[255]

A este respeito, tendo em conta a crescente administração electrónica, é muito importante ter presente o art. 60º-A relativo à utilização pela Administração Tributária das tecnologias da informação e de comunicação, bem como o disposto nos nºs 4 e 5 do referido art. 54º da LGT, em que se prescreve: "Os documentos emitidos e os atos praticados por meios electrónicos pela administração tributária têm o mesmo valor legal dos documentos autênticos emitidos e dos atos praticados em suporte papel, desde que garantida a sua autenticidade, integridade, confidencialidade e conservação de acordo com os requisitos legais e regulamentares exigíveis pelo Sistema de Certificação Electrónica do Estado – Infra-Estrutura de Chaves Públicas, nos termos a regulamentar por portaria do Ministro das Finanças" (nº 4); "Os atos praticados por meios electrónicos pelo dirigente máximo do serviço são autenticados com assinatura electrónica avançada certificada nos termos previstos pelo Sistema de Certificação Electrónica do Estado – Infra-Estrutura de Chaves Públicas" (nº 5).

Como é fácil de ver, a LGT tem subjacente um conceito de procedimento tributário que não deixa de se integrar no conceito de procedimento administrativo, constante do nº 1 do art. 1º do CPA, segundo o qual "[e]ntende-se por procedimento administrativo a sucessão ordenada de actos e formalidades relativos à formação, manifestação e execução da vontade da Administração Pública". Um conceito que, naturalmente, não pode deixar de ter plena validade no direito fiscal.

[254] Regulado agora no art. 65º do CPPT. Sobre a inclusão de contribuintes na lista de devedores ao Fisco e à Segurança Social, v., por todos, Sérgio Alburquenque, «Lista de devedores tributários (Portugal-Chile)», *Fiscalidade*, 26/27, Abril-Junho/Julho-Setembro 2006, p. 109 e ss. (127 e ss.).

[255] Que no Brasil designam por *processo administrativo tributário* e em Cabo Verde por *processo contencioso tributário*.

Nesse quadro, à semelhança do que ocorre com o procedimento administrativo, em que se distingue o procedimento do processo administrativo (cfr. o nº 1 com o nº 2 do art. 1º do CPA), o procedimento tributário poderia ser designado na sua perspectiva documental, ou seja, enquanto conjunto de documentos em que se traduzem os actos e formalidades que integram o procedimento tributário, por "processo tributário".

É, porém, necessário ter alguma cautela na utilização desta expressão com um tal sentido, já que tanto para a LGT (arts. 95º e segs.) como para a generalidade das demais leis tributárias a expressão processo tributário é reservada para designar o processo (judicial) tributário. É que, nos termos do art. 111º do CCPT, enquanto conjunto de documentos, o procedimento é conhecido por "processo administrativo".

Não obstante a diversidade de procedimentos tributários que referimos, é o procedimento de liquidação dos impostos o procedimento tributário por excelência, aquele a que, se não houver qualquer menção específica em contrário, a locução procedimento tributário se refere. A esse procedimento vamos dedicar as páginas que se seguem, reservando para o próximo número uma referência a alguns dos procedimentos especiais que enumerámos. Antes, porém, façamos uma rápida alusão aos princípios gerais aplicáveis aos procedimentos tributários.

31.2. Princípios gerais

Segundo os arts. 55º a 60º da LGT, 10º e 45º a 50º do CPPT[256], o procedimento tributário deve respeitar um conjunto bastante numeroso e diversificado de princípios.

Ficando por uma mera enumeração, trata-se dos princípios: da competência regra dos serviços periféricos locais da administração tributária (art. 10º, nº 2, do CPPT), da prossecução do interesse público, da legalidade, da igualdade, da proporcionalidade, da justiça, da imparcialidade, da celeridade, do respeito pelas garantias dos obrigados tributários (arts. 55º da LGT e 46º do CPPT), da decisão (art. 56º da LGT), do inquisitório (art. 58º da LGT), do contraditório (art. 45º do CPPT), da colaboração (arts. 59º da LGT e 48º do CPPT[257]), da participação (art. 60º da LGT), da boa fé (arts. 59º, nº 1, da

[256] Para cuja interpretação e integração devemos recorrer aos arts. 3º a 19º do CPA.

[257] Este preceito (à semelhança de outros como, por exemplo, o art. 57º, nº 4, da LGT), fala de cooperação, embora, face a uma relação não paritária, seja mais adequado falar em colaboração.

LGT, enquanto subordina os órgãos da administração tributária e os contribuintes a um dever de colaboração recíproco, e 48º, nº 2, do CPPT, enquanto estabelece que o contribuinte cooperará de boa fé na instrução do procedimento, bem como o art. 10º do CPA)[258], da cooperação das entidades públicas (art. 49º do CPPT), da estabilidade da instância (art. 10º, nº 5, do CPPT), da utilização de todos os meios de prova (art. 50º do CPPT), da gratuitidade, um princípio que, embora não previsto expressamente na LGT ou no CPPT, decorre destas leis na medida em que prevêem o pagamento de custas – através de um agravamento da colecta até 5% –, apenas relativamente a reclamações graciosas ou pedidos de revisão da matéria tributável infundados (nos termos, respectivamente, do art. 77º do CPPT e do art. 91º, nºs 9 e 10, da LGT), do duplo grau de decisão (art. 47º do CPPT[259]) e da contratação com quaisquer entidades para a colaboração em operações de entrega ou recepção de declarações ou outros documentos ou de processamento da liquidação ou cobrança das obrigações tributárias (art. 51º do CPPT).

Quanto ao princípio do duplo grau de decisão, é de esclarecer que o mesmo se desdobra em dois aspectos: um, o princípio da impugnação administrativa, que confere ao destinatário do procedimento o direito a provocar uma segunda decisão da administração tributária, através de reclamação graciosa (que pode ser seguida de recurso hierárquico) ou de recurso hierárquico; outro, o princípio da limitação a uma impugnação administrativa no caso de haver lugar a impugnação administrativa necessária, princípio que, na expressão de limitação a um recurso hierárquico necessário, consta agora do art. 80º da LGT.

31.3. O procedimento de liquidação

Digamos agora algo sobre o procedimento de liquidação dos impostos, mais especificamente sobre a sua dinâmica, tipologia, operações em que se materializa, características que lhe são apontadas, natureza, revisão, etc. Prossigamos, então, por esta ordem.

[258] Sobre um tal princípio, v. Amelia Gonzaléz Méndez, *Buena Fe y Derecho Tributario*, Madrid, 2001.

[259] O nº 1 do art. 47º CPPT dispõe: "no procedimento tributário vigora o princípio do duplo grau de decisão, não podendo a mesma pretensão do contribuinte ser apreciada sucessivamente por mais de dois órgãos integrando a mesma administração tributária".

31.3.1. A dinâmica do procedimento

Do ponto de vista da dinâmica, isto é, das fases em que se desdobra o procedimento tributário, há que distinguir entre a situação tradicional e a situação actual.

Tradicionalmente eram visíveis três fases no procedimento fiscal: a *fase preparatória*, constituída pela verificação dos pressupostos concretos da tributação, por via de regra, a cargo da administração fiscal, que se traduzia no chamado lançamento do imposto, em que temos a identificação do sujeito passivo e a determinação da matéria colectável efectuadas com base em elementos na posse da administração; a *fase constitutiva*, integrada pela chamada liquidação *stricto sensu*, em que se determinava o montante do imposto a pagar, o qual, sempre que não houvesse lugar a deduções à colecta (o que era a regra), coincidia com esta, a qual se apurava através da aplicação da taxa do imposto à respectiva matéria colectável; e a *fase executiva*, em que tinha lugar a cobrança do imposto, mediante o pagamento voluntário, uma vez que a cobrança coerciva já implicava, ou podia implicar, a intervenção dos tribunais tributários através do processo de execução fiscal.

Actualmente, ao menos em termos abstractos, ou seja, nos termos dos arts. 69º a 80º da LGT, o procedimento tributário também integra: a *fase da iniciativa*, desencadeada pelos interessados, pela administração ou por denúncia de terceiro (arts. 69º e 70º da LGT), com base nas declarações do contribuinte (que gozam da presunção de verdade segundo o art. 75º da LGT) ou, na falta ou vício destas, em todos os elementos de que disponha ou venha a obter a entidade competente (art. 59º, nº 1, do CPPT), e que, segundo o art. 57º da LGT tem de ser concluído no prazo de seis meses; a *fase da instrução*, a cargo em princípio do órgão que vai decidir o procedimento e com base em elementos fornecidos pelo sujeito passivo ou por terceiro ou obtidos pela administração fiscal (arts. 71º a 76º da LGT), em que, nos termos do art. 50º do CPPT, são admitidos todos os meios de prova; a *fase da decisão* (arts. 77º a 80º da LGT), em que se produz um acto administrativo definitivo no dizer do art. 60º do CPPT; e a *fase executiva* ou da cobrança.

Pelo que cá temos as três fases típicas de qualquer procedimento administrativo: uma fase preparatória (integrada pelas subfases da iniciativa e da instrução), uma fase constitutiva (ou da decisão) e uma fase executiva (ou da cobrança).

Refira-se que, nos termos do art. 71º da LGT, quem dirige a instrução do procedimento é, salvo disposição legal em contrário, o órgão da administração tributária com competência para a sua decisão. Quando a instrução for realizada por órgão diferente, cabe ao órgão instrutor a elaboração de um relatório definindo o conteúdo e objecto do procedimento instrutório e contendo uma proposta de decisão, cujas conclusões são notificadas aos interessados em conjunto com esta.

Algumas palavras requer a *instrução*, sobretudo o problema da distribuição do ónus da prova entre a administração tributária e o contribuinte ou o sujeito passivo em sede do procedimento tributário, cuja disciplina consta dos arts. 74º a 76º da LGT. Quanto aos *meios de prova*, é de referir que são aqui admitidos todos os meios gerais de prova, ou seja, a prova documental, a prova pericial ou por arbitramento, a prova por inspecção, a prova testemunhal e a prova por presunções. Quanto à prova por confissão do contribuinte, sendo os actos tributários de natureza indisponível parece não ser de admitir como prova plena, embora a eventual aceitação dos factos tributários pelo contribuinte constitua elemento de livre apreciação pelo juiz. Por seu lado, quanto à prova por presunções, são de mencionar as disposições da LGT que estabelecem a presunção de boa-fé da actuação dos contribuintes e da administração tributária (art. 59º, nº 2), a presunção de veracidade das declarações do contribuinte (art. 75º) e o carácter de presunção relativa (ou *iuris tantum*) das presunções constantes de normas de incidência, pois admitem sempre prova em contrário (art. 73º)[260].

No que concerne à *repartição do ónus da prova* entre a administração tributária e o contribuinte ou o sujeito passivo, consta ela agora do art. 74º da LGT, em que se dispõe: "1 – O ónus da prova dos factos constitutivos dos direitos da administração tributária ou dos contribuintes recai sobre quem os invoque; 2 – Quando os elementos de prova dos factos estiverem em poder da administração tributária, o ónus previsto no número anterior considera-se satisfeito caso o interessado tenha procedido à sua correcta identificação junto da administração tributária; 3 – Em caso de determinação da matéria tributável por métodos indirectos, compete à administração tributária o ónus da prova

[260] Disposição esta que mais não é do que uma concretização, em sede do direito probatório, da exigência do princípio da capacidade contributiva que obsta à existência de presunções absolutas ou presunções *juris et de jure*. Sobre o ónus da prova no processo fiscal v. J. L. Saldanha Sanches, «O ónus da prova no processo fiscal», *CTF*, 340/342, Abril-Junho de 1987, p. 169 e ss.; Francisco L. Ferreira de Almeida, «O ónus da prova no processo tributário», *Revista de Direito Público*, VI, 1992, 11, p. 33 e ss., e Elisabete Louro Martins, *O Ónus da Prova no Direito Fiscal*, Wolters Kluwer / Coimbra Editora, 2010.

da verificação dos pressupostos da sua aplicação, cabendo ao sujeito passivo o ónus da prova do excesso na respectiva quantificação".

Um regime de distribuição do ónus da prova em relação ao qual sejam-nos permitidas três notas. A primeira, para esclarecer que, muito embora este regime seja dirigido à distribuição do ónus da prova no procedimento tributário, as suas regras devem valer igualmente para o processo tributário que se lhe seguir[261].

A segunda, para assinalar que se trata de um regime que é de louvar na medida em que veio reequilibrar em termos mais aceitáveis a distribuição do ónus da prova em sede do procedimento e do processo tributário entre o contribuinte e a administração tributária, pondo assim termo à situação vigente no domínio do CPT, em que o ónus da prova recaía essencialmente sobre a administração tributária. Uma solução que se expunha a críticas, sobretudo dado, à época, a total ausência duma qualquer compensação em sede de atribuição de prerrogativas de informação à administração tributária.

Enfim, uma terceira nota para assinalar que constitui uma aplicação prática em sede do processo de impugnação judicial da regra geral sobre o ónus da prova enunciada no transcrito nº 1 do art. 74º da LGT, o disposto no nº 1 do art. 100º do CPPT, que prescreve: "sempre que da prova produzida resulte a fundada dúvida sobre a existência e quantificação do facto tributário, deverá o acto impugnado ser anulado". O que traduz uma concretização da eliminação, no domínio da justiça tributária, da presunção de legalidade dos actos da administração tributária, substituindo-a por uma presunção de veracidade dos actos dos contribuintes e demais sujeitos passivos. Presunção que é afastada, segundo o nº 2 desse art. 100º, no caso de quantificação da matéria tributável por métodos indirectos, em que se considera não haver dúvida fundada se o fundamento da aplicação de tais métodos resultar da inexistência ou da recusa de exibição da contabilidade ou escrita e demais documentos.

A respeito dos meios de prova e da repartição do correspondente ónus é referir que estamos perante o núcleo central do "direito fundamental à prova" que integra os direitos fundamentais de acesso ao direito e aos tribunais e a uma tutela jurisdicional efectiva, direitos que apenas poderão ser limitados ou restringidos se forem respeitados os requisitos dos nºs 2 e 3

[261] Daí que o tratamento aqui dispensado à prova valha também para o processo tributário, designadamente para o processo de impugnação judicial, de que cuidaremos no capítulo seguinte.

do art. 18º da Constituição. Nesse quadro, o Tribunal Constitucional julgou inconstitucional uma norma que limitava os meios de prova à prova documental, excluindo em absoluto a prova testemunhal (nº 3 do art. 146º-B do CPT – Acs. 646/2006 e 681/2006) e julgou não inconstitucional uma norma que não admite, entre os meios de prova admissíveis para elidir uma presunção de rendimentos, lucros ou adiantamentos, a prova documental e a prova testemunhal (Ac. 452/2003)[262].

De referir nesta sede é a *presunção de verdade das declarações* e outros elementos dos contribuintes, pois prescreve o art. 75º, nºs 1 e 2, da LGT que se presumem verdadeiras e de boa-fé as declarações dos contribuintes apresentadas nos termos previstos na lei, bem como os dados e apuramentos inscritos na sua contabilidade ou escrita, quando estiverem organizados de acordo com a legislação comercial e fiscal.

Uma presunção que não se verifica, havendo, por conseguinte, uma inversão do ónus da prova, recaindo este sobre o contribuinte, quando: 1) as declarações, contabilidade ou escrita revelarem omissões, erros, inexactidões ou indícios fundados de que não reflectem a matéria tributável real do sujeito passivo; 2) o contribuinte não cumprir os deveres que lhe couberem de esclarecimento da sua situação tributária, a menos que se verifique legítima recusa da prestação de informações; 3) a matéria tributável se afastar significativamente para menos, sem razão justificativa, dos indicadores objectivos da actividade de base técnico-científica previstos na lei; 4) os rendimentos declarados em IRS se afastarem significativamente para menos, sem razão justificativa, dos padrões de rendimento correspondentes às manifestações de fortuna evidenciadas pelo sujeito passivo nos termos do art. 89º-A da LGT[263].

Igual referência merece o *valor probatório das informações* prestadas pela inspecção tributária, as quais, segundo o nº 1 do art. 76º da LGT, fazem fé em juízo quando fundamentadas e baseadas em critérios objectivos, nos termos da lei. De modo idêntico prescreve o art. 115º do CPPT que as informações oficiais só têm força probatória quando devidamente fundamentadas de acordo com critérios objectivos, devendo o teor das mesmas ser notificado ao

[262] V. sobre o problema J. J. GOMES CANOTILHO, «O ónus da prova na jurisdição das liberdades», em *Estudos sobre Direitos Fundamentais*, cit., p. 169 e ss.

[263] Cf. ANTÓNIO LIMA GUERREIRO, *Lei Geral Tributária Anotada*, cit., anots. aos arts. 74º e 75º; ALFREDO JOSÉ DE SOUSA/J. SILVA PAIXÃO, *Código de Procedimento e de Processo Tributário Comentado e Anotado*, cit., anots. ao art. 100º; e J. LOPES DE SOUSA, *Código de Procedimento e de Processo Tributário Anotado e Comentado*, vol. I, cit., anots. ao art. 100º.

impugnante logo que juntas ao processo para que este, nos 10 dias seguintes à sua apresentação, possa impugnar a sua genuinidade. O que, segundo o nº 4 daquele artigo da LGT, vale também para as informações prestadas pelas administrações tributárias estrangeiras ao abrigo de convenções internacionais de assistência mútua a que o Estado Português esteja vinculado, sem prejuízo da prova em contrário do sujeito passivo ou interessado.

Mas se a dinâmica do procedimento tributário em abstracto é a que acabamos de referir, em concreto a realidade alterou-se radicalmente nas últimas décadas, sobretudo com as alterações introduzidas no sistema fiscal pela profunda reforma fiscal dos anos oitenta do século passado. E isto através de duas manifestações.

Por um lado, verificou-se a diluição do lançamento administrativo concretizada na maior intervenção no procedimento dos sujeitos passivos (contribuinte ou terceiros), traduzida quer na importância fundamental da declaração (de rendimentos) do sujeito passivo para a determinação da matéria colectável (que conduz a uma liquidação administrativa de carácter automático), quer na liquidação não administrativa feita pelo próprio contribuinte (autoliquidação) ou por terceiro (liquidação em substituição). Com efeito, podemos dizer que, em sede de liquidação dos impostos, são cada vez mais numerosos os casos em que a intervenção da administração tributária se limita a uma eventual intervenção *a posteriori* com o objectivo de verificar e controlar a actuação dos particulares.

Por outro lado, em sede da cobrança dos impostos, a fase que, atenta a sua própria natureza, mais se presta à já referida "privatização", assistiu-se à sua crescente entrega a empresas sem qualquer tipo de relação com o respectivo contribuinte, como ocorre, entre nós, com a contratação dos CTT, das instituições bancárias e da Sociedade Interbancária de Serviços (SIBS – que gere o sistema de máquinas ATM) para a cobrança do IRS, do IRC e do IMI. Um fenómeno a que a afirmação do enunciado princípio da contratação, constante do art. 51º do CPPT, veio dar maior suporte e, por conseguinte, reforçar.

Acrescente-se que, de acordo com os arts. 45º a 47º da LGT, o direito de liquidar os tributos caduca, por via de regra, se a liquidação não for validamente notificada ao contribuinte no prazo de quatro anos, contado, nos impostos periódicos, a partir do termo do ano em que se verificou o facto tributário e, nos impostos de obrigação única, a partir da data em que o facto tributário ocorreu com excepção do IVA e nos impostos sobre o rendimento quando a tributação seja efectuada por retenção na fonte a título definitivo, caso em que o prazo se conta a partir do ano civil seguinte àquele em se verificou, respectivamente, a exigibilidade do imposto ou o facto tributário. Caducidade cujo prazo se suspende nos termos do art. 46º da LGT[264].

31.3.2. A tipologia da liquidação tributária

Vários são os critérios com base nos quais a liquidação tributária pode ser classificada. Assim, tendo por base o órgão ou sujeito competente para a realizar, temos: a *liquidação administrativa* levada a cabo pela administração tributária, e a liquidação levada a cabo pelos particulares (a *autoliquidação* e a liquidação por terceiro ou *liquidação em substituição*).

Cingindo-nos agora à liquidação administrativa, esta conhece ainda diversos tipos atendendo seja à sua iniciativa procedimental, seja ao seu objecto. Pelo primeiro critério, temos a liquidação com base na declaração do contribuinte, a liquidação por iniciativa de terceiro e a liquidação oficiosa.

Com base no seu objecto, a liquidação tributária pode ser uma liquidação primária ou de 1º grau ou uma liquidação secundária ou de 2º grau como a liquidação adicional que, por via de regra, é o resultado de procedimentos de inspecção tributária. Desta liquidação, que é um acto de 2º grau de natureza complementar, é de distinguir a *liquidação consequente* que é um acto tributário do 1º grau servido por um procedimento tributário com especificidades, como consta do art. 62º do CPPT. Acrescente-se que as liquidações adicionais se podem concretizar também em *actos tributários correlativos*, que constituem ajustamentos a actos tributários anteriores, como os previstos nos arts. 52º, nº 4 (correcção de prejuízos fiscais) e 63º, nºs 11 e 12 (preços de transferência), quando estes ajustamentos não conduzam a anulações. Algo idêntico ocorre na situação do art. 100º do Código do IRC das *liquidações correctivas* respeitantes às entidades transparentes[265].

[264] Sobre a caducidade do poder da administração tributária de liquidação do imposto, v. Joaquim Gonçalves, «A caducidade face ao direito tributário», em D. Leite de Campos e Outros, *Problemas Fundamentais do Direito Tributário*, cit., p. 225 e ss. Cf. também o que dissemos *supra*, nº 28.2.

[265] Situação diferente é a do nº 7 do art. 66º do Código do IRC, em que os ajustamentos operam nos actos preparatórios, na determinação do lucro tributável. Quanto à autoliquidação, v. Ana Paula Dourado, «A natureza jurídica da autoliquidação», *Revista Jurídica*, AAFDL, nºs 11 e 12, 1988, p. 179 e ss.; Lourenço Vilhena de Freitas, «A autoliquidação: contributo para uma análise da sua natureza jurídica», *CTF*, nº 405, Janeiro/Março de 2002, p. 7 e ss.; e Hugo Flores da Silva, *Privatização do Sistema de Gestão Fiscal*, Coimbra Editora, 2014, p. 418 e s.

Acrescente-se que, embora os actos tributários por via de regra sempre tenham constituído e continuem a constituir actos definitivos, temos, porém casos de *liquidações provisórias* como as liquidações de IRC das sociedades e outras entidades em liquidação relativas ao período tributário superior a um ano, nos termos dos nºs 2 e 3 do art. 79º do Código do IRC. Liquidações que deixam de ter essa natureza, tornando-se definitivas, quando o período de liquidação da sociedade ultrapassar dois anos.

31.3.3. As operações da liquidação

A liquidação *lato sensu*, ou seja, enquanto conjunto de todas as operações destinadas a apurar o montante do imposto, compreende: 1) o *lançamento subjectivo* destinado a determinar ou identificar o contribuinte ou sujeito passivo da relação jurídica fiscal, 2) o *lançamento objectivo* através do qual se determina a matéria colectável ou tributável do imposto e, bem assim, se determina a taxa a aplicar, no caso de pluralidade de taxas, 3) a *liquidação* (stricto sensu) traduzida na determinação da colecta através da aplicação da taxa à matéria colectável ou tributável, e 4) as (eventuais) *deduções à colecta*.

De entre todas essas operações destaca-se a determinação da matéria colectável, a qual pode ser objecto de mero cálculo ou de avaliação (v. o art. 81º, nº 1, da LGT). Será objecto de *cálculo* se a matéria colectável for determinada com base em elementos exclusivamente objectivos (como a contabilidade e respectiva documentação de suporte), através da verificação desses elementos ou de operações matemáticas realizadas com base neles.

Por seu lado, será objecto de *avaliação*, se a matéria colectável for determinada através de métodos que, mesmo com utilização de critérios objectivos (como o exige, de resto, o nº 1 do art. 84º da LGT), não podem deixar de envolver uma margem de subjectividade, como acontece no caso de avaliação de bens (nos termos do CIMI) e, bem assim, nos casos em que essa determinação é feita com o recurso a métodos indirectos[266].

Como se dispõe no art. 81º da LGT, a avaliação directa visa a determinação do valor real dos rendimentos ou bens sujeitos a tributação, enquanto a avaliação indirecta visa a determinação do valor dos rendimentos ou bens tributáveis a partir de indícios, presunções ou outros elementos de que a administração tributária disponha.

[266] Para maiores desenvolvimentos relativos a essa distinção, v. J. Lopes de Sousa, *Código de Procedimento e de Processo Tributário Anotado* e *Comentado*, vol. II cit., anot. 2 ao art. 117º.

Especiais problemas suscita, todavia, a avaliação da matéria colectável por métodos indirectos. O que nos leva a dedicar-lhe algumas linhas.

31.3.4. A avaliação por métodos indirectos

Sabido o que visa a avaliação por métodos indirectos, impõe-se dizer alguma coisa sobre os casos em que a mesma é admitida e sobre os critérios em que pode basear-se. Antes, porém, de tratarmos destes aspectos, é de assinalar que a avaliação indirecta tem carácter *excepcional*, pelo que apenas pode ser admitida nos casos e nas condições expressamente previstos na lei, ou seja, nos casos enumerados no art. 87º da LGT, sendo que em tais casos não pode a administração tributária deixar de lançar mão dela. Por outro lado, é *subsidiária* da avaliação directa, pelo que se lhe aplicam, sempre que possível e a lei não prescrever em sentido diferente, as regras da avaliação directa (arts. 81º, nº 2, e 85º da LGT). Significa isto que apenas se pode lançar mão dos métodos indirectos quando se verifiquem irregularidades praticadas pelos contribuintes ou sujeitos passivos, nomeadamente em sede da contabilidade, que não permitam, nos termos concretizados no art. 88º da LGT, actuar com base em métodos directos. Por conseguinte, não poderá proceder-se à determinação da matéria colectável por métodos indirectos sempre que, mesmo havendo irregularidades, a mesma possa, ainda assim, ser determinada por métodos directos, designadamente através das chamadas correcções técnicas[267].

Quanto aos casos em que é admitida, segundo o art. 87º da LGT, a avaliação indirecta só pode efectuar-se em caso de: 1) regime simplificado de tributação; 2) impossibilidade de comprovação e de quantificação da matéria tributável de forma directa e exacta com base nos elementos da contabilidade; 3) a matéria tributável do sujeito passivo se afastar, sem razão justificada, mais de 30% para menos ou, durante três anos seguidos, mais de 15% da que resultaria da aplicação dos indicadores objectivos da actividade de base técnico-científica previstos na lei; 4) os rendimentos declarados em IRS se afastarem significativamente para menos, sem razão justificada, dos padrões

[267] Cf. Cristina Mota Lopes/António Martins, *A Tributação por Métodos Indirectos*, Almedina, 2014, esp. p. 73 e ss. Quanto aos diversos princípios pelos quais deve reger-se a determinação da matéria colectável por métodos indirectos, v., Carmen Banacloche Palao, *La Estimación Indirecta*, Aranzadi, Navarra, 2002, p. 116 e ss., e, sobretudo, o inovador estudo de João Sérgio Ribeiro, *Tributação Presuntiva do Rendimento. Um Contributo para Reequacionar os Métodos Indirectos de Determinação da Matéria Tributável*, Coimbra, 2010. Sobre as correcções técnicas, v. *infra*, nº 37.3.2.

de rendimento que razoavelmente possam permitir as manifestações de fortuna evidenciadas nos termos do art. 89º-A da LGT; 5) os sujeitos passivos apresentarem, sem razão justificada, resultados tributáveis nulos ou prejuízos fiscais durante três anos consecutivos, em que a contagem deste prazo se faz do termo do terceiro ano, salvo nos casos de início de actividade, ou em três anos durante um período de cinco; 6) existência de uma divergência não justificada do, pelo menos, um terço entre os rendimentos declarados e o acréscimo de património ou de consumo evidenciados pelo sujeito passivo no período de tributação.

Todavia, como logo salta à vista, estamos aqui perante situações bastante diferenciadas. Assim, podemos distinguir quatro tipos de situações, a saber: 1) uma tributação que se aproxima do rendimento normal (por opção), no caso do regime simplificado; 2) uma determinação da matéria colectável por métodos indirectos, no caso de impossibilidade de comprovação e quantificação directa; 3) uma tributação que se aproxima do rendimento normal imposta, no caso de desvio significativo do lucro apurado para menos e no caso de sistemáticos resultados negativos ou nulos; e 4) uma presunção de não declaração de rendimentos, no caso de afastamento do rendimento declarado em face às manifestações de fortuna e ao acréscimo de património ou de consumo evidenciados. Significa isto que a LGT fala em avaliação indirecta num sentido muito amplo e, em larga medida, atécnico.

Ora, em rigor, apenas no caso de impossibilidade de comprovação e quantificação directa, estamos perante uma verdadeira situação de determinação da matéria colectável por métodos indirectos. Pois, nos outros casos, ou se pretende, logo à partida, apurar um rendimento diverso do rendimento real revelado pela contabilidade, que assim é afastada quanto aos gastos, ou há lugar à inversão do ónus da prova, presumindo-se rendimentos não declarados se o contribuinte não justificar esses outros rendimentos[268].

Por seu lado, no respeitante aos *critérios*, em que a avaliação indirecta se deve basear, são de distinguir dois grandes grupos de situações: um grupo,

[268] V., para estas distinções, o nosso estudo «Avaliação indirecta e manifestações de fortuna na luta contra a evasão fiscal», em *Por um Estado Fiscal Suportável*, vol. II cit., p. 113 e ss. Cf. também Carmen Banacloche Palao, *La Estimación Indirecta*, cit., p. 60 e ss., e o *Relatório da Comissão de Acompanhamento da Reforma Fiscal*, cit., p. 321 e ss. Para uma compreensão da avaliação indirecta como importante instrumento de gestão tributária, v. António J. Sánchez Pino / Luís A. Malvárez Pascual, *La Estimación Indirecta en el Âmbito de la Gestión Tributaria*, Pamplona, 2000.

em que a matéria tributável é determinada com base em elementos exclusivamente objectivos, como acontece nos casos do regime simplificado de tributação, de afastamento dos padrões de rendimento evidenciados pelas manifestações de fortuna ou pelo acréscimo de património ou de consumo, bem como no caso de indicadores de actividade inferiores aos normais; outro grupo, em que a matéria colectável é determinada com base numa combinação de elementos objectivos e subjectivos, como acontece nos casos da impossibilidade de comprovação e quantificação directa e, bem assim, de sistemática apresentação de resultados tributáveis nulos ou de prejuízos.

Uma palavra sobre os critérios a aplicar em cada uma destas situações. Em relação ao regime simplificado de tributação, previsto nos arts. 28º e 31º do CIRS e nos arts. 86º-A e 86º-B do CIRC[269], podemos dizer que se aplica às pequenas empresas. Isto é, empresas que, no exercício da sua actividade, não tenham ultrapassado um montante anual ilíquido de rendimentos de categoria B de € 200.000.

No concernente à situação de afastamento dos padrões de rendimento evidenciados pelas manifestações de fortuna ou pelo acréscimo de património ou de consumo, considera-se como rendimento tributável em IRS, a enquadrar na categoria G, o rendimento padrão correspondente a essas manifestações constantes da tabela do art. 89º-A da LGT[270].

No respeitante aos casos de impossibilidade de determinação directa e exacta da matéria colectável e, bem assim, de sistemática apresentação de resultados tributáveis negativos ou nulos, a determinação da matéria colectável deve basear-se nos critérios constantes do nº 1 do art. 90º da LGT, a saber: a) as margens médias de lucro bruto ou líquido sobre as vendas e prestações de serviços ou compras e fornecimentos de serviços de terceiros; b) as taxas médias de rentabilidade do capital investido; c) os coeficientes técnicos de consumo ou utilização de matérias primas ou de outros custos directos; d) os elementos e declarações prestados à administração tributária, incluindo os relativos a outros impostos, e, bem assim, os obtidos em empresas ou entidades que tenham relações com o contribuinte; e) a localização e dimensão da actividade exercida; f) os custos presumidos em função das condições con-

[269] V. *infra* nº 56.3.2 e 57.3.2.

[270] Uma tabela que foi sendo objecto de alterações no sentido do alargamento das manifestações de fortuna.

cretas do exercício da actividade; g) a matéria tributável do ano ou anos mais próximos que se encontre determinada pela administração tributária; h) o valor de mercado dos bens e serviços tributados; e i) uma relação congruente e justificada entre factos apurados e a situação concreta do contribuinte.

A aplicação destes critérios, que já antes defendíamos que deviam ser aplicados também aos casos de desvio significativo para menos do lucro apurado ou de sistemáticos resultados negativos ou nulos[271], impõe-se agora, em virtude da revogação expressa do nº 2 do art. 90º da LGT pela Lei nº 82-E/2014.

A respeito da avaliação da matéria tributável por métodos indirectos, é de acrescentar que a sua impugnação depende da "prévia reclamação" concretizada no procedimento de revisão da matéria colectável previsto e regulado nos arts. 91º e 92º da LGT. Pois bem, se neste procedimento de revisão da matéria colectável houver acordo entre o perito do contribuinte e o perito da administração tributária, a determinação da matéria tributável por métodos indirectos firmada nesse acordo constitui caso resolvido, sendo, por conseguinte, insusceptível de revisão e de impugnação administrativa ou judicial.

Se, pelo contrário, não houver acordo, a fixação da matéria tributável pela administração tributária que tiver lugar é, naturalmente, susceptível de revisão e de impugnação administrativa ou judicial, nos termos em que o são os actos em matéria tributária, muito embora, porque estamos face a um acto em matéria tributária (se bem que de 2º grau), não haja aqui lugar a qualquer impugnação administrativa necessária.

Acrescente-se que, segundo o disposto no nº 8º do art. 92º da LGT, no caso em que não tenha havido acordo, se a administração tributária resolver em sentido diferente do parecer coincidente do perito do contribuinte e do perito independente, a reclamação graciosa ou a impugnação judicial que se seguir têm efeito suspensivo, independentemente da prestação de garantia quanto à parte da liquidação controvertida em que aqueles peritos estiverem de acordo[272].

Refira-se que este procedimento de revisão da matéria colectável se aplica, com as necessárias adaptações, à prova do preço constante do contrato de

[271] V. a argumentação nesse sentido, neste *Direito Fiscal*, na anterior edição, p. 299 e s.

[272] Sobre a revisão da matéria tributável determinada por métodos indirectos, v. CARLOS SANTOS, «A avaliação indirecta e as garantias dos contribuintes», *Anuário da Economia Portuguesa*, de 1999, p. 197 e ss. Quanto aos problemas que a avaliação indirecta coloca, mormente quanto à sua natureza jurídica, v. MARIA ASUNCIÓN RANCAÑO MARTÍN, *La Estimación Indirecta*, Madrid, 1997, e CARMEN BANACLOCHE PALAO, *La Estimación Indirecta*, cit.

transmissão onerosa de direitos reais sobre imóveis inferior ao do correspondente valor patrimonial tributário, como consta dos arts. 139º do CIRC e 31º-A do CIRS[273].

31.3.5. Caracterização da liquidação

Repetindo algo que já dissemos, muito embora a respeito da obrigação tributária, podemos dizer que o acto de liquidação se caracteriza por uma série de notas.

Assim a liquidação constitui um acto administrativo exequível, executivo, semi-executório e que, atento o seu carácter, por um lado, estritamente vinculado e, por outro, largamente massificado, se presta sobremaneira a ter natureza informática, ou seja, a ser praticado com o recurso a meios informáticos, como já acontece, pois o nosso sistema prevê, impondo mesmo, a entrega e consulta das declarações dos contribuintes e de terceiros por via informática, isto é, de *declarações electrónicas*, nos termos dos nºs 4 e 5 do art. 54º da LGT[274].

A este respeito é de assinalar que do carácter vinculado do acto tributário ou acto de liquidação de tributos derivam importantes consequências, afastando a aplicação a este de parte do regime do género em que aquele acto se insere – o acto administrativo. Com efeito, ao contrário do que acontece relativamente a este acto, não há no acto tributário ou acto de liquidação de tributos a possibilidade de apor *cláusulas acessórias*, nos termos do art. 149º do CPA. É que o acto tributário, sobretudo para evitar um inaceitável risco de cobrança do correspondente montante liquidado, não pode ser sujeito a termo, condição, modo ou reserva, sendo a utilidade visada por estes institutos alcançável, no direito fiscal, por outras vias como são a declaração de substituição (art. 59º do CPPT), o pedido a revisão do acto tributário (art. 78º da LGT) ou a impugnação da liquidação (arts. 96º e seguintes do CPPT).

Nada obsta, porém, a que tais cláusulas possam ser apostas aos actos administrativos relativos a questões fiscais, designadamente nos relativos a benefícios fiscais como o prova o disposto no nº 5 do art. 36º do EBF.

273 Procedimento que começou por estar previsto apenas em sede do IRC, tendo depois sido alargado, por razões que se prendem com o respeito do princípio da igualdade, ao IRS através do aditamento do referido art. 31º-A – v. *infra*, nº 37.3.1

274 Sobre um tal tipo de actos, v. Pedro Gonçalves, «O acto administrativo informático (O direito administrativo português face à aplicação da informática na decisão administrativa)», *Scientia Iuridica*, XLVI, 1997, p. 47 e ss.

31.3.6. A natureza da liquidação

Limitamo-nos aqui a enunciar os dois principais problemas que é costume colocar nesta sede, a saber: 1) a liquidação (administrativa) tem natureza constitutiva ou declarativa? 2) constituirá a liquidação feita pelo particular – autoliquidação ou liquidação por terceiro – um verdadeiro acto administrativo de liquidação?

Quanto à primeira questão, o art. 36º da LGT, ao dispor que a relação tributária se constitui com a verificação do facto tributário, vai no sentido da natureza declarativa do acto de liquidação. Por isso, parece-nos que estamos aqui perante uma *verificação constitutiva* da existência da obrigação de imposto, cujos efeitos se reportam ao momento da verificação do facto tributário, não havendo, assim, lugar a uma retroactividade de efeitos, mas apenas a uma retrodatação de efeitos[275].

Por sua vez, relativamente à segunda questão, isto é, à natureza da autoliquidação, embora este assunto careça de desenvolvimento adequado, que aqui não podemos empreender, estamos em crer que se trata de um acto tributário – quer definitivo (caso do IRS e IRC em que os rendimentos não são englobáveis ou englobados), quer provisório (caso do IRS e IRC em que os rendimentos vêm a ser englobados) – relativamente ao qual, por via de regra, se verifica uma *homologação implícita* pela administração tributária decorrente da *aceitação do pagamento* do imposto.

Uma construção que parece mesmo ser suportada pelas disposições normativas que estabelecem o pagamento de juros de mora no caso de não pagamento do imposto autoliquidado (art. 109º do CIRC) ou prevêem a impugnação judicial das autoliquidações nalguns casos mesmo sem dependência de prévia reclamação administrativa necessária, isto é, sem prévia "administrativização" do acto de autoliquidação (art. 131º do CPPT)[276].

[275] Pertencem, assim, à categoria dos *actos administrativos declarativos com efeitos constitutivos*. Neste sentido, v. J. C. Vieira de Andrade, *Lições de Direito Administrativo e Fiscal*, II Parte, cit., p. 45 e s., e M. Esteves de Oliveira/Pedro C. Gonçalves/J. Pacheco de Amorim, *Código de Procedimento Administrativo*, 2ª ed., cit., anot. VIII ao art. 120º. V., sobre o problema, Alberto Xavier, *Conceito e Natureza do Acto Tributário*, Coimbra, 1972, e *Do Lançamento no Direito Tributário Brasileiro*, 3ª ed., Rio de Janeiro, 2005.

[276] "Lançamento por homologação" (tácita) é a concepção do art. 150º do *Código Tributário Nacional* brasileiro. Entre nós, v.: no sentido do texto, J. C. Vieira de Andrade, *Lições de Direito Administrativo e Fiscal*, II Parte, cit., p. 44 e s.; no sentido de que se não verifica uma homologação implícita, Lourenço de Freitas, «A autoliquidação: contributo para uma

31.3.7. A fundamentação do acto tributário

Um dos requisitos mais importantes dos actos tributários, que constitui uma relevante garantia dos contribuintes, é constituída pela exigência da sua fundamentação, cuja disciplina consta do art. 77º da LGT. Segundo o nº 1 deste artigo, a decisão do procedimento tributário é sempre fundamentada por meio de sucinta exposição das razões de facto e de direito que a motivaram, podendo a fundamentação consistir em mera declaração de concordância com os fundamentos de anteriores pareceres, informações ou propostas, incluindo as que integrem o relatório da fiscalização tributária.

Todavia, o nº 2 desse preceito prevê uma fundamentação menos exigente, ao prescrever que a fundamentação pode ser efectuada de forma sumária, devendo conter sempre as disposições legais aplicáveis, a qualificação e quantificação dos factos tributários e as operações de apuramento da matéria tributável e do imposto.

De destacar aqui é a fundamentação da avaliação da matéria colectável, a qual, nos termos do art. 84º, nº 3, da LGT, "contém obrigatoriamente a indicação dos critérios utilizados e a ponderação dos factores que influenciaram a determinação do resultado". Particulares cuidados exige a fundamentação da avaliação da matéria colectável por métodos indirectos, contemplada nos nºs 4 e 5 do art. 77º da LGT[277], caso em que a fundamentação deve especificar os motivos da impossibilidade da comprovação e quantificação exacta da matéria tributável, devendo incluir as razões da não aceitação da matéria colectável apresentada pelo contribuinte e das razões justificativas apresentados pelo ele. Uma especial fundamentação se impõe também em sede da aplicação das cláusulas anti-abuso, seja a cláusula geral constante do nº 2 do art. 38º da LGT, sejam as chamadas cláusulas especiais, como a que consta do n.º 10 do art. 73.º do Código do IRC respeitante à reorganização empresarial.

análise da sua natureza jurídica», *CTF*, 405, Janeiro-Março de 2002, p. 7 e ss. Sobre o problema em geral e por todos, v. Vitor Faveiro, *O Estatuto do Contribuinte*, cit., p. 629 e ss.; Jose Ramon Ruiz Garcia, *La Liquidación en el Ordenamiento Tributario*, Civitas, Madrid, 1987, esp. p. 268 e ss.; G. Casado Ollero/R. Falcon y Tella/C. Lozano Serrano/E. Simon Acosta, *Cuestiones Tributarias Praticas*, cit., p. 378 e ss., e Maria Jose Fernandez Paves, *La Autoliquidación Tributaria*, Madrid, 1995.

[277] Como acontece também quando as leis tributárias permitem que a matéria tributável seja corrigida com base nas relações especiais existentes entre o contribuinte e terceiras pessoas, situação prevista no nº 3 do referido art. 77º.

Um problema, que se levanta nesta sede, é o de saber qual a consequência de a notificação do acto tributário não ser acompanhada da notificação da sua fundamentação. Fundamentação esta que, fazendo parte do acto, a sua notificação integra a garantia constitucional consagrada no art. 268º, nº 3, da Constituição.

Segundo a jurisprudência dos TCA e do STA e alguma doutrina a falta de notificação da fundamentação não afecta a legalidade do acto, apenas constituindo uma irregularidade que tem a ver com a sua eficácia, tem como consequência a prevista no art. 37º do CPPT, nos termos do qual, se a notificação não contiver todos os requisitos previstos na lei, pode o interessado requerer, dentro de 30 dias ou dentro do prazo de reclamação, recurso ou impugnação judicial, a notificação dos que tenham sido omitidos ou a passagem de certidão que os contenha, contando-se o prazo da reclamação, recurso ou impugnação judicial apenas a partir da notificação dos fundamentos omitidos ou da passagem de certidão.

Todavia, contra esse entendimento se vem pronunciando parte significativa da doutrina, que o considera mesmo inconstitucional por violação daquela garantia constitucional, argumentando que o mesmo é incompatível com a obrigatoriedade constitucional da inclusão na notificação do acto da respectiva fundamentação. Pois, numa interpretação conforme à Constituição, o que o referido art. 37º do CPPT consagra é uma faculdade para o sujeito passivo e não um ónus cujo incumprimento redunde na sanação da falta de notificação da fundamentação[278].

31.3.8. A invalidade do acto tributário

Não contém a legislação fiscal geral, a LGT e o CPPT, nem qualquer legislação fiscal especial específicas normas relativas à invalidade dos actos tributários. Pelo que são de aplicar a estes especiais actos administrativos as correspondentes normas do CPA, mais especificamente os seus arts. 161º

[278] V. A. Lima Guerreiro, *Lei Geral Tributária Anotada*, cit., anot. 11 ao art. 77º; D. Leite de Campos/B. Silva Rodrigues/J. Lopes de Sousa, *Lei Geral Tributária Comentada e Anotada*, cit., anot. 18 ao art. 77º, e J. Lopes de Sousa, *Código de Procedimento e de Processo Tributário Anotado e Comentado* vol. I cit., anot. 4. ao art. 37º. Todavia o TC, no seu Ac. 245/99, julgou não inconstitucional o nº 2 do art. 31º da Lei de Processo nos Tribunais Administrativos, de conteúdo semelhante ao preceito em análise, por a imposição de um tal ónus não tornar o direito ao recurso particularmente difícil.

a 164º. Significa isto que também os actos tributários podem ser nulos (ou mesmo inexistentes) e anuláveis.

Nos termos do nº 1 do art. 161º do CPA são nulos os actos para os quais a lei comine expressamente essa forma de invalidade. E, segundo o nº 2 desse mesmo preceito, são, designadamente, nulos: a) os actos viciados de usurpação de poder; b) os actos estranhos às atribuições dos ministérios, ou das pessoas colectivas referidas no artigo 2.º, em que o seu autor se integre; c) os actos cujo objecto ou conteúdo seja impossível, ininteligível ou constitua ou seja determinado pela prática de um crime; d) os actos que ofendam o conteúdo essencial de um direito fundamental; e) os actos praticados com desvio de poder para fins de interesse privado; f) os actos praticados sob coacção física ou sob coacção moral; g) os actos que careçam em absoluto de forma legal; h) as deliberações de órgãos colegiais tomadas tumultuosamente ou com inobservância do quorum ou da maioria legalmente exigidos; i) os actos que ofendam os casos julgados; j) os actos certificativos de factos inverídicos ou inexistentes; k) os actos que criem obrigações pecuniárias não previstas na lei; l) os actos praticados, salvo em estado de necessidade, com preterição total do procedimento legalmente exigido.

A este respeito é de referir que o novo CPA, como resulta da letra do preceito reproduzido, deixou de prever os actos administrativos nulos por natureza, considerados no anterior código sob a modalidade de actos a que faltasse qualquer dos seus elementos essenciais. O que, na realidade, não significou nenhuma limitação efectiva dos actos administrativos nulos. De um lado, porque os actos a que falte qualquer dos seus elementos essenciais constituíam e constituem actos inexistentes, não havendo assim nenhuma redução da lista dos actos nulos, ao considerar agora nulos apenas os actos que assim sejam considerados expressamente por lei. De outro lado, no quadro de uma nova filosofia relativa à nulidade dos actos administrativos, ampliou muito consideravelmente essa lista, porquanto passou a considerar como actos administrativos nulos os das novas situações constantes das alíneas *e*), *j*), *k*) e *l*) e ampliou as já contempladas nas alíneas *c*) e *e*) (que corresponde agora à alínea *f*)) do CPA. Afirmação que não é, de modo algum, posta em causa pela eliminação da situação constante da antiga alínea *i*) relativa aos actos consequentes de actos administrativos anteriormente anulados ou revogados.

Importa, nesta sede, dar conta da nossa discordância com a jurisprudência, reiterada e constante dos nossos tribunais tributários, com destaque para o STA, traduzida na verdadeira negação de actos tributários nulos. Pois analisada essa jurisprudência, verificamos que, tirando os actos tributários que ofendam os casos julgados (em que está em causa a prevalência das decisões judiciais sobre as dos demais órgãos de soberania), não têm sido considerados nulos quaisquer outros actos tributários inválidos. Embora este problema merecesse uma adequada reflexão, mais extensa e intensa, não é este o lugar nem o tempo para a fazer.

Por isso, limitamo-nos aqui a uma alusão a duas situações a nosso ver de evidente nulidade de actos tributários cuja desconsideração por parte do STA se nos afigura chocante. Situações que mais não são do que manifestações paradigmáticas da verdadeira inversão que vem suportando o entendimento do direito fiscal como ramo especial do direito administrativo (que no domínio em que nos situamos, que é o dos actos tributários, ninguém porá em causa), que foi sempre no sentido do reforço das garantias do administrado fiscal (contribuinte / sujeito passivo) face às do administrado em geral.

Trata-se das situações em que não teve lugar o facto tributário ou em que o acto tributário tem por base uma deliberação formalmente administrativa mas materialmente legislativa nula relativa ao desencadear da sua incidência. Ou seja, estamos face à inexistência do imposto em virtude de este não ter sido criado em concreto por falta do facto tributário do contribuinte ou em abstracto por falta da correspondente lei que constitui a deliberação da competente assembleia municipal. Pois bem, em qualquer destas situações os tribunais tributários têm-se recusado a considera-las como situações de nulidade.

No respeitante à primeira das situações, a nulidade tem suporte nas alíneas *d)* e *j)* do nº 2 do art. 161º do CPA. É certo que o STA argumenta com a ideia de que a inexistência do acto tributário não configura a violação do conteúdo essencial do direito de propriedade nem dos princípios da estabilidade orçamental e da sustentabilidade das finanças públicas. Ora os impostos não são configuráveis como restrições ao direito fundamental de propriedade, mas como limites imanentes a um tal direito, a menos que se apresentem como impostos confiscatórios, o que não será fácil de ocorrer, e no respeitante ao segundo, não nos parece que esses princípios sejam invocáveis, pois, para além de terem por destinatário o legislador orçamental e fiscal, não podem obviamente valer face a actos afectados por uma ilegalidade extrema a qual, repousando numa tributação sem facto tributário, viola o conteúdo essencial do direito fundamental do nº 3 do art. 103º da Constituição, de ninguém ser obrigado a pagar impostos que não hajam sido criados nos termos da Constituição, que tenham natureza retroactiva ou cuja liquidação e cobrança se não façam nos termos da lei.

Ofensa ao conteúdo essencial deste direito fundamental evidente porquanto o facto tributário base do correspondente acto tributário, não se verificou. O que configura uma situação em que o imposto acaba sendo gerado não pelo contribuinte, mas pela Administração Tributária que, depois, acaba tendo o beneplácito dos tribunais. De facto estamos face a um imposto sem contribuinte. A que acresce o facto de o preceito do CPA em causa qualificar de nulos os actos certificativos de factos inexistentes. Pelo que, se é nulo um acto se limita a certificar um facto inexistente, por maioria de razão o é o acto que liquida obrigação pecuniária com base em facto de todo não ocorrido.

Para além de a referida posição jurisprudencial dificilmente se poder compaginar com o respeito seja do direito fundamental a uma tutela jurisdicional efectiva dos contribuintes do nº 4 do art. 268º da Constituição, seja do direito a uma tutela jurisdicional efectiva em termos de igualdade face ao que é reconhecido aos administrados em geral. Pois, se alguma diferenciação positiva fosse de admitir nessa sede, como referimos pelas razões que historicamente justificam a autonomia do direito fiscal face ao direito administrativo, impor-se-ia ser a mesma a favor dos contribuintes.

Por seu turno, no concernente à segunda das situações, aos tributos criados com base em deliberações das assembleias municipais, deparamo-nos com um acto tributário assente numa anterior deliberação administrativa nula, como tem acontecido com actos de liquidação de tributos locais objecto de deliberação nula da correspondente assembleia municipal por falta do quórum legalmente exigido. Pois se pode ser discutível que um acto consequente de um acto anulado seja nulo, como era a solução da alínea *i*) do nº 1 do art. 133.º do anterior CPA, do que não restam dúvidas é de que um acto consequente de um acto nulo possa ser apenas anulável, degradando-se a gravidade da invalidade da actuação (formalmente) administrativa com o simples andar do tempo[279].

[279] Para a nulidade dos actos tributários por ofensa do caso julgado, v. o Ac. do STA de 07/03/2007, Proc. nº 011450/06. Para a recusa da admissão nulidade para de actos tributários baseados na inexistência dos correspondentes facos tributários, v. o Ac. do STA de 18706/2014, Proc. n.º 0417/14. Para a consideração de actos tributários anuláveis relativos a tributos criados com base em deliberações das assembleias municipais nulas, v. o Ac. do STA de 16/11/2005, Proc. nº 0736/05, de 05/07/2007, Proc. nº 0479/06, e de 22/1172012, Proc. nº 0593//12. Sobre este problema, v. o nosso estudo «A respeito da invalidade do acto tributário», *RLJ*,

E contra quanto vimos de dizer, não se argumente com uma espécie de "dilema de extremos" que os regimes da anulabilidade e da nulidade a seu modo podem permitir, sobretudo dada a virtualmente sempiterna invocabilidade da nulidade. O que naturalmente não quer dizer que não seja desejável que se estabeleçam também prazos para invocar a nulidade. Mas isso é tarefa do legislador que não pode ser suprida pelos operadores concretos – a Administração Tributária e os tribunais.

No respeitante ao regime da nulidade é de aludir ao art. 162º do CPA, em que se prescreve, por um lado, que o acto nulo não produz quaisquer efeitos jurídicos, independentemente da declaração de nulidade, e, por outro lado, que salvo disposição legal em contrário, a nulidade é invocável a todo o tempo por qualquer interessado e pode, também a todo o tempo, ser conhecida por qualquer autoridade e declarada pelos tribunais administrativos ou pelos órgãos administrativos competentes para a anulação.

Por seu lado, segundo o art. 163º do CPA, são anuláveis os actos administrativos praticados com ofensa dos princípios ou normas jurídicas aplicáveis para cuja violação se não preveja outra sanção. Quer isto dizer que igualmente os actos tributários afectados de invalidade são, por via de regra, anuláveis e, só excepcionalmente, nulos[280].

Relativamente ao regime da anulabilidade, estabelece-se nos nºs 2 a 4 desse art. 163º, designadamente, que actos anuláveis, para além de produzirem efeitos jurídicos que podem ser destruídos com eficácia retroactiva se vierem a ser anulados por decisão proferida pelos tribunais ou pela própria administração, podem ser impugnados perante a própria administração ou perante o tribunal competente e ser anulados pela administração nos prazos legalmente estabelecidos[281].

ano 148º, 2018/19, p. 84 e ss., e para Espanha a importante obra de Begoña Sesma Sánchez, *La Nulidad de las Liquidaciones Tributárias*, Editorial Aranzadi, Pamplona, 2017.

[280] Cf. Vitor Faveiro, *O Estatuto do Contribuinte*, cit., p. 958 e ss.. Sobre os actos nulos no anterior CPA, v. J. M. Santos Botelo/A. Pires Esteves/J. Cândido de Pinho, *Código do Procedimento Administrativo Anotado e Comentado*, 5ª ed., Coimbra, 2002, p. 782 e ss. (794 e ss.); Esteves de Oliveira/Pedro Gonçalves/Pacheco de Amorim, *Código do Procedimento Administrativo*, 2ª ed., Coimbra, 1997, anots. ao art. 133º; e Marcelo Rebelo de Sousa/André Salgado de Matos, *Direito Administrativo Geral*, Tomo III – *Actividade Administrativa*, Lisboa, 2007, p. 160 e ss.

[281] Como consta da exposição de motivos contida no preâmbulo do Decreto-Lei nº 4/2015, que aprovou o novo CPA, e facilmente se pode ver, a matéria da nulidade e anulabilidade dos actos administrativos foi objecto de importantes alterações.

31.3.9. A revisão do acto tributário

A este propósito são de mencionar aqui quatro situações, constituindo as duas primeiras casos de *revisão ordinária* e as duas últimas casos de *revisão extraordinária*.

Assim temos: 1) a revisão por iniciativa do sujeito passivo, que pode ser efectuada no prazo da reclamação (de 120 dias, nos termos do art. 70,º, nº 1, do CPPT[282]), e com fundamento em qualquer ilegalidade (1ª parte do nº 1 do art. 78º da LGT); 2) a revisão por iniciativa da administração tributária ou do contribuinte, que pode ser realizada no prazo de quatro anos após a liquidação ou a todo o tempo se o tributo ainda não tiver sido pago, com fundamento em erro imputável aos serviços (2ª parte do nº 1 do art. 78º da LGT); 3) a revisão do acto tributário por motivo de duplicação da colecta, que pode efectuar-se, seja qual for o fundamento, no prazo de quatro anos (nº 6 do art. 78º da LGT); e 4) a revisão da matéria tributável quando autorizada pelo dirigente máximo do serviço, nos três anos posteriores ao do acto tributário, com fundamento em injustiça grave ou notória (nºs 4 e 5 do art. 78º).

A respeito do prazo de revisão oficiosa do acto tributário, é de assinalar que o mesmo não se confunde com o prazo de caducidade do poder de liquidação, muito embora este seja também de quatro anos. Pois, enquanto o prazo de caducidade do poder de liquidação se conta a partir da ocorrência do facto tributário, o prazo de revisão oficiosa conta-se a partir da liquidação ou acto tributário. Acto tributário que, é de acrescentar, deve ser aqui entendido em termos hábeis, de modo a abranger actos materialmente idênticos, como é o caso da determinação da matéria tributável quando não dê origem à liquidação de qualquer tributo, um acto relevante, designadamente, para o apuramento de prejuízos reportáveis aos períodos tributários posteriores.

De saudar é a introdução pela LGT das hipóteses de o contribuinte requerer a revisão do acto tributário por duplicação da colecta, no prazo de quatro anos, ou com base em injustiça grave ou notória, no prazo de três anos, equiparando ou aproximando, deste modo, esse prazo ao prazo de que dispõe a administração tributária para proceder à sua revisão oficiosa. O que tra-

[282] Embora, falando-se aí de *reclamação administrativa*, se possa sustentar que esse prazo é o prazo de 15 dias do art. 162º do CPA – v. J. Lopes de Sousa, *Código de Procedimento de Processo Tributário Anotado e Comentado*, vol. I cit., anot. 6 ao art. 68º.

duz um indiscutível maior equilíbrio entre os direitos dos contribuintes e os poderes da administração tributária[283].

31.3.10. A revogação, ratificação, reforma, conversão e rectificação do acto tributário

O art. 79º da LGT regula a revogação, ratificação, reforma, conversão e rectificação dos actos tributários em sentido amplo. Daí que contemple também a revogação, pois se tivesse em conta apenas os actos tributários em sentido estrito, isso constituiria uma repetição em relação ao art. 78º, que trata da revisão do acto tributário, em que naturalmente se inclui a revogação.

Nos termos do nº 1 do referido art. 79º, "o acto tributário decisório pode revogar, total ou parcialmente, reformar, ratificar ou converter acto anterior, nos prazos da sua revisão". Por seu lado, segundo o nº 2 do mesmo artigo, "a administração tributária pode rectificar as declarações dos contribuintes em caso de erros de cálculo ou escrita". Algumas palavras sobre estes actos de segundo grau.

Relativamente à revogação, que será, em princípio, uma anulação administrativa relativamente ao acto tributário em sentido estrito, é de sublinhar que, na falta de específicos preceitos de direito fiscal, se aplicam aqui os correspondentes preceitos do CPA. Por isso os actos tributários encontram-se sujeitos à anulação administrativa dentro dos condicionalismos e limites previstos para a anulação dos actos administrativos constante dos arts. 165º a 172º do CPA.

No respeitante à ratificação, reforma e conversão dos actos tributários, é de assinalar que a estes institutos são aplicáveis, segundo o disposto no nº 1 do art. 164º do CPA, as normas que regulam a competência para a anulação administrativa dos atos inválidos e a sua tempestividade. Por seu turno no concernente aos demais aspectos do regime da ratificação, reforma e conversão dos atos, vale o disposto nos restantes números desse art. 164º.

Finalmente, quanto à rectificação, é de assinalar que ela pode ter por objecto puras declarações, como sucederá, por exemplo, se tiver por objecto a declaração periódica de rendimentos em IRS, ou o próprio acto tributário,

[283] V. o nosso estudo «Revisão dos actos tributários», em *Por um Estado Fiscal Suportável*, vol. III, cit., p. 213 e ss. Quanto ao entendimento da expressão acto tributário utilizada nesse preceito legal, v. A. Lima Guerreiro, *Lei Geral Tributária Anotada*. cit., anots. 3 e 5 ao art. 78º. Sobre a revisão dos actos administrativos em geral, v. J. C. Vieira de Andrade, «A "revisão" dos actos administrativos no direito português», *Cadernos de Ciência de Legislação*, 9/10, Janeiro/Junho de 1994, p. 185 e ss; Carlos Paiva, *Da Tributação à Revisão do Acto Tributário*, 2ª ed., Almedina, 2008; e Paulo Marques, *A Revisão do Acto Tributário*, Almedina, 2015.

como acontecerá, por exemplo, se tiver por objecto a declaração-liquidação de IRC. De outro lado, a rectificação envolve tanto os erros de cálculo, os visados nas chamadas correcções meramente aritméticas das declarações[284], como os erros de escrita[285].

31.4. A cobrança do imposto

Liquidado o imposto segue-se, na perspectiva do sujeito activo da obrigação do imposto, a sua cobrança, a qual, na perspectiva do sujeito passivo do imposto, corresponde ao pagamento. Algumas notas preliminares e as modalidades de cobrança.

Comecemos por três notas preliminares. Uma, para dizer que a tradicional distinção entre cobrança virtual e cobrança eventual, embora tenha perdido quase todo o seu interesse com a extinção do regime de cobrança virtual, o certo é que o regime da cobrança virtual ainda é aplicável aos tributos relativamente aos quais a lei continue a utilizar essa terminologia.

Outra, para lembrar a possibilidade de a cobrança do IRS, do IRC e do IMI ser feita pelos CTT, instituições bancárias e sistema electrónico constituído pela rede de máquinas ATM e pela *Internet*.

Uma terceira, para aludir ao *princípio da unidade de caixa* ou princípio da não consignação, segundo o qual a diversidade tanto das entidades cobradoras como das modalidades e processos de cobrança dos impostos não se reflecte, por via de princípio, na "caixa", pois esta mantém-se a mesma.

Quanto ás modalidades de cobrança, o sistema tradicional, conhecia três modalidades: 1) a cobrança à boca do cofre, a realizar durante o prazo para pagamento voluntário, 2) a cobrança com juros de mora, e 3) a cobrança coerciva.

Ao invés, o sistema actual conhece apenas duas modalidades: 1) o pagamento voluntário, e 2) a cobrança coerciva. O que tem como consequência poder a execução fiscal ser instaurada antes de decorrido o prazo para a impugnação do correspondente acto de liquidação. Uma solução que, como referimos, o Tribunal Constitucional julgou não inconstitucional no seu Ac. 332/01, tendo afastado a inconstitucionalidade dos arts. 101º, nº 1, e 272º do CPT (correspondentes aos arts. 88º, nº 1, e 188º do CPPT).

[284] A que se referem os arts. 91º, nº 14, da LGT e 54º, nº 2, do CPPT. Correcções estas que é preciso distinguir das chamadas correcções técnicas e das correcções quantitativas – v. *infra* nº 37.3.2.

[285] Cf. A. Lima Guerreiro, *Lei Geral Tributária Anotada*, cit., anots ao art. 79º, e Vitor Faveiro, *O Estatuto do Contribuinte*, cit., p. 964 e s.

Não podemos, todavia, esquecer a possibilidade de que o contribuinte dispõe para requerer o pagamento em prestações (arts. 42º da LGT, 86º do CPPT e 29º a 37º do RCR). Por isso, tendo em conta que, nos termos dos arts. 42º da LGT e 86º do CPPT, terminado o prazo de pagamento voluntário, pode o contribuinte requerer o pagamento em prestações ou efectuar pagamentos por conta de dívidas por tributos constantes das notas de cobrança (desde que verificadas as condições do nº 4 do art. 86º do CPPT), parece poder concluir-se que, a seu modo, subsistem as três referidas modalidades de cobrança.

De destacar é, a este propósito, a cobrança coerciva que é, como sabemos, concretizada através do processo de execução fiscal.

32. A execução fiscal

A cobrança coerciva é a que é realizada através do processo de execução fiscal, regulado nos arts. 103º da LGT e 148º e segs. do CPPT, que, como já dissemos, corre, em parte nos órgãos periféricos locais da administração fiscal e, em parte, nos tribunais tributários[286].

32.1. Âmbito e competência

A este respeito, é importante, antes de mais, indicar o âmbito da execução fiscal. Ora, segundo o nº 1 do art. 148º do CPPT, o processo de execução fiscal abrange a cobrança coerciva das seguintes dívidas: a) tributos, incluindo impostos aduaneiros, especiais e extrafiscais, taxas, demais contribuições financeiras a favor do Estado, adicionais cumulativamente cobrados, juros e outros encargos legais; b) coimas e outras sanções pecuniárias fixadas em decisões, sentenças ou acórdãos relativos a contra-ordenações tributárias, salvo quando aplicadas pelos tribunais comuns ; c) dívidas por coimas e outras sanções pecuniárias decorrentes da responsabilidade civil determinada nos termos do art. 8º do RGIT[287].

E acrescenta o nº 2 desse preceito que podem ainda ser cobradas mediante processo de execução fiscal, nos casos expressamente previstos na lei:

[286] V. quanto à execução fiscal, JAIME DEVESA/M. JOAQUIM MARCELINO, *Manual da Execução Fiscal*, Coimbra, 1998; RUI D. MORAIS, *A Execução Fiscal*, 2ª ed., Coimbra, 2006; CARLOS PAIVA, *O Processo de Execução Fiscal*, Almedina, 2008; e JOAQUIM ROCHA, *Lições de Procedimento e Processo Tributário*, cit., p. 323 e ss.

[287] Lembramos que o alargamento do processo de execução fiscal a estas dívidas foi operado pela LOE/2010.

a) outras dívidas ao Estado e a outras pessoas colectivas de direito público que devam ser pagas por força de acto administrativo; b) reembolsos e reposições.

No respeitante à competência da execução fiscal, é de salientar a distinção entre os actos da competência da administração fiscal e os actos da competência dos tribunais tributários. Ora bem, nos termos dos arts. 149º, 150º e 151º do CPPT, à administração tributária, ou seja, aos chamados órgãos da execução fiscal, cabe a prática de *todos os actos primários* da execução designadamente a instauração da execução, a citação dos executados, a penhora dos bens, a convocação dos credores, a verificação e graduação dos créditos, a reversão da execução contra terceiros, a venda dos bens penhorados, a anulação da venda, a anulação da dívida, a extinção da execução, etc. Por seu turno, compete aos tribunais tributários pronunciarem-se sobre os actos que impugnem, contestem ou, de algum modo, ponham em causa os referidos actos de execução fiscal, ou seja, praticar *actos secundários*, decidindo os incidentes, os embargos, a oposição, incluindo quando incida sobre os pressupostos da responsabilidade subsidiária e as reclamações dos actos materialmente administrativos praticados pelos órgãos da administração tributária na execução fiscal.

O que vale também em sede da execução das dívidas à segurança social, nomeadamente as relativas às contribuições sociais, às taxas e prestações pecuniárias acessórias. Pois, nos termos do Decreto-Lei nº 42/2001, de 9 de Fevereiro, compete aos órgãos da execução, as secções de processo das delegações do Instituto de Gestão Financeira da Segurança Social, a instauração e instrução do processo de execução das dívidas à segurança social, competindo aos tribunais tributários da área sede da execução os correspondentes actos judiciais.

Acrescente-se que, no respeitante às autarquias locais, vale aqui o disposto no nº 2 do art. 7º do Decreto-Lei nº 433/99 (que aprovou o CPPT). Pois bem, nos termos deste preceito legal, as competências atribuídas pelo CPPT ao dirigente máximo do serviço ou a órgãos executivos da administração tributária serão exercidas, nos termos da lei, pelo presidente da autarquia.

Por quanto vimos de dizer, muito embora a LGT, no seu art. 103º, disponha que o processo de execução fiscal tem natureza judicial, o certo é que estamos perante um processo que é judicial só em certos casos e, mesmo nesses casos, apenas em parte, já que um tal processo só será judicial *se* e *na medida* em que tenha de ser praticado algum dos mencionados actos de natureza judicial. Por isso, não admira que os processos de execução fiscal se possam iniciar e concluir nos órgãos da execução fiscal sem intervenção dos tribunais.

32.2. Tramitação da execução fiscal

Algumas palavras sobre a tramitação da execução fiscal, salientando, nomeadamente, a oposição à execução, os embargos de terceiro, a reversão da execução contra terceiros e a extinção da execução.

No concernente à tramitação da execução, regulada nos arts. 188º e segs. do CPPT, começa esta com a *instauração da execução* mediante despacho nos títulos executivos ou em relação destes, no prazo de 24 horas após o recebimento e efectuado o correspondente registo. Proferido este despacho, o órgão da execução fiscal, isto é, o serviço periférico local da administração tributária do domicílio ou sede do devedor, da situação dos bens ou da liquidação, ordenará a *citação do executado*, que pode ser pessoal, por via postal ou edital (arts. 191º a 193º), em que se comunicarão ao devedor os prazos para a oposição à execução e para requerer o pagamento em prestações ou a dação em pagamento.

Segue-se a *oposição à execução fiscal* se o executado a deduzir. Julgada a oposição à execução ou decorrido o prazo para esta ser deduzida, tem lugar a *apreensão dos bens* através da *penhora* pelo competente serviço de finanças, cabendo ao exequente o direito de nomear bens à penhora. Feita a penhora, tem lugar a *convocação dos credores*, a *verificação* e a *graduação dos créditos*[288].

Finalmente, a administração tributária procede à *venda dos bens penhorados*. A este respeito, refira-se que, no caso de citação por via postal, segundo o nº 4 do art. 193º, a venda dos bens não poderá ter lugar antes de decorridos 30 dias sobre o termo do prazo da oposição à execução. Para além disso, é de assinalar que, nos termos dos nºs 1 e 9 do art. 252º do CPPT, é obrigatória a divulgação das vendas no processo de execução fiscal através da *Internet*[289].

Ainda a respeito da tramitação da execução fiscal, é de aludir à providência cautelar contemplada no art. art. 214º do CPPT. Segundo este preceito, quando haja justo receio de insolvência ou de ocultação ou alienação de bens, pode o representante da Fazenda Pública requerer junto do competente tribunal tributário *arresto* em bens suficientes para garantir a dívida exequenda e o acrescido[290].

[288] V. sobre a convocação dos credores, Salvador da Costa, *O Concurso de Credores*, Coimbra, 1998.

[289] Divulgação essa cuja regulamentação consta da Portaria nº 352/2002, de 3 de Abril.

[290] Segundo o citado preceito, ao arresto requerido no processo de execução fiscal aplica-se o disposto para o arresto previsto no processo judicial tributário.

Quanto à *oposição à execução*, regulada nos arts. 203º e segs. do CPPT, é de assinalar que estamos perante uma acção declarativa enxertada no processo de execução fiscal, intentada pelo executado ou pelo revertido e cujo objecto é justamente a discussão da existência do crédito de imposto exigido pelo Fisco com base em algum dos fundamentos previstos nas diversas alíneas do nº 1 do art. 204º do CPPT. Aliás, porque se integra no processo tributário judicial, como de resto consta da alínea *o)* do nº 1 do art. 97º, se compreende que o prazo para a sua dedução, que é de 30 dias a partir da citação pessoal, da primeira penhora ou do facto superveniente ou do seu conhecimento (art. 203º), seja considerado um prazo judicial, a cuja contagem se aplicam, por força do disposto nº 2 do art. 20º do CPPT, as regras do CPC.

Como facilmente se compreenderá, na oposição à execução fiscal não é, em princípio, admitida a discussão da ilegalidade do acto tributário, que deve ser discutida no processo de impugnação, a menos que, como prescreve a al. *h)* do preceito em causa, a lei não assegure meio judicial de impugnação ou recurso contra esse acto.

Caso este em que estamos perante mais uma forma processual de impugnação do acto tributário, não admirando, por isso, que o nº 2 do referido art. 204º mande aplicar a um tal processo de oposição as disposições relativas ao processo de impugnação[291]. Uma impugnação em que, ainda assim, podem ser apreciadas e decididas ilegalidades do acto tributário.

Entre essas ilegalidades temos quer as chamadas ilegalidades em abstracto, traduzidas na violação por parte das próprias normas, em que o acto tributário se baseia, de normas de valor hierárquico superior como sejam as normas constitucionais, as normas de direito comunitário, as normas de direito internacional, as normas integrantes de leis de valor reforçado, quer as ilegalidades concretas, concretizadas nos actos de aplicação da lei, no caso de estas terem por base vícios que conduzam à sua nulidade ou, mesmo conduzindo à sua anulabilidade, quando ao interessado não tenha sido dada antes qualquer oportunidade de impugnação.

Uma ilegalidade que, segundo a jurisprudência dos tribunais, é a única que o destinatário da reversão pode invocar contra o acto tributário do imposto cuja dívida é objecto de execução fiscal. Posição com a qual obviamente não podemos concordar, porquanto se nos afigura uma solução todo ilegal e inconstitucional. Ilegal porquanto o disposto na alínea *h)* do nº 1 do

[291] V., quanto a este processo, *infra*, nº 39.

art. 204º do CPPT, que estabelece como fundamento da oposição à execução fiscal, que é a única via defesa de que pode lançar mão o revertido, a "ilegalidade da liquidação da dívida exequenda, sempre que a lei não assegure meio judicial de impugnação ou recurso contra o ato de liquidação", tem para nós o sentido de uma efectiva garantia do revertido, objecto de uma execução fiscal por dívida alheia, sendo um último remédio para obstar à ilegalidade de arcar com uma obrigação fiscal assente num acto tributário ilegal que não teve possibilidade de impugnar. É que a ilegalidade abstracta, além de se fundar no Relatório de Afonso Costa para a interpretação autêntica contida na Lei nº 533, de 17-5-1916, do nº 1 do art. 86º do Regulamento das Execuções Fiscais de 1913, para separar o que cabia aos órgãos administrativos e aos tribunais, numa época em que era discutível que houvesse verdadeira separação entre uns e outros, não é uma garantia dos administrados tributários, mas uma garantia da ordem jurídica, uma vez que é da competência de quaisquer órgãos operacionais, com destaque para os jurisdicionais, na solução de quaisquer casos concretos, não aplicar parâmetro normativo desconforme com parâmetro normativo superior. Ora, sendo isto assim, o que aquele preceito legal pretende é inútil. Daí que não possa deixar de ter um outro sentido, sendo por conseguinte totalmente ilegal essa solução.

Mas se, por mera hipótese, esse preceito legal, tivesse um tal sentido, então seria claramente inconstitucional por violação seja do direito fundamental a uma tutela jurisdicional efectiva dos administrados tributários constante do nº 4 do art. 268º da Constituição, seja do direito a uma tutela jurisdicional efectiva em termos e condições de igualdade face ao que se encontra reconhecido aos administrados em geral[292].

Em relação aos *embargos de terceiro*, dispõe o art. 237º do CPPT que, quando o arresto, a penhora ou qualquer outro acto judicialmente ordenado de apreensão ou entrega de bens ofender a posse ou qualquer outro direito incompatível com a realização ou o âmbito da diligência, de que seja titular um terceiro, pode este fazê-lo valer por meio de embargos de terceiro. Os embargos são deduzidos junto do órgão de execução fiscal no prazo de 30 dias con-

[292] V. J. Lopes de Sousa, *Código de Procedimento e de Processo Tributário Anotado e Comentado*, vol. III e IV, anots. 4 ao art. 204º e 5 ao art. 276º; Pedro Vidal Matos, «A reversão do processo de execução fiscal», *ob. cit.*; e Rui D. Morais, *A Execução Fiscal*, cit, p. 67 e ss. No respeitante ao que dizemos no texto, v., mais desenvolvidamente, o nosso estudo «A respeito da invalidade do acto tributário», *ob. cit.*, p. 103 e ss.

tados desde o dia em que foi praticado o acto ofensivo da posse ou direito, embora nunca depois de os respectivos bens terem sido vendidos[293].

No respeitante à *reversão da execução contra terceiros*, é de assinalar, antes de mais, que a LGT prescreve, no seu art. 23º, nº 4, o direito de audiência prévia da pessoa contra quem é dirigida a reversão relativamente à decisão de reversão. Consta dos arts. 157º, 158º, 159º e 160º do CPPT, respectivamente, a disciplina da reversão contra terceiros adquirentes de bens, possuidores, substitutos tributários e responsáveis subsidiários[294].

Pelo que se refere à *venda dos bens*, é de referir que, nos termos do art. 248º do CPPT, a mesma é feita preferencialmente por meio de leilão electrónico ou, na sua impossibilidade, de propostas em carta fechada. O leilão decorre durante 15 dias, sendo o valor base o correspondente a 70% do determinado nos termos do art. 250º do CPPT.

Por fim, uma referência à *extinção da execução fiscal*. Como se prescreve nos arts. 259º e segs. do CPPT, o processo da execução fiscal extingue-se através do pagamento pelo executado ou outra pessoa da dívida exequenda e acrescido (arts. 264º e segs.) ou através de pagamento coercivo (arts. 259º e segs.).

Por vezes, há quem fale de extinção da execução fiscal a propósito da chamada *declaração em falhas*, regulada nos arts. 272º e segs. do CPPT, da competência do órgão da execução fiscal[295]. Segundo este art. 272º, há lugar a declaração em falhas da dívida exequenda e acrescido quando se verifique um dos seguintes casos: a) se demonstrar a falta de bens penhoráveis do executado, seus sucessores e responsáveis solidários ou subsidiários; b) ser desconhecido e não ser possível identificar o prédio, quando a dívida exequenda for de tributo sobre a propriedade imobiliária; c) encontrar-se ausente em parte incerta o devedor do crédito penhorado e não ter o executado outros bens penhoráveis.

Atento, todavia, o disposto no art. 274º, nos termos do qual há lugar ao prosseguimento da execução, a todo o tempo e sem necessidade de nova citação,

[293] Cf. J. LOPES DE SOUSA, *Código de Procedimento e de Processo Tributário Anotado e Comentado*, vol. III cit., anots. ao art. 167º. Sobre a problemática geral da oposição de terceiros em processo executivo, v. MIGUEL MESQUITA, *A Apreensão de Bens em Processo Executivo e Oposição de Terceiro*, 2ª ed., Coimbra, 2001.

[294] Segundo o art. 161º do CPPT, são responsáveis pelas dívidas que não puderem ser cobradas os funcionários que intervieram no processo de execução, após condenação em processo disciplinar por actos dolosamente praticados que tenham impossibilitado a execução.

[295] Muito embora o art. 28º, nº 2, al. *m)*, do CPPT, fale, a respeito da organização do arquivo por índices históricos dos processos administrativos e judiciais, de execuções extintas por declaração em falhas.

logo que tenham cessado aqueles condicionalismos, mormente logo que haja conhecimento de bens penhoráveis do executado, seus sucessores ou outros responsáveis, forçoso é concluir que aquela declaração não extingue a execução fiscal. Por isso, a declaração em falhas constitui uma decisão precária[296].

Esquematicamente o processo de execução fiscal pode ser assim apresentado:

Execução Fiscal

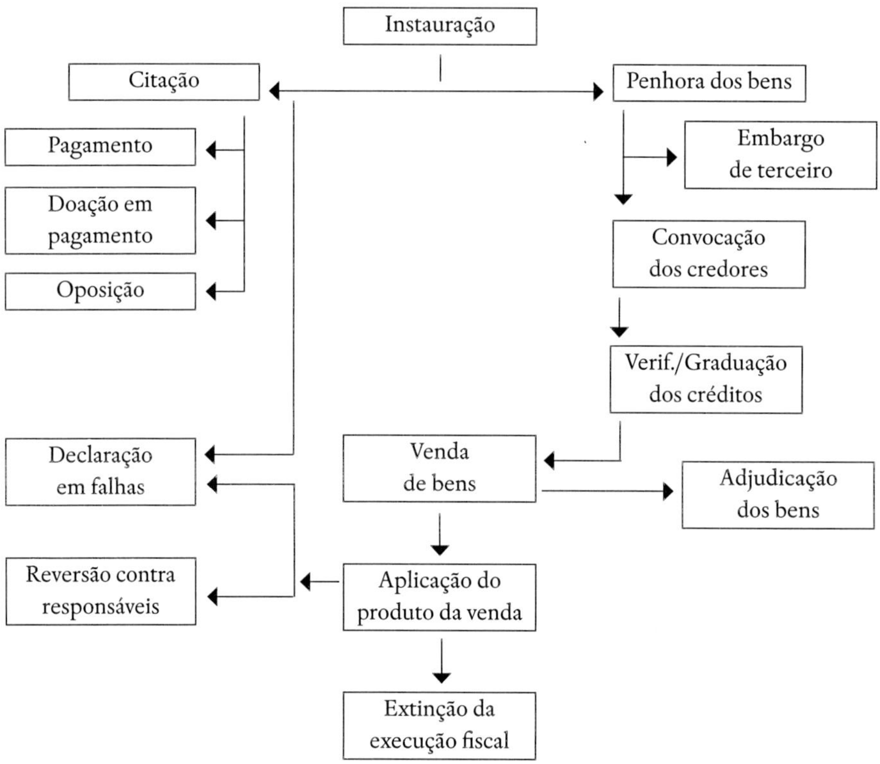

[296] Desta declaração em falhas no processo de execução fiscal é de distinguir a também chamada declaração em falhas de dívidas fiscais (ou outras) proferida pelo legislador como, por exemplo, a constante do DL nº 30/98, de 11-2 (alterado pelo DL nº 228/98, de 22-7), que declarou em falhas as dívidas exequendas provenientes de contribuições, impostos e taxas, cujos processos de execução tivessem sido instaurados até 31-1-1997 e fossem de montante igual ou inferior a 100.000$ (€ 498,80). Uma medida de carácter excepcional que teve por objectivo descongestionar os tribunais fiscais, limpando-os de largos milhares de processos de execução fiscal de reduzido montante. Para maiores desenvolvimentos relativos á execução fiscal, v. Rui Duarte Morais, *A Execução Fiscal*, cit., p. 196 e s., e Carlos Paiva, *O Processo de Execução Fiscal*, cit. p. 245 e s.

33. Referência a alguns procedimentos especiais

Uma referência específica merecem, contudo, alguns procedimentos. Mais concretamente os seguintes: 1) de informação vinculativa e de avaliação prévia; 2) de aplicação da cláusula anti-abuso e de elisão de presunções; 3) de reconhecimento de benefícios fiscais; 4) de inspecção tributária por iniciativa da administração ou a pedido do contribuinte ou de terceiro; e 5) de derrogação administrativa do dever de sigilo bancário.

Deixamos assim de fora o procedimento de divulgação de listas de contribuintes cuja situação tributária não se encontre regularizada, previsto nos nºs 5 e 6 do art. 64º do LGT, bem como o procedimento da liquidação consequente, regulado no art. 62º do CPPT. O que se explica, quanto a este último, por um tal procedimento não configurar qualquer procedimento tributário especial, mas antes um procedimento de liquidação com algumas especificidades resultantes do facto de essa liquidação se seguir a um procedimento próprio de fixação ou de revisão da matéria tributável. O que implica que essa liquidação se efectue de acordo com a decisão proferida no mencionado procedimento de fixação ou revisão da matéria tributável.

33.1. Os procedimentos de informação vinculativa e de avaliação prévia

Relativamente à informação vinculativa, prevista e regulada sobretudo nos arts. 67º da LGT e 57º do CPPT, é de referir que esta começou por ser reconhecida sob a designação de consulta prévia, primeiro, no domínio do direito aduaneiro e, depois, também no domínio dos benefícios fiscais. Com a entrada em vigor do CPT obteve consagração geral sob a designação de informação prévia vinculativa, estando presentemente prevista na LGT sob a designação de informação vinculativa.

A respeito da *informação vinculativa* no domínio aduaneiro é de acrescentar que a mesma é actualmente regulada pelos dispositivos comunitários que prevêem a informação pautal vinculativa e a informação vinculativa em matéria de origem, não podendo as mercadorias serem tributadas por critérios diferentes dos estabelecidos na informação vinculativa prestada pela administração aduaneira nos temos do CAC. Código este que, naturalmente, prevalece sobre o direito interno – a LGT e o CPPT[297].

[297] Cf. A. Lima Guerreiro, *Lei Geral Tributária Anotada*, cit., anot. 2 ao art. 68º. V. também os nossos *Contratos Fiscais*, cit., p. 178 e 245.

Ora bem, nos termos do art. 68º da LGT, este procedimento inicia-se com um pedido do sujeito passivo ou outros interessados ao dirigente máximo do serviço, o Diretor-Geral da AT, acompanhado da identificação dos factos relativos à sua situação tributária ou aos pressupostos ainda não concretizados dos benefícios fiscais, cuja qualificação jurídico-tributária se pretende. Segundo o preceito em análise, as informações vinculativas também podem ser prestadas a advogados ou a outras entidades legalmente habilitadas ao exercício da consultadoria fiscal acerca da situação tributária dos seus clientes devidamente identificados, muito embora tais informações sejam obrigatoriamente comunicadas a estes.

Refira-se que, segundo o art. 68º, mediante solicitação justificada do requerente, a informação vinculativa pode ser prestada com carácter de urgência, no prazo de 60 dias, desde que o pedido seja acompanhado de uma proposta de enquadramento tributário. Nesta situação, pela prestação urgente de uma informação vinculativa é devida uma taxa a fixar entre 25 a 100 unidades de conta, e caso o pedido não seja respondido naquele prazo de 60 dias, a proposta de enquadramento tributário dos factos a que se refere o pedido de informação considera-se tacitamente sancionada pela administração tributária, limitando-se, porém, os efeitos desse deferimento tácito especificamente aos actos e factos identificados no pedido e ao período de tributação em que os mesmos ocorram.

Segundo o art. 57º do CPPT, a notificação aos interessados da resposta ao pedido de informação vinculativa inclui obrigatoriamente a informação ou parecer em que a administração tributária se baseou para a sua prestação. Todavia, quando o despacho for sobre os pressupostos de qualquer benefício fiscal dependente de reconhecimento, tal despacho não dispensa os interessados de requerer autonomamente o benefício nos termos da lei, sendo, porém, neste caso, o requerimento do interessado apensado ao pedido de informação vinculativa e devendo a entidade competente para a decisão do benefício fiscal conformar-se com aquele despacho, na medida em que a situação hipotética objecto do pedido de informação vinculativa coincida com a situação de facto objecto do pedido de reconhecimento.

Por seu lado, no concernente à *avaliação prévia*, dispõe o art. 59º do CPPT que os contribuintes poderão, caso provem interesse legítimo, mediante o pagamento de um taxa, solicitar a avaliação de bens ou direitos que constituam a base de incidência de quaisquer tributos, a que a administração tributária ainda não tenha procedido. Avaliação que tem efeitos vinculativos para a administração tributária por um período de três anos após se ter tornado definitiva. Todavia, esse efeito vinculativo não se produz em caso de reclamação ou impugnação da avaliação enquanto esses meios impugnatórios não tiverem sido decididos.

33.2. Os procedimentos de aplicação da cláusula anti-abuso e da elisão de presunções

Quanto ao procedimento de aplicação da cláusula anti-abuso, este encontra-se disciplinado no art. 63º do CPPT, o qual, depois da LOE/2012 (que revogou os nºs 2, 8 e 9 desse artigo), se aplica apenas a esta cláusula e não às chamadas cláusulas especiais. Segundo este preceito, o projecto e da decisão de aplicação da disposição anti-abuso contém necessariamente: a) a descrição do negócio jurídico celebrado ou do acto jurídico realizado e dos negócios ou actos de idêntico fim económico, bem como a indicação das normas de incidência que se lhes aplicam; b) a demonstração de que a celebração do negócio jurídico ou prática do acto jurídico foi essencial ou principalmente dirigida à redução, eliminação ou diferimento temporal de impostos que seriam devidos em caso de negócio ou acto com idêntico fim económico, ou à obtenção de vantagens fiscais.

A aplicação da cláusula depende da audição prévia do contribuinte, direito de audição prévia que é exercido no prazo de 30 dias a contar da notificação do projecto de aplicação da cláusula, prazo em que o contribuinte pode apresentar as provas que entender pertinentes. A referida aplicação é prévia e obrigatoriamente autorizada, após a audição prévia do contribuinte, pelo dirigente máximo do serviço ou pelo funcionário em quem este tiver delegado essa competência. A cláusula anti-abuso não é aplicável se o contribuinte tiver solicitado à administração tributária informação vinculativa sobre os factos que a tiverem fundamentado e a administração tributária não responder no prazo de 150 dias.

Relativamente ao procedimento de elisão de presunções que consta do art. 64º do CPPT, aplica-se às disposições usualmente qualificadas de normas anti-abuso, caso dos arts. 65º e 66º do CIRC, que se limitam a estabelecer presunções[298]. Segundo aquele preceito, o interessado que pretende elidir qualquer presunção constante de normas de incidência tributária deverá,

[298] V., neste sentido, Jorge Lopes de Sousa, *Código de Procedimento e de Processo Tributário Anotado e Comentado*, vol. I cit., anot. 10 ao art. 63º.

caso não queira utilizar as vias da reclamação ou da impugnação judicial do acto tributário que nela se baseie, solicitar a abertura de procedimento contraditório próprio. Este procedimento será instaurado no órgão periférico local da área do seu domicílio ou sede do contribuinte mediante petição deste dirigida àquele órgão, acompanhada dos meios de prova admitidos pelas leis tributárias. Petição que se considera tacitamente deferida se não lhe for dada qualquer resposta no prazo de seis meses, a menos que a falta desta seja imputável ao contribuinte.

É importante referir que, segundo o nº 3 do mencionado art. 64º, o procedimento em causa pode ser instaurado após o decurso do prazo da reclamação ou da impugnação judicial do correspondente acto tributário, muito embora a decisão nele proferida não afecte o acto tributário, tendo efeitos apenas para o futuro. Significa que estamos aqui perante um procedimento que, caso a presunção venha ser elidida, acaba por terminar num acto de carácter genérico, que o interessado poderá ver aplicado em futuras situações em que seja abstractamente aplicável a mesma presunção[299].

33.3. O reconhecimento de benefícios fiscais (Remissão)

Dado que, a nosso ver, os benefícios fiscais integram, constituindo aliás o seu principal componente, o *direito económico fiscal*, e não o direito fiscal *tout court* ou o direito fiscal clássico, e dedicando nós um capítulo a esse sector do ordenamento jurídico, compreende-se que aqui nos limitemos a remeter para esse capítulo a análise do procedimento especial a que o reconhecimento dos benefícios fiscais obedece. Por conseguinte, aí terá o referido procedimento o tratamento que consideramos adequado[300].

33.4. O procedimento de inspecção tributária

Trata-se dum procedimento bastante complexo, o que tem expressão, aliás, no RCPIT, que contém 64 extensos artigos, aprovado pelo DL nº 413/98, de 31 de Dezembro, e posteriormente alterado sobretudo pela Lei nº 50/2005, de 30 de Agosto. Naturalmente que não podemos nem queremos proceder aqui a uma análise com um mínimo de pormenor do regime deste procedimento.

[299] Cf. Alfredo J. de Sousa/J. Silva Paixão, *Código de Procedimento e de Processo Tributário Comentado e Anotado*, cit., anots. ao art. 64º, e J. Lopes de Sousa, *Código de Procedimento e de Processo Tributário Anotado e Comentado*, vol. I cit., anots. ao art. 64º.

[300] V. *infra*, nº 43.

Vamos, assim, limitar-nos a uma ou outra ideia sobre alguns dos seus aspectos mais característicos. Mais especificamente, vamos referir-nos: 1) à sua importância actual, 2) ao seu âmbito e aos fins que visa atingir, 3) aos princípios por que se pauta, 4) aos tipos que apresenta, 5) ao planeamento em que se baseia, 6) ao relatório e aos actos através dos quais se conclui, e 7) aos efeitos vinculativos que produz[301].

Quanto ao primeiro aspecto, isto é, à *importância* do procedimento da inspecção, diremos que o mesmo se tornou um procedimento extremamente relevante face a um sistema fiscal como o nosso, que, sobretudo a partir da reforma dos anos oitenta do século passado, passou a: 1) assentar na tributação do rendimento real e não no rendimento normal ou presumido, 2) contemplar uma maior pessoalização da tributação do rendimento, 3) centrar a liquidação dos impostos na actuação dos particulares, contribuintes ou terceiros, a qual, quando não há lugar a autoliquidação ou liquidação por terceiro, é efectuada por meios informáticos com base na declaração do contribuinte no cumprimento voluntário das suas obrigações fiscais.

Ora, num tal quadro, a intervenção da administração tributária concretiza-se, por via de regra, num controlo *a posteriori* das declarações dos contribuintes e das correspondentes liquidações, de modo a verificar se todos os factos com relevância tributária foram objecto de declaração e se a respectiva quantificação está correcta[302].

No respeitante ao seu *âmbito e objectivos*, o procedimento de inspecção tributária visa, segundo o art. 2º do RCPIT, a observação das realidades tributárias, a verificação do cumprimento das obrigações tributárias e a prevenção das infracções tributárias.

O que implica, entre outras, alguma das seguintes actuações da administração tributária: 1) a confirmação dos elementos declarados ou a indagação de factos tributários não declarados pelos sujeitos passivos e demais obrigados tributários, 2) a inventariação e avaliação de bens, móveis ou imóveis, para fins de controlo do cumprimento das obrigações tributárias, 3) a prestação de informações oficiais, em matéria de facto, nos processos de reclamação e

[301] Sobre o procedimento de inspecção tributária e sobre cada um dos aspectos mencionados, v. os desenvolvimentos contidos na obra de PAULO MARQUES, *O Procedimento de Inspecção Tributária*, Coimbra Editora, 2014, e o nosso estudo «Algumas considerações relativas à inspecção tributária», em *Por um Estado Fiscal Suportável*, vol. IV, cit., p. 257 e ss.

[302] Cf. o *Relatório da Comissão de Acompanhamento da Reforma Fiscal*, cit., p. 116 e s.

impugnação judicial dos actos tributários ou de recurso contencioso de actos administrativos em questões tributárias, 4) o esclarecimento e a orientação dos sujeitos passivos e demais obrigados tributários sobre o cumprimento dos seus deveres perante a administração tributária, 5) a informação sobre os pressupostos de facto dos benefícios fiscais que dependam de concessão ou reconhecimento da administração tributária, ou de direitos que o sujeito passivo, outros obrigados tributários e demais interessados invoquem perante a mesma, 6) a promoção do sancionamento das infracções tributárias e, bem assim, a cooperação, nos termos das convenções internacionais ou da regulamentação comunitária, no âmbito da prevenção e repressão da evasão e fraude fiscais.

Relativamente aos *princípios* por que se rege o procedimento inspectivo, temos, nos termos dos arts. 5º a 9º e 11º do RCPIT: 1) o princípio da verdade material, que permite à administração tributária a adopção oficiosa de todas as iniciativas adequadas a esse objectivo; 2) o princípio da proporcionalidade, a exigir que as acções integradas no procedimento de inspecção sejam adequadas e proporcionais aos objectivos da inspecção; 3) o princípio do contraditório, o qual não deve, todavia, pôr em causa os objectivos da inspecção nem afectar o rigor, operacionalidade e eficácia exigidas; 4) o princípio da cooperação, que implica para os sujeitos passivos e demais obrigados tributários um dever mútuo de cooperação[303]; e 5) o princípio da não impugnação autónoma dos actos de inspecção, o que mais não é do que uma expressão do princípio da impugnação unitária do acto tributário[304].

Em relação às *modalidades* da inspecção tributária, segundo os arts. 12º a 14º do RCPIT, esta pode apresentar várias modalidades. Assim, tendo em conta os seus fins, a inspecção pode ser de *comprovação e verificação*, se visa a confirmação do cumprimento das obrigações dos sujeitos passivos e demais obrigados tributários, ou de *informação*, se visa o cumprimento dos deveres legais de informação ou de parecer dos quais a inspecção tributária seja legalmente incumbida.

Considerando o *lugar da realização* da actividade inspectiva, a inspecção pode ser *interna*, se se efectua exclusivamente nos serviços da administração tributária através da análise formal e da coerência dos documentos, ou *externa*, se os actos inspectivos têm lugar, total ou parcialmente, em instalações ou

[303] Embora, pelas razões já apontadas, preferimos utilizar a expressão colaboração.

[304] V. o que dizemos sobre este princípio *infra*, nº 37.3.1.

dependências dos sujeitos passivos ou demais obrigados tributários, de terceiros com quem mantenham relações económicas ou em qualquer outro local a que a administração tenha acesso.

Enfim, quanto ao *âmbito das acções inspectivas*, a inspecção pode ser *geral* ou *polivalente*, quando tiver por objecto a situação tributária global ou conjunto dos deveres tributários dos sujeitos passivos ou dos demais obrigados tributários, ou *parcial* ou *univalente*, quando abranja apenas algum ou alguns tributos ou algum ou alguns deveres dos sujeitos passivos ou dos demais obrigados tributários[305].

No que diz respeito ao *planeamento* das acções de inspecção tributária, diremos que, de acordo com o disposto no art. 23º do RCPIT, a actuação da inspecção tributária obedece, em princípio, a um plano nacional – o Plano Nacional de Actividades da Inspecção Tributária. Trata-se dum plano elaborado por uma direcção de serviços da AT – a Direcção de Serviços de Planeamento e Coordenação da Inspecção Tributária – e aprovado pelo Ministro das Finanças. Nele se definem os programas, critérios e acções a desenvolver que servirão de base à selecção dos sujeitos passivos e demais obrigados tributários a inspeccionar, fixando os objectivos a atingir por unidades orgânicas dos serviços centrais, regionais e locais.

Em conformidade com o disposto no art. 60º do RCPIT, concluída a prática dos actos de inspecção, há lugar à elaboração de um *relatório*. No caso de os actos de inspecção originarem actos tributários ou em matéria tributária desfavoráveis à entidade inspeccionada, esta deve ser notificada no prazo de 10 dias do projecto de conclusões do relatório, com a indicação desses actos e sua fundamentação.

Na notificação será fixado um prazo de 10 dias para a entidade inspeccionada se pronunciar por escrito ou oralmente, sendo neste caso as suas declarações reduzidas a termo, sobre o referido projecto de conclusões. O relatório definitivo será elaborado no prazo de 10 dias a contar da prestação das declarações da entidade inspeccionada. Quanto ao conteúdo do relatório final, enumera o nº 2 do art. 62º do RCPIT os diversos aspectos que nele devem ser focados.

Finalmente, no concernente aos *efeitos vinculativos* do procedimento de inspecção, estabelece o art. 64º do RCPIT que os sujeitos passivos ou obrigados tributários podem, por razões de certeza e segurança, solicitar ao Direc-

[305] Cf. também o *Relatório da Comissão de Acompanhamento da Reforma Fiscal*, cit., p. 118 e ss.

tor-Geral da AT que sancione as conclusões do relatório. Um pedido que deve ser efectuado no prazo de 30 dias após a notificação das conclusões do relatório e identificar as matérias sobre as quais o requerente pretende que recaia o sancionamento.

O deferimento tácito (que se verificará se a administração tributária se não pronunciar no prazo de seis meses, a contar da data da entrada do pedido) ou expresso tem como efeito não poder a administração tributária proceder relativamente à entidade inspeccionada em sentido diverso do teor das conclusões do relatório nos três anos seguintes ao da notificação destas. Isto só não será assim nos casos em que, posteriormente à inspecção, se apurar simulação, ocultação ou destruição de quaisquer elementos fiscalmente relevantes ao objectivo da inspecção.

Uma referência merece a inovação traduzida na inspecção tributária a pedido do contribuinte ou de terceiro. Um regime que, inexplicavelmente, foi objecto dum diploma à parte – o DL nº 6/99, de 8 de Janeiro – quando o seu lugar devia ser o do RCPIT, tanto mais que este regime se lhe aplica em tudo o que não estiver disposto naquele diploma[306]. De facto, não vemos motivo para que o RCPIT não contenha toda a disciplina da inspecção tributária, seja esta da iniciativa da própria administração tributária, seja a pedido do particular.

Segundo o DL nº 6/99, trata-se duma inspecção tributária que visa a definição da situação tributária dos sujeitos passivos que disponham de contabilidade organizada, a requerer ao Director-Geral da AT pelo próprio sujeito passivo ou, com autorização expressa deste, por terceiro. O deferimento do requerimento, que será apreciado obrigatoriamente no prazo de 30 dias, depende da invocação e prova de interesse legítimo do requerente na realização da inspecção, interesse que consiste em qualquer vantagem resultante do conhecimento da exacta situação tributária do sujeito passivo, proveniente, nomeadamente, de actos de reestruturação empresarial, de operações e recuperação económica ou do acesso a regimes legais a que o requerente pretenda ter direito. Caso não seja deferido naquele prazo o requerimento, ficam abertas ao inspeccionado as vias de tutela administrativa e jurisdicional adequadas (art. 129º do CPA).

Pela realização da inspecção é devida, segundo o art. 4º do DL nº 6/99, uma taxa, que será fixada provisoriamente, antes do início das operações de

[306] V. o nº 3 do art. 1º do referido DL nº 6/99.

inspecção, por despacho fundamentado do Director-Geral da AT, em função da sua previsível complexidade, dimensão e meios a utilizar. Taxa que há-de situar-se entre os montantes mínimo e máximo e respeitar os critérios de graduação definidos genericamente na Portaria nº 923/99, de 20 de Outubro.

As conclusões do relatório da inspecção têm como efeito vinculativo não poder a administração tributária proceder a novas inspecções com o mesmo objecto ou a actos de liquidação respeitantes a factos tributários nela incluídos que não tenham por fundamento as conclusões do relatório da inspecção. Naturalmente que este efeito vinculativo não abrange a punição por infracções fiscais respeitantes aos factos ocorridos dentro do prazo de prescrição.

Acrescente-se que, de acordo com o nº 4 do art. 3º do mencionado DL nº 6/99, a administração tributária pode, até à conclusão da inspecção, condicionar a eficácia vinculativa do relatório à revelação pelos sujeitos passivos dos dados incluídos no sigilo bancário[307].

33.5. O procedimento de derrogação do dever de sigilo bancário

Nos termos dos arts. 63º-A, 63º-B e 63º-C da LGT, aditados pela Lei nº 30-G//2000 e alterados significativamente por diversas leis posteriores[308], em diversos casos, pode ser derrogado o sigilo bancário pela Administração Tributária. Uma situação que pode ocorrer em três tipos de situações.

De um lado, temos o acesso a *informações relativas a operações financeiras*, regulado no art. 63º-A da LGT, em que as instituições de crédito e as sociedades financeiras estão sujeitas a diversas obrigações integrantes da extensa lista desse preceito legal. De outro lado, há o acesso directo a informações e documentos bancários regulados nos arts. 63º-B e 63.º-C, em que, no nº 1 do

[307] Sobre os problemas que a inspecção tributária levanta, tendo especialmente em conta a sua conformidade com a Constituição, v. ANA MARIA JUAN LOZANO, *La Inspección de la Hacienda ante la Constitución*, Madrid, 1993, e o nosso estudo «Algumas considerações relativas à inspecção tributaria», em NUNO BARROSO/PEDRO MARINHO FALCÃO (Coord.), *Desafios Tributários*, Vida Económica, 2015, p. 161 e ss.

[308] É de sublinhar que quase todas essas leis, por via de regra leis do orçamento do Estado, foram no sentido da ampliação da derrogação administrativa do sigilo bancário. Merece, porém, destaque a LOE/2009 que alargou de duas para três as situações de levantamento administrativo do sigilo bancário sem dependência do consentimento do visado, bem como a Lei º 94/2009, de 1 de Setembro, que veio alargar a derrogação administrativa do sigilo bancário relativamente a informação bancária de familiares e de terceiros que se encontrem numa relação especial com o contribuinte antes dependente de autorização judicial.

art. 63º-B, temos uma alargada lista de acesso a *todas as informações ou documentos bancários sem dependência de consentimento do titular* e no art. 63º-C o acesso *a todas as informações ou documentos bancários* nos mesmos termos do art. 63º-B, relativos à conta ou contas a que os sujeitos passivos de IRC e os sujeitos passivos de IRS que disponham ou devam dispor de contabilidade organizada se encontram obrigados a possuir, segundo o disposto no art. 63º-C.

Tendo em conta os artigos da LGT acabados de referir, deparamo-nos com uma derrogação administrativa do sigilo bancário que, de uma situação em que estava na prática excluída, o que ocorreu até à Lei nº 30-G/2000, se passou, através de sucessivos passos legais, para uma derrogação tão aberta e automática que levanta a questão de saber se a mesma, que foi adoptada em nome do combate à evasão e fraude fiscais, se mostra necessária, adequada a um tal objectivo e respeitadora da proporcionalidade na afectação dos direitos, liberdades e garantias fundamentais dos contribuintes[309].

Uma realidade normativa em relação à qual devemos acrescentar e sublinhar que se caminha, a passos largos, para uma ampla abertura do sigilo bancário, através da troca automática de informações relativas a contas financeiras para efeitos fiscais, pois, por força da eficácia extraterritorial da referida lei norte-americana *Foreign Account Compliance Tax Act* (FATCA) e da consequente tomada de medidas que essa lei implicou, seja em sede da OCDE, com a adopção do *Commom Reporting Standard*, seja da União Europeia, com a aprovação da Directiva 2011/16/EU e das directivas que sucessivamente têm alterado esta.

[309] Sobre a derrogação do dever de sigilo bancário, tendo embora em conta a redacção anterior do art. 63º-B da LGT, v. na jurisprudência: os Acs. do STA de 13 de Outubro de 2004 – Proc. 0543/05, de 16 de Fevereiro de 2005 – Proc. 01395/04, de 16 de Fevereiro de 2005 – Proc. 035/05 e de 22 de Junho de 2005 – Proc. 0543/05; e na doutrina: Saldanha Sanches, «A situação actual do sigilo bancário: a singularidade do regime português», e «Segredo bancário e tributação do lucro real», em *Estudos de Direito Contabilístico e Fiscal*, Coimbra, 2000, respectivamente, p. 88 e ss. e 101 e ss.; I. Gandara da Silva Martins, «Sigilo bancário», *BFDC*, LXXVII, 2001, p. 449 e ss.; Rabindranath Capelo de Sousa, «O segredo bancário. Em especial, face às alterações fiscais da Lei nº 30-G/2000, de 29 de Dezembro», *Estudos em Homenagem ao Prof. Doutor Inocêncio Galvão Teles*, Coimbra, 2002, II vol., p. 210 e ss. Para o tratamento desenvolvido do tema, v. Noel Gomes, *Segredo Bancário e Direito Fiscal*, Coimbra, 2006, e José Casalta Nabais/Ana Isabel Casalta Nabais, «Acesso à informação e documentos bancários dos contribuintes – uma análise jurídico-constitucional», em *Temas de Direito Público – Estudos de Homenagem ao Professor Flávio Bauer Novelli*, vol. I – *Constituição e Cidadania*, Ágora, Rio de Janeiro, 2015.

34. A crescente "privatização" da administração fiscal

Antes de encerrarmos este capítulo relativo à actividade administrativa fiscal, não queremos deixar de aludir ao fenómeno que designamos por "privatização" da administração fiscal que se reporta naturalmente à relação de direito administrativo e constitui um dos muitos desafios actuais ao direito dos impostos. Um fenómeno visível na generalidade dos sistemas fiscais dos países desenvolvidos e que, entre nós, obteve plena concretização com a reforma fiscal dos anos oitenta do século passado, o qual traduz uma situação algo paradoxal, já que se atribui às empresas um papel imprescindível na liquidação e cobrança do grosso das receitas fiscais sem lhes reconhecer uma adequada participação no recorte do correspondente sistema de administração dos impostos. De resto, estamos perante uma "privatização" *sui generis* também de um outro ponto de vista, pois traduz-se na entrega aos particulares, *maxime* às empresas, de tarefas públicas por cujo exercício não recebem, específica ou genericamente, nada em troca, ao contrário portanto da verdadeira privatização da liquidação e cobrança de impostos cuja manifestação mais antiga que se conhece é a da concessão pelo Império Romano da liquidação e cobrança dos tributos aos publicanos (base da *societas publicanorum*, a primeira forma das sociedades comerciais). Privatização que, através dessa ou de outras formas, continua a ter expressão em diversos países, sobretudo no respeitante aos impostos ou tributos de titularidade dos entes territoriais locais[310]. Mas voltando à mencionada "privatização", uma palavra sobre cada um dos aspectos referidos.

34.1. O actual papel das empresas na administração dos impostos

A este respeito, é de começar por dizer que o fenómeno da administração ou gestão privada dos impostos, se inscreve na profunda mudança de função que vem suportando a administração tributária, função que, ao contrário do que era tradicional, cada vez menos se conjuga com o lançamento, a liquidação e a cobrança dos impostos. É que, independentemente de saber se uma tal "pri-

[310] Sobre a verdadeira privatização da gestão dos impostos, v. José A. Rozas (Ed.), *La Externalización de Servicios Tributarios, Una Aproximación al Derecho Comparado*, Marcial Pons, 2015. Para o fenómeno da "privatização" referida no texto, v. Hugo Flores da Silva, *Privatização do Sistema de Gestão Fiscal*, Coimbra Editora, 2014, e Gabriel Casado Ollero, «Tutela judicial y garantias del contribuyente en el procedimiento tributario», *cit.*, p. 158 e s., e «La protección de los derechos de los contribuyentes y deber de contribuir», *A los XXV Años de la Ley de Justicia Fiscal*, México, Tomo I, 2001, p. 225 e ss., esp. p. 231 e ss.

vatização" da administração ou gestão dos impostos se inscreve num universo de mudança mais amplo, como o que vai pressuposto na ideia dum "Estado vigilante" ou, noutra versão mais pós-moderna, dum "Estado supervisor", do que não há dúvidas é de que, em sede fiscal, à administração pública cabe, cada vez mais, uma função passiva, uma função vigilante ou supervisora[311].

Segundo este novo paradigma, aos particulares pertence agora o principal papel activo da administração ou gestão dos impostos. Com efeito, os mais importantes impostos são presentemente liquidados e cobrados pelos particulares, sobretudo pelas empresas, seja enquanto contribuintes ou outros sujeitos passivos através da autoliquidação, como nos casos do IRC, do IVA (enquanto liquidação realizada pelo próprio sujeito passivo) e das contribuições para a segurança social das entidades empregadoras, seja como terceiros actuando em substituição dos contribuintes ou outros sujeitos passivos com base na difundida técnica da retenção na fonte, como nos casos do IRS e dos contribuições para a segurança social dos trabalhadores. Pois mesmo quando não estamos perante uma substituição tributária em sentido próprio, ou seja, perante uma retenção na fonte a título de pagamento por conta como acontece em geral no IRS e até na categoria B, constituída pelo rendimento profissional e empresarial, a administração limita-se, na quase totalidade dos casos, a apurar o imposto a pagar com base exclusivamente nos dados fornecidos pelos contribuintes na declaração anual de rendimentos, realizando assim meras operações matemáticas, as quais, por terem de carácter automático, são levadas a cabo com o recurso a meios informáticos. Por isso, quer se trate de impostos em que há autoliquidação ou liquidação por terceiro, quer de impostos liquidados pela administração com base nas declarações e elementos fornecidos pelos particulares, a administração tributária desempenha basicamente uma função de controlo ou fiscalização.

Significa isto que a administração tributária deixou de ser a aplicadora das normas de imposição ou de tributação, com base em elementos de que antecipadamente dispunha, que proporcionavam uma fiscalização tributária *ex ante*, para passar a ser a fiscalizadora da aplicação dessas normas por parte dos particulares. Com efeito, enquanto no sistema que podemos considerar

[311] V. para o Estado vigilante, Ricardo Rivera Ortega, *El Estado Vigilante*, Madrid, 1999, que trata da função inspectiva da administração em geral e, para o Estado supervisor, Helmut Willke, *Supervision des Staates*, Frankfurt, 1997. Embora num momento, como o que nos é dado viver, de crescente fraqueza estrutural do Estado seja necessário ter o maior cuidado para que o adjectivo "vigilante" ou "supervisor" não leve na voragem o próprio Estado.

clássico de lançamento, liquidação e cobrança dos impostos, que entre nós vigorou no essencial até à reforma fiscal dos anos oitenta do século passado, tínhamos um sistema de *administração pública* dos impostos, presentemente temos fundamentalmente um sistema de *administração privada* dos impostos. Por isso, compreende-se que a parte de leão da administração tributária se traduza, hoje em dia, numa actividade de mera fiscalização e inspecção.

O que coloca não poucos problemas, mormente os ligados ao reforço dos poderes da administração que, deste modo, passou a ter sobre os seus ombros a enorme responsabilidade da quase totalidade da luta contra a fraude e evasão fiscal. Sendo, pois, a esta luz que há que equacionar ou reequacionar problemas tão sensíveis e complexos como são, de um lado, o do exacto alcance do clássico princípio da legalidade fiscal, que foi pensado para uma administração tributária activa em sede de administração ou gestão dos impostos, e não para uma administração passiva ou de fiscalização a carecer de poderes reforçados e, de outro lado, a derrogação administrativa do sigilo bancário, uma medida de fraco alcance enquanto as informações e documentos à guarda dos bancos tinham um escasso relevo para a liquidação e cobrança da generalidade dos impostos.

34.2. A participação das empresas na disciplina da administração dos impostos

Entre os diversos aspectos em que esta problemática se desdobra, vamos mencionar dois. Um, que tem a ver com a necessidade de pensar, ou melhor repensar, o papel das empresas, em sede do recorte ou desenho do sistema de liquidação e cobrança dos impostos de que elas são os principais responsáveis. Outro, que se prende com o respeito pelos direitos e liberdades fundamentais das empresas aquando da sua oneração com as tarefas de liquidação e cobrança da maioria dos impostos.

Assim e quanto ao primeiro aspecto, ele implicará, designadamente, que as empresas sejam chamadas a desempenhar um papel mais activo do que o que têm tido até ao presente em sede da disciplina jurídica da administração ou gestão dos impostos. É que a disciplina da liquidação e cobrança dos impostos já não tem por destinatário, ou por destinatário principal, a administração fiscal, mas sim as empresas.

Ora, sendo assim, não se compreende que as empresas sobre as quais impendam as complexas e onerosas tarefas de administração ou gestão da generalidade dos impostos, às quais afectam importantes meios humanos e materiais, não tenham uma palavra a dizer sobre a instituição e a disciplina jurídica de um tal sistema. Pois, constituindo as empresas o suporte do actual sistema de liquidação e cobrança da maioria dos impostos, é incompreensível que não tenham uma intervenção importante no desenho do sistema.

O que sugere, designadamente, que às empresas caiba um importante direito de participação na elaboração da legislação relativa à liquidação e cobrança daqueles impostos de que elas são os primeiros e mais importantes responsáveis. E isto por duas ordens de razões.

De um lado, porque, assentando um tal sistema de administração dos impostos em toda uma plêiade de deveres dos mais variados e particularmente onerosos para as empresas, a ideia de democracia participativa, com que a nossa Constituição tempera a democracia representativa, facilmente fornece o suporte para a ideia de os destinatários dos mesmos participarem na elaboração da respectiva disciplina. Pois a ideia de democracia participativa concretiza-a a Constituição através do reconhecimento de direitos de participação da mais diversa índole aos interessados, como os de participação na elaboração de legislação, na definição de certas políticas concretas ou na intervenção em certos procedimentos[312].

De outro lado, também as ideias de economia e simplicidade, que devem suportar o sistema fiscal, vão no mesmo sentido. Pois quem, melhor do que as próprias empresas, está em condições de contribuir, com a sua experiência e o seu saber, para a instituição de um sistema de liquidação e cobrança de impostos que, ao mesmo tempo, se revele económico e simples?

A este respeito, não podemos deixar de manifestar alguma surpresa perante a falta ou, pelo menos, perante a falta de repercussão pública, de quaisquer reivindicações do mundo empresarial num tal domínio. Pois, quanto ao que nos é dado saber, as reivindicações das empresas e suas orga-

[312] Relativamente à ideia de *democracia participativa*, com que a Constituição tempera a *democracia representativa*, v.: de um lado, os arts. 2º e 109º, em que se prescreve, respectivamente, como um dos objectivos da República Portuguesa o aprofundamento da democracia participativa e a participação directa dos cidadãos na vida política como condição e instrumento fundamental de consolidação do sistema democrático; de outro, os arts. 9º, al. *c*), 56º, nº 2 als. *a*), *b*) e *e*), 60º, nº 3, 77º, 98º e 267º, nº 1, em que a participação se apresenta como tarefa fundamental do Estado ou concretiza específicos direitos de participação de determinados grupos ou categorias de cidadãos. Sobre a democracia participativa como forma de suportar um estado social de direito nos países da periferia, mormente nos países da América Latina, v. Paulo Bonavides, *Teoria Constitucional da Democracia Participativa*, S. Paulo, 2001.

nizações têm-se tradicionalmente orientado para a diminuição da tributação geral que suportam ou para a instituição ou aumento de benefícios fiscais em determinados sectores. Quando é certo que a consecução de uma gestão fiscal mais simples e eficiente dos impostos, através da participação das empresas e suas organizações na disciplina do sistema, poderia conduzir a uma redução, provavelmente mais significativa, de custos do que a reivindicada e conseguida em sede da diminuição da carga fiscal[313].

Mas a este aspecto está intimamente ligado um outro, relativo ao respeito dos direitos, liberdades e garantias fundamentais das empresas enquanto suportes da referida função de administração fiscal. Com efeito, constituindo uma tal tarefa encargos e encargos pesados para as empresas, o seu exercício não pode deixar de convocar a armadura jusfundamental.

O que se traduz em a disciplina da liquidação e cobrança dos impostos, quando estas operações são da inteira responsabilidade dos particulares, constituir, ao fim e ao cabo, normação sobre os direitos, liberdades e garantias fundamentais, implicando assim que à mesma se aplique, designadamente, o regime dos limites ou restrições jusfundamentais. Pelo que, embora a disciplina jurídica da liquidação e cobrança dos impostos esteja, por via de regra, excluída da reserva de lei decorrente do princípio da legalidade fiscal, ela não está naturalmente excluída da reserva de lei constante da al. *b)* do nº 1 do art. 165º da Constituição[314].

Para além de que, na medida em que tais tarefas de liquidação e cobrança de impostos exigidas às empresas configurem verdadeiras restrições aos seus direitos, liberdades ou garantias fundamentais, deverem as mesmas observar os conhecidos requisitos próprios das restrições jusfundamentais constantes dos nºs 2 e 3 do art. 18º da Constituição. Ou seja, devem tais tarefas suportar o teste jusfundamental traduzido em essas restrições estarem expressamente previstas na constituição, observarem o princípio da propor-

[313] Embora no contexto de uma abordagem mais geral, v. o artigo de MANUELA DURO TEIXEIRA, «A competitividade das empresas portuguesas e a relação com o legislador e a administração fiscal», *Fisco*, nº 93/94, Janeiro de 2001, p. 27 e ss., onde a autora nos dá conta da fraca participação e intervenção dos parceiros sociais na elaboração e aplicação das leis fiscais. Quanto aos custos de cumprimento, v. CIDÁLIA LOPES, *Quanto custa pagar Impostos em Portugal. Os custos de cumprimento da tributação do rendimento*, Coimbra, 2008.

[314] Uma reserva que, como resulta claramente das próprias palavras do preceito em referência, não se limita apenas às leis restritivas, abrangendo, por conseguinte, também as leis que se traduzam em intervenções menos drásticas nos direitos, liberdades e garantias fundamentais.

cionalidade nos três aspectos em que este princípio se desdobra e deixarem intocado o conteúdo essencial do direito, liberdade ou garantia fundamental em causa[315].

Tanto mais que a transferência das tarefas de administração fiscal para a responsabilidade das empresas, implica para estas a resolução de complexos problemas de interpretação e aplicação de normas e cláusulas de difícil concretização, como acontece com a cláusula geral anti-abuso em que inclusive há lugar a uma visível margem de criação jurídica. O que pode desencadear melindrosos conflitos de interesses, pois os administradores ou gerentes têm que gerir simultaneamente o interesse fiscal na arrecadação dos impostos cuja administração a lei fiscal pôs a seu cargo, e a realização do interesse empresarial suportado na liberdade de gestão fiscal das empresas de pagarem o menor montante de impostos a que se encontram contratual e legalmente vinculados. Por conseguinte, sobretudo quando estamos face à aplicação de normas cujo sentido e alcance comporta margens significativas de concretização, não é juridicamente aceitável que os administradores e gerentes delas sejam colocadas parente o dilema de inclusive criarem direito fiscal contra os interesses económicos das empresas que administram que, como (bons) gestores, devem prosseguir[316]. Uma situação que, por certo, tem a maior importância em sede dos limites e restrições aos direitos e liberdades fundamentais, domínio em que a mencionada liberdade se integra.

[315] Sobre esses requisitos, v., por todos, J. C. VIEIRA DE ANDRADE, *Os Direitos Fundamentais na Constituição Portuguesa de 1976*, cit. p. 289 e ss.; GOMES CANOTILHO, *Direito Constitucional e Teoria da Constituição*, 7ª ed., Almedina, Coimbra, 2003, p. 437 e ss.; GOMES CANOTILHO e VITAL MOREIRA, *Fundamentos da Constituição*, Coimbra, 1991, p. 121 e ss.; JORGE MIRANDA, *Manual de Direito Constitucional*, Tomo IV – *Direitos Fundamentais*, 3ª ed., Coimbra, 2000, p. 311 e ss., e os nossos estudos «Os direitos fundamentais na jurisprudência do Tribunal Constitucional», e «Os direitos fundamentais na Constituição Portuguesa», em *Por uma Liberdade com Responsabilidade – Estudos sobre Direitos e Deveres Fundamentais*, cit., respectivamente, p. 9 e ss. e 61 e ss.

[316] V. sobre o problema, ANTÓNIO FERNANDES DE OLIVEIRA, *A Legitimidade do Planeamento Fiscal, as Cláusulas Gerais Anti-Abuso e os Conflitos de Interesse*, Coimbra Editora, 2009, p. 193 e ss.

Capítulo IV
As Garantias dos Contribuintes

35. Introdução

Antes de entrarmos no tratamento das garantias dos contribuintes, é de toda a utilidade proceder a algumas considerações preliminares. E a primeira é para dizer que não vamos referir-nos aqui a todas as possíveis garantias dos contribuintes, mas apenas àquele conjunto de meios, instrumentos ou mecanismos criados pela ordem jurídica com o objectivo ou finalidade directa ou imediata de evitar ou sancionar a violação dos direitos ou interesses legalmente protegidos dos particulares face à administração tributária[317].

E, mesmo quanto a estes meios, não vamos tratar de todos eles, já que, como facilmente se compreenderá, nos limitaremos a referenciar os espe-

[317] O que leva a excluir das verdadeiras garantias dos contribuintes, ou das garantias dos contribuintes em sentido estrito, aqueles instrumentos ou mecanismos jurídico-institucionais, por vezes também referidos por garantias, que, embora constituindo a base ou fundamento das garantias, apenas de uma maneira indirecta ou mediata se repercutem ou reflectem nos seus objectivos, como acontece com os princípios constitucionais do Estado de direito democrático, da separação e interdependência de poderes, da subordinação à Constituição, à lei e aos demais actos normativos dos poderes públicos e os princípios constitucionais a que se encontra subordinada a Administração Pública. Sobre as garantias dos contribuintes v. P. Soares Martinez, *Direito Fiscal*, cit., p. 493 e ss.; Saldanha Sanches, *Manual de Direito Fiscal*, cit., p. 472 e ss., e Manuel Faustino, «As garantias dos contribuintes no direito tributário português: uma análise sistemática e não problematizante», *Ciência e Técnica Fiscal*, 423, Janeiro – Junho de 2009, p. 345 e ss.

cíficos meios de garantia proporcionados pelo direito fiscal que impliquem a actuação de órgãos ou tribunais fiscais e de órgãos ou tribunais nacionais. O que significa, designadamente, que não vamos referir as importantes garantias, que para os contribuintes representam, de um lado, o recurso de inconstitucionalidade para o Tribunal Constitucional e, de outro, o reenvio prejudicial para o TJUE ou o recurso ao Tribunal Europeu dos Direitos do Homem.

A segunda consideração prende-se com o facto de não haver entre nós, uma lei que reuna e codifique o conjunto das garantias dos contribuintes. O que, obviamente não significa que estas estejam, de modo algum, menos garantidas, como vamos ver. Pois a aprovação de específicas codificações, sob o nome de *declaração de direitos* ou de *estatuto do contribuinte*, como aconteceu nos EUA com o *Taxpayer Bill of Rights* de 1996, em Espanha com a *Ley de Derechos y Garantias de los Contribuintes* de 1998 e em Itália com o *Estatuto dos Direitos do Contribuinte Italiano* em 2000, ficou a dever-se, em larga medida, ao apelo, a partir dos anos noventa do século passado, à ideia de *cidadania fiscal*.

Uma expressão em relação à qual, como escrevemos, contém um conceito em larga medida vazio, tendo sido trazida para a ribalta da literatura fiscal com intuitos de, por um lado, "dourar a pílula" da sujeição aos impostos para quem efectivamente os paga e, de outro lado, "zurzir" a falta de civismo ou "incivismo" dos "fugitivos fiscais" que vêm aumentando muito com a mobilidade proporcionada pela globalização. Propósito que, é de assinalar, mais recentemente, tende a ser endossado a uma outra ideia – à ideia de *patriotismo fiscal* com que se procura combater o crescente número de parasitas (*free riders*) que sem contribuírem para os serviços públicos deles beneficiam[318]. O que é preocupante sobretudo se tivermos em conta que a capacidade de ser parasita fiscal varia na razão directa da capacidade económica.

De resto, porque as coisas são assim, compreende-se que em Espanha a *Ley de Derechos y Garantias de los Contribuintes*, tenha sido objecto de importantes críticas por parte da doutrina. Críticas dirigidas sobretudo à oportunidade e correcção técnica de um texto legal com esse título e conteúdo específicos, em que se misturava a reiteração de normas da Constituição e da *Ley*

[318] V. a este respeito, Benny Geys/Kai A. Konrad, «Patriotism and Taxation», Max Planck Institute for Tax Law and Public Finance, Working Paper, 2016-11, disponível em: SSRN:https://ssrn.com/abstract=2867898 or http://dx.doi.org/10.2139/ssrn.2867898. Sobre o efectivo patriotismo fiscal demonstrado pelos norte-americanos, v. Vanessa Williamson, *Read my Lips. Why Americans are Proud to Pay Taxes*, Princeton University Press, 2017.

General Tributaria com normas que encontrariam melhor guarida num novo texto desta última lei. Críticas que terão estado na base da revogação, em 2004, dessa lei e da recondução do seu conteúdo à nova versão da *Ley General Tributaria*[319].

Aliás, nessa lógica de um supergarantismo essencialmente formal, dominado por uma ideia mais de quantidade do que de qualidade das garantias do contribuinte, se compreende a introdução e a extinção entre nós da figura do defensor do contribuinte, com existência legal entre 1999 e 2003. Ao que supomos, porque era vista mais como uma instância burocrática do que como uma efectiva garantia, a sua extinção (por estritas razões financeiras, de resto), não suscitou as reacções que, se de uma verdadeira garantia se tratasse, certamente suscitaria.

Finalmente, impõe-se uma consideração relativa à exposição das matérias neste capítulo. Pois bem, as garantias dos contribuintes vão ser expostas tendo sobretudo em conta a divisão entre as que se concretizam basicamente em meios impugnatórios, isto é, em mecanismos de carácter sucessivo ou repressivo, através dos quais os contribuintes atacam ou contestam actuações da administração tributária, mormente os actos tributários em sentido amplo que lesam os seus direitos ou interesses legalmente protegidos, e as que se concretizam em meios não impugnatórios, isto é, em meios de outra natureza, designadamente de tipo petitório através dos quais o contribuinte procura, por via de regra, evitar ou prevenir a violação dos seus direitos ou interesses legalmente protegidos. Uma distinção cujos termos, devemos assinalar, não andam longe dos que suportam a distinção entre garantias adjectivo-processuais e garantias materiais dos contribuintes[320].

[319] V., quanto a essa lei, *Comentarios a la Ley de Derechos y Garantías de los Contribuyentes*, Madrid, 1999, p. 14, e, mais em geral, Florián García Berro, *Los Procedimientos Tributarios y la Lei 30/1992 desde la Nueva Perspectiva de la Ley 1/1998, de Derechos y Garantias de los Contribuyntes*, Madrid, 1998, e A. Morillo Méndez, *Medios de Defensa del Contibuynte ante la Administración*, Valencia, 2001. Para uma crítica certeira e contundente dos equívocos políticos e jurídicos em que assentou a reivindicação duma tal lei, bastante antes de a mesma ter sido aprovada, v. Ferreiro Lapatza, «El Estatuto del contribuyente», *Revista Española de Derecho Financiero*, 88, Octubre Dicembre 1995, p. 643 e ss.

[320] Cf. o nosso estudo «A impugnação administrativa no direito fiscal», em *Por um Estado Fiscal Suportável*, cit., p. 499 e ss.

36. Os meios não impugnatórios

Múltiplos e diversificados são os meios de carácter não impugnatório de garantia dos contribuintes. Uma palavra sobre cada um deles.

36.1. O direito à informação

Este compreende, nomeadamente: 1) o direito de o contribuinte ser informado por escrito, no prazo de 10 dias, sobre a fase em que se encontra o procedimento e a data previsível da sua conclusão, a sua concreta situação tributária e a existência, teor e autoria das denúncias dolosas não confirmadas sobre a sua situação tributária (arts. 67º e 70º, nº 3, da LGT); e 2) o direito dos sujeitos passivos e outros interessados ou seus representantes legais (incluindo os advogados e consultores fiscais) a solicitar e a obter informações vinculativas (art. 68º da LGT).

Estas informações vinculativas podem ter por objecto a situação tributária dos sujeitos passivos, os pressupostos não concretizados dos benefícios fiscais e o cumprimento de deveres acessórios, devendo o correspondente pedido ser dirigido ao dirigente máximo do serviço, o director-geral da AT, o que resulta claro da lei nos casos dos dois primeiros pedidos.

36.2. O direito à fundamentação e notificação

As decisões dos procedimentos tributários são sempre fundamentadas, através de sucinta exposição das razões de facto e de direito que as motivaram e a sua eficácia depende de notificação (art. 77º). Particularmente exigente é a fundamentação da avaliação da matéria colectável por métodos indirectos, contemplada nos n.os 4 e 5 do art. 77º da LGT, bem como a relativa ao levantamento administrativo do dever de sigilo bancário, prevista no nº 4 do art. 63º-B da LGT[321].

No caso de aplicação dos métodos indirectos de determinação da matéria colectável, a fundamentação terá de incluir, nos termos do art. 77º, obrigatoriamente: a) a descrição das razões legais que levam a essa determinação que pode ser alguma das previstas nas alíneas *b), c), e)* e *f)* do art. 87º; b) critérios utilizados na avaliação da matéria colectável. Por sue turno, no caso de levantamento do sigilo bancário, as decisões da administração tributária devem ser fundamentadas com expressa menção dos motivos concretos que as justificam, sendo tais decisões da competência do diretor-geral da AT ou dos seus substitutos legais, sem possibilidade de delegação.

[321] V. *supra*, nº 31.3.7.

36.3. O direito à audição prévia

No respeitante a este direito, é de referir que, ao contrário da designação de *direito à audiência*, que lhe é dada no CPA (arts. 121º e segs.) e no art. 45º do CPPT, em geral, no direito fiscal, é designado por *direito à audição*. Expressões que, naturalmente, hão-de ser tidas como sinónimas.

Regulado em geral nos arts. 60º, 63º-B e 23º, nº 4, da LGT, trata-se de um direito bastante diversificado, dadas as situações em relação às quais se verifica. Assim e sem quaisquer intenções de desenvolver, diremos apenas que o direito de audição prévia do contribuinte existe em relação a cinco tipos de decisões: 1) em relação ao acto tributário e a decisões que ponham termo a procedimentos de 1º grau (art. 60º, nº 1, als. *a*) e *b*), dizendo esta última alínea respeito a pedidos e petições); 2) em relação a actos que decidem procedimentos de 2º grau (art. 60º, nº 1, als. *b*) e *c*)); 3) em relação a decisões instrumentais relativamente à definição da obrigação principal do contribuinte (art. 60º, nº 1, als. *d*) e *e*)); 4) em relação à decisão de derrogação do dever de sigilo bancário (art. 63-B, nº 5); e 5) em relação à decisão de reversão da execução fiscal contra terceiros (art. 23º, nº 4)[322].

Assinale-se que, como no procedimento administrativo geral, também no direito fiscal, não pode deixar de haver casos em que é dispensada a audição do contribuinte. De resto, dada a escassa disciplina do direito de audição no direito fiscal, aplicar-se-á subsidiariamente o disposto no art. 124º do CPA, em que se encontram elencadas as situações em que pode ser dispensada a audiência dos interessados.

Um caso paradigmático em que a dispensa de audição prévia dos contribuintes ocorre é, por via de regra, o do procedimento de liquidação de tributos, dado a administração tributária actuar aí com base em poderes vinculados. Um argumento a que, por via de regra, se acrescenta um outro de alcance ainda mais geral, qual seja o de aí estarmos perante um procedimento em que a ampla defesa, requerida pelo princípio do *due process of law*, não ter que actuar pela via da "audiência prévia" (*pretermination hearing*), podendo

[322] V., sobre um tal direito, PEDRO MACHETE, «A audição prévia do contribuinte», em D. LEITE DE CAMPOS e Outros, *Problemas Fundamentais do Direito Tributário*, cit., p. 299 e ss. Assinale-se que a DGCI, através da Circular nº 13/99, de 8 de Julho (publicada na *CTF*, 296, p. 443), manifestando o intuito de conciliar esse direito com os princípios do art. 55º da LGT, veio concretizar os casos em que a administração tributária deve ouvir o contribuinte, bem como aqueles em que se pode dispensar de o fazer.

actuar com inteira satisfação através do "direito de impugnação" (*posttermination hearing*)[323].

Nos termos do art. 60º, nºs 4, 5 e 6, (e do art. 60º do RCPIT) o direito de audição deve ser exercido no prazo, não inferior a 8 nem superior a 15 dias, a fixar pela administração tributária em carta registada a enviar para o domicílio fiscal do contribuinte[324]. Por seu lado, segundo o art. 45º do CPPT, o contribuinte pode ser ouvido oralmente ou por escrito, sendo certo que no caso de audiência oral, as declaração do contribuinte serão reduzidas a termo.

36.4. O direito à dedução, reembolso ou restituição de impostos

Comecemos, a este respeito, por assinalar que, ao contrário do que ocorre noutras ordens jurídicas, em que se distingue entre devolução (no caso de impostos ilegais) e o reembolso ou restituição (no caso de impostos legais) de impostos, entre nós a lei fala indistintamente, sem qualquer distinção portanto, entre a devolução, reembolso e restituição[325].

Previsto, em geral na al. *c*) do nº 1 do art. 30º da LGT, este direito está concretizado, por via de regra, no respeitante a cada imposto, como acontece no IRS, no IRC, no IVA e no IMT. Em sede do IRS, está previsto no art. 96º do CIRS, em que se estabelece a restituição oficiosa, acompanhada duma remuneração compensatória, da diferença entre o imposto devido a final e o que tiver sido entregue nos cofres do Estado em resultado de retenção na fonte ou de pagamentos por conta, até ao termo dos prazos previstos no nº 1 do artigo 97º.

[323] V. no sentido daquela primeira ideia, a referida Circular nº 13/99, bem como a sua apreciação por J. Lopes de Sousa, *Código de Procedimento e de Processo Tributário Anotado e Comentado*, vol. I, cit., anot. 18 ao art. 45º. Por seu lado, quanto ao segundo dos argumentos, v., por todos, Alberto Xavier, *Princípios do Processo Administrativo e Judicial Tributário*, Rio de Janeiro, 2005, p. 7 e ss.

[324] Um prazo que deve prevalecer, por constar de norma especial, face ao prazo geral não inferior a 10 nem superior a 30 dias previsto no art. 23º do CPPT. Isto não obstante o art. 2º do DL 433/99 (que aprovou o CPPT) prever a revogação de toda a legislação em contrario, pois o CPPT reconhece, no seu art. 1º, a prevalência da LGT – v. neste sentido, J. Lopes de Sousa, *Código de Procedimento e de Processo Tributário Anotado e Comentado*, vol. I cit., anot. 8 ao art. 45º.

[325] Assim, na Alemanha, o § 32 da AO (em que se fala, respectivamente, de *Steuererstattung* e *Steuervergütung*) e em Espanha, em que se faz essa distinção. V. sobre este problema e por todos, Fernando Casana Merino, *La Devolución de Ingresos Indebidos en Materia Tributaria*, Madrid, 1992.

Por seu lado, quanto ao IRC, consagra o art. 104º, nº 2, do CIRC o reembolso do montante correspondente à diferença positiva entre o imposto pago por conta e o apurado na declaração-liquidação, até ao fim do 3º mês seguinte ao do envio da declaração.

Relativamente ao IVA, em que o direito à dedução tem especial relevância dado ser sua característica fundamental não constituir o imposto gasto ou rendimento da actividade económica do sujeito passivo, prescrevem os nºs 4 e 5 do art. 22º do CIVA: "4 – Sempre que a dedução de imposto a que haja lugar supere o montante devido pelas operações tributáveis, no período correspondente, o excesso será deduzido nos períodos de imposto seguintes; 5 – Se passados 12 meses relativos ao período em que se iniciou o excesso, persistir crédito a favor do contribuinte superior a € 250, este poderá solicitar o seu reembolso".

Finalmente, no respeitante ao IMT[326], consta a sua previsão do art. 46º do CIMT, que fala de reembolso do imposto.

36.5. O direito a juros indemnizatórios e moratórios

As pessoas que paguem imposto em excesso têm direito a *juros indemnizatórios*, de montante igual aos juros compensatórios devidos ao Estado: 1) quando em reclamação graciosa ou em processo judicial, se determine que houve erro imputável aos serviços tributários; 2) quando, por motivo imputável à administração fiscal, não seja cumprido o prazo legal da restituição oficiosa dos impostos indevidamente autoliquidados ou pagos; 3) no caso de anulação do acto tributário por iniciativa da administração tributária, a partir do 30.º dia posterior à decisão, sem que tenha sido processada a nota de crédito; 4) quando a revisão do acto tributário por iniciativa do contribuinte se efectuar mais de um ano após o pedido deste, salvo se o atraso não for imputável à administração tributária; 5) no caso de decisão judicial transitada em julgado que declare ou julgue a inconstitucionalidade ou ilegalidade da norma legislativa ou regulamentar em que se fundou a liquidação da prestação tributária e que determine a respectiva devolução (art. 43º da LGT)[327]. A

[326] Pois, no respeitante ao IMI, o art. 129º do Código remete para a LGT e CPPT.

[327] Esta última hipótese foi acrescentada pela Lei nº 9/2019, de 1 de Fevereiro, que se aplica também a decisões judiciais de inconstitucionalidade ou ilegalidade anteriores à sua entrada em vigor, sendo devidos juros relativos a prestações tributárias que tenham sido liquidadas após 1 de Janeiro de 2011. V. o que dissemos *supra*, nº 29.3.

taxa dos juros compensatórios é, segundo o nº 10 do art. 35º da LGT, equivalente à dos *juros legais* fixada nos termos do nº 1 do art. 559º do Código Civil.

Nos casos de restituição do imposto derivada de uma decisão judicial de anulação do correspondente acto tributário, prevê o nº 2 do art. 102º da LGT o pagamento de juros de mora a favor do sujeito passivo, a partir do termo do prazo da execução espontânea da decisão. Ou seja, nos termos do art. 146º, nº 2, do CPPT, decorrido esse prazo, a contar da data em que o processo tiver sido remetido ao órgão da administração tributária competente para a execução, há lugar a juros de mora. Juros cuja taxa é agora igual à dos juros moratórios a favor da Fazenda Pública[328].

Todavia, para os casos de anulação do acto tributário por iniciativa da administração tributária, a al. *b*) do nº 3 do art. 43º da LGT prevê o pagamento de juros indemnizatórios e não de juros moratórios[329].

36.6. O direito à redução de coimas

Em caso de contra-ordenação fiscal, o infractor tem o direito, nos termos dos arts. 29º e 30º do RGIT, à redução da respectiva coima, se reconhecer a sua responsabilidade e regularizar a sua situação tributária dentro de certos prazos, apresentando no competente serviço da administração tributária o pedido para o seu pagamento antes da instauração do respectivo processo contra-ordenacional. Uma redução que varia, de resto, em função do momento em que é apresentado o pedido de pagamento da coima, podendo esta ser reduzido a 12,5%, 25%, ou 75% do seu montante mínimo legal.

36.7. O direito à caducidade da liquidação e da garantia prestada e à prescrição da obrigação tributária

Constitui uma garantia dos contribuintes a caducidade do poder de determinação do montante do imposto e de outras prestações tributárias, pelos serviços da administração fiscal, quando o valor dessa determinação não for notificado ao contribuinte, por via de regra, no prazo de quatro anos contados, nos impostos periódicos, a partir do termo daquele em que ocorreu o facto tributário ou, nos impostos de obrigação única, a partir da data em que o facto tributário ocorreu, com excepção do IVA e nos impostos sobre o

328 Cf. o que dissemos *supra*, nº 29.3, *in fine*.

329 V. sobre esta temática, J. Lopes de Sousa, «Juros nas relações tributárias», em D. Leite de Campos e Outros, *Problemas Fundamentais do Direito Tributário*, cit., p. 141 e ss.

rendimento quando a tributação seja efectuada por retenção na fonte a título definitivo, caso em que o prazo se conta a partir do ano civil seguinte àquele em se verificou, respectivamente, a exigibilidade do imposto ou o facto tributário (art. 45º, nºs 1 e 4, da LGT).

Também a prescrição das dívidas tributárias, por via de regra, no prazo de oito anos constitui uma garantia para os contribuintes. Lembramos que esse prazo de oito anos se conta gora nos mesmos termos do prazo da caducidade (art. 48º, nº 1º da LGT).

O mesmo se diga da caducidade da garantia prestada para suspender a execução fiscal. Prevista no art. 183º-A do CPPT, a garantia prestada para suspender a execução em caso de reclamação graciosa, impugnação judicial, recurso judicial ou oposição, caducava se a reclamação graciosa não estivesse decidida no prazo de um ano a contar da data da sua interposição ou se na impugnação judicial ou na oposição não tivesse sido proferida decisão em 1ª instância no prazo de três anos a contar da data da sua apresentação. Esse preceito veio, porém, a ser revogado pela LOE/2007.

Todavia, pela Lei nº 40/2008, de 11 de Agosto, que aditou um novo art. 183º-A ao CPPT, essa garantia veio a ser reposta, com efeitos a partir de 1 de Janeiro de 2009, muito embora apenas em pequena parte, pois a garantia prestada agora apenas caducará em caso de a reclamação graciosa não ser objecto de decisão no prazo de um ano.

36.8. Direito à prescrição dos procedimentos e das penas criminais e contra-ordenacionais

Segundo o art. 21º do RGIT o procedimento criminal extingue-se por prescrição logo que sobre a sua prática sejam decorridos cinco anos. Disposição que não prejudica, de um lado, os prazos de prescrição estabelecidos no CP quando o limite máximo da pena de prisão for igual ou superior a cinco anos e, de outro, a redução daquele prazo ao prazo de caducidade do direito de liquidação do tributo quando a infracção dependa da referida liquidação.

Quanto à prescrição das penas por crimes tributários, dado não haver disposição específica no RGIT, aplicam-se as normas constantes dos arts. 122º, 123º, 125º e 126º do CP, variando esse prazo entre 4 e 20 anos.

Nos termos dos arts. 33º e 34º do RGIT, também prescrevem no prazo de cinco anos: a contar da prática do facto, o procedimento por contra-ordenação (a menos que a infracção dependa da liquidação do tributo, caso em que esse prazo é reduzido ao prazo de caducidade do direito à mencionada liquidação); e a contar da data da sua aplicação, as sanções aplicadas por contra--ordenação.

36.9. O direito à confidencialidade fiscal

De acordo com o nº 1 do art. 64º da LGT, os dirigentes, funcionários e agentes da administração tributária estão obrigados a guardar segredo sobre a situação tributária dos contribuintes e os elementos de natureza pessoal que obtenham nos procedimentos tributários, nomeadamente os decorrentes do sigilo profissional ou qualquer outro dever legal de segredo.

Dever de segredo que, segundo o nº 3 desse mesmo artigo, se comunica a quem quer que, no quadro dos deveres de colaboração com a administração tributária ou com a justiça fiscal, obtenha elementos protegidos pelo segredo fiscal, nos mesmos termos do sigilo da administração tributária. Aliás, o desrespeito do segredo fiscal constitui um crime tributário comum previsto e punido pelo art. 91º do RGIT.

Refira-se que o direito a confidencialidade fiscal não contende com divulgação de listas de contribuintes cuja situação não se encontre regularizada nos termos dos nºs 5 e 6 do art. 64º da LGT[330].

36.10. Outros meios não impugnatórios

Para além dos direitos que acabamos de mencionar, há a acrescentar o direito dos contribuintes à avaliação da situação fiscal, requerendo inspecções, nos termos do referido DL nº 6/99, bem como outros direitos previstos em sede dos impostos em especial.

Entre esses outros direitos temos o direito à entrega de declarações de substituição, nos termos do art. 60º, nº 2, do CIRS e do art. 122º do CIRC, bem como o contemplado nos nºs 5 e 6 do art. 63º da LGT, em que se prescreve que o acesso contra a vontade do sujeito passivo aos locais destinados ao exercício de actividades comerciais, industriais, agrícolas e de trabalho independente, que estejam também afectos à sua habitação e, bem assim, o acesso a outros locais só será possível quando ordenado pela autoridade judicial competente (que é o tribunal judidical), após pedido fundamentado do respectivo funcionário.

[330] Divulgação aplicável aos contribuintes da Segurança Social como dispõe o art. 49º da LOE/2010. V. sobre estas listas de contribuintes, SERGIO ALBURQUENQUE, «Listas de devedores tributários (Portugal-Chile)», *Fiscalidade*, nº 26/27, p. 109 e ss.

37. Os meios impugnatórios administrativos e judiciais

Por meios impugnatórios entendemos aqui tanto os meios administrativos como os meios judiciais. Em ambos os casos se trata de resolver questões jurídico-fiscais: enquanto nos primeiros temos as reclamações e os recursos hierárquicos, em que a resolução destas questões é pedida à própria administração fiscal; nos segundos temos a impugnação judicial de actos ou normas nos tribunais fiscais. Porque vamos tratar também dos meios impugnatórios a decidir pelos tribunais, comecemos por uma alusão à organização judiciária fiscal[331].

37.1. Alusão à organização judiciária fiscal

Antes de traçarmos um quadro geral dos meios impugnatórios administrativos e judiciais, é de maior interesse indicar os tribunais que julgam as questões tributárias.

Pois bem, entre nós, tais questões são da competência dos tribunais especializados – os *tribunais fiscais* – que integram, como subordem, a ordem dos tribunais administrativos e fiscais, que tem a sua disciplina orgânica no ETAF. Com efeito, os tribunais judiciais só excepcionalmente lidam com a matéria do direito fiscal, como é o caso do julgamento das infracções fiscais que constituam crimes, das hipóteses de execução fiscal nos tribunais judiciais e outras intervenções de que trataremos adiante[332].

Pois bem, os tribunais fiscais têm três níveis, constituindo o 2º e o 3º níveis um tronco comum com os tribunais administrativos. Assim, tendo em conta os arts. 26º e 27º, 38º e 49º do ETAF, temos:

[331] Para maiores desenvolvimentos, v. o nosso estudo, «A impugnação administrativa no direito fiscal», em *Por um Estado Fiscal Suportável*, cit., p. 498 e ss., bem como Serena Cabrita Neto, *Introdução ao Processo Tributário*, 156, Lisboa, 2006, p. 55 e ss.; Marta Rebelo, *Código de Procedimento e de Processo Tributário. Algumas Anotações à Luz da Reforma do Contencioso Administrativo*, Coimbra, 2004; Joaquim Rocha, *Lições de Procedimento e Processo Tributário*, cit.; e J. S. Costa Alves/Jesuino A. Martins, *Manual de Procedimento e de Processo Tributário*, DGCI, Centro de Formação, 2008.

[332] Pois, o nº 2 do art. 151º do CPPT, refere-se aos processos de execução fiscal que corram nos tribunais judiciais, para os quais prescreve que todos os actos da execução são da competência do tribunal – v. Alfredo J. de Sousa/J. Silva Paixão, *Código de Procedimento e de Processo Tributário Anotado e Comentado*, cit., anot. 6 ao art. 151º, e J. Lopes de Sousa, *Código de Procedimento e de Processo Tributário Anotado e Comentado*, vol. III, anots. 6 e 7 ao art. 151º. V. também António Alberto Vieira Cura, *Curso de Organização Judiciária*, 2.ª ed., Coimbra Editora, 2014, p. 229 e ss.

- os *tribunais tributários*, que, por via de regra, se encontram agregados aos tribunais administrativos de círculo, como *tribunais administrativos e fiscais*, dispõem da competência regra no domínio da justiça fiscal, isto é, da competência para julgar todas as questões jurídicas fiscais que não sejam da competência dos outros tribunais fiscais, isto é, dos TCA e do STA;
- a *2ª Secção dos TCA*, que julgam, em 2ª instância, os recursos interpostos de decisões dos tribunais tributários cujo fundamento não seja exclusivamente de direito e, em 1ª instância, a impugnação das normas regulamentares fiscais cuja competência não seja dos tribunais tributários e a impugnação dos actos administrativos dos membros do Governo respeitantes a questões fiscais;
- a *2ª Secção do STA*, que julga, em 2ª instância, os recursos contra decisões dos tribunais tributários quando o seu fundamento seja exclusivamente de direito (recurso *per saltum*), os recursos interpostos de decisões dos TCA e, em 1ª instância, a impugnação dos actos administrativos do Conselho de Ministros respeitantes a questões fiscais[333].

Aos tribunais mencionados são de acrescentar os tribunais arbitrais admitidos a partir da autorização legislativa concedida ao Governo pelo art. 124º da LOE/2010, constando a sua disciplina do Decreto-Lei nº 10/2011, de 20 de Janeiro[334].

37.2. Os actos impugnáveis

Na vigência do CPT, reconduziam-se a três os tipos principais de actos objecto de impugnação, a saber: os "actos em matéria tributária", os "actos tributários" e os "actos administrativos respeitantes a questões fiscais".

A legislação fiscal e, particularmente o CPT, não nos dizia o que devia entender-se por *actos em matéria tributária*. Mas, atendendo ao conjunto de actos que o CPT colocava sob essa designação, concluíamos ser de considerar como tais os actos preparatórios e prévios dos actos tributários (ou actos de liquidação), destacáveis ou autonomizáveis do respectivo procedimento

[333] Cf. o nosso estudo «Justiça administrativa e justiça fiscal», em *Por um Estado Fiscal Suportável*, cit., p. 477 e ss.

[334] V. sobre a arbitragem tributária o nosso estudo «Reflexões sobre a introdução da arbitragem tributária», *RLJ*, ano 140, 2010/11, p. 239 e ss.

tributário para efeitos da sua impugnação administrativa ou judicial autónoma. Com este sentido, os actos em matéria tributária integravam, nomeadamente, as decisões de determinação administrativa da matéria tributável e as correcções administrativas das declarações dos contribuintes em IRS e em IRC[335].

Por sua vez, quanto aos *actos tributários*, não havia, como continua a não haver, quaisquer dúvidas de que se tratava dos actos de liquidação administrativa dos impostos.

Finalmente, relativamente aos *actos administrativos respeitantes a questões fiscais*, estes integravam aqueles actos administrativos (incluídos portanto no conceito constante do art. 148º do CPA[336]), praticados em sede de relações jurídicas tributárias através dos quais se concluíam procedimentos diversos e autónomos do procedimento que terminava no acto tributário ou acto de liquidação do imposto.

Na actual legislação fiscal geral – LGT e CPPT – fala-se, para além, naturalmente, de actos tributários, em "actos em matéria tributária", "actos administrativos em matéria tributária" e "actos administrativos relativos a questões tributárias". Assim e quanto a actos em matéria tributária, a LGT refere-se a eles no art. 9º, nº 2, ao estabelecer que "todos os actos em matéria tributária que lesem direitos ou interesses legalmente protegidos são impugnáveis ou recorríveis nos termos da lei" e no art. 17º, nº 1, ao prescrever que "os actos em matéria tributária que não sejam puramente pessoais podem ser praticados pelo gestor de negócios, produzindo efeitos em relação ao dono do negócio nos termos da lei civil".

A nosso ver, a LGT utiliza nestes preceitos a expressão actos em matéria tributária num sentido muito amplo, abarcando todos e quaisquer actos que possam ser praticados no domínio das relações tributárias, isto é, os actos em

[335] Em que havia quem integrasse também os actos de fixação dos valores patrimoniais. Todavia, tendo em consideração que estes actos constituem actos administrativos (materialmente definitivos), embora pressupostos necessários de actos tributários (isto é, das liquidações de impostos incidentes sobre esses valores patrimoniais), parece-nos que não se enquadravam nessa categoria.

[336] O art. 148º do novo CPA prescreve: "[p]ara efeitos do disposto no presente Código, consideram-se actos administrativos as decisões que, no exercício de poderes jurídico-administrativos, visem produzir efeitos jurídicos externos numa situação individual e concreta". Como se pode ver, o conceito de acto administrativo perdeu a nota orgânica (que o reportava a órgãos da Administração Pública) constante do art. 120º do anterior CPA.

matéria tributária *stricto sensu* e os actos administrativos respeitantes a questões fiscais ou tributárias[337].

Por seu lado, o CPPT utiliza essa expressão no art. 12º, nº 2, ao dispor que "no caso de actos tributários ou em matéria tributária praticados por outros serviços da administração tributária, julgará em 1ª instância o tribunal da área do domicilio ou sede do contribuinte, da situação dos bens ou da transmissão". O que parece estar a referir-se aos actos administrativos em matéria tributária.

Já no respeitante às expressões actos administrativos em matéria tributária e actos administrativos relativos a questões fiscais (ou tributárias), parece-nos que elas são utilizadas como sinónimas e com o sentido que vinha sendo atribuído a esta última expressão, embora seja a primeira expressão a mais utilizada. Assim o sugere a LGT nas als. *e*) do nº 1 do art. 54º (que inclui tais actos na lista exemplificativa de actos em que desembocam os procedimentos tributários), *c*) do nº 1 do art. 60º (em que se garante o direito de audição antes da revogação de qualquer benefício ou acto administrativo em matéria tributária) e *h*) do nº 2 do art. 95º (que integra "outros actos administrativos em matéria tributária" na lista exemplificativa de actos considerados lesivos dos direitos ou interesses legalmente protegidos dos interessados para efeitos da sua impugnação ou recurso judicial).

Também o CPPT parece ir no mesmo sentido, nos arts. 10º, nº 1, al. *d*), e 97º, nºs 1, al. *d*), e 2, que se referem a "actos administrativos em matéria tributária", e no art. 97º, nº 1, al. *p*), que alude a "actos administrativos relativos a questões tributárias".

Atento o exposto, é de concluir que podemos falar de actos tributários em sentido amplo, em que temos, de um lado, os actos tributários em sentido estrito ou actos de liquidação de tributos e, de outro lado, os actos em matéria tributária em sentido amplo, isto é, os demais actos praticados em sede das relações jurídicas fiscais.

Nestes últimos temos, por sua vez: 1) os actos em matéria tributária em sentido estrito, isto é, os actos preparatórios de actos tributários, e 2) os actos administrativos em matéria tributária ou actos administrativos relativos a questões tributárias. Assim em esquema.

[337] Recordamos que, segundo o art. 1º, nº 2, da LGT, "para efeitos da presente lei, consideram-se relações jurídico-tributárias as estabelecidas entre a administração tributária, agindo como tal, e as pessoas singulares e colectivas e outras entidades legalmente equiparadas a estas".

- actos trib. em s. a.
  - actos tribs. em s. e. (actos de liquidação de tributos)
  - actos em mat. trib. em s. a.
    - actos em matéria tributária em s. e.
    - actos adms. rel. a questões tributárias

E, fixada a terminologia dos actos impugnáveis, vejamos então as diversas hipóteses de impugnação administrativa e judicial dos actos em matéria tributária (*stricto sensu*), dos actos tributários e dos actos administrativos em matéria tributária (ou respeitantes a questões tributárias). Ao que se seguirá a consideração de outros meios impugnatórios e da impugnação seja de actos cujas especificidades reclamam um tratamento autónomo, seja das normas editadas pela administração tributária.

37.3. A impugnação de actos em matéria tributária

Com o sentido que foi fixado, os actos em matéria tributária integram, nomeadamente, as decisões de determinação da matéria tributável e as correcções administrativas das declarações dos contribuintes em IRS e IRC.

37.3.1. Impugnação de decisões de determinação da matéria tributável

No respeitante aos actos de determinação da matéria tributável, em conformidade com o disposto na LGT e no CPPT, temos duas situações consoante estejamos perante a determinação da matéria tributável por avaliação directa ou face à determinação da matéria tributável por avaliação indirecta.

No caso da determinação da matéria tributável através de avaliação directa, dispõe o art. 86º, nº 1, da LGT que pode a mesma ser objecto de impugnação contenciosa directa. Pelo que parece conceber as determinações da matéria tributável por avaliação directa como actos susceptíveis de impugnação judicial directa, muito embora remeta para a lei os termos dessa impugnação.

Um entendimento que, pelo menos à primeira vista, poria em causa o *princípio da impugnação unitária* vigente no contencioso tributário, segundo o qual só há impugnação judicial do acto final do procedimento, do acto que, por fixar a posição final da administração tributária, afecta imediatamente a esfera patrimonial do contribuinte, definindo os seus direitos e deveres, embora as ilegalidades que afectem os actos preparatórios do acto tributário sejam impugnáveis em sede da impugnação deste[338].

Há, porém, que ter conta que aquela impugnação se efectua nos termos da lei, a qual é constituída sobretudo pelo CPPT, em que o *princípio da impugnação unitária* se encontra expressamente formulado no seu art. 54º, em que se dispõe: "salvo quando forem imediatamente lesivos dos direitos do contribuinte ou disposição expressa em sentido diferente, não são susceptíveis de impugnação contenciosa autónoma os actos interlocutórios do procedimento, sem prejuízo de poder ser invocada na impugnação da decisão final qualquer ilegalidade anteriormente cometida". Para além de este princípio estar em consonância com a lista de actos considerados lesivos dos direitos ou interesses legalmente protegidos constante do nº 2 do art. 95º da LGT, na qual não figuram os actos de determinação da matéria tributável por avaliação directa.

Naturalmente que um tal princípio não se aplicará quando a determinação da matéria colectável não der origem à liquidação de qualquer tributo. Assim, de resto, o estabelece a al. *b*) do nº 1 do art. 97º do CPPT. O que bem se compreende pois, a ser de outro modo, a decisão de determinação da matéria tributável, a que se não seguisse a liquidação, em virtude de, designadamente, se terem apurado prejuízos em vez de lucros tributáveis, seria contenciosamente inimpugnável, o que impediria o contribuinte de reagir judicialmente contra um apuramento ilegal dos referidos prejuízos reportáveis nos lucros dos anos seguintes, violando-se assim a garantia a uma tutela jurisdicional efectiva contra os actos da administração consagrada no art. 268º, nº 4, da Constituição[339].

Por seu lado, também a determinação da matéria tributável através de avaliação indirecta, isto é, através de indícios, presunções ou outros elementos de que a administração tributária disponha (art. 83º, nº 2, da LGT), apenas pode ser impugnada aquando da impugnação judicial da respectiva liquidação, a menos que a mesma não dê origem a liquidação, muito embora nessa impugnação se possa discutir qualquer ilegalidade da avaliação indirecta (arts. 82º,

[338] V., a este respeito, o nosso estudo «A impugnação unitária do acto tributário», *Cadernos de Justiça Tributária*, nº 11, Janeiro-Março de 2015, p. 11 e ss., bem como o que dissemos *supra*, no nº 31.1 e dizemos *infra* no nº 42.

[339] Quanto ao que dizemos no texto, v., todavia, D. Leite de Campos/Benjamim S. Rodrigues/J. Lopes de Sousa, *Lei Geral Tributária Comentada e Anotada*, cit., anots. ao art. 86º, e António Lima Guerreiro, *Lei Geral Tributária Anotada*, cit., anots ao art. 86º.

nº 2, e 86º, nºs 3 e 4, da LGT)[340]. Todavia, para que a discussão da ilegalidade da determinação por avaliação indirecta da matéria tributável, diga respeito à quantificação desta ou aos pressupostos de aplicação dos métodos indirectos, possa ter lugar, tem que haver antes uma "reclamação prévia" traduzida no pedido de revisão a um órgão de natureza arbitral e pericial, nos termos dos art.s 86º, nº 5, 91º e 92º da LGT, e 117º, nº 1, do CPPT.

Um órgão de natureza *arbitral* porque na sua estrutura e *modus decidendi* se assemelham aos órgãos arbitrais[341], uma vez que: 1) é constituído paritariamente por um perito designado pela administração tributária (que conduzirá o procedimento) e por um perito indicado pelo contribuinte (a que, a requerimento do contribuinte ou da administração tributária, pode ainda juntar-se um perito independente[342]) (art. 91º, nºs 1 e 3); 2) decide com base num procedimento assente num debate contraditório com vista a estabelecer um acordo quanto ao valor da matéria tributável a considerar para efeitos da liquidação do imposto (art. 92º, nºs 1 a 5); 3), em caso de falta de acordo (no prazo de 30 dias a contar do início do procedimento), cabe ao órgão competente para a fixação da matéria tributável resolver de acordo com o seu prudente juízo e tendo em conta as posições de ambos os peritos (art. 92º, nº 6)[343]; e 4) a intervenção de um perito independente, a requerimento do contribuinte ou a pedido da administração tributária, não tem outra consequência senão a de a decisão de revisão ter de fundamentar a adesão ou rejeição do parecer elaborado por esse perito (art. 92º, nº 7)[344].

340 No mesmo sentido, v. o art. 95º, nº 2, al. *c*), da LGT, que considera lesivos dos direitos ou interesses legalmente protegidos dos interessados, para efeitos da sua impugnação ou recurso judicial, "a determinação da matéria tributável por métodos indirectos quando não dê lugar a liquidação do tributo".

341 Naturalmente que não se trata de um órgão arbitral, mas de um órgão que, pela sua estrutura e *modus decidendi*, se assemelha aos órgãos de natureza arbitral. Para uma recusa de qualquer carácter arbitral a esse órgão, v. António Lima Guerreiro, *Lei Geral Tributária Anotada*, cit., anot. 1 ao art. 91º.

342 V., a este respeito, o que dissemos *supra* na nota 246.

343 Uma missão que se nos afigura difícil, senão mesmo impossível, já que não vemos como é que se podem ter em conta as posições de ambos os peritos que, certamente por defenderem posições inconciliáveis, não lograram chegar a acordo.

344 Uma outra consequência da intervenção do perito independente, embora não em sede da revisão, é a constante do art. 92º, nº 8, nos termos do qual: "No caso de o parecer do perito independente ser conforme ao do perito do contribuinte e a administração tributária resolver em sentido diferente, a reclamação graciosa ou impugnação judicial têm efeito suspensivo,

É um *órgão pericial*, porque é constituído exclusivamente por peritos e a sua função é proceder a uma revisão que visa a correcção da aplicação dos elementos descritos no nº 1 do art. 90º da LGT. Pois, constitui função desse órgão obter um acordo, um acordo de natureza transaccional, que pode ser parcial e, uma vez alcançado, não pode deixar de ser respeitado por ambas as partes, impondo-se portanto à administração tributária[345].

Refira-se que o procedimento da revisão da matéria tributável em causa não se aplica à determinação da matéria tributável com base nas manifestações de fortuna, como decorre do art. 89º-A, nºs 7 e 8, da LGT. Caso em que, nos termos destes preceitos, estamos perante um ato destacável que deve ser impugnado autonomamente sem necessidade de esperar pela correspondente liquidação do imposto. O que revela que não estamos nesta situação perante uma genuina avaliação indirecta da matéria tributável[346].

É de acrescentar que, segundo os nºs 5 e 6 do art. 31º-A do CIRS e o art. 139º do CIRC, este procedimento de revisão da matéria colectável determinada por métodos indirectos, é aplicável, com as necessárias adaptações, no caso de impugnação do IRS ou IRC, na parte correspondente à transmissão onerosa de imóveis cujo valor tenha sido fixado nos termos dos nºs 1 a 4 do art. 31º-A do CIRS e do art. 64º do CIRC. Pois o sujeito passivo, que pretenda impugnar judicialmente o referido valor dos imóveis, o que apenas poderá fazer na impugnação da correspondente liquidação de IRS ou IRC, terá antes de desencadear um procedimento de prova desse valor, procedimento que seguirá, com as necessárias adaptações, o procedimento de revisão.

37.3.2. Impugnação de decisões de correcção quantitativa da matéria tributável

Segundo os arts. 86º, nº 5, e 91º, nºs 1, 2, e 14, da LGT, sempre que sejam efectuadas correcções de natureza quantitativa, que não sejam meramente aritméticas, nos valores da matéria tributável, determinada por métodos indirectos, pela administração tributária, deve o contribuinte, para poder impug-

independentemente da prestação de garantia quanto à parte da liquidação controvertida em que aqueles peritos estiverem de acordo".

345 V., neste sentido, o Ac. do STA del6 de Janeiro de 2002 – Proc. 25959, anotado por J. Taborda Gama, «Acordo transaccional parcial no procedimento Administrativo», *Fiscalidade*, 12, Outubro de 2002, p. 81 e ss., bem como o Ac. do STA, de 23 de Novembro de 2004 – Proc. 657/04.

346 V. o acórdão do STA de 9 de Setembro de 2009, Proc. 344/09.

nar as referidas correcções, requerer a revisão dessas correcções através do procedimento de revisão da matéria tributável fixada por métodos indirectos a que acabámos de aludir[347].

O que exige que procedamos à distinção entre correcções quantitativas (ou correcções quantitativas em sentido estrito, uma vez que as outras também são quantitativas), correcções técnicas e correcções aritméticas (ou correcções meramente aritméticas). As primeiras, as *correcções quantitativas*, as quais, como acabamos de ver, são as aqui tidas em conta, têm lugar quando a administração tributária procede à correcção da matéria tributável determinada com base em métodos indirectos, correcção cuja impugnação judicial está dependente de prévia impugnação administrativa através do procedimento de revisão da matéria tributável fixada por métodos indirectos.

Por seu lado, as *correcções técnicas*, são as correcções que a administração tributária faz à matéria tributável determinada no âmbito da avaliação directa, como a correcção concretizada, por exemplo, na não consideração de determinadas verbas como gastos fiscais assim qualificadas na declaração de rendimentos, ou a correcção aos valores de base contabilística necessários ao apuramento do lucro tributável no regime simplificado. Correcções essas que, por constituírem actos em matéria tributária em sentido estrito, apenas podem ser impugnadas judicialmente em sede da impugnação da consequente liquidação, embora sem se exigir qualquer (prévia) impugnação administrativa.

Finalmente, as *correcções aritméticas* ou correcções meramente aritméticas, têm lugar quando a administração tributária se limita a corrigir erros de cálculo das declarações. Igualmente estas correcções, porque configuram actos em matéria tributária em sentido estrito, apenas podem ser judicialmente impugnadas em sede da impugnação da consequente liquidação[348]. Correcções para os quais vale o procedimento que referimos a seguir.

37.3.3. Correcção de erros da administração fiscal

Segundo o disposto nos arts. 95º-A a 95º-C do CPPT, tal procedimento visa a reparação por meios simplificados de erros materiais ou manifestos da admi-

[347] Embora o art. 86º, nº 5, da LGT, por manifesta falta de harmonização, fale de "prévia reclamação nos termos da lei".

[348] Cf. Alfredo J. de Sousa/J. Silva Paixão, *Código de Procedimento e de Processo Tributário Comentado e Anotado*, cit., anot. 5 ao art. 54º e o Ac. do STA de 16-10-2002 – Proc. 1020/02, e de 07-05-2003 – Proc. 243/03.

nistração fiscal na concretização do procedimento tributário ou na tramitação do processo de execução fiscal, considerando-se erros materiais ou manifestos, designadamente os que resultem do funcionamento anómalo dos sistemas informáticos da administração fiscal, bem como as situações inequívocas de erro de cálculo, de escrita, de inexactidão ou lapso.

O pedido deve ser feito, verbalmente ou por escrito, pelos sujeitos passivos de quaisquer relações tributárias ou titulares de qualquer interesse legítimo junto do dirigente máximo da administração tributária, no prazo de 10 dias posteriores ao conhecimento efectivo pelo contribuinte do correspondente acto lesivo. O pedido de correcção de erros é instruído pela unidade orgânica designada genericamente pelo dirigente máximo do serviço e decidido por este ou por qualquer outro funcionário qualificado em quem seja delegada essa competência. O prazo máximo de decisão é de 15 dias.

Caso o fundamento do pedido seja a ilegalidade da liquidação, a inexigibilidade da dívida ou outro fundamento para o qual a lei preveja meio processual próprio, deve o contribuinte ser convidado a substituir o procedimento pelo meio adequado. A decisão do pedido é notificada ao contribuinte presencialmente ou por via postal simples e, caso se concretize no indeferimento do pedido, este não carece de audição prévia.

37.4. A impugnação dos actos tributários

Quanto aos actos tributários, é de começar por dizer que se trata de actos de liquidação administrativa do imposto (e não actos de autoliquidação ou de liquidação por terceiro), os quais em sentido amplo englobam o conjunto de operações destinadas, por um lado, à identificação do contribuinte ou do devedor do imposto (caso não coincidam) e, por outro, à determinação do imposto, uma actividade que, por seu turno, ainda se desdobra na determinação da matéria tributável, na liquidação em sentido estrito, concretizada na aplicação da taxa ou alíquota à matéria tributável assim se obtendo a colecta, e nas deduções à colecta (caso as haja como acontece no IRS e no IRC[349]).

Pois bem, quando aqui falamos de actos tributários ou de liquidações temos, como facilmente se compreenderá, em mente a *fase constitutiva* do

[349] O que, em relação ao IRS, se ficou a dever ao facto de a LOE/99 ter convertido em deduções à colecta a generalidade das despesas das famílias com os direitos sociais (saúde, educação, habitação e segurança social) e dos benefícios fiscais, anteriormente configurados como abatimentos à matéria tributável.

procedimento tributário em que se apura quem é o devedor do imposto e se determina qual é o seu montante. A este respeito, é de assinalar que os actos de liquidação dos impostos, ou mais em geral dos tributos, sempre foram considerados verdadeiros actos administrativos, susceptíveis portanto de impugnação directa para os tribunais tributários, tendo por conseguinte a sua impugnação administrativa, através de reclamação ou de reclamação seguida de recurso hierárquico, em princípio, natureza facultativa[350].

Com efeito, em excepção à regra tradicional, vigente no nosso direito administrativo geral[351], da impugnação administrativa necessária dos actos dos órgãos administrativos subalternos, os actos tributários, por via de regra praticados pelos órgãos subalternos da administração fiscal, os (então) chefes das repartições de finanças, sempre foram tidos como actos administrativos definitivos. Um entendimento que consta agora do art. 60º do CPPT, em que se prescreve: "os actos tributários praticados por autoridade fiscal competente em razão da matéria são definitivos quanto à fixação dos direitos dos contribuintes, sem prejuízo da sua eventual revisão ou impugnação nos termos da lei"[352].

Embora respeitante a taxas e não a impostos, é de referir que o RGTAL instituiu uma impugnação administrativa necessária para as taxas locais, pois no seu art. 16º prescreve-se que a impugnação judicial das taxas depende da prévia dedução de reclamação perante o órgão que efectuou a liquidação da taxa no prazo de 30 dias a contar da notificação da liquidação. Reclamação que se presume indeferida se não for decidida no prazo de 60 dias, cabendo impugnação judicial para o tribunal tributário da área da respectiva autarquia, no prazo de 60 dias a contar do indeferimento expresso ou tácito da reclamação. Uma solução de carácter geral para as taxas locais que vai ao arrepio da garantia constante do artigo 268º, nº 4, da Constituição. Tendo em conta, porém, a formação de indeferimento tácito ao fim de 60 dias, esta reclamação necessária acaba por não constituir um condicionamento excessivamente gravoso da impugnação judicial e, por conseguinte, da garantia a uma tutela jurisdicional efectiva constante dos artigos 20º e 268º da Constituição.

[350] O que continua a acontecer – v. *infra*, nº 37.6.

[351] Que foi definitivamente abandonada com a aprovação do CPTA.

[352] No mesmo sentido vão, de resto, os arts. 99º e segs. do CPPT. V. também a nossa anotação ao Ac. do STA (2ª Sec.), de 8 de Junho de 1998, em *CJA*, 17, Set.-Out. de 1999, p. 33 e ss. Como já referimos, subsistem actos tributários provisórios, como são as liquidações provisórias de IRC das sociedades em liquidação nos termos do art. 79º do Código do IRC.

37.5. A impugnação de actos administrativos relativos a questões tributárias

A este respeito, é de lembrar que, antes da actual legislação fiscal, se falava preferentemente de "questões fiscais", embora esta expressão tenha vindo a ser entendida em termos amplos de molde a coincidir com a expressão "questões tributárias", já que, segundo a jurisprudência consolidada do Supremo Tribunal Administrativo, elas abarcam todas as questões cuja solução implique a interpretação e aplicação de normas de direito fiscal ou do regime legal dos tributos, sejam estes impostos ou taxas. Ou, numa outra versão do mesmo Tribunal, todas as questões que emergem das resoluções autoritárias que imponham aos cidadãos o pagamento de quaisquer prestações pecuniárias, com vista à satisfação de encargos públicos dos respectivos entes impositivos ou que isentem ou beneficiem os contribuintes dessas prestações[353].

Trata-se, pois, de actos administrativos proferidos em procedimentos especiais, como os de concessão de benefícios fiscais, admissão do pagamento dos impostos em prestações, solicitação da compensação de impostos, inspecção tributária, derrogação administrativa do dever de sigilo bancário, informação vinculativa, avaliação prévia, aplicação da cláusula anti-abuso[354], elisão de presunções, etc., os quais são directamente impugnáveis, por via de regra, nos tribunais tributários, excepto se forem actos administrativos dos membros do Governo, que são impugnados na 2ª Secção do Tribunal Central Administrativo Sul, ou actos administrativos do Conselho de Ministros, que são impugnados na 2ª Secção do Supremo Tribunal Administrativo.

Uma impugnação judicial que terá lugar sobretudo quando tais actos se apresentem como actos negativos, expressos ou silentes. Ou seja, actos de indeferimento, expresso ou tácito, de pretensões dos contribuintes ou outros sujeitos passivos das relações jurídicas tributárias.

A respeito da impugnação destes actos administrativos relativos a questões tributárias, três notas. Uma, para dizer que o processo a seguir na impugnação de tais actos é o processo administrativo, regulado no CPTA, mais exactamente o processo de acção administrativa de impugnação desses actos, nos termos dos arts. 50º e segs., ou, como será mais frequente, de condenação à prática de acto administrativo devido, regulado nos arts. 66º e segs., pois

[353] V., por todos, o Ac. da 1ª Secção do STA, de 17 e Junho de 1997, que anotámos favoravelmente em *CJA*, 6, Nov.-Dez. de 1997, p. 45 e ss.

[354] Sobre essas normas, v. *supra*, nº 20.

para ele remete o art. 97º, nº 2, do CPPT. Isto sempre que as leis fiscais não estabeleçam o respectivo processo como nos casos dos arts. 140º-A a 146º-D do CPPT.

Outra, para assinalar que constitui uma excepção às mencionadas regras de repartição da competência jurisdicional, em sede da impugnação em 1ª instância dos actos administrativos relativos a questões tributárias pelos três níveis da jurisdição tributária, a impugnação dos actos administrativos praticados pelas autoridades fiscais no processo de execução fiscal. Com efeito, segundo o art. 276º do CPPT, esses actos administrativos, em que temos, por exemplo, os que se traduzem na recusa do pagamento em prestações requerido pelo executado ou reputem de insuficientes as garantias oferecidas pelo mesmo, são sempre impugnadas nos tribunais tributários, sejam praticados pelos chefes de finanças, directores de finanças, Director-Geral da AT, Secretário de Estado dos Assuntos Fiscais ou Ministro das Finanças.

Enfim, uma terceira nota, para referir que somos de opinião que, em matéria de impugnação dos actos administrativos relativos aos benefícios fiscais (questionando-nos mesmo sobre se uma tal solução não seria de aplicar também às subvenções activas e não apenas às referidas subvenções passivas) a lei devia prever uma legitimidade alargada, uma verdadeira *acção popular* a desencadear por qualquer contribuinte que, no ano imediatamente anterior àquele a que o benefício fiscal diga respeito, tivesse sido contribuinte efectivo do correspondente imposto, não abrangendo, portanto, os contribuintes isentos e os que tenham apresentado prejuízos[355].

Pois bem, em todos estes casos estamos face a actos directamente impugnáveis nos tribunais tributários, sendo por conseguinte a sua impugnação administrativa meramente facultativa e sem efeitos suspensivos e a decisão desta insusceptível de recurso contencioso. Regras estas que resultam tanto do art. 80º da LGT como dos arts. 66º e segs. do CPPT.

A nosso ver, é neste tipo de actos administrativos que se integram as decisões de fixação dos valores patrimoniais. Embora se trate de actos administrativos pressupostos necessários de actos tributários, de liquidações de impostos, não se configuram como *actos preparatórios* destes, porquanto se não inserem no correspondente procedimento tributário. Antes fazem parte de

[355] V. os nossos estudos «Estado fiscal, cidadania fiscal e alguns dos seus problemas», em *Por um Estado Fiscal Suportável*, cit., p. 41 e ss., e «Considerações sobre a responsabilidade civil da Administração Fiscal», *Scientia Iuridica*, Tomo LXI, 2012, nº 329, p. 327 e ss.

procedimentos tributários próprios e especiais, isto é, de procedimentos de avaliação de bens, cujos actos de avaliação, porque constituem verdadeiros *actos administrativos autónomos*, têm, ou podem ter, uma eficácia que vai muito para além das posteriores liquidações de impostos a que venham servir de base (IMI, IMT, IS, IRC, etc.)[356].

Pois bem, a disciplina da impugnação administrativa da fixação dos valores patrimoniais, embora conste também do art. 134º do CPPT[357], continua, como já sucedia no passado, a ser objecto da disciplina relativa à tributação do património, presentemente no CIMI. É que, segundo este Código, essa impugnação não pode ter por objecto a primeira avaliação dos imóveis, a qual cabe agora a peritos avaliadores permanentes ou a peritos locais, consoante se trate de prédios rústicos ou de prédios urbanos. Efectivamente, nos termos dos arts. 74º e 76º do CIMI, exige-se que seja requerida uma segunda avaliação, a realizar pelas comissões de avaliação, compostas por dois peritos regionais designados pelo director de finanças, um dos quais preside, e pelo sujeito passivo ou seu representante, no caso dos prédios rústicos, e por um perito regional designado pelo director de finanças, que preside à comissão, um vogal nomeado pela respectiva câmara municipal[358] e o sujeito passivo ou seu representante, no caso dos prédios urbanos. Segunda avaliação que, nos termos do art. 77º do CIMI, é a avaliação que pode ser impugnada judicialmente, tendo assim o requerimento da segunda avaliação a natureza de uma impugnação administrativa necessária para efeitos de impugnação judicial da avaliação dos prédios em sede dos impostos sobre o património[359].

[356] Por conseguinte, não acompanhamos a nossa jurisdição tributária, que vem considerando a fixação dos valores patrimoniais como *acto destacável* dos procedimentos de liquidação dos impostos nela baseados – v. o Ac. do TCA Sul de 27-04-2010, Proc. 03586/09.

[357] Um preceito que, para além da sua epígrafe ("objecto da impugnação") não se compreender, pois ele disciplina apenas a impugnação da fixação dos valores patrimoniais, só por lapso pode ter sido integrado na Secção VIII (do Capítulo II do Título III) do CPPT, subordinada à epígrafe "da impugnação dos actos de autoliquidação, substituição tributária e pagamentos por conta".

[358] Refira-se que, por razões de incompatibilidade, as câmaras municipais não podem nomear vogais que exerçam funções no município em que se localiza o prédio urbano objecto da avaliação, podendo nomeá-los apenas para participarem em avaliações de prédios localizados noutros municípios.

[359] Cf. o que dissemos *supra*, no nº 30.3.

Um exigência que se não verifica relativamente às avaliações feitas pelas comissões de avaliação previstas nos regulamentos das contribuições especiais relativas às obras de construção da nova ponte do Tejo, da realização da Expo/98 e da construção da CREL, CRIL, CREP e CRIP, que são directamente impugnáveis[360].

De impugnação de actos administrativos relativos a questões tributárias é de falar ainda na hipótese contemplada nos nºs 3 a 6 do art. 134º do CPPT. Uma disposição legal que tem agora de ser articulada com o disposto nos arts. 130 a 133º do CIMI. Dispõem esses preceitos que as incorrecções nas inscrições matriciais dos valores patrimoniais podem ser objecto de impugnação judicial, no prazo de 30 dias, desde que o contribuinte tenha reclamado previamente a correcção da inscrição junto da entidade competente e esta recuse ou não se pronuncie no prazo de 90 dias contado a partir do pedido[361]. Como se compreende, a reclamação contra as incorrecções das inscrições matriciais pode ser apresentada a todo o tempo.

37.6. Reclamação e recurso hierárquico contra actos da administração tributária

Estes meios impugnatórios vêm regulados, respectivamente, nos arts. 68º a 77º e 66º e 67º do CPPT. E, antes de uma palavra sobre cada um deles, devemos observar, no respeitante à reclamação, que vem a mesma designada na lei por reclamação graciosa, uma designação que, embora sendo tradicional, é de evitar, uma vez que a reclamação representa, em si mesma, uma contenda, embora a decidir pela própria administração tributária.

Pois bem, a reclamação visa anular, total ou parcialmente, os actos tributários por iniciativa do contribuinte, substitutos e responsáveis. Segue um procedimento simples em que se dispensam formalidades essenciais e não tem efeito suspensivo, salvo quando o contribuinte, depois de prestada garantia adequada nos termos do CPPT, apresentar uma petição, no prazo de 10 dias após a notificação para o efeito, ao competente serviço de finanças, a requerer essa suspensão.

[360] Sendo que, nas contribuições especiais as avaliações em causa se apresentam como (verdadeiros) actos preparatórios das liquidações dos correspondentes impostos.

[361] Prazo esse que, nos termos do art. 131º do CIMI, é de 180 dias se a reclamação tiver por fundamento o valor patrimonial exagerado do prédio.

Nos termos do nº 1 do art. 70º do CPPT, a reclamação deve ser deduzida no prazo de 120 dias a contar dos factos que relevam para a impugnação judicial e com base nos fundamentos desta[362]. Ou seja, com base nos fundamentos previstos no art. 99º do CPPT.

Em princípio, segundo o art. 73º do CPPT, é competente para decidir a reclamação o dirigente do órgão periférico regional da área do domicílio ou sede do contribuinte, da situação dos bens ou da liquidação. Caso o valor do processo não exceda a alçada do tribunal tributário decidirá o órgão periférico local. Assinale-se que cabe sempre a este órgão a instrução do processo que remeterá, quando não seja ele a decidir, ao órgão periférico regional. Quando não haja órgão periférico regional, é competente o dirigente máximo do serviço, que é o director-geral[363].

Da decisão de indeferimento da reclamação cabe quer recurso hierárquico facultativo a interpor no prazo de 30 dias e com efeito devolutivo (arts. 76º, nº 1, 66º, nº 2, e 67º, nº 1, do CPPT), quer impugnação judicial.

Segundo o nº 2 do art. 76º, da decisão que recaia sobre o recurso hierárquico é possível recurso contencioso, salvo se contra tal decisão já tiver sido deduzida impugnação judicial com o mesmo objecto. O prazo para a interposição deste recurso deve ser prazo de 90 dias previsto na alínea *e)* do nº 1 do art. 102º do CPPT, uma solução que foi reforçada pela revogação expressa operada pela Lei nº 82-E/2014 do nº 2 do art. 102º do CPPT[364].

Quanto ao recurso hierárquico, dispõe o art. 66º do CPPT que, sem prejuízo do princípio do duplo grau de decisão, as decisões dos órgãos da administração tributária são susceptíveis de recurso hierárquico (nº 1), devendo este ser dirigido ao mais elevado superior hierárquico do autor do acto e interposto perante o autor deste no prazo de 30 dias a contar da sua notificação (nº 2).

[362] Na redacção dada ao referido art. 70º pela LOE/2006, que unificou o prazo da reclamação.

[363] Fala-se aqui, como noutros casos idênticos, de reclamação, mas, em rigor, dado o órgão normalmente competente para a sua decisão, estamos mais perante um recurso, já que a coincidência entre o órgão ou entidade *a quo* e o órgão ou entidade *ad quem* manifestamente não se verifica nesta situação. Por isso, há quem fale, a este propósito, de semi-recurso – assim J. C. Vieira de Andrade, *Lições de Direito Administrativo e Fiscal*, Parte II, cit., p. 53 e s.

[364] V., nesse sentido, J. Lopes de Sousa, *Código de Procedimento e de Processo Tributário Anotado e Comentado*, vol. I, cit., anot. 8 ao art. 76º, e de João António Valente Torrão, *Código de Procedimento e Processo Tributário Anotado e Comentado*, cit., anot. 4 ao art. 76º.

Todavia, não obstante este preceito dispor que o recurso hierárquico seja dirigido ao mais elevado superior hierárquico do autor do acto, que no domínio da administração tributária do Estado é o Ministro da Finanças, prescreve o nº 3 do art. 47º do mesmo CPPT que o pedido de reapreciação da decisão (em que o recurso hierárquico se traduz) deve, salvo lei especial, ser dirigido ao dirigente máximo do serviço ou a quem ele tiver delegado essa competência, que é, na administração tributária do Estado, o Director-Geral da AT.

Os recursos hierárquicos devem subir no prazo de 15 dias, acompanhados do processo a que respeite o acto ou, quando tiver efeitos meramente devolutivos, com um seu extracto. Durante este prazo pode o autor do acto recorrido revogá-lo total ou parcialmente (art. 66º, nº 3).

Por via de regra, o recurso hierárquico tem natureza facultativa e efeito devolutivo. Quando excepcionalmente tenha efeito suspensivo, como acontece no caso do art. 75º do CIVA (quando tenha por objecto decisões da AT relativas à passagem do regime de isenção para o regime de tributação em IVA), o recurso limita-se à parte da decisão contestada.

Refira-se ainda que o recurso hierárquico deve ser decidido no prazo máximo de 60 dias. O que significa que, decorrido este prazo sem que haja sido tomada uma decisão, se considera o recurso tacitamente indeferido, podendo o interessado interpor recurso contencioso no caso de recurso hierárquico necessário ou de recurso hierárquico interposto de decisão de indeferimento de reclamação graciosa (art. 66º, nº 5, do CPPT).

37.7. Reclamação através do pedido de revisão

De reclamação podemos falar para aludir àquelas situações em que o contribuinte pode pedir a revisão dos actos tributários num prazo alargado. Estamos a referir-nos às hipóteses contemplados no art. 78º da LGT, em que temos uma situação de *revisão ordinária* (nº 1) e duas situações de *revisão extraordinária* (nºs 4 e 5), ou seja: 1) a revisão do acto tributário, a pedido de sujeito passivo, no prazo da reclamação administrativa, com base em qualquer ilegalidade, ou, por iniciativa da administração tributária no prazo de quatro anos após a liquidação com fundamento em erro imputável aos serviços; 2) a revisão do acto tributário por motivo de duplicação da colecta, que pode efectuar-se, seja qual for o fundamento, no prazo de quatro anos; e 3) a revisão da matéria tributável quando autorizada pelo dirigente máximo do serviço, nos três anos posteriores ao do acto tributário, com fundamento em injustiça grave ou notória. Sendo de acrescentar, a propósito, que uma específica expressão desta última hipótese de revisão da matéria tributável é a contemplada no art. 62º do Código do IRC sob a epígrafe "revisão excepcional do lucro tributável".

Embora essa revisão pareça, à face da letra da lei, constituir uma faculdade para a administração tributária, atento o seu sentido garantístico para os contribuintes, ancorada sobretudo no princípio da justiça, constante do nº 2 do art. 266º da Constituição, não pode deixar de ser vista como um poder-dever. De resto, estamos em crer que a revisão a que se reporta o art. 78º da LGT vale apenas para a efectuada a favor dos contribuintes, por iniciativa deste ou da administração fiscal, uma vez que a revisão a favor da administração fiscal encontra-se contemplada nos art.s 45º e 46º da LGT[365].

Revisão que pode ser requerida pelos interessados, sendo a decisão de indeferimento ou de não satisfação integral da pretensão do requerente, que venha a ser proferida, judicialmente impugnável. Assim o exige o *princípio da tutela jurisdicional efectiva* constante do nº 4 do art. 268º da Constituição, e o *princípio da efectividade*, o qual, sendo desenvolvido sobretudo pela jurisprudência comunitária do TJUE, tem expressão também no nº 4 do art. 58º do CPTA. Princípios a exigirem que o exercício da garantia jurisdicional dos direitos e interesses legalmente protegidos dos administrados não se torne impossível ou excessivamente difícil, designadamente por ter por base prazos para o seu exercício excessivamente curtos.

Uma ideia que, a nosso ver, vale apenas para as hipóteses de revisão extraordinária, sendo configurada como uma válvula de escape do sistema, à maneira das chamadas "medidas equitativas" do direito alemão, a utilizar naquelas situações que venham a configurar-se como graves ou notoriamente injustas para as quais os remédios ordinários se revelem insuficientes ou inadequados. Medidas essas que têm outras manifestações como a relativa à correcção do valor de transmissão de direitos reais sobre imóveis prevista nos arts. 31º-A do CIRS e 139º do CIRC, ou a respeitante ao pagamento em prestações contemplado no art. 42º, nº 1, da LGT[366].

[365] V. nesse sentido, António Lima Guerreiro, *Lei Geral Tributária Anotada*, cit., anot. 1 ao art. 78º.

[366] V. o nosso estudo «A revisão dos actos tributários», em *Por um Estado Fiscal Suportável*, vol. III cit. Quanto ao princípio da efectividade, tendo em conta de resto o prazo da impugnação dos actos tributários, v. o Ac. do TJCE de 17-06-2004 – Proc. C-30/02, caso *Recheio Cash & Carry SA*.

37.8. A impugnação dos actos de autoliquidação, substituição tributária e pagamentos por conta[367]

Como se deduz dos arts. 131º e segs. do CPPT, comum a estas três situações é o facto de em todas elas haver lugar a uma impugnação administrativa necessária, ou seja, a uma "administrativização" orgânica desses actos dos particulares. Constitui, assim, pressuposto da impugnação judicial das liquidações feitas pelo próprio contribuinte, das retenções na fonte feitas pelos substitutos fiscais e dos pagamentos realizados pelo contribuinte por conta do imposto a pagar aquando do acerto de contas no final do ano fiscal, a reclamação prévia para o órgão periférico regional, nas duas primeiras situações, e para o órgão periférico local da administração tributária, na terceira.

Assim, no respeitante à autoliquidação, que é a regra do IRC e do IVA, o contribuinte ou o sujeito passivo dispõe de dois anos, a contar do pagamento ou da entrega da declaração-liquidação, para reclamar para o competente órgão periférico regional da administração tributária. No caso de indeferimento expresso ou silente da reclamação, o contribuinte pode impugnar judicialmente a liquidação efectuada, e não o indeferimento, no prazo de 30 dias contados, respectivamente, da notificação do indeferimento ou da formação do acto silente (art. 131º).

Algo idêntico vale no concernente às retenções na fonte no caso de substituição tributária, o que ocorre sobretudo no IRS relativo aos rendimentos do trabalho dependente, às pensões, aos rendimentos auferidos por não residentes e aos rendimentos de capitais e, bem assim, nas contribuições dos trabalhadores para a Segurança Social[368]. Nestas situações podem impugnar as retenções na fonte tanto o substituto como o substituído. O substituto, em caso de excesso de entrega de imposto face ao imposto retido, que não possa ser descontado nas entregas seguintes do ano do pagamento, pode impugnar esse excesso, reclamando previamente para o órgão periférico regio-

[367] Refira-se que uma certa equiparação destes actos ao acto de liquidação perfilha o art. 95º, nº 2, al. *a*), da LGT, ao dispor que "podem ser lesivos, nomeadamente, a liquidação dos tributos, considerando-se como tal para efeitos da presente lei os actos de autoliquidação, retenção na fonte e pagamento por conta".

[368] É de referir que nem todas estas retenções na fonte assumem a mesma configuração, pois, enquanto as respeitantes ao IRS devido pelos rendimentos de não residentes e pelos rendimentos de capitais e às contribuições dos trabalhadores para a Segurança Social, têm carácter definitivo, as respeitantes ao IRS devido pelos rendimentos do trabalho dependente e às pensões apresentam-se como pagamentos do substituto por conta do imposto a pagar a final pelo contribuinte.

nal da administração tributária, no prazo de dois anos a contar da referida entrega.

Também o substituído pode, no prazo de dois anos, impugnar a retenção na fonte a mais que lhe tenha sido efectuada, se se tratar de retenção definitiva e não tiver portanto natureza de pagamento por conta do imposto devido a final, reclamando para o referido órgão periférico regional. Em caso de indeferimento expresso ou silente da reclamação pode, então, quer o substituto quer o substituído, consoante os casos, impugnar judicialmente, no prazo de 30 dias, a entrega ou retenção de imposto em excesso, nos mesmos termos em que pode ser impugnado o acto de liquidação (art. 132º)[369].

Refira-se que, tanto em relação aos actos de autoliquidação como aos actos de substituição tributária, se dispensa a reclamação prévia para o órgão periférico regional quando o fundamento da sua impugnação for exclusivamente matéria de direito e as autoliquidações ou as retenções na fonte tenham sido efectuadas de acordo com as orientações genéricas emitidas pela administração tributária. Neste caso a impugnação judicial deve ser deduzida no prazo de 90 dias a contar dos factos referidos nos termos do nº 1 do art. 102º (*ex vi* do nº 3 do art. 131º e do nº 6 do art. 132º).

Finalmente, também os pagamentos por conta, os pagamentos que o próprio contribuinte faz a título de pagamento do imposto devido a final, como acontece no IRS devido pelos rendimentos empresariais e profissionais e no IRC[370], não podem ser impugnados judicialmente sem prévia reclamação graciosa. Na verdade, os pagamentos por conta podem ser impugnados, com fundamento em erro nos pressupostos da sua existência ou do seu quantitativo quando determinado pela administração tributária, através de reclamação para o órgão periférico local da administração tributária competente, a

[369] Como estamos a ver, não se prevê a possibilidade de o substituído impugnar a retenção na fonte nos casos em que esta tem a natureza de pagamento por conta do imposto devido a final, o que parece inaceitável, pois esses actos de retenção não podem deixar de considerar-se lesivos para os efeitos do disposto no nº 4 do art. 268º da Constituição e no nº 2 do art. 9º da LGT. Cf. J. Lopes de Sousa, *Código de Procedimento e de Processo Tributário Anotado e Comentado*, vol. II, anot. 9 ao art. 132º.

[370] Trata-se, portanto, de pagamentos por conta em sentido estrito ou em sentido próprio, ou seja, os contemplados no art. 33º, excluindo portanto as retenções na fonte a título de pagamento por conta de imposto de terceiro, as quais se inserem no art. 34º da LGT. Pois, nesse caso, a sua impugnação obedece às regras da impugnação das retenções na fonte que vimos.

interpor no prazo de 30 dias após o pagamento indevido[371]. Igualmente, em caso de indeferimento expresso ou silente dessa reclamação, o contribuinte pode impugnar judicialmente os pagamentos nos mesmos termos do acto de liquidação (art. 133º).

Uma solução que vale também no caso dos pagamentos especiais por conta, nos termos do art. 137º, nº 7, do CIRC.

37.9. A impugnação de actos da fase administrativa do processo contra-ordenacional fiscal

De acordo com o art. 95º, nº 2, als. *i*), da LGT, que considera lesivos dos direitos ou interesses legalmente protegidos dos interessados a aplicação de coimas e sanções acessórias, e com os arts. 80º e segs. do RGIT, as decisões de aplicação das coimas e sanções acessórias podem ser objecto de recurso para os tribunais tributários. Um recurso a interpor no prazo de 20 dias após a notificação das referidas decisões, o qual deve ser apresentado nos serviços periféricos locais da administração tributária em que tiver sido instaurado o respectivo processo de contra-ordenação.

Sublinhe-se, a este propósito, que a impugnação nos tribunais tributários dos actos sancionatórios de natureza contra-ordenacional tributária respeita a natureza jurídica desses litígios, ao contrário do que acontece em sede da impugnação dos actos sancionatórios de natureza contra-ordenacional em geral, a qual se encontra subtraída à justiça administrativa, cabendo a mesma na competência dos tribunais judiciais. O que tem a ver com a longa tradição dessa solução.

37.10. A impugnação de actos da administração tributária em sede da execução fiscal

Aqui temos como meios de impugnação: a oposição à execução fiscal, que ainda é, de algum modo, um meio de impugnação da liquidação, a reclamação das decisões do órgão de execução fiscal e a impugnação da apreensão de bens e das providências cautelares da administração tributária.

[371] Um prazo muito inferior ao de dois anos previsto nas outras duas situações. Há, todavia, que ter em conta o disposto no nº 4 do art. 133º do CPPT, sem equivalente nessas outras situações, que considera tacitamente deferida a reclamação dirigida contra os pagamentos por conta, decorridos 90 dias após a sua apresentação sem que tenha sido indeferida.

Como vimos, no processo de execução fiscal pode enxertar-se um processo declarativo, cujo objecto é justamente a discussão da existência do crédito de imposto exigido pelo Fisco. Trata-se do processo de oposição à execução fiscal destinado a assegurar ao executado, que não tenha tido oportunidade de tutela judicial, um meio processual para se defender de uma execução relativa a um imposto que não exista (de todo ou à data dos factos), que não exista na esfera do executado por falta de legitimidade ou, enfim, cuja liquidação seja ilegal, conquanto que, nesta última hipótese, a lei não tenha assegurado um meio judicial de impugnação ou recurso contra a referida liquidação.

Por seu turno, no que respeita à reclamação das decisões do órgão de execução fiscal, a sua disciplina consta dos arts. 276º e segs. do CPPT. Dispõem esses preceitos que as decisões proferidas pelo órgão da execução fiscal ou por outras autoridades da administração tributária, que afectem os direitos ou interesses legítimos do executado, são susceptíveis de reclamação para o tribunal tributário, sem efeito suspensivo do processo de execução, no prazo de 10 dias após a sua notificação.

Finalmente, quanto ao outro meio impugnatório enunciado – a impugnação da apreensão de bens e das providências cautelares da administração tributária – dispõem os arts. 103º, nº 2, da LGT e 143º e 144º do CPPT. No respeitante à apreensão de bens, prescreve o art. 143º do CPPT que é admitida a impugnação judicial dos actos de apreensão de bens praticados pela administração tributária, no prazo de 15 dias a contar do levantamento do auto, sendo competente para tal o tribunal tributário da área em que a apreensão tiver sido efectuada. Tem legitimidade para esta impugnação o proprietário ou detentor dos bens apreendidos. Sublinhe-se que este processo reveste sempre carácter urgente.

Por seu turno, em conformidade com o art. 144º do CPPT, as providências cautelares adoptadas pela administração tributária são judicialmente impugnáveis junto do tribunal tributário da área do serviço que a tiver adoptado, no prazo de 15 dias após a sua realização ou do seu conhecimento efectivo pelo interessado, quando posterior, com fundamento em qualquer ilegalidade.

O que atenta a realidade, traduzida na competência exclusiva da Administração Tributária para a prática de todos os actos primários da execução, é mais um recurso do que uma reclamação, uma vez que os tribunais tributários apenas apreciam a legalidade da actuação dos órgãos de execução *a posteriori*, sendo, assim, uma pura artificialidade considerar um verdadeiro processo, mesmo que com dois níveis, a execução fiscal[372].

37.11. A impugnação de normas jurídicas tributárias

Actualmente as normas jurídicas tributárias são impugnáveis nos tribunais tributários ou na 2ª Secção dos TCA. Nos termos dos arts. 49º, nº 1, als. *e*) e *i*), do ETAF, cabe aos tribunais tributários nesta sede conhecer dos pedidos "de declaração de ilegalidade de normas administrativas de âmbito regional ou local, emitidas em matéria fiscal".

Por sua vez, em conformidade com o art. 38º, al. *c*), do ETAF, cabe à Secção do Contencioso Tributário dos TCA conhecer "dos pedidos de declaração de ilegalidade de normas administrativas de âmbito nacional, emitidas em matéria fiscal"[373].

38. Outros meios jurisdicionais de garantia dos contribuintes

Vejamos estes meios jurisdicionais de garantia dos contribuintes, distribuindo-os por três categorias, a saber: as acções, os meios processuais acessórios e outros meios processuais.

38.1. As acções

Três são os tipos de acções reguladas no CPPT: a acção para o reconhecimento de um direito ou interesse legalmente protegido, a acção de intimação para um comportamento e a acção de autorização da derrogação do dever de sigilo bancário, muito embora o CPPT integre estas duas últimas nos meios processuais acessórios (arts. 146º-A a 147º).

38.1.1. A acção para o reconhecimento de um direito ou interesse legalmente protegido

Na epígrafe do Capítulo IV do Título III do CPPT fala-se de acções para o reconhecimento de um direito ou "interesse legítimo", embora seja preferível falar, na esteira da Constituição e do corpo do art. 145º do CPPT, em "interesse legalmente protegido". É que aquela expressão hoje em dia designa, não

[372] No sentido do texto, v. Rui Duarte Morais, *A Execução Fiscal*, 2ª ed., Almedina, 2006, p. 45.

[373] Sobre a ilegalidade dos regulamentos, tendo em conta a sua recusa de aplicação pela administração com base em invalidade, v. Ana Raquel Moniz, *A Recusa de Aplicação de Regulamentos pela Administração com Fundamento em Invalidade*, Almedina, Coimbra, 2012.

uma posição substantiva, uma posição assente numa intenção normativa de protecção de um bem jurídico de determinado particular, mas uma posição adjectiva ou processual[374].

Nos termos do art. 145º do CPPT, estas acções para o reconhecimento de um direito ou interesse legalmente protegido em matéria tributária podem ser propostas por quem invoque a titularidade de um direito ou interesse legalmente protegido a reconhecer, no prazo de 4 anos a partir da constituição do direito ou do conhecimento da lesão por parte do interessado. Tais acções apenas podem ser propostas quando esse meio processual for o mais adequado para assegurar uma tutela plena, eficaz e efectiva do direito ou interesse legalmente protegido[375].

Quanto ao seu processo, as acções para o reconhecimento de um direito ou de um interesse legalmente protegido seguem os termos do processo de impugnação, considerando-se na posição de entidade que praticou o acto a que tiver competência para decidir o pedido.

38.1.2. A acção de intimação para um comportamento

A LGT, no seu art. 101º, ao enumerar os meios processuais tributários, refere na sua alínea *h*) "a intimação para um comportamento, em caso de omissões da administração tributária lesivas de quaisquer direitos ou interesses legítimos". Foi assim prevista, pela primeira vez entre nós, a intimação para um comportamento como meio processual principal e um meio processual dirigido contra a própria administração[376].

Nos termos em que vem regulada no art. 147º do CPPT, a intimação para um comportamento pode ser requerida em caso de omissão, por parte da administração tributária, do dever de qualquer prestação jurídica susceptível de lesar direitos ou interesses legalmente protegidos em matéria tributária.

[374] V. J. C. Vieira de Andrade, *A Justiça Administrativa*, 15.ª ed. Almedina, 2016, p. 64 e s., e Pedro Gonçalves, Anotação ao Acórdão do STA de 30-4-1997, em *CJA*, 6, Nov.-Dez. de 1977, p. 13 e ss.

[375] Formulação que evitou as críticas e dúvidas de constitucionalidade de que era susceptível o art. 165º do CPT – v. as considerações de J. C. Vieira de Andrade, *A Justiça Administrativa*, 3ª ed. Coimbra, 2000, p. 139 e ss., feitas a propósito da constitucionalidade do art. 69º, nº 2, da LPTA, de teor idêntico ao daquele preceito do CPT.

[376] Já que a LPTA, ao contrário do CPTA, apenas conhecia a intimação para um comportamento como meio processual acessório e meio processual que só podia ser dirigido contra os particulares ou concessionários.

Trata-se de um meio processual que só é aplicável quando, vistos os restantes meios contenciosos previstos no CPPT, ele for o mais adequado para assegurar a tutela plena, eficaz e efectiva dos direitos ou interesses em causa.

No requerimento dirigido ao tribunal tributário competente deve o requerente identificar a omissão, o direito ou interesse legalmente protegido violado ou lesado e o procedimento ou procedimentos a praticar pela administração tributária para assegurar a referida tutela jurisdicional. A administração tributária deve pronunciar-se sobre o requerimento no prazo de 15 dias, findos os quais o juiz decidirá, especificando os actos a praticar pela administração para o integral cumprimento do correspondente dever de prestação jurídica.

38.2. Os meios processuais acessórios

Nestes temos: 1) processos de acção cautelar a favor da administração tributária, a favor do contribuinte e a produção antecipada da prova, e 2) a intimação para a consulta de documentos e a passagem de certidões. Uma palavra sobre cada um destes meios processuais.

38.2.1. Os processos de acção cautelar

A este respeito é de começar por dizer que o CPPT apenas integra nos "processos de acção cautelar", meios processuais cautelares a favor do credor tributário, isto é, da Fazenda Pública, (arts. 135º e segs.), já que, de um lado, a produção antecipada da prova é concebida como um meio processual acessório e, de outro lado, insere as providências cautelares a favor do contribuinte num preceito "perdido" no artigo relativo à intimação para um comportamento (art. 147º, nº 6)[377].

Pois bem, a respeito dos meios processuais a favor da Fazenda Pública, como já acontecia no domínio dos anteriores CPCI e CPT, também o CPPT, nos seus arts. 135º a 142º, prevê dois processos de acção cautelar a requerer pelo representante da Fazenda Pública, a saber: o arresto e o arrolamento[378].

[377] V. sobre tais processos e por todos Jorge Lopes de Sousa, *Código de Procedimento e de Processo Tributário*, vol. IV, cit., anot. ao art. 147º.

[378] Que, diferentemente da apreensão de bens na execução (penhora), são processos jurisdicionalizados, o que não deixa, em alguma medida, de ser paradoxal, já que assim se conferem ao contribuinte maiores garantias face aos meios processuais acessórios do que face aos meios processuais principais.

O *arresto* dos bens do devedor de tributos ou do responsável solidário ou subsidiário pode ser requerido quando ocorram, simultaneamente, as circunstâncias seguintes: haver fundado receio da diminuição de garantia de cobrança de créditos tributáveis, o tributo estar liquidado ou em fase de liquidação. Por seu lado, o *arrolamento*, pode ser requerido quando houver fundado receio de extravio ou de dissipação de bens ou de documentos conexos com obrigações tributárias.

É de referir que, tanto ao regime do arresto como ao regime do arrolamento, se aplica o disposto no CPC, em tudo o que não estiver especialmente regulado no CPPT.

Relativamente às *providências cautelares a favor do contribuinte* prescreve o nº 6 do art. 147º do CPPT: "o disposto no presente artigo aplica-se, com as adaptações necessárias, às providências cautelares a favor do contribuinte ou demais obrigados tributários, devendo o requerente invocar e provar o fundado receio de uma lesão irreparável do requerente a causar pela actuação da administração tributária e a providência requerida".

Finalmente, quanto à *produção antecipada da prova*, é de referir que este meio processual cautelar é, de acordo com o nº 1 do art. 146º do CPPT, regulado pelas normas do processo nos tribunais administrativos, ou seja, pelo art. 134º do CPTA.

38.2.2. A intimação para a consulta de documentos e passagem de certidões

Também a disciplina deste meio processual acessório se encontra remetida, pelo nº 1 do art. 146º do CPPT, para as normas do processo nos tribunais administrativos, ou seja, para os art. 104º a 108º do CPTA (em que se encontram reguladas as intimações para a prestação de informações, consulta de documentos ou passagem de certidões). Devem, pois, aplicar-se no caso esses preceitos do CPTA.

38.3. Outros meios processuais

Entre esses outros meios processuais, podemos indicar: os recursos jurisdicionais, a execução de julgados, a revisão de sentença, e os meios processuais em sede do processo de execução fiscal (a oposição à execução e os embargos de terceiro). Tendo em conta, porém, que destes últimos já cuidámos quando tratámos da execução fiscal, digamos agora alguma coisa relativamente aos recursos jurisdicionais, à execução de julgados e à revisão de sentença.

38.3.1. Os recursos jurisdicionais

No processo judicial tributário, desde a entrada em vigor do ETAF, em 1984, até à entrada em vigor do CPPT, em 1 de Janeiro de 2000, não houve (como aconteceu no processo administrativo até à entrada em vigor, em 2004), do actual ETAF, alçadas. Hoje, porém, nos termos do nº 4 do art. 280º do CPPT, "não cabe recurso das decisões dos tribunais tributários de 1ª instância proferidas em processo de impugnação judicial ou de execução fiscal quando o valor da causa não ultrapassar o valor da alçada fixada para os tribunais tributários da 1ª instância"[379].

De outro lado, segundo o art. 83º do RGIT, no processo contra-ordenacional tributário das sentenças dos tribunais tributários cabe recurso para os TCA (ou STA se o seu fundamento por apenas matéria de direito), excepto se o valor da coima aplicada não ultrapassar um quarto da alçada dos tribunais judiciais de 1ª instância e não for aplicada sanção acessória.

Foram, assim, repostas as alçadas nos processos tributários de impugnação e de execução fiscal e introduzidas no processo contra-ordenacional tributário, uma solução que vinha sendo defendida por parte significativa da doutrina, argumentando que a existência de alçadas constitui uma solução acertada, pois não pode deixar de se distinguir, sobretudo nos tempos que correm de avassaladora massificação da justiça e elevadíssimos níveis de litigação, particularmente visível em domínios como o do direito dos impostos, entre os conflitos relativos a verdadeiras bagatelas pecuniárias e os conflitos relativos a montantes significativos ou mesmo elevados de impostos[380].

Todavia, como bem se compreende, atento o objectivo de uniformização da jurisprudência, dispõe o nº 5 do referido art. 280º do CPPT que as alçadas não obstam a que haja lugar a recurso para o STA de decisões que perfilhem solução oposta relativamente ao mesmo fundamento de direito e na ausência de alteração substancial da regulamentação jurídica, com mais de três sentenças do mesmo ou outro tribunal de igual grau ou com uma decisão de tribunal

[379] Que, nos termos do art. 105º da LGT (redacção da LOE/2015), é igual à alçada dos tribunais judiciais de 1ª instância, ou seja, € 5.000. Certamente por lapso, não foi alterado o nº 2 do art. 6º do ETAF, que mantém a alçada dos tribunais tributários igual a um quarto da dos tribunais judiciais de 1ª instância.

[380] Uma argumentação que, por valer inteiramente também para o processo administrativo geral, esteve na base da sua consagração no art. 6º do novo ETAF, que veio assim introduzir as alçadas nos tribunais administrativos.

de hierarquia superior[381]. Isto é, as alçadas não obstam a que haja recurso para o STA das decisões dos tribunais tributários que perfilhem solução oposta a mais de três decisões do mesmo ou outros tribunais tributários ou oposta a acórdão dos TCA ou do STA.

Paralelamente ao que tem sido tradição na jurisdição administrativa, e ao contrário do que aconteceu até à entrada em vigor do referido DL nº 229/96, há agora nos tribunais fiscais apenas dois graus de jurisdição. Pelo que das decisões dos tribunais tributários se recorre para a 2ª Secção dos TCA (ou para a 2ª Secção do STA), das decisões, proferidas em primeira instância pela 2ª Secção dos TCA, para a 2ª Secção do STA, e das decisões, proferidas em primeira instância pela 2ª Secção do STA, para o Pleno da 2ª Secção do STA.

Pois bem, no caso dos recursos de impugnação de actos tributários e de actos em matéria tributária e, bem assim, de actos administrativos respeitantes a questões fiscais que sejam da competência em primeira instância dos tribunais tributários, há recurso judicial destes para a 2ª Secção dos TCA ou recurso *per saltum* para a 2ª Secção do STA, quando o seu fundamento for exclusivamente de direito (arts. 26º, al. *b*), e 38º, al. *a*), do ETAF)[382]. Em sede de actos administrativos respeitantes a questões fiscais, das decisões proferidas em primeira instância pela 2ª Secção dos TCA, recorre-se para a 2ª Secção do STA e das decisões desta, proferidas em primeira instância, para o Pleno da 2ª Secção do STA.

Quando se trate da impugnação de normas jurídicas fiscais, das decisões dos tribunais tributários, cabe recurso para a 2ª Secção dos TCA e das decisões, que esta profira em 1ª instância, cabe recurso para a 2ª Secção do STA.

Em matéria de acções para o reconhecimento de um direito ou interesse legalmente protegido, de intimação para um comportamento e, bem assim, de meios processuais acessórios, que são decididos em primeira instância pelos tribunais tributários, há naturalmente recurso para a 2ª Secção dos TCA[383].

[381] Uma solução já antes prevista no art. 105º LGT, ao prescrever que "a lei fixará as alçadas dos tribunais tributários, sem prejuízo da possibilidade de recurso para o Supremo Tribunal Administrativo, em caso de este visar a uniformização das decisões sobre idêntica questão de direito". Norma alterada, como referimos, pela LOE/2015.

[382] Diferentemente do que acontece no contencioso administrativo geral, em que o recurso *per saltum* dos TAC para o STA tem lugar nos termos dos arts. 24º, nº 2, do ETAF, e 151º do CPTA.

[383] Quanto aos recursos jurisdicionais, v. Jorge de Sousa/Sima Santos, *Recursos Jurisdicionais em Contencioso Fiscal*, Lisboa, 1997, e Mário Torres, «Três "falsas ideias simples" em

38.3.2. A execução de julgados

Três brevíssimas notas sobre a execução de julgados fiscais. Uma primeira, para referir que, segundo o nº 2 do art. 146º do CPPT, o prazo de execução espontânea das sentenças e acórdãos dos tribunais tributários conta-se a partir da data em que o processo tiver sido remetido ao órgão da administração tributária competente para a execução, podendo o interessado requerer a sua remessa no prazo de 8 dias após o trânsito em julgado da decisão[384].

Uma segunda nota, para dizer que à execução das sentenças dos tribunais fiscais se aplica, por força do art. 102º da LGT, o regime previsto para a execução das sentenças dos tribunais administrativos. E, bem assim, que, a partir, do esgotamento do prazo para a sua execução espontânea, se começam a contar juros de mora a favor do contribuinte ou sujeito passivo que tenha obtido provimento na impugnação.

Enfim uma terceira nota, para dar conta de que, no domínio da execução das sentenças de anulação de actos tributários, porque se trata de actos de liquidação de prestações pecuniárias, não é admissível a invocação de causa legítima de inexecução, como já acontecia no passado e agora resulta dos arts. 163º e 175º, nº 3, do CPTA.

38.3.3. A revisão de sentença

Nos termos do art. 293º do CPPT, a decisão transitada em julgado pode ser objecto de revisão no prazo de quatro anos, correndo o processo por apenso ao processo em que a decisão foi proferida. A revisão apenas é admitida no caso de decisão transitada em julgado declarar a falsidade de documento, ou de documento novo que o interessado não tenha podido apresentar nem devia apresentar no processo e que seja suficiente para destruir a prova feita, ou de falta ou nulidade da notificação do requerente que tenha dado causa a que o processo corresse à sua revelia.

matéria de recursos jurisdicionais no contencioso administrativo», *Estudos em Homenagem a Francisco José Velozo*, Braga, 2002, p. 753 e ss. Quanto aos recursos jurisdicionais em processo civil, v., por todos, A. Ribeiro Mendes, *Recursos em Processo Civil*, 2ª ed., Lisboa, 1994, e *Os Recursos no Código de Processo Civil Revisto*, Lisboa, 1998, e M. Leal Henriques, *Recursos em Processo Civil*, 3ª ed., Lisboa, 1998.

[384] Sobre estes meios processuais no direito administrativo, v. J. C. Vieira de Andrade, *A Justiça Administrativa*, cit., p. 365 e ss.

O requerimento da revisão deve ser apresentado no prazo de 30 dias, ou de 90 dias se o requerente for o Ministério Público, a contar dos facto referidos, acompanhado da documentação necessária.

38.4. A intervenção dos tribunais judiciais no domínio tributário

A título de outros meios jurisdicionais de garantia dos contribuintes impõe-se fazer aqui uma alusão à intervenção dos tribunais judiciais no domínio tributário. Efectivamente continua a haver litígios que, por via de regra, ou configuram questões prévias ou questões complementares de outras questões tributárias, cuja competência cabe exclusivamente aos tribunais judiciais. Uma competência muito residual que vem dos tempos do sistema jurídico anterior ao da actual Constituição, em que a tutela dos direitos e liberdades das pessoas eram da competência dos tribunais judiciais, em virtude de os tribunais administrativos e fiscais não se configurarem, à época, como verdadeiros tribunais.

Assim acontecia em sede da anulação da liquidação do imposto ou de tributação pelo facto tributário do correspondente negócio dissimulado, quando essa liquidação tivesse por base a simulação de negócio jurídico. Pois a anulação de liquidação baseada em facto tributário dissimulado estava dependente da propositura da correspondente acção de invalidade desse negócio jurídico no competente tribunal judicial. Uma ideia sufragada pelo Tribunal Constitucional, pois no seu Ac. 601/2004 julgou não inconstitucional a interpretação nesse sentido do art. 32º, nº 1, do CPT (correspondente ao art. 39º, nº 2, da LGT). O que, todavia, deixou de se verificar com a revogação do nº 2 do art. 38º da LGT operada pela Lei nº 82-A/2014, que aprovou a reforma do IRS.

O mesmo se verifica relativamente às pensões de alimentos, que eram consideradas como abatimento em IRS, nos termos do revogado art. 56º do Código deste imposto, e agora são objecto de uma dedução à colecta de 20% do seu valor, nos termos do art. 83º-A do mesmo Código, caso as mesmas tenham sido objecto de sentença judicial ou de homologação judicial do correspondente acordo. Pois bem, a sentença judicial e a homologação judicial do correspondente acordo cabe aos tribunais judiciais.

Igualmente em sede do exercício do direito de regresso por parte de quem tenha satisfeito o crédito tributário há a intervenção dos tribunais judiciais. Assim por exemplo, o exercício direito de regresso dos responsáveis tributários contra os devedores originários ou contra os demais responsáveis tributários com os quais se encontrem numa relação de solidariedade, requer a intervenção dos tribunais judiciais, pois são estes os tribunais competentes para efectivarem esse direito de regresso caso o mesmo não seja satisfeito voluntariamente pelos devedores[385].

Também, é de referir a situação contemplada nos nºs 5 e 6 do art. 63º do LGT, quando haja oposição do contribuinte às diligências da administração tributária que se traduzam no acesso à habitação, na consulta de elementos abrangidos pelo segredo profissional e bancário ou qualquer outro dever de sigilo legalmente regulado, no acesso a factos da vida íntima ou violadores dos direitos de personalidade e outros direitos, liberdades e garantias dos cidadãos. Pois, nesse caso, as referidas diligências só poderão ser realizadas mediante autorização concedida pelo competente tribunal judicial.

Enfim, o exercício do direito de preferência do Estado e demais entidades públicas, em casos de indicação inexacta ou de simulação de preço (arts. 55º CIMT e 70º do CIS), também implica a intervenção dos tribunais judiciais. Uma intervenção em relação à qual nos interrogamos sobre se ainda faz sentido, dada a eliminação do nº 2 do art. 39º da LGT e a consequente dispensa de intervenção do tribunal judicial aí prevista.

39. O processo de impugnação judicial

Referência mais desenvolvida merece o processo de impugnação judicial, desde logo por ser o processo tributário paradigma. Por isso, compreende-se que lhe dediquemos aqui algumas linhas: de um lado, para darmos conta da sua tramitação; de outro, para aludirmos aos efeitos das sentenças que anulem os actos tributários impugnados.

39.1. A tramitação do processo de impugnação judicial[386]

Antes de mais, é de assinalar que este processo, regulado nos arts. 99º e segs. do CPPT, apenas se aplica à impugnação de actos tributários, isto é, de actos de liquidação de tributos e, bem assim, à impugnação de actos administrativos em matéria tributária que comportem a apreciação da legalidade do acto de liquidação de tributos. Com efeito o recurso contencioso dos actos administrativos em matéria tributária, que não comportem a apreciação da legalidade

385 V. o que dissemos *supra* no nº 27.1. Quanto ao direito de regresso, v. também M. H. Freitas Pereira, *Fiscalidade*, cit., p. 274 e s.

386 V., quanto à tramitação do processo de impugnação judicial, Joaquim Rocha, *Lições de Procedimento e Processo Tributário*, cit., p. 292 e ss., e Rui Morais, *Manual de Procedimento e Processo Tributário*, Almedina, 2014, p. 287 e ss.

do acto de liquidação de tributos, está regulado no CPTA. É justamente isto que se prescreve nos nºs 1 e 2 do art. 97º do CPPT.

Ora bem, a impugnação judicial começa com uma *petição inicial* articulada, dirigida ao juiz do tribunal competente, em que o impugnante identifique o acto impugnado e a entidade que o praticou, exponha os factos e as razões de direito que fundamentam o pedido, indique o valor do processo ou a forma como pretende a sua determinação a efectuar pelos serviços competentes da administração tributária (art. 108º).

De acordo com o art. 102º, a impugnação será apresentada no prazo de 3 meses contados a partir dos factos seguintes: 1) termo do prazo para pagamento voluntário das prestações tributárias legalmente notificadas ao contribuinte; 2) notificação dos restantes actos tributários, mesmo quando não dêm origem a qualquer liquidação; 3) citação dos responsáveis subsidiários em processo de execução fiscal; 4) formação da presunção de indeferimento tácito; 5) notificação dos restantes actos que possam ser objecto de impugnação autónoma; 6) conhecimento de outros actos lesivos de interesses legalmente protegidos. Se o fundamento da impugnação for a nulidade, naturalmente que a impugnação pode ser deduzida a todo o tempo. Assim o prescreve, sem que disso houvesse necessidade, o nº 3 do referido art. 102º.

A impugnação judicial tem por base *qualquer ilegalidade*, já que a lista constante do art. 99º é meramente indicativa. Pois prescreve este que "constitui fundamento de impugnação qualquer ilegalidade, designadamente: a) errónea qualificação e quantificação dos rendimentos, lucros, valores patrimoniais e outros factos tributários; b) incompetência; c) ausência ou vício da fundamentação legalmente exigida; d) preterição de outras formalidades legais". O que se compreende, pois, à face da garantia duma tutela jurisdicional efectiva, constante do art. 268º, nº 4, da CRP, a qual passa, designadamente, pela garantia de impugnação de quaisquer actos administrativos ilegais, não poderia ser de outro modo. Na verdade, qualquer pretensão de subordinar a impugnação judicial ao princípio da tipicidade dos vícios ou aberturas alegáveis esbarraria na inconstitucionalidade.

A petição deve ser apresentada no tribunal administrativo e fiscal competente ou serviço periférico local da administração tributária onde haja sido ou deva legalmente considerar-se praticado o acto, considerando-se os actos tributários praticados na área do domicílio ou sede do contribuinte, da situação dos bens ou da liquidação (art. 103º, nºs 1 e 2). A impugnação tem efeito suspensivo mediante a prestação, no prazo de 10 dias após a notificação pelo tribunal, de garantia adequada, a qual consistirá em garantia bancária, caução, seguro-caução, penhor ou hipoteca voluntária caso haja a concordância da administração tributária, ou qualquer outro meio susceptível de assegurar os créditos do credor (arts. 103º, nº 4, e 199º).

No caso de a petição ser apresentada no serviço periférico local, este procederá ao seu envio ao tribunal tributário competente no prazo de 5 dias após o pagamento da taxa de justiça inicial (art. 103º, nº 3).

Recebida a impugnação, o juiz ordena a *notificação* do representante da Fazenda Pública para, no prazo de 90 dias, contestar e solicitar a produção de prova adicional. O representante da Fazenda Pública deve solicitar, no prazo de três dias, o processo administrativo ao órgão periférico local da situação dos bens ou da liquidação, processo que este serviço deve organizar e remeter ao referido representante no prazo de 30 dias a contar do pedido. Com a *contestação* deve o representante da Fazenda Pública remeter ao tribunal o processo administrativo, sendo certo que o juiz pode, a todo o tempo, ordenar ao serviço periférico local essa remessa mesmo na falta de contestação (arts. 110º e 111º).

Saliente-se que, nos termos dos nºs 3 e 5 do 111º, serão apensos à impugnação judicial a reclamação e o recurso hierárquico apresentados antes da recepção da petição de impugnação ou apresentados posteriormente à petição caso tenham fundamento diverso do da impugnação[387].

De acordo com o art. 112º, pode o dirigente do órgão periférico local, se o valor do processo não exceder o valor da alçada do tribunal tributário, ou o dirigente do órgão periférico regional, se o valor do processo exceder esse montante, revogar (anular) total ou parcialmente o acto impugnado, no prazo de trinta dias, prazo em que devem organizar e remeter o processo administrativo ao representante da Fazenda Pública.

A revogação total do acto impugnado é notificada ao representante da Fazenda Pública nos três dias subsequentes a fim de promover a extinção do processo. A revogação parcial do acto impugnado é notificada nos três

[387] V. sobre o problema de apensação das impugnações administrativas (em que se deve incluir a revisão dos actos tributários) à impugnação judicial, o Ac. do STA, de 17 de Março de 2004 – Proc. 01651/03, e a sua anotação por João Menezes Leitão, *CTF*, 414, Julho-Dezembro de 2004, p. 325 e ss., que perfilham uma doutrina que, todavia, não se compagina com o disposto nos n.os 1 e 2 do art. 112º do CPPT, nem com a solução do art. 64º do CPTA – v. o nosso estudo «Revogação do acto tributário na pendência da impugnação judicial», em *Por um Estado Fiscal Suportável*, vol II cit., p. 131 e ss.

dias subsequentes ao impugnante para, no prazo de 10 dias, se pronunciar, seguindo-se, à recepção desta pronúncia, a notificação ao representante da Fazenda Pública para contestar no prazo de 30 dias.

Junta a posição do representante da Fazenda Pública ou decorrido o respectivo prazo, pode haver lugar ao conhecimento imediato do pedido, nos termos do art. 113º. Segundo este preceito, o juiz, após *vista* ao Ministério Público, conhecerá logo do pedido se a questão for apenas de direito ou, sendo também de facto, o processo fornecer os elementos necessários. Se, porém, o representante da Fazenda Pública suscitar questão que obste ao conhecimento do pedido, então, antes do conhecimento imediato do pedido, será ouvido o impugnante.

Caso não possa conhecer-se logo do pedido, terá então lugar a fase da *instrução* ou da produção da prova (arts. 114º a 119º). Fase que terá lugar no competente tribunal tributário, uma vez que deixou de se poder produzir a prova no órgão periférico local da administração tributária. Naturalmente que os dois grandes problemas relativos à instrução referem-se, de um lado, aos meios de prova admissíveis e, de outro lado, à repartição do ónus da prova.

Como, porém, já tratamos destas regras quando versámos o procedimento tributário, procedimento para o qual foram, de resto, formuladas, embora se apliquem também ao processo tributário, dispensamo-nos aqui de repetir o que então dissemos[388].

Finda a produção da prova, inicia-se a fase das *alegações*, ordenando o juiz a notificação dos interessados (impugnante e representante da Fazenda Pública) para alegarem por escrito no prazo fixado pelo juiz, que não será superior a 30 dias. Contudo, a falta de alegações tanto do impugnante como da Fazenda Pública é desprovida de sanção.

Apresentadas as alegações ou decorrido o respectivo prazo, vão os autos com *vista* ao Ministério Público para, se pretender, se pronunciar expressamente sobre as questões de legalidade que tenham sido suscitadas no processo ou suscitar outras nos termos das suas competências legais (art. 121º). Como resulta do que fica transcrito, o MP apenas pode pronunciar-se sobre *as questões de legalidade que tenham sido suscitadas no processo* ou suscitar questões que obstem ao conhecimento do pedido, não podendo, portanto, levantar *questões novas de legalidade*. Se o MP suscitar questão que obste ao conheci-

[388] V. *supra*, nº 31.3.1.

mento do pedido, então serão ouvidos sobre ela o impugnante e o representante da Fazenda Pública[389].

Se não tiver sido suscitada qualquer questão desta índole, ou, tendo-o sido, a seguir à audição das entidades referidas, são os autos conclusos ao juiz ou ao relator para proferir a decisão – a *sentença* ou o *acórdão*. Nesta o tribunal apreciará, segundo o art. 124.º, prioritariamente os vícios que conduzem à declaração de inexistência ou nulidade do acto impugnado e, depois, os vícios arguidos que conduzam à sua anulação. Dentro dos vícios do primeiro grupo, dará prioridade aos vícios cuja procedência determine, segundo o seu prudente critério, uma mais estável ou eficaz tutela dos interesses ofendidos. Por sua vez, dentro dos vícios do segundo grupo, seguirá a ordem dos vícios indicada pelo impugnante, sempre que este estabeleça entre eles uma relação de subsidariedade.

39.2. Referência aos efeitos das sentenças anulatórias de actos tributários

Como os efeitos destas sentenças anulatórias não diferem dos efeitos das sentenças anulatórias dos actos administrativos proferidas pela jurisdição administrativa, não temos nesta sede que proceder a quaisquer desenvolvimentos[390]. Daí que nos limitemos a assinalar um aspecto que, por ser relativamente frequente no direito fiscal, tem neste sector do ordenamento jurídico um relevo que não tem no direito administrativo geral.

Estamos a referir-nos à *anulação parcial* do acto tributário por parte dos tribunais tributários. Uma situação que ocorre com bastante frequência e que se traduz em os tribunais, de um lado, anularem uma parte do acto tributário e, de outro lado, manterem a outra parte do acto tributário.

A seguirem-se aqui os cânones clássicos da separação de poderes, da separação entre a administração e a jurisdição, que impunha a esta um estrito contencioso administrativo de mera anulação, o tribunal limitar-se-ia a anular o acto tributário mesmo que apenas parcialmente ilegal, competindo à administração tributária a renovação do acto na parte não ilegal. Todavia, o certo é que os nossos tribunais fiscais sempre têm procedido à anulação parcial dos actos tributários nesta situação, uma solução que parece impor-se com base

[389] Uma expressão do princípio do contraditório, um princípio que, como os demais princípios processuais do direito administrativo têm aqui plena validade. V. sobre estes princípios J. C. Veira De Andrade, *A Justiça Administrativa*, 15.ª ed. Almedina, 2016, p. 425 e ss.

[390] Valendo aqui inteiramente o tratamento que lhe dedica J. C. Vieira de Andrade, *A Justiça Administrativa*, cit., p. 345 e ss.

em dois argumentos: 1) a divisibilidade do acto tributário; 2) a natureza de plena jurisdição da sentença de anulação parcial do acto.

A divisibilidade do acto tributário é o argumento utilizado pelos tribunais fiscais, designadamente pelo STA. Nesta visão das coisas, porque o objecto de anulação não seria o acto tributário na sua totalidade, mas apenas parte dele, o tribunal, ao anular essa parte, nada diz relativamente à parte do acto que se mantém.

A natureza de sentença de plena jurisdição da sentença de anulação parcial do acto, por seu turno, pode ter por suporte duas ordens de razões. De um lado, podem invocar-se razões que se prendem com os princípios processuais, como o princípio da economia processual ou o princípio da oficialidade, para que da sentença ou acórdão do tribunal saia logo uma definição da situação que não careça de qualquer nova pronúncia da administração tributária[391].

De outro lado, e pela nossa parte, entendemos que devem ser invocadas sobretudo razões ligadas ao próprio âmbito do contencioso de mera anulação, num sistema de administração executiva como o nosso. Um sistema de administração em que os limites à plena jurisdição de um tal contencioso só serão de aceitar em relação àqueles domínios ou aspectos da acção administrativa em que a plena jurisdição implique para o juiz tributário, enquanto juiz administrativo, a prática de actos que afrontem o núcleo essencial da função administrativa. Domínios esses que se reconduzem: i) a intangibilidade do caso julgado administrativo, e ii) o respeito pelos tribunais das áreas deixadas à livre apreciação e decisão administrativa[392].

Pelo que o tribunal, no tipo de situações em análise, tem poder não só para anular a parte ilegal, mas também para fixar a parte não ilegal do acto tributário, conquanto que esta fixação não se traduza na interferência do tribunal naquele núcleo essencial da função administrativa. O que ocorrerá caso essa fixação envolva uma margem de livre apreciação ou de livre decisão para a administração tributária, uma hipótese que, atenta a natureza vinculada do acto tributário, não será frequente[393].

[391] Assim Saldanha Sanches, Anotação ao Ac. do STA de 16 de Maio de 2001 – Proc. nº 25.532, *Fiscalidade*, 7/8, Julho-Outubro de 2001, p. 63 e ss.

[392] Cf.. J. C. Vieira de Andrade, *A Justiça Administrativa*, cit., p. 83 e ss.

[393] Sobre as garantias dos contribuintes, v., para Espanha, a já citada obra de Florián García Berro, *Los Procedimientos Tributarios y la Lei 30/1992 desde la Nueva Perspectiva de la Ley 1/1998, de Derechos y Garantias de los Contribuyntes.*

39.3. Alusão à execução das sentenças anulatórias de actos tributários

Uma alusão, naturalmente muito sumária, lembrando algo já referido num quadro mais amplo, se impõe no respeitante à execução das sentenças anulatórias de actos tributários. Mais especificamente, devemos salientar aqui duas ideias.

A primeira tem a ver com o regime da execução das sentenças anulatórias de actos tributários. Efectivamente, a execução das sentenças anulatórias de actos tributários não dispõe de um regime próprio, isto é, de um regime específico no direito fiscal, remetendo a lei fiscal, mais especificamente o nº 1 do art. 102º da LGT, para o regime da execução das sentenças dos tribunais administrativos, para o regime da execução das sentenças anulatórias dos actos administrativos. Pelo que a execução das sentenças anulatórias de actos tributários rege-se pelos arts. 157º a 179º do CPTA.

A segunda ideia, por seu lado, prende-se com a exclusão legal, por via de regra, da possibilidade de invocação de causa legítima de inexecução das sentenças anulatórias de actos tributários. Na verdade, concretizando-se a execução de tais sentenças no pagamento, ou melhor na restituição, de uma quantia pecuniária, correspondente à liquidação ou à parte da liquidação do imposto anulada pelo tribunal, não é invocável causa legítima de inexecução. Neste preciso sentido dispõe agora o art. 175º, nº 3, do CPTA, em que se prescreve: "sem prejuízo do disposto no artigo 177º, quando a execução da sentença consista no pagamento de uma quantia pecuniária, não é invocável a existência de causa legítima de inexecução e o pagamento deve ser realizado no prazo de 30 dias"[394].

Uma disposição que no direito fiscal não levantará problemas dado estarmos perante sentenças cuja execução passa pela não cobrança ou restituição de impostos cuja liquidação foi anulada. Mas que, em geral, pelo seu carácter peremptório, poderá originar dificuldades, uma vez que parece assentar na ingénua abstração de que o Estado vive do ar e, por conseguinte, jamais se deparará com quaisquer limites em sede da satisfação de somas pecuniárias, por mais elevadas que se apresentem. É que, a insustentabilidade financeira do Estado, que um tal sistema pode acarretar, leva-nos a perguntar se não haverá casos em que tenha de se considerar existir causa legítima de inexe-

[394] Para uma aplicação deste regime, v. o Ac. do STA (2ª Sec.), de 19-12-2001 – Proc. nº 26.608, caso *Modelo Continente*.

cução por se tratar de montantes que ponham em causa a gestão financeira do Estado, isto é, a sua sustentabilidade financeira[395].

Para uma ideia das vias impugnatórias da legalidade do acto tributário em sentido estrito, pode servir o seguinte esquema:

Impugnação do acto tributário

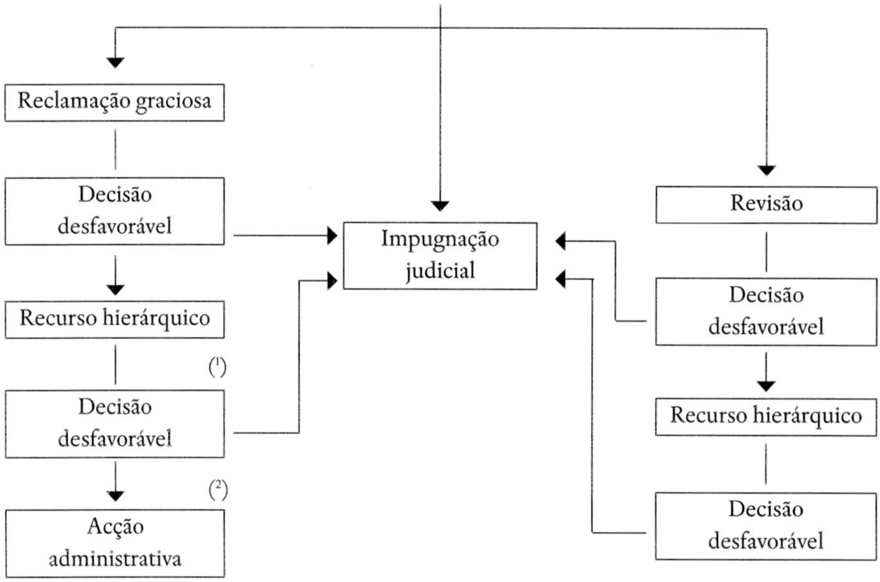

(1) Ilegalidade da liquidação de tributo

(2) Ilegalidade não reportada a liquidação de tributo

[395] Um aspecto que não obstante ser tão importante, decisivo mesmo, nos tempos que correm, continua a não ser devidamente tido em conta por muitos juristas que parecem esquecer-se de que o direito molda a realidade, mas apenas se e na medida em que esta efectivamente exista.

Capítulo V
Direito Económico Fiscal

40. Noção e âmbito do direito económico fiscal

Como já referimos e ao contrário do que a doutrina em geral faz, distinguimos entre o direito fiscal *tout court* ou direito fiscal clássico e o direito económico fiscal[396]. Pois bem, como igualmente resulta do que fomos dizendo, podemos definir o direito económico fiscal como o conjunto de normas jurídicas que regula a utilização dos instrumentos fiscais, isto é, dos impostos e dos benefícios fiscais, com o principal objectivo de obter resultados extrafiscais, mormente em sede de política económica e social. Ou por outras palavras, a disciplina jurídica da extrafiscalidade.

Um conjunto de normas que apenas formalmente integram o direito fiscal, já que têm por finalidade principal ou dominante a consecução de determinados resultados económicos e sociais e não a obtenção de receitas para fazer face às despesas públicas.

E ao dizermos isto, nos termos em que o fazemos, estamos já a aludir aos dois grandes domínios ou sectores do direito económico fiscal: o domínio ou

[396] Assinale-se que pela autonomização do que designamos por direito económico fiscal, optaram K. Tipke e J. Lang no seu conhecido e notável manual de direito fiscal – v. K. Tipke/J. Lang, *Steuerrecht*, 15ª ed., 1996, p. 701 e ss., muito embora nas edições posteriores se refiram apenas aos "benefícios fiscais de orientação económica". V. sobre esta temática também Luís Eduardo Schoueri, *Normas Tributárias Indutoras e Intervenção Econômica*, Rio de Janeiro, 2005, e Marcus de Freitas Gouveia, *A Extrafiscalidade no Direito Tributário*, Belo Horizonte, 2006.

sector dos impostos extrafiscais ou de agravamentos extrafiscais de impostos e o domínio ou sector dos benefícios fiscais. A cada um destes dois domínios ou sectores vamos, pois, dedicar os números que se seguem.

Antes, porém, não podemos nem queremos deixar passar esta oportunidade sem fazer menção a alguns aspectos que se prendem directamente com esta problemática. Estamos a referirmo-nos seja à *falsa extrafiscalidade*, em que temos tanto a *extrafiscalidade imanente* como a que poderemos designar por *extrafiscalidade concorrente*, seja ao carácter excepcional da utilização extrafiscal dos instrumentos fiscais, seja à armadura jurídico-constitucional própria da extrafiscalidade, seja, enfim, à bem maior adequação dos benefícios fiscais face aos impostos extrafiscais para prosseguir, por via fiscal, objectivos de natureza económica e social[397].

Assim e em primeiro lugar, é de referir que toda a fiscalidade tem inerente uma certa dose de extrafiscalidade. Isto mesmo quando a extrafiscalidade esteve de todo ausente dos propósitos do legislador fiscal ao moldar a disciplina dos impostos. Com efeito e ao contrário do que se chegou a pensar no século XIX, os impostos, quaisquer que eles sejam, não são neutros do ponto de vista económico e social. Pois, mesmo que o legislador se tenha preocupado exclusivamente com a obtenção de receitas fiscais, com a obtenção de meios para fazer face às despesas públicas, ainda assim os impostos não são assépticos face à realidade económica e social que tributam.

Há, assim, uma extrafiscalidade em sentido impróprio, uma *extrafiscalidade imanente*, que acompanha as normas de direito fiscal, sejam estas normas de tributação ou normas de não tributação, que se revela quer na presença de efeitos económicos e sociais na generalidade de tais normas, quer no relevo que o legislador fiscal frequentemente atribui às finalidades extrafiscais secundárias ou acessórias. Ora, é neste domínio das normas fiscais, em que o legislador fiscal tem presente, embora em medida desigual, simultaneamente objectivos fiscais e objectivos extrafiscais, que temos um sector, que presentemente se destaca.

Destaque no quadro desse fenómeno merece o que nos propomos designar por *extrafiscalidade concorrente*, em que justamente se assiste a um certo equilíbrio entre os objectivos fiscais e extrafiscais, cujo exemplo paradigmá-

[397] Uma realidade que se prende com os tão inevitáveis quanto, por via de regra, pretendidos efeitos económicos dos impostos, a que nenhuma pretensa neutralidade económica ou social pode obviamente obstar.

tico nos é dado pelo direito fiscal ecológico, isto é, pelo direito relativo aos eco-impostos ou ecotributos, em que a obtenção de receitas se conjuga, por igual medida, com a modelação dos comportamentos ecológicos dos indivíduos e das empresas, seja penalizando os comportamentos anti-ecológicos, seja favorecendo os comportamentos filo-ambientais[398].

Em segundo lugar, a extrafiscalidade há-de ter um *carácter excepcional*, deve ser vista como uma excepção à regra da natureza fiscal dos impostos e das normas jurídicas que os disciplinam. O que, como é fácil de ver, vale tanto para o domínio dos impostos extrafiscais, como para o domínio dos benefícios fiscais. Um carácter excepcional que se revela, aliás, num duplo plano. De um lado, enquanto essas medidas extrafiscais integram medidas intervencionistas num Estado fiscal, em que pela sua própria natureza a intervenção económica e social do Estado constituirá sempre uma excepção face ao âmbito de não intervenção ou à autonomia económica e social dos indivíduos e agentes económicos.

De outro lado, enquanto medidas que, até por força da disposição da Constituição que assinala ao sistema fiscal a finalidade principal de satisfação das necessidades financeiras do Estado, não podem deixar de se configurar como excepção face (à regra) da tributação. Uma característica que está bem patente, de resto, tanto no próprio conceito legal de benefícios fiscais constante do nº 1 do art. 2º do EBF, ao considerar os benefícios fiscais *medidas de carácter excepcional*, como na consequência da sua extinção, já que, segundo o nº 1 do art. 12º do EBF, a extinção dos benefícios fiscais tem por consequência a reposição automática da *tributação regra*.

O que, naturalmente, não transforma a utilização extrafiscal dos impostos ou das normas jurídicas fiscais num fenómeno anómalo ou anormal como se entendeu durante o Estado liberal. É que, do facto de a extrafiscalidade ser um fenómeno normal, não resulta, nem pode resultar, o afastamento do seu carácter excepcional.

Em terceiro lugar, insistindo em algo a que já aludimos, é de acentuar que a extrafiscalidade, justamente porque se integra no direito económico e não no direito fiscal e, por conseguinte, se apresenta dominado por ideias tais como as de flexibilidade e selecção, não é, nem pode ser, objecto dos exigentes limites constitucionais próprios do direito fiscal. Compreende-se, assim,

[398] Sobre a actual dimensão da tributação ambiental e o que podemos esperar dela no futuro, v. o que dissemos bem como a bibliografia que indicámos *supra*, no nº 7.8.

que a sua disciplina não se paute tanto pela *constituição fiscal*, mas mais pela *constituição económica*. O que conduz, de um lado, a que a mesma escape em larga medida à reserva parlamentar, polarizada que está no Governo, sendo com frequência deixada mesmo à ampla margem de liberdade da administração típica do direito económico e, de outro, a que as medidas de intervenção económico-social, em que a extrafiscalidade se concretiza, tenham por limites materiais os princípios da proibição do excesso, na medida em que afectem posições jusfundamentais dos particulares (sejam estes contribuintes, beneficiários ou terceiros, mormente concorrentes), e da proibição do arbítrio e não o princípio da igualdade fiscal a aferir pela capacidade contributiva[399].

A que é de acrescentar a circunstância de, por se tratar de direito *económico* fiscal, se encontrar, em larga medida, sob a alçada da União Europeia, e, por conseguinte, exposto à funcionalização da realização do mercado interno. Daí que tanto os impostos extrafiscais como os benefícios fiscais se apresentem sujeitos ao escrutínio da Comissão Europeia e do TJUE. Muito embora, quanto aos benefícios fiscais, porque são considerados *auxílios de Estado*, em termos de resto mais exigentes do que os exigidos aos auxílios financeiros directos, esse escrutínio ainda é bem mais intenso e funcionalizado à realização do mercado interno[400].

Finalmente, há que assinalar que o segmento mais operacional da extrafiscalidade é, sem sombra de dúvida, o dos *benefícios fiscais*. O que não só resulta da simples verificação da realidade, como é mais consentâneo com o próprio entendimento actual do direito que, no dizer de Norberto Bobbio, tem uma importante "função promocional".

A este respeito é de sublinhar, em complemento do que vimos de dizer, que não integram o direito económico fiscal aqueles regimes fiscais especiais que, muito embora concretizem regimes fiscais de favor, beneficiando os seus destinatários por comparação com os sujeitos ao correspondente regime fiscal geral, não são verdadeiramente dominadas por uma preocupação extrafiscal. Na verdade, ao adoptar tais regimes especiais, há apenas preocupações de política fiscal, de política de obtenção de receitas, desenvolvidas num dado contexto, designadamente de globalização económica, e não qualquer preocupação de natureza extrafiscal. É o que se verifica nos regimes de tributação

[399] Para maiores desenvolvimentos, v. o nosso livro, *O Dever Fundamental de Pagar Impostos*, p. 654 e ss.

[400] V. o nossos estudo, «Reflexões sobre a constituição económica, financeira e fiscal portuguesa», *ob. cit.*

em IRS, de um lado, da generalidade dos rendimentos de capitais e, de outro lado, no regime fiscal especial de tributação dos residentes não habituais. Regimes que se traduzem: 1) numa tributação separada, pois esses rendimentos não se encontram sujeitos a englobamento, sendo o imposto pago através da técnica de retenção na fonte a título definitivo; 2) sujeita a uma taxa proporcional e bastante mais baixa do que a taxa marginal máxima do IRS, pois que se fica por um valor frequentemente igual a menos de metade do montante daquela taxa.

Mas vejamos cada um dos mencionados sectores do direito económico fiscal, em termos necessariamente sumários como facilmente se compreenderá.

41. Os impostos extrafiscais

Como referimos, entre nós, como de resto lá fora, não está constitucionalmente vedada a possibilidade de o Estado utilizar o imposto ou o agravamento do imposto com o objectivo ou finalidade principal ou dominante de evitação de certos comportamentos económicos e sociais dos seus destinatários. Trata-se dos impostos sufocantes na terminologia alemã[401] e dos *destrutive taxes* na designação anglo-saxónica[402], cuja finalidade principal é, em direitas contas e no limite, evitar ou obstar à verificação do respectivo pressuposto de facto ou facto gerador.

O que os configura como típicas medidas de intervenção económica e social por via fiscal, como verdadeiros "impostos suicidas". Daí que não sejam subsumíveis na "constituição fiscal", dominada por uma exigente reserva de lei e pelo princípio da igualdade aferido pela capacidade contributiva, mas antes na "constituição económica", ancorada num flexível princípio da legalidade e nas exigências do princípio da proibição do excesso ou da proporcionalidade *lato sensu*.

Compreende-se assim que os impostos extrafiscais não sejam nem possam ser muito frequentes. Aliás, entre nós, são raros os impostos que possam qualificar-se como verdadeiros impostos extrafiscais. E o mesmo acontece lá fora em que os exemplos de tais impostos são igualmente bastante raros.

Mais frequente nesta modalidade de instrumentos fiscais ao serviço de objectivos extrafiscais são os agravamentos extrafiscais de impostos. O que

[401] *Erdrosselungssteuern* – cf. os nossos *Contratos Fiscais*, cit., p. 156 e 161 e s.

[402] V., por todos, L. Antonini, *Dovere Tributario, Interesse Fiscale e Diritti Costituzionali*, Milano, 1996, esp. p. 316 e ss.

ocorreu entre nós com o agravamento da antiga contribuição predial rústica e urbana, constante dos arts. 3º e 4º do DL nº 375/74, de 20 de Agosto, e 18º do DL nº 445/74, de 12 de Setembro.

Assim e quanto ao agravamento da contribuição predial rústica, segundo o art. 3º do DL nº 375/74, consistia ele em, por proposta do competente membro do Governo, poder ser elevada a sua taxa para 25% no primeiro ano, 40% no segundo ano e 50% no anos seguintes, em relação aos prédios rústicos que, por razões imputáveis aos respectivos titulares, não estivessem a ser cultivados na sua totalidade ou em parte ou neles não estivessem a atingir-se os níveis de produtividade permitidos pelas potencialidades dos solos.

Por seu lado, relativamente ao agravamento da contribuição predial urbana, incidia ele, de um lado, sobre os terrenos para construção, nos termos do art. 4º, nº 4, do DL nº 375/74 e, de outro, sobre os prédios urbanos devolutos, nos termos do art. 18º do DL nº 445/74[403]. Um agravamento traduzido no aumento da taxa da contribuição predial urbana incidente sobres esses prédios: no caso dos terrenos para construção, a taxa seria de 20% no primeiro ano a seguir ao termo do prazo em que devia começar a construção, de 30% no segundo ano, e de 40% nos anos seguintes, agravamento que cessaria no ano imediato ao do início da construção; no caso dos prédios urbanos devolutos a taxa seria de 25% nos três meses a seguir aos seis meses em que os prédios deviam ser colocados no mercado de arrendamento, e de 40% nos meses seguintes àqueles três.

Um regime que, devemos acrescentar, de algum modo foi recuperado em sede do actual IMI. Com efeito, nos termos dos nºs 3 e 8 do art. 112º do Código desse imposto, está previsto o agravamento para o dobro da taxa desse imposto relativamente aos prédios devolutos, bem como a possibilidade de majoração até 30% dessa taxa no respeitante aos prédios urbanos degradados.

Como é fácil de ver, em qualquer das hipóteses de 1974, tratava-se de um regime cujo objectivo primordial era o de concretizar a função social da propriedade privada, penalizando a disfunção social da mesma traduzida no não cultivo dos prédios rústicos, na não construção dos terrenos para construção e no não arrendamento dos prédios devolutos. Um regime que, mercê de diversos factores, a começar pelas exigências impraticáveis que a mesmo implicava para a administração fiscal e para as câmaras municipais, às quais se

[403] Agravamento este que começou por ser contemplado na regra 5ª do art. 5º do referido DL nº 375/74, regra esta que foi logo objecto de revogação por parte do DL nº 445/74.

exigia, por exemplo, a organização de um cadastro de terrenos para construção, não chegou a ser implementado[404]. Dificuldades que, estamos em crer, não se verificam relativamente aos agravamentos do IMI

Exemplos claros de impostos extrafiscais existem, todavia, lá fora. É o caso dos impostos autonómicos espanhóis vigentes nas comunidades autónomas da Andaluzia e da Estremadura sobre as terras não cultivadas. Como é fácil de ver, estamos aí mais perante medidas de reforma agrária do que perante verdadeiros impostos, assim de resto consideradas pelo próprio Tribunal Constitucional espanhol[405].

Na verdade, o que o legislador autonómico espanhol pretende com tais impostos é que os proprietários dos terrenos agrícolas actuem de modo a que estes cumpram a sua função económica e social, isto é, que sejam cultivados. Por isso, se e na medida em que não forem cultivados, serão objecto de uma tributação própria, a qual aumenta em função do tempo que permaneçam por cultivar. Trata-se assim de medidas com clara natureza sancionatória dos comportamentos absentistas dos proprietários. Medidas cujo grau de cumprimento variará em função inversa do montante de receitas proporcionada por tais impostos.

Um sector, que hoje em dia constitui o alvo predilecto da extrafiscalidade é, como já referimos, a tributação ambiental. Todavia, como também logo dissemos, a ecotributação está longe de se reconduzir à verdadeira extrafiscalidade, uma vez que o que ocorre mais frequentemente é essa tributação prosseguir simultaneamente o objectivo fiscal de obtenção de receitas e o objectivo ou objectivos de modelação dos comportamentos ambientais dos indivíduos e das empresas. Pois um tal sector constitui, sem a menor dúvida, o domínio paradigmático do que designámos por *extrafiscalidade concorrente*. Pois os verdadeiros impostos extrafiscais, normalmente testados a respeito dos impostos (ou tributos) ambientais, são, em geral, definidos pelas seguintes características ou notas típicas: 1) têm função extrafiscal; 2) tributam actividade mais poluente, atendendo ao princípio do poluidor-paga-

[404] Para uma crítica incisiva do agravamento da contribuição predial rústica em causa, v. H. E. HÖRSTER, «Algumas considerações a propósito do Decreto-Lei nº 375/74, de 20 de Agosto (Reforma Fiscal)», *Revista de Direito e Economia*, 1, 1977, p. 19 e ss.

[405] Cf. o nosso estudo *O Dever Fundamental de Pagar Impostos*, cit., p. 632. Sobre esses e outros impostos de cariz marcadamente extrafiscal das comunidades autónomas espanholas, v. L. M. ALONSO GONZALEZ, *Impuestos Autonómicos de Caracter Extrafiscal*, Madrid, 1995, esp. p. 79 e ss.

dor; 3) presumem a existência de produto alternativo para o qual possa ser dirigida a procura antes orientada para o produto tributado; 4) as receitas encontram-se, por via de regra, consignadas à realização do correspondente objectivo ambiental; 5) devem ser estabelecidos de preferência no início da cadeia produtiva (*upstream*). Embora, em rigor, sejam apenas as três primeiras notas as que, efectivamente caracterizam os verdadeiros impostos ambientas enquanto tributos de natureza extrafiscal[406].

Exemplos, todavia, de impostos verdadeiramente ecológicos, que se apresentam sob a forma de impostos sobre o consumo de bens especialmente expostos a externalidades ambientais negativas, temos, como de resto já referimos, a "taxa" sobre as lâmpadas de baixa eficiência energética, criada pelo do Decreto-Lei nº 108/2007, de 12 de Abril, o adicionamento ao ISP sobre as emissões de CO_2, constante do art. 92º-A do CIEC, e a "contribuição" sobre sacos de plástico, regulada nos arts. 30º e segs. da Lei nº 82-D/2014.

42. Os benefícios fiscais

Relativamente aos benefícios fiscais, há que dizer alguma coisa no respeitante ao seu conceito, às suas manifestações e às suas espécies. Para além destes aspectos há ainda que analisar a constituição, reconhecimento, transmissão e extinção dos benefícios fiscais. Por fim, impõe-se uma visão, ainda que panorâmica, do diversificado e complexo universo dos actuais benefícios fiscais vigentes no nosso sistema fiscal. Mas vamos por partes, começando por aquele primeiro grupo de problemas e deixando para os dois números seguintes as questões relativa, de um lado, à constituição, reconhecimento, transmissão e extinção dos benefícios fiscais e, de outro, à visão panorâmica do universo dos benefícios fiscais[407].

[406] V. CLÁUDIA SOARES, *Imposto Ecológico* versus *Subsídio Ambiental? O Enquadramento Comunitário dos Auxílios de Estado a Favor do Ambiente*, Almedina, 2003, p. 53. Refira-se que, por vezes, a distinção em causa assume justamente o sentido oposto ao do texto: assim P. SELICATO, «Capacità Contributiva e tassazione ambientale», em HELENO TORRES (Org.), *Direito Tributário Ambiental*, Malheiros Editores, São Paulo, 2005., p. 258 e s., distingue entre «tributos ambientais em sentido estrito», que assumem os comportamentos poluentes como verdadeiros pressupostos de facto dos impostos, e os «tributos com função ambiental», em que a tutela do ambiente se apresenta como uma finalidade extrafiscal (secundária) que acresce à função fiscal (principal).

[407] Quanto aos benefícios fiscais em geral, v., por todos, N. SÁ GOMES, *Teoria Geral dos Benefícios Fiscais*, Cadernos de CTF, Lisboa, 1991; M. H. FREITAS PEREIRA, *Fiscalidade*, cit., p. 381

Quanto ao seu conceito, devemos referir, tendo em conta de resto os arts. 2º e 4º do EBF, que os benefícios fiscais se enquadram numa noção mais ampla – a noção de *desagravamentos fiscais* – que integra: de um lado, as *não sujeições tributárias* (ou desagravamentos fiscais *stricto sensu*), cuja modalidade mais significativa é constituída pelas chamadas *exclusões tributárias* (que estão para as não sujeições tributárias como as isenções estão para os benefícios fiscais[408]); de outro lado, os benefícios fiscais.

Pois bem, enquanto as não sujeições tributárias são "medidas fiscais estruturais de carácter normativo que estabelecem delimitações negativas expressas da incidência" (art. 4º, nº 2), inscrevendo-se portanto na *política fiscal* ou política de obtenção de receitas fiscais, os benefícios fiscais são "medidas de carácter excepcional instituídas para tutela de interesses públicos extrafiscais relevantes que sejam superiores aos da própria tributação que impedem" (art. 2º, nº 1), integrando-se assim na *política extrafiscal* ou política de prossecução de objectivos económicos e sociais por via fiscal.

Do que resulta que, enquanto os desagravamentos fiscais em sentido estrito constituem medidas dotadas de estabilidade, medidas por natureza duradouras, os benefícios fiscais apresentam-se como medidas conjunturais, como medidas temporárias. Um aspecto que, atenta a tendência para a perpetuidade da generalidade dos benefícios fiscais, o legislador parece não levar muito a sério, não obstante a sua afirmação expressa na lei, no art. 14º, nº 1, da LGT, em que dispõe: "sem prejuízo dos direitos adquiridos, as normas que prevêem os benefícios fiscais vigoram durante um período de cinco anos, se não tiverem previsto outro, salvo quando, por natureza, os benefícios fiscais tiverem carácter estrutural". Preceito este que, ao falar em benefícios fiscais com carácter estrutural, parece perfilhar um conceito amplo de benefícios fiscais que, em oposição ao dos referidos artigos do EBF, abarca os benefícios fiscais e os demais desagravamentos fiscais.

Daí que discordemos da qualificação que foi dada no acórdão nº 410/2015 do Tribunal Constitucional ao acto administrativo de cessação de um benefício fiscal como um acto preparatório do procedimento do acto de liquidação

e ss., e Marcos André Vinhas Catão, *Regime Jurídico dos Incentivos Fiscais*, Rio de Janeiro, 2004.

[408] Cuja distinção reside no facto de, enquanto nas exclusões tributárias há uma situação que a lei exclui da incidência do imposto, nas isenções há uma situação que a lei, num primeiro momento, integra na incidência e, num segundo momento, excepciona dessa mesma incidência.

do imposto a que tal benefício fiscal se reportava. Na verdade, trata-se de um acto administrativo em matéria tributária, um acto autónomo, que não integra, como acto preparatório, o procedimento de liquidação do imposto a que o benefício fiscal respeita. É certo que o acto de liquidação do imposto constitui um acto consequente do acto administrativo relativo ao benefício fiscal, mas sendo este autónomo, deve ser objecto de impugnação autónoma. O que, a seu modo, acontece também, como já referimos, nos actos de fixação dos valores patrimoniais[409].

No respeitante ao conceito de benefícios fiscais, são de acrescentar mais duas notas. Uma para dizer que devia evitar-se falar em carácter excepcional dos benefícios fiscais, uma vez que essa expressão corre o risco de implicar a natureza excepcional das normas jurídicas que os prevêem. O que, para nós, não é de aceitar, já que, embora os benefícios fiscais sejam *despesas fiscais* (que são, pela sua própria natureza, *despesas passivas*) que integram um disciplina jurídica derrogatória da disciplina ordinária do respectivo imposto, reveladora dum regime mais favorável para o contribuinte do que o implicado no seu tratamento ordinário e expressão duma função promocional, eles constituem um *instrumento normal* de política económica e social do Estado social contemporâneo e não um *instrumento excepcional* à maneira do entendimento próprio do Estado liberal.

Outra nota prende-se com a distinção que há a fazer em sede dos benefícios fiscais, separando os *benefícios fiscais estáticos* ou benefícios fiscais *stricto sensu*, dos *benefícios fiscais dinâmicos* ou incentivos ou estímulos fiscais. Os primeiros dirigem-se, em termos estáticos, a situações que, ou porque já se verificaram (encontrando-se portanto esgotadas), ou porque, ainda que não se tenham verificado ou verificado totalmente, não visam, ao menos directamente, incentivar ou estimular quaisquer actividades ou comportamentos, mas tão-só beneficiar essas actividades ou comportamentos por superiores razões de política geral de defesa, externa, económica, social, cultural, religiosa, etc.

Por seu turno, os segundos visam incentivar ou estimular determinadas actividades, estabelecendo, para o efeito, uma relação entre as vantagens atribuídas e as actividades estimuladas em termos de causa-efeito. Enquanto naqueles a causa do benefício é a situação ou actividade em si mesma, nestes a causa é a adopção (futura) do comportamento beneficiado ou o exercício (futuro) da actividade fomentada.

409 V. o nosso estudo «A impugnação unitária do acto tributário», *cit.*

Compreende-se assim que os incentivos fiscais, que não raro assumem carácter selectivo ou mesmo altamente selectivo, tenham carácter temporário, bem como a liberdade do legislador, mormente para conceder uma margem de livre decisão à administração tributária, tenha necessariamente de ser maior do que aquela de que dispõe em sede dos benefícios fiscais estáticos.

Tendo em conta o que vimos de dizer numa visão omnicompreensiva dos benefícios fiscais e da sua integração na categoria mais ampla dos desagravamentos fiscais, pode servir o seguinte esquema:

- desagravamento fiscais *lato sensu*
  - beneficios fiscais *lato sensu*
    - estáticos (= benefícios fiscais *stricto sensu*)
    - dinâmicos (= incentivos fiscais)
  - desagravamentos fiscais *stricto sensu* (= exclusões tributárias)

A este respeito devemos assinalar que, embora em termos estritamente jurídicos as distinções acabadas de referir, sobretudo a que separa os benefícios fiscais em sentido estrito dos incentivos ou estímulos fiscais, façam todo o sentido, a tendência para a sua consideração como *despesas fiscais* em sede da OCDE e a sua qualificação como *auxílios de Estado* em sede do direito da União Europeia vão no sentido de uma ampla abrangência, como se pode ver, respectivamente, nos relatórios da despesa fiscal e na jurisprudência do TJUE[410].

Quanto às manifestações que os benefícios fiscais podem assumir, estabelece o art. 2º, nº 2, do EBF que são benefícios fiscais: as isenções, as reduções de taxa, as deduções à matéria colectável e à colecta, as amortizações e reintegrações aceleradas e outras medidas que obedeçam às características do conceito legal de benefício fiscal que enunciámos há pouco. Algumas notas breves relativas às isenções, deduções e amortizações e reintegrações aceleradas.

Quanto às isenções é de referir que elas configuram verdadeiras excepções à incidência pessoal ou real dos impostos, uma vez que, embora integrem o

[410] Quanto aos relatórios, v. o Relatório da Despesa Fiscal de 2014, que segue quanto ao conceito de despesa fiscal o documento *Tax expenditures in OECD countries*, OCDE, 2010. É de assinalar que o Relatório da Despesa Fiscal de 2014, foi o único relatório da despesa fiscal apresentado, o que não deixa de ser no mínimo curioso, porquanto parece ter a ver com a intervenção externa levada a cabo pela Troika (2011-2014). Para as diversas espécies de desagravamentos fiscais, v. os nossos livros *Contratos Fiscais*, cit., p. 123 e s. e 165 e ss., e *O Dever Fundamental de Pagar Impostos*, cit., p. 632 e ss.

âmbito dessa incidência, verificado que seja o seu pressuposto originam o afastamento ou impedem a eficácia da mesma. Ora, consoante este afastamento ou impedimento da eficácia das normas de incidência diga respeito ao facto tributário no seu todo ou apenas a determinada parte do mesmo, assim temos isenções totais ou isenções parciais. Isenções parciais que, acrescente-se, tanto são aquelas cuja amplitude está fixada na lei como as aquelas cuja amplitude pode ser determinada pela administração tributária, como acontece, por exemplo, com a isenção em IRC das pessoas colectivas de utilidade pública, nos termos do art. 10º do CIRC.

A este respeito, como assinalámos ao tratar do sujeito passivo da relação tributária, é da maior importância separar as isenções, que são benefícios fiscais, das exclusões tributárias, como são as situações constantes do art. 3º, nº 4, do Código do IRS (rendimentos das actividades agrícolas, silvícolas e pecuárias até um certo montante por agregado familiar), dos art.s 7º (rendimentos do exercício da actividade sujeita ao imposto de jogo) e 12º (entidades abrangidas pela transparência fiscal) do Código do IRC, do art. 2º, nºs 3 e 4, do Código do IVA (entidades públicas no exercício dos seus poderes de autoridade) e do art. 87º do Regime Jurídico dos Jogos e Apostas Online (rendimentos sujeitos ao Imposto Especial de Jogo Online).

Por seu lado, relativamente às deduções à matéria colectável e à colecta, é de assinalar que esta última deve ser a modalidade a assumir pelos benefícios fiscais, reservando-se as deduções à matéria colectável para medidas de carácter estrutural inscritas na política fiscal. Daí que a alteração, operada pela LOE/99 e pela LOE/2009, de conversão das anteriores deduções à matéria colectável, ou seja, dos abatimentos ao rendimento líquido total constantes do então do art. 55º do CIRS, em deduções à colecta nos termos dos agora arts. 78º e seguintes, foi acertada na medida em que a mesma atingiu benefícios fiscais. Todavia, na parte em que atingiu deduções à matéria colectável, que não eram verdadeiros benefícios fiscais, mas medidas de carácter estrutural inseridas na política de tributação do rendimento pessoal, já não colhe o nosso aplauso, pois, atenta a sua natureza, deviam manter-se como abatimentos.

Enfim, no concernente às amortizações e reintegrações aceleradas, é de chamar a atenção para o facto de as amortizações e as reintegrações serem, por via de regra, medidas estruturais que visam apurar o lucro real dos contribuintes. Quando elas, porém, são aceleradas, dão lugar a desagravamentos, configurando verdadeiros benefícios fiscais.

Quanto às espécies de benefícios fiscais, é de esclarecer que há as mais variadas classificações[411]. Todavia, vamos ficar-nos aqui por uma delas: a que tem em conta os modos operativos da eficácia dos benefícios fiscais, ou seja, a necessidade ou não de um acto administrativo de reconhecimento ou concessão.

Pois bem, com base num tal critério e de acordo com os arts. 5º, nº 2, e 12º do EBF, os benefícios fiscais podem ser: 1) automáticos, quando o direito ao benefício resulta directa e imediatamente da lei, operando portanto *ope legis*, pela simples verificação do respectivo pressuposto de facto, não carecendo de qualquer acto posterior da administração tributária; ou 2) dependentes de reconhecimento, se pressupõem um ou mais actos posteriores de reconhecimento da administração tributária, actos estes que podem ser actos administrativos, caso em que temos benefícios fiscais dependentes de reconhecimento unilateral, ou mesmo contratos, caso em que temos benefícios fiscais dependentes de reconhecimento contratual ou benefícios fiscais contratuais.

Nestes últimos, são de destacar os incentivos ou estímulos fiscais, em que o Estado, em troca da concessão de determinados benefícios fiscais, obtém das empresas compromissos relativamente a níveis de produção a atingir, a investimentos a realizar, a postos de trabalho a criar, à diminuição dos níveis de emissões poluentes, etc. Ora, como bem se compreende, é relativamente a estes benefícios fiscais que a administração tributária não pode deixar de gozar de uma razoável margem de livre decisão, de uma margem de livre decisão que seja adequada ao doseamento a que deve proceder em função, designadamente, das contrapartidas assumidas pelas empresas ou do montante de receita fiscal que é previsível vir a perder[412]. Uma situação em que, justamente porque a administração fiscal não pode deixar de dispor de significativa margem de livre decisão, em vez de reconhecimento, é mais adequado falar de concessão dos benefícios fiscais, a qual tem por base, em alguns casos, o contrato.

É de referir aqui as directivas relativas aos benefícios fiscais constante do art. 14º do EBF, em que entre outas coisas se dispõe: de um lado, que

[411] Entre as quais se conta a já exposta, que tem por base os modos de funcionamento social dos benefícios fiscais e distingue os benefícios fiscais estáticos dos incentivos ou estímulos fiscais. V. sobre essas diversas classificações, N. Sá Gomes, *Teoria Geral dos Benefícios Fiscais*, cit., p. 126 e ss., e F. Pinto Fernandes/J. Cardoso dos Santos, *Estatuto dos Benefícios fiscais Anotado e Comentado*, 2ª ed., Lisboa, 1993, anots. aos arts. 2º e 3º.

[412] Sobre os benefícios fiscais, v. o nosso estudo «Investimento estrangeiro e contratos fiscais», em *Por um Estado Fiscal Suportável*, cit., p. 407 e ss.

"[a] atribuição de benefícios fiscais ou outras vantagens de natureza social concedidas em função dos rendimentos do beneficiário ou do seu agregado familiar depende, nos termos da lei, do conhecimento da situação tributária global do interessado" (nº 1); e, de outro, que "[o]s titulares de benefícios fiscais de qualquer natureza são sempre obrigados a revelar ou a autorizar a revelação à administração tributária dos pressupostos da sua concessão, ou a cumprir outras obrigações previstas na lei ou no instrumento de reconhecimento do benefício, nomeadamente as relativas aos impostos sobre o rendimento, a despesa ou o património, ou às normas do sistema de segurança social, sob pena de os referidos benefícios ficarem sem efeito" (nº 2).

Ainda a respeito dos benefícios fiscais, impõe-se aqui uma nota complementar. Uma nota para sublinhar que os benefícios fiscais são considerados pelo direito da União, mais precisamente pelo direito europeu da concorrência, *auxílios de Estado* em termos idênticos aos auxílios financeiros directos. Por isso mesmo, estão, em princípio, proibidos pelo art. 107º, nº 1, do TFUE, que dispõe: "salvo disposição em contrário do presente Tratado, são incompatíveis com o mercado comum, na medida em que afectem as trocas comerciais entre os Estados membros, os auxílios concedidos pelos Estados ou provenientes de recursos estatais, independentemente da forma que assumam, que falseiem ou ameacem falsear a concorrência, favorecendo certas empresas ou certas produções". Daí que os benefícios fiscais em causa apenas sejam admissíveis nos casos e nos termos expressamente previstos no próprio Tratado, ou seja, nos seus arts. 107º, nºs 2 e 3, 108º e 109[413].

43. A constituição, reconhecimento, transmissão e extinção dos benefícios fiscais

Vejamos agora como se constituem, reconhecem, transmitem e extinguem os benefícios fiscais. Uma palavra sobre cada um destes aspectos.

[413] Refira-se que os benefícios fiscais se encontram também limitados, se bem que em menor medida, pela fiscalidade do sistema GATT/OMC, organização cujo propósito é a liberalização das trocas comerciais internacionais, fiscalidade que tem, de resto, implicações mais amplas – v., sobre esse tema, Sérgio Vasques, *Manual de Direito Fiscal*, cit., p. 83 e ss. No respeitante aos auxílios de Estado concretizados em benefícios fiscais, v. Jean-Michel Coummunier, *Droit Fiscal Communautaire*, cit., p. 134 e ss.; J. Nogueira de Almeida, «As isenções categoriais no domínio das ajudas de Estado», *BCE*, 45-A, 2002, p. 349 e ss.; Cláudia Soares, *Direito Fiscal do Ambiente – O Enquadramento Comunitário dos Auxílios de Estado a favor do Ambiente*, Cadernos do CEDOUA, Coimbra, 2003, e sobretudo a excelente obra de A. Carlos dos Santos, *Auxílios de Estado e Fiscalidade*, Almedina, Coimbra, 2003.

43.1. A constituição dos benefícios fiscais

Quanto à constituição, prescreve o art. 12º do EBF que o direito aos benefícios fiscais deve reportar-se à data dos respectivos pressupostos, ainda que esteja dependente de reconhecimento declarativo pela administração ou de acordo entre esta e a pessoa beneficiada, salvo quando a lei dispuser o contrário. O que significa que, por via de regra, o direito aos benefícios fiscais se constitui com a verificação dos respectivos pressupostos.

E isto quer se trate de benefícios fiscais automáticos, quer de benefícios fiscais dependentes de reconhecimento administrativo, seja este reconhecimento oficioso, seja dependente de requerimento do interessado, já que, nestes casos, o acto ou acordo, através do qual o reconhecimento se concretiza, tem uma eficácia meramente declarativa, reportando os seus efeitos, por isso, à data da verificação dos pressupostos de facto dos benefícios[414].

Só não será assim nos casos em que a lei disponha em contrário, atribuindo eficácia constitutiva ao acto de reconhecimento do benefício fiscal, seja esta atribuição feita de uma maneira expressa ou de uma maneira meramente implícita. Será de uma maneira implícita quando a lei atribui à administração tributária uma margem de livre decisão para a sua concessão como acontece com alguma frequência em sede dos estímulos ou incentivos fiscais.

43.2. O reconhecimento dos benefícios fiscais

Relativamente ao reconhecimento dos benefícios fiscais, devemos começar por referir o disposto no art. 65º do CPPT, em que se prescreve que, salvo disposição em contrário e sem prejuízo dos direitos resultantes da informação vinculativa, o reconhecimento dos benefícios fiscais depende da iniciativa dos interessados. Uma iniciativa a concretizar mediante requerimento dirigido especificamente a esse fim e apresentado nos serviços competentes para a liquidação do tributo a que o benefício se refere. Em caso de deferimento do pedido, o correspondente despacho fixará as datas do início e do termo do benefício fiscal.

Em contrapartida, no caso de indeferimento, cabe, segundo o art. 65º, nº 4, do CPPT, recurso hierárquico "nos termos do presente Código". Uma disposição que, devemos esclarecer, não pretende, a nosso ver, afastar o recurso contencioso imediato contra o indeferimento, configurando esse

[414] Ocorre assim com os benefícios fiscais o mesmo que acontece com as obrigações tributárias que se constituem com a simples verificação do respectivo pressuposto de facto.

recurso hierárquico como impugnação administrativa necessária. É que, sendo o recurso hierárquico, segundo o CPPT, por via e regra meramente facultativo, a decisão proferida sobre tal recurso, que confirme o indeferimento, não é susceptível de impugnação contenciosa. Por isso, sob pena de negação do direito constitucional à tutela jurisdicional, o acto de indeferimento de pedido de benefício fiscal, como acto administrativo relativo a questões tributárias que é, não pode deixar de ser passível de recurso contencioso imediato[415]. É de acrescentar que, na medida em que o benefício fiscal seja de reconhecimento ou concessão vinculada, deve o referido pedido de anulação do indeferimento ser cumulado com o da condenação da administração ao reconhecimento ou concessão do mesmo.

Por seu lado, a manutenção dos efeitos do reconhecimento do benefício depende de o contribuinte facultar todos os elementos necessários ao controlo dos seus pressupostos à administração tributária.

Uma alusão é de fazer aqui à atribuição de benefícios fiscais em regime contratual antes previsto no art. 41º do EBF e regulado agora no Código Fiscal do Investimento (CFI), o qual, na versão do Decreto-Lei nº162/2014, de 31 de Outubro, se apresenta como um novo CFI, concentrando os regimes dos benefícios fiscais mais importantes ao investimento e capitalização das empresas, pois além do regime de benefícios fiscais contratuais ao investimento produtivo, contém também o Regime Fiscal de Apoio ao Investimento (RFAI), o sistema de incentivos fiscais em investigação e desenvolvimento empresarial II (SIFIDE II) e o regime de dedução por lucros retidos e reinvestidos (DLRR). De fora deste Código ficou, todavia, o regime da renumeração convencional do capital social (RCCS) que foi deslocado para o art. 41º-A do EBF pelo Decreto-Lei nº 162/2014.

Relativamente aos benefícios fiscais, é de sublinhar que se trata de benefícios fiscais integrados em contratos fiscais contratuais, os quais, por sua vez, são incluídos em contratos de investimento respeitantes a projectos de investimento de montante igual ou superior a € 3.000.000 a realizar até 31 de Dezembro do ano 2020. No respeitante ao objecto dos projectos de investimento que podem aceder aos benefícios fiscais contratuais, dispõe o nº 2 do art. 2º do CFI que o mesmo deve estar compreendido, nomeadamente,

[415] V., neste sentido, J. Lopes de Sousa, *Código de Procedimento e de Processo Tributário Anotado e Comentado*, Vol. I, cit., anot. 4 ao art. 65º; em sentido diferente se pronunciam Alfredo J. de Sousa/J. Silva Paixão, *Código de Procedimento e de Processo Tributário Comentado e Anotado*, cit., anot. 7 ao art. 65º.

nas seguintes actividades económicas[416]: a) indústria extractiva e indústria transformadora, b) turismo, incluindo as actividades com interesse para o turismo, c) actividades e serviços informáticos e conexos, d) actividades agrícolas, aquícolas, piscícolas, agro-pecuárias e florestais, e) actividades de investigação e desenvolvimento e de alta intensidade tecnológica, f) tecnologias da informação e produção de audiovisual e multimédia, g) defesa, ambiente, energia e telecomunicações, h) actividades de centros de serviços partilhados.

Quanto aos benefícios a atribuir, segundo o art. 8º do CFI, estes podem consistir num crédito de imposto em sede de IRC respeitante à actividade desenvolvida, na isenção total ou redução do IMI relativo aos prédios utilizados nessa actividade, na isenção total ou redução do IMT relativo à aquisição de imóveis destinados ao projecto de investimento ou na isenção do Imposto de Selo respeitante aos actos ou contratos necessários à realização do projecto de investimento.

Relativamente ao procedimento da atribuição destes benefícios, este inicia-se com a apresentação de um processo de candidatura, por via electrónica, aos benefícios fiscais pelas empresas promotoras dos investimentos perante: o AICEP – Agência para o Investimento e Comércio Exterior de Portugal, quando os projectos de investimento se enquadrem no regime contratual de investimento; e perante o IAPMEI – Instituto de Apoio às Pequenas e Médias Empresas e ao Investimento, nos restantes casos.

Papel importante na concessão dos benefícios fiscais em causa desempenha o Conselho de Coordenação dos Incentivos Fiscais ao Investimento, que foi criado pelo CFI, o qual é presidido por um representante do MF e composto por representantes: um do AICEP, um do IAPMEI e dois da AT. Pois nos termos do art. 14º do CFI, cabe-lhe proceder à avaliação prévia das candidaturas aos benefícios fiscais e emitir parecer relativamente aos benefícios fiscais a conceder.

Por fim, é de referir que os contratos de investimento, no âmbito dos quais esses benefícios fiscais são concedidos, são aprovados por resolução do Conselho de Ministros como prescreve o art. 16º do CFI.

[416] Que respeitem o âmbito sectorial de aplicação das orientações relativas aos auxílios com finalidade regional para o período 2014-2020.

43.3. A transmissão dos benefícios fiscais

No respeitante à transmissão dos benefícios fiscais, estabelece o nº 1 do art. 15º do EBF dois princípios: de um lado, o princípio da intransmissibilidade do direito aos benefícios fiscais *inter vivos*; de outro, o princípio da transmissibilidade do mesmo direito *mortis causa* desde que no transmissário se verifiquem os pressupostos do benefício e este não seja de natureza estritamente pessoal, como será o caso, por exemplo, dos benefícios concedidos a deficientes, a reformados, etc.

Todavia, aquele princípio da intransmissibilidade, que se justifica plenamente, pois é uma decorrência do princípio da indisponibilidade da obrigação fiscal, comporta excepções. Melhor comporta duas excepções, constantes, respectivamente, do nº 2 e do nº 3 desse artigo 15º: a primeira de aplicação automática e a segunda dependente de autorização.

Com efeito, prescreve o nº 2: é transmissível *inter vivos* o direito aos benefícios fiscais objectivos que sejam indissociáveis do regime aplicável a certos bens, designadamente os que beneficiem os rendimentos de obrigações, títulos de dívida pública e certos prédios. Estão assim nesta situação, por exemplo, os benefícios dos arts. 45º e 46º do EBF, relativos, respectivamente, aos prédios urbanos objecto de reabilitação e aos prédios urbanos construídos, ampliados, melhorados ou adquiridos a título oneroso e destinados à habitação.

Por seu turno, dispõe o nº 3: é igualmente transmissível *inter vivos*, mediante autorização do Ministro das Finanças, o direito aos benefícios fiscais concedidos, por acto ou contrato fiscal, a pessoas singulares ou colectivas, desde que no transmissário se verifiquem os pressupostos do benefício e fique assegurada a tutela dos interesses públicos com ele prosseguidos. Exemplo desta situação é o benefício do art. 47º do EBF relativo aos prédios integrados em empreendimentos a que tenha sido atribuída a utilidade turística.

43.4. A extinção dos benefícios fiscais

Finalmente, no concernente à extinção dos benefícios fiscais, dispõe art. 14º do EBF. Começa este preceito por estabelecer, no seu nº 1, um princípio, que tem a ver com a própria natureza dos benefícios fiscais, segundo o qual a extinção destes tem por consequência a reposição automática da tributação-regra.

Depois, nos quatro restantes números, dispõe sobre as diversas formas de extinção dos benefícios fiscais, a saber, a caducidade, a alienação dos bens para fins diversos dos tidos em conta aquando da concessão do benefício, a revogação do acto administrativo de concessão e a renúncia aos benefícios. Uma palavra sobre cada um destas modalidades de extinção dos benefícios fiscais.

No respeitante à caducidade, prescreve o nº 2 que os benefícios fiscais, quando temporários, caducam pelo decurso do prazo pelo qual foram concedidos e, quando condicionados, pela verificação dos pressupostos da respectiva condição resolutiva ou pela inobservância imputável ao beneficiário das obrigações impostas. Uma modalidade de extinção que, atenta a natureza temporária da generalidade dos benefícios fiscais, será a que ocorre com maior frequência.

Por seu lado, no concernente à segunda modalidade de extinção dos benefícios fiscais, dispõe o nº 3 que "quando o benefício fiscal respeite à aquisição de bens destinados à directa realização dos fins dos adquirentes, ficará sem efeito se aqueles forem alienados ou lhes for dado outro destino sem autorização do Ministro das Finanças". Uma extinção dos benefícios fiscais que, como logo acrescenta o referido preceito, não impede a aplicação de outras sanções para essa mudança de destino sem autorização, bem como a aplicação de regimes diferentes que constem da lei.

Quanto à revogação (no sentido de anulação administrativa) do actos administrativos que concedem benefícios fiscais, prevê o nº 4 o princípio da sua irrevogabilidade, estabelecendo que "é proibida a revogação do acto administrativo que concede um benefício fiscal, bem como a rescisão unilateral do respectivo acordo de concessão, ou ainda a diminuição, por acto unilateral da administração fiscal, dos direitos adquiridos".

Um princípio que comporta duas excepções constantes também desse preceito, podendo, por conseguinte, o acto de concessão ser revogado no caso de haver inobservância imputável ao beneficiário das obrigações impostas e no caso de o benefício ter sido concedido indevidamente, ou seja, no caso de o acto administrativo de concessão ser ilegal[417], hipótese em que o mesmo poderá ser anulado (pela administração tributária) dentro do prazo legal. Prazo que, nos termos do nº 2 do art. 168º do CPA, será em princípio de um ano, a contar da data do contrato de concessão dos benefícios fiscais[418].

[417] Conquanto que o acto de concessão seja anulável, pois se o acto for nulo, então é insusceptível de ser revogado (anulado).

[418] Sendo aplicáveis, se for esse o caso, os prazos constantes dos nºs 3 a 7 desse art. 168º.

Por fim, no que respeita à renúncia aos benefícios fiscais, estabelece o nº 5, a proibição de renúncia aos benefícios fiscais automáticos e dependentes de reconhecimento oficioso e a possibilidade de renúncia aos benefícios fiscais dependentes de requerimento do interessado, bem como aos constantes de acordo desde que, nesta última hipótese, a renúncia seja aceite pela administração fiscal.

Importante referir, nesta sede, é a regra da caducidade dos benefícios fiscais constante do nº 1 do atual art. 3º do EBF, a qual estabelece que as normas que consagram os benefícios fiscais constantes das partes II e III do Estatuto vigoram durante um período de cinco anos, salvo quando disponham em contrário. Uma regra que comporta, todavia, importantes exceções constantes do nº 3 desse artigo, as quais foram, todavia, ampliadas pela LOE/2012. Uma regra que, dada a natureza dos benefícios fiscais, faz todo o sentido que seja devidamente aplicada.

44. Alusão ao complexo panorama dos benefícios fiscais

Nesta sede é de começar por dizer que o universo dos benefícios fiscais é de tal maneira amplo e diversificado que não temos a menor veleidade de nos referir a todos eles. Com efeito, ao lado dos benefícios fiscais constantes de diplomas que se pretendem como codificação geral ou codificações especiais da sua disciplina, como é o caso dos EBF e do CFI, continuamos a ter diversos benefícios fiscais em legislação não especificamente reportada a benefícios fiscais, em legislação por assim dizer avulsa, como os que subsistem nos códigos fiscais operacionais, isto é, nos códigos relativos a cada imposto ou grupo de impostos, como é o caso do regime de *patent box* constante do art. 50º-A do CIRC, ou mesmo de diplomas legais respeitantes a matérias não fiscais.

O que, desde logo, nos suscita algumas críticas. E a primeira delas é esta. A disciplina dos benefícios fiscais é, por certo, uma daquelas em que é mais visível a verdadeira contra-reforma fiscal levada a cabo pelo legislador depois da reforma fiscal dos anos oitenta do século passado. Na verdade, depois da limpeza de que foram alvo em 1988[419], com vista à aprovação do EBF, os benefícios fiscais voltaram a germinar ao sabor dos mais diversificados e, por vezes, subtis *lobbies* que, convenhamos, não honram o Estado de direito. Ora, por certo que os benefícios fiscais, atenta a sua natureza num Estado fiscal, não

[419] Operada através do DL nº 485/88, de 30 de Dezembro.

devem ser muito numerosos nem podem representar montantes muito elevados de despesa fiscal[420].

É certo que diversas alterações têm sido levadas a cabo. Assim, através da Lei nº 30-G/2000 e do Decreto-Lei nº 198/2001 foram canalizados para o EBF diversos benefícios fiscais anteriormente dispersos por legislação avulsa. Depois, é de referir a LOE/2007 que reconduziu ao EBF os benefícios fiscais antes previstos no Estatuto do Mecenato Científico, passando os mesmos a constar dos arts. 61º a 66º, depois da republicação do EBF pelo Decreto-Lei nº 108/2008, de 26 de Junho[421]. Enfim, temos também as leis do orçamento do Estado mais recentes, sobretudo a partir da LOE/2009, e outros diplomas legais, de que é exemplo o referido Decreto-Lei nº 162/2014, que aprovou o novo CFI, tendo integrado no art. 41º-A do EBF a remuneração convencional do capital social. O que não foi contrariado pela aprovação em 2009 do CFI, na medida em que, com as alterações posteriores que este sofreu, mormente as concretizadas na revisão global que levou ao novo CFI, se procurou consolidar um regime específico para os benefícios fiscais ao investimento produtivo, tendo em vista a promoção da competitividade da economia portuguesa e a manutenção de um contexto favorável ao investimento, à criação de emprego e ao reforço dos capitais próprios das empresas.

De salientar nesta sede é ainda o facto de, na referida legislação fiscal mais recente, terem sido eliminados ou limitados diversos benefícios fiscais. Particular destaque nesse domínio merece a introdução pela LOE/2005 da limitação da despesa fiscal no domínio do IRC, ao prescrever no art. 92º do Código do IRC um limite para a liquidação deste imposto, pois não pode ser liquidado imposto inferior a 90% do que seria apurado se o sujeito passivo não usufruísse de determinados benefícios fiscais (aproximando assim a *taxa*

[420] Despesa fiscal que, nos termos do art. 106º, nº 3, al. *g*), da Constituição, deve constar de um relatório que, em cada ano, acompanhe a proposta de Orçamento e, nos termos do art. 29º da LEOE, deve integrar o Mapa Orçamental XXI. Para além desta exigência, a Lei nº 26/94, de 19 de Agosto, para a qual remete agora o art. 59º, nº 3, al. *i*), da LGT, estabelece a obrigatoriedade de publicitação, através de publicação no DR, dos benefícios fiscais e outras vantagens fiscais quando o seu montante exceda o valor equivalente a três anualizações do salário mínimo nacional. Sobre a despesa fiscal e os seus problemas, v. GUILHERME W. D'OLIVEIRA MARTINS, *A Despesa Fiscal e o Orçamento do Estado no Ordenamento Jurídico Português*, Coimbra, 2004.

[421] Para uma visão da reformulação de que o EBF foi objecto, basta ter em conta a estruturação das matérias antes e depois do Decreto-Lei nº 198/2001 e do Decreto-Lei nº 180/2008.

nominal da *taxa real* da tributação das empresas em IRC). Uma limitação que, atendendo às diversas e importantes excepções previstas nesse mesmo preceito, não é tão drástica quanto aparenta.

Todavia, apesar desse esforço, continuam fora do EBF numerosos benefícios fiscais, a maior parte dos quais sem que se vislumbre qualquer razão para tal. Com efeito, a partir do momento que passou a haver uma codificação dos benefícios fiscais, era inteiramente razoável esperar que toda a disciplina correspondente fosse, de então em diante, tendencialmente integrada no EBF, ou a esta codificação fosse reconduzida através das necessárias revisões periódicas.

O que tem contribuído para o verdadeiro caos, de todo inaceitável, que se vive num tal domínio. Um caos que resulta não apenas da mencionada multiplicidade de diplomas contendo a disciplina dos benefícios fiscais, mas também da permanente aprovação de novos benefícios fiscais.

De um lado, a disciplina dos benefícios fiscais continua a espraiar-se pelo EBF, pelo Código Fiscal do Investimento, pelos diversos códigos dos impostos, pela legislação fiscal avulsa, respeite esta apenas a benefícios fiscais ou constitua legislação fiscal mais geral, e ainda pelos numerosos preceitos contidos em legislação versando as mais variadas matérias.

Depois, bem podemos dizer que, neste domínio, quase todos os dias surgem novos benefícios fiscais ou nova disciplina jurídica de antigos benefícios em diplomas avulsos, quando não camuflados na estrutura labiríntica de diplomas relativos às mais díspares e complexas matérias.

O que, tem como consequência que uma boa parte dos benefícios fiscais passem totalmente despercebidos à generalidade dos seus destinatários ou, vistas as coisas a partir de um outro ângulo, sejam apenas conhecidos daqueles que promoveram a sua aprovação. Um comportamento do legislador servido por uma técnica legislativa que honra mais a *arcana praxis*, própria de um Estado autoritário, do que a necessária *transparência* de um Estado de direito.

Para uma pequena amostra do labirinto em que se encontra este domínio, basta referir que, para além dos benefícios fiscais constantes de codificações específicas relativas a benefícios fiscais, como são o EBF e o Código Fiscal do Investimento, ou inseridos nos diversos códigos fiscais respeitantes a cada imposto, temos numerosíssimos benefícios fiscais previstos e regulados em legislação avulsa. Sejam benefícios cuja disciplina consta e decorre integralmente dessa legislação, sejam benefícios que, embora previstos e disciplinados naqueles códigos ou noutra legislação fiscal, têm por pressuposto de facto institutos cuja disciplina jurídica consta de legislação avulsa[422].

Assim e relativamente a benefícios fiscais previstos e disciplinados integralmente em diplomas avulsos, ficamo-nos aqui por duas pequenas notas: uma, para dizer que essa legislação é numerossíssima, recusando-nos, por isso mesmo, a tentar enumerá-la; outra para assinalar que se trata duma legislação que, praticamente todos os anos, é objecto de alteração.

Por seu turno, relativamente ao outro tipo de legislação avulsa, isto é, a legislação que, embora reguladora de outras matérias, contém aspectos que contendem com a disciplina dos benefícios fiscais, na medida em que regulam situações, disciplinam institutos ou integram regimes jurídicos que constituem pressuposto de facto desses benefícios, podemos dizer que a mesma se tem estendido por matérias muito diversas. A mero título ilustrativo, podemos referir: 1) os institutos de utilidade turística, utilidade pública desportiva, utilidade pública, utilidade pública administrativa, utilidade social; 2) dos regimes de titularização de créditos, das contas poupança-reformados, das unidades de participação em fundos de investimento, dos fundos de poupança-reforma, poupança-educação e de poupança-reforma/educação, dos fundos de investimento imobiliário e fundos de investimento mobiliário, dos fundos de pensões e equiparáveis, da locação financeira imobiliária, dos títulos de participação; 3) da recuperação de empresas, da realização de créditos (em certos processos de execução), de recuperação urbanística, de reforma agrária (operações de emparcelamento ou liquidação de sociedades), de revitalização e modernização de empresas; 4) das instituições particulares de solidariedade social (IPSS), das pequenas e médias empresas, das organizações não governamentais, das sociedades de agricultura de grupo, das sociedades de capital de risco, das sociedades de gestão de investimento imobiliário, das sociedades gestoras de participações sociais; 5) das zonas de jogo e das zonas francas da Madeira e Ilha de Santa Maria; 6) dos rendimentos proporcionados pelos valores mobiliários representativos de dívida, nos termos do Decreto-Lei nº 119/2005, de 7 de Novembro (com as alterações posteriores, mormente as operadas pelo art. 5º da Lei nº 83/2013, de 9 de Dezembro); etc.

[422] Por isso, se compreende o crescente coro contra a verdadeira "indústria dos benefícios fiscais" – v., por todos, Xavier de Basto, «Tópicos para uma reforma fiscal impossível», Última Aula, Faculdade de Economia da Universidade de Coimbra, 9 de Junho de 2004.

Assim, é de louvar a actual eliminação ou redução de muitos dos benefícios fiscais, conquanto que não se fique apenas por medidas de natureza conjuntural impostas pela presente situação economia e financeira, antes tenham por objetos verdadeiros benefícios fiscais (e não componentes do rendimento indisponível face ao IRS), mantendo na medida do possível os estímulos ou incentivos fiscais, sobretudo quando estes sejam objecto de contrato. É que, em tal caso, eles apresentam-se como *despesa fiscal aparente* na medida em que sem esses estímulos os investimentos não seriam realizados, constituindo, em contrapartida, efetiva receita fiscal futura proporcionada, nomeadamente, pelos impostos incidentes sobre o rendimento (tanto empresarial como pessoal) que o investimento objeto dos estímulos ou incentivos vai gerar.

É de assinalar, a este respeito, a redução da despesa fiscal conseguida pelo Estado português através da eliminação ou redução dos diversos benefícios fiscais, entre os anos 2011 e 2014, a qual foi reduzida em 35%, tendo passado de € 13.750,5 milhões para € 8.941,0 milhões e de 8% para 5,4% do PIB. Sendo que por impostos a maior redução da despesa fiscal se verificou no IRC, que sofreu uma redução de 70%, tendo passado de € 2.405,0 milhões para € 662,0 milhões[423].

Por quanto vimos de dizer, impõe-se manter os esforços, que vêm sendo desenvolvidos, no sentido de pôr termo definitivamente aos benefícios fiscais constantes de legislação avulsa, interditando mesmo a possibilidade de integrarem diplomas legais relativos a matérias não especificamente fiscais, de modo a que todos eles se reconduzam ao EBF ou ao CFI. De facto, não vemos motivo algum para que os verdadeiros benefícios fiscais não sejam reconduzidos a estas codificações.

Referência especial se impõe relativamente aos benefícios ou incentivos fiscais ao investimento produtivo, um tipo de benefícios fiscais que integram aquele núcleo de benefícios que, a nosso ver, devem manter-se. Entre estes, como referimos, temos: os incentivos fiscais às empresas como os constantes sobretudo do CFI, em que foram concentrados por força do Decreto-Lei nº 82/2013, de 17 de Junho, da LOE/2014, e do Decreto-Lei nº 162/2014, de 31 de Outubro, que aprovou o novo CFI, pois aí encontramos importan-

[423] Cf. Governo de Portugal – Ministério das Finanças, *Relatório da Despesa Fiscal 2014*. Quanto ao que dizemos no texto, v. os nossos estudos «Da sustentabilidade do Estado fiscal», em José Casalta Nabais/Suzana Tavares da Silva (Coord.), *Sustentabilidade Fiscal em Tempos de Crise*, cit., p. 51 e ss., e «Investir e tributar: uma relação simbiótica?», *RLJ*, ano 141, 2011/12, p. 165 e s.

tes benefícios fiscais a projectos de investimentos realizáveis até ao ano de 2020, a saber: os benefícios fiscais contratuais susceptíveis de concessão ao abrigo do disposto nos artigos 2º a 21º que ocupam a maior parte do CFI, a que já aludimos com algum desenvolvimento, o Regime Fiscal de Apoio ao Investimento (RFAI), a dedução de lucros retidos e reinvestidos (DLRR) e o Sistema de Incentivos Fiscais em Investigação e Desenvolvimento Empresarial (SIFIDE). A que acresce a tributação por metade dos rendimentos de patentes e modelos, um benefício conhecido da terminologia anglo-saxónica, por *patent box* e que consta do artigo 50º-A do Código do IRC. Um benefício que deve ser devidamente articulado com os benefícios fiscais constantes do SIFIDE.

Além destes são de referir também o benefício fiscal concretizado num *spread* especial no concernente aos juros e outras formas de remuneração de suprimentos e empréstimos feitos pelos respectivos sócios às sociedades que constituam pequenas e médias empresas, como resulta da Portaria nº 179/2014, de 30 de Dezembro, o benefício fiscal traduzido na remuneração convencional do capital social, constante agora do novo art. 41º-A do EBF, e os benefícios fiscais à criação líquida de emprego[424].

[424] Para maiores desenvolvimentos, v. o nossa *Introdução ao Direito Fiscal das Empresas*, 3.ª ed., Almedina, 2018, p. 159 e ss.

Capítulo VI
Referência ao Direito Penal Fiscal

45. Considerações gerais

Como já dissemos, o direito fiscal conhece também normas cuja função é a de qualificar certos comportamentos, traduzidos em acções ou omissões, dos contribuintes ou de terceiros (face à relação jurídica fiscal) como infracções e, bem assim, a de estabelecer as correspondentes sanções. Ou seja, o direito fiscal integra no seu seio um sector de direito sancionatório – o chamado direito penal fiscal em sentido amplo, que tem a sua disciplina presentemente condensada no Regime Geral das Infracções Tributárias[425]. Ora, justamente porque o direito fiscal integra, se bem que em termos apenas formais, o direito das infracções tributárias, compreende-se que façamos aqui sumária referência a um tal sector do direito fiscal[426].

45.1. Noção e características do direito penal fiscal

Quanto à noção de direito penal fiscal, podemos dizer que este constitui aquele capítulo do direito penal que define os tipos de infracção a normas

[425] Lembramos que os artigos mencionados, daqui em diante neste capítulo, sem indicação da sua proveniência, são do RGIT.

[426] Uma opção a favor da qual podemos invocar uma outra razão, qual seja a de favorecer a tomada de consciência da cidadania, da qual a cidadania fiscal constitui um dos mais importantes pilares. Pois, se essa tomada de consciência deve ser fomentada em relação aos cidadãos em geral, por maioria de razão ela deve ser fomentada no respeitante aos futuros juristas. Por isso, mal ficaria que da cidadania fiscal se não desse, ao menos, sumária notícia na disciplina de direito fiscal.

tributárias, que impõem ou proíbem comportamentos relativos a impostos, taxas e demais tributos, e comina as correspondentes sanções. Como direito sancionatório que é, o direito penal e contra-ordenacional fiscal é integrado por normas que definem infracções a normas tributárias e por normas que cominam as correspondentes sanções para essas infracções[427].

Mas, ao falarmos de direito penal fiscal nestes termos, estamos, como referimos, a falar do direito penal fiscal em sentido amplo, ou seja, do direito relativo ao conjunto das infracções tributárias. Ora, este direito penal fiscal desdobra-se no *direito penal fiscal* (em sentido estrito ou técnico) e no *direito contra-ordenacional fiscal*.

Significa isto que o direito das infracções tributárias se distribui por dois domínios ou, o que vem a dar no mesmo, tem por base uma concepção dualista, já que nele encontramos um direito penal fiscal e um direito contra-ordenacinal fiscal. Ou, por outras palavras, que aí temos: de um lado, infracções penais, qualificadas como crimes tributários, e as correspondentes sanções penais, constituídas pelas penas de prisão (aplicável naturalmente apenas às pessoas singulares) e de multa; e, de outro lado, as infracções contra-ordenacionais, designadas por contra-ordenações, e as correspondentes sanções conhecidas por coimas.

Temos assim dois domínios no direito sancionatório fiscal. O que coloca, designadamente, a questão de saber qual é a sua natureza, impondo-se, por isso, dizer alguma coisa sobre que tipo de direito sancionatório configura cada um desses sectores do direito das infracções tributárias.

Daí uma nota muito geral a tal respeito que tem a ver com uma verificação. Traduz-se ela em o direito penal fiscal se aproximar, a seu modo, do direito penal clássico ou de justiça, muito embora, justamente porque integra o chamado *direito penal secundário*, tenha algumas características que o distinguem

[427] Sobre o direito penal fiscal em geral, v.: para a situação anterior ao RGIT, Braz Teixeira, *Direito Fiscal*, aafdl, Lições no ano de 1981-82, Lisboa, 1982; Nuno Sá Gomes, *Direito Penal Fiscal*, Cadernos de CTF, Lisboa, 1983; P. Soares Martinez, *Direito Fiscal*, cit., p. 227 a 399, e Anabela Miranda Rodrigues, «Direito penal fiscal», *Enciclopédia Verbo Luso-Brasileira de Cultura – Edição Século XXI*, vol. 9, 1999, col. 544 e ss.; e para a situação posterior ao RGIT, Isabel Marques da Silva, *Regime Geral das Infracções Tributárias*, 3ª ed., Coimbra, 2010; Susana Aires de Sousa, *Crimes Fiscais. Análise Dogmática e Reflexão sobre a Legitimidade do Discurso Criminalizador*, Coimbra 2006; Paulo Marques, *Infracções Tributárias*, Vol. I – *Investigação Criminal*; Vol. II – *Contra-ordenações*, DGCI – Centro de Formação, 2007, e Germano Marques da Silva, *Direito Penal Tributário*, Univ. Católica Editora, 2009.

daquele, e o direito contra-ordenacional fiscal se apresentar como um sector especializado do direito contra-ordenacional. O que significa que temos aqui um sector de direito penal secundário, o direito penal fiscal em sentido estrito, e um direito penal administrativo, o direito contra-ordenacional fiscal[428].

Uma palavra sobre as especificidades do direito penal fiscal face ao direito penal clássico ou de justiça, e do direito contra-ordenacional fiscal face ao direito contra-ordenacional geral.

Assim e quanto às especificidades do direito penal fiscal (comuns naturalmente ao direito penal secundário) face ao direito penal clássico ou de justiça, podemos indicar as seguintes: 1) a consagração da responsabilidade penal das pessoas colectivas, designadamente das sociedades, ainda que irregularmente constituídas, e outras entidades fiscalmente equiparadas pelos crimes cometidos pelos seus órgãos ou representantes, em seu nome ou no interesse colectivo (art. 7º, nº 1); 2) uma responsabilidade colectiva que não exclui a responsabilidade penal individual concomitante dos respectivos agentes (responsabilidade cumulativa da pessoa colectiva e da pessoa individual – art. 7º, nº 3)[429]; 3) a responsabilidade civil pelas multas e coimas dos gerentes, administradores e outras pessoas que exerçam, ainda que somente de facto, funções de administração em pessoas colectivas, uma responsabilidade que é subsidiária face à das pessoas colectivas de cujos órgãos sejam titulares e solidária entre os responsáveis (art. 8º)[430].

[428] Para o direito penal secundário em geral v., por todos, J. Figueiredo Dias, «Para uma dogmática do direito penal secundário», IDPEE/FDUC, *Direito Penal Económico e Europeu: Textos Doutrinários*, vol. I – *Problemas Gerais*, Coimbra, 1998, p. 19 e ss., Eduardo Correia, «Introdução ao direito penal económico», *Idem*, p. 293 e ss.; José de Faria Costa/Manuel da Costa Andrade, «Sobre a concepção e os princípios do direito penal económico», *Ibidem*, p. 353 e ss., e José de Faria Costa, *Noções Fundamentais de Direito Penal (Fragmenta Iuris Poenalis)*, 2ª ed., Coimbra Editora, 2009, p. 30 e ss.

[429] Cumulação de responsabilidades que, nos termos do art. 7º, nº 4, do RGIT, já se não verifica (como se verificava antes do RGIT) em sede de responsabilidade contra-ordenacional. Sobre esta responsabilidade cumulativa, v. Isabel Marques da Silva, *Responsabilidade Fiscal Penal Cumulativa das Sociedades e dos Administradores e Representantes*, UC Editora, Lisboa, 2000.

[430] Cf. A. A. Tolda Pinto/J. M. A. Reis Bravo, *Regime Geral das Infracções Tributárias e Regimes Sancionatórios Especiais Anotados*, Coimbra, 2002, anots aos mencionados preceitos do RGIT.

Por seu lado, as especificidades do direito contra-ordenacional fiscal face ao direito contra-ordenacional geral, traduzem-se, basicamente, de um lado, em as coimas serem aplicadas pelas autoridades administrativas tributárias e, de outro lado, em estas decisões administrativas de aplicação das coimas serem impugnáveis perante os tribunais tributários[431].

45.2. A disciplina do direito penal fiscal

Vejamos agora onde se encontra a disciplina do direito penal e contra-ordenacional fiscal. Pois bem, esta encontra-se no presente condensada basicamente no RGIT[432], uma codificação que não só veio fundir os anteriores RJIFA e RJIFNA, conferindo assim maior unidade formal ao direito penal fiscal, como juntar no mesmo texto normativo disposições sancionatórias anteriormente dispersas por diplomas avulsos ou por outras codificações como as constantes do título V da LGT e do capítulo VIII do CIVA[433]. Assim, à semelhança do que ocorre na generalidade dos países, também em Portugal os crimes tributários constam de diploma próprio, e não do Código Penal, como se verifica, no que constitui uma das raras excepções, em Espanha.

Uma palavra sobre o âmbito e a estrutura do RGIT. Segundo o seu art. 1º, o RGIT aplica-se às infracções das normas reguladoras: a) das prestações tributárias; b) dos regimes tributários, aduaneiros e fiscais, independentemente de regulamentarem ou não prestações tributárias; c) dos benefícios fiscais e franquias aduaneiras[434]; e d) das contribuições e prestações relativas ao sis-

[431] Como uma certa lógica, pelo menos formal, exige, mas que, como é sabido, se não verifica no direito contra-ordenacional geral, em que dos actos das autoridades administrativas de aplicação de coimas se recorre para os tribunais judiciais. Cf. José de Faria Costa, *Noções Fundamentais de Direito Penal (Fragmenta Iuris Poenalis)*, cit., p. 44 e s.

[432] Que entrou em vigor em 6 de Julho de 2001 – cf. o art. 14º da Lei nº 15/2001, de 5 de Junho.

[433] Que a Lei nº 15/2001 revogou, expurgando assim tais codificações de qualquer direito sancionatório. Refira-se que o RGIT integra também como já antes o fazia o RJIFNA (a partir da inserção neste dos arts. 27º-A a 27º-E, pelo DL nº 140/95, de 14-6), os crimes contra a segurança social, agora contemplados como crimes tributários comuns (Capítulo I) e como crimes contra a segurança social (Capítulo III) do Título I da Parte III.

[434] Benefícios fiscais relativos aos direitos aduaneiros previstas nos arts. 184º do Código Aduaneiro Comunitário e 230º das Disposições de Aplicação do mesmo Código. Embora próximas das suspensões e isenções de direitos, as franquias distinguem-se das suspensões porque não têm carácter provisório e temporário, e das isenções porque, embora definitivas, só se aplicam a mercadorias importadas para certos fins e para certas pessoas no pressuposto de a sua importação ser desprovida de carácter comercial.

tema de segurança social (sem prejuízo das relativas às contraordenações que constem de legislação especial).

Por seu lado, relativamente à estrutura do RGIT, este divide-se em três partes: a parte I, que contém princípios gerais relativos aos crimes tributários, de um lado, e os princípios gerais relativos às contra-ordenações, de outro; a parte II, que trata do processo – do processo penal tributário a seguir no caso de crimes tributários, e do processo de contra-ordenação tributária a seguir no caso de contra-ordenações tributárias; e a parte III, que disciplina as infracções tributárias em especial, isto é, os crimes tributários, de um lado, e as contra-ordenações tributárias, de outro.

Quanto aos crimes tributários, é de acrescentar que o RGIT os ordena em quatro capítulos: *crimes tributários comuns* (crimes de burla tributária, de frustração de créditos, de associação criminosa, de desobediência qualificada e de violação do sigilo fiscal); *crimes aduaneiros* (crimes de contrabando, contrabando de circulação, contrabando de mercadorias de circulação condicionada em embarcações, fraude no transporte de mercadorias em regime suspensivo, introdução fraudulenta no consumo, violação das garantias aduaneiras, quebra de marcas e selos e receptação de mercadorias objecto de crime aduaneiro); *crimes fiscais* (crimes de fraude fiscal, fraude fiscal qualificada e abuso de confiança fiscal); e *crimes contra a segurança social* (crimes de fraude contra a segurança social e abuso de confiança contra a segurança social).

Por seu turno, no respeitante às contra-ordenações tributárias, diversamente do que vimos ocorrer em sede dos crimes tributários, o RGIT integra apenas dois capítulos: um, em que disciplina as contra-ordenações aduaneiras; outro, que contempla as contra-ordenações fiscais. Não contém assim a disciplina relativa às contra-ordenações contra a segurança social, que se mantém em legislação especial, nem prevê quaisquer contra-ordenações tributárias comuns.

45.3. Ideia sobre a recente evolução do direito penal fiscal

Como será fácil de ver, o núcleo problemático mais importante relativo às infracções tributárias reside na questão da criminalização ou não de tais infracções e, consequentemente, na questão da previsão ou não para tais infracções da pena de prisão[435]. Um problema que o nosso legislador, desde

[435] Sobre este problema v., a seguir, o nº 46.

há algum tempo, solucionou no sentido afirmativo. Trata-se, todavia, de uma solução que foi o coroar de uma evolução a que devemos fazer alusão.

Pois bem, foi em 1936, que, entre nós, se optou pela criminalização de algumas infracções fiscais, prevendo-se a pena privativa da liberdade para a violação de certos deveres tributários, mais especificamente para a violação traduzida na duplicação, viciação ou falsificação da escrita[436].

Porém, segundo parte da doutrina, a reforma fiscal de 1958-1966 teria revogado o sistema de 1936, dado ter acolhido nos diversos códigos fiscais regras sancionatórias para a violação de certos deveres ali consagrados, mas sem ter previsto para essa violação qualquer pena de prisão efectiva ou multa criminal.

Contudo, o Decerto-Lei nº 619/76, de 27 de Julho, reintroduziu a pena privativa de liberdade como uma das sanções aplicáveis à inobservância ilícita dos deveres de boa-fé, de verdade e de obediência às ordens legítimas da administração fiscal. Porém, o debate reacendido por este último diploma levou a que o legislador, em 1984, tenha deixado cair de novo a pena de prisão.

Uma situação que vai manter-se até à aprovação, pelo Decreto-Lei nº 20-A/90, de 15 de Janeiro, do RJIFNA, diploma que veio reintroduzir a pena de prisão para as infracções fiscais que constituíssem crimes. Pena de prisão que, na versão originária do RJIFNA, não se apresentava ainda como uma pena principal, pois esse diploma apenas previa essa pena como alternativa à multa, constituindo esta a única pena principal. O que foi alterado pelo Decreto-Lei nº 394/95, de 24 de Novembro, que veio consagrar, como pena principal, a pena de prisão, colocando-a assim ao lado da pena de multa.

Pena de prisão que o RGIT não só manteve, e manteve como pena principal, como reforçou, pois, enquanto no RJIFNA a pena máxima ia até aos cinco anos de prisão, agora, ao abrigo do RGIT, ela vai até aos oito anos[437]. O que está em consonância com o reforço de eticização das infracções tributárias operado pelo RGIT[438]. Um reforço de eticização que tem outras manifestações entre as quais sobressai a de o limite máximo da pena de multa para

[436] V. o DL nºs 27.153, de 31-10-1936, e o DL nº 28.221, de 24-11-1937.

[437] Confronte-se o art. 11º, nº 1 do RJIFNA com o art. 12º, nº 1, do RGIT. V., sobre este problema, M. Celeste Cardona, «Algumas notas sobre a problemática das infracções fiscais não aduaneiras», em D. Leite de Campos e Outros, *Problemas Fundamentais do Direito Tributário*, cit., p. 387 e ss.

[438] Um reforço de eticização que se não verifica apenas entre nós, pois trata-se de um movimento geral – v., a propósito, a reforma do direito penal tributário italiano, em relação à qual

crimes tributários cometidos por pessoas singulares ter sido elevada para 600 dias, justamente o limite do direito penal geral[439].

46. Alusão ao fundamento da criminalização e ao bem jurídico protegido

Aspectos a que devemos aludir nesta sede são o do fundamento da criminalização de algumas infracções tributárias e, bem assim, o do bem jurídico protegido nos crimes tributários. O que se prende, tanto num caso como no outro, com a crescente eticização do direito penal fiscal que, como vimos, constitui um dos seus traços mais marcantes. Vejamos, pois, cada um desses aspectos.

46.1. Fundamento da criminalização das infracções tributárias

No respeitante à eticização do ilícito tributário, devemos começar por dizer, a título de observação preliminar, que não constitui qualquer obstáculo a essa eticização o facto de aos crimes tributários não corresponderem, como por via de regra é reconhecido, valores ético-sociais pré-existentes. É que à criminalização não é assinalada apenas uma função passiva, conservadora de valores actuais, mas também uma função activa, promocional de valores novos. Função esta bem espelhada no actual fenómeno da neo-criminalização[440].

E quanto ao fundamento da criminalização do ilícito tributário, ele vem sendo reconduzido, como acontece aliás com todo o amplo domínio do direito penal secundário, em que o direito penal fiscal como vimos se insere, à especial feição social do actual Estado de direito. No que ao direito penal fiscal diz respeito, salienta-se sobretudo que se alterou significativamente o quadro em que a fuga ilegítima ao Fisco ocorria.

Pois de um quadro em que essa fuga se configurava como um mero delito de luvas brancas, um delito de cavalheiros, que, mais do que censura social,

podemos ver o artigo de A. Schiello, «Prime osservazioni sui nuovi reati tributari», *DPT*, LXXI, 2000, 2, p. 312 e ss.

[439] V. o art. 47º do CP.

[440] Específica e desenvolvidamente sobre o tema do bem jurídico dos crimes fiscais, v. Susana Aires de Sousa, *Os Crimes Fiscais*, Coimbra Editora, 2006, p. 171 e ss. Cf. também Augusto Silva Dias, «O novo direito penal fiscal não aduaneiro (Decreto-Lei nº 20-A/90, de 15 e Janeiro)», e Anabela Miranda Rodrigues, «Contributo para a fundamentação de um discurso punitivo em matéria penal fiscal», IDPEE/FDUC, *Direito Penal Económico e Europeu: Textos Doutrinários*, vol. II – *Problemas Especiais*, cit., respectivamente, p. 239 e ss. (244 e ss.) e p. 481 e ss. (482 e s.). V. ainda José de Faria Costa, *Noções Fundamentais de Direito Penal (Fragmenta Iuris Poenalis)*, cit., p. 30 e ss.

despertava sentimentos de admiração e respeito, passou-se, com o advento do Estado social, para um outro em que se começou a apelar para ideias como a de que é através da cobrança dos impostos que o Estado realiza os objectivos de justiça social que a sua dimensão democrática lhe impõe[441].

A crescente eticidade, que hoje em dia se reconhece ao ilícito tributário, entroncaria assim na relevância ética que actualmente se atribui ao sistema fiscal como meio privilegiado de realização da justiça retributiva. Sistema que, nos termos do art. 103º, nº 1, da Constituição, visa não só a satisfação das necessidades financeiras do Estado e demais entidades públicas, mas também uma repartição justa dos rendimentos e da riqueza[442].

Para além desta ideia, vem a doutrina chamando a atenção e sublinhando que a evasão fiscal atinge actualmente proporções tão escandalosas que os danos causados pela maioria dos tradicionais crimes patrimoniais se revelam verdadeiras "bagatelas" face aos danos provocados por um tal fenómeno. A que é de acrescentar o facto de a evasão fiscal implicar um agravamento da carga fiscal com sacrifícios significativamente acrescidos para os contribuintes que, não dispondo de condições reais para fugirem aos impostos, acabam por suportar não só os impostos deles como os impostos dos outros[443]. Pois, é bom não esquecer, que o mundo dos impostos está ancorado num jogo que para o conjunto da comunidade é um jogo de resultado ou soma zero, pelo que o que não é pago por uns acaba inevitavelmente por ser pago pelos outros.

Nós, porém, partindo da ideia de que a actual organização comunitária assenta no *Estado fiscal*, mais especificamente na forma qualificada do Estado fiscal que é o *Estado fiscal social*, parece-nos que a fundamentação ética do ilícito tributário deve ser procurada sobretudo neste dever de cidadania que suporta este tipo de Estado ou, o que é a mesma coisa, na ideia de cidadania fiscal. Cidadania esta que mais não é do que um importantíssimo vector da cidadania traduzida em a existência e o funcionamento do Estado constituir assunto de todos, de modo que todos os membros da comunidade estadual

[441] V. ANABELA MIRANDA RODRIGUES, «Contributo para a fundamentação de um discurso punitivo em matéria penal fiscal», *cit.*, p 481.

[442] V. AUGUSTO SILVA DIAS, «Crimes e contra-ordenações fiscais», IDPEE/FDUC, *Direito Penal Económico e Europeu: Textos Doutrinários*, vol. II – *Problemas Especiais*, cit., p. 439 e ss. (446 e s.).

[443] V. AUGUSTO SILVA DIAS, «O novo direito penal fiscal não aduaneiro (Decreto-Lei nº 20-A/90, de 15 e Janeiro)», *cit.*, p. 241.

sejam suportes activos e passivos da mesma. Isto é, sejam simultaneamente seus suportes políticos e seus suportes económicos[444].

O que significa que a cidadania fiscal, em rigor, se manifesta em dois níveis. Ao nível político, enquanto atribui a todos e a cada um dos cidadãos o direito e o dever de participar na vida pública da comunidade, decidindo, por via de democracia indirecta (ou por via de democracia directa[445]), que percentagem de recursos da economia privada estão dispostos a ceder para suporte financeiro da organização comunitária, para suporte financeiro do Estado. E isto em termos de este continuar a ser, de um lado, um Estado limitado face aos indivíduos e organizações da sociedade civil e, bem assim, financeiramente suportável e, de outro lado, um Estado que continue a configurar-se como um Estado social[446].

E ao nível financeiro, na medida em que constitui destinatários do dever fundamental de suportar financeiramente o Estado todos os membros da comunidade estadual. Uma qualidade que, deve ser sublinhado, tende a exprimir-se cada vez mais por uma ligação económica, ou seja, através da residência, do que por uma estrita ligação pessoal, ou seja, através da nacionalidade[447].

[444] A cidadania pode ser definida como a qualidade dos indivíduos que, enquanto membros activos e passivos de um estado-nação, são titulares ou destinatários de um determinado número de direitos e deveres universais e, por conseguinte, detentores de um específico nível de igualdade. Uma noção de cidadania, em que, como é fácil de ver, encontramos três elementos constitutivos, a saber: 1) a titularidade de um determinado número de direitos e deveres numa sociedade específica; 2) a pertença a uma determinada comunidade política (normalmente o Estado), em geral vinculada à ideia de nacionalidade; e 3) a possibilidade de contribuir para a vida pública dessa comunidade através da sua participação. V. sobre esta ideia, Thomas Janoski, *Citizenship and Civil Society*, Cambridge UP, 1998, p. 8 e ss.

[445] Quando esta não está constitucionalmente vedada como acontece entre nós – cf. *supra* nº 9.2.3.

[446] Direito e dever que tem, hoje em dia, uma expressão qualificada na participação no grande debate sobre a reforma fiscal, que se encontra aberto na generalidade dos países, pois os impostos constituem assunto demasiado importante para poder ser deixado exclusivamente nas mãos de políticos e de técnicos (economistas e juristas). Daí que todos os contribuintes devam ter opinião acerca dos impostos e da justiça ou injustiça fiscal que suportam, até porque a ideia de justiça fiscal não deixa de ser um conceito que também passa pelo bom senso – cf. Joel Slemrod & Jon Bakija, *Taxing Ourselves. A Citizen's Guide to the Great Debate over Tax Reform*, The MIT Press, Cambrige (Massachusetts). London (England), 1996, esp. p. 256 e ss.

[447] Cf. o que dissemos *supra*, no nº 21.2.

Um dever que, justamente porque, como já foi dito por mais de uma vez, constitui o preço a pagar por termos uma comunidade assente na ideia de liberdade, tem um sentido e um alcance profundos. Designadamente significa que a nenhum membro da comunidade pode ser permitido excluir-se de contribuir para o suporte financeiro da comunidade, incumbindo, por conseguinte, ao Estado obrigar todos os membros que o integram a cumprir o referido dever.

Pois, embora este, como já referimos, constitua directamente uma posição passiva do contribuinte face ao Estado, reflexamente ele configura-se como uma posição activa do contribuinte traduzida em direitos, nomeadamente no direito de exigir do Estado que todos os membros da comunidade sejam constituídos em destinatários desse dever em conformidade com a sua capacidade contributiva e, bem assim, que todos eles sejam efectivamente obrigados ao cumprimento do mesmo. Pelo que cada contribuinte tem simultaneamente um *dever*, o dever de contribuir para a comunidade que integra, e direitos entre os quais se conta o *direito* de exigir que todos os outros membros da comunidade também contribuam para a mesma[448].

46.2. O bem jurídico protegido nas infracções tributárias

Também no que à natureza do *bem jurídico* protegido diz respeito, a ideia de cidadania fiscal e de dever/direitos que a suporta deve ser convocada e dar o seu contributo. O que significa, desde logo, que o legislador penal fiscal não deve guiar-se por nenhum dos dois modelos que, em termos comparatísticos se perfilam, a saber: o modelo patrimonial e o modelo dos deveres de colaboração.

De um lado, por detrás dos crimes tributários não deve estar, como bem jurídico protegido, um bem predominantemente patrimonial centrado na pretensão do Fisco à obtenção integral das receitas tributárias. Ou seja, um bem jurídico cuja violação não se esgote na ilicitude concretizada no dano causado ao erário público, traduzida portanto num desvalor do resultado.

De outro lado, os crimes tributários também não devem assentar exclusiva ou de modo prevalecente nos deveres de colaboração dos contribuintes (e demais sujeitos passivos fiscais) com a administração tributária, represen-

[448] Um dever-direito que deve ter como consequência prática, *de iure condendo*, o reconhecimento de legitimidade aos contribuintes, que cumpram o seu dever, para accionar os que o não cumpram – v. *supra* nºs 9.1 e 37.5.

tando a pretensão do Fisco a uma colaboração leal dos cidadãos na determinação dos factos tributários, cuja ilicitude se centra na violação dos deveres de informação e verdade e se estrutura no desvalor da acção. Ou seja, os crimes tributários também não devem ser concebidos como puros crimes de desobediência.

Por isso, vem-se entendendo que os crimes tributários devem ser tanto uma coisa como outra, reconduzindo-se o ilícito que os suporta a um modelo misto, a um modelo em que se visa quer a protecção do património fiscal do Estado, quer os valores de verdade e lealdade fiscal. Um modelo que o legislador português vem, de resto, seguindo, o qual de algum modo se foi gradualmente consolidando e reforçando até ao RGIT, a codificação das infracções tributárias que veio coroar toda uma paulatina evolução no sentido da plena eticização do ilícito tributário. Muito embora, de algum modo, se possa dizer que, mesmo no quadro de uma conjugação destes dois modelos, o modelo patrimonial se reporta mais à violação da obrigação tributária principal, que não é cumprida por desrespeito de deveres acessórios directamente instrumentais desta, e o modelo dos deveres de colaboração que se reporta mais à violação de deveres acessórios, que não têm essa ligação directa com a obrigação tributária principal.

Evolução que, a nosso ver, implica uma observação complementar. Com efeito, a ilicitude das infracções tributários, na medida em que se polariza na violação dos deveres de colaboração dos contribuintes (e demais sujeitos passivos fiscais) para com a administração tributária, centra-se, afinal de contas, na violação do *dever de cidadania* de pagar impostos, na violação do dever fundamental de suportar financeiramente a comunidade estadual, do qual aqueles deveres são mero instrumento, meros deveres instrumentais[449].

Mas, a serem as coisas assim, então é de nos interrogarmos sobre se o bem jurídico suporte de um tal ilícito não está, ou não está também, no próprio Estado, na própria sociedade organizada em Estado, de maneira a configurarem-se os crimes tributários, de algum modo, como crimes contra o Estado, como crimes contra a sociedade organizada em Estado. Ou, em termos mais exactos, como crimes contra a sociedade organizada em Estado fiscal social.

Uma visão das coisas que não precisa, a nosso ver, de qualquer adesão, e menos ainda de uma adesão entusiástica, às ideias de cidadania fiscal ou

[449] Cf. AUGUSTO SILVA DIAS, «Crimes e contra-ordenações fiscais», *cit.*, p. 445 e ss., e K. TIPKE, *Moral Tributário del Estado y de los Contribuentes*, Marcial Pons, 2002, p. 130 e ss.

de patriotismo fiscal que sedimentam a peculiar configuração da *comunitas* norte-americana, em que a fuga aos impostos é percepcionada pelos membros da comunidade como uma exclusão desta, à maneira da que se verifica numa sociedade comercial relativamente aos sócios que não realizam as participações sociais que se comprometeram a subscrever. Ideias que entendidas à risca implicariam a retirada da cidadania nacional ou o estatuto de residente aos efectivos "fugitivos fiscais"[450].

47. Ideia sobre os crimes tributários e o seu processo

47.1. Ideia sobre os crimes tributários

Os crimes tributários, como já dissemos, englobam, nos termos do RGIT: 1) os crimes tributários comuns, 2) os crimes aduaneiros, 3) os crimes fiscais e 4) os crimes contra a segurança social. Por razões que facilmente se compreenderão, vamos referirmo-nos apenas aos crimes tributários comuns e aos crimes fiscais, deixando de fora portanto quer os crimes aduaneiros, quer os crimes contra a segurança social.

No que aos *crimes tributários comuns* respeita, temos: a burla tributária, a frustração de créditos, a associação criminosa, a desobediência qualificada e a violação de segredo (arts. 87º a 91º). Uma palavra sobre cada um destes crimes.

Incorre no crime de *burla tributária* quem, por meio de falsas declarações, falsificação ou viciação de documento fiscalmente relevante ou outros meios fraudulentos, determinar a administração tributária ou a administração da segurança social a efectuar atribuições patrimoniais das quais resulte enriquecimento do agente ou de terceiro sendo tais factos punidos com prisão até três anos ou multa até 360 dias. Todavia, se essa atribuição patrimonial for: de valor elevado, a pena é a de prisão de um até cinco anos ou a de multa até 1.200 dias; de valor consideravelmente elevado, a pena é a de prisão de dois até oito anos para as pessoas singulares e a de multa de 480 a 1920 dias para as pessoas colectivas (art. 87º).

A respeito deste crime, é de sublinhar que se trata de um crime que foi autonomizado e configurado como crime tributário comum pelo RGIT com o objectivo de pôr termo às incertezas doutrinárias que rodeavam a repressão penal de certas práticas defraudatórias no quadro do RJIFNA. Pois o facto de nesse Regime não se proceder a qualquer distinção entre crimes tributários

[450] Para a mencionada percepção norte-americana, v. o livro, já referido, de Vanessa Williamson, *Read my Lips. Why Americans are Proud to Pay Taxes.*

comuns e crimes fiscais acabou por servir de argumento à jurisprudência, se bem que apenas num caso, para a não punição dos crimes comuns contra a Fazenda Pública[451].

Pratica o crime de *frustração de créditos* quem, sabendo que tem de entregar tributo já liquidado ou em processo de liquidação ou dívida às instituições de segurança social, alienar, danificar ou ocultar, fizer desaparecer ou onerar o seu património com intenção de, por essa forma, frustrar total ou parcialmente o crédito tributário sendo tais factos punidos com prisão até dois anos ou multa até 240 dias (art. 88º).

Pratica também esse crime quem outorgar em actos ou contratos que importem a transferência ou oneração de património com a intenção e os efeitos anteriormente referidos, sabendo que o tributo já está liquidado ou em processo de liquidação ou que tem dívidas às instituições de segurança social, sendo punido com prisão até um ano ou multa até 120 dias.

Incorre no crime de *associação criminosa* quem promover ou fundar grupo, organização cuja finalidade ou actividade seja dirigida à prática de crimes tributários sendo punido com a pena de prisão de um a cinco anos, se pena mais grave não lhe couber nos termos de outra lei penal. Na mesma pena incorre quem apoiar tais grupos, organizações ou associações ou que os apoiar, nomeadamente fornecendo armas, munições, instrumentos de crime, armazenagem, guarda ou locais para as reuniões, ou qualquer auxílio para que se recrutem novos elementos (art. 89º).

Será, todavia, punido com pena de prisão de dois a oito anos, se pena mais grave não lhe couber, nos termos de outra lei penal, quem chefiar, dirigir ou fazer parte dos grupos, organizações ou associações referidos.

Acrescente-se que a inserção deste crime nos crimes tributários comuns, antes apenas previsto no domínio dos crimes aduaneiros (no art. 34º do RJIFA), significa inequivocamente que se estendeu à área dos crimes fiscais e dos crimes contra a segurança social.

É punida como crime de *desobediência qualificada*, com pena de prisão até dois anos ou de multa até 240 dias, a não obediência devida a ordem ou man-

[451] Cf. o Acórdão do STJ, de 3 de Outubro de 1996, em que, surpreendentemente, se concluiu não ser o Estado susceptível de se apresentar como agente passivo, isto é, na posição de vítima ou ofendido, da prática de um crime de burla – v. a sua publicação em *Scientia Iuridica*, tomo XLV, nºs 262-264, 1996, p. 355 e ss. V. sobre este problema também Augusto Silva Dias, «Os crimes de fraude fiscal e de abuso de confiança fiscal: alguns aspectos dogmáticos e político-criminais», *CTF*, 394, Abril-Junho de 1999, p. 43 e ss.

dado legítimo regularmente comunicado e emanado do Director-Geral da AT ou seus substitutos legais ou de autoridade judicial competente em matéria de derrogação do sigilo bancário (art. 90º)[452].

Pratica crime de *violação de segredo* quem, sem justa causa e sem consentimento de quem de direito, dolosamente revelar ou se aproveitar do conhecimento do segredo fiscal ou da situação contributiva perante a segurança social de que tenha conhecimento no exercício das suas funções ou por causa delas, sendo punido com pena de prisão até um ano ou multa até 240 dias (art. 91º, nº 1).

Pratica também o crime de violação de segredo o funcionário que, sem estar devidamente autorizado, revele segredo de que teve conhecimento ou que lhe foi confiado no exercício das suas funções ou por causa delas com a intenção de obter para si ou para outrem um benefício ilegítimo ou de causar prejuízo ao interesse público, ao sistema de segurança social ou a terceiros, sendo punido com a pena de prisão até três anos ou de multa até 360 dias (art. 91º, nº 2).

Penas estas aplicáveis também ao funcionário que revele segredo de que teve conhecimento ou que lhe foi confiado no exercício das suas funções ou por causa delas, obtido através da derrogação do sigilo bancário ou outro dever legal de sigilo (art. 91º, nº 3).

Por seu turno, nos *crimes fiscais* temos: a fraude fiscal, a fraude qualificada e o abuso de confiança (arts. 103º a 105º). Uma palavra também sobre cada um deles.

Constituem *fraude fiscal*, punível com pena de prisão até três anos ou multa té 360 dias, as condutas ilegítimas a seguir tipificadas, que visem a não liquidação, entrega ou pagamento da prestação tributária ou a obtenção indevida de benefícios fiscais, reembolsos ou outras vantagens patrimoniais susceptíveis de causarem diminuição das receitas tributárias conquanto que a vantagem patrimonial ilegítima não seja inferior a € 15.000 (art. 103º).

A fraude fiscal pode ter lugar por: a) ocultação ou alteração de factos ou valores que devam constar dos livros de contabilidade ou escrituração, ou das declarações apresentadas ou prestadas a fim de que a administração fiscal especificamente fiscalize, determine, avalie ou controle a matéria colectável; b) ocultação de factos ou valores não declarados e que devam ser revelados

[452] Assinale-se que este crime foi introduzido na nossa ordem jurídica pelo art.14º da Lei nº 30-G/2000.

à administração fiscal; c) celebração de negócio simulado, quer quanto ao valor, quer quanto à natureza, quer por interposição, omissão ou substituição de pessoas[453].

Constituem *fraude qualificada* os factos previstos para a fraude fiscal simples, puníveis com a pena de prisão de um a cinco anos para as pessoas singulares e multa de 240 a 1200 dias para as pessoas colectivas, quando se verificar a acumulação de mais de uma das seguintes circunstâncias: a) o agente se tiver conluiado com terceiros que estejam sujeitos a obrigações acessórias para efeitos de fiscalização; b) o agente for funcionário público e tiver abusado gravemente das suas funções; c) o agente se tiver socorrido do auxílio do funcionário público com grave abuso das suas funções, d) o agente falsificar ou viciar, ocultar, destruir, inutilizar ou recusar entregar, exibir ou apresentar livros, programas ou ficheiros informáticos e quaisquer outros documentos ou elementos probatórios exigidos pela lei tributária; e) o agente usar os livros ou quaisquer outros elementos referidos na alínea anterior sabendo-os falsificados ou viciados por terceiro; f) tiver sido utilizada a interposição de pessoas singulares ou colectivas residentes fora do território português a aí submetidas a um regime fiscal claramente mais favorável; g) o agente se tiver conluiado com terceiros com os quais esteja em situação de relações especiais (art. 104º).

A mesma pena é aplicável quando a fraude tiver lugar mediante a utilização de facturas ou documentos equivalentes por operações inexistentes ou por valores diferentes ou ainda com a intervenção de pessoas ou entidades diversas das da operação subjacente.

Finalmente, incorre no crime de *abuso de confiança* quem não entregar à administração tributária, total ou parcialmente, prestação tributária de valor superior a € 7.500 deduzida nos termos da lei e que estava legalmente obrigado a entregar, sendo punido com pena de prisão até três anos ou multa até 360 dias. Os factos descritos só são puníveis se tiverem decorrido mais de 90 dias sobre o termo do prazo legal de entrega da prestação. Quando a entrega não efectuada for superior a € 50.000, a pena é a de prisão de um a cinco anos e de multa de 240 a 1200 dias para as pessoas colectivas (art. 105º)[454].

[453] V., a respeito deste crime, Miguel J. de Almeida Costa, «A fraude fiscal como crime de aptidão. Facturas falsas e concurso de infracções», *Miscelâneas*, nº 6, IDET/FDUC, Almedina, 2010, p. 184 e ss.

[454] Relativamente a este crime, v. o Ac. 54/2004, em que o TC julgou não inconstitucional o art. 105º, nº 1, do RGIT, e a Anotação de Costa Andrade, «Abuso de confiança fiscal e a insustentável leveza de um acórdão do tribunal Constitucional», *RLJ*, 134, 2001/02, p. 300 e ss., e Paulo Marques, *Crime de Abuso de Confiança Fiscal*, 2ª ed., Almedina, Coimbra, 2012.

Uma nota mais a respeito dos crimes tributários para dizer que, além das penas principais, que referimos, aos agentes dos crimes tributários são aplicáveis também as penas acessórias constantes do art. 16º, entre as quais se contam a interdição temporária do exercício de certas actividades ou profissões, o encerramento de estabelecimento, a cassação de licenças ou concessões, a dissolução de pessoa colectiva, a perda de mercadorias ou meios de transporte, etc. Penas estas aplicáveis quando se verifiquem os pressupostos previstos no Código Penal e, bem assim, os constantes do art. 17º do RGIT.

47.2. Ideia relativa ao processo penal tributário

Algumas notas, muito sumárias, relativas ao processo penal tributário. E a primeira é para dizer que o processo penal tributário, como processo penal que é, cabe na competência aos tribunais judiciais, não admirando, por isso, que a sua disciplina conste basicamente do CPP.

Todavia, como tem algumas especificidades, também facilmente se compreende, que uma pequena parte da sua disciplina conste do RGIT, como acontece com a constante dos arts. 35º a 50º. Disciplina esta que se prende com o facto de aos órgãos da administração tributária caber, durante o inquérito, cuja direcção cabe ao Ministério Público, os poderes e as funções que o CPP atribui aos órgãos de polícia criminal. Para o que se presume delegada nesses órgãos a prática de actos que o Ministério Público pode atribuir aos órgãos de polícia criminal (art. 40º, nº 2).

Delegação que, devemos acrescentar, comporta uma importante excepção, pois, nos termos do art. 7º, nº 4, alínea *a)*, da Organização da Investigação Criminal (aprovada pele Lei nº 49/2008, de 27 de Agosto), é da competência reservada desta polícia a investigação criminal relativa aos crimes tributários de valor superior a € 500.000.

Nos termos do art. 41º, sem prejuízo de a todo o tempo o Ministério Público poder avocar o processo, a competência para a prática dos actos de inquérito presume-se delegada, relativamente aos crimes fiscais, no director de finanças que exercer funções na área onde o crime tiver sido cometido ou no director da Direcção de Serviços de Inspecção Tributária ou no director da Direcção de Serviços de Investigação da Fraude e de Acções Especiais nos processos por crimes que venham a ser indiciados por estas no exercício das suas atribuições.

Quanto à tramitação processual, como será compreensível, vamos referir-nos aqui apenas à primeira fase do processo, isto é, à fase do inquérito, a qual, com a entrada em vigor do RGIT, que acabou com a anterior fase chamada de averiguações, passou a ser a fase por que se inicia todo e qualquer processo penal tributário.

Pois bem, na fase do inquérito do processo penal tributário, encontramos a seguinte tramitação: 1) a notícia do crime decorrente de auto de notícia, de participação ou de denúncia (art. 35º); 2) o envio da notícia da infracção à autoridade competente (art. 41º); 3) a comunicação ao Ministério Público de que se iniciaram as investigações ao abrigo da competência delegada (art. 40º, nº 3); 4) a conclusão do inquérito no prazo de oito meses a contar da data em que foi adquirida a notícia do crime (art. 42º, nº 1)[455]; 5) o encerramento e o envio dos autos (parecer fundamentado e auto de inquérito) ao Ministério Público (art. 42º, nº 3); e 6) despacho de arquivamento ou de acusação ou a prática pelo Ministério Público dos actos que considerar necessários à realização dos objectivos do inquérito (art. 53º e 262º a 285º do CPP).

Um dos problemas mais candentes a este respeito é o a utilização em processo penal de prova recolhida no procedimento de inspecção tributária, uma situação que, em princípio, é incompatível com o direito que assiste ao arguido de não se auto-incriminar ou o direito expresso no conhecido brocardo latino *nemo tenetur se ipsum accusare*. Um direito fundamental que, por não ser absoluto, pode comportar limites, desde que estes superem com êxito os exigentes testes das leis restritivas de direitos, liberdades e garantias fundamentais constantes do art. 18º da Constituição. É óbvio que especial importância tem neste teste a salvaguarda do conteúdo essencial do direito à não auto-incriminação, bem como o da ponderação deste direito fundamental com o poder-dever de o Estado tributar eficazmente todos os contribuintes de forma equitativa.

Importância especial têm aqui os testes concretizados na salvaguarda do núcleo essencial do direito fundamental do arguido e no respeito da proporcionalidade entre a restrição a esse direito e o interesse público na liquidação e cobrança dos impostos a implicar uma eficaz luta contra o fenómeno da evasão e fraude fiscal. O que pode conduzir a que, em certos casos, a utilização em processo penal de prova recolhida no procedimento de inspecção

[455] Isto se não for intentado procedimento, contestação técnica aduaneira ou processo tributário em que se discuta a situação tributária de cuja definição dependa a qualificação criminal dos factos, caso em que não será encerrado o inquérito enquanto não for praticado acto definitivo ou proferida decisão final sobre a referida situação tributária, suspendendo-se o referido prazo de oito meses (art. 42º, nº 2).

tributária possa ter-se por juridicamente admissível, como de resto foi referido pelo TEDH, no caso *Sanders vs Reino Unido*, de 17 de Dezembro de 1996, e reconhecido pelo nosso Tribunal Constitucional, no acórdão 340/2013[456].

48. Ideia sobre as contra-ordenações tributárias e o seu processo

Quanto às contra-ordenações fiscais, na impossibilidade de darmos uma ideia sobre cada uma delas, sobretudo tendo em conta o seu grande número e diversidade, diremos tão-só alguma coisa relativamente aos tipos de contra-ordenações tributárias.

De um lado, temos contra-ordenações aduaneiras e contra-ordenações fiscais. De outro lado, as contra-ordenações tributárias podem ser contra-ordenações simples e contra-ordenações graves.

Nos termos do art. 23º, são simples as contra-ordenações puníveis com coima cujo limite máximo não exceda € 5.750; em contrapartida, são graves as contra-ordenações puníveis com coima cujo limite máximo seja superior a € 5.750 e aquelas que, independentemente da coima aplicável, a lei expressamente qualifique como tais.

Refira-se que, tratando-se de contra-ordenação simples, existe a possibilidade de aplicação dos benefícios decorrentes do regime de pagamento antecipado estabelecidos no art. 75º, o qual se traduz em o arguido, que pagar a coima no prazo para a defesa, beneficiar, por efeito de antecipação do pagamento, da redução da coima para um valor igual ao mínimo legal cominado para a contra-ordenação e da redução a metade das custas processuais.

Também em relação às contra-ordenações, para além das penas principais aplicáveis, das coimas portanto, há lugar a sanções acessórias, as quais nos termos do art. 28º, podem traduzir-se na perda de objectos pertencentes ao agente, na privação do direito a receber subsídios ou subvenções concedidos por entidades ou serviços públicos, na perda de benefícios fiscais ou inibição de os obter, no encerramento de estabelecimento, cessação de licenças ou concessões, etc.

[456] V. o nosso estudo «Algumas considerações relativas à inspecção tributaria», *ob. cit.*, p. 188 e s. Para uma rejeição total de quaisquer limites ao direito de não auto-incriminação, v. MANUEL DA COSTA ANDRADE, «*Nemo tenetur se ipsum accusare* e direito tributário. Ou a insustentável indolência de um acórdão (nº 340/2013) do Tribunal Constitucional», *Boletim de Ciências Económicas*, Vol. LVII, 2014, p. 385 e ss. Quanto ao processo penal tributário, v. J. RICARDO CATARINO/NUNO VITORINO, «Aspectos gerais e específicos do novo Regime Geral das Infracções Tributárias», *Fiscalidade*, 9, 2002, p. 46 e ss.

Uma palavra agora sobre a tramitação do processo de contra-ordenação tributária. Pois bem, no processo de contra-ordenação tributária, à semelhança do que acontece com o processo de contra-ordenação geral, encontramos duas fases na aplicação das coimas, as quais se seguem à fase de instauração do processo, pelo que temos três fases: a fase de instauração do processo, que é sempre administrativa (arts. 51º a 66º), a fase administrativa de aplicação das coimas, que decorre na administração (arts. 67º a 79º) e a fase judicial de aplicação das coimas, que decorre nos tribunais (arts. 80º a 86º). Vejamos, então, as diversas etapas ou trâmites do processo de contra-ordenação tributária, distribuindo-as pelas referidas três fases.

I – Fase de *instauração do processo* de contra-ordenação tributária:

1) a notícia da infracção que, segundo o art. 56º, pode ter por base: a) o auto de notícia levantado por funcionário competente[457], b) a participação de entidade oficial (que não tenha competência para levantar auto de notícia), c) a denúncia feita por qualquer pessoa[458], d) a declaração do contribuinte ou obrigado tributário a pedir a regularização da situação tributária (antes de instaurado o processo de contra-ordenação)[459];
2) a instauração do processo de contra-ordenação no serviço tributário da área em que tiver sido cometida a infracção (arts. 52º e 67º)[460].

II – *Fase administrativa* de aplicação das coimas:

3) a investigação e instrução orientadas pelo dirigente do serviço tributário competente, excepto se o processo tiver por base o auto de notícia, levantado nos termos dos arts. 57º a 59º, caso em que se dispensa a investigação e instrução (art. 69º);

[457] Quanto aos requisitos do auto de notícia e a competência para o seu levantamento, v., respectivamente, o art. 67º e o art. 59º.

[458] Relativamente à participação de entidade oficial e à denúncia, v. o art. 60º.

[459] Refira-se que, segundo o art. 73º, pode ser efectuada neste momento a apreensão de bens que tenham constituído objecto da contra-ordenação.

[460] Segundo o art. 55º, sempre que uma contra-ordenação tributária implique a existência de facto pelo qual seja devido tributo ainda não liquidado, o processo de contra-ordenação suspende-se, após a instauração ou finda a instrução, até que, consoante o caso, o tributo seja pago no prazo legal, tenha decorrido este prazo ou tenha transitado em julgado a decisão do correspondente processo de impugnação.

4) a notificação, de acordo com as disposições do CPPT, do arguido do facto ou factos apurados no processo e da punição em que incorre, da qual constará a comunicação para apresentar, no prazo de 10 dias, a sua defesa e juntar ao processo os elementos probatórios que entender (art. 70º)[461];
5) a defesa do arguido, que pode ser produzida verbalmente no serviço tributário competente (art. 71º);
6) a decisão, que pode ser: a) de absolvição, de dispensa de aplicação da coima, nos termos do art. 32º, ou de arquivamento do processo no caso de dúvidas fundadas sobre os factos constitutivos da contra-ordenação, nos termos do art. 77º; b) de condenação no pagamento de coima, de custas e eventual aplicação de sanções acessórias (arts. 52º e 79º);
7) a notificação da decisão;
8) no caso de condenação, segue-se o pagamento da coima ou, na falta deste, caso não tenha havido recurso judicial, a execução de acordo com o art. 65º do CPPT[462].

III – *Fase judicial* de aplicação das coimas (caso seja interposto recurso para o tribunal tributário):

9) interposição do recurso no prazo de 20 dias após a notificação, a apresentar no serviço onde tiver sido instaurado o processo de contra-ordenação, cuja petição deve conter as alegações e a indicação dos meios de prova a produzir (art. 80º);
10) remessa do processo ao tribunal pelo dirigente do respectivo serviço tributário, podendo o representante da Fazenda Pública oferecer qualquer prova complementar (art. 81º);
11) audiência de discussão e julgamento, em que o Ministério Público deve estar presente, o representante da Fazenda Pública pode participar e o arguido não é obrigado a comparecer, a menos que o juiz o considere necessário para o esclarecimento dos factos, podendo fazer-se representar por advogado (art. 82º);

[461] Acrescente-se que, no caso de o processo de contra-ordenação ser instaurado com base em auto de notícia, a descrição dos factos pode ser substituída por cópia do auto.
[462] Cf. J. Ricardo Catarino/Nuno Victorino, «Aspectos gerais e específicos do novo Regime Geral das Infracções Tributárias», *cit.*, p. 47.

12) a sentença (que ou dá ou nega provimento ao recurso, revogando ou confirmando a decisão de aplicação da coima).

Acrescente-se que, nos termos do art. 83º, da sentença proferida pelo tribunal tributário pode recorrer-se para a 2ª secção do TCA, no prazo de 20 dias a contar da notificação do despacho, da audiência de julgamento ou, caso o arguido não tenha comparecido, da notificação da sentença, excepto se o valor da coima aplicada não ultrapassar um quarto da alçada fixada para os tribunais judiciais de 1ª instância[463] e não for aplicada sanção acessória. O recurso será, porém, para a 2ª Secção do STA, se o seu fundamento for exclusivamente matéria de direito.

Sublinhe-se que, nos termos do nº 1 do referido art. 83º, apenas podem recorrer o arguido e o MP, ficando assim prejudicado o legítimo interesse da Fazenda Pública em recorrer das sentenças que lhe sejam prejudiciais[464].

[463] Sendo a alçada dos tribunais judiciais de 1ª instância de € 5.000, não haverá recurso se a coima aplicada for inferior a € 1.250.

[464] V., neste sentido, J. Ricardo Catarino/Nuno Victorino, *Regime Geral das Infracções Tributárias Anotado*, Lisboa, 2002, p. 414. Para o processo contra-ordenacional fiscal, embora tendo em conta o regime constante do CPT, v. ainda Miguel Corte-Real, *Processo Contra-Ordenacional Fiscal*, Porto, 1999.

PARTE II
O SISTEMA FISCAL PORTUGUÊS

Capítulo I
Evolução e Estrutura Actual do Sistema Fiscal Português

49. No princípio era a dízima[1]

Antes de procedermos a quaisquer desenvolvimentos relativos aos principais impostos que integram o sistema fiscal português, é importante tecermos algumas considerações a respeito da sua recente evolução e, bem assim, da sua actual estrutura. A que acrescentaremos algumas notas relativas quer ao fenómeno que designamos por reforma fiscal permanente, quer aos desafios que presentemente se colocam ao sistema fiscal. Comecemos então pela recente evolução do sistema fiscal português.

Todavia, ainda antes de entrarmos na descrição da recente, ou melhor muito recente evolução do nosso sistema fiscal, convém dizer alguma coisa,

[1] E fazemos votos para que não acabemos dizimados, pois que, do termo dízima, aos olhos de hoje expressão duma tributação moderada, na medida em que se traduz num imposto proporcional de 10% da matéria colectável, derivou, por razões que facilmente se advinham, o verbo dizimar que, é bom de ver, não carece de quaisquer esclarecimentos complementares. V., para este avivar da memória, Aníbal Almeida, «Imposto progressivo e redistribuição», *BCE*, vol. XXXVIII, 1995, p. 115. Quanto à epígrafe do texto, v. a colectânea de escritos editada por U. Schultz, *Mit dem Zehten fing es an. Eine Kulturgeschichte der Steuer,* München, 1986. V. também João R. Catarino, *Para uma Teoria Política do Tributo,* cit., p. 33 e ss.; Albano Santos, *Teoria Fiscal,* cit., p. 45 e ss.; e Xavier de Basto, *IRS: Incidência Real e Determinação dos Rendimentos Líquidos,* Coimbra, 2007, p. 13 e ss.

naturalmente em termos muito breves, relativamente a uma certa linha de evolução histórico-cultural da ideia de imposto e da ideia de imposto justo, a qual, como facilmente se compreenderá, é tão antiga como o próprio mundo.

Pois bem, se folhearmos a Bíblia, e com isto dispensamo-nos de procurar em qualquer outro sítio ou de convocar qualquer outro tempo, em diversos locais encontramos referência aos impostos, ou melhor, ao imposto. E isto tanto no Antigo Testamento como no Novo Testamento[2]. Ora bem, a ideia que perpassa pelo texto sagrado vai, em geral, no sentido de um imposto proporcional à matéria colectável, e um imposto proporcional com uma taxa de 10% – daí a dízima. Uma espécie de imposto sobre o conjunto do rendimento e do património a pagar por cada família, correspondente a 10% desse rendimento e património.

É essa, aliás, a ideia que se retira, por exemplo – e por esta referência nos ficamos quanto à dízima bíblica – do Levítico em que, no capítulo 27, versículo 30, prescreve que "toda a dízima da terra atribuída às sementes do

[2] Em rigor, no Novo Testamento encontramos a referência aos impostos, em quatro situações: 1) quando Jesus, questionado sobre o pagamento do tributo a César, responde com a célebre frase: "dai a César o que é de César e a Deus o que é de Deus", em que podemos ver a base da separação entre as coisas de Deus (da Igreja) e as coisas dos homens (do Estado); 2) no episódio do óbolo da viúva, em que, por via de regra, os autores fundam a ideia dos impostos progressivos ou, noutros termos, da solidariedade fiscal; 3) quando Jesus manda Pedro pagar o tributo do templo, depois de os cobradores terem perguntado se o Mestre não pagava esse tributo e de Pedro ter respondido «claro que paga» (Mateus, 17, 24-27); e 4) no próprio episódio do nascimento de Jesus, que acaba por ter lugar em Belém, em virtude do édito de César Augusto a ordenar o recenseamento geral da população do Império, que não se ficou a dever apenas a razões estatísticas, mas sobretudo a razões fiscais – v., neste sentido, K. Häuser, «Opfer und Steuer. Von der Antike zur Gegenwart», *in* U. Schultz, *ob. cit.*, p. 13 e ss., e G. Ardant, *Histoire de l'Impôt*, vol. I, cit., p. 123 e ss. De resto, a própria crítica nos Evangelhos aos publicanos, concessionários dos impostos no Império Romano, vai também nesse sentido. Quanto ao papel dos publicanos na administração dos impostos, aos quais se terá ficado a dever, a constituição das primeiras sociedades comerciais – as *societates publicanorum*, v. Charles Adams, *For Good and Evil. The Impact of Taxes on the Course of Civilization*, cit., esp. p. 79 e ss.; T. Spagnolo Vigorita e F. Mercogliano, «Tributi (diritto romano)», *Enciclopedia del Diritto*, vol. XLV, 1992, p. 85 e ss.; Rui M. F. Marcos, *As Companhias Pombalinas. Contributo para a História das Sociedades por Acções em Portugal*, Coimbra, 1997, p. 16 e ss.; e João T. Gama, «O que é de César: impostos e cobradores no Novo Testamento (Antologia)», *Estudos Jurídicos e Económicos em Homenagem ao Prof. Doutor António de Sousa Franco*, Vol. II, Coimbra, 2006, p. 421 e ss.

solo ou às frutas das árvores pertence e é consagrada ao Senhor". Isto tendo em conta apenas os impostos devidos à respectiva comunidade, excluídos portanto os impostos (*rectius* tributos) cobrados pelo ocupante estrangeiro a título de vencedor da guerra de ocupação[3].

E dando um enorme salto, simultaneamente histórico e geográfico, assinalemos que foi também sob a forma de uma dízima que surgiu entre nós, aliás com assinalável pioneirismo para a época, o primeiro imposto digno de um Estado moderno. Estamos a referirmo-nos, naturalmente, ao imposto que passou à história sob o nome de *décima militar*, o qual, ao contrário do que era comum na época, incidia também sobre o clero e a nobreza e não apenas sobre o povo (ou terceiro estado)[4].

Para custear os 2.400.000 cruzados necessários para a organização do exército da Restauração, foi votada nas Cortes de 1641 e, depois, criada pelo Alvará de 5 de Setembro desse mesmo ano, para vigorar por três anos (após os quais "as cortes decidiriam a sua revogação ou prorroga"), uma contribuição geral consistindo "em as décimas de todas as fazendas não exceptuando género algum de pessoa, que deixasse de contribuir a dez por cento de qualquer fazenda de que fosse senhor". Nessas Cortes concordaram os três estados com a percepção da décima militar que, nos termos do seu *Regimento*, incidia sobre os rendimentos dos prédios, do capital e das actividades comerciais, industriais ou profissionais[5].

[3] Sobre alguns aspectos desta temática, cf. Ronald D. Pasquariello, *Tax Justice. Social and Moral Aspects of American Tax Policy*, cit., p. 1 e ss. (11 e s.); na citada obra editada por U. Schultz, para além de K. Häuser, «Opfer und Steuer. Von der Antike zur Gegenwart», *cit.*, D. Baatz «Gebt dem Kaiser, was des Kaiser ist», p. 38 e ss., e K. Bringmann, «Steuern und Fremdherrschaft. Judäa zur Zeit Jesu», p. 51 e ss.; G. Muraro, «Alla recerca dell'equità tributaria: delle scritture ai problemi attuali», *RDFSF*, LVII (1998), I, p. 358 e ss., e, embora tendo em conta apenas dois aspectos da relação jurídica de imposto, a constituição e extinção da obrigação tributária, P. Cerami, «Il rapporto giuridico d'imposta nell'esperienze tributaria romana: obligazione e condono», *IURA – Rivista Internazionale di Diritto Romano e Antico*, 37, 1986, p. 34 e ss.

[4] Quanto a esse pioneirismo, v., por exemplo, P. Di Malta, *Droit Fiscal Européen Comparé*, Paris, 1995, p. 4 e s., em que, a propósito da evolução do nosso sistema fiscal, fala de "precocidade e evolução técnica lenta", já que, não obstante o pioneirismo assinalado, fomos dos últimos países da União Europeia a adoptar um imposto único sobre o rendimento pessoal.

[5] Cf. também A. L. Sousa Franco, «Tributação», *cit.*, p. 528 e ss.

A este respeito, não podemos deixar de trazer aqui à colação e de sublinhar um facto histórico da maior importância e significado, por via de regra totalmente desconhecido. Estamos a referirmo-nos à magistral intervenção do Padre António Vieira no sentido de convencer as classes anteriormente excluídas da tributação, o clero e a nobreza, da necessidade da sua sujeição à décima militar nos mesmos termos em que a ela estavam sujeitos os membros do povo.

Na verdade, deve-se a esse talentoso e inigualável pregador a aceitação por parte do clero e da nobreza do pagamento em separado da sua parte na décima militar, como o exigiam os procuradores do povo "para que se soubesse o que cada um dos três estados despendia e não viesse a cair no povo, como menos poderoso, o maior peso". Convencimento esse que conseguiu através do célebre sermão de Santo António, pregado a 14 de Setembro de 1642 perante o Rei e as Cortes, convocadas para o dia seguinte justamente para votar esse aspecto da décima militar, já aprovada nas Cortes do ano anterior.

Um sermão notável a muitos títulos, designadamente pelas ideias relativas aos impostos em que assenta, ideias que só muito mais tarde haveriam de afirmar-se. Estamos a referir-nos: de um lado, à ideia de igualdade no domínio dos impostos, a qual, como é sabido, apenas com o triunfo das revoluções liberais inglesa, americana e francesa haveria de consolidar-se; de outro lado, à técnica de anestesia fiscal que o sermão convoca e que apenas em meados do século XIX começaria a ser objecto de tratamento[6].

[6] Uma técnica que só bastante mais tarde viria a ter o nome que tem, o qual, segundo nos informa ANÍBAL ALMEIDA, *Teoria Pura da Imposição*, cit. p. 75, nota 50, se terá ficado a dever ao financista francês Felix Esquirou Parieu, em meados do séc. XIX. Mas, voltando ao sermão, não resistimos a deixar aqui um pequeno naco da riquíssima prosa de Vieira sobre a anestesia fiscal: "... A costa de que se havia de formar Eva, tirou-a Deus a Adão dormindo e não acordado, para mostrar quão dificultosamente se tira aos homens, e com quanta suavidade se deve tirar, ainda o que é para seu proveito. Da criação e fábrica de Eva dependia não menos que a conservação e propagação do género humano; mas repugnam tanto os homens a deixar arrancar de si aquilo que se lhes tem convertido em carne e sangue, ainda que seja para bem de sua casa e de seus filhos, que por isso traçou Deus tirar a costa a Adão, não acordado, senão dormindo; adormeceu-lhe os sentidos, para lhe escusar o sentimento. Com tanta suavidade como isto, se há-de tirar aos homens o que é necessário para sua conservação. Se é necessário para a conservação da Pátria, tire-se a carne, tire-se o sangue, tirem-se os ossos, que assim é razão que seja; mas tire-se com tal modo, com tal indústria, com tal suavidade, que os homens não o sintam, nem quase o vejam. Deus tirou a costa a Adão, mas ele não viu nem sentiu; e se o soube, foi por revelação. Assim aconteceu aos bem governados vassalos do imperador Teodorico, dos quais por grande glória sua dizia ele: *Sentimus auctas illationes,*

Pois bem, como facilmente se pode ver, tratava-se dum imposto tendencialmente geral e anual sobre o rendimento. Um imposto que, muito embora criado como imposto de carácter extraordinário, para fazer face à guerra, passou, mediante o Regimento aprovado nas Cortes de 1653/54, a ser considerado como um imposto ordinário, tendo permanecido, como fonte indispensável das receitas necessárias às exigências sempre crescentes do país, por mais de dois séculos.

Substituídas em 1845 pelas contribuições, tendo-se instituído a contribuição de maneio, a contribuição pessoal e a contribuição predial, e criado em 1860 a contribuição industrial em substituição das duas primeiras, podemos dizer que as décimas se vão manter até à reforma dos anos sessenta do século passado e que, não obstante as vicissitudes por que passaram, estão na base das actuais categorias de rendimento previstas no CIRS[7].

Mas, deixemos em paz os tempos bíblicos e os tempos da Restauração da nossa Independência, e vamos à recente evolução do sistema fiscal português, referindo-nos à reforma fiscal dos anos sessenta do século passado, ao quadro constitucional e ao sistema fiscal actual. Antes desta reforma é de aludir às duas reformas do século XX, a da I República e a de Oliveira Salazar.

A reforma fiscal da I República, de 1922, uma verdadeira reforma fiscal, assentava em cinco impostos: o imposto sobre o valor das transacções, a contribuição industrial, o imposto pessoal sobre o rendimento, a contribuição predial e o imposto sobre a aplicação de capitais, em que temos dois impostos novos – o imposto sobre o valor das transacções e o imposto pessoal sobre o rendimento. Todavia, porque totalmente desfasada da realidade económica do país, que não dispunha da correspondente estrutura económica, não chegou a ter aplicação efectiva, tendo o imposto pessoal sobre o rendimento sido abolido logo em 1926 e o imposto sobre o valor das transacções em 1929.

vos addita tributa nescitis: 'Eu sei que há tributos, porque vejo as minhas rendas acrescentadas; vós não sabeis se os há, porque não sentis as vossas diminuídas'...". V. *Obra Completa do Padre António Vieira*, Tomo II, Volume X, p. 103 e s.

[7] Refira-se que a designação de contribuições foi adoptada no quadro da filosofia liberal que via no indivíduo um cidadão livre e titular exclusivo dos seus direitos, que pagava prestações ao Estado não porque este tivesse o poder de lhas impor, mas antes porque ele, como cidadão, tinha a obrigação de as realizar. Quanto às vicissitudes é de destacar, também pelo seu pioneirismo, a relativa à décima de lucros, traduzida na instituição entre nós do mecanismo de técnica tributária conhecida por *retenção na fonte*, através da retenção na fonte da décima sobre os lucros distribuídos aos accionistas. Cf. Rui M. F. Marcos, *As Companhias Pombalinas*, cit., p. 799 e ss. (807 e ss.).

Por seu lado a reforma fiscal de Oliveira Salazar, de 1929, traduziu-se, em larga medida, em retoques ao sistema fiscal anterior à fracassada reforma de 1922, pautando-se pelo realismo e prudência e assentando numa tributação simples, normal e proporcional do rendimento, no quadro de um sistema que expressamente se considerou transitório, que vigoraria apenas até que fosse preparada uma verdadeira reforma fiscal, o que, inexplicavelmente, apenas viria a acontecer na década de sessenta.

50. A reforma fiscal dos anos sessenta

Vejamos, então, como se configurava a tributação do rendimento, do património e do consumo no sistema fiscal resultante da reforma fiscal levada a cabo entre os anos de 1958 e 1966 e que vigorou até à adopção do sistema fiscal actual[8].

50.1. A tributação do rendimento

No respeitante à tributação do rendimento, verificava-se uma tributação dualista constituída por: um conjunto de impostos parcelares ou cedulares, integrado por um imposto por cada parcela ou cédula de rendimento; e um imposto de sobreposição, o chamado Imposto Complementar que tributava, de novo, com critérios de personalização aquelas parcelas de rendimento.

Os impostos parcelares, cujos rendimentos estavam também sujeitos ao Imposto Complementar, eram: 1) o Imposto Profissional relativo ao rendimento do trabalho dependente e do trabalho independente dos profissionais liberais ou independentes constante da tabela anexa ao código desse imposto, 2) a Contribuição Industrial relativa ao rendimento proveniente da actividade industrial e comercial, 3) o Imposto de Capitais relativo ao rendimento da aplicação de capitais, 4) o Imposto sobre a Indústria Agrícola relativo ao rendimento proveniente da actividade agrícola, silvícola e pecuária (um imposto que praticamente não chegou a ser aplicado, uma vez que, tendo sido várias vezes suspenso e reposto em vigor, foi objecto de restituição nos anos em que

[8] Quanto à reforma dos anos sessenta, v. Teixeira Ribeiro, «Reforma dos anos sessenta», em *A Reforma Fiscal*, Coimbra, 1989, p. 9 e ss. No respeitante à evolução das reformas fiscais, v. P. Soares Martinez, *Direito Fiscal*, cit., p. 505 e ss.; Vitor Faveiro, *Noções Fundamentais de Direito Fiscal Português*, vol. II, cit., p. 16 e ss.; Ministério das Finanças, *Estruturar o Sistema Fiscal do Portugal Desenvolvido*, cit., p. 20 e ss.; João R. Catarino, *Para uma Teoria Política de Tributo*, cit. p. 295 e ss. e Sérgio Vasques, *Manual de Direito Fiscal*, cit., p. 11 e ss.

chegou a ser cobrado), e 5) a Contribuição Predial relativa ao rendimento da propriedade rústica e urbana.

Sobre os rendimentos tributados nestes impostos cedulares incidia, como já referimos, num segundo momento, o Imposto Complementar, Secção A[9], o qual, dotado de uma taxa progressiva e de outras características típicas dos impostos pessoais, tinha por objectivo personalizar a tributação do rendimento das pessoas singulares.

Para além destes impostos, havia ainda: 1) o imposto de mais-valias (que tributava o rendimento proveniente de algumas mais-valias realizadas – as provenientes da transmissão onerosa de terrenos para construção, da transmissão onerosa de elementos do activo imobilizado das empresas ou de bens mantidos como reserva, do trespasse de locais afectos ao exercício de profissões liberais, e da incorporação de reservas no capital social das sociedades por acções) cujos rendimentos não eram, porém, objecto de tributação em Imposto Complementar; e 2) o Imposto Complementar, Secção B, que se traduzia num agravamento, realizado através de um típico adicionamento, da Contribuição Industrial incidente sobre as sociedades comerciais ou civis sob forma comercial e demais pessoas colectivas.

Refira-se, a título complementar, que o sistema de tributação do rendimento instituído pela reforma fiscal dos anos sessenta, em vez de se desenvolver no sentido traçado e subjacente aos diplomas legais que a concretizaram, isto é, no sentido do progressivo aumento do peso do imposto complementar na tributação das pessoas singulares e da tributação pelo rendimento real na tributação das empresas, foi vítima de uma verdadeira contra-reforma fiscal. Traduziu-se ela, de um lado, na não implementação pela administração tributária das medidas que as leis exigiam e, de outro lado, no retrocesso legislativo que não tardou a surgir[10].

50.2. A tributação do património

No referente aos impostos sobre o património, o sistema fiscal de então conhecia apenas dois impostos incidentes ambos sobre o património aquando da sua transmissão: por um lado, o imposto de sisa incidente sobre a transmissão onerosa dos bens imóveis (ou do património imobiliário); por outro, o

[9] Pois havia também o Imposto Complementar, Secção B, que mais não era do que um adicionamento à tributação em Contribuição Industrial das pessoas colectivas – v., a seguir, no texto.

[10] V. Teixeira Ribeiro, «A contra-reforma fiscal», *cit.*

imposto sobre as sucessões e doações incidente sobre a transmissão gratuita, por acto *inter vivos* ou *mortis causa*, dos bens imóveis e móveis (ou do património imobiliário e mobiliário).

Impostos que praticamente se mantiveram até à reforma da tributação do património em 2003/04, já que a única alteração visível levada a cabo foi a que, em 1988, transformou a Contribuição Predial, um imposto sobre o rendimento predial, em Contribuição Autárquica, um imposto sobre o património, tendo esta substituído, no respeitante aos prédios não arrendados a anterior tributação do rendimento em Contribuição Predial e em Imposto Complementar[11].

50.3. A tributação do consumo

Finalmente, no respeitante à tributação do consumo, assistiu-se pela primeira vez, entre nós, à introdução, em 1966, de um imposto geral sobre o consumo – o chamado Imposto de Transacções. Pois, até então, existiam os mais diversos e variados impostos especiais sobre o consumo, como é, de resto, típico dum país pouco desenvolvido.

No respeitante ao imposto de transacções, refira-se que se tratava de um imposto monofásico ou único, incidente sobre as transacções no grossista ou no importador. Um imposto, cuja existência não obstou, no entanto, a que, a seu lado, subsistissem diversos impostos especiais sobre o consumo, como, por exemplo, o imposto de turismo e o imposto sobre especialidades farmacêuticas, para nos referirmos apenas a dois dos abolidos aquando da introdução do IVA em 1986.

51. O quadro constitucional

51.1. A tributação do rendimento

A Constituição, no seu art. 104º, contém dois preceitos relativos à tributação do rendimento: um, relativo à tributação do rendimento pessoal; outro, respeitante à tributação das empresas.

51.1.1. A tributação do rendimento pessoal

Nos termos do nº 1 do art. 104º da Constituição, a tributação do rendimento pessoal, há-de fazer-se através de um imposto que seja: 1) único, 2) pro-

[11] É de referir, a este propósito, a existência ao tempo de diversos outros impostos, dos quais alguns ainda se mantêm, como acontece com o imposto de selo, o qual tem hoje um âmbito bem menor.

gressivo e 3) tenha em conta as necessidades e os rendimentos do agregado familiar.

Ora bem, devemos dizer que a crítica que fazíamos na 1ª edição no sentido de tais exigências constitucionais, mormente as da unicidade e da progressividade do imposto, não estarem satisfeitas no respeitante à tributação dos rendimentos proporcionados pelas aplicações financeiras (rendimentos do capital e mais valias), deixou de ter razão com o regime instituído pela Lei nº 30-G/2000. Um tratamento em relação ao qual era de perguntar se não foi dominado em excesso por preocupações de justiça ou equidade, deixando sem a devida consideração os valores da eficiência e da simplicidade, valores que integram a tríade que há que ter em conta de forma equilibrada em qualquer medida de reforma fiscal. Pois a diversidade de regimes, aliada às múltiplas e diversificadas taxas a aplicar e à barragem de obrigações acessórias em que o sistema se apoiava, tornavam clara a impossibilidade prática da sua aplicação. Não admira, por isso, que, atentas essas razões de ordem técnica, às quais se somaram razões de ordem política assentes na forte contestação política que originou, todo esse regime das mais-valias tenha sido anulado logo em 2002.

Pelo que ficámos de novo perante uma solução inaceitável e constitucionalmente ilegítima. É certo que a tributação da generalidade dos rendimentos de capitais não pode presentemente pautar-se pelas exigências do nº 1 do art. 104º da Constituição, por razões ligadas ao princípio da praticabilidade decorrentes do fenómeno da globalização, o qual, ao facilitar extraordinariamente a mobilidade dos factores de produção, com especial destaque para o capital, criou um obstáculo de monta ao poder tributário dos Estados sobre os rendimentos proporcionados por esses factores. Mas isso não implicava estabelecer um regime como o da anterior redacção do art. 10º do Código do IRS para os rendimentos proporcionados pelas mais-valias realizadas com a transmissão onerosa de valores mobiliários, que se encontravam praticamente excluídas da tributação[12]. Por isso, é de saudar a sujeição

[12] Pois, segundo esse preceito, as mais-valias ou se encontravam excluídas da tributação, como no caso das mais-valias realizadas através da transmissão de obrigações e outros títulos de dívida, ou estavam excluídas da tributação desde que os correspondentes títulos fossem detidos por mais de 12 meses, como no caso das mais-valias realizadas através da transmissão de acções. Embora, no caso das acções detidas por não mais de 12 meses, as mais-valias se encontrassem sujeitas a uma taxa de 10%. Para uma crítica desse tratamento, v. Xavier de Basto, *IRS: Incidência Real e Determinação dos Rendimentos Líquidos*, cit., p. 400 e ss.

dessas mais-valias à taxa proporcional operada pela Lei nº 15/2010, de 26 de Julho.

51.1.2. A tributação das empresas

Em princípio, as empresas são tributadas pelo seu rendimento real, prescreve a Constituição. A regra constitucional da tributação das empresas é, assim, a da tributação pelo rendimento real – efectivo ou presumido. Deste modo, a Constituição permite, excepcionalmente, que a tributação das empresas se possa fazer pelo rendimento normal, seja este o rendimento médio de uma série de anos, que uma empresa poderia obter operando em condições normais (isto é, nas condições mais frequentes nessa época e lugar e com a diligência, técnica e preços geralmente praticados), seja o rendimento de determinado ano, que uma empresa poderia obter operando em condições normais[13].

A respeito da tributação das empresas remetemos aqui para o que escrevemos relativamente à tributação do rendimento das empresas singulares. Pois somos de opinião que a Constituição não impõe, ao contrário do que acabou por ser consagrado nos CIRS e CIRC, que as empresas singulares tenham de ser tributadas em IRS. A nosso ver, a Constituição ainda seria respeitada caso o rendimento das empresas singulares fosse separado do rendimento pessoal do seu titular e tributado em IRC, em vez de ser tributado em IRS[14].

51.2. A tributação do património

A tributação do património há-de constituir um instrumento de igualdade entre os cidadãos. A diminuição das desigualdades constitui assim o objectivo constitucional da tributação do património, um objectivo que abre a porta para o legislador proceder à discriminação de patrimónios, tributando os mais elevados e isentando os mais baixos ou adoptando taxas progressivas. Objectivo esse que, recorde-se, na versão anterior do nº 3 do então art. 107º da CRP, era imputado ao imposto sobre as sucessões e doações.

[13] V., neste sentido, Teixeira Ribeiro, *Lições de Finanças Públicas*, cit., p. 307.

[14] A este respeito, é de assinalar que também lá fora as empresas singulares são, por via de regra, tributadas no imposto pessoal incidente sobre o rendimento das pessoas físicas, muito embora, à semelhança do que acontece entre nós, a determinação da matéria colectável siga os termos da determinação do lucro das sociedades. Cf. P. Di Malta, *Droit Fiscal Européen Comparé*, cit., p. 223 e ss.

Por isso, ficou assim constitucionalmente aberto o caminho para a tributação geral do património, uma tributação que foi, aliás, proposta pela Comissão de Reforma da Tributação do Património, mas que, todavia, não veio a verificar-se[15].

51.3. A tributação do consumo

A este respeito dispõe a Constituição, por um lado, que a tributação do consumo visa a adaptação da estrutura do consumo à evolução das necessidades do desenvolvimento económico e da justiça social e, por outro, a oneração dos consumos de luxo.

A manutenção, na Revisão Constitucional de 1997, da imposição constitucional de oneração fiscal dos consumos de luxo levanta, porém, a questão da sua crescente incompatibilidade com as obrigações decorrentes da nossa integração na União Europeia. É que esta proíbe a existência de taxas agravadas de IVA, tendo sido, de resto, abolida em 1995 a que existiu entre nós, em consequência das exigências constantes do art. 12º, nº 3, da Sexta Directiva do IVA.

Por conseguinte, teria sido, a nosso ver, mais avisado, ter eliminado da Constituição essa referência à oneração dos consumos de luxo, evitando assim colocar o legislador na situação de incumprimento da referida imposição constitucional, uma vez que o cumprimento desta não pode passar pela utilização do IVA. O que, a nosso ver, não obsta totalmente à actuação do legislador nesse sentido, pois este pode utilizar outros impostos com esse desiderato, como o Imposto sobre Veículos, o qual, a seu modo, não deixa de traduzir uma tributação agravada de consumos de luxo[16].

52. O sistema fiscal resultante das reformas recentes

Como já por mais de uma vez demos conta, o actual sistema fiscal é o resultado da concretização, levada a cabo por etapas, do programa de reforma fiscal constante do (então) art. 107º da Constituição. Pois bem, essas etapas foram: a reforma da tributação do consumo com a introdução do IVA em 1985/86, a reforma da tributação do rendimento com a criação do IRS e do IRC em 1988/89 e a reforma da tributação do património com adopção dos IMI, IMT e IS (sobre as transmissões gratuitas) em 2003/04.

[15] V. *infra*, nº 54.4.

[16] Cf. o nosso estudo *O Dever Fundamental de Pagar Impostos*, cit., p. 598 e s.

Olhando para o nosso sistema fiscal, tal como resultou das reformas que sofreu para a sua adaptação ao recorte constitucional, temos:

- a tributação do rendimento suportada em dois *impostos gerais*: um incidente sobre o rendimento das pessoas singulares – o IRS; outro incidente sobre o rendimento das pessoas colectivas – o IRC;
- a tributação do consumo baseada num *imposto geral* – o IVA, e em *impostos especiais*, sendo três objecto de harmonização europeia – o ISP, o IABA e o IT, e dois de carácter nacional – o ISV e o IUC;
- a tributação do património assente apenas em *impostos especiais* que visam praticamente tributar os bem imóveis – o IMI, o IMT e o IS (sobre transmissões gratuitas a favor de pessoas singulares que incide também sobre a transmissão de bens móveis), sendo de acrescentar o Adicional ao IMI criado e regulado na LOE/2017.

Relativamente ao IRS é de referir que este imposto tem actualmente uma configuração praticamente dual, porquanto temos a tal respeito dois impostos: o IRS que alinha com os requisitos do art. 104º, nº 1, da Constituição, correspondente aos rendimentos das categorias A, B e H, que são objecto de englobamento e constituem basicamente rendimentos do trabalho; outro, o correspondente aos rendimentos das categorias E, F e G, sujeitos a taxas liberatórias ou a taxas especiais, que constituem fundamentalmente rendimentos do capital, os quais, sobretudo em virtude da elevada mobilidade internacional do capital, não pode comportar os mencionados requisitos constitucionais de pessoalização. Sendo certo que também os rendimentos profissionais da categoria B, na medida em que sejam obtidos através da interposição de uma sociedade desenhada de modo a não constituir uma sociedade transparente nos termos do art. 6º do Código do IRC, escapam à tributação pessoal do IRS.

Seguindo a ordem cronológica das reformas, vejamos então o resultado a que se chegou em sede da tributação do consumo, da tributação do rendimento e da tributação do património[17].

[17] Mais adiante, no nº 54, dedicado à "reforma fiscal permanente" diremos alguma coisa sobre as ditas posteriores reformas do IRS e do IRC de 2000, do IRC de 2014 e do IRS de 2015.

52.1. A tributação do consumo

Como referimos, na vigência da actual Constituição, o consumo foi o primeiro sector do nosso sistema fiscal a ser objecto de reforma, em 1985/86, através da introdução de um imposto geral sobre o consumo – o IVA. A que se seguiu, anos mais tarde, a reforma dos diversos impostos especiais sobre o consumo – os IEC. Reforma que, tanto num caso como no outro, foi impulsionada pelo direito comunitário.

O IVA é um imposto geral sobre o consumo em que se tributam as transmissões de bens, a prestação de serviços, as importações e a aquisição intracomunitária de bens. Todavia, o IVA comporta, para além dum regime geral, diversos regimes especiais, regimes cuja distinção reside basicamente no método utilizado na determinação do montante do imposto.

Quando obedece ao regime geral, temos um IVA em que o montante da dívida de cada sujeito passivo é apurado através do chamado método de *dedução imposto do imposto*, método do *crédito do imposto* ou método *subtractivo indirecto*, nos termos do qual esse montante nos é dado pela diferença entre o montante que resulta da aplicação da taxa ao valor das vendas ou prestações de serviços prestados, durante determinado período, e o montante do imposto suportado nas aquisições efectuadas durante o mesmo período.

Por sua vez, no respeitante aos regimes especiais, temos: o regime especial de isenção (em que se isentam de IVA os contribuintes que, não possuindo nem sendo obrigados a possuir contabilidade organizada para efeitos de IRS ou de IRC, o seu volume de negócios não ultrapasse um certo montante), e o regime especial dos pequenos retalhistas (a que estão sujeitas as pessoas singulares que, não possuindo nem sendo obrigadas a possuir contabilidade organizada e com um volume de negócios que, embora superior ao do regime de isenção, não ultrapasse certo montante) que pagam, sem qualquer direito a dedução, o IVA correspondente a 25% do imposto suportado nas aquisições de bens.

Regimes especiais em que, a seu modo, podemos integrar também, as transmissões de bens em 2ª mão ou de objectos de arte e, bem assim, as agências de viagens e os organizadores de circuitos turísticos, casos em que o montante de IVA é determinado segundo o método de *dedução base da base*, aplicando a taxa do imposto à diferença entre o valor das aquisições ou compras e o valor das vendas.

Quanto aos IEC, são de referenciar: por um lado, o Imposto sobre Produtos Petrolíferos e Energéticos (ISP), o Imposto sobre o Tabaco (IT) e o Imposto sobre o Álcool e as Bebidas Alcoólicas (IABA), que, por serem impostos objecto de harmonização comunitária, a sua disciplina foi unificada no Código dos Impostos Especiais sobre o Consumo (CIEC); e, por outro lado, o Imposto sobre Veículos (ISV), e o Imposto Único de Circulação (IUC).

52.2. A tributação do rendimento

Com vista a dar cumprimento ao programa constitucional de reforma da tributação do rendimento, em 1988/89, foram criados, em substituição dos anteriores impostos parcelares e imposto complementar, dois impostos: o imposto sobre o rendimento das pessoas singulares (nestas incluídas as empresas individuais) e o imposto sobre o rendimento das pessoas colectivas (em que naturalmente sobressaem as empresas colectivas, ou seja, as sociedades comerciais). Não obstante não se terem mantido os propósitos iniciais, mais consentâneos com as exigências constitucionais, expressos na "Exposição de Motivos" apresentada à AR pelo Governo no início da reforma fiscal da tributação do rendimento[18], ainda assim o IRS e o IRC, resultantes da reforma levada a cabo em 1988, constituem "obra de real valia"[19]. Obra traduzida, de um lado, num imposto pessoal sobre o rendimento das pessoas singulares e, de outro lado, num imposto real sobre o rendimento das pessoas colectivas.

No sentido de o IRS constituir um *imposto pessoal*, podemos apontar as seguintes notas: 1) incide tendencialmente sobre o rendimento global, em que temos: a categoria A, relativa aos rendimentos do trabalho dependente; a categoria B relativa aos rendimentos empresarias e profissionais; a categoria E, relativa aos rendimentos de capitais; a categoria F, relativa aos rendimentos prediais; a categoria G, relativa a outros incrementos patrimoniais, entre os quais se contam as mais-valias; e a categoria H, relativa às pensões; 2) estabelece a intangibilidade do mínimo de existênciaque foi majorado pela reforma do IRS de 2015, no caso de haver três ou mais filhos, e alargado pela LOE/2018 aos rendimentos das actividades constantes da tabela a que refere o art. 151.º do CIRS; 3) toma em consideração a situação pessoal do contribuinte prevendo a dedução à colecta de parte das despesas com a saúde, educação, habitação e segurança social realizadas com os membros do agregado familiar, de importâncias fixas por cada um dos membros do mesmo agregado e do imposto pago no estrangeiro por rendimentos aí auferidos; 4) sujeita os

[18] Para uma crítica contundente do afastamento do Governo face à referida "Exposição de Motivos", v. Medina Carreira, *Uma Reforma Fiscal Falhada?*, cit., 35 e ss. e 53 e ss. V. também P. Pitta e Cunha, «O novo sistema de tributação do rendimento», em *A Reforma Fiscal dos Anos 90*, Coimbra, 1996, p. 11 e ss.

[19] Na expressão do Professor Teixeira Ribeiro, *A Reforma Fiscal*, cit., p. 248.

respectivos rendimentos a uma taxa progressiva; e 5) neutraliza a tributação conjunta dos rendimentos dos sujeitos casados ou unidos de facto através do quociente conjugal ou *splitting*[20].

Por seu turno, quanto ao *carácter real* do IRC, podemos referir que se trata de um imposto em que se tributa o *lucro*, que é igual à diferença entre os valores do património líquido no fim e no início do período da tributação, quando sejam empresas, isto é, entidades que exerçam a título principal uma actividade de natureza comercial, industrial ou agrícola, considerando-se que é esse sempre o caso das sociedades comerciais ou civis sob a forma comercial, das cooperativas e das empresas públicas.

Tributa-se, porém, o *rendimento global*, que nos é dado pela soma algébrica dos rendimentos das diversas categorias consideradas para efeitos do IRS, quando sejam pessoas colectivas que não exercem a título principal uma actividade de natureza comercial, industrial ou agrícola. Isto é, quando não constituam empresas.

52.3. A tributação do património

Esta foi a última parcela do sistema fiscal a ser objecto de reforma, efectivada através duma tributação estática concretizada na IMI, e duma tributação dinâmica através do IMT e do IS (sobre as transmissões gratuitas). Uma reforma que diga-se de passagem, foi mais na forma do que na substância, uma vez que o IMI não passa, a seu modo, de um novo nome para a anterior Contribuição Autárquica (que vigorou entre 1989 e 2003), o IMT mais não é, em rigor, do que uma nova designação para a velha sisa (baptizada de imposto municipal de sisa em 1991), e o IS (sobre as transmissões gratuitas) se apresenta como uma versão limitada e proporcional do anterior imposto sobre as sucessões e doações, pois não integra, em virtude de exclusão, as transmissões gratuitas a favor das pessoas colectivas, nem, em virtude de generosa isenção, as transmissões gratuitas a favor dos herdeiros legitimários, e está sujeito a uma taxa proporcional de 10%.

Pelo que a reforma em causa se traduziu sobretudo numa profunda reforma do sistema de avaliação da propriedade, em especial da propriedade urbana, o qual passou a ser dotado de um quadro legal de avaliações totalmente assente em factores objectivos, de grande simplicidade e coerência interna, sem espaço para a subjectividade e discricionaridade do avaliador.

[20] O qual, tendo sido substituído na reforma do IRS de 2015 pelo quociente familiar, foi reposto pela LOE/2016, embora mantendo a designação de "quociente familiar".

Pois bem, o IMI incide sobre o valor patrimonial tributário dos prédios rústicos e urbanos situados em território nacional, constituindo receita dos municípios onde os mesmos se localizam. Por sua vez, o IMT, tributa a transmissão, a título oneroso, dos bens imóveis, sendo seu sujeito passivo o comprador ou adquirente desses bens, constituindo também receita dos municípios.

Finalmente, o IS (sobre as transmissões gratuitas) incide sobre a transmissão, a título gratuito por acto *mortis causa* ou por acto *inter vivos*, dos bens móveis e imóveis a favor de pessoas singulares. Pois as transmissões patrimoniais gratuitas a favor de pessoas colectivas passaram a ser tributadas em sede do IRC, integrando as variações patrimoniais positivas do lucro das empresas colectivas e o rendimento global das pessoas colectivas que não sejam empresas, a título de incrementos patrimoniais.

52.4. O actual sentido do art. 104º da Constituição

Mas cumprido que foi o programa constitucional de reforma fiscal nas etapas referidas, é caso para perguntar se ainda fará sentido a manutenção de uma norma como a do art. 104º da Constituição. Um preceito constitucional que, para além de não ter paralelo nas constituições em geral, ou constitui verdadeiro obstáculo à imperiosa necessidade de o legislador ordinário moldar o sistema fiscal em inteira coerência com o desenvolvimento do sistema económico, mormente num sistema de economia tão aberto ao exterior quanto o português, como foi o que acabou por acontecer com as exigências relativas à tributação do rendimento pessoal e do rendimento empresarial (nºs 1 e 2)[21], ou se revela praticamente inócuo, como é o que ocorre com as exigências relativas à tributação do património (nº 3) e, em larga medida, com as respeitantes à tributação do consumo (nº 4).

Por isso, compreende-se que, hoje em dia, nos inclinemos claramente no sentido de o recorte do sistema fiscal, esse ou qualquer outro, ser afastado do texto constitucional, devendo o mesmo ser eliminado numa próxima revisão constitucional[22].

[21] O que foi particularmente visível no respeitante à tributação conjunta do agregado familiar deduzida desse preceito constitucional, uma exigência que conduziu à chocante discriminação fiscal negativa da família assente no casamento face à família baseada na união de facto. No mesmo sentido v. M. H. de Freitas Pereira, *Fiscalidade*, cit., p. 92 e ss.

[22] V. o nosso texto «Ainda fará sentido o artigo 104 da Constituição?», *Para Jorge Leite*, vol. II – *Escritos Jurídicos*, cit., bem como Xavier de Basto, «A Constituição e o sistema fiscal», *Revista de Legislação e de Jurisprudência*, ano 138 (2008/09), p. 271 e ss.

53. As receitas dos impostos

Olhemos agora para as receitas proporcionadas pelos impostos mais importantes do nosso sistema fiscal, servindo-nos para o efeito das receitas orçamentadas no OE/2019[23]. Aí temos a seguinte estrutura de receitas, apresentando as suas importâncias em euros: primeiro, as dos impostos directos; depois, as dos impostos indirectos, finalmente, as das contribuições para a Segurança Social.

Impostos directos	(euros)
Sobre o rendimento	
IRS	12.904.999.999
IRC	6.335.815.480
Outros	
Imposto s/ sucessões e doações	12.611
Imposto do uso, porte e detenção de arma	9.500.000
Impostos directos diversos	438.405.250
Total	19.688.731.340

Impostos indirectos	(euros)
Sobre o consumo	
IVA	17.499.100.000
ISP	3.643.100.000
ISV	802.899.998
Imposto de consumo sobre o tabaco	1.347.300.000
Imposto sobre o álcool e as bebidas alcoólicas	294.800.000
...	...
Outros	
Lotarias	17.430.584
Imposto de selo	1.683.799.999
Imposto de jogo	24.942.594
Imposto único de circulação	394.500.001
Total	25.946.499.999
...	...
Total das receitas correntes[24]	49.764.507.481

[23] Aprovado pela Lei nº 71/2018, de 31 de Dezembro.

[24] Sendo as receitas de capital de € 71.859.249.934.

Segurança Social	
Contribuições para a SS, CGA e ADSE	17.773.027.290
....	....
Total das receitas correntes da Segurança Social[25]	29.299.565.016

54. A reforma fiscal permanente

54.1. O fenómeno

A reforma fiscal constitui, hoje em dia e desde há bastante tempo, uma preocupação permanente e generalizada dos Estados e uma tarefa jamais acabada, pois, como escreveu Joel Slemrod, "*tax reform is not a station we arrive at, it is a way of traveling*". Daí que também em Portugal, não obstante a profunda reforma fiscal concluída no final da década de oitenta e as diversas e amplas alterações legislativas levadas a cabo nos últimos anos, a reforma fiscal se tenha mantido e mantenha na ordem do dia.

Isto por duas ordens de razões. De um lado, porque era preciso reformar o que não havia sido reformado, na reforma dos anos oitenta do século XX, como era o caso da reforma da tributação do património. Uma tributação que, em rigor, ficou intocada nessa reforma, a qual apenas veio a ser levada a cabo em 2003/04.

De outro lado, porque é preciso, para utilizarmos as palavras de Sven Steinmo, "reformar a reforma fiscal", ou seja, no nosso caso, reformar a reforma feita nos referidos anos oitenta do século passado[26]. O que tem sido feito, com diverso empenhamento e resultados, pelos governos, sobretudo a partir do XIII Governo Constitucional (1995-99). Façamos uma alusão às medidas mais importantes que foram sendo tomadas.

E, entre as medidas tomadas, são de destacar: a codificação do direito fiscal geral, traduzida nas aprovações da LGT, do RCPIT e do CPPT, e a codificação do direito fiscal especial, constante dos CIS, CIEC, etc.; as alterações em sede do IRS, IRC e IVA, etc. Medidas que se integravam, na sua maioria, no programa constante da Resolução do Conselho de Ministros nº 119/97, de 19 de Junho, que teve por suporte, o Relatório da Comissão para o Desenvolvi-

[25] Sendo as receitas de capital de € 14.629.691.354.

[26] Cf. Sven Steinmo, *Taxation and Democracy. Sweden, British and American Approches to Financing the Modern State*, Yale UP, 1992, p. 163 e ss., e A. Carlos Santos, *Da Questão Fiscal à Reforma da Reforma Fiscal*, cit.

mento da Reforma Fiscal, de 30 de Abril de 1996[27], as quais naturalmente, não puseram nem pretenderam pôr em causa o actual sistema fiscal. O que bem se compreende, pois o nosso sistema fiscal dispõe já de uma estrutura, em tudo idêntica à dos países que institucionalmente nos são mais próximos, como são sobretudo os Estados membros da União Europeia.

Mas vejamos algumas dessas alterações decorrentes daquela Resolução do Conselho de Ministros, bem como algumas das alterações operadas da Lei nº 30-G/2000. Em pontos autónomos vamos aludir às recentes reformas do IRC e do IRS, bem como à reforma da tributação do património, concluindo com um olhar crítico sobre o sistema fiscal.

54.2. Referência a algumas alterações

Assim e quanto às alterações levadas a cabo na sequência daquela Resolução do Conselho de Ministros, podemos indicar algumas delas: umas, respeitantes, a seu modo, ao sistema fiscal em geral; outras, respeitantes a alguns aspectos dos impostos, com maior visibilidade para o IRS, IRC e IVA.

Constituem alterações de carácter geral as traduzidas na codificação do direito fiscal geral resultante da aprovação da LGT, do RCPIT, do CPPT e do RGIT. Algumas palavras relativas às alterações traduzidas pela adopção da LGT e do RGIT.

De salientar é edição da LGT um diploma que pretendeu proceder à codificação da parte geral do direito dos impostos, reunindo basicamente o conjunto das normas substantivas e alguns princípios procedimentais antes contidos sobretudo no CPT. Muito embora, para além das críticas pontuais que, aqui e acolá, já fomos referindo, não deixe de ser estranho que, ao contrário do que seria de esperar, a LGT não contenha, designadamente, a disciplina geral do procedimento tributário, atirado para o CPPT, bem como da procedimento de inspecção tributária, remetido para o RCPIT.

Quanto às alterações introduzidas pela primeira codificação geral do nosso direito fiscal, são de destacar, entre outras, as seguintes: 1) a previsão expressa

[27] Resolução subordinada à epígrafe "Quadros gerais para a reforma fiscal. Um sistema fiscal para Portugal desenvolvido, no limiar do século XXI", modificada pela Resolução nº 10/98, de 23 de Janeiro, com vista à sua adaptação às alterações da Constituição operadas pela Lei Constitucional nº 1/97, mormente às que vieram permitir a conexão de dados pessoais informatizados e prever a tributação do património. V. o *Relatório da Comissão para o Desenvolvimento da Reforma Fiscal*; a publicação do MINISTÉRIO DAS FINANÇAS, *Estruturar o Sistema Fiscal do Portugal Desenvolvido*, cit., e A. CARLOS SANTOS, *Da Questão Fiscal à Reforma da Reforma Fiscal*, cit.

da "tributação de rendimentos ou actos ilícitos" (art. 10º)[28]; 2) a interdição da integração analógica das normas fiscais abrangidas pela reserva de lei da Assembleia da República (art. 11º, nº 4)[29]; 3) o estabelecimento do princípio geral da legalidade tributária relativamente à liquidação e cobrança dos tributos (art. 7º, nº 2 al, *a*); 4) a previsão geral expressa dos contratos fiscais (arts. 36º, nº 5 e 37º); 5) o estabelecimento, como princípio geral, do pagamento em prestações das dívidas tributárias quando o devedor não possa cumprir e o requeira (art. 42º); 6) a igualização da taxa de juros indemnizatórios (pagos ao sujeito passivo pelo pagamento indevido de prestações tributárias) à taxa de juros compensatórios (devidos à administração por atraso na liquidação dos impostos imputável ao sujeito passivo) (art. 43º, nº 4)[30]; 7) a redução para quatro anos do prazo de caducidade da liquidação dos tributos (art. 45º) e para oito anos da prescrição da obrigação tributária (art. 48º); 8) a proibição das presunções absolutas ou inelidíveis (art. 73º); 9) uma distribuição mais equilibrada do ónus de prova entre a administração fiscal e o contribuinte, especialmente em sede da determinação da matéria tributável por métodos indirectos (art. 74º); 10) o alargamento da determinação da matéria colectável por métodos indirectos (arts. 87º e segs.); 11) a autuação num único procedimento de revisão em caso de reclamação da matéria tributável apurada na mesma acção de inspecção, ainda que respeitante a mais de um exercício ou tributo (art. 91º, nº 15); 12) a reintrodução das alçadas nos tribunais tributários (art. 105º) concretizada no CPPT (art. 280º, nº 4)[31], etc.

No respeitante ao RGIT, é de salientar que, através da sua aprovação, veio instituir-se um regime geral para o conjunto de todo o direito penal tributário, tanto substantivo como processual, unificando os anteriores RJIFA e do RJIFNA e deslocando para ele o direito processual antes contido no CPT. Nele se prevêem, em sede do direito substantivo: 1) crimes, em que temos crimes tributários comuns, crimes aduaneiros, crimes fiscais e crimes con-

[28] Defendida pela generalidade da doutrina e entretanto concretizada, em 1999, nos arts. 1º dos CIRS e CIRC. V., sobre o problema, o nosso livro *O Dever Fundamental de Pagar Impostos*, cit., p. 505 e ss.

[29] Uma interdição que, por constituir um princípio geral de direito fiscal, vale naturalmente para a administração e para o juiz fiscal, mas não para o legislador.

[30] Uma igualização que, com o aditamento do nº 5 à LGT pela LOE/2012, se estendeu aos juros de mora.

[31] Quanto às alterações introduzidas pela LGT, v. também C. Baptista Lobo, «Alguns aspectos relativos à Lei Geral Tributária», *Fiscalidade*, nº 1, Janeiro de 2000, p. 5 e ss.

tra a segurança social; e 2) contra-ordenações, em que encontramos contra-ordenações aduaneiras e contra-ordenações fiscais, uma vez que remete para legislação especial as contra-ordenações contra a segurança social.

Por seu turno, em sede do direito processual, prevê: 1) o processo penal tributário, e 2) o processo contra-ordenacional tributário[32].

No respeitante ao IRS verificaram-se, entre outras, as seguintes alterações: 1) o alargamento do *splitting* total, a partir de 1997 aos casos em que os sujeitos passivos de IRS fossem casados e um dos cônjuges auferisse mais de 95% do rendimento englobado; 2) a substituição, na dupla tributação económica, do anterior crédito de imposto em IRS pela consideração em sede da determinação do rendimento colectável de 50% desses lucros distribuídos a título de rendimentos de capitais em IRS; 3) a conversão da generalidade dos abatimentos em deduções à colecta operada pela LOE/99; etc.

Por seu turno, no referente ao IRC, podemos indicar: 1) a diminuição da taxa para 30% a partir de 2002 e para 25% a partir de 2004; 2) a substituição, na dupla tributação económica, do crédito de imposto pela dedução de 50% desses lucros na base tributável; 3) o alargamento para 6 anos do período para proceder ao reporte de prejuízos (entretanto reduzido para 5 anos); 4) o alargamento, a partir de 1994, do crédito de imposto por dupla tributação internacional a situações não cobertas por convenções para eliminar a dupla tributação celebradas por Portugal; etc.

No que concerne ao IVA, são de mencionar: 1) a eliminação, por exigências decorrentes do direito comunitário, da taxa 0 ou da lista de bens e serviços isentos, a partir de 1992, e da taxa a gravada de 30% para os bens de luxo, a partir de 1995; 2) a subida da taxa normal de 16 para 17%, em 1995, consignando a receita proporcionada por esse aumento à Segurança Social; 3) a introdução da taxa intermédia de 12%, em 1998, relativamente a bens e serviços anteriormente sujeitos à taxa de 17%; 4) o aumento da taxa normal para 19% em 2002 e para 21% em 2005, entretanto reduzida para 20% em 2008 e, de novo, aumentada para 21% em 2010 e para 23% para 2011.

Finalmente, é de aludir à tributação autónoma em IRS e IRC das despesas confidenciais ou não documentadas, alargada pela Lei nº 30-G/2000 às despesas de representação e relativas a viaturas ligeiras de passageiros ou mistas.

[32] V. *supra*, nos nºs 45 e segs.

Passemos agora à chamada reforma da tributação do rendimento levada a cabo através da Lei nº 30-G/2000. Deixando de lado a questão de saber se estamos perante uma verdadeira reforma da tributação do rendimento ou, como parece ser o caso, de alguns ajustamentos requeridos por uma luta mais eficaz contra a fraude e evasão fiscal, vamos referir-nos a algumas alterações introduzidas por essa lei.

Assim e no respeitante ao IRS, podemos indicar, entre outras: 1) a unificação das categorias B, C e D, na categoria B – rendimentos empresariais e profissionais (arts. 1º e 3º); 2) a nova categoria G – incrementos patrimoniais (arts. 1º, 9º e 10º); 3) a sujeição das mais-valias empresariais e profissionais em IRS ao mesmo regime das mais-valias empresarias em IRC (arts. 3º, nº 2, al. *c*)); 4) a instituição de um "mínimo de existência" relativamente aos rendimentos resultantes de actividades agrícolas, silvícolas e pecuárias (art. 3º, nº 4); 5) o alargamento do crédito de imposto por dupla tributação internacional à generalidade dos rendimentos em IRS (art. 81º); 6) a determinação por métodos indirectos da matéria tributável em situações de (presumível) evasão fiscal, estabelecendo padrões de rendimento correspondentes a certas manifestações de fortuna, a considerar salvo prova em contrário do contribuinte nos termos do art. 89º-A da LGT, etc.

Por seu lado, em sede do IRC, são de indicar: 1) a previsão e planeamento de uma significativa redução da taxa de IRC (30% em 2002; 25% a partir de 2006, taxa cuja aplicação foi antecipada para 2004); 2) a aplicação da taxa de 20% às pequenas empresas abrangidas pelo regime simplificado[33]; 3) a adopção de um conceito de estabelecimento estável mais próximo do constante no modelo de convenção da OCDE para evitar a dupla tributação internacional; 4) a eliminação da dupla tributação económica dos dividendos através da dedução integral na matéria tributável da sociedade mãe desses lucros distribuídos pelas sociedades filhas; 5) o regime especial de determinação da matéria tributável dos grupos de sociedades; 6) um novo tratamento para os preços de transferência; etc.

Enfim, como alteração comum aos dois impostos sobre o rendimento, temos: 1) a melhoria da redacção da cláusula anti-abuso (art. 38º, nº 2, da LGT); 2) o fim da isenção da tributação das mais-valias de falsas entidades

[33] Regime entretanto eliminado em 2010, o qual foi reposto, em novos moldes, na Reforma do IRC de 2014.

não residentes (art. 33º, nºs 2 e 3 do EBF); 3) os regimes simplificados em IRS e IRC; 4) a derrogação administrativa do dever de sigilo bancário[34].

54.3. Alusão à recente reforma do IRC e do IRS

Uma análise desenvolvida mereciam a reforma do IRC de 2014 e a reforma do IRS de 2015[35]. Não sendo isso possível, limitamo-nos aqui a uma indicação muito sumária das alterações mais significativas em que se materializam essas reformas, muito embora, seja de sublinhar, as alterações da reforma do IRC sejam bastante mais amplas e profundas do que as alterações trazidas pela reforma do IRS.

Assim e relativamente às alterações da Reforma do IRC, podemos indicar, a título ilustrativo sem preocupação de as referir a todas, as seguintes:

- a redução da taxa para 23% (e para 17% sobre os primeiros € 15.000 de matéria colectável apurada por pequenas e médias empresas), estando programada a descida progressiva daquela até se fixar em 17% em 2017;
- a reintrodução do regime simplificado opcional para empresas (que vigorara entre 2001 e 2010) com: 1) montante anual ilíquido de rendimentos inferior a € 200.000; 2) activo inferior a € 500.000; 3) não sejam detidos em mais de 20% por sociedades que não possam optar pela aplicação deste regime, cujo lucro tributável resulta da aplicação dos coeficientes constantes do art. 86º-B do CIRC;
- o alargamento significativo do prazo de reporte de prejuízos fiscais, pois passou de 5 para 12 anos;

[34] Para uma crítica de algumas das alterações constantes da Lei nº 30-G/2000, v. H. Medina Carreira, *Portugal, a União Europeia e o Euro: Ensaio sobre a Tributação e a Despesa Pública*, Lisboa, 2001, p. 53 e ss. V. também L. Máximo dos Santos, «Os desenvolvimentos posteriores à Reforma Fiscal de 1988/89», *15 anos de Reforma Fiscal de 1988/89*, cit., p. 57 e ss.

[35] V. COMISSÃO PARA A REFORMA DO IRC, *Anteprojecto da Reforma – Uma Reforma do IRC orientada para a Competitividade, o Crescimento e o Emprego*, 30 de Junho de 2013, e COMISSÃO PARA A REFORMA DO IRS, *Anteprojecto da Reforma do IRS. Uma Reforma do IRS orientada para a Simplificação, a Família e a Mobilidades social*, Julho de 2014. Refira-se que a reforma fiscal, em termos de reforma de todo o sistema fiscal, está hoje na ordem do dia, como o demonstram, no Reino Unido, o Relatório Mirrlees de 2011 – James Mirrlees, *Tax by Design* (v. na versão espanhola *Deseño de un Sistema Tributário Óptimo*, Editorial Unuversitária Ramón Areces, 2013), e, nos EUA, Daniel S. Goldberg, *The Death of the Income Tax. A Progressive Consumption Tax and the Path to Fiscal Reform*, Oxford University Press, 2013.

- a eliminação do requisito de indispensabilidade para a dedutibilidade de gastos e perdas, uma vez que, nos termos do art. 23º do CIRC, são agora dedutíveis todos os gastos e perdas incorridos ou suportados pelo sujeito passivo para obter ou garantir os rendimentos sujeitos a IRC;
- a redução do limite de gastos de financiamento líquidos aceites fiscalmente de 3 milhões para € 1 milhão[36];
- a revogação do conhecido regime fiscal das SGPS, tendo-o substituído pelo novo regime de *participation exemption*, um regime de tributação das sociedades participadas, o qual, porque concretiza a inversão da tradicional posição de Portugal na cena internacional, constituiu uma das mais relevantes novidades da reforma do IRC;
- o crédito de imposto por dupla tributação jurídica internacional que, por insuficiência de colecta, não seja possível deduzir no ano a que respeita pode ser reportado pelo prazo de cinco períodos de tributação;
- o estabelecimento de um crédito de imposto por dupla tributação económica internacional, aplicável quando o sujeito passivo que receba lucros ou reservas aos quais não seja aplicável o regime da *participation exemption*;
- a revisão do regime fiscal relativo à transferência de residência de sociedades, tendo-se estabelecido três modalidades diferentes para o pagamento de imposto;
- a explicitação, em sede da neutralidade fiscal, das situações a que é aplicável o regime, passando a prever-se expressamente a aplicabilidade, entre outras, a fusões e cisões entre sociedades detidas pelo mesmo sócio, ainda que não exista qualquer troca de participações, e a fusões inversas;
- a redução, no Regime especial de Tributação dos Grupos de Sociedades (RETGS) do limiar mínimo de participação directa ou indirecta da sociedade dominante de 90% para 75%, bem como a possibilidade de uma sociedade integrar o perímetro do RETGS, se o limiar mínimo de participação for atingido indirectamente, através de uma sociedade residente em outro Estado membro da UE ou do EEE;
- o conceito de sociedade de profissionais passou a incluir aquelas em que os rendimentos provenham, em mais de 75%, do exercício con-

[36] Um limite introduzido no art. 67ºdo CIRC pela LOE/2013 em substituição do anterior instituto da subcapitalização.

junto ou isolado de actividades profissionais especificamente previstas na lista constante do artigo 151º do CIRS;
- a qualificação como mais-valias ou menos-valias de todos os rendimentos auferidos pelos sócios na sequência da partilha no caso de liquidação de sociedades.

Por seu turno, no respeitante às alterações trazidas pela reforma do IRS, também sem qualquer preocupação de as referir a todas, podemos apontar as seguintes:

- o estabelecimento da regra da tributação separada dos cônjuges, mantendo, todavia, a possibilidade de opção pela tributação conjunta dos casados e unidos de facto;
- a introdução do quociente familiar, em substituição do quociente conjugal, passando a ter em conta o número de dependentes e os ascendentes, na identificação da taxa marginal aplicável ao rendimento da família (medida revertida pela LOE/2016);
- a unificação do regime de tributação dos rendimentos do trabalho dependente e das pensões, através da uniformização da dedução específica que passou a ser fixa no montante de € 4.104[37];
- a criação de uma nova dedução à colecta designada por despesas gerais familiares de montante até € 250;
- a reposição de deduções a colecta para rendimentos superiores a € 80.000, que, no regime anterior, haviam sido eliminadas, porquanto tinham deduções de montante igual a € 0;
- o reconhecimento do conceito de residência parcial, nos temos do nº 3 do art. 15º e dos nºs 3 e 4 do art. 16º do CIRS;
- o reforço do rendimento líquido da categoria F – rendimentos prediais – através da dedução da maioria dos gastos que sejam efectivamente suportados e pagos pelo sujeito passivo para obter esses rendimentos;
- a ampliação do mínimo de existência tendo em conta o número de filhos nos termos da nova redacção do art. 70º;
- a possibilidade de opção de tributação dos rendimentos prediais pela categoria B, nos termos dos arts. 4º, nºs 1, al. *n)*, e 5, e 100º, nº 3, do CIRS;

[37] O que não deixa de ser expressão, embora limitada, da opção de base defendida na Comissão, que preparou a reforma do IRS, o facto de as deduções à colecta relativas a despesas de saúde, educação e habitação serem de montante fixo. O que tem expressão também nas deduções à colecta por descendentes e ascendentes constantes do art. 78º-A.

– dispensa da declaração anual de rendimentos relativamente aos sujeitos passivos que aufiram rendimentos do trabalho dependente ou pensões cujo montante global seja igual ou inferior a € 8.500 (art. 58º, nº 1, al. *b)*, do CIRS).

A este respeito é de assinalar que algumas das soluções, de resto das mais emblemáticas, das reformas do IRC (de 2014) e do IRS (de 2015) foram objecto de reversão na LOE/2016, o que podemos exemplificar, em sede do IRC, com o fim da programada diminuição da taxa institucional, a limitação do método da isenção na eliminação da dupla tributação económica e a diminuição de 12 para 5 anos o período para o reporte de prejuízos (com excepção das PME que mantêm um período de 12 anos), e, em sede do IRS, com a eliminação do quociente familiar, tendo reposto o quociente conjugal ou *spliting*, se bem que, curiosamente, mantendo a designação de "quociente familiar".

A respeito da reforma da tributação das empresas, é de referir o fenómeno que designamos por "IRC paralelo", um IRC criado ao lado do IRC que vem sendo objecto de acentuado desagravamento. De facto, vimos assistindo à crescente criação de diversas tributações avulsas incidentes sobre as empresas que, a seu modo, põem em causa o mencionado desagravamento. A respeito dessas tributações avulsas, podemos mencionar, de um lado, as previstas no Códigos do IRC, como são as tributações autónomas, em crescente ampliação nos últimos anos e as derramas, municipal e estadual, que se reportam ao rendimento empresarial, e, de outro lado, as que constam de legislação avulsa, como a contribuição sobre o sector bancário, a contribuição extraordinária sobre o sector energético, a taxa de segurança alimentar e a contribuição sobre a indústria farmacêutica. Em direitas contas, podemos dizer que as mencionadas tributações avulsas se distribuem por três círculos concêntricos: o mais pequeno que integra as assim designadas "taxas de tributação autónoma", que mais não são do que tributações autónomas sobre certas despesas; o círculo intermédio que é composto pelas sobretaxas de IRC, como são a derrama municipal e a derrama estadual; e o círculo maior que é constituído pelas referidas tributações de natureza sectorial[38].

[38] Refira-se que, no respeitante às contribuições sectoriais, se anunciam outras, como a "contribuição especial para a conservação dos recursos florestais", constante da autorização legislativa do art. 314.º da LOE/2019, e uma taxa de protecção civil nacional para substituir as estabelecidas por alguns municípios, que, como vimos, foram declaradas inconstitucionais pelo TC por não constituírem taxas. Para o mencionado "IRC paralelo", v. o nosso estudo

54.4. A reforma da tributação do património

Depois de todas estas modificações que, de algum modo, procuraram contrariar a contra-reforma fiscal, que de pouco a pouco se foi instalando, colocando, de novo, a reforma fiscal dos anos oitenta do século passado nos carris, faltava, nos termos da Resolução do Conselho de Ministros nº 119/97, a reforma da tributação do património.

Uma reforma que era bem necessária, atentos, de um lado, os níveis de injustiça e iniquidade que a anterior tributação do património atingira e, de outro, a crescente improdutividade do IMS e a quase improdutividade do ISD[39]. Injustiça e iniquidade que, é de salientar, se devia quer à desactualização do valor dos prédios antigos, provocando uma diferença abissal do valor destes prédios face aos prédios novos, quer ao sistema de fixação do valor dos prédios assente em critérios inadequados e em larga medida desconhecidos, o que redundava na prática em critérios subjectivos e arbitrários.

Daí que tenham sido apresentadas duas vias de solução para a situação em que se encontrava um tal sector de tributação: uma, mais moderada propunha apenas modificações, basicamente no respeitante à determinação do valor dos prédios; outra, mais radical, propunha a instituição de um imposto geral sobre o património imobiliário e mobiliário detido.

Pela primeira via foram as propostas da Comissão para o Desenvolvimento da Reforma Fiscal (Comissão Silva Lopes) e o Relatório da Universidade Técnica de Lisboa (Relatório Sidónio Pardal). A Comissão Silva Lopes fez recomendações sobretudo em matéria de determinação do valor dos bens, tendo proposto, *inter alia*, a aprovação dum código de avaliações, em que se definissem os pressupostos de aplicação dos critérios de avaliação a ponderar entre, nomeadamente, os do preço de venda, do custo de construção e do rendimento capitalizado. Por sua vez, no respeitante ao IMS e ao ISD, pronunciou-se pela sua não eliminação, recomendando, quanto ao IMS, a não aplicação do IVA às transmissões de bens imóveis[40] e, quanto ao ISD, a alteração no

«Justiça fiscal, estabilidade financeira e as recentes alterações do sistema fiscal português», em *Por um Estado Fiscal Suportável*, vol. IV, cit., p. 236 e ss.

[39] De idêntico problema em Espanha nos dá conta C. Checa González, *La Supresión del Impuesto sobre Sucesiones y Donaciones. Materiales para la Reflexión*, Madrid, 1996, propondo, justamente por isso, a supressão do imposto.

[40] Quanto ao IVA imobiliário é de referir que se trata dum imposto que, embora conhecido de países como a Inglaterra, a França ou a Espanha, não deixa de constituir alguma perplexidade, na medida em que constitui uma verdadeira subversão do IVA, pois, em vez de

sentido da tributação da massa hereditária global, considerada na pessoa do autor da herança.

O Relatório Sidónio Pardal, por seu lado, centrou-se no problema do valor dos prédios, tendo construído um conceito – o do valor territorial dos prédios –, com base no qual deviam ser avaliados todos os prédios, com exclusão de qualquer outro valor, como o valor real ou o valor de mercado. Segundo um tal conceito, os factores determinantes para efeitos da tributação seriam a localização (se na zona urbana ou num dos três perímetros especiais que estabelecia), a utilização do imóvel (se para habitação, havendo que distinguir a propriedade horizontal da vertical, para o comércio ou para a indústria, agro-indústria ou turismo) e, bem assim, a sua área territorial. Trata-se de um conceito que, como é fácil de ver, por assentar basicamente na área, não tinha minimamente em conta considerações de equidade, o que se agravava em virtude de a proposta se pronunciar a favor duma contribuição autárquica progressiva. Ora, as considerações de equidade não podem deixar de estar presentes, em maior ou menor grau, em toda a tributação[41].

Pela segunda via de reforma alinhou a Comissão de Reforma da Tributação do Património (Comissão Medina Carreira). No quadro duma reforma global da tributação do património, a referida Comissão propôs no seu Projecto de Reforma da Tributação do Património[42], a eliminação dos três imppostos existentes (contribuição autárquica, imposto municipal de sisa e imposto sobre as sucessões e doações) e a criação dum imposto geral sobre o património, um imposto: 1) anual, 2) incidente sobre o património detido (excluindo portanto a tributação da sua transmissão), 3) tanto sobre o patri-

se apresentar como um imposto sintético sobre o consumo, como é típico deste imposto, é utilizado para tributar a transmissão de imóveis que integram o património ou capital. V. sobre o problema, A. Beja Neves/P. Vasconcellos Silva, «O IVA e o sector imobiliário – perspectivas tributárias», *Fisco*, 97/98, Setembro de 2001, p. 3 e ss.

[41] Para maiores desenvolvimentos, v. o referido Relatório, em *CTF*, 384, Out./Dez. 1996, p. 85 a 186; V. Valdez Matias, *A Contribuição Autárquica e a Reforma da Tributação do Património*, Lisboa, 1999, p. 67 e ss., e L. M. T. Menezes Leitão, «A contribuição autárquica no quadro da reforma da tributação do património», *Fisco*, Setembro de 2001, p. 15 e ss. Acrescente-se que também V. Valdez Matias, *Ob. e loc. cits.*, fez uma proposta de reforma da tributação do património, embora limitada à Contribuição Autárquica, propondo que a actualização do valor dos prédios assentasse, basicamente, na reforma das matrizes prediais.

[42] V. Comissão de Reforma da Tributação do Património, *Projecto de Reforma da Tributação do Património* cadernos de CTF, Lisboa, 1999.

mónio imóvel como móvel[43], 4) com taxa proporcional. Por seu lado, quanto ao valor dos bens dos imóveis (isto é, prédios rústicos e urbanos), com base no qual o imposto haveria de ser determinado, o Projecto excluía, por falta de condições para a sua determinação, o valor de mercado e, por impossibilidade prática do seu apuramento, um valor real, optando por um *valor fiscal* a apurar com base nos seguintes elementos: o valor da unidade de superfície (o metro quadrado), o tipo de utilização do imóvel, a localização e a idade[44].

54.5. Um olhar crítico sobre o sistema fiscal

Mas, não obstante todas as modificações referidas, todas elas no bom sentido, ainda há aspectos susceptíveis de crítica. Por isso, não será inteiramente descabido perguntar pelo que não está bem no nosso sistema fiscal.

A este respeito é de assinalar que, não obstante as melhorias decorrentes das recentes reformas – do IRC, do IRS, da fiscalidade verde e do CFI[45] – continua a haver aspectos que que não deixam de ser expressão do que vimos designando por *"apartheid" fiscal* entre os contribuintes que não honra o respeito pelo princípio da igualdade fiscal[46]. De outro lado, a complexidade e instabilidade da legislação fiscal não tem abrandado. Algumas palavras sobre cada um destes aspectos.

54.5.1. O "apartheid" fiscal

Em virtude da proliferação de regimes fiscais de favor, concretizados sobretudo em benefícios fiscais e do défice de execução das leis fiscais, podemos dizer que é, hoje em dia, visível a existência entre nós de um verdadeiro *apartheid* fiscal[47].

Efectivamente, temos dois tipos de contribuintes. Uns, sobretudo os trabalhadores dependentes, que pagam os impostos estabelecidos pela Assembleia da República nos termos constitucionais. E outros, uma parte significativa dos trabalhadores independentes e das empresas que, em virtude de regimes

[43] Em que, excluindo, por razões de ordem prática, o património constituído por obras de arte, jóias e metais preciosos, se integravam os móveis sujeitos a registo (automóveis, embarcações e aeronaves), as quotas sociais (quotas, acções e outras participações sociais) e os créditos.

[44] V. *Projecto de Reforma da Tributação do Património*, cit., p. 101 e ss.

[45] A que nos referimos *supra*, nos nºs 43.2 e 54.3.

[46] Como vimos, *supra*, no nº 9.2.4.

[47] *Apartheid* fiscal que, antes da reforma da tributação do património, tinha nesta tributação um outro importante segmento.

fiscais de favor que conseguiram ou da ausência duma eficaz fiscalização das respectivas declarações de rendimentos, acabam por pagar menos imposto ou mesmo o imposto cujo rendimento entendam declarar.

Uma realidade confirmada por alguns dados que não podemos deixar de considerar preocupantes. Dados esses relativos quer ao IRS, quer ao IRC. Assim e em sede IRS, é de sublinhar que as receitas do IRS provenientes dos rendimentos das categorias A e H ultrapassam os 80%. Portanto do trabalho dependente e das pensões, que o mesmo é dizer trabalho dependente de hoje e basicamente trabalho dependente de ontem. De outro lado, o rendimento anual médio declarado em IRS por empresários e profissionais não chega a metade do rendimento anual médio dos trabalhadores por conta de outrem.

Uma situação que acaba por onerar drasticamente os outros contribuintes, porque lhes impõe, para além do pagamento dos impostos que lhes cabem, uma carga fiscal maior resultante do montante dos impostos que os "favorecidos" fiscais não suportam e dos impostos que os que se evadem – os "fugitivos" fiscais – não satisfazem.

Ora é de todo insustentável a situação a que uma parte significativa e crescente de contribuintes se conseguiu alcandorar, fugindo descaradamente e com assinalável êxito aos impostos. E insustentável pela receita perdida que origina e, consequentemente, pelo *apartheid* fiscal que a mesma provoca, desonerando os "favorecidos" e "fugitivos" fiscais e sobrecarregando os demais contribuintes que, não podendo fugir aos impostos, se tornam verdadeiros "reféns" ou "cativos" do Fisco por impostos alheios. Um fenómeno que muito justamente coloca a questão de saber se, através desta via, não estamos de algum modo a regressar à situação que com algumas excepções se manteve até ao triunfo do Estado constitucional[48], em que certas classes, ou seja, o clero e a nobreza, estavam excluídos da tributação que, assim, incidia apenas sobre os membros do povo ou terceiro estado[49].

Impõe-se, por isso, um combate eficaz à proliferação de regimes de favor e à evasão fiscal. O que envolve igualmente a rejeição de um discurso garantístico que, fazendo-se eco de um verdadeiro fundamentalismo jusfundamental, favorece, mesmo sem querer, o clima daquela proliferação

[48] Entre essas excepções conta-se a verificada em Portugal com a décima militar, que terá constituído senão a primeira uma das primeiras.

[49] Dando assim, a seu modo, razão à afirmação feita no século XIX por Jean Charles Leonard Sismonde de Sismondi nos termos da qual o que é preciso é ser-se suficientemente rico para não pagar impostos.

e evasão. Um discurso que, convém acentuá-lo, quase subliminarmente se vem impondo na chamada opinião pública (reduzida, em rigor, à opinião publicada ou mesmo à opinião publicitada), frequentemente dominada pelos interesses dos "favorecidos" e "fugitivos" fiscais, que não raro controlam, das mais variadas e subtis formas, os próprios meios de comunicação social.

54.5.2. A complexidade e instabilidade da legislação fiscal

Um outro aspecto que afecta o nosso sistema fiscal, é o traduzido na complexidade extrema e na instabilidade permanente das soluções engendradas pela legislação fiscal. E para fazermos prova desta afirmação, não precisamos de proceder aqui a grandes desenvolvimentos, tão visível o fenómeno se apresenta. Uma palavra ilustrando o fenómeno e outra sobre a imperiosa necessidade do seu combate, simplificando ao máximo o sistema fiscal.

a) Ilustração do fenómeno

Quanto à mencionada *complexidade*, podemos ilustrá-la com um artigo retirado de cada um dos códigos dos três grandes impostos do sistema, a saber: o art. 2º do CIRS, o art. 58º do CIRC e o art. 9º do CIVA, bastando para tanto aludirmos apenas à extensão e estrutura destes preceitos. Quanto ao art. 2º do CIRS, que procede à delimitação positiva da categoria A, rendimento do trabalho dependente, basta referir que se distribui por 15 números (embora um deles tenha sido revogado), na sua maioria subdivididos em numerosas alíneas, sendo que algumas destas alíneas ainda se subdividem em subnúmeros, como acontece com a alínea *b)* do nº 3, relativa às remunerações acessórias, subdividida em 11 subnúmeros. Também o art. 63º do CIRC, que contém a disciplina relativa ao tratamento fiscal dos preços de transferência, se espraia por 13 números, na sua maioria subdivididos em diversas alíneas. Enfim, igualmente o art. 9º do CIVA, respeitante às isenções do IVA nas operações internas, se apresenta em numerosos números, na sua grande maioria ainda subdivididos em múltiplas alíneas.

Mas a complexidade é também visível a partir de outros prismas, ou seja, se olharmos para o conjunto da legislação fiscal e sobretudo para a sua evolução. Com efeito, a evolução da legislação fiscal tem sido praticamente quase sempre no sentido da sua acumulação, somando-se a legislação nova à legislação anterior, o que é particularmente visível em sede das obrigações acessórias que crescentemente vêm sendo impostas aos contribuintes e a terceiros, algumas delas sem a menor justificação, absolutamente descabidas e totalmente desproporcionadas e opressivas[50].

Mais grave do que a própria complexidade é, todavia, a *instabilidade* que se instalou em sede da legislação fiscal. Com efeito, quase todos os dias nos deparamos com alterações às leis fiscais, alterações que se não limitam a aspectos periféricos, pois frequentemente atingem os núcleos duros dos códigos fiscais. A que acresce o facto de, em relação a muitas delas, não se descortinar um sentido, um fio condutor, enveredando por soluções radicais face às anteriormente defendidas, num constante e irresponsável passar do oito para o oitenta e vice-versa, como sucedeu em sede do levantamento administrativo do sigilo bancário[51].

Uma ideia patente também na tributação dos rendimentos, pela via da tributação do património, dos não residentes com domicílio em países com regime fiscal claramente mais favorável[52]. Efectivamente, de uma situação tributária que, ainda há pouco anos, se não distinguia praticamente da dos residentes, passou-se em 2004 para uma tributação claramente excessiva em IMI, a uma taxa de 5%, a qual foi, a justo título, reduzida para 1% pela LOE/2007[53].

b) A imperiosa necessidade de simplificação

Impõe-se, por isso, um combate sem tréguas contra o mencionado *status quo* fiscal, bem como contra a sua evolução no sentido da cada vez maior complexidade. Daí que a palavra de ordem neste domínio não possa deixar de ser a de simplificar, simplificar e simplificar.

[50] Cf. o que dissemos *supra* no nº 22.2.

[51] Para não falarmos no que vem sucedendo em sede dos benefícios fiscais, em que, não obstante a sua natureza de medidas económicas e sociais por via fiscal, e a estabilidade do seu regime ser extremamente relevante para os agentes económicos e sociais, assistimos a sucessivas alterações ao sabor da vontade dos governos.

[52] Nesse sentido, v. o Preâmbulo do CIMI, em que expressamente se diz que a luta contra a evasão e fraude fiscais foi igualmente um dos objectivos da reforma, mormente face a fenómenos de deslocalização da titularidade de imóveis para países ou regiões com regimes fiscais mais favoráveis.

[53] V., sobre essa tributação e por todos, JOSÉ MANUEL TEJERICO LOPEZ, «L'imposione sui soggetti non residenti in Spagna», *Rivista di Diritto Tributario Internazionale/International Tax Law Review*, 1/2001, p. 9 e ss., e LUZ RUIBAL PEREIRA, «La nueva regulación de las entidades en atribuición de rentas en el Impuesto Español sobre la Renta de no Residentes», *Diritto e Pratica Tributaria Internazionale*, 2003, p. 385 e ss.

O que convoca, naturalmente, o legislador para que simplifique todo o complexo sistema fiscal, sobretudo o sistema de tributação do rendimento, desonerando as empresas da rede labiríntica de obrigações acessórias que crescentemente lhes tem vindo a ser imposta.

Impõe-se, por isso, reduzir, e reduzir significativamente, o número de leis fiscais que nos regem, bem como simplificar as restantes, de modo a que tenhamos uma legislação fiscal que não só seja susceptível de ser aplicada, mas sobretudo possa ser aplicada com custos bem menores do que aqueles que se verificam actualmente. Assim como há que fazer um esforço sério e consequente no sentido de reconduzir aos diversos códigos fiscais, gerais como a LGT, o CPPT e o RGIT, ou especiais relativos aos diversos impostos, conferindo-lhe a necessária racionalidade e estabilidade, toda a numerosa e diversificada legislação avulsa que crescentemente se tem vindo a acumular fora dessas codificações.

Para além de que, é importante sublinhar, incumbe ao legislador, ao adoptar qualquer lei, e particularmente quando se trata de leis no domínio da luta contra a evasão fiscal, proceder à devida ponderação custos/benefícios. O que, não sendo mais do que um dos aspectos em que se concretiza o moderno sistema de avaliação do impacto das leis, servirá, nomeadamente, para não "investir" em medidas de combate à evasão fiscal cuja complexidade e custos de aplicação se não coadunem minimamente com as receitas fiscais que as mesmas visam salvaguardar ou recuperar. Pois é reconhecido que os encargos decorrentes da complexidade do sistema fiscal são enormes mesmo em países com sistemas económicos e fiscais cuja eficiência é muito superior à que se verifica entre nós[54].

Isto se e na medida em que se não queira (ou se não possa) enveredar por uma solução mais arrojada, para não dizer mais radical, em sede da tributação do rendimento, como a que tem vindo a ser adoptada, com enorme êxito revelado nos níveis de crescimento económico atingidos, pelos países do Leste Europeu, que aderiram ao que vem sendo designado por *flat tax revolution*, concretizada na opção por uma tributação simples, proporcional e em regra relativamente baixa do rendimento pessoal e empresarial. Uma revolução que, tendo começado nos países bálticos, em meados da década de

[54] Sobre a avaliação do impacto das leis, v., por todos, Carlos da Costa Morais, «Sistema de avaliação das normas jurídicas», *Cadernos de Ciência de Legislação*, 32, Outubro-Dezembro de 2002, p. 39 e ss.

noventa do século passado, que adoptaram taxas ainda relativamente elevadas, próximas dos 30%, vem prosseguindo neste século noutros desses países com taxas que se situam abaixo dos 20%[55].

Tendo em consideração apenas as empresas, parece-nos que o legislador nacional devia distinguir, no respeitante ao rendimento tributável e aos métodos de determinação do mesmo, entre três tipos de empresas, ou seja, entre as micro-empresas, as pequenas e médias empresas e as grandes empresas. Uma exigência cuja justificação não parece difícil, bastando referir que é do mais relevante interesse distinguir entre esses três tipos de empresas de modo a que as exigências que o direito dos impostos faz às empresas, mormente no que à definição e determinação da matéria tributável diz respeito, sejam devidamente pautadas pela ideia de proporcionalidade.

Na verdade, apenas as grandes empresas, essas sim, devem ser tributadas exclusivamente com base no lucro real, no lucro revelado pela contabilidade organizada. Pois, em relação a estas, já se não revelarão desproporcionadas as exigências implicadas na obrigatoriedade de contabilidade organizada e na sua elaboração em conformidade com os sãos princípios da contabilidade[56].

Duas observações a este respeito. Uma, para dizer que o nosso sistema de tributação do rendimento das empresas, em que as pequenas empresas, tanto singulares como societárias, podem optar pelo regime simplificado baseado em coeficientes diversificados e relativamente ajustados à realidade económico-empresarial, não deixa, em alguma medida, de responder às exigências de uma tributação diversificada das empresas. Muito embora haja quem proponha relativamente às micro empresas uma tributação tipo "imposto de porta aberta", a qual substituiria a generalidade dos impostos, designa-

[55] V., em geral, para esse problema, Richard A. Musgrave, «Clarifyind tax reform», in IDEM, *Public Finance in a Democratic Society*. vol. III – *The Foundations of Taxation and Expenditure*, Edward Elgar, UK & USA, 2000, p. 457 e ss., e Fernando Araújo, *Introdução à Economia*, cit., p. 536 e ss.

[56] Sobre a complexidade e instabilidade da legislação fiscal, v. A. M. Cubero Truyo, *La simplificación del Ordinamiento Tributario*, cit., esp. p. 43 e ss., e Ferreiro Lapatza (Dir.), *La Justicia Tributaria en España. Informe sobre las relaciones entre la Administración y los contribuyentes y la resolución de conflitos entre ellos*, Madrid, 2005. Para a análise e avaliação das propostas envolvidas no movimento da *flat tax revolution*, v., por todos, J. J. Amaral Tomaz, «A redescoberta do imposto proporcional (*flat tax*)», *Homenagem a José Guilherme Xavier de Basto*, cit., p. 351 e ss.

damente o IRS/IRC e o IVA, alcançando-se, assim, uma real e significativa simplificação da vida fiscal das referidas empresas. Um imposto que incidiria anualmente sobre o potencial de facturação das empresas, tendo estas, todavia, de definir um valor salarial a ser considerado no imposto sobre os salários. Uma proposta que, deve ser sublinhado, foi feita no quadro de uma reforma mais ampla da tributação do rendimento pessoal, para a qual se propõe uma taxa uniforme, no quadro portanto de uma *flat tax*[57].

Outra observação, para assinalar que, relativamente às grandes empresas, o que dissemos não se reporta às empresas transnacionais verdadeiramente globais, uma vez que tributar estas pelo rendimento mundial contabilisticamente apurado, mais não é do que não as tributar em lado algum, exigindo-se que sejam tributadas com base em elementos exclusivamente objectivos que não sejam deslocalizáveis dos países onde desenvolvem a sua actividade, como são o volume de vendas realizadas, o capital afecto à produção e o montante de salários pagos. Solução que, todavia, se encontra longe das que a OCDE, no quadro do Relatório e do Plano de Acção de luta contra a erosão das bases tributárias e deslocação de lucros (BEPS), vem propondo.

55. Os actuais desafios do sistema fiscal

Uma das constelações de problemas mais visível que se coloca ao actual Estado fiscal, traduz-se nos duros desafios que hoje em dia enfrenta a tributação e, consequentemente, o direito fiscal, alguns deles sem adequada solução à vista. De entre eles temos uns que se configuram como desafios internos, constituindo assunto de cada Estado, e outros que se apresentam como desafios externos, tendo a ver com os actuais fenómenos da internacionalização, integração e globalização económicas.

Nos primeiros, temos os fenómenos: 1) da erosão da figura dos impostos que progressivamente se vem degradando em outros tributos que, por seu turno, como acontece sobretudo com a figura das taxas, assentam cada vez mais em terreno movediço; 2) da extrafiscalidade regulada pela da União Europeia em termos algo fundamentalistas porquanto considera auxílios de Estado não só a generalidade dos benefícios fiscais como situações que, em rigor, não são benefícios; 3) da "privatização" da administração ou gestão da

[57] V. José Dinis Carmo / Abel L. Costa Fernandes, *A Tributação dos Rendimentos Empresariais em Portugal*, Almedina, 2013, p. 89 e ss.

generalidade dos impostos, modificando a relação tributária de direito administrativo; 4) do crescente declínio ou degradação do poder tributário do Parlamento com expressão visível na multiplicação e ampliação das matéria versadas nos ditos regulamentos internos da Administração Tributária, bem como dos princípios que (de)limitam materialmente esse poder, como ocorre com o princípio da capacidade contributiva que enfrenta grandes dificuldades enquanto critério de medida dos impostos; 5) da configuração do IRS como um efectivo imposto de natureza dual, o que leva a que a função redistributiva constitucionalmente imputada a esse imposto esteja basicamente a cargo dos titulares de rendimentos do trabalho dependente e de pensões; 6) da criação, ao lado do IRC conforme ao figurino constitucional e legal, de um "IRC paralelo", a que já aludimos; 7) do esquecimento da incindível ligação ao poder tributário do poder de gastar ou da eficiência das despesas públicas, que, como também referimos, esteve na base da polarização deste poder nos parlamentos nacionais, etc.[58].

Por seu lado, nos segundos, deparamo-nos com a internacionalização das situações tributárias a exigir uma dinâmica política fiscal externa, com a integração fiscal europeia a impor uma harmonização fiscal que limita fortemente a soberania fiscal dos Estados membros da União Europeia, e com a necessidade de um entendimento mínimo a nível mundial de modo a limitar as consequências fiscais nefastas da globalização económica[59].

Pois bem, quanto a estes últimos, aqueles a que aqui nos vamos referir, é de assinalar que, embora tradicionalmente polarizados na concorrência fiscal internacional prejudicial e na tributação do comércio electrónico, presentemente, sobretudo por força do Plano BEPS, tendem a ser perspectivados de uma maneira mais integrada, sendo certo que, seja qual for a visão

[58] Sobre esses desafios internos, v. os nossos estudos «A Constituição fiscal de 1976, sua evolução e seus desafios», em *Por um Estado Fiscal Suportável*, cit., p. 133 e ss., e «Sobre o regime jurídico das taxas», *ob. cit.*, p. 41 e ss. V. também João R. Catarino, *Para uma Teoria Política do Imposto*, cit., p. 433 e ss.

[59] Quanto aos referidos desafios externos em geral, v. o nosso estudo «A soberania fiscal no actual quadro de internacionalização, integração e globalização económicas», em *Por um Estado Fiscal Suportável*, cit., p. 184 e ss. Sublinhe-se que esses fenómenos, sobretudo a integração europeia, para além dos desafios relativos ao direito dos impostos, vêm provocando profundas alterações no direito público traduzidas na formação tanto de um "direito administrativo europeu" como de um "novo direito administrativo" – v., sobre estes, as obras de Suzana Tavares da Silva, *Direito Administrativo Europeu*, Imprensa da Universidade de Coimbra, 2010, e *Um Novo direito Administrativo?*, Imprensa da Universidade de Coimbra, 2010.

que deles se tenha, colocam a questão cada vez mais relevante e pertinente do gradual aparecimento de um importante direito fiscal a montante dos Estados. Um direito fiscal, cuja novidade reside não só nesse carácter de direito a montante dos Estados, isto é, num direito fiscal supranacional (regional ou mesmo universal), mas também por se apresentar em larga medida como um direito fiscal *soft*, que levanta não poucas questões, a começar pela da sua própria natureza.

Uma palavra muito rápida sobre como os problemas da concorrência fiscal prejudicial e da tributação do comércio electrónico foram sendo tratados e, bem assim, sobre a emergência desse direito fiscal a montante dos Estados que as recentes iniciativas do G8 e G20, da OCDE e da União Europeia procuram dar coerência e um mínimo de consolidação.

55.1. A concorrência fiscal prejudicial

No respeitante à concorrência fiscal prejudicial, é de referir que, durante muito tempo, a concorrência fiscal internacional foi vista pela generalidade dos autores como benéfica. Para isso contribuiu decisivamente o modelo elaborado por Charles Tibeout em 1956[60].

Segundo este autor a concorrência entre sistemas fiscais num espaço de liberdade de movimentação dos factores de produção conduz a resultados eficientes, na medida em que aos diferentes níveis de fiscalidade correspondam necessariamente níveis diversos de fornecimento de bens e serviços públicos financiados por tais níveis de fiscalidade. As pessoas e as empresas seriam assim livres de se fixar ou estabelecer nos territórios em que obtivessem um melhor equilíbrio entre a receita fiscal que suportam e a despesa pública correspondente às suas preferências.

Defendidas com visível entusiasmo, no quadro de triunfo da ideologia neoliberal, por diversos autores, que nelas viam um suporte eficaz para o aumento da eficiência da despesa pública e para a limitação da sua dimen-

[60] Charles Tiebout, «A pure theory of local expenditures», *Journal of Political Economy*, vol. 64, 1956, p. 416 e ss. Como o próprio título deste artigo logo sugere, o modelo não teve em conta a concorrência fiscal internacional, mas apenas a concorrência fiscal intranacional, ou melhor, a concorrência fiscal local. Todavia, serviu de partida às duas gerações de teorias do federalismo fiscal (ou financeiro) que vieram a suportar a disputa entre centralização e descentralização do Estado – v. Nazaré da Costa Cabral, *A Teoria do Federalismo Financeiro*, 2ª ed., Almedina, Coimbra, 2015, e o nosso estudo «Recursos financeiros e poderes tributários das autarquias locais: que melhorias?», *RLJ*, ano 146, 2016/17.

são, tais ideias não tardaram a ser objecto de importantes críticas. Assim, objectou-se ao modelo de Tibeout, *inter alia*: 1) trata-se de um modelo que, esquecendo a função redistributiva dos impostos, está construído como se as pessoas e as empresas obtivessem benefícios da actividade do Estado iguais aos impostos pagos, ou seja, tem por base um entendimento dos impostos assente exclusivamente na ideia de troca ou de benefício quando actualmente se procura reconduzi-los à ideia da capacidade contributiva; 2) o equilíbrio para que tende o modelo é um equilíbrio de subtributação, pois os Estados, preocupados com a atracção do investimento externo, são forçados a níveis de despesa e de impostos abaixo do que seria desejável; 3) o modelo ignora a diferente mobilidade dos factores de produção, o que leva sobretudo à deslocação da tributação do capital para o trabalho.

Por conseguinte, compreende-se que, hoje em dia, a concorrência fiscal seja considerada prejudicial, pelo menos a partir de um determinado nível. Por isso, não admira que constitua um dos problemas que preocupa a generalidade dos países, designadamente os mais industrializados e desenvolvidos, e tenha originado muito diálogo e tomadas de posição a nível internacional, sobretudo em sede da OCDE e da União Europeia. O que se traduziu, em sede da OCDE, na aprovação em 1998 do Relatório «Concorrência fiscal prejudicial: um problema mundial»[61] e, em sede da União Europeia, a aprovação do Código de Conduta relativo à fiscalidade das empresas[62].

E, muito embora os resultados alcançados estejam longe dos adequados aos que o crescimento da referida concorrência reclamam, o certo é que as medidas que vêm sendo adoptadas pela OCDE e pela União Europeia têm um importante significado. Na verdade, elas são a expressão mais visível do início de uma disciplina internacional tendencialmente global, no sentido de atenuar os efeitos nefastos provocados pelos regimes fiscais claramente mais favoráveis, sejam estes regimes fiscais preferenciais ou paraísos fiscais. Uma distinção que, ao contrário do que logicamente se poderia pensar, não assentava no grau de favorecimento desses regimes, mas antes no facto de os

[61] Aprovado em 9 de Abril de 1998 pelo Conselho da OCDE, com as mui significativas abstenções do Luxemburgo e da Suíça.

[62] Aprovado por Resolução do Conselho e dos Representantes dos Governos dos Estados membros, reunidos no Conselho em 1 de Dezembro de 1997. Sobre os regimes fiscais privilegiadas numa perspectiva comparatística, V. N. Sampayo Ribeiro, *Regimes Fiscais Preferenciais*, Lisboa, 2002.

mesmos serem regimes dos Estados membros da OCDE ou regimes de Estados não membros da Organização[63].

a) O relatório da OCDE sobre as práticas fiscais prejudiciais

Quanto ao Relatório da OCDE de 1998, é de referir que, através dele, foi criado um *Forum* para as práticas fiscais prejudiciais, que ficou encarregado de identificar os regimes fiscais preferenciais potencialmente prejudiciais dos países membros e, bem assim, os países que, de acordo com os critérios definidos no Relatório, configuram paraísos fiscais. Para além disso, definiu os princípios directores relativos ao tratamento dos regimes preferenciais prejudiciais dos países membros, adaptou uma série de recomendações dirigidas à luta contra essas práticas fiscais e fixou um calendário para os países membros identificarem, declararem e suprimirem as características prejudiciais dos seus regimes preferenciais.

Na sequência dos trabalhos lavados a cabo pelo *Forum*, foi elaborado o Relatório 2000 «Para uma cooperação fiscal global», em que, de um lado, procedeu à avaliação dos regimes fiscais preferenciais prejudiciais dos países membros e dos regimes fiscais que constituem paraísos fiscais, através da elaboração de uma lista de cada uma dessas situações e, de outro lado, estabeleceu instrumentos de aprofundamento do diálogo com os países que se apresentam cooperativos na eliminação das práticas fiscais prejudiciais e de participação dos países não membros da OCDE.

Devemos acrescentar que, em consequência da crise financeira desencadeada em Setembro de 2008 e da consequente intensificação da luta contra a falta de transparência relativamente à propriedade dos activos, as coisas têm vindo a modificar-se muito significativamente em sede do combate à concorrência fiscal prejudicial levado a cabo pelas organizações internacionais, com particular destaque para a OCDE. Luta essa visível no aumento muito significativo da cooperação entre os Estados concretizada na troca de informações, nos termos em que esta se encontra prevista nos novos §§ 4º e 5º do art. 26º do Modelo de Convenção da OCDE, resultantes da versão de 2005. Pois assistiu-se quer ao alargamento da chamada "relevância previsível" das informações solicitadas pelo Estado requerente e do âmbito e tipo de informações objecto de pedido, quer à redução dos limites invocáveis, a título de

[63] Cf. A. Carlos Santos «A posição portuguesa face à regulação da concorrência fiscal», *CTF*, 406, Abril-Junho de 2002, p. 155 e ss.

domestic interest, pelo Estado requerido, particularmente no respeitante aos dados protegidos pelo sigilo bancário e profissional[64].

O que culminou, mais recentemente, por clara inspiração da FATCA norte-americana, na adopção pela OCDE do *Common Reporting Standard*, a que, com base em diversos suportes legais, designadamente no respeitante a países terceiros no art. 6.º da Convenção de Assistência Mútua em Matéria Fiscal, aderiram muitos países, ampliando assim a troca automática de informações.

b) O Código de Conduta da União Europeia

Por seu turno, no que à União Europeia diz respeito, temos o referido Código de Conduta relativo à fiscalidade das empresas, em relação ao qual se impõe dizer algo relativamente ao seu objectivo, natureza, âmbito e conteúdo[65].

Pois bem, quanto ao seu objectivo, o Código de Conduta visa combater a concorrência fiscal prejudicial através de medidas que sejam susceptíveis de ter incidência sensível na localização das actividades económicas na União, sejam estas levadas a cabo por empresas diferentes, sejam exercidas dentro de um mesmo grupo de sociedades.

Relativamente à sua natureza, devemos dizer que se trata dum instrumento de natureza política, uma espécie de *gentlemen's agreement* que integra um compromisso político[66]. Daí que, na Resolução que adoptou o Código, expressamente se sublinhe que "o código de conduta é um compromisso político e que, portanto, não afecta os direitos e obrigações dos Estados membros

[64] V., por todos, ALBERTO XAVIER, *Direito Tributário Internacional do Brasil*, 7ª ed., Rio de Janeiro, 2010, p. 661 e ss.

[65] V., sobre este e em geral, M. H. FREITAS PEREIRA, «Concorrência fiscal prejudicial – o Código de Conduta na União Europeia», *CTF*, 390, Abril-Junho de 1998, p. 205 e ss.; CARLOS SANTOS/CLOTILDE C. PALMA, «A regulação internacional da concorrência fiscal prejudicial», *CTF*, 395, Julho-Setembro de 1999, p. 7 e ss.; CLOTILDE C. PALMA, «A OCDE, a concorrência fiscal prejudicial e os paraísos fiscais – novas formas de discriminação fiscal?, *CTF*, 403, Julho-Setembro de 2001, p. 147 e ss., e GIOVANNI ROLLE, «Mercato interno e fiscalità diretta nel trattato di Roma e nelle recenti iniciative della Comissione Europea», *DPT*, LXX, 1999, 2, p. 5 e ss.

[66] GIOVANNE ROLLE, «Mercato interno e fiscalità diretta nel trattato di Roma e nelle recenti iniciative della Comissione Europea», *cit.*, p. 57 e s., considera que, embora apresente analogias com a "recomendação", o Código se reconduz à categoria dos "actos atípicos".

nem as competências respectivas dos Estados membros e da Comunidade tal como decorrem do Tratado".

O que significa, designadamente, que a sua interpretação e aplicação não pode ser controlada pelo guardião do direito comunitário, pelo Tribunal de Justiça e em consequência, que o controlo do seu cumprimento constitua um mero controlo político. Controlo que, atenta a sua natureza, pode vir a revelar-se demasiado fraco face aos Estados económica e politicamente mais fortes e demasiado forte ou mesmo opressor face aos Estados económica e politicamente mais fracos[67].

Por seu turno, no respeitante ao âmbito de aplicação do Código de Conduta, há que referir três aspectos: o dos impostos visados, o das medidas fiscais abrangidas e o das áreas geográficas a que se aplica. Relativamente aos impostos visados, o Código abrange o domínio da *fiscalidade das empresas*, embora não nos fornece qualquer critério para a interpretação dessa expressão. Tendo em conta, todavia, as declarações que acompanham a decisão do Conselho, é de concluir que se teve em vista apenas os impostos directos incidentes sobre as unidades económicas empresariais[68].

No respeitante às medidas fiscais abrangidas devem considerar-se como tais todas as medidas fiscais que afectem a localização das actividades económicas, qualquer que seja a sua base jurídica ou forma de concretização (disposições legislativas, disposições regulamentares e simples práticas administrativas), que possam ser consideradas como potencialmente prejudiciais. Nestas se integram, designadamente, as que se traduzam num nível de tributação efectivo, incluindo a taxa zero, significativamente inferior ao normalmente aplicado no Estado membro em causa.

Ainda a este respeito, para efeitos de qualificação de uma medida fiscal como prejudicial, o Código fornece, a título de exemplo, alguns parâmetros a considerar em termos alternativos: 1) se o regime é aplicável apenas a não residentes ou a transacções realizadas com não residentes; 2) se as vantagens concedidas são totalmente isoladas da economia interna, sem incidência na base fiscal nacional; 3) se as vantagens são concedidas mesmo que não exista qualquer actividade económica real nem qualquer presença económica subs-

[67] V., neste sentido, Carlos Santos/Clotilde C. Palma, «A regulação internacional da concorrência fiscal prejudicial», *cit.*, p. 16 e s.

[68] Cf. M. H. Freitas Pereira, «Concorrência fiscal prejudicial – o Código de Conduta na União Europeia», *cit.*, p. 210, e Carlos Santos/Clotilde C. Palma, «A regulação internacional da concorrência fiscal prejudicial», *cit.*, p. 17 e s.

tancial no Estado membro que proporciona essas vantagens; 4) se o método de determinação dos lucros resultantes das actividades internas de um grupo multinacional se afasta dos princípios geralmente aceites a nível internacional, nomeadamente das regras aprovadas pela OCDE; 5) se as medidas fiscais carecem de transparência, nomeadamente quando as disposições legais sejam aplicadas de forma menos rigorosa e não transparente a nível administrativo.

Finalmente, no que ao seu conteúdo diz respeito, o Código de Conduta estabelece para os Estados membros os seguintes compromissos: 1) de informação recíproca das medidas vigentes ou futuras potencialmente subsumíveis no âmbito da aplicação do Código, podendo qualquer Estado membro ou a Comissão solicitar informações; 2) de adopção de dois tipos de intervenção relativamente aos regimes fiscais prejudiciais: de um lado, o congelamento (*standstill*) e, de outro, o desmantelamento (*roll over*) das medidas fiscais prejudiciais existentes[69].

Importa referir que a União Europeia procura desde 2012 aprovar uma directiva sobre a matéria colectável comum consolidada do imposto sobre as sociedades (MCCCIS). Visando reforçar a competitividade das empresas europeias, reduzir os custos de contexto das empresas que operam de forma transfronteiriça e sobretudo avançar para uma maior harmonização fiscal ao nível da tributação dos rendimentos das sociedades, esta iniciativa foi relançada em 2016 com base em duas propostas de directiva: uma relativa a uma matéria colectável comum do imposto sobre as sociedades (MCCIS); outra relativa a uma matéria colectável comum consolidada do imposto sobre as sociedades (MCCCIS).

55.2. A tributação do comércio electrónico

Também a tributação do comércio electrónico, uma realidade que não tem deixado de crescer exponencialmente, mereceu a atenção das organizações internacionais como a OCDE e União Europeia. Impõe-se, por

[69] Para mais desenvolvimentos, v. UNIÃO EUROPEIA, «Comunicação da Comissão sobre a aplicação das regras relativas aos auxílios estatais às medidas que respeitem à fiscalidade directa das empresas», *Ciência e Técnica Fiscal*, 393, Janeiro-Março de 1999, p. 162 e ss.; M. H. FREITAS PEREIRA, «Concorrência fiscal prejudicial – o Código de Conduta na União Europeia», *cit.*, p. 215 e s.; CARLOS SANTOS/CLOTILDE CELORICO PALMA, «A regulação internacional da concorrência fiscal prejudicial», *cit.*, p. 23 e s., e ROCHA ANDRADE, «Concorrência fiscal e concorrência fiscal prejudicial na tributação directa do capital», *BCE*, XLIV, 2001, p. 209 e ss.

isso, dar conta dos principais problemas que uma tal realidade comercial vem levantando e indicar as propostas de solução que começaram a ser dadas[70].

Na verdade, também neste domínio a comunidade internacional se encontra preocupada. Daí o relatório destinado a estabelecer as condições gerais da tributação do comércio electrónico[71], apresentado pelo Comité de Assuntos Fiscais da OCDE na conferência interministerial de 8 de Outubro de 1998, em Ottawa[72], e a directiva sobre a tributação do comércio electrónico da União Europeia.

a) O relatório da OCDE relativo à tributação do comércio electrónico

O relatório da OCDE conclui, em síntese e *inter alia*, o seguinte: 1) os princípios que regulam o comércio convencional devem aplicar-se ao comércio electrónico; 2) tais princípios podem ser aplicados a partir das normas fiscais existentes; 3) as tecnologias, em que assenta o comércio electrónico, oferecem importantes possibilidades para melhorar os serviços junto do contribuinte; e 4) os processos de aplicação dos referidos princípios pressupõem um diálogo aprofundado.

De destacar, a este respeito, é a ideia de que os princípios que regulam o comércio convencional devem aplicar-se igualmente ao comércio electrónico. Trata-se dos seguintes princípios: *a*) da neutralidade (entre estas duas modalidades de actividade comercial), *b*) da eficiência (minimizando

[70] V. sobre o comércio electrónico, entre outros, M. Teixeira de Abreu, «Efeitos fiscais da utilização da *internet* em sede de impostos sobre o rendimento», *Fiscalidade*, 2, Abril de 2000, p. 25 e ss.; A. Fernandes de Oliveira, «O IVA nas transacções internacionais de comércio electrónico», *Fiscalidade*, 2, Abril de 2000, p. 37 e ss.; Gustavo Lopes Courinha, «A tributação directas das pessoas colectivas no comércio electrónico», *Fiscalidade*, 6, Abril de 2001, p. 51 e ss.; Vasco Guimarães, «A tributação do comércio electrónico», *CTF*, 403, Julho-Setembro de 2001, p. 7 e ss.; Piergiorgio Valente, «Ipotesi di tassazione del reddito transnazionale in *Internet*», *Rivista di Diritto Finanziario e Scienza delle Finanze*, LVII, 1998, 3, I, p. 383 e ss.; A. G. Ruiz Huidobro «El derecho tributario del siclo XXI: problemática del comercio electrónico y los principios del derecho tributario internacional», *Revista de Direito Tributário*, 79, 2000, p. 107 e ss., e F. Huet, *La Fiscalité du Commerce Électronique*, Paris, 2000. V. também os números monográficos dedicados ao tema pelas revistas *National Tax Journal* (vol. LIII, nº 4, parte 3, Dezembro de 2000), e *Revista Euroamericana de Estudios Tributários* (6 Septiembre-Diciembre 2000).

[71] Com o título: "Electronic Commerce: Taxation Framework Conditions".

[72] Dedicada ao tema: "A Borderless World – Realising the Potential of Electronic Commerce".

os custos administrativos relativos à liquidação e cobrança), *c*) da certeza e simplicidade (as normas fiscais devem ser claras e simples de compreender de modo a que os contribuintes saibam a que ater-se), *d*) da eficácia e equidade (a tributação deve proporcionar uma receita normal e na data desejada, minimizando a evasão e a fraude fiscais), e *e*) da flexibilidade (os sistemas de tributação devem ser flexíveis e dinâmicos de modo a acompanhar o ritmo dos desenvolvimentos tecnológicos e comerciais).

Neste domínio é de assinalar que presentemente se procura enfrentar esta realidade em termos mais amplos, tendo em conta a multifacetada economia digital, como nos dão conta as acções n.º 1 (uma nova abordagem dos desafios da tributação da economia digital) e n.º 7 (prevenir que se evite artificialmente o reconhecimento de um estabelecimento estável) do Plano BEPS. Medidas que, não obstante estarem longe de proporcionar bons resultados, apontam, todavia, o caminho multilateral a seguir.

b) A Directiva sobre a Tributação do Comércio Electrónico

Por seu turno, a Directiva 2002/38/CE do Conselho sobre a Tributação do Comércio Electrónico da União Europeia[73], cujo objectivo é o de melhorar o funcionamento do IVA no mercado interno, veio alterar o actual quadro da tributação da prestação de serviços como decorre das disposições da Sexta Directiva.

Ora bem, a tributação com base na Sexta Directiva assentava em duas regras: 1) nenhuma tributação recai sobre os fornecimentos de serviços a consumidores estabelecidos na União Europeia por empresas estabelecidas em países terceiros; 2) diversamente, os fornecimentos de serviços por operadores estabelecidos na União Europeia a adquirentes de países terceiros, ou de outros países da União, estão sujeitos a tributação no Estado membro onde o prestador se encontra estabelecido, de acordo com a regra do lugar onde os serviços são materialmente executados.

A Directiva altera estas regras, uma vez que o fornecimento de serviços por via electrónica passa a considerar-se localizado e, por conseguinte, sujeito a tributação, no lugar onde o adquirente tem a sede da sua actividade económica, um estabelecimento estável, o domicílio ou a sua residência habitual. Mais significativas são as alterações que se prendem com a prestação de serviços electrónicos por empresas estabelecidas fora da União Europeia a

[73] De 7 de Maio de 2002.

adquirentes nesta estabelecidos, cuja solução varia consoante os adquirentes sejam empresas ou particulares.

Assim, no caso de se tratar de serviços adquiridos por empresas estabelecidas na União, estas serão as únicas responsáveis pelo pagamento do IVA, aplicando-se o sistema de autoliquidação (*reverse charge*), em que cabe ao adquirente dos bens o pagamento do imposto. Tratando-se, porém, de adquirentes que sejam particulares residentes na União, os fornecedores estabelecidos em países terceiros terão de registar-se e cumprir as obrigações correspondentes em qualquer Estado membro da União Europeia.

Directiva que, como se compreenderá, levanta problemas sobretudo no respeitante à tributação dos serviços adquiridos por particulares estabelecidos na União a empresas de terceiros países. Pois, de um lado, a Directiva faculta às empresas estabelecidas fora da União Europeia a escolha do Estado membro onde querem fazer o registo e cumprir as respectivas obrigações fiscais.

A tributação do comércio electrónico coloca problemas diversos em sede da tributação do rendimento e em sede da tributação do consumo. Relativamente à tributação do rendimento levantam-se questões que têm a ver sobretudo com o pôr à prova de conceitos tradicionais de contornos relativamente definidos como os de "residência" e de "estabelecimento estável" ou as tradicionais regras sobre o tratamento fiscal a dar aos preços de transferência[74].

Já no respeitante à tributação do consumo debatem-se problemas ligados fundamentalmente à localização das operações sujeitas a IVA na *internet* e à exequibilidade das actuais e eventuais novas regras, perspectivadas seja do ponto de vista dos seus destinatários, seja do ponto de vista das administrações fiscais.

Importa assinalar, a este respeito, que as dificuldades apontadas à tributação em IVA dos serviços adquiridos por particulares estabelecidos na União Europeia a empresas de terceiros países, foram significativamente atenuadas com a criação e entrada em vigor, a 1 de Janeiro de 2015, do Mini Balcão Único (*Mini One Stop Shop*), um regime especial que permite aos sujeitos passivos que prestem serviços de telecomunicações, serviços de radiodifusão e televisão ou serviços electrónicos a pessoas que não sejam sujeitos passivos em

[74] V., sobre a tributação do rendimento proporcionado pelo comércio electrónico, PIERGIORGIO VALENTE, «Ipotesi di tassazione del reddito transnazionale in *Internet*», *cit.*; M. TEIXEIRA DE ABREU, «Efeitos fiscais da utilização da *internet* em sede de impostos sobre o rendimento», *cit.*, e RITA CALÇADA PIRES, *Tributação Internacional do Rendimento Empresarial Gerado através do Comércio Electrónico*, Almedina, Coimbra, 2011.

Estados membros em que aqueles não disponham de um estabelecimento estável, liquidar o IVA devido sobre as prestações efectuadas através de um portal Web no Estado membro em que estejam identificados. Trata-se de um regime facultativo que constitui uma medida de simplificação na sequência da alteração das regras relativas ao local da prestação para efeitos do IVA, dado que a prestação tem lugar no Estado membro do cliente e não no Estado membro do prestador do serviço.

A que é de acrescentar que os problemas que a economia digital coloca ao direito, e muito especialmente ao direito dos impostos, se não limitam presentemente aos do comércio electrónico, pois ela abarca outras realidades decorrentes do fenómeno da permanente inovação próprio da economia digital, como, por exemplo, as *apps stores*, o *on line adversiting*, a *cloud computing* e o *high frequency trading*, as quais, por serem de difícil domesticação jurídica, colocam problemas acrescidos em sede da tributação tanto dos rendimentos por elas gerados como das transacções de bens e prestações de serviços que suportam[75].

Daí a atenção que a União Europeia dispensa à tributação da economia digital, à semelhança das preocupações da OCDE constantes das acções 1 e 7 do Plano BEPS. O que levou em 21 de Março de 2018 a Comissão Europeia, face às dificuldades em alcançar soluções no quadro mais amplo do "fórum preferencial" da OCDE, a aprovar duas propostas de Directiva: uma relativa ao estabelecimento estável digital e outra relativa ao *Digital Services Tax*. Quanto à primeira, visa-se definir o estabelecimento estável através de regras que determinem o que é uma *significant digital presence* e incorporar estas regras de imputação de lucros na legislação doméstica e nas CDT. No respeitante ao novo imposto sobre serviços digitais, trata-se de um imposto que corresponderá a uma taxa de 3%, incidente sobre as receitas provenientes de determinadas actividades digitais de empresas com receitas anuais mundiais que ascendam a € 750 milhões e receitas obtidas na União Europeia que ascendam a € 50 milhões.

55.3. Um direito fiscal a montante dos Estados

Um outro aspecto da actual disciplina dos impostos, intimamente ligado aos que acabámos de referir, prende-se com a emergência de um direito fiscal a

[75] V. a tal respeito, Conceição Gamito/Joana Branco Pires/Filipe Cunha Marques, «Digital economy taxation: the quest for a perfet solution», em João Sérgio Ribeiro (Coord.), *International Taxation. New Challenges*, cit., p.11 e ss.

montante dos Estados com vocação tendencialmente universal. Um direito fiscal assente numa realidade que caminha, de um lado, da órbita nacional para a órbita internacional ou, em rigor, para a órbita supranacional cada vez mais global, e, de outro lado, do domínio dos compromissos jurídicos, do direito, para o domínio dos compromissos políticos, para a política. Uma realidade jurídico-fiscal que tende a concretizar-se não tanto como um patamar de tributação mínima a impor à generalidade dos países, mas antes como um quadro de boa governação fiscal que assegure o respeito pelos princípios da transparência, da troca de informações e da concorrência fiscal leal no desenvolvimento e aprofundamento do Relatório sobre a Promoção da Boa Governação em Matéria Fiscal constante da Comunicação da Comissão de 28 de Abril de 2009 e aprovado pela Resolução do Parlamento Europeu de 2 de Fevereiro de 2010.

Assim e quanto à primeira manifestação, não podemos esquecer que a concorrência fiscal internacional vem forçando os Estados a soluções que, embora adoptadas ainda no quadro nacional, são impostas pelo mercado internacional tendencialmente globalizado da fiscalidade. O que coloca a questão crucial da perda da soberania fiscal dos Estados, a dimensão da soberania que, como é sabido, constitui a base da soberania dos Estados.

Efectivamente, à medida que a concorrência fiscal internacional provoca a erosão do poder tributário dos Estados, estes correm o risco de colapso, se não se encontrar uma plataforma de cooperação internacional que proporcione uma tributação mínima a todos. Daí as medidas que vêm sendo tomadas tanto pela União Europeia como pela OCDE. Medidas, cujo desenvolvimento e consolidação, mais tarde ou mais cedo, conduzirão a um direito de indiscutível cariz supranacional, perdendo assim os Estados parte da sua soberania fiscal e, por conseguinte, da sua soberania *tout court*[76].

[76] V., no respeitante à ideia de soberania fiscal, o nosso livro *O Dever Fundamental de Pagar Impostos*, cit., p. 290 e ss. Quanto aos impostos como base do poder do estado, v. Charles Adams, *For Good and Evil The Impact of Taxes on the Course of Civilization*, cit. Por seu lado, no respeitante à perda de soberania dos Estados no actual quadro de globalização económica, v. Paulo Henriques Castex, «Os blocos econômicos como sociedade transnacional – A questão da soberania», e Márcio Monteiro Reis, «Interpretação constitucional do conceito de soberania – As possibilidades do Mercosul», ambos em Paulo Borba Casell (Coord.), *Mercosul, Integração Regional e Globalização*, Rio de Janeiro, 2000, respectivamente p. 279 e ss. e p. 915 e ss.

Um direito fiscal *in fieri* que levanta não poucos problemas, entre os quais o da necessidade de lançar as bases fundacionais, as bases constitucionais, para a configuração do poder tributário a esse nível supranacional. Bases que têm ver tanto com exigências de ordem democrática a reclamarem um autoconsentimento mínimo dos impostos por parte dos contribuintes, como com exigências de natureza social a reclamar um mínimo de solidariedade supranacional a implicar o não esquecimento do papel redistributivo dos impostos.

Ou, noutros termos, se os impostos são o que pagamos por termos uma sociedade civilizada, como se proclama na conhecida frase do juiz do *Supreme Court*, Olivier Wendell Holmes, bom é que esse preço seja um preço aceitável também no quadro supranacional. Igualmente neste plano, os impostos hão-de ser o preço que pagamos por termos uma comunidade internacional assente na liberdade[77].

Por seu turno, quanto ao segundo aspecto assinalado, é de referir que se trata de uma expressão, porventura qualificada, da cada vez mais visível fuga, a que hoje se assiste, dos instrumentos jurídicos, do direito, para os instrumentos essencialmente políticos, para a política. O que, em sede do direito dos impostos, tem como exemplo eloquente o referido Código de Conduta sobre a fiscalidade das empresas da União Europeia.

Pois bem, embora tenhamos a certeza de que esse "admirável mundo novo", construído em torno do "fim do direito" e do "triunfo da política", esteja muito longe de constituir a "última palavra", como por vezes o deslumbramento do pensamento pós-moderno parece fazer crer, ainda assim não podemos deixar de ter uma tal fenomenologia na devida conta[78].

Uma disciplina jurídica fiscal, em relação à qual, é de acrescentar, se coloca um outro problema. Pois, para além desse seu carácter de um direito *soft*, a

[77] Na verdade não há direitos de borla, pois todos os direitos têm custos. Neste sentido bem podemos dizer: "no property without taxation". Sobre o carácter intrinsecamente liberal da técnica base do imposto, v., por todos, GABRIEL ARDANT, *Théorie Sociologique de l'Impôt*, vols. I e II, Paris, 1965, e *Histoire de l'Impôt*, vols. I e II, Paris, 1972, e salientando os aspectos referenciados nesta nota, STEPHEN HOLMES/CASS R. SUNSTEIN, *The Cost of Rights. Why Liberty Depends on Taxes*, New York. London, 2000. Para o respeito da ideia de autoconsentimento dos impostos por parte do legislador comunitário, v. o interessante livro de FRANCISCO M. CARRASCO GONZÁLEZ, *El Principio Democrático de Autoimposición en la Produción Normativa de la Unión Europea*, Valencia, 2005.

[78] Para uma recusa frontal do relativismo pós-moderno, v., por todos THOMAS NAGEL, *A Última Palavra*, Lisboa, 1999.

resvalar para a política, um tal direito *in fieri* não dispõe, por enquanto, de qualquer suporte organizacional internacional adequado.

É que, ao contrário do que ocorreu noutros sectores, como o do comércio internacional tutelado pela OMC, no domínio fiscal apenas temos o Comité dos Assuntos Fiscais da OCDE, uma organização da qual não faz parte a maioria dos países. Daí a proposta, adiantada por alguns autores no sentido da criação de uma organização fiscal mundial responsável pela disciplina fiscal mínima capaz de enfrentar os desafios fiscais engendrados pela globalização económica[79].

Ou seja, por outras palavras, também no domínio do direito dos impostos há que ter em conta o crescente fenómeno da criação e aplicação multinível do direito, dentro do qual não podemos deixar de destacar o inevitável caminho que, em sede da União Europeia, se vem trilhando para uma efectiva estrutura federal.

Todavia, atentos os desenvolvimentos mais recentes no sentido de uma luta eficaz contra a evasão e fraude fiscal proporcionada pela globalização económica e generalizada internacionalização das relações tributárias, verificamos que se está a construir a montante dos Estados uma efectiva rede normativa tendencialmente global, dinamizada a nível internacional pelo G8 e G-20 e, em termos operacionais, pela OCDE, a qual assenta, todavia, em instrumentos diversos quanto à sua proveniência, à sua natureza e aos seus objectivos, os quais têm vindo a ser adoptados, em larga medida, por força da eficácia extraterritorial da referida lei norte-americana FATCA.

Lei esta que conduziu não só a uma rede de acordos intergovernamentais concluídos por numerosos Estados, individualmente ou em grupo, com os EUA, em matéria de troca automática de informações financeiras entre as partes desses acordos, mas também a diversas iniciativas da OCDE e da União Europeia. Sendo de destacar, relativamente à OCDE, o ambicioso Plano de Acção BEPS, que se desdobra em função da matéria versada em 15 acções, e no respeitante à União Europeia as medidas que, quer em desenvolvimento das acções que já vinha adoptando quer também em cumprimento do Plano BEPS, se encontram fundamentalmente na Directiva 2014/107/UE

[79] V., neste sentido e por todos, Vito Tanzi «Is there a need for a World Fiscal Organization?», em A. Razin & E. Sadka, *The Economics of Globalization. Policy Perspectives from Public Ecomomics*, Cambridge U.P., 1999, p. 173 e ss., e Xavier de Basto, «Justiça tributária: ontem e hoje», *BCE*, XLIX (2006).

do Conselho, que alterou a Directiva 2011/16/EU relativa à troca automática de informações em matéria da fiscalidade, e na Directiva (UE) nº 2016/1164 do Conselho, de 12 de Julho, que estabelece regras contra as práticas de elisão fiscal que tenham incidência directa no funcionamento do mercado interno[80].

A que acrescem as referidas duas propostas de directiva, relativas à tributação da economia digital: a do estabelecimento estável digital e a do *Digital Services Tax*.

[80] Directiva que tem por objectivo estabelecer um regime uniforme a todos os Estados membros das acções do BEPS e integra medidas incidentes sobre cinco domínios específicos: 1) limitação à dedutibilidade fiscal dos juros pagos por entidades do mesmo grupo empresarial, 2) tributação das mais-valias quando ocorra a transferência da residência fiscal ou de activos das empresas para jurisdições de baixa tributação (tributação à saída), 3) adopção de uma cláusula geral anti-abuso, 4) imputação de rendimentos obtidos por entidades localizadas em territórios de baixa tributação, também conhecida por transparência fiscal internacional ou regime das *Controlled Foreign Companies*), e 5) obstar a que no apuramento do lucro tributável dos grupos empresariais tenha lugar uma dupla dedução ou uma dedução sem inclusão (evitando assimetrias híbridas). Sobre o plano BEPS e a adopção entre nós das acções dirigidas aos ordenamentos nacionais, v. Gustavo Lopes Courinha, «BEPS e o sistema fiscal português: uma primeira incursão», *Cadernos de Justiça Tributária*, 4, Abril Junho de 2014, p. 11 e ss. É de assinalar que se trata de um complexo e sofisticado conjunto de medidas, o qual, porque assenta em larga medida em correcções e melhorias ao Modelo de Convenção da OCDE, duvidamos que possa resultar, porquanto o problema em causa é o da dupla ou múltipla não tributação que é o oposto ao que aquele Modelo visou solucionar, não admirando, por isso, que a *Independent Comission for the Reform of International Corporate Taxation*, na sua Declaração de Princípios, de 2015, tenha afirmado que o caminho do BEPS é "deitar vinho novo em odres velhos". Quanto a alguns dos temas aqui aludidos, v. os diversos estudos constantes da obra citada de João Sérgio Ribeiro (Coord.), *International Taxation. New Challenges.*

Capítulo II
Visão Geral dos Impostos Portugueses

§ 1 – IMPOSTOS SOBRE O RENDIMENTO

56. O IRS

56.1. Incidência

56.1.1. A incidência pessoal

De acordo com os arts. 13º e segs. do CIRS, são sujeitos passivos do IRS, por um lado, as pessoas singulares residentes e, por outro, as pessoas singulares não residentes[81].

São assim sujeitos passivos do IRS:

- as pessoas singulares (incluindo as empresas individuais, o EIRL e os membros das pessoas colectivas sujeitas ao regime de transparência fiscal, nos termos do art. 6º do CIRC) *residentes* (que tenham domicílio) em território nacional, que são tributadas pela totalidade dos

[81] V., quanto a este imposto, F. Pinto Fernandes/J. Cardoso dos Santos, *Código do Imposto sobre o Rendimento das Pessoas Singulares Anotado e Comentado*, 3ª ed., Lisboa,1991; A. Salgado de Matos, *Código do Imposto sobre o Rendimento das Pessoas Singulares Anotado*, Instituto Superior de Gestão, Lisboa, 1999; e sobretudo Xavier de Basto, *IRS: Incidência Real e Determinação dos Rendimentos Líquidos*, e Rui D. Morais, *Sobre o IRS*, 3ª ed., Coimbra, 2014.

seus rendimentos, incluindo os obtidos fora do território nacional, ou seja, segundo o princípio da universalidade ou do rendimento mundial (*world wide income principle*);
- as pessoas singulares *não residentes* (que não tenham domicílio) em território nacional, que são tributadas apenas pelos rendimentos obtidos em Portugal, ou seja segundo o princípio da territorialidade (em sentido estrito ou da fonte, isto é, segundo o *source principle*) ou da obrigação tributária limitada *(beschränkte Steuerpflicht)*. Da sujeição a uma obrigação tributária limitada beneficiarão também os chamados *residentes não habituais*, no quadro do regime especial de tributação em IRS de que trataremos adiante.

Tratando-se de *residentes* e existindo agregado familiar o imposto, nos termos do art. 13º, é apurado individualmente em relação a cada cônjuge ou unido de facto, sem prejuízo do disposto relativamente aos dependentes. No caso de opção pela tributação conjunta, o imposto é devido pela soma dos rendimentos das pessoas que constituem o agregado familiar, considerando-se como sujeitos passivos aquelas a quem incumbe a sua direcção. Por seu turno, o agregado familiar é constituído por: a) os cônjuges não separados judicialmente de pessoas e bens, ou os unidos de facto, e os respectivos dependentes; b) cada um dos cônjuges ou ex-cônjuges, respectivamente, nos casos de separação judicial de pessoas e bens ou de declaração de nulidade, anulação ou dissolução do casamento, e os dependentes a seu cargo; c) o pai ou a mãe solteiros e os dependentes a seu cargo; d) o adoptante solteiro e os dependentes a seu cargo. Porém, nos termos do art. 16º, nº 1, al. *b)*, consideram-se residentes no território português as pessoas que neste território disponham, em 31 de Dezembro do correspondente ano, de habitação em condições que façam supor a intenção de a manter e ocupar como residência habitual.

No respeitante aos rendimentos dos não residentes, é de referir que o princípio da tributação limitada aos rendimentos da fonte, comporta uma importante excepção. Pois, nos termos do art. 18º, se os rendimentos dos não residentes, em que naturalmente sobressaem os rendimentos empresariais ou profissionais, forem rendimentos imputáveis a um estabelecimento estável, então a tributação em IRS incidirá sobre a totalidade dos rendimentos imputáveis ao estabelecimento estável.

56.1.2. A incidência real

Segundo os arts. 1º a 11º do CIRS, o IRS incide sobre o valor anual dos seguintes rendimentos, mesmo quando provenientes de actos ilícitos[82].

Categoria A – "rendimentos do trabalho dependente". Nesta categoria insere-se, nos termos do art. 2º, um conjunto muito numeroso e diversificado de situações, em que claramente se distinguem: de um lado, as remunerações decorrentes de trabalho por conta de outrem, um conjunto relativamente homogéneo que forma o núcleo central da categoria; de outro lado, toda uma série heterogénea de remunerações equiparadas às do trabalho por conta de outrem, que foram sendo introduzidas no âmbito dessa categoria e se situam na sua periferia.

Nas mencionadas *situações nucleares* da categoria, temos rendimentos provenientes das remunerações pagas ou postas à disposição do respectivo titular no âmbito de uma relação jurídica de trabalho subordinado, ou seja, os rendimentos resultantes: 1) do contrato de trabalho; 2) do contrato legalmente equiparado ao contrato de trabalho; 3) do contrato de aquisição de serviços ou outro de idêntica natureza em que o trabalho seja prestado sob a autoridade e direcção do adquirente dos serviços; 4) do exercício de função, serviço ou cargo público; 5) da atribuição a título de pré-reforma, pré-aposentação, reserva, com ou sem prestação de trabalho; 6) de prestações atribuídas, não importa a que título, antes de verificados os requisitos exigidos nos regimes obrigatórios de segurança social para a passagem à situação de reforma e, bem assim, as prestações que continuem a ser devidas até que se verifiquem os requisitos necessários à passagem à situação de reforma[83].

Por seu lado, nas *situações periféricas* da categoria, encontramos toda uma série de situações que a lei considera ainda rendimentos do trabalho dependente, entre as quais podemos mencionar: 1) as remunerações dos órgãos estatutários das pessoas colectivas (excepto dos que nelas participem como revisores oficiais de contas); 2) as chamadas remunerações acessórias; 3) os abonos para falhas devidos a quem, no seu trabalho tenha que movimentar numerário na parte em que excedam 5% da remuneração mensal fixa; 4) as

[82] Referência esta, como já dissemos, acrescentada pelo DL nº 472/99, de 8 de Novembro, que adaptou os vários códigos tributários à LGT. Sobre a incidência real, v. desenvolvidamente Xavier de Basto, *IRS: Incidência Real e Determinação dos Rendimentos Líquidos*, cit., p. 55 e ss.

[83] V. sobre o contrato de trabalho, João Leal Amado, *Contrato de Trabalho*, 2ª ed., Coimbra Editora, 2010, p. 55 e ss.

ajudas de custo e as importâncias auferidas pela utilização de automóvel próprio em serviço da entidade patronal, na parte em que ambas não excedam os limites legais; 5) quaisquer indemnizações resultantes da constituição, extinção ou modificação de relação jurídica que origine rendimentos de trabalho dependente, incluindo as que respeitem ao incumprimento das condições contratuais; 6) a quota parte, acrescida dos descontos para a segurança social, que constituam encargo do beneficiário, devida a título de participação nas campanhas de pesca aos pescadores que limitem a sua actuação à prestação de trabalho fixa; 7) as gratificações auferidas pela prestação ou em razão da prestação de trabalho, quando não atribuídas pela entidade patronal; etc.

Embora se impusesse um tratamento minimamente desenvolvido relativamente a cada uma destas espécies de rendimento, por razões que bem se compreendem, vamos limitar-nos aqui a algumas palavras no concernente às remunerações acessórias e às indemnizações. E relativamente às remunerações acessórias (*fringe benefits*), vamos referir-nos, de um lado, ao seu conceito e, de outro, às situações que as integram.

Nos termos da alínea *b)* do nº 3 do art. 2º do CIRS, as *remunerações acessórias* são definidas como os direitos, benefícios ou regalias não incluídos na remuneração principal que sejam auferidos devido à prestação ou em conexão com esta e constituam para o seu beneficiário uma vantagem económica. O que caracteriza estas remunerações é o facto de terem normalmente um carácter complementar face à remuneração devida pela prestação de trabalho, ainda que constituam um encargo directo ou indirecto da entidade patronal e façam parte dos benefícios que o trabalhador recebe em virtude dessa prestação, considerando-se, por isso, como uma manifestação da sua capacidade contributiva. Podem consistir quer em prestações de natureza pecuniária como subsídios, abonos ou pagamento de determinadas despesas, quer em prestações sem natureza pecuniária como a atribuição de casa ou automóvel de função, o fornecimento de refeições no local de trabalho, etc. A atribuição desses benefícios enquadra-se, cada vez mais, em sofisticados sistemas de *planeamento fiscal*, através dos quais a entidade patronal procura minorar a carga fiscal que incide sobre os trabalhadores, diminuindo consequentemente os custos empresariais do factor trabalho.

Relativamente às situações que integram essas remunerações, segundo o preceito do CIRS em referência elas distribuem por dez números, a saber: 1) os abonos de família e respectivas prestações complementares, na parte em que excedam os limites legais; 2) o subsídio de refeição, na parte em que exceder o limite legal em 60% sempre que o respectivo subsídio seja atribuído através de vales de refeição; 3) as importâncias dispendidas, obrigatória ou facultativamente, pela entidade patronal com seguros e operações do ramo "vida", fundos de pensões, fundos de poupança reforma ou quaisquer regimes complementares de segurança social, desde que constituam direitos adquiridos e individualizados dos respectivos beneficiários, quando sejam por estes objecto de resgate, adiantamento, remição ou qualquer outra forma de antecipação da correspondente disponibilidade; 4) os subsídios de residência ou equivalentes ou a utilização da casa de habitação fornecida pela entidade patronal[84]; 5) os resultantes de empréstimos sem juros ou a taxa de juro inferior à de referência para o tipo de operação em causa, concedidos ou suportados pela entidade patronal, com excepção dos destinados a aquisição de habitação própria de valor não superior a € 180.426.40 e cuja taxa não seja inferior a 70% da prevista no DL nº 138/98, de 16 de Maio; 6) as importâncias dispendidas pela entidade patronal com viagens e estadas, de turismo e similares, não conexas com as funções exercidas pelo trabalhador ao serviço da mesma entidade; 7) os ganhos derivados de planos de opções, de subscrição, de atribuição ou outros de efeito equivalente sobre valores mobiliários ou direitos equiparados, ainda que de natureza ideal (*stock options*)[85]; 8) os rendimentos, em dinheiro ou em espécie, pagos ou colocados à disposição a título de direito a rendimento inerente a valores mobiliários ou direitos equiparados, ainda que estes revistam a natureza ideal, e, bem assim, a título de valorização patrimonial daqueles valores ou direitos, independentemente do índice utilizado para a respectiva determinação, derivados de planos de subscrição, de atribuição ou outros de efeito equivalente, criados em benefício dos trabalhadores ou membros de órgãos sociais; 9) os resultantes da utilização pessoal pelo trabalhador ou membro de órgão social de viatura automóvel

[84] No que constitui um caso de tributação em IRS do rendimento imputado (*imputed income*) à casa de habitação, rendimento esse geralmente excluído da tributação. Daí que faça todo o sentido interrogarmo-nos sobre se uma tal tributação não configura uma discriminação sujeita a censura constitucional – v., nesse sentido, o nosso livro *O Dever Fundamental de Pagar Impostos*, cit., p. 513 e s.

[85] Sobre esses rendimentos, claramente distintos dos ganhos proporcionados pelos instrumentos financeiros concretizadores dessas remunerações acessórias (que integram a categoria B ou G), v. Xavier de Basto, «A tributação, em IRS, dos planos de opção, de subscrição ou de aquisição de valores mobiliários a favor de trabalhadores dependentes ou de membros de órgãos sociais», *BCE*. XLVI, 2003, p. 3 e ss.

que gere encargos para a entidade patronal (quando exista acordo entre o trabalhador ou membro de órgão social e a entidade patronal sobre a imputação àquele da viatura)[86]; 10) os resultantes da aquisição pelo trabalhador ou membro de órgão social, por preço inferior ao valor de mercado, de qualquer viatura que tenha originado encargos para a entidade patronal; 11) as contribuições referidas em 3) não anteriormente sujeitas a tributação, quando ocorra recebimento em capital, mesmo que estejam reunidos os requisitos exigidos pelos sistemas de segurança social obrigatórios, aplicáveis para a passagem à situação de reforma ou esta se tiver verificado.

Uma palavra agora no respeitante à situação periférica constituída por quaisquer *indemnizações* resultantes da constituição, extinção ou modificação de relação jurídica que origine rendimentos desta categoria. Pois bem, segundo o disposto nas al. *e)* do nº 3 do art. 2º, as indemnizações em causa integram a categoria A, mas sem prejuízo do disposto no nº 4 desse art. 2º. Porém, este prescreve que a tributação incide apenas na parte correspondente a uma vez e meia o valor médio das remunerações regulares com carácter de retribuição sujeitas a imposto, auferidas nos últimos 12 meses, multiplicado pelo número de anos ou fracção de antiguidade ou de exercício de funções na entidade devedora. Pelo que a importância sujeita a IRS é calculada de acordo com a seguinte fórmula:

$$R = \mathrm{I} - 1{,}5 \times n \ \frac{(Rm \times 14)}{12}$$

sendo:

R – rendimento tributável
I – indemnização
n – nº de anos ou fracção de antiguidade ao serviço na entidade pagadora da indemnização
Rm – total das remunerações regulares com carácter de retribuição sujeitas a imposto nos últimos 12 meses[87].

[86] O que, atenta a consequência fiscal que acarreta, dificilmente acontecerá, pois o trabalhador ou membro de órgão social não tem qualquer interesse em celebrar tal acordo – cf. Menezes Leitão, «A tributação dos rendimentos de trabalho dependente em IRS», *Ciência e Técnica Fiscal*, 408, Outubro – Dezembro de 2002, p. 9 e ss.

[87] Sobre esta categoria, em geral, v. A. Salgado de Matos, *Código do Imposto sobre o Rendimento das Pessoas Singulares Anotado*, cit., e Menezes Leitão, «A tributação dos rendimentos

Refira-se que a Reforma do IRS de 2015 veio estabelecer uma delimitação negativa da incidência da categoria A, com o aditamento do art. 2º-A ao CIRS. Segundo o disposto neste preceito:

1 – Não se consideram rendimentos do trabalho dependente: a) as prestações efectuadas pelas entidades patronais para regimes obrigatórios de segurança social, ainda que de natureza privada, que visem assegurar exclusivamente benefícios em caso de reforma, invalidez ou sobrevivência; b) os benefícios imputáveis à utilização e fruição de realizações de utilidade social e de lazer mantidas pela entidade patronal, desde que observados os critérios estabelecidos no artigo 43º do CIRC; c) as prestações relacionadas exclusivamente com acções de formação profissional dos trabalhadores; d) as importâncias suportadas pelas entidades patronais com a aquisição de passes sociais a favor dos seus trabalhadores, desde que a atribuição dos mesmos tenha carácter geral; e) as importâncias suportadas pelas entidades patronais com seguros de saúde ou doença em benefício dos seus trabalhadores ou respectivos familiares desde que a atribuição dos mesmos tenha carácter geral; f) as importâncias suportadas pelas entidades patronais com encargos, indemnizações ou compensações, pagos no ano da deslocação, em dinheiro ou em espécie, devidos pela mudança do local de trabalho, quando este passe a situar-se a uma distância superior a 100 km do local de trabalho anterior, na parte que não exceda 10% da remuneração anual, com o limite de € 4.200 por ano.

2 – Não constituem rendimentos do trabalho dependente os auferidos após a extinção do contrato de trabalho, sempre que o titular seja colocado numa situação equivalente à de reforma, segundo o regime de segurança social que lhe seja aplicável.

3 – Cada sujeito passivo apenas pode aproveitar da exclusão prevista na al. *f)* do nº 1 uma vez em cada período de três anos.

4 – Sempre que o mesmo dependente conste de mais do que uma declaração de rendimentos, o valor referido na al. *b)* do nº 1 é reduzido para metade, por sujeito passivo.

Categoria B – "rendimentos empresariais e profissionais". Também relativamente a esta categoria de rendimentos, nos termos dos arts. 3º e 4º,

de trabalho dependente em IRS», *cit.*, bem como Joana Domingues, «Os rendimentos do trabalho e a sua tributação», em *Miscelâneas* nº 4, IDET-FDUC, Coimbra, 2006, p. 187 a 283.

podemos dizer que nos deparamos com situações nucleares e com situações periféricas. Assim, no respeitante às *situações nucleares*, temos os seguintes rendimentos: 1) os decorrentes do exercício de qualquer actividade comercial, industrial, agrícola, silvícola ou pecuária; 2) os auferidos no exercício, por conta própria, de qualquer actividade de prestação de serviços ainda que conexas com qualquer actividade mencionada no número anterior; 3) os provenientes da propriedade intelectual ou industrial ou da prestação de informações respeitantes a uma experiência adquirida no sector industrial, comercial ou científico, quando auferidos pelo seu titular originário.

Por seu lado, no concernente as *situações periféricas*, são de mencionar: 1) os rendimentos prediais e de capitais imputáveis a actividades empresariais e profissionais, 2) as mais-valias apuradas no âmbito das actividades empresariais e profissionais, definidas nos termos do Código do IRC, designadamente as resultantes da transferência para o património particular dos empresários de quaisquer bens afectos ao activo da empresa, 3) as importâncias auferidas, a título de indemnização, conexas com a actividade exercida, nomeadamente a sua redução, suspensão e cessação, assim como pela mudança do local do respectivo exercício, 4) as importâncias relativas à cessão temporária de exploração de estabelecimento, 5) os subsídios ou subvenções obtidos no âmbito de qualquer actividade comercial, industrial, agrícola, silvícola, pecuária ou de prestação de serviços, 6) os provenientes da práticas de actos isolados referentes à actividade comercial, industrial, agrícola, silvícola, pecuária ou de prestação de serviços.

São consideradas actividades comerciais e industriais, designadamente, as seguintes: compra e venda; fabricação; pesca; explorações mineiras e outras indústrias extractivas; transportes; construção civil; urbanísticas e exploração de loteamentos; actividades hoteleiras e similares, restauração e bebidas, bem como venda ou exploração do direito real de habitação periódica; agências de viagens e turismo; artesanato; actividades agrícolas e pecuárias não conexas com a exploração da terra ou em que esta tenha carácter manifestamente acessório; actividades agrícolas, silvícolas e pecuárias integradas noutras de natureza comercial ou industrial.

Por seu lado, são consideradas actividades agrícolas, silvícolas ou pecuárias, designadamente, as seguintes: as comerciais ou industriais, meramente acessórias ou complementares daquelas, que utilizem, de forma exclusiva, os produtos das próprias explorações agrícolas, silvícolas ou pecuárias; a caça e a exploração de pastos naturais, água e outros produtos espontâneos, explorados directamente ou por terceiro; a exploração de marinhas de sal; as explorações agrícolas; a investigação e obtenção de novas variedades animais e vegetais, dependentes daquelas actividades.

A respeito desta categoria devemos sublinhar que, não obstante a intenção de integração do conjunto dos rendimentos empresariais e profissionais da Lei nº 30-G/2000, é manifesto que a mesma não foi conseguida. Efectivamente, não se operou uma verdadeira integração desses rendimentos, pois, como resulta dos complexos arts. 3º e 4º do CIRS, continua a haver um tratamento diferenciado dos rendimentos profissionais face aos rendimentos das actividades comerciais, industriais, agrícolas, silvícolas e pecuárias, e dentro destes últimos, entre os rendimentos das actividades comerciais e industriais e os rendimentos das actividades agrícolas, silvícolas e pecuárias.

Por outro lado, é de aludir ao *princípio da atracção* pelo qual se rege a definição de âmbito da categoria B, segundo o qual esta integra os rendimentos das categorias E, F e G que sejam imputáveis a actividades geradoras de rendimentos empresariais e profissionais. A que é de acrescentar a possibilidade de tributação pela categoria B dos rendimentos prediais por opção do seu titular, quando este exerça uma actividade comercial ou industrial, conforme o disposto nos arts. 4º, nºs 1, al. *n)*, e 5, e 8º, nº 1, do CIRS.

Em contrapartida, nos termos do nº 8 do art. 28º, se os rendimentos auferidos resultarem de serviços prestados a uma única entidade, excepto no caso da prestação por um sócio a uma sociedade transparente, o sujeito passivo pode, em cada ano, optar pela tributação de acordo com as regras estabelecidas para a categoria A.

Categoria E – "rendimentos de capitais". Trata-se dos rendimentos resultantes da aplicação de capitais, em que, segundo o disposto nos arts. 5º, 6º e 7º, se compreendem, nomeadamente, os juros provenientes de contratos de mútuo e de abertura de crédito, os juros derivados de depósitos à ordem ou a prazo em instituições financeiras, os juros e outros rendimentos de títulos, incluindo os títulos de dívida pública, os lucros das entidades sujeitas ao imposto sobre o rendimento das pessoas colectivas colocados à disposição dos respectivos associados ou titulares e os rendimentos provenientes de contratos que tenham por objecto a cessão ou utilização temporária de direitos da propriedade intelectual ou industrial ou a prestação de informações respeitantes a uma experiência adquirida no sector industrial, comercial ou científico, quando não auferidos pelo respectivo autor ou titular originário, bem como os derivados de assistência técnica e, ainda, os decorrentes do uso ou concessão do uso de equipamento agrícola e industrial, comercial ou científico, quando não constituam rendimentos prediais.

A respeito dos rendimentos de capitais é de chamar a atenção para as diversas presunções relativas seja à existência de mútuos, seja ao carácter remunerado dos mesmos, constantes do art. 6º do CIRS. Presunções que, como resulta deste artigo e dos arts. 73º da LGT e 64º do CPPT são elidíveis através de prova em contrário produzida com base em decisão judicial, acto administrativo, declaração do Banco de Portugal ou reconhecimento pela AT.

Acrescente-se que, como vamos referir mais adiante, acabam por integrar a categoria E rendimentos que, originariamente e na substância das coisas, constituem verdadeiros rendimentos da categoria B, como é o caso dos rendimentos provenientes da prestação de serviços constantes da tabela a que se refere o art. 151º do Código do IRS, convertidos em rendimentos de capitais através da interposição artificial entre o prestador dos serviços e os respectivos clientes de uma sociedade constituída para o efeito e configurada de molde a não constituir uma sociedade transparente nos termos do art. 6º do CIRC.

Categoria F – "rendimentos prediais". Estes integram, segundo o disposto no art. 8º, as rendas dos prédios rústicos, urbanos e mistos pagos ou colocados à disposição dos respectivos titulares e decorrentes da locação de tais prédios ou de cessões de exploração de estabelecimentos comerciais ou industriais, incluindo as dos bens móveis que aí se encontrem, e bem assim a diferença de rendas obtidas pelo sublocador. Como vimos, estes rendimentos serão tributados como rendimentos da categoria B quando imputáveis a actividades geradoras de rendimentos empresariais e profissionais, podendo sê-lo igualmente por opção do seu titular quando este exerce uma actividade comercial ou industrial.

Como claramente decorre da norma de incidência relativa a esta categoria, não integram o rendimento tributável em IRS, a título de rendimentos prediais, o rendimento imputado à casa de habitação. Muito embora, como já referimos, esse rendimento possa ser tributado a outro título, como acontece no domínio da categoria A como rendimento imputado à utilização pelo trabalhador de casa de habitação fornecida pela entidade patronal, no que constitui uma excepção (difícil de explicar) à regra da não tributação do rendimento imputado à casa de habitação.

Categoria G – "incrementos patrimoniais". Ampliada pela Lei nº 30-G/ /2000, esta categoria abrange agora, nos termos dos arts. 9º e 10º, não apenas as mais-valias, como acontecia antes, mas também outros incrementos patrimoniais. Uma categoria que, como facilmente se compreende, seria mais correcto designar por "outros incrementos patrimoniais", uma vez que incrementos patrimoniais são todos os rendimentos.

Integram esta categoria, a título de mais-valias, os ganhos que, não sendo considerados rendimentos empresariais e profissionais, de capitais ou prediais, resultem da alienação onerosa de direitos reais, de partes sociais e da propriedade intelectual ou industrial (quando, relativamente a esta o transmitente não seja o seu titular originário), da cessação de posições contratuais ou outros direitos relativos a imóveis, operações relativas a instrumentos financeiros derivados e operações relativas a *warrants* autónomos.

Por seu lado, inserem-se nesta categoria as indemnizações que visem a reparação de danos emergentes não comprovados e de lucros cessantes, considerando-se como tais apenas os destinados a ressarcir os benefícios líquidos deixados de obter em consequência da lesão, as importâncias auferidas em virtude de obrigações de não concorrência e os acréscimos patrimoniais não justificados determinados nos termos dos arts. 87º, 88º e 89º-A da LGT.

Refira-se que as mais-valias e menos-valias imobiliárias (relativas à transmissão onerosa de direitos reais sobre imóveis e à cessão onerosa de posições contratuais relativas a imóveis) bem como as realizadas com a alienação onerosa da propriedade intelectual ou industrial, apenas contam em 50% do seu valor, nos termos dos art.s 10º, nº 1, alíneas *a), c)* e *d)*, e 43º, nº 2, do Código do IRS.

Categoria H – "pensões". Segundo o art. 11º, consideram-se como tais: as prestações que, não sendo havidas como rendimentos de trabalho subordinado, sejam devidas a título de pensões de aposentação ou de reforma, velhice, invalidez, ou de sobrevivência e outras de idêntica natureza e ainda as pensões de alimentos; as prestações a cargo das seguradoras, fundos de pensões, ou quaisquer outras entidades, devidas no âmbito de regime complementar de segurança social em razão de contribuição da entidade patronal, e que não sejam consideradas rendimentos do trabalho dependente; as rendas temporárias ou vitalícias; quaisquer outras pensões ou subvenções.

Como é fácil de ver, estamos perante rendimentos muito semelhantes aos rendimentos do trabalho dependente, pois trata-se, fundamentalmente, de rendimentos do trabalho dependente de ontem. O que terá estado na base da uniformização da dedução específica nas categorias A e H estabelecida pela Reforma do IRS de 2015[88].

56.2. Delimitação negativa da incidência

Nos termos do art. 12º do CIRS, a incidência do IRS, para além de delimitada positivamente nos termos que sumariamente acabámos de referenciar, encontra-se também delimitada negativamente através de exclusões tributárias de carácter primário, o que leva a que não haja, assim e em rigor, verdadeiras isenções em IRS[89]. Trata-se de situações que o legislador não pretende tributar em IRS, seja porque, em sede das opções de política fiscal (ou extrafiscal), as quer totalmente livres de impostos, seja porque as mesmas são objecto de tributação noutros impostos. Exemplos deste último tipo de exclusões tributárias, temos a respeitante aos incrementos patrimoniais provenientes de transmissões gratuitas sujeitas ao Imposto de Selo, bem como os rendimentos provenientes do exercício da actividade de profissionais de espectáculos ou desportistas quando esses rendimentos sejam tributados em IRC.

Quanto às exclusões do primeiro tipo, podemos referir, entre as diversas previstas no mencionado art. 12º:

De um lado, o IRS não incide sobre as indemnizações devidas em consequência de lesão corporal, doença ou morte, pagas ou atribuídas, nelas se incluindo as pensões e indemnizações auferidas em resultado do cumprimento do serviço militar, as atribuídas ao abrigo do art. 127.º do Estatuto da Aposentação, e as pensões de preço de sangue, bem como a transmissão ao cônjuge ou unido de facto sobrevivo de pensão de deficiente militar: a) pelo Estado, regiões autónomas ou autarquias locais, bem como qualquer dos seus serviços, estabelecimentos ou organismos, ainda que personalizados,

[88] No sentido do texto, v. o tratamento aprofundado de XAVIER DE BASTO, *IRS: Incidência Real e Determinação dos Rendimentos Líquidos*, cit., p. 485 e ss. Para a crítica desse regime, cf. também JOAQUIM A. PETISCA, *Uma Opção para a Reforma do IRS*, Cadernos de CTF, 2000, p. 181 e ss.

[89] Ao contrário do que se verifica no IRC e no IVA em cujos códigos encontramos, respectivamente, uma secção e um capítulo relativo às isenções.

incluindo os institutos públicos e os fundos públicos; b) ao abrigo de contrato de seguro, decisão judicial ou acordo homologado judicialmente; c) pelas associações mutualistas.

De outro lado, excluem-se da incidência do IRS, os prémios literários, artísticos ou científicos, quando não envolvam a cedência, temporária ou definitiva, dos respectivos direitos de autor, desde que atribuídos em concurso; os rendimentos provenientes do exercício da actividade de profissionais de espectáculos ou desportistas quando esses rendimentos sejam tributados em IRC; os montantes respeitantes a subsídios para manutenção e os montantes necessários à cobertura de despesas extraordinárias relativas à saúde e educação, pagos ou atribuídos pelos centros regionais de segurança social e pela Santa Casa da Misericórdia de Lisboa ou pelas instituições particulares de solidariedade social; diversas bolsas e prémios desportivos; as compensações e subsídios referentes à actividade voluntária, postos à disposição dos bombeiros pela Autoridade Nacional de Protecção Civil; o valor atribuído em resultado da liquidação, revogação ou extinção de estruturas fiduciárias a sujeitos passivos beneficiários das referidas estruturas distintos daqueles que as constituíram.

Mas para além destas exclusões da incidência do IRS de carácter geral, outras há de carácter especial. Entre estas sobressai, pela sua importância e seu significado, a relativa aos rendimentos resultantes de actividades agrícolas, silvícolas e pecuárias, constante do nº 4 do art. 3º do CIRS. Pois bem, nos termos deste preceito, "são excluídos da tributação os rendimentos resultantes de actividades agrícolas, silvícolas e pecuárias, quando o valor dos proveitos ou das receitas, isoladamente, ou em cumulação com o valor dos rendimentos ilíquidos sujeitos, ainda que isentos, desta ou doutras categorias que devam ser ou tenham sido englobados, não exceda por agregado familiar quatro vezes e meia o valor anual do IAS".

56.3. A determinação da matéria colectável

56.3.1. As etapas de determinação da matéria colectável

A determinação da matéria colectável comporta os seguintes momentos:

a) Apuramento do *rendimento líquido* de cada categoria através da subtracção ao *rendimento ilíquido* (ou *bruto*) de cada categoria das *deduções específicas* (que, basicamente, são constituídas pelas despesas necessárias à obtenção do respectivo rendimento) dessa mesma categoria[90]. Relativamente ao trabalho dependente essa dedução é agora de € 4.104, sendo certo que, se o montante das contribuições obrigatórias para os regimes de protecção social e para subsistemas de saúde for superior àquele montante, a dedução será igual ao montante total dessas contribuições (art. 25º).

Por seu lado, no respeitante aos rendimentos empresariais profissionais, a dedução específica concretiza-se de maneira diferente consoante os sujeitos passivos se insiram no regime simplificado ou no regime normal de determinação dos rendimentos, uma vez que, quando se verifique esta última situação, se seguem as regras estabelecidas no CIRC (arts. 28º a 39º-A).

Nas categorias E e G não há lugar a qualquer dedução específica (a não ser, em relação à categoria G, as respeitantes às menos-valias e à dupla tributação económica) – arts. 40º, 40º-A e 42º a 52º[91].

Na categoria F a dedução específica, relativa a cada prédio ou parte de prédio, reporta-se a todos os gastos suportados e pagos pelo sujeito passivo para obter ou garantir esses rendimentos com excepção dos gastos de natureza financeira, dos relativos a depreciação e a mobiliário, electrodomésticos e artigos de conforto ou decoração. A que acrece o IMI que incida sobre o valor do prédio ou parte de prédio cujo rendimento seja objeto de tributação nesse ano fiscal (art. 41º).

Finalmente, relativamente à categoria H, diversamente do que acontecia antes é agora, nos termos do art. 53º, a dedução específica igual à da categoria A, ou seja, de € 4.104.

Acrescente-se que, segundo o disposto nos arts. 39º-A e 40º-A, os rendimentos das categorias B e E, no caso de opção pelo englobamento, são objecto, a título de atenuação da dupla tributação económica, de uma dedução de 50% desses rendimentos quando sejam devidos por pessoas colectivas sujeitas e não isentas de IRC.

b) Apuramento do chamado *rendimento global líquido* ou *rendimento líquido total* através do *englobamento* dos rendimentos das diversas categorias, o que se obtém somando os rendimentos líquidos apurados nos termos referidos (art. 22º). Um problema importante que, nesta sede, se coloca, é o de saber

[90] Sobre o apuramento dos rendimentos líquidos, v. desenvolvidamente, XAVIER DE BASTO, *IRS: Incidência Real e Determinação dos Rendimentos Líquidos*, cit., p. 55 e ss.

[91] Quanto ao apuramento dos rendimentos de capitais e mais-valias, v. PAULA ROSADO PEREIRA, *Estudos sobre o IRS: Rendimentos de Capitais e Mais-Valias*, Coimbra, 2005.

se vigora entre nós o princípio da *intercomunicabilidade dos gastos* das diversas categorias de rendimento, um princípio que parece decorrer do princípio da capacidade contributiva, mais especificamente do seu vector qualificado conhecido por *princípio do rendimento líquido*.

Essa comunicabilidade, porém, nunca se verificou nem se verifica entre as diversas categorias, mas dentro da mesma categoria. Pois, nos ternos do art. 55º, relativamente a cada titular de rendimentos, o resultado líquido negativo apurado em qualquer categoria só é dedutível aos resultados líquidos positivos da mesma categoria, nos seguintes termos: a) o resultado líquido negativo apurado na categoria B só pode ser reportado aos 12 anos seguintes àquele a que respeita; b) o resultado líquido negativo apurado em determinado ano na categoria F só pode ser reportado aos seis anos seguintes àquele a que respeita; c) a percentagem do saldo negativo a que se refere o nº 2 do art. 43º só pode ser reportada aos cinco anos seguintes àquele a que respeita; d) o saldo negativo apurado num determinado ano, relativo às operações previstas nas alíneas *b), c), e), f), g)* e *h)* do n.º 1 do art. 10.º, pode ser reportado para os cinco anos seguintes quando o sujeito passivo opte pelo englobamento[92].

Nesta sede é, ainda, de fazer referência ao art. 56º-A segundo o qual, os rendimentos brutos de cada uma das categorias A, B e H auferidos por sujeitos passivos com deficiência são considerados, para efeitos de IRS, apenas por 90 %, O que, todavia, tem um limite, pois a parte do rendimento excluída de tributação não pode exceder, por categoria de rendimentos, € 2.500.

c) Apuramento do *quociente familiar*, nos termos do art. 69º. Assim, tratando-se de sujeitos passivos casados e não separados judicialmente de pessoas e bens ou unidos de facto, as taxas aplicáveis são: nos casos em que haja opção pela tributação conjunta, as correspondentes ao rendimento colectável dividido por dois.

56.3.2. A determinação dos rendimentos empresariais e profissionais

Referência especial se impõe relativamente à determinação dos rendimentos empresariais e profissionais, ou seja, relativamente ao lucro tributável das actividades empresariais e profissionais, em que temos duas modalidades:

[92] Sobre a intercomunicabilidade dos gastos, expressão que constava do art. 55º do CIRC, v., para a situação anterior, A. Salgado de Matos, *Código do Imposto sobre o Rendimento das Pessoas Singulares Anotado*, cit., p. 329 e s.

o *regime simplificado* e o *regime da contabilidade organizada*[93]. Segundo o art. 28º, nº 2, ficam abrangidos pelo regime simplificado os sujeitos passivos que, não tendo optado pelo regime de contabilidade organizada, não tenham ultrapassado na sua actividade, no período imediatamente anterior, um montante anual ilíquido de rendimentos dessa categoria de € 200.000.

No regime simplificado de acordo com o art. 31º, a determinação do rendimento tributável resulta da aplicação dos seguintes coeficientes: a) 0,15 às vendas de mercadorias e produtos, bem como às prestações de serviços efectuadas no âmbito de actividades hoteleiras e similares, restauração e bebidas; b) 0,75 aos rendimentos das actividades profissionais especificamente previstas na tabela a que se refere o art. 151º; c) 0,35 aos rendimentos de prestações de serviços não previstos nas alíneas anteriores; d) 0,95 aos rendimentos provenientes de contratos que tenham por objecto a cessão ou utilização temporária da propriedade intelectual ou industrial ou a prestação de informações respeitantes a uma experiência adquirida no sector industrial, comercial ou científico, aos rendimentos de capitais imputáveis a actividades geradoras de rendimentos empresariais e profissionais, ao resultado positivo de rendimentos prediais, ao saldo positivo das mais e menos-valias e aos restantes incrementos patrimoniais; e) 0,30 aos subsídios ou subvenções não destinados à exploração; f) 0,10 aos subsídios destinados à exploração e restantes rendimentos da categoria B não previstos nas alíneas anteriores; g) 1 aos rendimentos decorrentes de prestações de serviços efectuadas pelo sócio a uma sociedade abrangida pelo regime da transparência fiscal, nos termos da alínea *b)* do nº 1 do art. 6º do CIRC.

Refira-se que aqueles coeficientes de 0,75 e 0,35 das alíneas *b)* e *c)* podem vir a ser maiores, em virtude das alterações constante n.º 13 do art. 31.º aditado pela LOE/2018.

Quanto à determinação dos rendimentos empresariais e profissionais com base no *regime da contabilidade organizada*, diremos tão-só que o art. 32º manda aplicar a essa determinação as regras estabelecidas no Código do IRC para a determinação do lucro tributável, com as adaptações resultantes do Código do IRS, sendo certo que, entre estas adaptações, temos logo o

[93] Refira-se qua opção pelo regime de contabilidade organizada pode, nos termos do nº 3 do art. 28º, ser feita na declaração do início de actividade ou até ao fim do mês de Março do ano em que pretendem alterar a forma de determinação do rendimento, mediante a apresentação de declaração de alterações.

art. 33º, do qual constam encargos da actividade empresarial ou profissional que não são dedutíveis em sede do IRS.

De acordo com o referido art. 33º, não são dedutíveis para efeitos fiscais: 1) as remunerações dos titulares de rendimentos da categoria B, assim como outras prestações a título de ajudas de custo, utilização de viatura própria ao serviço da actividade, subsídios de refeição e outras prestações de natureza remuneratória; 2) o que exceda 25% das despesas devidamente comprovadas relativas ao imóvel da habitação, bem como aos encargos dedutíveis com ela conexos referentes a amortizações ou rendas, energia, água e telefone fixo, quando o sujeito passivo afecte à sua actividade empresarial e profissional parte desse imóvel[94].

56.4. A taxa

56.4.1. As taxas gerais

As taxas gerais do IRS são, nos termos do art. 68º, as seguintes:

Rendimento Colectável (em euros)	**Taxas (em percentagem)**	
	Normal (A)	Média (B)
Até 7.091	14,50	14,500
De mais de 7.091 até 10.700	23,00	17,367
De mais de 10.700 até 20.261	28,50	22,621
De mais de 20.261 até 25.000	35,00	24,967
De mais de 25.000 até 36.856	37,00	28,838
De mais de 36.856 até 80.640	45	37,613
Superior a 80.640	48	-

[94] Refira-se que, segundo o disposto no nº 6 do art. 28º, se o sujeito passivo exercer a sua actividade em conjunto com outros profissionais, os encargos dedutíveis são rateados em função da respectiva utilização ou, na falta de elementos que permitam o rateio, proporcionalmente aos rendimentos brutos auferidos.

O montante do rendimento colectável, quando superior a € 7.091, será dividido em duas partes: uma, igual ao limite maior dos escalões que nele couber, à qual se aplicará a taxa da coluna (B) correspondente a esse escalão; outra, igual ao excedente, a que se aplicará a taxa da coluna (A) respeitante ao escalão imediatamente superior.

É de acrescentar que, segundo o art. 70º do CIRS, da aplicação das taxas nos termos que acabamos de ver não pode resultar, para os titulares de rendimentos predominantemente originados em trabalho dependente ou em pensões, a disponibilidade de um rendimento líquido de imposto inferior a € 8.500. Por seu turno, não são aplicadas as taxas estabelecidas no artigo 68.º: a) ao rendimento colectável do agregado familiar com três ou quatro dependentes cujo montante seja igual ou inferior a € 11.320; b) ao rendimento colectável do agregado familiar com cinco ou mais dependentes cujo montante seja igual ou inferior a € 15.560. Nos casos de casados e unidos de facto que não optem pela tributação conjunta, os valores acabados de referir são reduzidos para metade, por sujeito passivo.

Acrescente-se que, segundo o art. 68º-A, aditado pela LOE/2012, à taxa referida acrescia até 2017 um adicional[95] com taxa progressiva em dois escalões: de 2,5% incidente sobre o rendimento colectável de mais de € 80.000 até € 250.000 e de 5% incidente sobre o rendimento colectável de mais de € 250.000.

56.4.2. Taxas especiais

Mas, ao lado destas taxas de carácter geral, temos as taxas especiais que têm de comum serem taxas proporcionais e, em sentido amplo, abarca as taxas liberatórias (art. 71º), as taxas especiais (art. 72º) e as taxas de tributação autónoma (art. 73º), embora nas taxas especiais também encontramos taxas liberatórias, e as assim designadas "taxas de tributação autónoma" não são taxas especiais do IRS, pois constituem uma tributação que incide, de resto, não sobre o rendimento, mas sobre certas despesas.

O que distingue as taxas libratórias das taxas especiais em sentido estrito é o facto de, enquanto as primeiras dizem respeito a rendimentos em que o IRS é liquidado e cobrado por retenção na fonte a título definitivo, não estando esses rendimentos sujeitos à declaração de rendimentos (a menos que se opte

[95] Que era um verdadeiro adicionamento pois incidia sobre o rendimento colectável e não sobre a colecta do IRS.

pelo seu englobamento), as segundas respeitam a rendimentos em que, por não ter lugar qualquer retenção na fonte (como, por exemplo, no caso dos rendimentos da categoria F – rendimentos prediais), se encontram sujeitos a declaração em anexo à declaração anual de rendimentos. Uma palavra sobre estas taxas.

Assim e quanto às taxas *liberatórias*, estão sujeitas a retenção na fonte a título definitivo, de 28%: a) os rendimentos de capitais obtidos em território português, por residentes ou não residentes, pagos por ou através de entidades que aqui tenham sede, direcção efectiva ou estabelecimento estável; b) os rendimentos de valores mobiliários pagos ou colocados à disposição dos respectivos titulares, residentes em território português, devidos por entidades que não tenham aqui domicílio a que possa imputar-se o pagamento. Encontram-se, por seu lado, sujeitos à taxa liberatória de 35%: a) todos os rendimentos acabados de referir sempre que sejam pagos ou colocados à disposição em contas abertas em nome de um ou mais titulares mas por conta de terceiros não identificados; b) os rendimentos mencionados na al. *a)* do n.º 1, obtidos por entidades não residentes sem estabelecimento estável em território português, que sejam domiciliadas em país, território ou região sujeitos a um regime fiscal claramente mais favorável; c) os rendimentos mencionados na alínea *b)* do n.º 1, pagos ou colocados à disposição dos respectivos titulares, residentes em território português, devidos por entidades não residentes sem estabelecimento estável em território português e que sejam domiciliadas em país, território ou região sujeitos a um regime fiscal claramente mais favorável.

Por seu turno, quanto às *taxas especiais*, nos termos do art. 72º, temos as seguintes taxas: a) de 28% sobre as mais-valias e outros rendimentos de não residentes e certas mais-valias e certos rendimentos de capitais; b) de 25% sobre os rendimentos de não residentes imputáveis a estabelecimento estável; c) a taxa de 20% sobre as pensões de alimentos, quando enquadráveis no art. 83º-A; d) de 10% sobre as gratificações auferidas pela prestação ou em razão da prestação de trabalho, quando não atribuídas pela entidade patronal nem por entidade que com esta mantenha relações de grupo, domínio ou simples participação; e) de 60% sobre os acréscimos patrimoniais não justificados a que se refere a alínea *d)* do nº 1 do art. 9º, de valor superior a € 100.000; f) de 35% sobre rendimentos de capitais devidos por entidades não residentes sem estabelecimento estável em território português, que sejam domiciliadas em país, território ou região sujeitos a um regime fiscal claramente mais favorável.

Finalmente, quanto às *taxas de tributação autónoma*, que são efectivas tributações autónomas[96], temos, nos termos do art. 73º, duas espécies: as relativas às despesas não documentadas e às despesas correspondentes a importâncias pagas ou devidas a pessoas singulares ou colectivas residentes fora do território português e aí submetidas a uma regime fiscal claramente mais favorável (nºs 1 e 6), que têm um claro objectivo de luta contra a fraude e evasão fiscal, e as demais, distribuídas pelos restantes números desse art. 73º, que têm um cunho mais fiscal, pois é seu objectivo a obtenção de receitas.

56.5. A liquidação e cobrança

Nos termos do art. 75º, a liquidação do IRS compete aos serviços centrais da AT. Por seu lado, segundo o art. 77º, a liquidação deve ser levada a cabo: até 31 de Julho, com base na declaração apresentada nos prazos constantes do nº 1 do art. 60º. Porém esse prazo é até 30 de Novembro, no caso de não ter sido apresentada declaração de rendimentos.

Do ponto de vista das operações da liquidação, apurado o rendimento colectável, nos termos sumários que vimos, há que proceder à liquidação *stricto sensu*, ou seja, à aplicação da taxa ao rendimento colectável para apurar a *colecta*. Mas, como há multiplicidade de taxas, pois estamos perante uma taxa progressiva, temos de seleccionar qual a taxa ou taxas aplicáveis e, se houver agregado familiar, proceder ao apuramento do correspondente quociente familiar, dividindo o rendimento colectável assim obtido por dois, como determina o art. 69º, a fim de seleccionarmos a taxa aplicável a este quociente, muito embora esta taxa se aplique a todo o rendimento colectável e não apenas a este quociente, ou, o que vai dar no mesmo, multiplicando o quociente obtido por dois.

Realizada esta operação, temos apurada a *colecta* do IRS, à qual há que proceder a numerosas deduções – as deduções constantes dos arts. 78º a 88º do CIRS. Entre estas temos, de um lado, as que integram a liquidação do IRS e, de outro lado, as que dizem respeito ao pagamento do IRS, isto é, os correspondentes aos pagamentos por conta e às retenções na fonte relativos à categoria B. Pois, tratando-se, como se trata, de antecipações do cumprimento da obrigação do imposto, é óbvio que tais pagamentos hão-de ser

[96] Já que, tratando-se de tributar a capacidade contributiva revelada na realização de certas despesas, não constituem verdadeira tributação do rendimento, mas antes efectiva tributação da despesa ou do consumo.

deduzidos à colecta do IRS. Aliás, justamente porque têm uma tal natureza, compreende-se que, quando superiores ao imposto devido, confiram o direito ao reembolso da diferença.

Quanto às *deduções à colecta* relativas à liquidação do IRS, constam elas dos arts. 78º a 87º. O art. 78º apresenta a sua enumeração, prescrevendo que à colecta são efectuadas as seguintes deduções relativas: a) aos dependentes do agregado familiar e aos ascendentes que vivam em comunhão de habitação com o sujeito passivo; b) às despesas gerais familiares; c) às despesas de saúde e com seguros de saúde; d) às despesas de educação e formação; e) aos encargos com imóveis; f) às importâncias respeitantes a pensões de alimentos; g) à exigência de factura; h) aos encargos com lares; i) às pessoas com deficiência, j) à dupla tributação internacional; k) aos benefícios fiscais[97].

Depois, dos artigos seguintes consta a regime de cada uma dessas deduções: art. 78º-A – deduções por dependentes e ascendentes; art. 78º-B – dedução das despesas gerais família; art. 87º-C – dedução de despesas de saúde; art. 78º-D – dedução de despesas de formação e educação; art. 78º-E – dedução de encargos com imóveis; art. 78º-F – dedução pela exigência de factura; art. 81º – dupla tributação jurídica internacional; art. 83º-A – importâncias respeitantes a pensões de alimentos; art. 84º – encargos com lares; art. 87º – dedução relativa às pessoas com deficiência[98].

Apenas uma alusão à dupla tributação jurídica internacional. Segundo o disposto no nº 1 do art. 81º, os titulares de rendimentos das diferentes categorias obtidos no estrangeiro, incluindo os previstos nas alíneas *c)* a *e)* do nº 1 do art. 72º, têm direito a um crédito de imposto por dupla tributação jurídica internacional, dedutível até ao limite das taxas especiais aplicáveis e, nos casos de englobamento, até à concorrência da parte da colecta proporcional a esses rendimentos líquidos, considerados nos termos do nº 6 do art. 22º, que corresponde à menor das seguintes importâncias: a) imposto sobre o rendimento pago no estrangeiro; b) fracção da colecta do IRS, calculada antes da dedução, correspondente aos rendimentos que no país em causa possam ser tributados, líquidos das deduções específicas previstas no CIRS.

Por seu lado, o nº 2 do mesmo preceito prescreve que, quando existir convenção para eliminar a dupla tributação celebrada por Portugal, a dedução a

[97] Como é óbvio, estes benefícios fiscais são os que se concretizem em deduções à colecta.

[98] Refira-se que os arts. 79º, 80º, 82º, 83º, 85º, 85º-A, 86º e 88º foram expressamente revogados pela Lei nº 82-E/2014.

efectuar nos termos do número anterior não pode ultrapassar o imposto pago no estrangeiro nos termos previstos pela convenção[99].

Refira-se que, nos termos do nº 7 do mencionado art. 78º, as deduções previstas nas alíneas *c)* a *h)* e *k)* do nº 1 não pode exceder, por agregado familiar, os seguintes limites:

a) para contribuintes que, depois de aplicado o divisor previsto no artigo 69º, tenham um rendimento colectável inferior a € 7.091, sem limite;
b) para contribuintes que, depois de aplicado os divisores previstos no artigo 69º, tenham um rendimento colectável superior a € 7.091 e inferior a € 80.640, o limite resultante da aplicação da seguinte fórmula:

$$€\ 1.000 \left[(€\ 2.500 - €\ 1.000) \times \left[\frac{€\ 8.000 - \text{Rendimento Colectável}}{€\ 80.640 - €\ 7.091} \right] \right]$$

c) para contribuintes que, depois de aplicado o divisor previsto no artigo 69.º, tenham um rendimento colectável superior a € 80.640, o montante de € 1.000.

Sublinhe-se que para esses limites não contam nem as deduções por descendentes e ascendentes nem as correspondentes às despesas gerais familiares.

Subtraídas à colecta as deduções, a que aludimos, obtém-se o montante do *imposto a pagar*.

Enfim, liquidado o imposto, segue-se a sua *cobrança* ou pagamento. Quanto a este, é de assinalar que o IRS é pago, em larga medida, antecipadamente, seja através da retenção na fonte, seja através dos pagamentos por conta.

Assim é objecto de *retenção na fonte* o IRS devido pelos rendimentos do trabalho dependente (com excepção de alguns deles) e das pensões (com excepção das de alimentos) e, bem assim, pelos rendimentos das outras categorias nos termos dos arts. 98º a 101º[100]. Segundo os nºs 3 e 4 do art. 98º, o imposto retido deve ser pago mensalmente, até ao dia 20 do mês seguinte àquele em que as retenções tiverem sido efectuadas.

[99] Doutrina que, decorrendo da primazia do direito internacional convencional face ao direito ordinário interno, já vinha sendo aplicada com base no Ofício Circulado nº 31.051, de 28-5-1998.

[100] V. o DL nº 42/91, de 22 de Janeiro, que contém o regime de retenções na fonte em IRS.

Por seu lado, no respeitante aos *pagamentos por conta*, é de referir que esta forma antecipada de pagamento se aplica apenas aos rendimentos da categoria B, os quais vêm regulados no art. 102º. Assim, nos termos deste preceito, os sujeitos passivos dos rendimentos da categoria B efectuarão obrigatoriamente três pagamentos por conta do imposto devido a final, até ao dia 20 de cada um dos meses de Julho, Setembro e Dezembro.

A totalidade dos pagamentos por conta é igual a 76,5% do montante calculado com base na seguinte fórmula:

$$C \times \frac{RLB}{RLT} - R$$

sendo:

C = colecta do penúltimo ano, líquida das deduções a que se refere o nº 1 do art. 78º, com excepção da relativa à al. *h*)

R = total das retenções efectuadas no penúltimo ano nos rendimentos da categoria B

RLB = rendimento líquido positivo do penúltimo ano da categoria B

RLT = rendimento líquido total do penúltimo ano

A este respeito é de aludir ao *mínimo de existência* consagrado no art. 70º do CIRS, segundo o qual da aplicação das taxas gerais não pode resultar, para os titulares de rendimentos inferior a 1,5×14×(valor do IAS). Depois, não são aplicadas as taxas estabelecidas no artigo 68.º: a) ao rendimento colectável do agregado familiar com três ou quatro dependentes cujo montante seja igual ou inferior a € 11.320; b) ao rendimento colectável do agregado familiar com cinco ou mais dependentes cujo montante seja igual ou inferior a € 15.560. Enfim, no caso dos casados e unidos de facto não optarem pela tributação conjunta, os valores referidos nas alíneas anteriores são reduzidos para metade, por sujeito passivo.

Para terminarmos, há que fazer alusão aos locais e ao prazo do pagamento do imposto liquidado. Pois bem, nos termos dos arts. 98º, nº 2, e 105º do CIRS e das disposições pertinentes do RCR, o IRS pode ser pago em qualquer tesouraria de finanças[101], nas estações dos CTT, em qualquer dos balcões das instituições de crédito autorizadas e nos postos servidos por máquinas ATM (postos "multibanco")[102].

[101] Que corresponde à tesouraria da Fazenda Pública do sistema anterior.

[102] Na medida em que as instituições em causa, tenham protocolo celebrado com a DGT.

Por seu lado, quanto ao prazo do pagamento normal do IRS liquidado, dispõe o art. 97º que esse prazo é até 31 de Agosto do ano da liquidação quando esta seja efetuada no prazo da al. *a*) do art. 77º ou até 31 de Dezembro, quando a liquidação seja efectuada no prazo previsto na al. *c)* do artigo 77º[103].

56.6. Tributação dos residentes não habituais

O art. 126º da LOE/2009, autorizou o Governo a criar um regime especial em IRS para os *residentes não habituais*, com o objectivo de, através da instituição de um regime fiscal minimamente competitivo em sede do IRS, atrair não-residentes com elevado património, rendimento ou qualificações para estabelecerem o seu domicílio fiscal em Portugal. Atracção que trará significativos benefícios à economia nacional e, por conseguinte, importantes receitas fiscais que, de outro modo, seria de todo impossível obter.

Esse regime assenta num conjunto de características, que traduzem uma tributação em IRS diversa da dos residentes habituais em Portugal, cuja disciplina consta dos arts. 16º, nºs 6 a 12, 72º, nº 6, 81º, nº 4 a 8, 99º, nº 8, e 101º, nº 1, alínea *d)*, do CIRS[104]. Por um lado, relativamente aos *rendimentos de fonte portuguesa*, revela-se: 1) uma *tributação separada*, uma vez que os rendimentos obtidos em Portugal por esses residentes não ficam sujeitos a englobamento; 2) uma *tributação proporcional*, já que esses rendimentos ficam submetidos a uma única taxa de 20%, a cobrar segundo a técnica da retenção na fonte a título definitivo; 3) e uma tributação sujeita à *taxa de 20%*, uma taxa muito menor do que aquela que lhes seria aplicável se sujeitos ao regime normal.

Por seu turno, relativamente aos *rendimentos de fonte estrangeira* obtidos pelos residentes não habituais, está prevista a aplicação do *método da isenção*, desde que possam ou sejam tributados no Estado de que são residentes, em conformidade com CDT celebrada por Portugal com esse Estado ou com o Modelo e Convenção Fiscal da OCDE, podendo ser o *método da isenção com progressividade*, uma vez que, nos termos do n.º 7 do art. 81.º do CIRS, uma parte significativa desses rendimentos são objecto de englobamento para efeitos de determinação da taxa aplicável aos restantes rendimentos[105].

103 Prazos que, naturalmente, dependem do cumprimento dos correspondentes prazos de liquidação pela AT.

104 Refira-se que a sua disciplina começou por constar do Código Fiscal do Investimento.

105 V., por todos, Tiago Cassiano Neves, «Apontamentos sobre o tratamento fiscal dos expatriados em Portugal e na Europa», *Fiscalidade*, 39, Julho – Setembro de 2009, p. 13 e ss.

56.7. Esquema de determinação do IRS

Vejamos, num *esquema*, a sequência das operações de determinação do IRS:

rendimento bruto p/categoria

−

deduções específicas p/cada categoria (arts. 25º e segs.)

=

rendimento líquido p/cada categoria

soma dos rendimentos líquidos de cada categoria (englobamento) (art. 22º)

=

rendimento englobado

−

algumas perdas (art. 55º)

=

rendimento global líquido

se agregado familiar – quociente familiar
divisão por dois (art. 69º, nº 1)

×

taxa (art. 68)
se agregado familiar – multiplicação pelo divisor (art. 69º, nº 3)

=

colecta

−

deduções à colecta:
despesas sociais
crédito de imposto por dupla tributação internacional – art. 81º,
pensão de alimentos (89º-A)
benefícios fiscais

=

imposto a pagar

57. O IRC

57.1. Incidência

57.1.1. A incidência pessoal

Segundo o art. 2º do CIRC, constituem sujeitos passivos do IRC:

- as pessoas colectivas (sociedades comerciais, sociedades civis sob forma comercial, cooperativas, empresas públicas e demais pessoas colectivas de direito público ou privado) com sede ou direcção efectiva em território português (*residentes*);
- as entidades desprovidas de personalidade jurídica com sede ou direcção efectiva em território português (*residentes*), cujos rendimentos não sejam tributáveis em IRS ou em IRC directamente na titularidade das pessoas singulares ou colectivas, em que se incluem, designadamente as heranças jacentes, as sociedades e associações sem personalidade jurídica, as pessoas colectivas em relação às quais tenha sido declarada a invalidade e as sociedades comerciais ou civis sob forma comercial antes do registo;
- as entidades com ou sem personalidade jurídica que não tenham a sede nem a direcção efectiva em território português (*não residentes*) e cujos rendimentos nele obtidos não estejam sujeitos a IRS[106].

57.1.2. A incidência real

Do ponto de vista da incidência real, o IRC incide sobre os rendimentos obtidos, mesmo quando provenientes de actos ilícitos, no período da tributação, havendo que proceder, quanto à *base do imposto*, à distinção entre as entidades residentes e as entidades não residentes nos termos do art. 3º do CIRC.

Pois bem, segundo este preceito, a base do imposto, relativamente às *entidades residentes*, é a seguinte:

[106] V., sobre este imposto, F. Pinto Fernandes/J. Cardoso Dos Santos, *Código do Imposto sobre o Rendimento das Pessoas Colectivas Anotado e Comentado*, 3ª ed., Rei dos Livros, Lisboa, 1993; B. Moita da Costa, *O Imposto sobre o Rendimento das Pessoas Colectivas*, CEFA, Coimbra, 1997 e sobretudo Rui Morais, *Apontamentos ao IRC*, Coimbra, 2007. V. também F. Tesauro (Dir.), *Imposta sul Reddito delle Societá (IRES)*, Zanichelli ed., Bologna, 2007; M. Cozian, *Précis de Fiscalité des Entreprises*, 31ª ed., Paris, 2007/8, e Rafael Ortiz Calzadilla (Dir.) e Manuel Gutiérrez Lousa (Coord.), *Régimen Fiscal de la Empresa: Estrategias Fiscales*, Instituto de Estúdios Fiscales, Madrid, 2005.

- se forem *empresas*, isto é, se exercerem, a título principal, uma actividade de natureza comercial, industrial ou agrícola (considerando-se que é sempre esse o caso das sociedades comerciais ou civis sob a forma comercial, das cooperativas e das empresas públicas), a base do imposto é o *lucro*, definido como a diferença entre os valores do património líquido no fim e no início do período de tributação, com as correcções estabelecidas na lei;
- se forem *entidades não empresariais*, isto é, se não exercerem, a título principal, uma actividade de natureza comercial, industrial ou agrícola, então a base do imposto é o *rendimento global*, correspondente à soma algébrica dos rendimentos das várias categorias consideradas para efeitos do IRS, categorias essas que, por razões que se prendem com a sua natureza de pessoas colectivas, não poderão ir além das categorias B (acessória), E, F e G.

Por seu turno, a base do imposto, relativamente às *entidades não residentes*, é a seguinte:

- se dispuserem em território português de estabelecimento estável, a base do imposto é o *lucro* imputável ao estabelecimento estável;
- se não tiverem estabelecimento estável em território português, ou, tendo-o, esses rendimentos não sejam imputáveis ao mesmo, a base do imposto é constituída por *cada um dos rendimentos das diferentes categorias* consideradas para efeitos do IRS, ou seja, atenta a sua natureza de pessoas colectivas, por cada um dos rendimentos das categorias B, E, F e G.

57.1.3. A extensão da obrigação de imposto

À semelhança do que acontece no IRS, a obrigação de imposto em IRC tem, nos termos do art. 4º do CIRC, um âmbito muito diferente consoante se trate de entidades residentes ou de entidades não residentes.

Assim, enquanto as *entidades residentes* estão sujeitas a uma *obrigação pessoal*, pelo que pagam IRC pela totalidade dos seus rendimentos, quer sejam obtidos em território português, quer sejam obtidos no estrangeiro, obedecendo ao princípio do rendimento mundial (*world wide income principle*)[107], as *entidades não residentes* estão sujeitas a uma *obrigação real*, pelo que pagam IRC apenas

[107] Um princípio que viu o seu âmbito limitado com a adopção da *participation exemption* que assenta na isenção dos rendimentos obtidos fora do território nacional.

relativamente aos rendimentos obtidos em território português, guiando-se pelo princípio da fonte (*source principle*).

Nos termos do nº 3 do art. 4º do CIRC, consideram-se obtidos em território português:

a) os rendimentos relativos a imóveis situados no território português, incluindo os ganhos resultantes da sua transmissão onerosa;
b) os ganhos resultantes da transmissão onerosa de partes representativas do capital de entidades com sede ou direcção efectiva em território português, incluindo a sua remição e amortização com redução de capital e, bem assim, o valor atribuído aos associados em resultado da partilha;
c) os rendimentos a seguir mencionados cujo devedor tenha residência, sede ou direcção efectiva em território português ou cujo pagamento seja imputável a um estabelecimento estável nele situado:
   1) os provenientes da propriedade intelectual ou industrial e bem assim da prestação de informações respeitantes a uma experiência adquirida no sector industrial, comercial ou científico;
   2) os derivados do uso ou da concessão do uso de equipamento agrícola, industrial, comercial ou científico;
   3) outros rendimentos de aplicação de capitais;
   4) remunerações auferidas na qualidade de membros de órgãos estatutários de pessoas colectivas e outras entidades;
   5) prémios de jogo, lotarias, rifas, totoloto e apostas mútuas, bem como importâncias ou prémios atribuídos em quaisquer sorteios ou concursos;
   6) os provenientes da intermediação na celebração de quaisquer contratos;
   7) os derivados de outras prestações de serviços realizados ou utilizados em território português, com excepção dos relativos a transportes, comunicações e actividades financeiras;
   8) os provenientes de operações relativas a instrumentos financeiros derivados;
d) os rendimentos derivados do exercício em território português da actividade de profissionais de espectáculos ou desportistas;
e) os incrementos patrimoniais derivados de aquisições a título gratuito respeitantes a:

1) direitos reais sobre bens imóveis situados em território português;
2) bens móveis registados ou sujeitos a registo em Portugal;
3) partes representativas do capital e outros valores mobiliários cuja entidade emitente tenha sede ou direcção efectiva em território português;
4) direitos de propriedade industrial, direitos de autor e direitos conexos registados ou sujeitos a registo em Portugal;
5) direitos de crédito sobre entidades com residência, sede ou direcção efectiva em território português;
6) partes representativas do capital de sociedades que não tenham sede ou direcção efectiva em território português e cujo activo seja predominantemente constituído por direitos reais sobre imóveis situados no referido território.

Por seu turno, o nº 4 desse art. 4º delimita negativamente os rendimentos que não se consideram obtidos em território português, como, designadamente, os rendimentos enumerados na alínea *c)* do nº 3 quando os mesmos constituam encargo de estabelecimento estável situado fora desse território relativo à actividade exercida por seu intermédio.

Relativamente ao *estabelecimento estável*, como já referimos, este é definido no art. 5º como "qualquer instalação fixa através da qual seja exercida uma actividade de natureza comercial, industrial ou agrícola". O que implica a existência cumulativa de dois elementos: um elemento estático, constituído pela organização através da qual é exercida uma determinada actividade; e um elemento dinâmico, constituído pela actividade exercida considerada em si mesma.

Lembramos que, em relação à actividade exercida, a lei fiscal a define em termos muito amplos, pois, segundo o nº 4 do art. 3º do CIRC, "são consideradas de natureza comercial, industrial ou agrícola todas as actividades que consistam na realização de operações económicas de carácter empresarial, incluindo as prestações de serviços".

De outro lado, no respeitante ao tipo de organização, é de assinalar que a lei, ao mencionar "qualquer instalação fixa", concebe os estabelecimentos estáveis, em geral, como estabelecimentos reais. O que é concretizado no nº 2 do referido art. 5º, que dispõe: "incluem-se na noção de estabelecimento estável, desde que satisfeitas as condições estipuladas no número anterior: a) um local de direcção; b) uma sucursal, c) um escritório; d) uma fábrica;

e) uma oficina; f) uma mina, um poço de petróleo ou de gás, uma pedreira ou qualquer outro local de extracção de recursos naturais situado em território português"[108].

57.1.4. O regime de transparência fiscal

Para efeitos de IRC, as sociedades de pessoas têm, entre nós e ao contrário do que acontece em geral lá fora, um tratamento idêntico às sociedades de capitais. É, todavia, aplicado um *regime de transparência fiscal*, que está previsto no art. 6º do CIRC e se traduz na desconsideração da personalidade colectiva de certas sociedades e agrupamentos de sociedades residentes (conhecidas pela designação inglesa de *pass through entities*). Trata-se dum regime que, segundo o preâmbulo do CIRC, tem três objectivos: 1) garantir a *neutralidade fiscal* entre a tributação das pessoas singulares e a tributação das pessoas colectivas; 2) eliminar a *dupla tributação económica* dos lucros distribuídos; e 3) combater a *evasão fiscal* através da criação artificial de sociedades.

Temos neste regime duas situações: uma, relativa a sociedades simples em que temos *sociedades transparentes* (nºs 1, 3 e 4 do art. 6º); outra, relativa a agrupamentos de sociedades, em que temos *grupos transparentes* (nºs 2 e 3 do art. 6º). Duas situações que são diversas, pois, enquanto na primeira se procura evitar que rendimentos tributáveis em IRS se desloquem para o IRC, através da interposição de uma sociedade, na segunda procura-se evitar tributar duplamente em IRC os agrupamentos de sociedades e as sociedades que os integram. Por isso, a segunda situação devia ser tratada no Código do IRC no quadro da tributação dos grupos de sociedades.

Assim e quanto às sociedades transparentes, o regime da transparência fiscal aplica-se a: 1) sociedades civis não constituídas sob forma comercial, 2) sociedades de profissionais[109] e 3) sociedades de administração de bens

[108] V., porém, o que dissemos *supra*, no nº 24.5.

[109] Refira-se que reforma do IRC de 2014 alterou o conceito de sociedade profissional, considerando como tal: 1) a sociedade constituída para o exercício de uma actividade profissional especificamente prevista na lista de actividades a que se refere o art. 151º do CIRS, na qual todos os sócios pessoas singulares sejam profissionais dessa actividade; ou 2) a sociedade cujos rendimentos provenham, em mais de 75%, do exercício conjunto ou isolado de actividades profissionais especificamente previstas na lista constante do art. 151º do CIRS, desde que, cumulativamente, em qualquer dia do período de tributação, o número de sócios não seja superior a cinco, nenhum deles seja pessoa colectiva de direito público e, pelo menos, 75% do capital social seja detido por profissionais que exercem as referidas actividades, total ou parcialmente, através da sociedade.

cujo capital social pertença maioritariamente a um grupo familiar ou a um pequeno número de sócios em determinadas condições. O que significa que estas sociedades não são tributadas em IRC (embora o art. 12º esteja inserido no capítulo das isenções), salvo quanto às tributações autónomas (constantes do art. 88º), sendo antes tributados os sócios em IRS.

Esclareça-se que esta situação de transparência fiscal não abrange apenas as sociedades civis simples, já que, no que concerne às sociedades de profissionais e às sociedades de administração de bens cujo capital social pertença maioritariamente a um grupo familiar ou a um pequeno número de sócios, podemos estar perante sociedades civis simples, sociedades civis na forma comercial ou mesmo sociedades comerciais, conquanto que não esteja legalmente imposta a forma de sociedade civil simples, como é, por exemplo, o caso das sociedades de advogados[110]. O que vale igualmente para as sociedades unipessoais.

Por seu turno, quanto à segunda situação, temos os agrupamentos complementares de empresas (ACE) e os agrupamentos europeus de interesse económico (AEIE). Também a estes agrupamentos é aplicado o regime de transparência fiscal. Assim o estabelece o nº 2 do art. 6º, ao dispor que "os lucros ou prejuízos do exercício, apurados nos termos deste Código, dos agrupamentos complementares de empresas e dos agrupamentos europeus de interesse económico, com sede ou direcção efectiva em território português, que se constituam e funcionem nos termos legais são também imputáveis directamente aos respectivos membros, integrando-se no seu rendimento tributável".

O regime de transparência traduz-se em o lucro tributável ser apurado em relação à sociedade ou entidade transparente, nos termos do CIRC, muito embora, o mesmo seja, depois, imputado aos sócios na proporção da respectiva quota (que se presume igual se nada estiver estabelecido em contrário no pacto social ou no acto constitutivo da entidade), integrando-se assim na categoria B de rendimento do IRS no respeitante aos sócios singulares (art. 20º do CIRS) ou no IRC da sociedade agrupada.

Em termos de obrigações acessórias, mormente de obrigações declarativas, é de ter presente o que dispõe o nº 9 do art. 117º, segundo o qual a não tributação em IRC das entidades abrangidas pelo regime de transparência fiscal não dispensa estas da apresentação da declaração de inscrição, de alterações ou de cancelamento no registo de sujeitos passivos de IRC, da declaração

[110] V. o art. 1º do Regime Jurídico das Sociedades de Advogados, aprovado pelo DL nº 229/2004, de 10 de Dezembro.

periódica de rendimentos e da declaração anual de informação contabilística e fiscal. Há, assim, lugar a uma dupla obrigação de declaração de rendimentos – a obrigação de declaração da sociedade em sede do IRC, relativamente ao lucro apurado, e a obrigação de declaração de cada um dos sócios no quadro da declaração de rendimentos que tem que fazer em sede do IRS ou do IRC, no respeitante ao correspondente rendimento imputado.

Acrescentemos mais duas notas. Uma para dizer que, como decorre dos nºs 1 e 7 do art. 52º, em caso de prejuízo, pode ser este reportado em sede do IRC da sociedade ou entidade transparente no lucro dos cinco períodos seguintes, mas nunca repercutido nos demais rendimentos dos sócios em sede do IRS ou do IRC desse período ou de períodos posteriores. Outra para referir que, segundo o art. 100º, sempre que, relativamente às entidades transparentes, haja lugar a correcções que determinem a alteração dos montantes imputados ao sócios ou membros, a AT promove as correspondentes modificações na liquidação a estes efectuada, cobrando ou anulando em consequência as diferenças apuradas[111].

A título complementar impõe-se uma crítica ao regime de transparência fiscal das sociedades de profissionais. É que a aplicação deste regime vem sendo totalmente ludibriada na prática e não por os profissionais serem tributados em IRC em vez de o serem em IRS, mas antes por, através da interposição de uma sociedade criada precisamente para esse efeito, passarem a ser tributados, na prática, em IRS à taxa liberatória de 28%, que é a incidente sobre os rendimentos de capitais em que a distribuição de lucros das sociedades se integra, uma vez que, por via de regra, os sócios facturam à sociedade pelos serviços que lhe prestam, serviços que esta, por sua vez, presta a terceiros, esvaziando assim a matéria colectável a tributar na esfera da sociedade, ou seja, em sede do IRC. O que desvirtua por completo o regime. A que acrescem as dificuldades operacionais trazidas pela alteração operada pela LOE/2009, que veio alargar a imputação aos sócios das sociedades de profissionais transparentes dos adiantamentos por conta dos lucros[112].

[111] Pelo que temos aqui uma liquidação adicional ou uma anulação (total ou parcial) da liquidação em IRS ou IRC, que constitui um acto correctivo de prática obrigatória para a AT.

[112] V. Manuel Faustino, «A opacidade da transparência fiscal», *Revista dos TOC*, 111, Junho de 2009, p. 28 e ss. V. também Rui Morais, *Sobre o IRS*, 4ª ed., Almedina, 2014, p. 203 e ss., e Micaela Andeia Lopes Monteiro, *A Transparência Fiscal: contributo para a compreensão do art. 6º do CIRC*, Dissertação de Mestrado apresentada na FDUC, 2016.

Daí que defendamos que esse regime deve ser eliminado, como, de resto, aconteceu em Espanha em que esteve em vigor entre 1978 e 2002, se bem que, porque esses rendimentos constituem efectivos rendimentos do trabalho, devem estar sujeitos a uma tributação similar à dos demais rendimentos, sobretudo à que se encontram sujeitos os rendimentos do trabalho dependente. O que, a nosso ver, passa por uma de duas soluções: ou se estabelece a obrigação de todos os rendimentos das profissões constantes da tabela a que se refere o art. 151º do Código do IRS serem necessariamente facturados aos profissionais, isto é, às pessoas singulares que exercem essas profissões; ou limitar a aplicação do art. 39º-A do Código do IRS aos casos em que haja efectiva tributação na sociedade. De resto, questionamo-nos mesmo sobre se a interposição de uma sociedade com o único ou principal objectivo de diminuir tão significativamente a tributação dos rendimentos dos profissionais independentes, não cai sob a alçada da cláusula geral anti-abuso do art. 38º, nº 2, da LGT.

57.2. Isenções

Para além de casos de não sujeição, como é o caso, por exemplo, dos partidos políticos (art. 10º da Lei nº 19/2003, de 20 de Junho), das entidades cuja actividade esteja sujeita ao imposto especial de jogo (art. 7º) ou ao Imposto Especial de Jogo Online (art. 87º do Regime Jurídico dos Jogos e Apostas Online) ou, como referimos, das sociedades e outras entidades sujeitas ao regime de transparência fiscal (art. 12º), há no IRC numerosas isenções, as quais, basicamente, se reconduzem a dois grandes grupos: as isenções de concessão automática e as isenções dependentes de reconhecimento.

Isenções de concessão automática são as constantes dos arts. 9º, 10º, nº 1, als. *a)* e *b)*, 14º, nº 3, do Código do IRC, bem como algumas previstas no EBF. Assim no art. 9º do CIRC, temos a isenção: a) do Estado, das regiões autónomas e das autarquias locais, bem como de qualquer dos seus serviços, estabelecimentos e organismos, ainda que personalizados, compreendidos os institutos públicos, com excepção das entidades públicas com natureza empresarial; b) das associações e federações de municípios e das associações de freguesias que não exerçam actividades comerciais, industriais ou agrícolas. Assinale-se que esta isenção não abrange os rendimentos de capitais.

Também as isenções previstas nas alíneas *a)* e *b)* do nº 1 do art. 10º, isto é, a isenção das pessoas colectivas de utilidade pública administrativa e a isenção das instituições particulares de solidariedade social, são agora isenções de concessão automática.

Automática é igualmente a isenção do nº 3 do art. 14º, segundo o qual isentos de IRC os lucros que as sociedades afiliadas residentes em território português, nas condições do art. 2º da Directiva nº 90/435/CEE, de 23 de Julho, coloquem à disposição de sociedades mãe residente noutros Estados membros da União Europeia desde que a participação destas no capital daquelas não seja inferior a 10% e desde que tenha permanecido na sua titularidade, de modo ininterrupto, durante o ano anterior ou, se detida há menos tempo, seja mantida durante o tempo necessário para completar aquele período.

E o mesmo se verifica com a isenção contemplada no art. 59º do EBF, em que temos uma isenção relativa aos rendimentos derivados dos terrenos baldios desde que estes sejam afectados a determinados fins até ao término do quarto exercício posterior ao da sua obtenção[113].

Isenções de concessão automática são também: a isenção dos rendimentos das colectividades desportivas, de cultura e recreio, desde que a totalidade dos seus rendimentos brutos sujeitos a tributação não exceda € 7.500 (arts. 11º do CIRC e 54º do EBF); e a isenção das pessoas colectivas públicas de tipo associativo criadas por lei para assegurar a disciplina e representação do exercício de profissões liberais e, bem assim, das confederações e associações patronais e sindicais, excepto no que respeita a rendimentos de capitais e a rendimentos comerciais, industriais e agrícolas (art. 55º do EBF)[114].

Igualmente constituem isenções automáticas as isenções das cooperativas agrícolas, culturais, de consumo, de habitação e construção e de solidariedade social e, bem assim, das cooperativas dos demais ramos do sector cooperativo, desde que, quanto a estas últimas, cumulativamente, 75% das pessoas que nelas aufiram rendimentos do trabalho sejam membros da cooperativa e 75% dos membros da cooperativa nela prestem serviço efectivo (art. 66-A do EBF).

Constitui, por seu lado, *isenção dependente de reconhecimento*, mediante despacho conjunto do Ministro das Finanças e do membro do Governo que

[113] Quanto à tributação dos baldios, antes do aditamento desse artigo ao EBF, v. o nosso estudo: «Alguns perfis da propriedade colectiva nos países do *civil law*», *cit.*, p. 257 e ss.

[114] Sobre o regime fiscal das cooperativas, v. Nina Aguiar/Deolinda Meira/Sandra Raquel, «Estúdio sobre la eficácia del régimen fiscal cooperativo português», *Revista de Estudios Cooperativos*, nº 121, 2016, p. 7 a 32.

tenha a seu cargo a tutela do respectivo sector, publicado no DR, que define, caso a caso, a amplitude da mesma, a contemplada na al. *c*) do nº 1 do art. 10º do Código do IRC relativa às pessoas colectivas de mera utilidade pública que prossigam predominantemente fins científicos ou culturais, de caridade, assistência, beneficência, solidariedade social ou defesa do meio ambiente[115].

Dependente de despacho do Ministro das Finanças, embora a atestar haver reciprocidade, está a isenção do art. 13º do Código do IRC, isto é, a isenção dos lucros realizados pelas pessoas colectivas e outras entidades de navegação marítima e aérea não residentes provenientes da exploração de navios ou aeronaves, desde que isenção recíproca e equivalente seja reconhecida às empresas residentes em território nacional da mesma natureza. Uma solução legal inteiramente em linha com a contemplada no art. 8º do Modelo de Convenção Fiscal da OCDE, a qual, todavia, apenas se aplicará se e na medida em que não se encontre contemplada em nenhuma CDT subscrita por Portugal.

No respeitante às demais isenções, é de referir que as isenções do art. 11º são de natureza objectiva, pois respeitam a actividades culturais, recreativas e desportivas, e que o art. 12º não constitui uma isenção, mas uma exclusão tributária pois exclui da incidência do IRC as sociedades transparentes, sujeitando os sócios ao correspondente IRS, e os grupos transparentes ao correspondente IRC, incidindo este apenas sobre as sociedades que integram o respectivo grupo. Por seu lado, as isenções do art. 14º são de grande heterogeneidade, porquanto aí temos tanto isenções subjectivas como isenções de natureza objectiva, sendo que algumas delas constam de convenções internacionais de que Portugal é parte que têm um objecto geral e não propriamente fiscal.

57.3. A determinação da matéria colectável

57.3.1. A competência para a determinação da matéria colectável

Quanto à competência para proceder à determinação da matéria colectável do IRC, nos termos do art. 16º do CIRC, temos duas formas ou métodos.

[115] Sublinhe-se que a isenção destas entidades está dependente de duas intervenções das entidades administrativas: do reconhecimento como pessoa colectiva de utilidade pública, que cabe ao Primeiro-Ministro e, uma vez preenchido esse requisito, o reconhecimento da isenção pelo Ministro das Finanças. Cf. o nosso estudo «O regime fiscal das fundações», em *Por um Estado Fiscal Suportável*, cit., p. 247 e ss.

Por via de regra, a matéria colectável do IRC é determinada pelo próprio contribuinte na declaração-liquidação, pois no IRC há lugar a *autoliquidação*. Verifica-se, assim, nestes casos, uma determinação da matéria colectável pelo próprio contribuinte, limitando-se a administração tributária a fiscalizar, *a posteriori*, a correcção das referidas declarações e liquidações.

No caso, porém, de falta de apresentação da declaração de rendimentos por parte do contribuinte, compete à AT a determinação do lucro tributável, o qual, em princípio, será determinado com base na aplicação de métodos indirectos, nos termos dos arts. 87º a 89º da LGT. Trata-se de uma *liquidação administrativa*, em que a determinação do lucro tributável cabe, segundo o art. 59º, ao director de finanças da área da sede, direcção efectiva ou estabelecimento estável do sujeito passivo ou ao funcionário em que delegue, baseando-se em todos os elementos de que a administração tributária disponha, de acordo com o artigo 90º da LGT. O que ocorrerá não só nas situações em que se verifique a impossibilidade de comprovar e quantificar o lucro tributável com base nos elementos da contabilidade, como também nos casos de desvio significativo para menos do lucro apurado ou de sistemáticos resultados negativos ou nulos.

Em todos estes casos, a determinação do lucro tributável basear-se-á nos seguintes elementos: a) as margens médias de lucro bruto ou líquido sobre as vendas e prestações de serviços ou compras e fornecimentos de serviços de terceiros; b) as taxas médias de rentabilidade do capital investido; c) o coeficiente técnico de consumo ou utilização de matérias-primas e outros custos directos; d) os elementos e declarações prestados à administração fiscal, incluindo os relativos a outros impostos, e, bem assim, os obtidos em empresas ou entidades que tenham relações com o contribuinte; e) a localização e dimensão da actividade; f) os custos presumidos em função das condições concreta do exercício da actividade; g) a matéria tributável do ano ou anos mais próximos que se encontre determinada pela administração tributária; h) o valor de mercado dos bens e serviços tributados; e i) uma relação congruente e justificada entre factos apurados e a situação concreta do contribuinte[116].

[116] Quanto à determinação da matéria colectável das empresas, v. M. H. Freitas Pereira, *Fiscalidade*, cit., p. 79 e ss., e Rui Morais, *Apontamentos ao IRC*, cit., p. 58 e ss. Para Espanha, v. A. García Moreno, *La Base Imponible del Impuesto sobre Sociedades*, cit., esp. p. 84 e ss.

57.3.2. As modalidades de determinação da matéria colectável

Relativamente às *modalidades* que pode adoptar a determinação da matéria colectável do IRC, há que distinguir consoante se trate 1) de *empresas*, ou seja, de entidades residentes que exerçam a título principal uma actividade de natureza comercial, industrial ou agrícola ou de estabelecimentos estáveis de entidades não residentes, ou 2) de *entidades não empresariais*, ou seja, de entidades residentes que não exerçam a título principal uma actividade de natureza comercial, industrial ou agrícola ou de entidades não residentes sem estabelecimento estável em território português.

Pois, enquanto a matéria colectável das primeiras tem por base o *resultado contabilístico* corrigido nos termos do CIRC (regime da contabilidade organizada), a matéria colectável das entidades residentes que não exerçam a título principal uma actividade de natureza comercial, industrial ou agrícola é formada pela *soma algébrica dos rendimentos líquidos* das várias categorias consideradas para efeito do IRS. A que devemos acrescentar uma referência às entidades não residentes sem estabelecimento estável em Portugal, cuja base do IRC é constituída por *cada um dos rendimentos das diferentes categorias* consideradas para efeitos do IRS.

No que respeita às empresas, há que distinguir entre as micro empresas, que constituindo micro-entidades optem pelo *regime simplificado*, e as demais empresas que são tributadas com base na *contabilidade organizada*. Quanto às primeiras, podem optar pelo *regime simplificado* de determinação da matéria colectável, constante dos arts. 86º-A e 86º-B, do Código do IRC, os sujeitos passivos residentes, não isentos nem sujeitos a um regime especial de tributação (como o Regime Especial de Tributação dos Grupos de Sociedades e o regime de transparência fiscal dos grupos de sociedades), que exerçam a título principal uma actividade de natureza comercial, industrial ou agrícola e que verifiquem, cumulativamente, as seguintes condições: a) tenham obtido, no período de tributação imediatamente anterior, um montante anual ilíquido de rendimentos não superior a € 200 000; b) o total do seu balanço relativo ao período de tributação imediatamente anterior não exceda € 500 000; c) não estejam legalmente obrigados à revisão legal das contas; d) o respectivo capital social não seja detido em mais de 20 %, directa ou indirectamente, por entidades que não preencham alguma das condições previstas nas alíneas anteriores, excepto quando sejam sociedades de capital de risco ou investidores de capital de risco; e) adoptem o regime de normalização contabilística para micro-entidades; f) não tenham renunciado à aplicação do regime nos três anos anteriores, com referência à data em que se inicia a aplicação do regime.

Por seu lado, quanto aos coeficientes a aplicar, são eles os seguintes: a) 0,04 das vendas de mercadorias e produtos, bem como das prestações de serviços efectuadas no âmbito de actividades hoteleiras e similares, restauração e bebidas; b) 0,75 dos rendimentos das actividades profissionais especificamente previstas na tabela a que se refere o artigo 151.º do Código do IRS; c) 0,10 dos restantes rendimentos de prestações de serviços e subsídios destinados à exploração; d) 0,30 dos subsídios não destinados à exploração; e) 0,95 dos rendimentos provenientes de contratos que tenham por objecto a cessão ou utilização temporária da propriedade intelectual ou industrial ou a prestação de informações respeitantes a uma experiência adquirida no sector industrial, comercial ou científico, dos outros rendimentos de capitais, do resultado positivo de rendimentos prediais, do saldo positivo das mais e menos-valias e dos restantes incrementos patrimoniais; f) 1,00 do valor de aquisição dos incrementos patrimoniais obtidos a título gratuito.

Mas vejamos, mais em pormenor, a determinação da matéria colectável das entidades empresariais e dos estabelecimentos estáveis de entidades não residentes, que tem por base o resultado contabilístico.

57.3.3. O resultado contabilístico

O lucro tributável das entidades residentes que exerçam a título principal uma actividade de natureza comercial, industrial ou agrícola e dos estabelecimentos estáveis de entidades não residentes, exprime uma *noção extensiva de rendimento* (que, como vimos, é requerida pela própria Constituição), tendo, pois, por base a teoria do incremento patrimonial. Nesta conformidade, o lucro tributável é apurado segundo a chamada *teoria do balanço*, reportando-se à diferença entre o activo (ou valores patrimoniais) líquido no fim do período e o activo (ou valores patrimoniais) líquido no início do período da tributação, como decorre do nº 2 do art. 3º do CIRC[117].

[117] Refira-se, a este respeito, que se transitou da chamada *teoria da conta de exploração*, aplicada na vigência da Contribuição Industrial, para a *teoria do balanço*. Sobre estas e outras bases da tributação do rendimento das empresas, v. M. H. Freitas Pereira, *Fiscalidade*, cit., p. 82 e ss. Quanto ao resultado contabilístico, v. Ana Maria Rodrigues e Outros, *Contabilidade Financeira: sua aplicação*, cit. p. 79 e ss. V. também António Martins, «As Normas Internacionais de Contabilidade e a tributação do rendimento empresarial em Portugal: notas sobre a adaptação do IRC», em *Estudos em Homenagem ao Prof. Doutor Alberto Xavier*, Vol. I, Almedina,

Nos termos do art. 17º, nº 1, do CIRC, o lucro tributável é constituído pela soma algébrica do resultado líquido do período, (rendimentos menos gastos) e das variações patrimoniais positivas e negativas verificadas no mesmo período e não reflectidas naquele resultado, determinado com base na contabilidade organizada e eventualmente corrigido pela administração tributária nos termos do CIRC.

57.3.3.1. O ponto de partida: o resultado líquido do período

Mas, constituindo o *resultado líquido do período* o ponto de partida para a determinação da matéria colectável, é do maior interesse fazermos alusão aos resultados (sub-resultados) apurados até se atingir o resultado líquido do período, os quais são: o resultado antes de depreciações, gastos financeiros e imposto; o resultado operacional (antes de gastos de financiamento e impostos); o resultado antes de impostos e, finalmente, o resultado líquido do período[118]. Assim, através da Demonstração dos Resultados, que se assume como uma peça fundamental para a apreciação da situação económica da empresa, comparam-se os *rendimentos e ganhos* (no POC, *proveitos e ganhos*) e os *gastos e perdas* (no POC, *custos e perdas*), classificados por natureza, permitindo avaliar como se formou o resultado final, lucros ou prejuízos, obtido pelas entidades em cada período económico.

O *primeiro resultado* apurado corresponde parcialmente ao resultado operacional da entidade antes das funções/actividades de investimento, financeira e fiscal. Resultado operacional que é deduzido/acrescido dos gastos//reversões de depreciações e de amortizações, bem como das perdas/reversões de imparidades dos investimentos amortizáveis/depreciáveis. É designado na literatura financeira como EBITDA e é considerada uma *ratio* de natureza económica, um avaliador do verdadeiro desempenho operacional de uma entidade, mas com uma forte preocupação de fornecer informações aos *investidores* no mercado, numa lógica subtractiva da evidenciação da formação do resultado líquido do período.

2013, p. 209 e ss. Para o tratamento específico desta temática, v. MARIA MATILDE LAVOURAS, *Transparência nas Demonstrações Financeiras: a 'true and fair view' e o 'fair value' na tributação das empresas*, Tese de Doutoramento na FDUC, 2015.

[118] *O resultado líquido do período* integrava, no anterior normativo contabilístico, o resultado operacional, o resultado financeiro e o resultado extraordinário. Actualmente não são apresentados na Demonstração dos Resultados quaisquer itens extraordinários.

O *segundo resultado* contemplado no actual modelo da Demonstração dos Resultados (DR) por natureza do SNC, corresponde ao resultado operacional antes da função financeira e fiscal (gastos e rendimentos financeiros e impostos), ou seja, o resultado operacional depois da consideração da actividade de investimento. Identifica-se com um outro indicador, o EBIT[119], o qual assume particular relevância para os investidores, já que estão especialmente vocacionados para o mercado financeiro.

Temos assim dois tipos de resultados que, por facilidade de exposição, designamos de resultado operacional. O primeiro, antes da actividade/função de investimento, corresponde a um particular *resultado operacional*[120], que é o resultado gerado pela actividade principal da entidade. Este resultado é determinado por diferença entre as vendas/prestação de serviços da empresa, subsídios à exploração, entre outros rendimentos de natureza operacional, e os gastos operacionais (custo das mercadorias vendidas e das matérias consumidas, fornecimentos e serviços externos, gastos com o pessoal, provisões, entre outros gastos operacionais). Contudo, porque não contempla as amortizações/depreciações e as imparidades dos investimentos amortizáveis//depreciáveis, não é um verdadeiro resultado operacional.

O segundo, o resultado operacional (assim designado na estrutura da DR) surge depois dos efeitos produzidos pela consideração das políticas de depreciação/amortização e das imparidades dos investimentos da entidade. O tradicional *resultado financeiro*, que aparecia autonomizado no POC, apura-se no SNC por diferença entre juros e rendimentos similares obtidos e os juros e gastos similares suportados (juros pagos e recebidos, etc.). Embora este resultado financeiro não seja directamente apresentado na estrutura da DR, pode ser obtido por mero cálculo aritmético.

Em terceiro lugar, surge o *resultado antes de impostos*, que corresponde ao EBIT depois da função financeira. Trata-se de um resultado a que ainda há lugar à dedução dos juros e do imposto sobre o lucro.

119 À semelhança do EBITDA (*Earnings Before Interest, Taxes, Depreciation and Amortization*), também o EBIT (*Earnings Before Interest and Taxes*) reflecte o resultado da entidade antes da função financeira e fiscal, e pode ser extraído directamente de uma das linhas da DR por natureza.

120 Deve atender-se que na estrutura da Demonstração dos Resultados não se designa este por resultado operacional. Verdadeiramente ele ainda não é, sendo por isso identificado como "Resultado antes de depreciações, gastos de financiamento e impostos".

Finalmente, temos o *resultado líquido do período*, que é constituído pelo resultado antes de impostos a que serão, depois, deduzidos os impostos sobre o rendimento do período, que são basicamente o IRC[121].

57.3.3.2. Referência aos princípios contabilísticos

Sendo o resultado contabilístico o ponto de partida para o apuramento do lucro tributável, compreende-se que comecemos por referir, ainda que em termos sumários, os princípios por que se rege a contabilidade das empresas.

E, quanto aos princípios contabilísticos, temos os chamados princípios contabilísticos geralmente aceites (PCGA), ou na versão internacional, *Generally Accepted Accounting Principles*, os mais importantes dos quais o nosso legislador consagrava no POC, em consonância com as conhecidas IV e VII Directivas da União Europeia. No SNC e nas normas IASB-UE (IAS/IFRS) adoptadas por via do Regulamento (CE) nº 1606/2002, esses princípios não são mais designados por princípios contabilísticos, aparecendo agora integrados numa estrutura diversa, como pressupostos e requisitos das características qualitativas das demonstrações financeiras.

É de referir que o universo desses princípios, designem-se estes por princípios, pressupostos, requisitos ou bases de mensuração, está longe de se apresentar como uma realidade rígida e definitiva, o que se revela na sua própria estruturação, distinguindo-se, a respeito dos PCGA, entre: pressupostos, requisitos subjacentes às características qualitativas das demonstrações financeiras, constrangimentos à informação relevante e fiável e convenções; e princípios fundamentais e princípios relativos a procedimentos; etc. Tendo em conta, porém, que a nossa perspectiva é jurídica, mais especificamente uma perspectiva jurídico-fiscal, vamos tratar todos esses pressupostos, requisitos, regimes, bases, etc., como princípios. O que mais não é do que ter em consideração o que eles efectivamente são em termos jurídicos.

[121] Resultado antes de impostos – imposto sobre o rendimento do período (IRC) = resultado líquido do período. Como se está a ver, o ponto de partida para o apuramento da matéria colectável do IRC não é, em rigor, o resultado líquido do período (que já sofreu a dedução do IRC, que pretendemos apurar), mas o resultado do período antes de impostos, como o exige a al. *a*) do nº 1 do art. 23º-A do CIRC, ao considerar o IRC e outros impostos sobre lucros, encargos não dedutíveis para efeitos fiscais. Porém, em termos práticos, a articulação destes dois preceitos faz-se partindo do resultado líquido do período a que se adiciona o IRC e outros impostos sobre lucros, como consta do quadro 7 da Declaração Modelo 22, campos 201 e 211.

Naturalmente que vamos limitar-nos a aludir àqueles princípios que, sendo os mais mencionados e tratados, se apresentam também como mais relevantes para o apuramento do lucro tributável. Uma palavra rápida sobre cada um desses, tendo em conta os seus suportes normativos[122]. Assim:

- o *princípios da continuidade* traduz a ideia de que as demonstrações financeiras são normalmente preparadas considerando que uma entidade se manterá e continuará a operar no futuro previsível. Daqui que seja assumido que a entidade não tem a intenção, nem a necessidade, de liquidar ou reduzir drasticamente o nível das suas operações; se existir tal intenção ou necessidade, as demonstrações financeiras podem ter que ser preparadas segundo um regime diferente, o qual deve ser devidamente divulgado no Anexo (§ 23 da EC);
- o *princípio do acréscimo (periodização económica)*, com consagração no art. 18º, nº 1, do CIRC. Através deste regime, os efeitos das transacções e de outros acontecimentos são reconhecidos quando eles ocorram (e não quando sejam recebidos ou pagos) sendo registados contabilisticamente e relatados nas demonstrações financeiras dos períodos com os quais se relacionem. As demonstrações financeiras preparadas de acordo com este regime informam os utentes, não somente das transacções passadas envolvendo o pagamento e o recebimento de caixa, mas também das obrigações de pagamento no futuro e de recursos que representem caixa a ser recebida no futuro (§ 22 da EC). Neste regime os rendimentos e gastos, bem como outras componentes positivas e negativas do lucro, são imputáveis ao período em que são obtidos ou suportados, independentemente do seu recebimento ou pagamento. Refira-se que ao princípio do acréscimo ou princípio da periodização económica se encontra associado o *princípio da solidariedade entre períodos*;
- o *princípio da prudência* que tem a ver com uma das características qualitativas das demonstrações financeiras[123], concretamente com a

[122] Hoje esta base normativa é, essencialmente, a Estrutura Conceptual (EC) do SNC, publicada através do Aviso nº 15652/2009, de 7 de Setembro, assim como as Bases para a Apresentação das Demonstrações Financeiras, publicadas em Anexo ao Decreto-Lei nº 158/2009, de 13 de Julho, diploma que aprovou o SNC.

[123] As características qualitativas das demonstrações financeiras são: compreensibilidade, relevância, fiabilidade e comparabilidade.

fiabilidade[124]. Assim, para que a informação possa ser considerada fiável e seja, por isso, capaz de fornecer uma imagem verdadeira e apropriada, revelando-se útil para os seus utentes, os preparadores das demonstrações financeiras têm de atender a este requisito. A sua consideração prende-se com a inclusão de um grau de precaução no exercício dos juízos subjacentes às estimativas necessárias em condições de incerteza, de forma que os activos ou os rendimentos não sejam sobreavaliados e os passivos ou os gastos não sejam subavaliados. Porém, o atributo da prudência não permite, por exemplo, a criação de reservas ocultas ou provisões excessivas, porque as demonstrações financeiras não seriam neutras e, por isso, não teriam fiabilidade (§ 37 da EC).

- o *princípio da prevalência da substância sobre a forma* (*substance over form*) relaciona-se, também, com a característica da *fiabilidade*. Assim, se a informação deve representar fidedignamente as transacções e outros acontecimentos que tenha por fim representar, é necessário que estes sejam contabilizados e apresentados de acordo com a sua substância e realidade económica e não meramente com a sua forma legal. A substância das transacções ou de outros acontecimentos nem sempre é consistente com a que é revelada pela sua forma legal. Por exemplo, uma entidade pode alienar um activo a uma terceira entidade, passando a propriedade legal a essa entidade. Contudo, podem existir acordos que assegurem que a entidade continua a fruir dos benefícios económicos incorporados no activo. Em tais circunstâncias, o relato de uma venda não representaria fidedignamente a transacção celebrada (se é que houve uma transacção). Assim, este requisito prescreve que as operações de uma entidade devem ser contabilizadas atendendo à sua substância e à realidade financeira e não apenas à sua forma legal (§ 35 da EC);
- o *princípio da materialidade* prende-se com outra das características qualitativas das demonstrações financeiras, a *relevância*[125]. Entende-se que a informação é material se a sua omissão ou inexactidão influenciarem as

[124] A informação é considerada fiável quando estiver isenta de erros materiais e de preconceitos, e os seus utentes dela possam depender ao representar fidedignamente o que ela ou pretende representar ou pode razoavelmente esperar-se que represente (§ 31 da EC).

[125] A informação tem a qualidade da *relevância* quando influencia as decisões económicas dos utentes ao ajudá-los a avaliar os acontecimentos passados, presentes ou futuros ou confirmar, ou corrigir, as suas avaliações passadas (§ 26 da EC).

decisões económicas dos utentes, tomadas na base das demonstrações financeiras. A materialidade depende da dimensão do item ou do erro julgado nas circunstâncias particulares da sua omissão ou distorção. Por conseguinte, a materialidade proporciona um patamar ou ponto de corte, não sendo uma característica qualitativa primária que a informação tenha de ter para ser útil (§ 30 da EC);

- a base de mensuração[126] pelo *princípio do custo histórico*[127] prevê que os activos são registados pela quantia de caixa, ou equivalentes de caixa paga ou pelo justo valor da retribuição dada para os adquirir no momento da sua aquisição. Os passivos são registados pela quantia dos proventos recebidos em troca da obrigação, ou em algumas circunstâncias (por exemplo, impostos sobre o rendimento), pelas quantias de caixa, ou de equivalentes de caixa, que se espera que venham a ser pagas para satisfazer o passivo no decurso normal dos negócios (alínea a) do § 98 da EC);
- a base de mensuração pelo *princípio do justo valor*[128] que prediz que o justo valor é a quantia pela qual um activo poderia ser trocado ou um passivo liquidado, entre partes conhecedoras e dispostas a isso, numa transacção em que não exista relacionamento entre elas.
- o *princípio da não compensação* de saldos, segundo o qual quando uma entidade é simultaneamente devedora (activo) e credora (passivo) de uma outra entidade, esses direitos e obrigações devem ser reconhecidos separadamente no balanço;
- o *princípio da correspondência* de balanços sucessivos ou o *princípio da identidade* nos termos do qual o balanço de abertura (balanço inicial) de

[126] Entende-se por mensuração o processo de determinar as quantias monetárias pelas quais os elementos das demonstrações financeiras devam ser reconhecidos e inscritos no Balanço e na Demonstração dos Resultados. As bases de mensuração previstas no SNC são as seguintes: custo histórico, custo corrente, valor realizável, valor presente e justo valor. A base de mensuração geralmente adoptada pelas entidades ao preparar as suas demonstrações financeiras é o custo histórico. Este é geralmente combinado com outras bases de mensuração. Por exemplo, os inventários são geralmente escriturados pelo mais baixo custo ou valor realizável líquido, os instrumentos financeiros podem ser escriturados pelo seu justo valor e os passivos por pensões de reforma são escriturados pelo seu valor presente. V. §§ 97 a 99 da EC.

[127] No sistema contabilístico anterior, esta base de mensuração era o princípio do custo histórico.

[128] A utilização desta base de mensuração tem sido um dos assuntos mais polémicos no novo normativo contabilístico, dada a subjectividade associada ao conceito de "justo valor".

cada período deve corresponder ao balanço de encerramento (balanço final) do período anterior[129].

- *o princípio da realização*, segundo o qual o valor de um activo é determinado por uma transacção, sendo qualquer mudança desse valor reconhecida apenas quando se realiza ou dispõe desse activo.

A respeito destes princípios e bases de mensuração é de referir que, num momento em que ganha relevo na contabilidade a óptica do valor e, dentro desta, a do *justo valor*, contra a mais tradicional óptica do custo e, dentro desta, a do *custo histórico*, alguns deles, como os princípios do custo histórico, da prudência e da realização, constituiriam suporte de uma visão conservadora da contabilidade que seria de rejeitar em nome de uma "imagem fiel e verdadeira". Contudo, não podemos esquecer que aquela óptica tem um alcance limitado mesmo em sede da contabilidade, cuja preocupação é, todavia, a de revelar a "criação de valor" que constitui a função das empresas (v. o § 99 da EC).

O que, obviamente, não acontece com o direito fiscal cuja preocupação é a da tributação de efectivas manifestações da capacidade contributiva, assentando assim na "realização de valores" pelas empresas. Por isso, a óptica do valor, e do justo valor em particular, acaba tendo aplicação escassa no direito fiscal, como decorre, por um lado, dos nºs 8 e 9 do art. 18º do CIRC, em que se excluem do lucro tributável as variações patrimoniais resultantes da adopção do método da equivalência patrimonial e dos ajustamentos decorrentes da aplicação do justo valor, e, por outro lado, do facto de constituírem verdadeiras excepções os casos em que se admite a óptica do valor, como é o caso, por exemplo, do relevo do "método do juro efectivo" e do "justo valor" no art. 20º, nº 1, al. *c)*, *in fine*, *f)* e *g)*, e art. 23º, nº 2, al. *c)*, *j)* e *k)*, do CIRC[130].

[129] Quanto a estes princípios, v. para a situação anterior e por todos, Saldanha Sanches, *A Quantificação da Obrigação Tributária*, cit., esp. p. 251 e ss. Sobre o princípio da prevalência da substância sobre a forma, v. A. Lobo Xavier, «O princípio da prevalência da substância sobre a forma e o princípio da consideração económica dos factos tributários. A classificação contabilística dos bens do activo. Significado e critério das imobilizações. O relevo do objecto social», *RDES*, XXVII, 1995, p. 159 e ss. Por seu lado, relativamente ao princípio da especialização dos exercícios, v. A. Moura Portugal, *A Redutibilidade das Custas na Jurisprudência Fiscal Portuguesa*, cit., p. 172 e ss., e Rui Morais, *Apontamentos ao IRC*, cit., p. 64 e ss.

[130] Cf., a este respeito, Ana Maria Rodrigues, «Justo valor, uma perspectiva crítica e multidisciplinar», *Miscelâneas*, nº 7, IDET/FDUC, Almedina, Coimbra, 2011, p. 69 e ss.; e José Campos Amorim, «O justo valor e as suas implicações fiscais», disponível em http://www.aecal.org/xvencuentroaeca/cd/40a.pdf. V. também o que dizemos *infra* no nº 57.3.4.1. V. tam-

Ideias estas que são particularmente incisivas no que respeita ao *princípio da realização*, sobretudo no domínio em que este princípio tem mais visível aplicação – na tributação das mais-valias e menos-valias. Pois, embora tradicionalmente se invoquem para seu suporte exclusivamente razões de natureza pragmática, ligadas à praticabilidade de uma tal tributação, mormente à falta de liquidez que enfrentariam os sujeitos passivos na tributação da generalidade das mais-valias verificadas, há, porém, quem descortine num tal princípio razões bem mais profundas, razões ligadas à própria autonomia da pessoa, considerando legítima como base da tributação apenas os benefícios monetários advindos a uma pessoa em virtude de relações de troca[131].

57.3.3.3. Os rendimentos e ganhos e os gastos e perdas

Nos termos do nº 1 do art. 20º do CIRC, consideram-se rendimentos e ganhos os resultantes de operações de qualquer natureza, em consequência de uma acção normal ou ocasional, básica ou meramente acessória, nomeadamente: a) os relativos a vendas ou prestações de serviços, descontos, bónus e abatimentos, comissões e corretagens; b) rendimentos de imóveis; c) de natureza financeira, tais como juros, dividendos, descontos, ágios, transferências, diferenças de câmbio, prémios de emissão de obrigações e os resultantes da aplicação do método do juro efectivo aos instrumentos financeiros valorizados pelo custo amortizado; d) rendimentos da propriedade industrial ou outros análogos; e) prestações de serviços de carácter científico ou técnico; f) rendimentos resultantes da aplicação do justo valor em instrumentos financeiros; g) rendimentos resultantes da aplicação do justo valor em activos biológicos consumíveis que não sejam explorações silvícolas plurianuais; h) mais-valias realizadas; i) indemnizações auferidas, seja a que título for; j) subsídios à exploração.

Por seu lado, nos termos do nº 1 do art. 23º, para a determinação do lucro tributável, são dedutíveis todos os gastos e perdas incorridos ou suportados

bém Ana Maria Rodrigues / Tomás Cantista Castro Tavares (Coord.), *O SNC e Juízos de Valor – Uma Perspectiva Crítica e Multidisciplinar*, Almedina, Coimbra, 2013.

[131] V. para as razões tradicionais, António Galhardo Simões, «Ganhos de capital: teoria, política e doutrina», *Ciência e Técnica Fiscal*, nº 400, Outubro – Dezembro de 2000, p. 45 e ss., e J. G. Xavier de Basto, *IRS: Incidência Real e Determinação dos Rendimentos Líquidos*, cit., p. 384 e s. Para uma abordagem baseada em razões mais profundas, v. Miranda Perry Fleicher, «The right to autonomy as a moral foundation for the realization principle in income taxation», em Monica Bhandari (Ed.), *Philosophical Foundations of Tax Law*, Oxford University Press, 2017, p. 281 e ss.

pelo sujeito passivo para obter ou garantir os rendimentos sujeitos a IRC. Consideram-se abrangidos nesses gastos ou perdas, segundo o nº 2, desse artigo, nomeadamente: a) os relativos à produção ou aquisição de quaisquer bens ou serviços, tais como matérias utilizadas, mão-de-obra, energia e outros gastos gerais de produção, conservação e reparação; b) os relativos à distribuição e venda, abrangendo os de transportes, publicidade e colocação de mercadorias e produtos; c) de natureza financeira, tais como juros de capitais alheios aplicados na exploração, descontos, ágios, transferências, diferenças de câmbio, gastos com operações de crédito, cobrança de dívidas e emissão de obrigações e outros títulos, prémios de reembolso e os resultantes da aplicação do método do juro efectivo aos instrumentos financeiros valorizados pelo custo amortizado; d) de natureza administrativa, tais como remunerações, incluindo as atribuídas a título de participação nos lucros, ajudas de custo, material de consumo corrente, transportes e comunicações, rendas, contencioso, seguros, incluindo os de vida e operações do ramo «Vida», contribuições para fundos de poupança-reforma, contribuições para fundos de pensões e para quaisquer regimes complementares da segurança social, bem como gastos com benefícios de cessação de emprego e outros benefícios pós-emprego ou a longo prazo dos empregados; e) os relativos a análises, racionalização, investigação, consulta e projectos de desenvolvimento; f) de natureza fiscal e parafiscal; g) depreciações e amortizações; h) perdas por imparidade; i) provisões; j) perdas por reduções de justo valor em instrumentos financeiros; k) perdas por reduções de justo valor em ativos biológicos consumíveis que não sejam explorações silvícolas plurianuais; l) menos-valias realizadas; m) indemnizações resultantes de eventos cujo risco não seja segurável.

Como, com a Reforma do IRC de 2015, se deixou de exigir a indispensabilidade dos gastos e perdas[132], estabelecem-se nos nºs 3 e seguintes desse art. 23º exigências relativas à comprovação documental dos gastos e, no novo art. 23º-A, uma lista bastante extensa de encargos não dedutíveis para efeitos fiscais. Mas destes gastos falaremos mais adiante, ao tratar da não coincidência entre o lucro contabilístico e o lucro tributável.

[132] Sobre a indispensabilidade dos gastos para a realização dos rendimentos sujeitos a imposto ou para a manutenção da fonte produtora, exigida na anterior versão do art. 23º, v. por todos, A. Moura Portugal, *A Dedutibilidade dos Custos na Jurisprudência Fiscal Portuguesa*, cit., p. 108 e ss.

57.3.3.4. Alusão à mensuração dos inventários, às depreciações e amortizações e às imparidades e provisões

Mas, para apurarmos os rendimentos e os gastos, é necessário proceder à mensuração dos inventários, às depreciações e amortizações e às imparidades e provisões. Uma palavra, naturalmente muito elementar, sobre cada um destes passos na determinação do lucro tributável, passos cuja compreensão, devemos advertir, implica a convocação de matérias extremamente complexas, o que deriva, desde logo, do seu carácter manifestamente interdisciplinar a convocar ciências como as do direito contabilístico, da contabilidade e da gestão empresarial, que obviamente não dominamos.

Quanto aos *inventários*, ao contrário do que acontece com outros activos[133], os critérios da sua mensuração encontram-se no próprio Código do IRC. Assim, nos termos do art. 26º desse Código, para feitos da determinação

[133] Para situarmos os inventários, devemos referir-nos aos activos, que são decomponíveis em activos correntes e activos não correntes. Um activo deve ser classificado como *activo corrente* quando satisfizer qualquer dos seguintes critérios: espera-se que seja realizado, ou pretende-se que seja vendido ou consumido, no decurso normal do ciclo operacional da entidade; esteja detido essencialmente para a finalidade de ser negociado; espera-se que seja realizado num período até doze meses após a data do balanço; ou é caixa ou equivalente de caixa, a menos que lhe seja limitada a troca ou uso para liquidar um passivo durante pelo menos doze meses após a data do balanço. Por seu lado, os *activos não correntes* são os demais activos que não satisfaçam a definição de activos correntes. No respeitante ao tipo de activos integrantes de uns e de outros, temos, nos primeiros, os inventários, activos biológicos (de consumo), clientes, meios financeiros líquidos, etc., e, nos segundos, os activos fixos tangíveis, as propriedades de investimento, activos intangíveis, activos biológicos (de produção), investimentos financeiros, etc. Assim:

- activos
  - correntes
    - inventários
    - activos biológicos (consumos)
    - clientes
    - activos não correntes detidos para venda
    - meios financeiros líquidos
    - ....
  - não correntes
    - activos fixos tangíveis
    - propriedades de investimento
    - activos intangíveis
    - activos biológicos (de produção)
    - investimentos financeiros
    - ....

do lucro tributável, os rendimentos e os gastos dos inventários são ao que resultam da aplicação de métodos que utilizem: a) custos de aquisição ou de produção; b) custos padrões apurados de acordo com técnicas contabilísticas adequadas; c) preços de venda deduzidos da margem normal de lucro; d) preços de venda dos produtos colhidos de activos biológicos no momento da colheita, deduzidos dos custos estimados no ponto de venda, excluindo os de transporte e outros necessários para colocar os produtos no mercado[134].

Por seu lado, o art. 27º consagra o *princípio da manutenção dos critérios* de valorimetria dos inventários nos sucessivos períodos de tributação. Princípio que comporta, contudo, uma excepção – tais critérios podem ser mudados quando essa mudança se justifique por razões de natureza económica ou técnica e sejam aceites pela AT.

Algumas palavras agora sobre as *depreciações e amortizações*. E uma primeira é para dar conta de que as depreciações e amortizações, ao contrário do que acontecia no passado, são actualmente objecto de um entendimento dinâmico, o que faz delas um importante instrumento de política e gestão empresarial, como o exige a *liberdade de gestão fiscal* pautada pela eficiência. Uma visão das coisas que, naturalmente, foi reforçada com a aprovação do SNC e a adaptação a este do Código do IRC, o que, em matéria de depreciações e amortizações, tem expressão sobretudo no novo regime destas aprovado pelo Decreto Regulamentar nº 25/2009, de 14 de Setembro.

Mas vejamos em que consistem e como se efectuam as depreciações e amortizações. Pois bem, estas destinam-se a a reconhecer, para serem aceites como gastos, nos termos do art. 29º, o deperecimento, considerando como tais os activos fixos tangíveis, os activos intangíveis e as propriedades de investimento contabilizadas ao custo de aquisição que, com carácter sistemático sofram perdas resultantes da sua utilização ou do decurso do tempo. Naturalmente que não integram esse deperecimento as meras flutuações de ordem económica que afectem os valores patrimoniais.

Como facilmente se compreende, os elementos do activo só se consideram sujeitas a deperecimento depois de entrarem em funcionamento, salvo razões devidamente justificadas e aceites pela AT. Constituirá uma excepção

[134] Embora o SNC tenha alterado a terminologia, substituindo a expressão valorimetria por mensuração, o Código do IRC continua a utilizar, todavia, aquela primeira expressão. Um fenómeno que se verifica também relativamente a outras expressões.

a essa regra, por exemplo, o caso de afectação de uma máquina resultante de uma inundação, a qual poderá assim ser reintegrada antes de ter entrado em funcionamento.

Quanto aos métodos das depreciações e amortizações, temos de ter em conta, basicamente, os arts. 30º e 31º do CIRC. Dispõe o art. 30º que o cálculo das depreciações e amortizações se faz, em regra, pelo *método da linha recta*.

Uma regra que comporta excepções, já que os sujeitos passivos do IRC podem optar pelo *método das quotas decrescentes* relativamente aos activos fixos tangíveis que não tenham sido adquiridos em estado de uso e que não sejam edifícios, viaturas ligeiras de passageiros ou mistas, mobiliário e equipamentos sociais. Para além disso, de acordo com o nº 3 do art. 30º, podem, ainda, ser aplicados outros métodos de depreciação ou amortização diferentes dos indicados anteriormente, desde que, mediante requerimento, seja obtido o reconhecimento prévio da AT.

Importante nesta sede é o *princípio da uniformidade*, constante do art. 31º-A. Segundo este princípio, o método de depreciação e amortização adoptado deve ser mantido durante toda a vida do activo, não sendo permitida portanto a sua alteração.

Por seu lado, o art. 31º indica-nos como devem ser calculadas as depreciações e amortizações, tendo em conta a natureza e espécie dos bens e ainda o método adoptado. Segundo este artigo, a quota anual de depreciação ou amortização, que pode ser aceite como gasto, determina-se aplicando as taxas de depreciação ou amortização definidas no decreto regulamentar que estabelecer o respectivo regime – o já referido Decreto Regulamentar nº 25/2009. Taxas estas que servem não só de limite anual para as depreciações ou amortizações no caso de aplicação do método de linha recta, mas também de base de referência para, através da aplicação dos coeficientes a que se reporta o nº 3 do referido art. 30º, determinar as taxas a praticar no caso de utilização do método de quotas decrescentes.

A título complementar, é de referir que os elementos do activo sujeitos a deperecimento cujos custos unitários não ultrapassem € 100 são aceites como gastos num só período, no período da sua aquisição ou produção (art. 33º). De outro lado, devemos dar notícia das reintegrações e amortizações que não são aceites, cuja lista consta do art. 34º. Segundo este artigo, não são aceites como gastos as depreciações e amortizações de elementos do activo não sujeitos a deperecimento e de imóveis na parte correspondente ao valor dos terrenos ou não sujeito a deperecimento, as depreciações e amortizações que excedam os limites estabelecidos nos artigos 30º a 33º ou praticadas para além do período máximo de vida útil dos elementos do activo, etc.[135].

Finalmente, algumas notas sobre as *imparidades* e as *provisões* em que temos, respectivamente, os arts. 28º a 28º-C (que tratam das imparidades em inventários, em dívidas a receber e no sector bancário), e os arts. 39º e 40º (que respeitam às provisões em geral e às provisões para reparação de danos ambientais). No que respeita às imparidades, dispõe o nº 1 do art. 28º, que são dedutíveis no apuramento do lucro tributável as perdas por imparidade em inventários, reconhecidas no mesmo período de tributação ou em períodos de tributação anteriores, até ao limite da diferença entre o custo de aquisição ou de produção dos inventários e o respetivo valor realizável líquido referido à data do balanço, quando este for inferior àquele. Em contrapartida, como se compreende, a reversão, parcial ou total, das perdas por imparidade em inventários concorre para a formação do lucro tributável.

Segundo o disposto no nº 1 do art. 28º-A, podem ser deduzidas para efeitos fiscais as seguintes perdas por imparidade, quando contabilizadas no mesmo período de tributação ou em períodos de tributação anteriores: a) as relacionadas com créditos resultantes da atividade normal, incluindo os juros pelo atraso no cumprimento de obrigação, que, no fim do período de tributação, possam ser considerados de cobrança duvidosa e sejam evidenciados como tal na contabilidade; b) as relativas a recibos por cobrar reconhecidas pelas empresas de seguros. Por seu lado, nos termos do nº 2 desse mesmo preceito, podem também ser deduzidas para efeitos fiscais as perdas por imparidade e outras correções de valor, contabilizadas no mesmo período de tributação ou em períodos de tributação anteriores, quando constituídas obrigatoriamente, por força de normas emanadas do Banco de Portugal, de caráter genérico e abstrato, pelas entidades sujeitas à sua supervisão e pelas sucursais em Portugal de instituições de crédito e outras instituições financeiras com sede em outro Estado membro da União Europeia, destinadas à cobertura de risco específico de crédito e de risco-país e para

[135] Acrescente-se que, segundo o art. 32º, as despesas com projectos de desenvolvimento podem ser consideradas como gasto fiscal no período de tributação em que são suportadas. V. A. Moura Portugal, *A Redutibilidade dos Custos na Jurisprudência Fiscal Portuguesa*, cit., p. 331 e ss.

menos-valias de títulos e de outras aplicações[136]. Imparidades estas que têm a sua disciplina desenvolvida nas restantes disposições desse art. 28º-A e no art. 28º-B.

Enfim, segundo o disposto no art. 28º-C, o montante anual acumulado das perdas por imparidade e outras correções de valor para risco específico de crédito e para risco-país a que se refere o n.º 2 do artigo 28.º-A não pode ultrapassar o que corresponder à aplicação dos limites mínimos obrigatórios por força dos avisos e instruções emanados da entidade de supervisão.

Quanto às *provisões*, é de aludir ao art. 39º, em que se encontram enunciadas as provisões fiscalmente dedutíveis. Segundo o nº 1 desse preceito, podem ser deduzidas para efeitos fiscais as seguintes provisões: a) as que se destinem a ocorrer a obrigações e encargos derivados de processos judiciais em curso por factos que determinariam a inclusão daqueles entre os gastos do período de tributação; b) as que se destinem a ocorrer a encargos com garantias a clientes previstas em contratos de venda e de prestação de serviços; c) as provisões técnicas constituídas obrigatoriamente por força de normas emanadas pelo Instituto de Seguros de Portugal, de carácter genérico e abstracto, pelas empresas de seguros sujeitas à sua supervisão e pelas sucursais em Portugal de empresas seguradoras com sede em outro Estado membro da União Europeia; *d*) as que, constituídas pelas empresas pertencentes ao setor das indústrias extrativas ou de tratamento e eliminação de resíduos, se destinem a fazer face aos encargos com a reparação dos danos de caráter ambiental dos locais afetos à exploração, sempre que tal seja obrigatório e após a cessação desta, nos termos da legislação aplicável.

Refira-se que, nos termos do nº 2 desse art. 39º, a determinação das provisões acabadas de enunciar deve ter por base as condições existentes no final do período de tributação. Por outro lado, relativamente às provisões para a reparação dos danos de carácter ambiental, há que ter em conta o disposto no extenso art. 40º[137].

[136] Segundo o nº 3 do art. 28º, no caso da atividade editorial, o montante anual acumulado das perdas por imparidade corresponde à perda de valor dos fundos editoriais constituídos por obras e elementos complementares, desde que tenham decorrido dois anos após a data da respetiva publicação.

[137] A que crescem ainda os regimes de outros encargos (art. 41º), das mais-valias e menos-valias realizadas (arts. 46º a 48º), dos instrumentos financeiros derivados (art. 49º) e das empresas de seguros (art. 50º).

57.3.4. O lucro tributável

Apurado o resultado contabilístico, é preciso apurar o *lucro tributável*, o qual, como referimos, embora não coincida, depende em larga medida daquele. Vejamos como se chega ao lucro tributável.

57.3.4.1. A dependência parcial do direito fiscal face ao direito contabilístico

Ora bem, o lucro tributável das empresas tem por base o resultado contabilístico, mas não se reconduz a este, pois o lucro fiscal tem em conta também variações patrimoniais positivas e negativas não reflectidas no resultado contabilístico. O que significa que, na determinação ou apuramento do lucro tributável das empresas, não segue o CIRC nem o *modelo da dependência total*, em que haveria coincidência do resultado contabilístico com o resultado fiscal, nem o *modelo da autonomia*, em que o lucro tributável seria apurado de maneira totalmente autónoma face ao resultado contabilístico.

Antes adopta um *modelo da dependência parcial* do direito fiscal face ao direito da contabilidade[138]. Uma não coincidência que bem se compreende, pois, enquanto o lucro contabilístico é determinado com base em princípios, normas e regras do referido direito contabilístico e tem por destinatários os utentes das demonstrações financeiras das empresas (isto é, os investidores, os trabalhadores, os financiadores, os fornecedores e outros credores comerciais, os clientes, o Governo e seus departamentos e o público em geral), o lucro fiscal guia-se pelos princípios e normas do direito fiscal e tem por destinatário sobretudo o Estado, mais precisamente a administração tributária.

Uma ideia que não foi posta em causa pela aprovação do Sistema de Normalização Contabilística e pelas alterações que o mesmo provocou no apuramento do lucro tributável em IRC. Pois, como é inequivocamente afirmado no Preâmbulo do Decreto-Lei nº 159/2009, que adoptou o CIRC ao SNC,

[138] Cf., quanto a esta dependência parcial, Tomás Castro Tavares, *Da Relação de Dependência Parcial entre a Contabilidade e o Direito Fiscal na Determinação do Rendimento Tributável das Pessoas Colectivas: Algumas Reflexões ao Nível dos Custos*, Cadernos de CTF, Lisboa, 1999, esp. p. 47 e ss., e *IRC e Contabilidade. Da Realização ao Justo Valor*, Almedina, Coimbra, 2011; A. Moura Portugal, *A Dedutibilidade dos Custos na Jurisprudência Portuguesa*, cit., p. 57 e ss.; Nina Aguiar, *Tributación y Contabilidad. Una Perspectiva Histórica y de Derecho Conparado*, cit., esp. p. 439 e ss.; e Maria Matilde Lavouras, *Transparência nas Demonstrações Financeiras: a 'true and fair view' e o 'fair value' na tributação das empresas*, cit. Relativamente à determinação do lucro tributável, v. Rui Morais, *Apontamentos ao IRC*, cit., p. 58 e ss.

mantém-se o modelo da dependência parcial da fiscalidade face à contabilidade. Manutenção que em nada é perturbada pela maior aproximação da fiscalidade à contabilidade resultante dessas alterações, a qual é protagonizada sobretudo pela aplicação do justo valor à mensuração de activos, designadamente, dos instrumentos financeiros e dos activos biológicos consumíveis, uma vez que esta aplicação se verificará apenas nos casos em que a fiabilidade da determinação do justo valor se encontre assegurada. A que acresce a determinação dos resultados dos contractos de construção que passou a ser feita com base no critério da percentagem de acabamento, e o reconhecimento em sede fiscal do apuramento dos rendimentos ou gastos ao juro efectivo. Por conseguinte e em contrapartida, continua a haver uma separação marcante entre a contabilidade e a fiscalidade, o que tem a importante implicação de, relativamente a cada um desses domínios de autonomia, nem a contabilidade pode ser forçada pelas soluções fiscais nem a fiscalidade pode chegar a resultados, designadamente de tributação, invocando soluções contabilísticas, como por vezes a Administração Tributária parece admitir[139].

57.3.4.2. As correcções ao resultado contabilístico

Mas o resultado contabilístico está sujeito a correcções, pois determinados rendimentos ou gastos contabilísticos não são havidos como tal no apuramento do lucro fiscal. Trata-se das correcções relativas às variações patrimoniais positivas a que se refere o art. 21º, e das correcções relativas às variações patrimoniais negativas a que se refere o art. 24º, muito embora tais correcções acabem por estar concretizadas noutros artigos. É que, nem o art. 21º nos diz quais são as correcções positivas, nem o art. 24º nos diz quais são as correcções negativas, limitando-se cada um desses preceitos a estabelecer excepções à excepção, assim repondo a regra[140]. Por isso, tais correcções constam de outros artigos, como sucede no art. 22º que integra nas

[139] V., sobre este tipo de problemas, FERNANDO C. ARAÚJO, «A política fiscal em IRC (ou a ausência dela) na perspectiva dos contribuintes (a propósito do Relatório do Grupo para o Estudo da Política Fiscal, Competitividade e Justiça do Sistema)», *RFPDF*, 2010/2, p. 105 e ss. (133 e ss.).

[140] Pois o que esses preceitos contêm é, respectivamente, uma lista de excepções à consideração como rendimentos das variações patrimoniais positivas não reflectidas no resultado e à consideração como gastos das variações patrimoniais negativas não reflectidas no resultado.

variações patrimoniais positivas os subsídios relacionados com activos não correntes[141].

Tendo em conta o mencionado modelo de dependência parcial do resultado fiscal face ao resultado contabilístico, é de fazer referência, de um lado, às razões base das correcções fiscais que esse modelo origina e, de outro lado, os tipos de hipóteses em que tais correcções se materializam. Assim e relativamente às razões das referidas correcções fiscais ao resultado contabilístico, contam-se as de combater a erosão das receitas fiscais, como no caso dos encargos contabilísticos fiscalmente não dedutíveis (art. 23º-A), a de resolver situações de dupla tributação, caso da dedução para eliminação da dupla tributação económica dos lucros distribuídos (arts. 51º e segs.)[142], ou de fazer face à não coincidência entre as regras de periodização dos resultados (arts. 29º e 30º).

Por seu lado, quanto às situações em que essas correcções se verificam, temos aí quatro tipos de divergência entre o direito contabilístico e o direito fiscal ou, noutra perspectiva, entre a contabilidade e a fiscalidade, a saber: 1) rendimentos contabilísticos que não são rendimentos fiscais, 2) rendimentos fiscais que não são rendimentos contabilísticos, 3) gastos fiscais que não são gastos contabilísticos, e 4) gastos contabilísticos que não são gastos fiscais.

É de referir também que estas correcções fiscais face ao resultado contabilístico se materializam em dois tipos de realidades diferentes: nuns casos, trata-se de *diferenças permanentes*, em que os rendimentos ou gastos contabilísticos não concorrem para a determinação do lucro tributável nem no período de tributação em que são incluídos na determinação do resultado contabilístico nem em qualquer outro período posterior; noutros casos, deparamo-nos com *diferenças temporárias*, em que os rendimentos ou gastos embora não sejam considerados para feitos fiscais no período de tributação em que concorrem para a determinação do resultado contabilístico, mas vêm a sê-lo em períodos de tributação posteriores, situações em que temos os chamados *impostos diferidos* (sejam impostos cujo pagamento ocorrerá no futuro, sejam

[141] Uma vez que os subsídios ou subvenções destinados à exploração integram os rendimentos, como consta da alínea *j)* do nº 1 do art. 20º.

[142] Uma solução que se integra agora na opção mais geral conhecida pela expressão *participation exemption* tomada na reforma do IRC de 2014. Refira-se que não está prevista qualquer atenuação da dupla tributação económica interna em IRC para as empresas que não beneficiem da *participation exemption*, ao contrário do que acontece com a dupla tributação internacional (arts. 91º e 91º-A) e com a dupla tributação económica das entidades não empresariais (art. 53º, nº 3) e das pessoas singulares (arts. 39º-A e 40º-A do CIRS).

impostos a recuperar em virtude, por exemplo, do reporte de prejuízos)[143]. O que podemos ver nos exemplos referidos a seguir para ilustrar cada uma das quatro situações referidas.

Assim e relativamente à primeira das situações mencionadas, rendimentos contabilísticos que não são rendimentos fiscais, podemos apontar: os lucros tributados nas sociedades filhas e distribuídos às sociedades mães que são deduzidos do lucro tributável destas conforme o estipulado no art. 51º; os rendimentos e outras variações patrimoniais relevados na contabilidade em virtude da adopção do *método da equivalência patrimonial*[144], como dispõe o art. 18º, nº 8, bem como os rendimentos provenientes dos ajustamentos decorrentes da aplicação do *método do justo valor*, conforme o disposto no art. 18º, nº 9, que serão considerados fiscalmente, respectivamente, no período de tributação em que se adquira o direito àqueles lucros e no período de tributação em que os elementos ou direitos que deram origem aos mencionados ajustamentos sejam alienados, exercidos, extintos ou liquidados; as mais-valias contabilísticas, isto é, as mais-valias potenciais ou latentes relevadas na contabilidade, como decorre do art. 21º, nº 1, al. *b)*.

Depois, como rendimentos fiscais que não são rendimentos contabilísticos, temos: uma situação de transparência fiscal internacional traduzida na imputação a entidades residentes detentoras de participações sociais em sociedades não residentes, na proporção dessa participação, dos lucros obtidos por estas em território com um regime fiscal claramente mais favorável, nos termos do art. 66º, imputação que, todavia, será tida em conta nos períodos de tributação futuros em que se venha verificar a efectiva distribuição de lucros aos sócios; os rendimentos decorrentes das correcções baseadas em normas de luta contra a evasão fiscal, como as constantes dos arts. 63º e 64º; as chamadas mais-valias fiscais que são consideradas realizadas pela afectação de elementos do activo fixo tangível a fins alheios à actividade exercida

[143] Impostos diferidos que constituem activos nos termos da Lei nº 61/2014, de 26 de Agosto. V. a este respeito, Maria de Fátima Rodrigues Cravo Sampaio, *Contabilização do Imposto sobre o Rendimento das Sociedades: Análise dos Métodos do Imposto a Pagar e da Contabilização dos Efeitos Fiscais*, Vislis Editores, Lisboa, 2000.

[144] Método de contabilização dos investimentos financeiros que, inicialmente reconhecidos pelo custo (histórico), são, posteriormente, ajustados em função das alterações verificados, após a aquisição, na quota parte do investidor ou do empreendedor nos activos líquidos da investida ou da entidade conjuntamente controlada – cf. Ana Maria Rodrigues e Outros, *Contabilidade Financeira: sua Aplicação*, cit., p. 473.

pela empresa, como se dispõe nos arts. 46º, 47º e 48º; as variações patrimoniais positivas não reflectidas no resultado líquido do período de tributação a que se reporta o art. 21º.

Por seu turno, como gastos fiscais que não constituem gastos contabilísticos podemos indicar: os benefícios fiscais que se concretizam em deduções ao lucro tributável como são os benefícios fiscais relativos a donativos no domínio do mecenato; a chamada "remuneração convencional do capital social", constante agora do art. 41º-A do EBF com o objectivo de incentivar o recurso das empresas a capitais próprios para se financiarem, o qual se traduz na dedução ao lucro tributável de 7% da entradas realizadas, através de entregas em dinheiro, pelos sócios no âmbito, designadamente, da constituição ou aumento do capital social da sociedade; as menos-valias fiscais; as variações patrimoniais negativas não reflectidas no resultado líquido do período de tributação às quais se reporta o art. 24º, na medida em que não integrem as aí excepcionadas.

Finalmente, temos a situação que, como será fácil de compreender, tem mais manifestações, a de gastos contabilísticos que não são considerados gastos fiscais, em que temos: a lista constante do art. 23º-A, em que se procurou reunir todos os encargos não dedutíveis para efeitos fiscais, entre os quais se contam, para além do próprio IRC: a) as despesas não documentadas; b) os encargos cuja documentação não cumpra com o disposto nos nºs 3 e 4 do art. 23º; c) as despesas ilícitas; d) as multas, coimas e demais encargos; e) os impostos, taxas e outros tributos que incidam sobre terceiros que o sujeito passivo não esteja legalmente obrigado a suportar; f) as indemnizações pela verificação de eventos cujo risco seja segurável; g) as ajudas de custo e os encargos com compensação pela deslocação em viatura própria do trabalhador, ao serviço da entidade patronal, não faturados a clientes; h) os encargos com o aluguer sem condutor de viaturas ligeiras de passageiros ou mistas; i) os encargos com combustíveis na parte em que o sujeito passivo não faça prova de que os mesmos respeitam a bens pertencentes ao seu ativo ou por ele utilizados em regime de locação; j) os encargos relativos a barcos de recreio e aeronaves de passageiros que não estejam afetos à exploração do serviço público de transportes nem se destinem a ser alugados no exercício da atividade normal do sujeito passivo; k) as menos-valias realizadas relativas a barcos de recreio, aviões de turismo e viaturas ligeiras de passageiros ou mistas, que não estejam afetos à exploração de serviço público de transportes nem se destinem a ser alugados no exercício da atividade normal do sujeito passivo;

l) os juros e outras formas de remuneração de suprimentos e empréstimos feitos pelos sócios à sociedade, na parte em que excedam a taxa definida por portaria do membro do Governo responsável pela área das finanças; m) os gastos relativos à participação nos lucros por membros de órgãos sociais e trabalhadores da empresa, quando as respetivas importâncias não sejam pagas ou colocadas à disposição dos beneficiários até ao fim do período de tributação seguinte; n) a contribuição sobre o sector bancário; o) a contribuição extraordinária sobre o sector energético; p) as importâncias pagas ou devidas, a qualquer título, a pessoas singulares ou colectivas residentes fora do território português, e aí submetidas a um regime de tributação claramente mais favorável.

A que são de acrescentar os gastos de financiamento que ultrapassem os limites estabelecidos no art. 67º, um preceito que, ao mudar de matéria (da "subcapitalização" para a "limitação à dedutibilidade dos gastos de financiamento") ficou deslocado na sistemática do Código do IRC, devendo agora integrar a Subsecção I da Secção II do Capítulo III, mormente o art. 23º-A, deste Código.

57.3.5. O apuramento da matéria colectável

Apurado o lucro tributável, há lugar ainda a diversas deduções, feitas as quais, obtemos a *matéria colectável*. Entres essas deduções, são de mencionar: a) a dedução de lucros já tributados para eliminar a dupla tributação económica (arts. 51º, 51º-C e 51º-D), b) o reporte de prejuízos (arts. 52º e 71º do CIRC), e c) os benefícios fiscais dedutíveis ao lucro tributável a que haja lugar. Vejamos cada uma destas hipóteses.

Pois bem, nos termos do nº 1 do art. 51º, os lucros e reservas distribuídos a sujeitos passivos de IRC com sede ou direção efetiva em território português não concorrem para a determinação do lucro tributável, desde que se verifiquem cumulativamente os seguintes requisitos: a) o sujeito passivo detenha directa ou directa e indirectamente, uma participação não inferior a 10% do capital social ou dos direitos de voto da entidade que distribui os lucros ou reservas; b) essa a participação tenha sido detida, de modo ininterrupto, durante o ano anterior à distribuição ou, se detida há menos tempo, seja mantida durante o tempo necessário para completar aquele período; c) o sujeito passivo não seja abrangido pelo regime da transparência fiscal; d) a entidade que distribui os lucros ou reservas esteja sujeita e não isenta de IRC ou a imposto equivalente cuja taxa não seja inferior a 60% da taxa do IRC; e) a entidade que distribui os lucros ou reservas não tenha residência ou domicílio em país, território ou região sujeito a um regime fiscal claramente mais favorável.

Este regime é aplicável, independentemente da percentagem de participação e do prazo em que esta tenha permanecido na titularidade, aos rendimentos de participações sociais em que tenham sido aplicadas as reservas técnicas das sociedades de seguros e das mútuas de seguros e, bem assim, aos rendimentos das sociedades de desenvolvimento regional, de investimento e financeiras de corretagem.

Um regime aplicável também, desde que verificados os requisitos que referimos, nos termos do arts. 51º-C, às mais-valias e menos-valias realizadas mediante transmissão onerosa, qualquer que seja o título por que se opere e independentemente da percentagem da participação transmitida, de partes sociais detidas ininterruptamente por um período não inferior a um ano, bem como, nos termos do art. 51º-D, aos lucros e reservas distribuídos e às mais-valias e às menos-valias realizadas nos termos do artigo 51.º-C, que sejam imputáveis a um estabelecimento estável situado em território português de uma entidade residente num Estado membro da União Europeia[145].

O reporte para diante de prejuízos, previsto no art. 52º do CIRC, traduz-se na dedução dos prejuízos verificados, nos cinco períodos seguintes ou nos doze períodos seguintes se forem PME[146]. Lembramos que, segundo o nº 7 do art. 52º, este reporte de prejuízos também se aplica às sociedades transparentes.

Finalmente, quanto aos benefícios fiscais a deduzir ao lucro tributável, estes estão previstos sobretudo no EBF em cujo art. 41º-B está prevista a mencionada "remuneração convencional do capital social".

Feitas estas deduções, obtém-se a *matéria colectável*, à qual se aplicará a respectiva taxa, apurando-se, deste modo, a correspondente *colecta*.

57.4. Algumas situações especiais para combater a evasão fiscal

57.4.1. O tratamento dos preços de transferência

Os preços de transferência (*transfer pricing*) têm estado regulados no art. 63º do CIRC. Disciplina essa que, em cumprimento do disposto no nº 13

[145] Um regime que se inscreve na mencionada opção pela *participation exemption*.

[146] Sobre o reporte de prejuízos, v. M. H. Freitas Pereira, «Regime fiscal do reporte de prejuízos – princípios fundamentais», em *Estudos em Homenagem à Dra. Maria de Lourdes Órfão de Matos Correia e Vale*, cit., p. 221 e ss.

desse artigo, veio a ser desenvolvida e pormenorizada pela Portaria nº 1446-C/2001, de 21 de Dezembro. Esse preceito, a fim de evitar, através dos preços, transferências de resultados entre entidades que mantenham entre si relações especiais e, bem assim, transferências internas de resultados entre sectores da mesma entidade sujeitos a regimes fiscais diferentes, prescreve que nas operações comerciais e financeiras efectuadas entre um sujeito passivo e qualquer outra entidade, sujeita ou não a IRC, com a qual tenha relações especiais, devem ser contratados, aceites e praticados termos ou condições substancialmente idênticos aos que normalmente seriam contratados, aceites ou praticados entre entidades independentes em operações comparáveis.

O sujeito passivo deve adoptar, para a determinação dos termos e condições que seriam normalmente acordados, aceites ou praticados entre entidades independentes, o método ou métodos susceptíveis de assegurar o mais elevado grau de comparabilidade entre as operações que efectua e outras substancialmente idênticas, em situações normais de mercado ou na ausência de relações especiais.

Depois de enumerar no nº 3 os métodos para comparar as operações, considera o nº 4 do art. 63º, que existem relações especiais entre duas entidades, nas situações em que uma tem o poder de exercer, directa ou indirectamente, uma influência significativa nas decisões de gestão da outra. Para esse efeito, enumera, a título exemplificativo, toda uma série de situações em que esse poder se considera verificado.

Interessa, por fim, o nº 11 desse artigo, que estabelece os chamados *ajustamentos correlativos*. Segundo esse preceito, quando a AT proceda a correcções necessárias para a determinação do lucro tributável em virtude de relações especiais com outro sujeito passivo do IRC ou do IRS, na determinação do lucro tributável deste último devem ser efectuados os ajustamentos adequados que sejam reflexo das correcções feitas na determinação do lucro tributável do primeiro.

Acrescente-se que a LOE/2008, veio admitir, através do aditamento do agora art. 138º ao Código do IRC, os chamados *acordos prévios sobre preços de transferência* (*advance pricing agreements*), os quais foram objecto de regulamentação pela Portaria nº 620-A/2008, de 16 de Julho. Segundo o nº 1 do referido art. 138º, esses acordos têm "por objecto estabelecer, com carácter prévio, o método ou métodos susceptíveis de assegurar a determinação dos termos e condições que seriam normalmente acordados, aceites ou praticados entre entidades independentes nas operações comerciais e financeiras, incluindo as prestações de serviços e os acordos de partilha de custos intragrupo, efectuadas com entidades com as quais estejam em situação de relações especiais ou em operações realizadas entre a sede e os estabelecimentos estáveis".

Recordamos que tais acordos prévios conhecem dois tipos: os *acordos unilaterais* entre a AT e um ou vários sujeitos de IRS ou IRC, e os *acordos bilaterais* ou *multilaterais* em que além do acordo entre a AT e os sujeitos de IRS ou IRC intervêm outras administrações fiscais (art. 2º da Portaria nº 620-A/2008).

Ainda relativamente aos preços de transferência, importa referir que o Plano BEPS entre as diversas acções que o integram temos quatro acções que os têm por objecto, pois, de um lado, temos as acções 8 a 10, que visam que os resultados nesse domínio tenham correspondência na criação de valor, em que se incluem medidas relativas a activos intangíveis, risco e capital, e outras operações de alto risco, e, de outro lado, a acção 13 dominada pela preocupação de uma nova análise da documentação exigida em sede desses preços[147].

57.4.2. A imputação de lucros a sociedades residentes em países com regime fiscal privilegiado

Integrando as chamadas cláusulas especiais anti-abuso, muito embora essa qualificação seja discutível[148], em que, na situação anterior à reforma do IRC

[147] Sobre os preços de transferência, v. M. H. Freitas Pereira, *Fiscalidade*, cit., p. 452 e ss.; Paula Rosado Pereira, «O novo regime dos preços de transferência», *Fiscalidade*, 5, Janeiro de 2001, p. 23 e ss.; Stephen Callahan, «As novas regras dos preços de transferência em Portugal», *Fisco*, 97/98, Setembro de 2001, p. 39 e ss.; Chris Adams, «Transfer pricing – the international context», *Fisco*, 101/102, Janeiro de 2002, p. 45 e ss.; Duarte Barros, «As obrigações acessórias no âmbito dos preços de transferência», *Fisco*, 103/104, Julho de 2002, p. 85 e ss.; Eduardo Goldszal, «As novas regras de preços de transferência em análise», *Fisco*, 105/106, Novembro de 2002, p. 87 e ss.; Joaquim Pedro Lampreia, «Os preços de transferência, os acordos de partilha de custos e a tributação das mais-valias», *Fiscalidade*, 15, Julho de 2003, p. 43 e ss.; M. H. Freitas Pereira, *Fiscalidade*, cit., p. 459 e ss.; Clotilde C. Palma, «Introdução dos acordos prémios de preços de transferência na legislação fiscal portuguesa», *Revista TOC*, Outubro de 2008, p. 51 e ss.; e Alexandra C. Martins, *O Regime dos Preços de Transferência e o IVA*, Almedina, 2009. V. também os Acs. do TC 252/2005 e 271/2005, que julgaram não inconstitucional o art. 57º do CIRC (que continha a disciplina dos preços de transferência).

[148] Sobre o carácter discutível de tais regras, mormente se são de considerar ou não cláusulas especiais anti-abuso, v. o que dissemos *supra*, nos nºs 20 e 33.2.

de 2014, tínhamos outras situações[149], encontramos o art. 66º contendo regras que, verificadas certas situações, se concretizam na ampliação do valor dos rendimentos recebidos de entidades residentes em países com regimes fiscais privilegiados ou mais favoráveis, configurem-se tais regimes (verdadeiros) paraísos fiscais ou (meros) regimes fiscais preferenciais. Consagrando um regime de transparência fiscal internacional para as assim designadas *controlled foreign companies*, este preceito legal determina a imputação aos sujeitos passivos de IRC residentes em território português, na proporção da respectiva participação no capital social e independentemente da sua distribuição, dos lucros obtidos (após a dedução do imposto sobre os lucros que sobre os mesmos tenha recaído) por sociedades residentes fora desse território e aí submetidas a um regime fiscal claramente mais favorável.

Constitui pressuposto de aplicação deste regime, a detenção pelo sujeito passivo de IRC, directa ou indirectamente, de uma participação social de, pelo menos, 25%, ou, no caso de a sociedade não residente ser detida, directa ou indirectamente, em mais de 50%, por sócios residentes, uma participação social de, pelo menos, 10%. Por seu turno, considera-se existir um regime fiscal claramente mais favorável, segundo o disposto no nº 5 desse artigo, quando o território de residência da entidade em causa constar da lista aprovada por portaria do membro do Governo responsável pela área das finanças[150], quando a referida entidade aí esteja isenta ou não sujeita a um imposto sobre o rendimento idêntico ou análogo ao IRC ou, ainda, quando a taxa de imposto que lhe é aplicável seja inferior a 60% da taxa do IRC.

Estão excluídas deste regime, conforme o disposto no nº 6 desse mesmo preceito, as entidades não residentes em território português quando os respectivos lucros ou rendimentos provenham em, pelo menos, 75% do exercício de: 1) uma actividade agrícola ou industrial no território onde estão estabelecidos; ou 2) uma actividade comercial, ou de prestação de serviços, que não esteja dirigida predominantemente ao mercado português. Em contrapartida, são sempre abrangidas as sociedades cuja actividade principal consista, designadamente, na realização de operações bancárias, de seguros de bens ou

[149] Como era a não dedução das importâncias pagas ou devidas a pessoas residentes fora do território português e aí sujeitas a um regime fiscal claramente mais favorável, que constava do art. 65º e agora consta da alínea *r)* do nº 1 do art. 23º-A, e o regime da subcapitalização constante do anterior art. 67º.

[150] A Portaria nº 292/2011, de 8 de Novembro.

pessoas situadas fora do território português, de operações relativas a partes sociais e outros valores mobiliários e de locação de bens imóveis situados fora do território da residência[151].

Acrescente-se que, no exercício posterior em que haja efectiva distribuição de lucros já imputados anteriormente, são estes deduzidos à base tributável, havendo lugar a crédito de imposto por dupla tributação internacional, se for caso disso.

É de referir ainda nesta sede da transparência fiscal internacional que este regime relativo às *controlled foreign companies* se encontra contemplado no Plano BEPS, cuja Acção 3 contém uma recomendação sobre o desenho das normas que devem integrar esse regime, de modo a evitar os problemas que as mesmas têm colocado, tando da óptica do Estado da residência ou sede das empresas como da óptica dos Estados de baixa tributação de onde provêm os rendimentos das mesmas[152].

57.4.3. A correcção do valor de transmissão dos imóveis

Nos termos dos arts. 64º e 139º do CIRC, os alienantes e adquirentes de direitos reais sobre bens imóveis devem adoptar, para efeitos da determinação do lucro tributável, valores normais de mercado que não podem ser inferiores aos valores patrimoniais tributários definitivos que serviram de base à liquidação do IMT ou que serviriam no caso de não haver lugar à liquidação deste imposto. Pelo que, sempre que, nas mencionadas transmissões onerosas, o valor constante do contrato seja inferior ao valor patrimonial tributário definitivo do imóvel, é este o valor a considerar pelo alienante e adquirente, para determinação do lucro tributável.

O que implica para o sujeito passivo alienante e para o sujeito passivo adquirente que: o alienante efectue uma correcção, na declaração de rendimentos do período de tributação a que é imputável o rendimento obtido com a operação de transmissão, correspondente à diferença positiva entre o valor patrimonial tributário definitivo do imóvel e o valor constante do contrato; o adquirente adopte o valor patrimonial tributário definitivo para a determinação de qualquer resultado tributável em IRC relativamente ao imóvel.

[151] Para a compreensão adequada deste regime, v. os outros números desse mesmo art. 66º.

[152] V. sobre este regime Rui D. Morais, *Imputação de Lucros de Sociedades não Residentes Sujeitas a um Regime Fiscal Privilegiado. Controlled Foreign Companies. O Art. 60º do CIRC*, cit.

Caso o valor patrimonial tributário definitivo do imóvel não estiver determinado até ao final do prazo estabelecido para a entrega da declaração do período de tributação a que respeita a transmissão, os sujeitos passivos devem entregar a declaração de substituição durante o mês de Janeiro do ano seguinte àquele em que os valores patrimoniais tributários se tornaram definitivos. Por seu lado, no caso de existir uma diferença positiva entre o valor patrimonial tributário definitivo e o custo de aquisição ou de construção, o sujeito passivo adquirente deve comprovar no processo de documentação fiscal o tratamento contabilístico e fiscal dado ao imóvel.

57.5. Outras situações especiais

57.5.1. O regime especial de tributação dos grupos de sociedades

Os arts. 69º a 71º do CIRC contêm o *regime especial de tributação dos grupos de sociedades* (RETGS), que resultou da Lei nº 30-G/2000. Com efeito, esta lei operou uma profunda alteração na tributação dos grupos de sociedades, tendo eliminado o anterior *regime de tributação pelo lucro consolidado*[153]. Algumas palavras sobre o âmbito e as condições de aplicação, a determinação do lucro tributável e a dedução de prejuízos neste regime.

Quanto ao âmbito e as condições de aplicação deste regime especial, dispõe o art. 69º que, existindo um grupo de sociedades, a sociedade dominante pode optar pela aplicação do regime especial de determinação da matéria colectável em relação a todas as sociedades do grupo. Considera-se existir um grupo de sociedades quando a sociedade dominante detém, directa ou indirectamente, pelo menos 75% do capital de outra ou outras sociedades ditas dominadas desde que tal participação lhe confira mais de 50% dos direitos de voto.

O pedido de opção por esse regime pode ser formulado desde que se verifiquem cumulativamente os seguintes requisitos: a) as sociedades pertencen-

[153] Pelo que os grupos de sociedades deixaram de estar sujeitas a dupla consolidação – contabilística e fiscal, tendo ficado obrigadas a elaborar e apresentar contas consolidadas apenas nos termos do DL nº 238/91, de 2 de Julho. Depois, a partir de 1 de Janeiro de 2005, por força do regulamento (CE) 1606/2002, passaram a estar obrigados à elaboração de Contas Consolidadas, em conformidade com as NIC/NIRF, as sociedades com acções cotadas em mercados regulamentados. Hoje os grupos de sociedades têm de apresentar contas consolidadas nos termos do DL nº 158/2009, de 13 de Julho. Sobre o extinto regime de consolidação fiscal, v. Gonçalo Avelãs Nunes, *A Tributação dos Grupos de Sociedades pelo Lucro Consolidado em Sede do IRC. Contributo para um Novo Enquadramento Dogmático e Legal do seu Regime*, cit.

tes ao grupo tenham todas sede e direcção efectiva em território português e a totalidade dos seus rendimentos esteja sujeita ao regime geral de tributação em IRC à taxa normal mais elevada; b) a sociedade dominante detenha a participação na sociedade(s) dominada(s) há mais de um ano, com referência à data em que se inicia o regime (excepto quando se trate de sociedades constituídas pela sociedade dominante há menos de um ano); c) a sociedade dominante não seja considerada dominada de nenhuma outra sociedade residente em território português que reuna os requisitos para ser qualificada como dominante.

Acrescente-se que também as entidades públicas empresariais, que preencham os requisitos enunciados, podem optar por esse regime especial, cuja aplicação não depende, como dependia o regime de tributação pelo lucro consolidado, de qualquer autorização.

No respeitante à determinação do lucro tributável dos grupos de sociedades, relativamente a cada um dos períodos de tributação abrangidos por esse regime especial, nos termos do nº 1 do art. 70º, é calculado pela sociedade dominante através da soma algébrica dos lucros tributáveis e dos prejuízos fiscais apurados nas declarações periódicas individuais de cada uma das sociedades pertencentes ao grupo. O montante assim obtido era corrigido da parte dos lucros distribuídos entre as sociedades do grupo que se encontrasse incluída nas bases tributáveis individuais. Uma correcção que, com a revogação do nº 2 do referido art. 70º pela LOE/2012, deixou de se verificar, tendo desaparecido, assim, esse mecanismo de eliminação da dupla tributação económica no seio do grupo. Isto significa, de um lado, que o apuramento do lucro tributável do grupo não é feito a partir do resultado líquido consolidado, mas sim do resultado individual de cada sociedade, não sendo, deste modo, eliminados quaisquer resultados decorrentes de transacções entre empresas do grupo (isto é, quaisquer resultados internos), e, de outro lado, que deixou de ser eliminada a dupla tributação económica que ocorresse no seio do grupos sujeitos ao RETGS, uma consequência que entretanto foi eliminada em resultado da adopção, na Reforma do IRC de 2014, do método da isenção na eliminação da dupla tributação económica na forma de *participation exemption*, nos termos em que consta dos arts. 51º e seguintes do Código do IRC.

Finalmente, uma alusão à dedução de prejuízos fiscais para dizer que os grupos de sociedades abrangidos por este regime, estão sujeitos a requisitos específicos, para além dos requisitos gerais de dedução de prejuízos estabelecidos no art. 47º. Trata-se do regime específico de dedução de prejuízos fiscais constante do art. 71º[154].

57.5.2. O regime especial das fusões, cisões, entradas de activos e permutas de partes sociais

Nos termos dos arts. 73º a 78º, está previsto um regime especial aplicável às fusões, cisões, entradas de activos e permutas de partes sociais de sociedades residentes. Trata-se dum regime especial exigido pela Directiva nº 2009/133/ /CEE quando nestas operações intervenham sociedades de diferentes Estados membros da União Europeia, o qual tem por objectivo assegurar a neutralidade fiscal dessas operações de reorganização das unidades produtivas. Regime cuja aplicação exige que sejam observadas determinadas condições.

Depois de definir, no art. 73º, o que deve entender-se por fusão, cisão e entrada de activos e permuta de partes sociais, em que na fusão integra agora, nos termos da al. *e)* do nº 1 desse preceito, a chamada fusão inversa (*reverse merge*), estabelece, no art. 74º, o seu regime. Segundo este, na determinação do lucro tributável das sociedades fundidas ou cindidas ou da sociedade contribuidora, no caso de entrada de activos, não é considerado qualquer resultado derivado da transferência dos elementos patrimoniais em consequência da fusão, cisão ou entrada de activos, nem são considerados como rendimentos os ajustamentos em inventários e as perdas por imparidade e outras correcções de valor que respeitem a créditos, inventários e, bem assim, as provisões relativas a obrigações e encargos objecto de transferência, aceites para efeitos fiscais, com excepção dos que respeitem a estabelecimentos estáveis situados fora do território português quando estes sejam objecto de transferência para entidades não residentes, desde que se trate das situações enumeradas nas diversas alíneas do nº 1 desse art. 74º.

Sublinhe-se que a aplicação deste regime especial determina que a sociedade beneficiária mantenha, para efeitos fiscais, os elementos patrimoniais objeto de transferência pelos mesmos valores que tinham nas sociedades fundidas, cindidas ou na sociedade contribuidora antes da realização das opera-

[154] V. sobre a tributação dos grupos de sociedades, Luís Belo, «Algumas reflexões ao nível do impacto sobre os grupos económicos da designada reforma fiscal», *Fisco*, 99/100, Outubro de 2001, p. 67 e ss.

ções, considerando-se que tais valores são os que resultam da aplicação das disposições do CIRC ou de reavaliações efetuadas ao abrigo de legislação fiscal.

Vejamos agora o que deve ter-se em conta na determinação do lucro tributável da sociedade beneficiária e da sociedade contribuidora. Relativamente à sociedade beneficiária, deve ter-se em conta que: a) o apuramento dos resultados respeitantes aos elementos patrimoniais transferidos é feito como se não tivesse havido fusão, cisão ou entrada de ativos; b) as depreciações ou amortizações sobre os elementos do ativo fixo tangível, do ativo intangível e das propriedades de investimento contabilizadas ao custo histórico transferidos são efetuadas de acordo com o regime que vinha sendo seguido nas sociedades fundidas, cindidas ou na sociedade contribuidora; c) os ajustamentos em inventários, as perdas por imparidade e as provisões que foram transferidos têm, para efeitos fiscais, o regime que lhes era aplicável nas sociedades fundidas, cindidas ou na sociedade contribuidora. Por seu lado na determinação do lucro tributável da sociedade contribuidora, as mais-valias ou menos-valias realizadas respeitantes às partes de capital social recebidas em contrapartida da entrada de ativos são calculadas considerando como valor de aquisição destas partes de capital o valor líquido contabilístico aceite para efeitos fiscais que os elementos do ativo e do passivo transferidos tinham nessa sociedade antes da realização da operação.

Uma palavra agora sobre a transmissibilidade dos prejuízos fiscais. Segundo o nº 1 do art. 75º, os prejuízos fiscais das sociedades fundidas podem ser deduzidos dos lucros tributáveis da nova sociedade ou da sociedade incorporante, nos termos e condições estabelecidos no artigo 52º e até ao fim do 5º período de tributação referido no n.º 1 deste artigo, contado do período de tributação a que os mesmos se reportam. Um regime que vale igualmente, com as necessárias adaptações para as operações elencadas no nº 2 do referido art. 75º.

Importa fazer uma referência à cláusula especial anti-abuso contida no nº 10 do art. 73.º, em que se prescreve que o regime de neutralidade em causa não se aplica, total ou parcialmente, quando se conclua que as operações abrangidas pelo mesmo tiveram como principal objectivo ou como um dos principais objectivos a evasão fiscal, o que pode considerar-se verificado, nomeadamente, nos casos em que as sociedades intervenientes não tenham a totalidade dos seus rendimentos sujeitos ao mesmo regime de tributação em IRC ou quando as operações não tenham sido realizadas por razões económicas válidas, tais como a reestruturação ou a racionalização das actividades das sociedades que nelas participam, procedendo-se então, se for caso disso, às correspondentes liquidações adicionais do imposto[155].

57.5.3. A liquidação de sociedades e a transferência da residência

Relativamente às sociedades que se dissolvam, entrando em liquidação, há que distinguir entre a tributação das sociedades e a tributação do resultado da partilha (arts. 79º a 82º).

No respeitante à tributação das sociedades em liquidação, nos termos do art. 79º CIRC, o seu lucro tributável é determinado com referência a todo o período de liquidação, observando-se o seguinte: a) as sociedades que se dissolvam devem encerrar as suas contas com referência à data da dissolução, com vista à determinação do lucro tributável correspondente ao período decorrido desde o início do período de tributação em que se verificou a dissolução até à data desta; b) durante o período em que decorre a liquidação e até ao fim do período de tributação imediatamente anterior ao encerramento desta, há lugar, anualmente, à determinação do lucro tributável respectivo, que tem natureza provisória e é corrigido face à determinação do lucro tributável correspondente a todo o período de liquidação; c) no período de tributação em que ocorre a dissolução deve determinar-se separadamente o lucro referido na al. *a*) e o lucro mencionado na primeira parte da al. *b*).

Todavia, quando o período de liquidação ultrapasse dois anos, o lucro tributável determinado anualmente, nos termos anteriormente referidos, deixa de ter natureza provisória. No caso de existência de prejuízos anteriores à dissolução, que na data desta ainda sejam dedutíveis nos termos do art. 52º, podem ser deduzidos ao lucro tributável correspondente a todo o período de liquidação, se este não ultrapassar dois anos. Por seu lado, segundo o art. 80º, na determinação do resultado de liquidação, havendo partilha dos

[155] Sobre a neutralidade fiscal relativamente às fusões, cisões, entradas de activos e permuta de partes sociais, v. João Magalhães Ramalho, *O Regime de Neutralidade Fiscal nas Operações de Fusão, Cisão, Entrada de Activos e Permuta de Partes Sociais* (*Comentários ao Código do IRC*), Coimbra Editora, 2015; Filipe Lobo Silva, *As Operações de Reestruturação Empresarial como Instrumento de Planeamento Fiscal*, Almedina, 2016; e Maria Júlia Ildefonso Mendença, *Entrada de Activos e Permuta de Partes Sociais no Regime de Neutralidade Fiscal – Uma Análise Comparativa*, Almedina, 2016.

bens patrimoniais pelos sócios, considera-se como valor de realização daqueles o respectivo valor de mercado.

Relativamente à tributação dos sócios, segundo o art. 81º, é englobado, no período de tributação em que for posto à disposição, o valor que for atribuído a cada sócio em resultado da partilha abatido do custo de aquisição das correspondentes partes sociais. Todavia, no englobamento da tributação da diferença referida, deve observar-se o seguinte: a) essa diferença, quando positiva, é considerada como mais-valia; b) essa diferença, quando negativa, é considerada como menos-valia dedutível pelo montante que exceder a soma dos prejuízos fiscais deduzidos no âmbito da aplicação do regime especial de tributação dos grupos de sociedades e dos lucros e reservas distribuídos pela sociedade liquidada que tenham beneficiado do disposto no art. 51º.

Enfim, no caso de sócios de sociedades abrangidas pelo regime de transparência fiscal, ao valor que lhes for atribuído em virtude da partilha é ainda abatida a parte do resultado de liquidação que, para efeitos de tributação, lhes tenha sido já imputada, assim como a parte que lhes corresponder nos lucros retidos na sociedade nos períodos de tributação em que esta tenha estado sujeita àquele regime.

Acrescente-se que este regime é aplicável, com as necessárias adaptações, à tributação no caso de transferência de residência das empresas para o estrangeiro (*exit tax*), prevista no art. 83º do CIRC, em cujo nº 1 se prescreve que a "[p]ara a determinação do lucro tributável do período de tributação em que ocorra a cessação de actividade de entidade com sede ou direcção efectiva em território português, incluindo a Sociedade Europeia e a Sociedade Cooperativa Europeia, em resultado da transferência da respectiva residência para fora desse território, constituem componentes positivas ou negativas as diferenças, à data da cessação, entre os valores de mercado e os valores fiscalmente relevantes dos elementos patrimoniais dessa entidade, ainda que não expressos na contabilidade".

Por sua vez, o nº 2 desse preceito, dispõe que "[n]o caso de transferência da residência de uma sociedade com sede ou direcção efectiva em território português para outro Estado membro da União Europeia ou do Espaço Económico Europeu, o imposto, na parte correspondente ao saldo positivo das componentes positivas e negativas referidas no número anterior, é pago de acordo com uma das seguintes modalidades: a) imediatamente, pela totalidade do imposto apurado na declaração de rendimentos; b) no ano seguinte àquele em que se verifique, em relação a cada um dos elementos patrimoniais considerados para efeitos do apuramento do imposto, a sua extinção, transmissão, desafectação da actividade da entidade ou transferência, por qualquer título, material ou jurídico, para um território ou país que não seja um Estado membro da União Europeia ou do Espaço Económico Europeu, pela parte do imposto que corresponda ao resultado fiscal relativo a cada elemento individualmente identificado; ou c) em fracções anuais de igual montante, correspondentes a um quinto do montante do imposto apurado com início no período de tributação em que ocorre a transferência da residência"[156].

Recorde-se que o imposto de saída integra uma das medidas de luta contra a elisão fiscal contemplada na referida Directiva (UE) nº 2016/1164, que estabelece regras contra as práticas de elisão fiscal que tenham incidência directa no funcionamento do mercado interno.

57.6. A taxa

Nos termos do art. 87º, a taxa geral é atualmente de 21%. Porém, nos termos do disposto no nº 2 desse preceito legal, quando os sujeitos passivos que exerçam, directamente e a título principal, uma actividade económica de natureza agrícola, comercial ou industrial que sejam qualificados como pequena ou média empresa, nos termos previstos no anexo ao Decreto-Lei nº 372/2007, a taxa de IRC aplicável aos primeiros € 15.000, é de 17%[157].

Refira-se que, nos termos do art. 87º-A, sobre a parte do lucro tributável superior a € 1.500.000 das empresas sujeito a IRC, incide agora, como já referimos, uma derrama estadual progressiva em três escalões, de 3%, 5% e 9%, respectivamente.

57.7. A liquidação e cobrança

Quanto aos órgãos ou entidades competentes e às correspondentes formas de *liquidação* do IRC, temos, segundo o art. 89º duas situações, podendo o mesmo ser liquidado: a) pelo próprio contribuinte na declaração periódica anual que deve apresentar até 31 de Maio do ano seguinte àquele a que os rendimentos

[156] Solução adoptada depois da condenação de Portugal por incumprimento do direito da União Europeia contida no acórdão do TJUE de 6 de Setembro de 2012, Proc. C-38/10. Condenação de que foram objecto, de resto, outros Estados membros.

[157] Recorde-se que a taxa de IRC foi sucessivamente: 36% (1989), 34% (1998), 32% (2000), 30% (2002), 25% (2004) e 23% (2014).

dizem respeito, caso em que temos *autoliquidação*; b) pelos serviços centrais da AT, nos restantes casos, designadamente quando o contribuinte não apresente a sua declaração periódica ou haja lugar a liquidação adicional, em que temos uma *liquidação administrativa*.

No respeitante ao apuramento do montante do imposto a pagar, é de acrescentar que este não coincide com a colecta apurada pela operação de liquidação em sentido estrito, uma vez que há ainda lugar a deduções à colecta, que se encontram contempladas nos arts. 90º, nº 2, 91º, 91º-A e 93º a 98º.

Como já referimos, de dois tipos são estas deduções: deduções que se inserem na *liquidação* do IRC, em que temos a) a relativa à dupla tributação internacional, e b) a correspondente aos benefícios fiscais que se concretizem em deduções à colecta; e deduções que se reportam ao *pagamento* do IRC, em que temos a) a relativa aos pagamentos por conta, b) a referente ao pagamento especial por conta, e c) a respeitante ás retenções na fonte.

Uma palavra no respeitante às deduções à colecta relativas à dupla tributação internacional e aos benefícios fiscais.

A dedução por *dupla tributação internacional* apresenta agora duas vertentes, concretizando-se num crédito de imposto por dupla tributação jurídica internacional (art. 91º) e num crédito de imposto por dupla tributação económica internacional (art. 91º-A). Relativamente à *dupla tributação jurídica internacional*, determina o primeiro preceito que a correspondente dedução é apenas aplicável quando na matéria colectável tenham sido incluídos rendimentos obtidos no estrangeiro, correspondendo à menor das importâncias: a) imposto sobre o rendimento pago no estrangeiro; b) fracção do IRC, calculado antes da dedução, correspondente aos rendimentos que no país em causa possam ser tributados, acrescidos dos impostos sobre o rendimento pagos no estrangeiro, líquidos dos gastos directa ou indirectamente suportados para a sua obtenção. Por seu turno, quanto à *dupla tributação económica internacional*, prescreve o art. 91º-A que a correspondente dedução é aplicável, por opção do sujeito passivo, quando na matéria colectável deste tenham sido incluídos lucros e reservas, distribuídos por entidade residente fora do território português, que preencham os respectivos requisitos. Naturalmente que qualquer destes créditos de imposto apenas serão aplicáveis se não tiver lugar a aplicação do método da isenção (*participation exemption*)[158].

[158] V. o nº 9 do art. 51º do CIRC.

Por seu lado no que concerne aos benefícios fiscais concretizados em deduções à colecta do IRC, podemos referir, a título de exemplo, os de apoio ao investimento, em que temos os benefícios fiscais contratuais, os integrantes do Regime Fiscal de Apoio ao Investimento (REFAI), a dedução de lucros retidos e reinvestidos (DLRR) e os do Sistema de Incentivos Fiscais à Investigação e Desenvolvimento (SIFIDE) – arts. 8º, 23º, 28º e 39º do CFI.

Relativamente à *cobrança*, é de distinguir entre: 1) os pagamentos por conta e o imposto autoliquidado, 2) o pagamento especial por conta, 3) as retenções na fonte, e 4) o pagamento do imposto liquidado pelos serviços tributários. Vejamos cada uma destas situações.

No que respeita aos *pagamentos por conta*, as entidades residentes que exerçam a título principal actividades de natureza comercial, industrial ou agrícola e as entidades não residentes com estabelecimento estável, devem efectuar três *pagamentos por conta* nos seguintes prazos (art. 104º, nº 1): a) Julho, Setembro e 15 de Dezembro do próprio ano a que respeita o lucro tributável quando se trate de entidades com o período de tributação coincidente com o ano civil; b) no sétimo, nono e no dia 15 do décimo segundo mês, do respectivo período de tributação, quando se trate de entidades com o período de tributação não coincidente com o ano civil[159].

Os pagamentos por conta são calculados, nos termos do art. 105º, com base no imposto liquidado relativamente ao exercício imediatamente anterior àquele em que devem efectuar-se os pagamentos, líquido da dedução relativa a retenções na fonte. Os pagamentos por conta dos contribuintes cujo volume de negócios seja igual ou inferior a € 500.000 corresponderão a 80% do montante do imposto liquidado no exercício anterior, repartido por três montantes iguais. Por seu lado, os pagamentos por conta dos contribuintes cujo volume de negócios seja superior a € 500.000, corresponderão a 95% do montante do imposto liquidado no exercício anterior, repartido igualmente por três montantes iguais[160].

No caso de existir diferença entre o imposto calculado na declaração de rendimentos e as entregas a título de pagamento por conta, deverá a mesma ser paga até ao último dia útil do prazo para o envio da declaração periódica

[159] Nos termos do art. 104º, nº 4, ficam dispensadas de proceder a pagamentos por conta os contribuintes cujo imposto do período de referência para o respectivo cálculo for inferior a € 200.

[160] Tanto num caso como no outro, arredondado por excesso para euros.

de rendimentos, a qual, tem de ser enviada até 31 de Maio do ano seguinte àquele a que os rendimentos dizem respeito (art. 120º). Todavia, havendo lugar a reembolso, nos termos do art. 104º, nº 2, este deverá ser efectuado até ao fim do terceiro mês imediato ao do envio da declaração[161].

Quanto ao *pagamento especial por conta*, segundo o art. 106º, as entidades residentes que exerçam a título principal actividades de natureza comercial, industrial ou agrícola e as entidades não residentes com estabelecimento estável em território português, ficam sujeitas a um pagamento especial por conta, a efectuar durante o mês de Março ou em duas prestações durante os meses de Março e Outubro. Este pagamento não é aplicável no período em que se inicia a actividade e no seguinte.

Introduzido em 1998, o pagamento especial por conta foi objecto de profundas alterações posteriores. Nos termos da actual redacção do referido art. 106º, esse pagamento é igual à diferença entre o valor correspondente a 1% do volume de negócios relativos ao exercício anterior, com o limite mínimo de € 850, e, quando superior, será igual a este limite acrescido de 20% da parte excedente, com o limite máximo de € 70.000[162]. Assim a fórmula de cálculo do PEC é a seguinte:

$$PEC = 850 + [20\% \ (1\% \ VN - 850)]$$

O pagamento especial por conta, diferentemente do que acontece com os pagamentos por conta normais (que dão lugar ao imediato reembolso caso sejam superiores ao imposto devido), será deduzido, nos termos do art. 93º, ao montante apurado na declaração periódica de rendimentos do próprio exercício a que respeita ou, se insuficiente, até ao sexto período da tributação seguinte.

A crítica que antes fazíamos, dizendo que o pagamento especial por conta se apresentava como um *empréstimo forçado* ou mesmo um *imposto autónomo*, na medida em que não viesse ser deduzido nos seis períodos seguintes, sendo por conseguinte de discutível constitucionalidade, não tem actualmente suporte dado o disposto nos nºs 2 e 3 do art. 93º do Código do IRC, em que dispõe que

[161] Desde que esta tenha sido apresentada no prazo legal e não contenha erros de preenchimento.

[162] É de lembrar que o pagamento especial por conta não é aplicável às sociedades sujeitas à transparência fiscal dado elas não serem tributadas em IRC – cf. o Ofício Circulado nº 82/98, de 18 de Março.

os sujeitos passivos podem ainda ser reembolsados da parte do PEC que não foi deduzida no referido período mediante requerimento dirigido ao chefe do serviço de finanças da área da sede, direcção efectiva ou estabelecimento estável em que estiver centralizada a contabilidade, apresentado no prazo de 90 dias a contar do termo desse mesmo período[163].

No referente às *retenções na fonte*, estão sujeitos a esta forma de pagamento antecipado os rendimentos previstas no art. 94º, em que temos diversas situações de retenção, as quais, nos termos do nº 3 desse artigo, assumem em geral a natureza de pagamentos por conta do IRC, tendo caráter definitivo apenas nos casos referidos nas alíneas desse mesmo dispositivo legal. Por seu lado, quanto às taxas de retenção, segundo o nº 4 do mencionado art. 94º, são de 25%, aplicando-se às remunerações auferidas na qualidade de membro de órgãos estatutários de pessoas colectivas e outras entidades a taxa de 21,5%.

Finalmente, quanto ao pagamento do imposto resultante de *liquidação administrativa*, isto é, liquidado pela AT, nos termos do art. 110º, o contribuinte tem 30 dias para pagar o imposto que se mostre devido, após a notificação que deve ser feita nos termos do CPPT.

Refira-se que, nos termos dos arts. 87º-A e 104º-A do Código do IRC, aditados pela Lei nº 12-A/2010 e alterados pela LOE/2012, também é objeto de retenção na fonte a derrama estadual que incide à taxa progressiva em três escalões, sobre o lucro tributável superior a € 1.500.000.

57.8. Alusão à determinação do IRC das entidades não empresariais e dos não residentes sem estabelecimento estável

Tendo em conta que o apuramento do IRC relativo aos rendimentos imputáveis aos estabelecimentos estáveis de não residentes, segue as regras do apuramento do IRC empresarial, com algumas adaptações constantes designadamente dos arts. 3º, nº 1, al. *c)*, 5º e 55º do Código do IRC, impõe-se aqui dizer alguma coisa sobre a determinação do IRC das entidades não empresarias, de um lado, e dos não residentes sem estabelecimento estável, de outro.

[163] Como empréstimo forçado o qualificava M. H. Freitas Pereira, *Fiscalidade*, cit. p. 44, nota 66. V. também o Ac. do Tribunal Constitucional nº 494/2009, que declarou a inconstitucionalidade do art. 98º, nº 9, do Código do IRC, na medida em que exigia o PEC relativamente a rendimentos isentos.

Assim, no que respeita ao IRC das *entidades não empresariais*, como já referimos, a sua base de tributação, nos termos doa art. 3º, nº 1, al. *b)*, do Código do IRC, é o *rendimento global*, correspondente à soma algébrica dos rendimentos das várias categorias consideradas para efeitos do IRS. As regras específicas para a determinação desse IRC constam do Código do IRC, dos arts. 53º e 54º, relativos ao apuramento do IRC, do art. 108º, respeitante ao pagamento deste, e do art. 124º, que consagra um regime simplificado de escrituração.

De acordo com o referido art. 53º, à soma algébrica dos rendimentos das categorias de rendimento relevantes e consideradas para efeitos do IRS, ou seja, das categorias B (acessória), E, F e G, são de deduzir: *a*) os prejuízos fiscais apurados relativamente ao exercício de actividades comerciais, industriais ou agrícolas, que só podem ser deduzidos, aos rendimentos da mesma categoria num ou mais dos cinco períodos de tributação posteriores; *b*) as menos-valias só podem ser deduzidas aos rendimentos da mesma categoria num ou mais dos cinco períodos de tributação posteriores.

Com o objectivo eliminar ou atenuar a dupla tributação económica, é aplicável às entidades não empresariais uma dedução correspondente a 50% dos rendimentos incluídos na base tributável relativos a lucros distribuídos por entidades residentes em território português, sujeitas e não isentas de IRC, quando tais rendimentos tenham sido efectivamente tributados.

Por fim, ao rendimento global são dedutíveis, até à respectiva concorrência, os gastos comprovadamente relacionados com a realização dos fins de natureza social, cultural, ambiental, desportiva ou educacional prosseguidos por essas pessoas colectivas ou entidades, desde que não exista qualquer interesse directo ou indirecto dos membros de órgãos estatutários, por si mesmos ou por interposta pessoa, nos resultados da exploração das actividades económicas por elas prosseguidas.

A estas deduções acrescem ainda os *gastos comuns* e outros a que se reporta o mencionado art. 54º, em se dispõe: os gastos comprovadamente indispensáveis à obtenção dos rendimentos que não tenham sido considerados na determinação do rendimento global nos termos que acabamos de referir, e que não estejam especificamente ligados à obtenção dos rendimentos não sujeitos ou isentos de IRC são deduzidos, no todo ou em parte, a esse rendimento global, para efeitos de determinação da matéria colectável, de acordo com as seguintes regras: *a*) se estiverem apenas ligados à obtenção de rendimentos sujeitos e não isentos, são deduzidos na totalidade ao rendimento global; *b*) se estiverem ligados à obtenção de rendimentos sujeitos e não isentos, bem como à de rendimentos não sujeitos ou isentos, deduz-se ao rendimento global a parte proporcional dos gastos comuns que for imputável aos rendimentos sujeitos e não isentos.

A taxa sobre o rendimento global das entidades não empresariais é, nos termos do nº 5 do art. 87º do Código do IRC, de 21%, sendo agora igual à das entidades empresariais. O que não aconteceu no passado, em que as entidades não empresariais se encontravam sujeitas a uma taxa de 20% quando as entidades empresariais estavam sujeitas a taxas bem superiores, e no ano de 2015 em que as entidades não empresariais, por manifesto lapso do legislador, estiveram sujeitas à taxa de 21,5% quando a taxa baixou para 21% para as entidades empresariais.

No respeitante ao pagamento do IRC pelas entidades não empresariais, dispõe o mencionado art. 108º que o imposto devido por essas entidades e que sejam obrigadas a enviar a declaração periódica de rendimentos é pago até ao último dia do prazo estabelecido para o envio daquela ou, em caso de declaração de substituição, até ao dia do seu envio. Havendo lugar a reembolso de imposto, o mesmo efectua-se nos termos que valem para a generalidade dos sujeitos de IRC.

É de referir que as entidades não empresariais dispõem de um *regime simplificado de escrituração*. Segundo o disposto no art. 124º do Código do IRC, tais entidades com sede ou direcção efectiva em território português devem possuir obrigatoriamente os seguintes registos: *a*) registo de rendimentos, organizado segundo as várias categorias de rendimentos considerados para efeitos de IRS; *b*) registo de encargos, organizado de modo a distinguirem-se os encargos específicos de cada categoria de rendimentos sujeitos a imposto e os demais encargos a deduzir, no todo ou em parte, ao rendimento global; *c*) registo de inventário, em 31 de Dezembro, dos bens susceptíveis de gerarem ganhos tributáveis na categoria de mais-valias.

Tais registos não abrangem os rendimentos das actividades comerciais, industriais ou agrícolas eventualmente exercidas a título acessório, devendo, caso existam, ser também organizada uma contabilidade nos termos do art. 123º que permita o controlo do lucro apurado nessas actividades. Todavia, uma tal exigência não se aplica quando os rendimentos totais obtidos em cada um dos dois exercícios anteriores não excedam € 150.000, e o sujeito passivo não opte por organizar uma contabilidade que permita o controlo do lucro apurado nessas actividades. Caso em que, como se compreende, tais entidades ficam abrangidas pela exigência dos referidos três registos.

Por seu lado, para a determinação do IRC dos *não residentes sem estabelecimento estável*, que tem por base os rendimentos das diversas categorias, consideradas para efeitos de IRS e, bem assim, os incrementos patrimoniais obtidos a título gratuito, relevam os arts. 56º e 126º do Código do IRC. Nos termos do primeiro dos preceitos, os rendimentos não imputáveis a estabelecimento estável situado em território português, obtidos por sociedades e outras entidades não residentes, são determinados de acordo com as regras estabelecidas para as categorias correspondentes para efeitos de IRS.

Em conformidade com o disposto no segundo dos preceitos, as entidades que, não tendo sede nem direcção efectiva em território português, não possuam estabelecimento estável aí situado mas nele obtenham rendimentos, são obrigadas a designar uma pessoa singular ou colectiva com residência, sede ou direcção efectiva naquele território para as representar perante a administração tributária quanto às suas obrigações referentes ao IRC. Exigência que não é aplicável, sendo a designação de representante meramente facultativa, em relação às entidades que sejam consideradas, para efeitos fiscais, como residentes noutro Estados membros da União Europeia ou do espaço económico europeu, neste último caso desde que esse Estado membro esteja vinculado a cooperação administrativa no domínio da fiscalidade equivalente à estabelecida no âmbito da União Europeia.

57.9. Esquema de determinação do IRC

Vejamos, num quadro, a sequência das operações de determinação do IRC:

rendimentos (art. 20º)

–

gastos (arts. 23º e 23º-A)

=

resultado contabilístico

+

variações patrimoniais positivas n. reflec. no resultado (art. 21º)

–

variações patrimoniais negativas n. reflec. no resultado (art. 24º)

+/–

correcções fiscais (arts. 63º – 68º)

–

deduções para eliminação da dupla trib. económica (arts. 51º, 51º-C e 51º-D)

=

lucro tributável

–

prejuízos fiscais (arts. 15º, nº 1, al. *a*) e 52º)

–

benefícios fiscais dedutíveis ao lucro tributável (art. 15º, nº 1, al. *a*))

=

matéria colectável (art.15º, nº 1)

×

taxa (art. 87º)

=

colecta

–

deduções à colecta (créd. imp. p/dupla trib. intern., benef. fiscais, (arts. 90º a 92º)

=

colecta líquida

–

pag. esp. p/conta, pags. p/ conta e retenções na fonte
(arts. 93º a 98º)

=

imposto a pagar

58. A tributação autónoma em IRS ou IRC

Ao lado do IRS e IRC normais, de que tratámos, temos no art. 73º do Código do IRS e no art. 88º do Código do IRC, sob a designação de "taxas de tributação autónoma", verdadeiros impostos sobre algumas despesas realizadas pelas empresas. Tendo começado por incidir sobre despesas não documentadas e, depois, sobre as despesas de representação e com viaturas, foram entretanto as mesmas alargadas a diversas outras despesas e, em sede do IRC, a alguns rendimentos como lucros distribuídos e certas indemnizações ou compensações[164].

O que nos leva a reconhecer que temos tributações autónomas sobre determinados rendimentos, sobre despesas que não são gastos fiscais e sobre despesas que são considerados gastos fiscais. Em sede das tributações autónomas, temos diversas tanto em IRS como em IRC. Assim e no respeitante ao IRS (art. 73º do CIRS), temos: 1) as despesas não documentas tributadas à taxa de 50%; 2) os encargos dedutíveis relativos a despesas de representação e a viaturas ligeiras de passageiros ou mistas cujo custo de aquisição seja inferior a € 20.000, motos e motociclos, tributados à taxa de 10%; 3) os encargos dedutíveis relativos a automóveis ligeiros de passageiros ou mistos, cujo custo de aquisição seja igual ou superior a € 20.000, tributados à taxa de 20%; 4) os encargos dedutíveis relativos a despesas com ajudas de custo e com compensação pela deslocação em viatura própria do trabalhador, ao serviço da entidade patronal, não facturadas a clientes, escrituradas a qualquer título, que são tributados à taxa de 5 %.

Por seu turno, em sede do IRC (art. 88º do CIRC), temos como tributações autónomas: 1) as despesas não documentas tributadas à taxa de 50%; 2) os encargos efectuados ou suportados por empresas que não beneficiem de isenções subjectivas, relacionados com viaturas ligeiras de passageiros e viaturas ligeiras de mercadorias, tributadas à taxa de: 10% no caso de viaturas com um custo de aquisição inferior a € 25.000; 27,5% no caso de viaturas com um custo de aquisição igual ou superior a € 25.000 e inferior a € 35.000; e 35% no caso de viaturas com um custo de aquisição igual ou superior a € 35.000; 3) os encargos dedutíveis relativos a despesas de representação, considerando-se como tal, nomeadamente, as despesas suportadas com recepções, refeições, viagens, passeios e espectáculos oferecidos no País ou

[164] Tributados os primeiros à taxa de 23% e as segundas à taxa de 35% – v. os nºs 11 e 13 do art. 88º do Código do IRC.

no estrangeiro a clientes ou fornecedores ou ainda a quaisquer outras pessoas ou entidades, tributados à taxa de 10%; 4) os encargos dedutíveis relativos a ajudas de custo e à compensação pela deslocação em viatura própria do trabalhador, ao serviço da entidade patronal, não facturados a clientes, escriturados a qualquer título, tributados à taxa de 5%; 5) os lucros distribuídos por entidades sujeitas a IRC a sujeitos passivos que beneficiam de isenção total ou parcial, abrangendo, neste caso, os rendimentos de capitais, quando as partes sociais a que respeitam os lucros não tenham permanecido na titularidade do mesmo sujeito passivo, de modo ininterrupto, durante o ano anterior à data da sua colocação à disposição e não venham a ser mantidas durante o tempo necessário para completar esse período, tributados à taxa de 23%; 6) os gastos ou encargos relativos a indemnizações ou quaisquer compensações devidas não relacionadas com a concretização de objectivos de produtividade previamente definidos na relação contratual, quando se verifique a cessação de funções de gestor, administrador ou gerente, tributados à taxa de 35%; 7) os gastos ou encargos relativos a bónus e outras remunerações variáveis pagas a gestores, administradores ou gerentes quando estas representem uma parcela superior a 25% da remuneração anual e possuam valor superior a € 27.500, salvo se o seu pagamento estiver subordinado ao diferimento de uma parte não inferior a 50% por um período mínimo de três, tributados à taxa de 35%.

Refira-se que estas tributações não tem lugar de todo no regime simplificado em IRS (nºs 1 e 8 do art. 73º do Código do IRS) e estão limitadas às tributações das despesas não documentadas e aos encargos relacionados com viaturas ligeiras de passageiros e viaturas ligeiras de mercadorias no regime simplificado em IRC (nº 15 do art. 88º do Código do IRC).

Aqui, porém, vamos referir-nos apenas à tributação autónoma das despesas não documentadas e das despesas de representação e com viaturas comuns ao IRS e ao IRC. Trata-se de uma tributação sobre a despesa ou consumo e não sobre o rendimento que, relativamente às despesas não documentadas e às despesas de representação e com viaturas, visavam evitar que através dessas despesas, as empresas procedessem à distribuição camuflada de lucros, sobretudo dividendos que, assim, apenas ficariam sujeitas a IRS ou IRC enquanto lucro das empresas, bem como combater a fraude e evasão fiscal que tais despesas ocasionariam não só em relação ao IRS e IRC, mas também em relação à contribuições (das entidades patronais e dos trabalhadores) para a Segurança Social. É, porém, evidente que o alargamento e agravamento

de que tais tributações autónomas têm presentemente uma finalidade clara de obter receitas fiscais[165].

58.1. A tributação das despesas não documentadas

Originariamente com base no art. 4º do DL nº 192/90, de 9 de Junho e, depois da Lei nº 30-G/2000, com base nos arts. 73º, nº 1, do CIRS e 88º, nºs 1 e 2, do CIRC, as despesas não documentadas efectuadas por sujeitos passivos de IRS que possuam ou devam possuir contabilidade organizada no âmbito do exercício de actividades empresariais e profissionais, ou por sujeitos de IRC, são objecto de tributação autónoma em IRS ou IRC, consoante os casos. Uma tributação que não obstante assentar numa taxa de 50%[166], não prejudica a sua sujeição a IRC, quando realizadas por empresas colectivas, ou a IRS, quando realizadas por empresas singulares, pois, nos termos dos arts. 46º, nº 1, al. *g*), e 88º, nº 1 do CIRC (aplicável ao IRS por força do art. 32º do CIRS), tais despesas não são consideradas gastos, não sendo assim dedutíveis na determinação do lucro tributável do IRC.

A taxa dessa tributação será elevada, todavia, para 70%, nos termos do art. 88º, nº 2, do CIRC, nos casos em que tais despesas sejam efectuadas por sujeitos passivos de IRC total ou parcialmente isentos ou que não exerçam, a título principal, uma actividade de natureza comercial, industrial ou agrícola[167]. Uma taxa que, à primeira vista, parece excessiva ou mesmo chocante, mas que, a seu modo, se justifica porque se trata de sujeitos de IRC que estão isentos deste imposto.

Estamos assim perante despesas que, por um lado, não são consideradas gastos no IRS empresarial e no IRC e, por outro lado, são objecto desta tributação autónoma.

58.2. A tributação das despesas de representação e com viaturas

Com a entrada em vigor da Lei nº 30-G/2000, a tributação autónoma em IRS e IRC foi estendida às despesas de representação e às despesas com viaturas

[165] Sobre estas tributações autónomas, como configurando tributações sobre a despesa, constituindo impostos instantâneos ou de obrigação única, v., para além do que dissemos *supra* no nº 54.3, *in fine*, o acórdão do Tribunal Constitucional 150/2012.

[166] Na redacção da Lei nº 30-G/2000, pois essa taxa começou por ser de 10%, na versão originária do DL nº 192/90, tendo passado a 25% com a LOE/95, a 30% com a LOE/97 e a 32% com a LOE/99.

[167] Este agravamento da taxa, introduzido pela LOE/97, começou por ser de 40%, tendo passado a 60% com a LOE/99.

ligeiras de passageiros. Assim e no que ao IRS diz respeito, nos termos do art. 73º do Código, são tributados os encargos dedutíveis relativos a despesas de representação e com viaturas ligeiras efectuadas por sujeitos passivos que possuam ou devam possuir contabilidade organizada, à taxa de 10% sendo esta taxa, enquanto aplicável às viaturas, de 20% se o valor de aquisição for igual ou superior a € 20.000. Taxas estas que são objecto de uma redução, nos termos dos nºs 10 e 11 desse art. 73º, quando se trate de viaturas mais amigas do ambiente.

Por seu turno, no que respeita ao IRC, segundo o nº 7 do art. 88º do CIRC, são tributados autonomamente, à taxa correspondente de 10%, os encargos dedutíveis relativos a despesas de representação. Já no respeitante às despesas com viaturas, estabelece o nº 3 desse artigo que são tributados autonomamente os encargos efectuados ou suportados por sujeitos passivos que não beneficiem de isenções subjectivas e que exerçam, a título principal, actividade de natureza comercial, industrial ou agrícola, relacionados com viaturas ligeiras de passageiros, motos ou motociclos, excluindo os veículos movidos exclusivamente a energia eléctrica, às seguintes taxas: a) 10% no caso de viaturas com um custo de aquisição inferior a € 25.000; b) 27,5% no caso de viaturas com um custo de aquisição igual ou superior a € 25.000, e inferior a € 35.000; c) 35% no caso de viaturas com um custo de aquisição igual ou superior a € 35.000.

§ 2 – IMPOSTOS SOBRE O CONSUMO

59. O IVA

59.1. Introdução

Como já referimos, o IVA é um imposto geral sobre o consumo, em que se tributam as transmissões de bens, a prestação de serviços, as importações e a aquisição intracomunitária de bens[168]. Trata-se dum imposto que comporta um regime geral e diversos regimes especiais, qualquer deles objecto dum elevado grau de harmonização comunitária[169].

Quando segue o seu regime geral, o IVA apresenta-se como um imposto sobre o consumo em que o montante da dívida de cada sujeito passivo é apurado

[168] V., quanto a este imposto, Xavier de Basto, *A Tributação do Consumo e a sua Coordenação Internacional. Lições sobre a Harmonização Fiscal na Comunidade Económica Europeia*, Cadernos de CTF, Lisboa, 1991; Patrícia Noiret Cunha, *Imposto sobre o Valor Acrescentado. Anotações ao Código do Imposto sobre o Valor Acrescentado e ao Regime do IVA nas Transacções Intracomunitárias*, ISG, Lisboa, 2004; Clotilde Celorico Palma, *Introdução ao Imposto sobre o Valor Acrescentado*, 5ª ed., Coimbra, 2011; Arlindo Correia e Outros, *Vinte Anos do IVA em Portugal: Jornadas Fiscais em Homenagem ao Professor José Guilherme Xavier de Basto*, Almedina, 2008; Sérgio Vasques, «O IVA como imposto geral sobre o consumo», *Fiscalidade*, nº 50, Abril – Junho de 2012, p. 5 e ss., e Suzana Tavares da Silva/Marta Costa Santos, *IVA. Notas sobre o IVA nas Operações Internas*, Instituto Jurídico/FDUC, 2014. Sobre a história da adopção do IVA, v. o seu próprio criador M. Lauré, *Science Fiscale*, Puf, 1993, p. 248 e ss.

[169] Uma harmonização obtida não apenas pela legislação comunitária, mas sobretudo pela aplicação que dessa legislação vem fazendo o TJUE. V., sobre a jurisprudência deste, Patricia Herrero de la Escosura, *El IVA en la Jurisprudencia del Tribunal de Justicia de las Comunidades Europeas*, Madrid, 1996.

através do chamado método de *dedução imposto do imposto*, do *crédito do imposto* ou método *subtractivo indirecto*, nos termos do qual esse montante nos é dado pela diferença entre o montante que resulta da aplicação da taxa ao valor das vendas ou prestações de serviços, durante determinado período, e o montante do imposto suportado nas aquisições efectuadas durante o mesmo período.

Por sua vez, no respeitante aos regimes especiais, temos:

- o regime especial de isenção (em que se isentam de IVA os sujeitos passivos que, não possuindo nem sendo obrigados a possuir contabilidade organizada para efeitos de IRS ou de IRC, o seu volume de negócios não ultrapasse o montante de € 10.000 ou, no caso dos pequenos retalhistas, o montante de € 12.500) – arts. 53º a 59º do CIVA;
- o regime forfetário dos produtores agrícolas que não é mais do que o regime de isenção, que acabamos de referir, em que os sujeitos passivos podem solicitar à AT, verificados que estejam certos requisitos, uma compensação, nos termos dos arts. 59º-A a 59º-E, atenuando a quebra da neutralidade que o regime de isenção simples necessariamente provoca;
- o regime especial dos pequenos retalhistas (a que estão sujeitos as pessoas singulares que, não possuindo nem sendo obrigadas a possuir contabilidade organizada, têm um volume de negócios que, embora superior ao do regime de isenção, não ultrapasse o montante de € 50.000), os quais pagam, sem qualquer direito a dedução, o IVA correspondente a 25% do imposto suportado nas aquisições de bens – art. 60º do CIVA;
- o regime de tributação dos combustíveis líquidos aplicável aos revendedores que consta dos arts. 69º a 75º, em que o IVA devido pelas transmissões de gasolina, gasóleo e petróleo carburante efectuadas por revendedores é liquidado com base na margem efectiva de vendas, sendo o valor tributável das transmissões o correspondente à diferença, verificada em cada período de tributação, entre o valor das transmissões de combustíveis realizadas, IVA excluído, e o valor de aquisição dos mesmos combustíveis, IVA excluído[170];

[170] Regimes que constam, respectivamente, do Decreto-Lei nº 231/85, de 3 de Julho, alterado pelo Decreto-Lei nº 206/96, de 21 de Outubro, e do Decreto-Lei nº 79/98, de 29 de Dezembro.

– regimes especiais têm também, por um lado, as transmissões de bens em segunda mão ou de objectos de arte e, por outro, as agências de viagens e os organizadores de circuitos turísticos, casos em que o montante de IVA é determinado segundo o método de *dedução base da base*, aplicando a taxa do imposto à diferença entre o valor das aquisições ou compras e o valor das vendas.

A este respeito é de assinalar que todos estes regimes especiais têm a ver com a incidência ou com a base de cálculo do imposto. Todavia, podemos falar de regimes especiais de IVA atendendo a outros critérios, como o do momento da sua exigibilidade, que serve de suporte ao "IVA de caixa", ou do sujeito passivo que liquida e cobra, que nos permite compreender a inversão do sujeito ou *reverse charge* que ocorre quando a liquidação e cobrança do IVA não cabe aos que transmitem os bens ou prestam os serviços, mas aos que adquirem os primeiros ou são destinatários dos segundos[171].

Como características do IVA, para além do que foi dito, são de apontar: 1) a *simplicidade administrativa* concretizada em a liquidação e a cobrança estarem inteiramente entregues aos correspondentes sujeitos passivos; 2) a *rendibilidade* concretizada nas receitas que proporciona (pois é o primeiro imposto em volume de receitas); 3) a *elevada harmonização comunitária* patente o regime comum do IVA; e 4) a sua *neutralidade* decorrente de a sua liquidação e cobrança ocorrerem em todas as fases do circuito económico segundo o referido método subtractivo indirecto. Porque esta última característica foi a que mais contribuiu para fazer deste imposto uma história de sucesso, impõe-se dizer alguma coisa sobre a neutralidade tanto fiscal como económica do IVA que se encontra estreitamente associada ao direito à dedução dos sujeitos passivos.

Assim a *neutralidade fiscal* traduz-se em o IVA, porque incide apenas sobre o valor acrescentado em cada uma das fases do circuito económico, não dar origem a imposto sobre imposto como acontece no imposto cumulativo em que o imposto liquidado e cobrado em cada uma das fases do circuito económico integra a base tributável do imposto nas fases seguintes. De outro

[171] Também designado por autoliquidação, embora enquanto reportada ao sujeito passivo, há sempre autoliquidação no IVA. Sobre esta incidência pessoal, v., a seguir, no texto e o nosso estudo «Apontamentos sobre a tributação dos transportes», *RLJ*, ano 142, 2012/13, p. 50. Quanto ao IVA de caixa, v. o Decreto-Lei nº 71/2013, de 30 de Março.

lado, a incidência, que se reporta aos sujeitos passivos do IVA, configura estes como meros intermediários na liquidação e cobrança do imposto, que se pretende que atinja a capacidade contributiva dos consumidores, tem uma iminente natureza transitória. Daí o direito à dedução, reporte ou restituição do imposto pago e suportado nas aquisições de bens e serviços pelos sujeitos passivos.

Por seu lado, a *neutralidade económica* materializa-se em o IVA não pôr em causa o funcionamento do mercado, alterando a formação da oferta de bens e serviços, seja através do aumento dos preços para além do que corresponde ao próprio imposto, como acontecerá necessariamente com o imposto cumulativo, seja levando os operadores económicos a integrarem operações económicas ou a praticarem uma política de preços determinada pelo único ou predominante objectivo de liquidarem e cobrarem o menor montante de imposto possível, como poderá acontecer no caso do imposto único ou monofásico sobre o produtor ou imposto único ou monofásico sobre o grossista[172].

O que já não se verificará, todavia, no caso de um imposto único ou monofásico sobre o retalhista, porquanto este imposto produz exactamente a mesma receita fiscal que produz o IVA. Contudo, a vantagem deste imposto, em que temos diversas operações de liquidação e cobrança, reside na forma como esta liquidação e cobrança parcelada opera, pois, ao assentar no mecanismo da dedução do imposto suportado nas aquisições ao imposto liquidado nas transmissões, proporciona um eficaz mecanismo de prevenção da fraude e evasão fiscal. É que os operadores económicos, ou seja, o produtor, o grossista e o retalhista, apenas podem recuperar o IVA que suportaram nas aquisições, não arcando assim com qualquer encargo fiscal, através da dedução do imposto suportado nas transmissões se facturarem o correspondente IVA a quem transmitem os bens ou prestam os serviços.

O que conduz a um verdadeiro controlo do IVA realizado pelos próprios sujeitos passivos e permite às autoridades tributárias um controlo cruzado por confronto das facturas dos aquirentes com as facturas dos transmitentes. Algo que está longe de poder acontecer no imposto único ou monofásico sobre o retalhista, em que um eventual conluio deste com o consumidor para não facturarem o imposto tem reais possibilidades de êxito. Por isso, a even-

[172] Cf. Suzana Tavares da Silva/Marta Costa Santos, *IVA. Notas sobre o IVA nas Operações Internas*, cit., p. 14 e ss.

tual vantagem de um tal imposto, traduzida em haver apenas uma operação de liquidação e cobrança, é mais do que compensada pela efectiva resiliência à fraude e evasão fiscal apresentada pelo IVA[173].

59.2. Incidência

59.2.1. A incidência pessoal

Segundo o art. 2º do CIVA, constituem sujeitos passivos de IVA: a) as pessoas singulares ou colectivas que, de modo independente e com carácter de habitualidade, exerçam actividades de produção, comércio ou prestação de serviços; b) as pessoas singulares ou colectivas que, de modo independente, pratiquem uma só operação que esteja sujeita a IRS ou IRC; c) as pessoas singulares ou colectivas que, segundo a legislação aduaneira, realizem importação de bens e as pessoas singulares ou colectivas que efectuem operações intracomunitárias; d) as pessoas singulares ou colectivas que, em factura, mencionem indevidamente IVA; e) o Estado e as demais entidades de direito público relativamente a actividades que não respeitem ao exercício de poderes de autoridade[174].

Sujeito passivo do IVA é também o estabelecimento estável de entidades não residentes cujo conceito em sede deste imposto, como já referimos, não coincide com o que opera em sede da tributação do rendimento (IRS e IRC), uma vez que, no seguimento da jurisprudência do TJUE que veio a ser recolhida no Regulamento de Execução nº 282/2011 do Conselho, de 16 de Março (que estabelece medidas de aplicação da Directiva IVA – Directiva 2006/112/ /CE), nos termos do disposto no art. 11º desse Regulamento, se considera em termos mais estritos o estabelecimento estável tanto na modalidade de esta-

[173] Sobre os diversos tipos de impostos gerais sobre o consumo, v., por todos, MANUEL CARLOS LOPES PORTO, *Imposto de Transacções. Tipo a Adoptar*, Suplemento ao BCE, FDUC, 1972.

[174] Segundo o Ac. do STA de 23 de Setembro de 1998 – Proc. nº 18622, estão sujeitas a IVA as operações de reconversão de áreas clandestinas, efectuadas por um município a título oneroso e mediante acordo com os interessados, já que tais operações, realizadas nessas condições, não integram o exercício de poderes de autoridade do município. No mesmo sentido, v. os Acs. do STA de 17 de Abril de 1996 – Proc. nº 19885 e de 28 de Janeiro de 1998 – Proc. nº 19884. Cf. também o já referido Ac. de 28 de Outubro de 1998, em que o STA colocou ao TJUE a questão prejudicial de saber se a expressão "actividades ou operações que exerçam na qualidade de autoridades públicas" abrange a locação de áreas destinados ao estacionamento de veículos feita por um município, à qual respondeu afirmativamente no seu Ac. de 14-12- -2000 – Proc. C-466/98, caso *Fazenda Pública/Câmara do Porto*.

belecimento-adquirente (*purchase fixed establishment*) como na modalidade de estabelecimento-prestador (*sales fixed establishment*).

Pois concebe-se o primeiro como "qualquer estabelecimento, diferente da sede da actividade económica a que se refere o artigo 10.º do presente regulamento, caracterizado por um grau suficiente de permanência e uma estrutura adequada, em termos de recursos humanos e técnicos, que lhe permitam receber e utilizar os serviços que são prestados para as necessidades próprias desse estabelecimento" (n.º 1), e o segundo como "qualquer estabelecimento, diferente da sede da actividade económica a que se refere o artigo 10.º do presente regulamento, caracterizado por um grau suficiente de permanência e uma estrutura adequada, em termos de recursos humanos e técnicos, que lhe permita efectuar as prestações de serviços que fornece" (n.º 2). Pelo que para estarmos face a um estabelecimento estável é necessário que se trate de: 1) um estabelecimento diferente da sede da actividade económica, 2) com um grau suficiente de permanência; 3) com uma estrutura adequada, em termos i) de recursos humanos e ii) de recursos técnicos.

Para além desta incidência, que tem a ver com a definição do sujeito passivo, é de mencionar aqui também a incidência que tem a ver com a definição do suportador económico, ou seja, a incidência decorrente do fenómeno da *repercussão*. Com efeito, segundo os nºs 1 e 2 do art. 37º do CIVA, a importância do imposto liquidado deverá ser adicionada ao valor da factura, ou, no caso de a emissão desta não ser obrigatória, incluído no valor do preço, para efeitos da sua exigência aos adquirentes das mercadorias ou aos utilizadores dos serviços.

O que, naturalmente, não surpreende, pois, sendo o IVA um imposto indirecto que pretende tributar o consumo, assumindo assim um carácter neutral em relação à actividade económica dos sujeitos passivos que à face da lei têm a obrigação de liquidar e cobrar o imposto por conta do Estado, um tal objectivo seria inatingível sem o estabelecimento, como princípio geral, da obrigatoriedade da repercussão. Daí que na factura se exija a inscrição separada do preço do bem ou da prestação do serviço e do IVA e se indique a taxa deste, pois só deste modo o suportador do imposto – isto é, o verdadeiro contribuinte – toma efectivo conhecimento do imposto que a sua capacidade contributiva suporta.

Pelo que temos aqui uma obrigação de *repercussão formal*, que constitui uma obrigação jurídica, e uma obrigação de *repercussão material*, que não pode ir além de uma obrigação natural. Pois, quanto à repercussão material, o legislador apenas a pode pretender e não exigir. É que, constituindo o IVA um imposto integrado no preço dos bens e das prestações e serviços e sendo este, por via de regra, fixado pelos mecanismos do mercado, e não pelo Estado, o legislador não dispõe, nem pode dispor numa economia de mercado, de meios para assegurar a referida repercussão e conseguir, assim, que a importância do imposto não constitua custo de exploração das empresas[175].

Como bem se compreende, há excepções ao princípio da obrigação de repercussão do imposto como nos casos previstos no nº 3 do referido art. 37º, em que se trata da transmissão de bens ou da prestação de serviços que configuram operações do sujeito passivo consigo próprio (caso da al. *f*) do nº 3 do art. 3º) e as operações normalmente realizadas a título gratuito (caso das alíneas *a*) e *b*) do nº 2 do art. 4º).

59.2.2. A incidência real

Em conformidade com o art. 1º do CIVA, como já se disse, o IVA incide sobre as transmissões de bens e prestações de serviços, efectuadas a título oneroso (e as gratuitas assimiladas às onerosas) em Portugal, a um sujeito passivo aqui residente e, ainda, as importações de bens e as operações intracomunitárias efectuadas em Portugal e como tal definidas no respectivo regime legal.

Vejamos como o CIVA, nos seus arts. 3º e segs., define cada uma destas operações tributáveis.

a) No respeitante às *transmissões de bens*, segundo o art. 3º do CIVA, estas correspondem à transferência onerosa do direito de propriedade de bens corpóreos, sendo considerados para este efeito como corpóreos também a energia eléctrica, o gás, o calor, o frio e similares, desde que o transmitente actue como um proprietário, ou seja, actue pela forma correspondente ao exercício do direito de propriedade, não se exigindo, assim, que o transmitente seja proprietário do bem transferido.

São também tidas como transmissões de bens algumas transmissões ficcionadas, isto é, um conjunto de situações que juridicamente não podem ser

[175] Pelo exposto compreende-se (por razões idênticas às da rejeição da distinção contribuinte de direito/contribuinte de facto) que não seja inteiramente correcto falar aqui de incidência jurídica (relativamente ao sujeito passivo do IVA) e incidência económica (relativamente ao suportador do IVA). Sobre o problema, v. A. Carlos dos Santos, «Alterações das taxas de IVA e formação de preços no mercado», *Revista de Ciências Empresariais e Jurídicas*, nº 16, 2010, p. 219 e ss.

consideradas como tal. É o que acontece com o contrato de locação com uma cláusula de posterior transferência da propriedade, o contrato de venda com reserva de propriedade, a transferência de bens entre comitente e comissário, a não devolução no prazo de um ano das mercadorias enviadas à consignação, a entrega de bens móveis produzidos ou montados sob encomenda, a afectação permanente de bens da empresa a fins alheios à actividade da própria empresa, etc.

Não são consideradas, porém, transmissões tributáveis as cessões a título oneroso ou gratuito do estabelecimento comercial, da totalidade de um património ou de parte dele, que seja susceptível de constituir um ramo de actividade independente, quando, em qualquer dos casos, o adquirente seja ou venha a ser por essa aquisição um sujeito passivo de IVA. Trata-se de casos em que se transmite um conjunto, uma "universalidade de facto", através da qual o adquirente vai prosseguir a actividade desenvolvida pelo cedente, como pode ocorrer, nomeadamente, em situações de trespasse, fusão, incorporação ou cisão de sociedades.

b) Quanto às *prestações de serviços*, é de assinalar que, nos termos do nº 1 do art. 4º do CIVA, se trata de um *conceito residual*, cabendo nele todas as operações de carácter oneroso, ou seja, decorrentes da actividade económica, que não sejam definidas como transmissões de bens, como importação de bens ou como aquisição intracomunitária de bens. O conceito abrange, assim, a transmissão de direitos, obrigações de conteúdo negativo (como a de não praticar determinado acto) e mesmo a prestação de serviços coactivos determinada por requisição de autoridade administrativa[176].

c) Relativamente à *importação*, esta é definida, pelo nº 1 do art. 5º do CIVA, como a entrada em território nacional de: a) bens originários ou procedentes de países terceiros e que não se encontrem em livre prática ou que tenham sido colocados em livre prática no âmbito de acordos de união aduaneira; b) bens procedentes de territórios terceiros e que se encontrem em livre prática[177].

[176] Cf. DGCI – Núcleo do IVA, *Código do Imposto sobre o Valor Acrescentado. Notas Explicativas e Legislação Complementar*, INCM, 1985, p. 48.

[177] Isto é, bens que já tenham sido objecto de desembaraço aduaneiro e do pagamento dos correspondentes direitos aduaneiros num outro Estado membro da União Europeia, não havendo, nesse caso, importação para efeitos de IVA em Portugal.

De assinalar, a este respeito, que, ao contrário do que acontece, em sede do IRS e do IRC, o IVA não pode incidir sobre actividades ilícitas. E isto não só porque o CIVA não contempla essa tributação, mas sobretudo porque o direito comunitário, na interpretação que dele vem fazendo o TJUE, não permite uma tal tributação. Com efeito, tem sido jurisprudência do Tribunal de Justiça que a transacção de produtos, que sejam objecto de proibição total de circulação nos Estados membros, como, por exemplo, os estupefacientes, se encontra subtraída à incidência do IVA[178].

59.2.3. Facto gerador e exigibilidade do imposto

Em consonância com o disposto nas directivas da UE sobre o IVA, nos arts. 7º e 8º do CIVA, distingue-se entre o "facto gerador" do imposto e a "exigibilidade" do imposto.

Enquanto aquele é o facto cuja verificação preenche as condições legais necessárias à exigibilidade do imposto, originando assim a relação jurídica de IVA e, por conseguinte, os múltiplos poderes e deveres em que a mesma se desdobra, a exigibilidade consiste no direito que a administração tributária tem de poder fazer valer, a partir de certo momento, o pagamento do imposto. Por via de regra, esta verifica-se no momento em que os bens são postos à disposição do adquirente, no momento da realização da prestação de serviços e, quanto às importações, no momento em que, segundo o regime aduaneiro aplicável, estas se devam considerar realizadas.

Segundo o disposto no art. 8º, não obstante o disposto no artigo anterior e sem prejuízo do regime do IVA de caixa, sempre que a transmissão de bens ou a prestação de serviços dê lugar à obrigação de emitir uma factura, o imposto torna-se exigível: a) se o prazo previsto para a emissão da factura for respeitado, no momento da sua emissão; b) se o prazo previsto para a emissão não for respeitado, no momento em que termina; c) se a transmissão de bens ou a prestação de serviços derem lugar ao pagamento, ainda que parcial, anteriormente à emissão da factura, no momento do recebimento desse pagamento, pelo montante recebido.

[178] V. sobre esta jurisprudência, o Ac. do TJCE de 29 de Junho de 1999 – Proc. C-158/98 (caso *Staatssecretaris van Financien/Coffeshop "Siberie", vof*), em que o Tribunal considerou que, estando em causa a locação de local utilizado para a venda de drogas leves, não era aplicável à referida locação a subtracção à incidência do IVA relativa às actividades ilícitas.

59.3. Isenções

No respeitante às isenções, atendendo ao sujeito junto do qual se concretizam, são de distinguir duas situações: as isenções concretizadas junto do sujeito passivo do IVA, em que se fala de isenção simples ou incompleta e de isenção completa, e as isenções que operam junto do suportador do imposto, em que se fala de regimes de restituição do imposto. Vejamos cada uma destas situações.

Assim e quanto à primeira situação, há dois tipos de isenções em IVA.

a) A *isenção simples*. Esta concretiza-se na não liquidação de imposto na venda ou na prestação de serviços e na não permissão de dedução do imposto suportado nas aquisições. Por isso exprime, não uma isenção completa, mas tão-só uma redução da carga fiscal, desde que a isenção se situe no estádio final do circuito económico. É o que acontece em sede das isenções nas operações internas (art. 9º) e nas operações do regime especial de isenção (art. 53º). Porque esta isenção afecta a neutralidade própria do IVA, compreende-se que, tanto num caso como no outro, o sujeito passivo passa renunciar a ela (arts. 12º e 55º). Porque na base das isenções simples constantes do art. 9º estão quer prestações ligadas a actividades de interesse público, designadamente as ligadas à realização dos direitos à saúde, educação e segurança social, que não devem ser encarecidas com a sua sujeição a IVA, quer situações em que a liquidação e cobrança do imposto seriam quase impraticáveis pelas exigências contabilísticas que implicariam para múltiplos pequenos e ocasionais sujeitos passivos, compreende-se que a referida renúncia se reporte apenas a situações deste segundo tipo, permitindo-a a quem possa ultrapassar as referidas dificuldades, como são os casos contemplados no art. 12º do Código do IVA. Pois, através da renúncia, possibilita o restabelecimento da neutralidade fiscal e económica, a característica essencial do IVA que é posta em causa por tais isenções.

Assinale-se, a este respeito, que nem sempre se revela fácil a delimitação das prestações de serviços objecto de isenção de outras prestações realizadas pelos mesmos profissionais. O que se verificará facilmente no domínio das isenções do referido art. 9º, como as relativas: aos serviços efectuadas no exercício das profissões de médico, odontologista, parteiro, enfermeiro e outras profissões paramédicas; às prestações de serviços médicos e sanitários e as operações com elas estreitamente conexas efectuadas por estabelecimentos hospitalares, clínicas, dispensários e similares; e às prestações de serviços efectuadas no exercício da sua actividade por protésicos dentários.

b) A *isenção completa*. Por seu turno, esta constitui uma isenção com direito a dedução, sendo vulgarmente designada por IVA à *taxa zero*. Neste caso, o imposto não é liquidado na venda ou na prestação de serviço, mas mantém-se inalterado o direito à dedução do imposto suportado na aquisição de bens ou serviços, o que leva a que a carga fiscal suportada nos estádios económicos anteriores seja totalmente anulada.

Como se está a ver, há aqui lugar a duas operações, aliás reguladas em preceitos diferentes do CIVA: uma isenção de liquidação do IVA nas vendas ou prestações de serviço; e uma dedução do IVA suportado nas aquisições, dedução que, por não haver imposto a pagar, não poderá concretizar-se, operando, por isso, a *restituição* do imposto suportado a montante. É o que se verifica na isenção relativa às exportações e na isenção respeitante às transmissões de bens para outros Estados membros da União Europeia.

Já na segunda situação, constituindo verdadeiros casos excepcionais, temos, uma *isenção do consumidor*, a qual opera, não junto do sujeito passivo do IVA, mas junto do consumidor final ou do destinatário das prestações de serviços, sendo concretizada através da restituição do imposto suportado por certos adquirentes de bens e serviços. Trata-se duma restituição que é processada pelos serviços de administração do IVA a requerimento dos interessados e com base em facturas que atinjam um certo montante incluído o próprio IVA, a qual consta de legislação avulsa[179].

É o que se verifica relativamente ao IVA suportado nas aquisições de bens ou serviços, constante de facturas, que atinjam certos montantes, quando os consumidores finais de bens ou destinatários das prestações de serviços sejam as representações diplomáticas e consulares (DL nº 143/86, de 16 de Julho), as igrejas e demais comunidades religiosas (DL nº 20/90, de 13 de Janeiro, e art. 65º da Lei da Liberdade Religiosa – Lei nº 16/2001, de 22 de Junho), as instituições particulares de solidariedade social (DL nº 20/90, de 13 de Janeiro), e as forças armadas, serviços de segurança e bombeiros (DL nº 113/93, de 5 de Abril).

[179] Quanto à legislação avulsa, que referimos, v. A. Carlos Santos/M. Silva Pinto, *Legislação do IVA Anotada. Comentários ao Regime das Operações Intracomunitárias*, Coimbra, 1994, p. 637 e ss.

59.4. A determinação da matéria colectável

A matéria colectável no IVA é constituída pelo "valor tributável" das transmissões de bens e das prestações de serviços, efectuadas no território nacional, a título oneroso, pelas importações de bens e pelas "operações intracomunitárias". A respeito do valor tributável nas operações internas, é de referir que, num sistema de IVA baseado no método de *crédito do imposto* ou *subtractivo indirecto*, a dívida do sujeito passivo ao Estado não resulta directamente da aplicação da taxa ao referido valor (esta operação apenas proporciona o apuramento do montante do imposto a suportar pelo cliente), mas da diferença entre o resultado dessa operação e o montante de imposto suportado nas aquisições de bens e serviços, durante o mesmo período.

Na definição do valor tributável, há que distinguir consoante estejamos perante operações internas, importações ou aquisições intracomunitárias de bens. Assim, o valor tributável nas operações internas é o valor da contraprestação obtida ou a obter do adquirente ou destinatário do serviço, incluindo os impostos directos, taxas e outras imposições (com excepção do IVA)[180], as despesas acessórias e as subvenções ou subsídios directamente relacionados com o preço de cada operação (art. 16º, nº 5, do CIVA).

Por sua vez, o valor tributável nas importações é constituído pelo valor aduaneiro, determinado de acordo com as disposições comunitárias em vigor e incluirá os direitos de importação e quaisquer outros impostos ou taxas (com excepção do IVA) e as despesas acessórias, tais como comissões, embalagem, transporte e seguros (art. 17º do CIVA).

Finalmente, o valor tributável nas aquisições intracomunitárias de bens é idêntico ao das transmissões de bens efectuadas em território nacional, não se incluindo nele, porém, as despesas relacionadas com o transporte dos bens e outros serviços, que são objecto de tributação autónoma, como vamos ver no número seguinte (art. 17º do RITI).

59.5. A taxa

De acordo com o art. 18º do CIVA, o IVA tem:

- uma *taxa normal* de 23% aplicável à generalidade das importações e transmissões de bens e às prestações de serviços, sempre que se não

[180] V. o acórdão do TJUE de 28 de Julho de 2011, Proc. C-106/2010, em que o Tribunal se pronunciou sobre a compatibilidade da incidência do IVA sobre o ISV.

trate de bens incluídos nas listas I e II anexas ao CIVA sujeitos à taxa intermédia ou reduzida[181];

- uma *taxa intermédia* de 13% aplicável às importações e transmissões de bens e às prestações de serviços constantes da lista II anexa ao CIVA, em que se incluem certos produtos para a alimentação humana (como as conservas de carne, conservas de peixes e de moluscos, frutas e frutos, produtos hortícolas, gorduras e óleos comestíveis, café e refrigerantes, sumos e néctares) e as prestações de serviços de alimentação e bebidas;
- uma *taxa reduzida* de 6% para as importações e transmissões de bens e as prestações de serviços constantes da lista I anexa ao CIVA, em que se integram produtos alimentares (como os cereais, peixes e moluscos, leite e lacticínios, ovos e aves, gorduras e óleos gordos, água, vinhos comuns, mel, sal e batatas), outros produtos (como jornais e revistas, papel de jornal, livros, produtos farmacêuticos, aparelhos ortopédicos, electricidade, transporte de passageiros, espectáculos, gás de cidade, alojamento em estabelecimentos do tipo hoteleiro, etc.) e bens de produção da agricultura (como adubos, animais vivos, farinhas, sementes, plantas vivas, utensílios e alfaias agrícolas, etc.).

Acrescente-se que as taxas do IVA são, para as regiões autónomas: para os Açores de 18%, 10% e 5% e para a Madeira de 22%, 12% e 5%[182].

59.6. A liquidação e cobrança

Como referimos, a *dívida de imposto* de um sujeito passivo de IVA é dada pela diferença entre o montante que resulta da aplicação da taxa ao valor das vendas ou serviços prestados, durante determinado período, e o montante de imposto suportado nas aquisições efectuadas no mesmo período. O que significa que a determinação da matéria colectável não se faz através da determinação directa do valor acrescentado de cada empresa, o que a tornaria de extrema complexidade e só possível a partir de informações contabilísticas muito detalhadas, mas, através do método de *dedução imposto do imposto*, de *crédito do imposto* ou método *subtractivo indirecto*[183].

[181] Lembramos que a taxa normal de IVA foi fixada anteriormente em 16% (1986), 17% (1995), 19% (2002), 21% (2005), 20% (2008) e 21% (2010).

[182] Na actual redação do nº 3 do art. 18º do Código do IVA

[183] Cf. G. Xavier de Basto, *A Adopção por Portugal do Imposto sobre o Valor Acrescentado (IVA) da Comunidade Económica Europeia*, Fac. de Economia da Univ. de Coimbra, 1981, p. 38 e ss.;

Como decorre da disciplina das deduções, constante dos arts. 19º e segs. do CIVA, que de resto bem se compreende, para que a dedução seja admissível, é necessário que as aquisições se façam para a realização de operações tributáveis, com excepção das que gozem de isenção com direito a dedução, ou seja, das que beneficiem de IVA à taxa zero. Pelo que não dão lugar à dedução as aquisições feitas para actividades fora do âmbito do imposto, como acontece, por exemplo, com a actividade estadual, administrativa ou judicial e com as aquisições que se destinem à realização de operações objecto de isenção simples.

É de acrescentar que há algumas despesas que, embora destinadas a uma actividade tributável, não conferem direito à dedução do IVA nelas contido. Assim sucede, nos termos do art. 21º, entre outras, com as despesas com a aquisição de veículos ligeiros, de barcos de recreio, aviões, motos e motociclos, com as despesas respeitantes a combustíveis normalmente utilizáveis em viaturas automóveis (com excepções relativas ao gasóleo), com as despesas de transporte e viagens de negócios do empresário ou do seu pessoal, com as despesas respeitantes a alojamento, alimentação e bebidas, despesas de recepção e, de um modo geral, despesas de divertimento ou luxo.

De referir é aqui o caso da actividade de empresas mistas, isto é, de sujeitos passivos que realizem operações tributáveis e operações isentas, em que se gera um direito à dedução incompleto, pois parte das operações não confere direito à dedução.

Relativamente a esta situação, dispõe o art. 23º do CIVA que quando o sujeito passivo, no exercício da sua actividade, efectue transmissões de bens e prestações de serviços, parte das quais não confira o direito à dedução, a determinação do imposto dedutível pode ser efectuada por duas formas ou métodos: o método da *percentagem de dedução* ou da *dedução pro rata*, nos termos do qual o imposto suportado nas aquisições confere o direito à dedução proporcional ao valor anual das operações tributáveis e isentas com direito a dedução relativamente ao volume de negócios total; e o método da *afectação real*, que consiste na separação contabilística das aquisições de bens afectos ao sector dedutível das afectas ao sector isento, deduzindo apenas o imposto suportado pelas primeiras.

DGCI – Núcleo do Iva, *Código do Imposto sobre o Valor Acrescentado*, cit., p. 108 e ss., e Clotilde C. Palma, *Introdução ao Imposto sobre o Valor Acrescentado*, cit., p. 203 e ss.

Em conformidade com o disposto nos nºs 1 e 2 do referido art. 23º, em princípio aplica-se o método da percentagem de dedução ou *pro rata*, excepto se o sujeito passivo optar pelo método da afectação real, podendo, nesta segunda hipótese, a AT vir a impor condições especiais ao sujeito passivo ou mesmo a fazer cessar esse procedimento.

Como resulta do que fomos dizendo, o IVA é liquidado pelo respectivo sujeito passivo, sendo igualmente este que procede à sua cobrança. Assim, feitas as deduções e apurado o imposto, o sujeito passivo entrega o respectivo montante, simultaneamente com a declaração, nos serviços centrais da AT, mais concretamente, na Direcção de Serviços de Cobrança do IVA.

Quanto ao *pagamento* do IVA, interessa-nos aqui a periodicidade e o prazo que os sujeitos passivos hão-de observar. Pois bem, nos termos do art. 41º do CIVA, isso varia consoante a dimensão da empresa. Se tiver um volume de negócios (aferido em relação ao ano anterior) igual ou superior a € 650.000, a declaração e o respectivo meio de pagamento devem ser enviados até ao dia 10 do segundo mês seguinte àquele a que respeitem as operações. Se o volume de negócios for inferior àquele montante o envio da declaração e do respectivo meio de pagamento deverá efectuar-se até ao dia 15 do segundo mês seguinte ao trimestre do ano civil a que respeitem as operações.

De referir nesta sede é o direito que o sujeito passivo de IVA tem à compensação ou mesmo ao reembolso do imposto pago no caso do imposto liquidado nas vendas (nos *outputs*), num dado período, ser inferior ao imposto pago e suportado nas aquisições (nos *inputs*) desse mesmo período.

Isto mesmo está previsto no art. 22º, cujos nºs 4 e 5 dispõem: "Sempre que a dedução de imposto a que haja lugar supere o montante devido pelas operações tributáveis, no período correspondente, o excesso será deduzido nos períodos de imposto seguintes" (nº 4); "Se, passados 12 meses relativos ao período em que se iniciou o excesso, persistir crédito a favor do contribuinte superior a € 250, este poderá solicitar o seu reembolso" (nº 5).

60. O IVA nas transacções intracomunitárias

60.1. Introdução

Com a abolição das fronteiras físicas da Comunidade Europeia, em 1 de Janeiro de 1993, o conjunto do seu território passou a ser um único território aduaneiro, tendo desaparecido, em consequência, as figuras da "importação" e da "exportação" no domínio das transacções comerciais efectuadas entre operadores económicos dos diferentes Estados membros. O que determinou a adopção de um regime transitório de IVA para as referidas transacções intracomunitárias, em que aquelas figuras foram substituídas pelas de "aquisição" e de "transmissão" intracomunitária de bens.

Este regime, inicialmente destinado a vigorar até final de 1996 e automaticamente prorrogado até à entrada em vigor do regime definitivo que terá por base a tributação do consumo na origem, caracteriza-se pela tributação no país do destino quando se trate de operações comerciais e no país da origem quando se trate de aquisições para fins privados[184].

Isto significa que os particulares podem, por via de regra, efectuar aquisições de bens em qualquer país da Comunidade, não recaindo sobre eles qualquer obrigação, designadamente quando passam as fronteiras internas da Comunidade. Nesta hipótese, as aquisições estão sujeitas a tributação no Estado membro do estabelecimento do fornecedor, à taxa e nas condições aí vigentes[185].

Quando se trate de operações comerciais efectuadas entre sujeitos passivos estabelecidos em diferentes países da Comunidade, a regra é a da tributação no Estado membro onde o adquirente se encontrar estabelecido e registado para efeitos de IVA. Caso em que se está perante uma "aquisição intracomunitária" de bens no país do estabelecimento do adquirente dos bens, a que corresponde uma "transmissão intracomunitária" de bens, isenta de IVA, no país do fornecedor dos mesmos bens.

Refira-se que a disciplina específica do IVA nas transações intracomunitárias se encontra no Regime do IVA nas Transações Intracomunitárias (RITI), aprovado pelo Decreto-Lei nº 290/92, de 28 de Dezembro, cuja versão actual consta da republicação operada pelo Decreto-Lei nº 102/2008, de 20 de Junho.

60.2. Incidência do IVA nas transacções intracomunitárias

Quanto à *incidência real*, segundo o art. 1º do RITI, estão sujeitos a imposto em Portugal as seguintes aquisições intracomunitárias, efectuadas a título oneroso, que preencham os seguintes requisitos:

[184] Refira-se que o dito regime transitório se tornou, em virtude da real impossibilidade de acordo comunitário sobre o regime definitivo baseado na tributação no país de origem, num dos regimes fiscais mais definitivos.

[185] Estão também sujeitas a tributação no país do estabelecimento do fornecedor as aquisições de bens efectuadas pelo Estado e demais entes públicos, bem como por sujeitos passivos que beneficiem de isenção simples, dentro de certos limites e condições definidos no art. 5º do RITI.

- as aquisições intracomunitárias de bens efectuadas no território nacional, a título oneroso, por um sujeito passivo dos referidos no nº 1 do artigo 2º, agindo como tal, quando o vendedor for um sujeito passivo, agindo como tal, registado para efeitos do IVA noutro Estado membro;
- as aquisições intracomunitárias de meios de transporte novos efectuadas no território nacional, a título oneroso, por um sujeito passivo, ou por um particular;
- as aquisições intracomunitárias de bens sujeitos a impostos especiais de consumo, exigíveis em conformidade com o disposto no Código dos Impostos Especiais sobre o Consumo, efectuadas no território nacional, a título oneroso;
- as operações assimiladas a aquisições intracomunitárias de bens;
- as transmissões de meios de transporte novos efectuadas a título oneroso, por qualquer pessoa, expedidos ou transportados pelo vendedor, pelo adquirente ou por conta destes, a partir do território nacional, com destino a um adquirente estabelecido ou domiciliado noutro Estado membro.

Acrescente-se que, para que de uma aquisição intracomunitária se trate, é necessário que os bens não sejam fornecidos com instalação ou montagem em território português. De outro lado, é preciso que a operação não seja qualificada como venda à distância, pois as vendas à distância estão sujeitas a um regime especial constante dos arts. 10º e 11º[186].

Relativamente à *incidência pessoal*, dispõe o art. 2º que são sujeitos passivos de IVA pela aquisição intracomunitária de bens os operadores económicos já assim qualificados no âmbito do regime geral do IVA em que temos: a) as pessoas singulares ou colectivas mencionadas na alínea a) do nº 1 do artigo 2º do CIVA, que realizem transmissões de bens ou prestações de serviços que conferem direito à dedução total ou parcial do imposto; b) as pessoas singulares ou colectivas mencionadas na alínea a) do nº 1 do artigo 2º do CIVA, que realizem exclusivamente transmissões de bens ou prestações de serviços que não conferem qualquer direito à dedução; c) o Estado e as demais pessoas colectivas de direito público abrangidas pelo disposto no nº 2 do artigo 2º do Código do IVA ou qualquer outra pessoa colectiva não compreendida nas alíneas anteriores.

[186] Em que o art. 10º estabelece o regime relativo às vendas à distância localizadas fora do território nacional e o art. 11º o regime das vendas à distância localizadas em território nacional.

Nos termos do nº 2 desse artigo, são ainda considerados sujeitos passivos do imposto: a) os particulares que efectuem aquisições intracomunitárias de meios de transporte novos; b) as pessoas singulares ou colectivas que ocasionalmente efectuem transmissões de meios de transporte novos, expedidos ou transportados a partir do território nacional, com destino a um adquirente estabelecido ou domiciliado noutro Estado membro.

Segundo o art. 3º, considera-se *aquisição intracomunitária* a obtenção do poder de dispor, como proprietário, de um bem móvel corpóreo cuja expedição ou transporte para o território nacional, pelo vendedor, pelo adquirente ou por conta destes, com destino ao adquirente, tenha início noutro Estado membro. Por seu turno o art. 4º estabelece que se consideram assimiladas a aquisições intracomunitárias: a) a afectação por um sujeito passivo às necessidades da sua empresa, no território nacional, de um bem expedido ou transportado, por si ou por sua conta, a partir de outro Estado membro no qual o bem tenha sido produzido, extraído, transformado, adquirido ou importado pelo sujeito passivo, no âmbito da sua actividade; b) a aquisição de bens expedidos ou transportados a partir de um país terceiro e importados noutro Estado membro, quando ambas as operações forem efectuadas por uma pessoa colectiva das referidas na alínea c) do nº 1 do artigo 2º[187].

Também no respeitante ao IVA nas transacções intracomunitárias a lei distingue entre o facto gerador e a exigibilidade do imposto. De acordo com os arts. 12º e 13º, nas aquisições intracomunitárias o imposto é devido no momento em que os bens são colocados à disposição do adquirente. Torna-se, porém, exigível no dia 15 do mês seguinte àquele em que o imposto é devido, ou na data da emissão da factura, se esta tiver sido emitida antes daquele terminado prazo.

60.3. Isenções

Estão previstas três grupos de isenções: as isenções nas transmissões de bens (art. 14º), as isenções nas aquisições intracomunitárias (art. 15º) e as isenções nas importações (art. 16º). Referindo-nos apenas o primeiro grupo, de longe o mais importante, estão isentas de imposto:

- as transmissões de bens de um sujeito passivo para outros Estados membros desde que o adquirente reuna as seguintes condições:

[187] Refira-se que o art. 5º do RITI contém um regime de derrogação, sujeitando a IVA aquisições intracomunitárias de bens que, segundo o art. 1º desse Regime, estariam excluídas da tributação.

1) seja um sujeito passivo devidamente registado para efeitos de IVA em outro Estado membro, 2) tenha utilizado o respectivo número de identificação fiscal para efectuar a aquisição, e 3) esteja abrangido por um regime de tributação das aquisições intracomunitárias nesse outro Estado membro;

- as transmissões intracomunitárias de meios de transporte novos previstos na al. *e*) do art. 1º do RITI;
- as transmissões de bens que consistam na transferência de bens de um sujeito passivo para as necessidades da sua empresa noutro Estado membro;
- as transmissões de bens sujeitos a impostos especiais de consumo quando o adquirente seja sujeito passivo isento ou uma pessoa colectiva estabelecida ou domiciliada noutro Estado membro que não se encontre registada para efeitos de IVA.

De salientar que as isenções acabadas de referir constituem isenções completas, pois o imposto que o sujeito passivo tenha suportado nas aquisições de bens ou serviços para a realização das transmissões intracomunitárias é dedutível[188].

60.4. A determinação da matéria colectável e a taxa

Como nas operações internas, também nas operações intracomunitárias a matéria colectável do IVA é constituída pelo "valor tributável" dessas operações. Mais, nos termos do art. 17º, que consagra o *princípio da igualdade de tratamento*, o valor tributável das aquisições intracomunitárias deve ser determinado de harmonia com as normas que definem a matéria colectável nas operações internas, isto é, efectuadas no país.

Por isso, o valor tributável das aquisições intracomunitárias é constituído pelos mesmos elementos previstos no art. 16º do CIVA. Por seu lado, nas operações assimiladas o valor tributável é constituído pelo preço de aquisição dos bens ou similares ou, na sua falta, pelo preço de custo reportado no momento da realização da operação. Finalmente, se os bens estiverem sujeitos a impostos especiais sobre o consumo ou a imposto sobre veículos, o valor tributável será determinado com a inclusão destes impostos, ainda que não liquidados simultaneamente.

[188] O que já não acontece com as isenções nas importações a que se reporta o art. 13º do Código do IVA, que constituem isenções simples.

Também no que respeita à taxa não há qualquer especificidade no IVA das transacções intracomunitárias. Por isso são de aplicar a estas as taxas constantes do art. 18º do CIVA, já que a essas operações são aplicáveis as taxas que vigoram na legislação interna dos Estados membros no momento da exigibilidade do imposto.

60.5. A liquidação e cobrança

Igualmente em sede da liquidação e cobrança vigoram, por via de princípio, as regras do CIVA. Ou seja, a liquidação e pagamento do IVA devido pelas aquisições intracomunitárias efectua-se em termos idênticos aos das operações internas: o adquirente liquida o imposto na factura que lhe foi emitida pelo fornecedor ou em documento interno emitido para o efeito quando a exigibilidade ocorra em data anterior à recepção daquela.

Também o direito à dedução do imposto suportado nas aquisições intracomunitárias e nos bens e serviços adquiridos para a realização de transmissões intracomunitárias isentas é exercido nos termos gerais. Deste modo, quando se trate de sujeitos passivos que tenham direito a deduzir integralmente o IVA suportado, a dedução relativa às aquisições intracomunitárias traduz-se em mero movimento contabilístico, pois o sujeito passivo autoliquida o IVA devido pela aquisição e, simultaneamente, deduz esse mesmo montante de imposto.

Só assim não será para os sujeitos passivos que não disponham de um direito integral de dedução, caso em que o montante de imposto a entregar ao Fisco será o que resultar da diferença entre o IVA liquidado e o que for dedutível em conformidade com a extensão do direito de isenção.

61. Os IEC

Quanto aos IEC – que, diversamente do que ocorre com o IVA, são impostos monofásicos e administrados pela AT (não havendo lugar a autoliquidação) – temos o Imposto sobre Produtos Petrolíferos e Energéticos (ISP), o Imposto sobre o Tabaco (IT) e o Imposto sobre o Álcool e as Bebidas Alcoólicas (IABA), que são impostos objecto de harmonização comunitária e têm a sua disciplina no CIEC (o qual foi objeto de uma nova versão aprovada pelo Decreto-Lei nº 73/2010, de 21 de Junho)[189], e o Imposto sobre Veículos

[189] V. SÉRGIO VASQUES, *Os Impostos do Pecado. O Álcool, o Tabaco, o Jogo e o Fisco*, cit., e *Os Impostos Especiais de Consumo*, Coimbra, 2001.

(ISV) e o Imposto Único da Circulação (IUC). Nos termos do nº 1 do art. 4º do CIEC, são sujeitos passivos de impostos especiais de consumo o depositário autorizado e o destinatário registado e, no caso de fornecimento de electricidade, os comercializadores, definidos em legislação própria, os comercializadores para a mobilidade eléctrica, os produtores que vendam electricidade directamente aos consumidores finais, os autoprodutores e os consumidores que comprem electricidade através de operações em mercados organizados. Assim como, no caso de fornecimento de gás natural ao consumidor final, são sujeitos passivos os comercializadores de gás natural definidos em legislação própria.

1. – O *Imposto sobre Produtos Petrolíferos e Energéticos* é um imposto que incide sobre os óleos minerais, como as gasolinas, gasóleos, petróleos e fuelóleos, e quaisquer outros produtos destinados a serem utilizados, colocados à venda ou a serem consumidos em uso como carburante. Imposto que, a partir de 2012, incide também sobre a electricidade.

Segundo o nº 1 do art. 92º do CIEC, o ISP é determinado com base em taxas específicas a fixar dentro dos limites mínimo e máximo constantes do nº 2 desse artigo.

2. – O *Imposto sobre o Tabaco* é um imposto de taxa mista, composta de uma taxa específica, expressa numa quantia fixa por cada milheiro de cigarros, e de uma taxa *ad valorem*, traduzida numa percentagem do preço. O que é expressão e fruto do compromisso comunitário alcançado entre os Estados membros do norte, que não são produtores de tabaco, e os Estados membros do sul, que são produtores de tabaco[190]. É de assinalar que este imposto, que sempre comportou taxas relativamente elevadas, viu estas especialmente agravadas nos últimos anos com a finalidade (ou pretexto) de uma luta antitabágica mais eficaz.

3. – O *Imposto sobre o Álcool e as Bebidas Alcoólicas* incide, a taxas específicas, sobre a cerveja, os vinhos e outras bebidas fermentadas, os produtos intermédios e as bebidas espirituosas genericamente designadas por bebidas alcoólicas e sobre o álcool etílico genericamente designado por álcool. São sujeitos passivos do imposto os depositários autorizados e o destinatário registado.

[190] V., em especial, os arts. 101º e segs. do CIEC.

Quanto à sua liquidação e pagamento, há lugar a liquidação feita pela AT com base na declaração de introdução no consumo de álcool e de bebidas alcoólicas. Acrescente-se que a taxa do imposto sobre a cerveja é determinada por referência ao grau alcoólico do produto[191].

4. – O *Imposto sobre Veículos* tem a sua disciplina no Código do ISV aprovado pela Lei nº 22-A/2007, de 29 de Junho[192]. Segundo o art. 2º do Código do ISV, este incide sobre os veículos automóveis ligeiros de passageiros, de mercadorias e mistos, que não sejam veículos exclusivamente eléctricos ou movidos a energias renováveis não combustíveis. Por seu lado, nos termos do art. 3º do Código, subjectivamente o ISV incide sobre os operadores registados, os operadores reconhecidos e os particulares que procedam à introdução no consumo dos veículos tributáveis, considerando-se como tais as pessoas em nome de quem seja emitida a declaração aduaneira de veículos ou a declaração complementar de veículos[193].

A base tributável do ISV é, segundo o art. 4º do Código, a cilindrada, o nível de emissão de dióxido de carbono (CO_2) e o nível de emissões de partículas quando aplicável, embora para os motociclos, triciclos, quadriciclos e autocaravanas a base seja apenas a cilindrada. A taxa do ISV é uma taxa específica que tem uma componente ambiental e uma componente baseada na cilindrada. Por seu lado, a sua liquidação e cobrança cabem à AT.

Refira-se que, relativamente aos veículos automóveis usados provenientes da União Europeia, nos termos do nº 3 do art. 11º do Código, o sujeito passivo que considere que o imposto resultante da aplicação da tabela do nº 1 desse artigo excede o imposto residual incorporado em veículo idêntico ou similar, introduzido no consumo no ano da primeira matrícula do veículo, pode requerer a sua avaliação ao director da alfândega competente, ficando a eventual impugnação da liquidação do imposto dependente desse pedido prévio de avaliação.

5. – O *Imposto Único de Circulação* tem a sua disciplina no Código do IUC, que foi aprovado também pela Lei nº 22-A/2007. De acordo com o art. 2º do

[191] V., em especial, os arts. 71º e segs. do CIEC.

[192] Diploma que aprovou a reforma da tributação automóvel, tendo substituído os anteriores Imposto Automóvel (pelo ISV), Imposto Municipal sobre Veículos, Imposto de Circulação e Imposto de Camionagem (pelo IUC).

[193] Nos quais e incluem ainda, segundo o nº 2 desse art. 3º, as pessoas que, de modo irregular, introduzam no consumo veículos tributáveis.

Código, o IUC incide sobre os veículos automóveis ligeiros de passageiros, de mercadorias e mistos, motociclos, triciclos e quadriciclos, embarcações de recreio e aeronaves de uso particular, matriculados ou registados em Portugal, estando os mesmos divididos por sete categorias.

Nos termos do disposto no nº 1 do art. 2º do Código do IUC, as categorias de veículos sobre as quais incide o IUC, são as seguintes:

a) Categoria A: Automóveis ligeiros de passageiros e automóveis ligeiros de utilização mista com peso bruto não superior a 2500 kg matriculados desde 1981 até à data da entrada em vigor do IUC (1/7/2007);
b) Categoria B: Automóveis de passageiros referidos nas alíneas a) e d) do nº 1 do artigo 2º do Código do Imposto sobre Veículos e automóveis ligeiros de utilização mista com peso bruto não superior a 2500 kg, matriculados em data posterior à da entrada em vigor do IUC (1/7/2007);
c) Categoria C: Automóveis de mercadorias e automóveis de utilização mista com peso bruto superior a 2500 kg, afectos ao transporte particular de mercadorias, ao transporte por conta própria, ou ao aluguer sem condutor que possua essas finalidades;
d) Categoria D: Automóveis de mercadorias e automóveis de utilização mista com peso bruto superior a 2500 kg, afectos ao transporte público de mercadorias, ao transporte por conta de outrem, ou ao aluguer sem condutor que possua essas finalidades;
e) Categoria E: motociclos, ciclomotores, triciclos e quadriciclos, tal como estes veículos são definidos pelo Código da Estrada, matriculados desde 1992;
f) Categoria F: Embarcações de recreio de uso particular com potência motriz igual ou superior a 20 kW, registados desde 1986;
g) Categoria G: Aeronaves de uso particular.

São sujeitos passivos do IUC os proprietários dos veículos, considerando-se como tais as pessoas singulares ou colectivas em nome das quais se encontrem registados. É um imposto periódico, sendo devido por inteiro em cada ano a que respeita.

A sua base tributável é, segundo art. 7º do Código, para os veículos matriculados a partir da entrada em vigor do Código do IUC (1/7/2007), a cilindrada e o nível de emissão de dióxido de carbono (CO_2). A taxa do IUC é também uma taxa específica que consta de tabelas, uma por cada categoria de veículos, sendo a sua liquidação e cobrança da competência da AT.

Refira-se, enfim, que a maior parte da receita proporcionada pelo IUC é da titularidade da municípios, pois, nos temos do art. 3º da Lei nº 22-A/2007, "é da titularidade do município da residência do sujeito passivo ou equiparado a receita gerada pelo IUC incidente sobre os veículos da categoria A, E, F e G, bem como 70% da componente relativa à cilindrada incidente sobre os veículos da categoria B, salvo se essa receita for incidente sobre veículos objecto de aluguer de longa duração ou de locação operacional, caso em que deve ser afectada ao município da residência do respectivo utilizador"[194].

[194] O que bem se compreende pois o IUC veio substituir, entre outros, o anterior Imposto Municipal sobre Veículos – cf. o nosso livro, *A Autonomia Financeira das Autarquias Locais*, Coimbra, 2007, p. 42 e ss.

§ 3 – IMPOSTOS SOBRE O PATRIMÓNIO

62. O imposto municipal sobre imóveis

62.1. Incidência

62.1.1. A incidência real

Nos termos do art. 1º do respectivo Código, o IMI é um imposto de receita municipal que incide sobre o *valor patrimonial tributário* dos prédios rústicos e urbanos situados no território português, constituindo receita do município onde os mesmos se localizam. Pelo que temos um IMI rústico e um IMI urbano[195].

Segundo o art. 2º do CIMI, entende-se por *prédio*: 1) toda a fracção de território, abrangendo as águas, plantações, edifícios e construções de qualquer natureza nela incorporados ou assentes, com carácter de permanência, desde que faça parte do património de uma pessoa singular ou colectiva e, em circunstâncias normais, tenha valor económico; 2) as águas, plantações, edifícios ou construções, nas circunstâncias anteriores, dotados de autonomia económica em relação ao terreno onde se encontram implantados, embora situados numa fracção de território que constitua parte integrante de um património diverso ou não tenha natureza patrimonial.

[195] V. sobre o IMI, IMT e IS (sobre as transmissões gratuitas), NUNO SÁ GOMES, *Tributação do Património*, Coimbra, 2005; J. SILVÉRIO MATEUS e L. CORVELO DE FREITAS, *Impostos sobre o Património Imobiliário. O Imposto de Selo, Anotatados e Comentados*, Liboa, 2005, e CARLOS RODRIGUES/ANTÓNIO OLIVEIRA/NUNO MIRANDA, *A Tributação do Património. Código do IMI, Código do IMT e Código do IS Anotados*, 2ª ed., Vida Económica, 2008.

Nos termos dos arts. 3º, 4º e 5º do CIMI, os prédios podem ser rústicos, urbanos ou mistos. São qualificados de prédios rústicos, entre outros:

a) os que estejam afectos ou simplesmente tenham como destino normal uma utilização geradora de rendimentos agrícolas;
b) os que, ainda que afectos a fins diversos, se encontrem construídos ou disponham apenas de edifícios ou construções de carácter acessório sem autonomia económica e de reduzido valor.

Por sua vez, são considerados prédios urbanos todos aqueles que não devam qualificar-se como prédios rústicos, entre os quais temos:

a) os prédios habitacionais, comerciais, industriais ou para serviços – os edifícios ou construções para tal licenciados ou, na falta de licença, que tenham como destino normal cada um desses fins;
b) os terrenos para construção – os terrenos situados dentro ou fora de um aglomerado urbano, para os quais tenha sido concedida licença ou autorização de operação de loteamento ou de construção, e ainda aqueles que assim tenham sido declarados no título aquisitivo, exceptuando-se os terrenos em que as entidades competentes vedem qualquer daquelas operações, designadamente os localizados em zonas verdes, áreas protegidas ou que, de acordo com os planos municipais de ordenamento do território, estejam afectos a espaços, infra-estruturas ou a equipamentos públicos.

Finalmente, devem qualificar-se como prédios mistos todos aqueles que tenham uma parte rústica e uma parte urbana, sem que nenhuma delas possa qualificar-se como principal.

62.1.2. A incidência pessoal

São sujeitos passivos do IMI, nos termos do art. 8º, nº 1, do CIMI, as pessoas singulares ou colectivas que sejam proprietárias, usufrutuárias ou superficiárias do prédio em 31 de Dezembro do ano a que o imposto respeitar. Considera-se proprietário, usufrutuário ou superficiário quem como tal figure na matriz naquela data ou, na falta de inscrição, quem tiver a posse do prédio. No caso de prédio que faça parte de herança indivisa, o imposto é devido pela herança indivisa, representada pelo cabeça de casal.

62.2. Isenções

Para além da isenção constante do art. 11º do CIMI, dos imóveis do Estado, regiões autónomas e qualquer dos seus serviços, estabelecimentos e organismos, ainda que personalizados, compreendendo os institutos públicos, que não tenham carácter empresarial, bem como as autarquias locais e as suas associações e federações de direito público, o EBF contém numerosas isenções e outros benefícios fiscais em sede do IMI, nos seus arts. 44º a 50º[196].

Aí encontramos diversos benefícios fiscais nos seguintes preceitos: art. 44º, nº 1, als. *a)* a *m)* (isenções pessoais), art. 44º, nº 1, al. *n)* (prédios classificados como monumentos nacionais ou imóveis de interesse público e bem assim imóveis de valor municipal ou como património cultural), art. 45º (prédios urbanos objecto de reabilitação), art. 46º (prédios urbanos construídos, ampliados, melhorados ou adquiridos a título oneroso, destinados a habitação), 47º (prédios integrados em empreendimentos a que tenha sido atribuída a utilidade turística), art. 48º (prédios de reduzido valor patrimonial de sujeitos passivos de baixos rendimentos), art. 49º (prédios integrados em fundos de investimento imobiliário, fundos de pensões e equiparáveis e fundos de poupança-reforma) e art. 50º (prédios urbanos afectos exclusivamente a parques de estacionamento subterrâneos públicos declarados de utilidade municipal pela respectiva assembleia municipal).

A que foram acrescentados, pela chamada reforma fiscal verde, benefícios fiscais de natureza ambiental, constantes do art. 44º-A (relativos a prédios urbanos destinados à produção de energia a partir de fontes renováveis) e do art. 44º-B (outros benefícios fiscais com carácter ambiental atribuídos a imóveis).

62.3. A determinação da matéria colectável

O valor tributável é o valor correspondente ao *valor patrimonial tributário* do prédio determinado de acordo com os arts. 17º a 36º, no caso dos prédios rústicos, e dos arts. 37º a 46º, no caso dos prédios urbanos, do CIMI. Um valor que, como já dissemos vale para todos os impostos que tenham que ter em conta o valor dos prédios, como são, para além do IMI, o IMT, o IS, o IRS e o IRC.

Relativamente aos prédios urbanos devemos acrescentar que o valor previsto nos arts. 37º a 45º do CIMI, que vamos descrever, era aplicável apenas aos prédios novos e aos prédios aquando da sua primeira transmissão após

[196] Na redacção resultante do Decreto-Lei nº 108/2008, de 26 de Junho, e da Lei nº 64/2008, de 5 de Dezembro.

2004. Pois, no respeitante aos prédios anteriormente inscritos na matriz, enquanto não se procedesse à avaliação geral prevista no art. 16º do CIMI, o seu valor patrimonial tributário era actualizado anualmente com base nos coeficientes constantes da Port. nº 1337/2003, de 5 de Dezembro. Uma actualização da qual, em qualquer dos casos, não podia resultar aumento do IMI superior aos montantes da cláusula de salvaguarda constante do art. 25º do DL nº 287/2003, de 30 de Novembro[197]. Todavia, com aprovação da Lei nº 60-A/2011, de 30 de Novembro, foi decretada a imediata avaliação geral dos prédios que ainda não haviam sido avaliados com base nos critérios do CIMI, avaliação que foi levada a cabo durante os anos de 2012 e 2013.

62.3.1. Valor patrimonial tributário dos prédios rústicos

Relativamente aos *prédios rústicos*, o valor patrimonial tributário corresponde, segundo o art. 17º do CIMI, ao produto do seu rendimento fundiário pelo factor 20, rendimento fundiário que, por seu lado, corresponde ao saldo de uma conta de cultura em que o crédito é representado pelo rendimento bruto e o débito pelos encargos da exploração.

O *rendimento fundiário* de um prédio apura-se a partir da soma dos rendimentos das suas parcelas com os das árvores dispersas nelas existentes, quando pertencentes ao titular do direito ao rendimento e se, no seu conjunto, tiverem interesse económico. Por sua vez, a parcela é a porção contínua de terreno rústico a que corresponda uma única qualidade e classe de cultura.

A avaliação do rendimento fundiário conhece duas modalidades: a avaliação cadastral e a avaliação directa. A primeira consiste na elaboração de quadros de qualificação (enumeração das qualidades culturais com interesse económico) e de classificação (definição de classes ou graus de produtividade diferenciados) e dos quadros de tarifas (determinação dos rendimentos unitários de cada uma das qualidades e classes) e na distribuição parcelar efectuada sob a superintendência da AT, com base nos elementos do cadastro predial, a fornecer pelo Instituto Geográfico Português.

Por seu turno, a avaliação directa dos prédios rústicos pertence ao chefe de finanças, que a leva a cabo com base nas declarações apresentadas pelos

[197] Nos termos da qual (na redacção da LOE/2008) o aumento da colecta do IMI resultante dessa actualização dos valores patrimoniais tributários não podia exceder, por prédio, os seguintes valores anuais adicionados à colecta da Contribuição Autárquica ou do IMI devido no ano anterior: ano de 2004 – € 60; ano de 2005 – € 75; ano de 2006 – € 90; ano de 2007 – € 105; ano de 2008 – € 120; ano de 2009 – € 135; ano de 2010 – € 150; ano de 2011 – € 165.

sujeitos passivos ou em quaisquer outros elementos e consiste na medição da área dos prédios e na determinação do seu valor patrimonial tributário.

62.3.2. Valor patrimonial tributário dos prédios urbanos

No respeitante aos *prédios urbanos* para habitação, comércio, indústria e serviços, o valor patrimonial tributário resulta, segundo o art. 38º do CIMI, da seguinte expressão:

$Vt = Vc \times A \times Ca \times Cl \times Cq \times Cv$, em que:

- Vt – valor patrimonial tributário;
- Vc – valor base dos prédios edificados;
- A – área bruta de construção mais a área excedente à área de implantação;
- Ca – coeficiente de afectação;
- Cl – coeficiente de localização;
- Cq – coeficiente de qualidade e conforto;
- Cv – coeficiente de vetustez.

O *valor base dos prédios* edificados (*Vc*) corresponde, segundo o art. 39º do CIMI, ao custo médio de construção por metro quadrado adicionado do valor do metro quadrado do terreno de implantação fixado em 25% daquele custo. O custo médio de construção compreende os encargos directos e indirectos suportados na construção do edifício, designadamente os relativos a materiais, mão de obra, equipamentos, administração, energia, comunicações e outros consumíveis.

Quanto à *área bruta de construção* do edifício ou da fracção e, nos termos do art. 40º do CIMI, à área excedente à da implantação (A), resultam estas da seguinte expressão:

$A = (Aa + Ab) \times Caj + Ac + Ad$, em que:

- Aa – representa a área bruta privada;
- Ab – representa as áreas brutas dependentes;
- Caj – representa o coeficiente de ajustamento de áreas;
- Ac – representa a área do terreno livre até ao limite de 2 vezes a área de implantação;
- Ad – representa a área do terreno livre que excede o limite de 2 vezes a área de implantação.

Relativamente ao *coeficiente de afectação* (*Ca*), conforme o disposto no art. 41º do CIMI, depende o mesmo do tipo de utilização dos prédios, de acordo com o seguinte quadro:

Utilização	coeficientes
Comércio	1,20
Serviços	1,10
Habitação	1,00
Habitação social sujeita a regimes legais de custos controlados	0,70
Armazéns e actividade industrial	0,60
Comércio e serviços em construção tipo industrial	0,80
Estacionamento coberto e fechado	0,40
Estacionamento coberto e não fechado	0,15
Estacionamento não coberto	0,08
Prédios não licenciados, em condições muito deficientes de habitabilidade	0,45
Arrecadação e arrumos	0,35

No que concerne ao *coeficiente de localização* (*Cl*), este varia entre 0,4 e 3,5, podendo, em situações de habitação dispersa em meio rural, ser reduzido para 0,35. Os coeficientes a aplicar em cada zona homogénea dos municípios podem variar conforme se trate de edifícios destinados a habitação ou comércio, indústria e serviços.

Nos termos dos arts. 42º e 62º do CIMI, a CNAPU, tanto na fixação do *Cl* mínimo e máximo a aplicar em cada município, como na proposta de zonas homogéneas a que devem aplicar-se os diversos coeficientes de localização em cada município (isto é, na proposta de zonamento), tem-se em consideração, nomeadamente as seguintes características: a) as acessibilidades, considerando-se como tais a qualidade e variedade de vias rodoviárias, ferroviárias, fluviais e marítimas; b) proximidade de equipamentos sociais, designadamente escolas, serviços públicos e comércio; c) serviços de transportes públicos; d) localização em zonas de elevado valor de mercado imobiliário.

No respeitante ao *coeficiente de qualidade e conforto* (*Cq*), este é aplicado ao valor base do prédio edificado, podendo ser majorado até 1,7 e minorado até 0,5, e obtém-se através da adição à unidade dos coeficientes majorativos e da subtracção dos coeficientes minorativos constantes das duas tabelas do art. 43º do CIMI: uma para os prédios urbanos destinados à habitação e outra para os prédios destinados a comércio, indústria e serviços.

Assim, em cada uma destas tabelas, temos uma dupla lista de coeficientes: lista de coeficientes majorativos e lista de coeficientes minorativos.

Finalmente, o *coeficiente de vetustez* (*Cv*) é, nos termos do art. 44º do CIMI, função do número inteiro de anos decorridos desde a data de emissão de licença de utilização, quando exista, ou da data de conclusão das obras de edificação, de acordo com a tabela seguinte.

Anos	coeficiente
Menos de 2	1
De 2 a 8	0,90
De 9 a 15	0,85
De 16 a 25	0,80
De 26 a 40	0,75
De 41 a 50	0,65
De 51 a 60	0,55
Mais de 60	0,40

62.4. A taxa

Relativamente às taxas ou alíquotas do IMI, temos nos termos do art. 112º, uma taxa única para os prédios rústicos, que é de 0,8%. No respeitante aos prédios urbanos, a taxa é de 0,3% a 0,45%. Cabe à assembleia municipal do respectivo município fixar anualmente a taxa aplicável entre aqueles limites, devendo comunicar essa decisão à AT até 31 de Dezembro do ano a que respeita a referida taxa, sob pena de a mesma ser liquidada pela taxa mínima.

Nos termos do art. 112º-A do Código do IMI, podem agora os municípios estabelecer uma dedução à colecta no montante de € 20, € 40 ou € 70 do IMI relativamente ao prédio ou parte de prédio urbano destinado a habitação própria e permanente do sujeito passivo ou do seu agregado familiar, e que seja efectivamente afecto a tal fim, consoante o número de dependentes seja de um, dois ou três ou mais. Uma pessoalização do IMI que, a seu modo, foi ampliada como a criação do Adicional ao IMI pela LOE/2017, relativamente à qual temos as maiores dúvidas, porque, para além de se tratar de um imposto sobre o património imobiliário, naturalmente pouco propício à pessoalização, não podemos esquecer a pouca simpatia que tributação pessoal actualmente desperta. Fenómeno a que, por certo, não é alheio a cada vez mais incompreensível pessoalização da tributação do rendimento num quadro de ampla deslocação de importantes manifestações deste para jurisdições fiscais mais amenas, escorregando assim para uma espécie de "socialismo a frio" por via fiscal[198], em que, de algum modo, se está a converter o nosso actual Estado fiscal.

Recorde-se que é de 7,5% a taxa do IMI sobre prédios propriedade entidades que, não sendo pessoas singulares, tenham o domicílio fiscal em país, território ou região sujeitos a um regime fiscal claramente mais favorável.

Como já dissemos, é preciso ter em conta que os municípios podem agora também estabelecer taxas do IMI urbano diferenciadas em função de objectivos de natureza extrafiscal. Trata-se do poder previsto nos nºs 5 a 9 do art. 112º do CIMI, que se concretiza em as assembleias municipais estarem legalmente autorizadas a diferenciar as taxas desse imposto, aumentando-as ou diminuindo-as em função de objectivos de política urbanística. Essa taxa pode assim ser majorada ou minorada até 30% com o objectivo de reabilitação urbana ou de combate à desertificação, reduzida até 20% relativamente aos prédios urbanos arrendados de certas áreas ou zonas, e majorada até 30% relativamente a prédios degradados ou devolutos.

62.5. A liquidação e cobrança

A liquidação anual do IMI, em relação a cada município, cabe aos serviços centrais da AT com base nos valores patrimoniais tributários dos prédios e, segundo o nº 1 do art. 113º do CIMI, em relação aos sujeitos passivos constantes das matrizes em 31 de Dezembro do ano a que o imposto respeita, podendo a mesma ser revista oficiosamente nos casos previstos no art. 115º do mesmo Código. A liquidação tem lugar nos meses de Fevereiro e Março do ano seguinte, não havendo lugar a ela sempre que o montante do imposto a cobrar seja inferior a € 10.

Os serviços da AT enviam a cada sujeito passivo até ao fim do mês anterior ao do pagamento, o competente documento de cobrança com discriminação dos prédios, suas partes susceptíveis de utilização independente, respectivo

[198] De que nos falava Albert Hensel nos finais da década de vinte do século passado – ALBERT HENSEL, «Verfassungsrechtliche Bindung der Steuergesetzgebers. Besteuerung nach der Leistungsfähigkeit – Gleichheit vor dem Gesetz», in *Vierteljahresschrift für Steuer- und Finanzrecht*, 4 (1930), p. 482, e o nosso livro *O Dever Fundamental de Pagar Impostos*, cit., p. 194 e s.

valor patrimonial tributário e da colecta imputada a cada município da localização dos prédios.

O imposto deve ser pago, nos termos do art. 120º: em uma prestação, no mês de Abril, quando o seu montante seja igual ou inferior a € 250; em duas prestações, nos meses de Abril e Novembro, quando o seu montante seja superior a € 250 e igual ou inferior a € 500; em três prestações, nos meses de Abril, Julho e Novembro, quando o seu montante seja superior a € 500.

Registe-se e sublinhe-se que uma das inovações mais importantes trazidas pela Reforma da Tributação do Património foi justamente a de o contribuinte poder proceder ao pagamento do IMI relativo a todos o seus prédios, independentemente do município em que se localizem, com base num único documento de cobrança, ou seja, fazendo um único pagamento.

Um progresso notável em termos de simplicidade e de comodidade para o contribuinte. Uma conquista que, esperamos sinceramente, não seja deitada borda fora com a pretensão de a cobrança dos impostos de receita municipal passar a ser feita pelos próprios municípios, ainda que no quadro das áreas metropolitanas, como vêm defendendo os municípios, através da Associação Nacional de Municípios Portugueses. O que, a todos os títulos, representaria um lamentável retrocesso.

62.6. Adicional ao Imposto Municipal sobre Imóveis

A LOE/2017 veio criar um adicional ao IMI em substituição de um IMI especial criado pelo Decreto-Lei nº 55-A/2012, de 29 de Outubro, e objecto de alterações pela LOE/2014, que foi designado como integrando o Imposto de Selo (verba 28 da Tabela Geral do Imposto de Selo), o qual incidia à taxa de 1% sobre os prédios urbanos cujo valor patrimonial tributário fosse igual ou superior a € 1.000.000. Um imposto que deu origem a muita litigância e em relação ao qual questionámos a sua constitucionalidade[199].

Pois bem, regulado no Capítulo XV (art.s 135º-A a 135º-K) do Código do IMI (acrescentado pela LOE/2017), são sujeitos passivos do adicional ao IMI, nos termos do art. 135º-A, as pessoas singulares ou colectivas que sejam proprietários, usufrutuários ou superficiários de prédios urbanos situados no território português, sendo equiparados a pessoas colectivas quaisquer estruturas ou centros de interesses colectivos sem personalidade jurídica que figu-

[199] V. o que dizemos na 9ª edição, de 2016, deste *Direito Fiscal*, p. 583.

rem nas matrizes como sujeitos passivos do imposto municipal sobre imóveis, bem como a herança indivisa representada pelo cabeça de casal. Não são, porém, sujeitos passivos do adicional ao IMI as empresas municipais.

Do ponto de vista objectivo, segundo o disposto no art. 135º.B, o adicional ao IMI incide sobre a soma dos valores patrimoniais tributários dos prédios urbanos situados em território português de que o sujeito passivo seja titular. Excluem-se, porém, os prédios urbanos classificados como «comerciais, industriais ou para serviços» e «outros» nos termos das alíneas *b)* e *d)* do nº 1 do artigo 6º do Código do IMI.

Nos termos dos art. 135º-C e 135º-D, o valor tributável corresponde à soma dos valores patrimoniais tributários, reportados a 1 de Janeiro do ano a que respeita o adicional ao IMI, dos prédios que constam das matrizes prediais na titularidade do sujeito passivo, não contando para esse efeito o valor dos prédios que no ano anterior tenham estado isentos ou não sujeitos a tributação em IMI. A esse valor tributável são deduzidas as seguintes importâncias: a) € 600 000, quando o sujeito passivo é uma pessoa singular; e b) € 600 000, quando o sujeito passivo é uma herança indivisa. Quando os sujeitos passivos estejam casados ou em união de facto para efeitos do artigo 14º do Código do IRS podem optar pela tributação conjunta deste adicional, somando –se os valores patrimoniais tributários dos prédios na sua titularidade e multiplicando –se por dois o valor da referida dedução.

No respeitante à taxa, segundo o art. 135º-F, ao valor tributável e após aplicação das deduções referidas é aplicada a taxa de 0,4 % às pessoas colectivas e de 0,7 % às pessoas singulares e heranças indivisas. Ao valor tributável, determinado nos termos do nº 1 do artigo 135º –C, superior a € 1 000 000, ou a € 2 000 000 quando seja exercida a opção pela tributação conjunta, é aplicada a taxa marginal de 1 %, quando o sujeito passivo seja uma pessoa singular. Quando se trate de prédios detidos por pessoas colectivas afectos a uso pessoal dos titulares do respectivo capital, dos membros dos órgãos sociais ou de quaisquer órgãos de administração, direcção, gerência ou fiscalização ou dos respectivos cônjuges, ascendentes e descendentes, fica sujeito à taxa de 0,7%, sendo sujeito à taxa marginal de 1% para a parcela do valor que exceda € 1 000 000.

Finalmente quanto à liquidação e pagamento, segundo o disposto nos art.s 135º-G e 135º-H, o adicional ao IMI é liquidado anualmente, pela AT, com base nos valores patrimoniais tributários dos prédios e em relação aos sujeitos passivos que constem das matrizes em 1 de Janeiro do ano a que respeita (diverso do IMI que se reporta a 31 de Dezembro), havendo lugar a uma única liquidação quando seja exercida a opção pela tributação conjunta. A liquidação do adicional ao IMI é efectuada no mês de Junho e o seu pagamento no mês de Setembro do ano a que o imposto respeita[200].

63. O imposto municipal sobre a transmissão onerosa de imóveis

63.1. Incidência

O IMT veio substituir em 2004 um dos mais antigos impostos portugueses: a sisa, que desde 1991, então designada Imposto Municipal de Sisa. Na verdade, tratava-se do único sobrevivente dos impostos mais típicos e importantes do *ancien régime* – as sisas, *acises*, *excises* (que incidiam sobre a transmissão onerosa de quaisquer bens, móveis ou imóveis) –, que foram extintas entre nós, no respeitante aos bens móveis (por constituírem um entrave inadmissível ao comércio), pelo Decreto de 19 de Abril de 1832, um dos célebres decretos da reforma de Mouzinho da Silveira que instauraram em Portugal a disciplina jurídica própria do Estado liberal.

Em sede da incidência objectiva e territorial, segundo o art. 2º do CIMT, este imposto de receita municipal incide sobre as transmissões, a título oneroso, do direito de propriedade ou de figuras parcelares desse direito, sobre bens imóveis situados no território nacional.

O conceito fiscal de transmissão (bem como os de onerosidade e de imóvel), para efeitos deste imposto, coincide, em princípio, com o do direito privado, só assim não sendo nos casos em que a lei fiscal, nomeadamente com o objectivo de prevenir a fuga ao imposto, dispuser em sentido contrário. O que acontece em muitas situações que, não integrando o conceito civilístico de transmissão, configuram transmissões para efeitos do IMT. Entre essas, há umas tradicionais, que já estavam previstas no Imposto Municipal de Sisa, e outras novas, que surgiram apenas com a aprovação do CIMT.

Nas primeiras, temos: 1) as promessas de compra e venda ou de troca de bens imóveis, logo que verificada a tradição destes, ou quando o promitente comprador ou os promitentes mutuantes já estejam usufruindo os bens, excepto se se tratar de promessa de compra de habitação para residência própria e permanente do adquirente ou do seu agregado familiar; 2) os arren-

[200] V. sobre este imposto, o nosso texto «A respeito do Adicional ao Imposto Municipal sobre Imóveis», em *Por um Estado Fiscal Suportável – Estudos de Direito Fiscal*, vol. V, Almedina, Coimbra, p. 333 e ss.

damentos com cláusula de os bens arrendados se tornarem propriedade do arrendatário uma vez satisfeitas todas a rendas; 3) os arrendamentos e subarrendamentos a longo prazo, considerando-se como tais os que devam durar mais de trinta anos, seja este prazo inicialmente contratado, ou resulte de prorrogação do contrato inicial; e 4) as aquisições de partes sociais ou de quotas nas sociedades em nome colectivo, em comandita ou por quotas, quando algum dos sócios fique a dispor de pelo menos 75% do capital social.

Por seu lado, entre as segundas podemos referir: 1) a celebração de contrato-promessa de aquisição e alienação de bens imóveis com cláusula de cessão da posição contratual a terceiro; 2) a cessão da posição contratual decorrente de contrato-promessa de aquisição e alienação de bens imóveis; 3) a outorga de procuração com a renúncia ao direito de revogação, etc.

A este respeito, como resulta do que vimos de dizer, é de sublinhar que se consideram as *transmissões efectivas*, sem cuidar da validade dos actos pelos quais se operaram, ou tentaram operar, essas transmissões. Daí que o reembolso do IMT, pago por acto ou facto translativo que não chegou a concretizar-se, apenas seja admitido se e na medida em haja lugar à anulação oficiosa ou por via judicial do correspondente acto de liquidação (arts. 44º a 46º do CIMT).

Pelo que respeita à sua incidência subjectiva, o IMT tem por sujeito passivo o transmissário, isto é, aquele que recebe os bens transmitidos, o qual, no caso de venda, corresponde ao comprador.

63.2. Isenções

Entre as numerosas isenções, subjectivas ou pessoais e objectivas ou reais, previstas nos arts. 6º a 9º do CIMT, são de destacar: 1) as aquisições do Estado, regiões autónomas, autarquias locais e associações e federações de municípios de direito público, bem como quaisquer dos seus serviços, estabelecimentos e organismos, ainda que personalizados, compreendidos os institutos públicos, que não tenham carácter empresarial; 2) as aquisições dos Estados estrangeiros relativamente aos edifícios para a suas missões diplomáticas e consulares e para a residência do chefe de missão ou do cônsul, desde que haja reciprocidade; 3) as aquisições das pessoas colectivas de utilidade pública administrativa e de mera utilidade pública, bem como das instituições particulares de solidariedade social, quanto aos bens destinados, directa e imediatamente, à realização dos seus fins estatutários; 4) as aquisições de bens para fins religiosos das pessoas colectivas religiosas, como tal inscritas nos termos da lei da liberdade religiosa; 5) as aquisições de prédios classificados como de interesse nacional, de interesse público ou de interesse municipal nos termos da Lei do Património Cultural[201]; 6) as aquisições por museus, bibliotecas, escolas, institutos e associações de ensino ou educação, de cultura científica, literária ou artística e de caridade, assistência ou beneficência, quanto aos bens destinados, directa e imediatamente, à realização dos seus fins estatutários; 7) as aquisições de prédios para revenda quando o adquirente exerça normal e habitualmente a actividade de comprador de prédios para revenda; 8) as aquisições de imóveis por parte das instituições de crédito em processo de execução movido por essas instituições, bem como as efectuadas em processo de insolvência ou que derivem de dação em cumprimento, desde que, em qualquer dos casos, se destinem à realização de créditos resultantes de empréstimos feitos ou de fianças prestadas; 9) as aquisições de prédio urbano ou fracção autónoma de prédio urbano destinado exclusivamente a habitação própria e permanente, desde que o valor sobre que incide o imposto não ultrapasse € 92.407; etc.

Acrescente-se que, nos termos do art. 10º do CMT, todas isenções estão, em geral, dependentes de um concreto acto de reconhecimento por parte da administração tributária, o que implica o seu requerimento pelos interessados, requerimento a instruir, em alguns dos casos referidos, como facilmente se compreende, com documentos emitidos pelo Ministério dos Negócios Estrangeiros ou pelo Ministério da Cultura.

63.3. A determinação da matéria colectável

O IMT incide sobre o valor constante do acto ou do contrato ou sobre o valor patrimonial tributário dos imóveis, consoante o que for maior. Valor patrimonial tributário que é o valor determinado nos termos do CIMI. No caso de prédios omissos na matriz ou nela inscritos sem valor patrimonial tributário, a base do IMT é também o valor determinado nos termos do CIMI.

63.4. A taxa

As taxas do IMT são, nos termos do art. 17.º do CIMI, de 5% para a transmissão de prédios rústicos e de 6,5% nos restantes casos.

Tratando-se de transmissões de prédios ou fracção autónoma de prédio urbano destinado exclusivamente a habitação própria e permanente ou

[201] Cf. o nosso livro *Introdução ao Direito do Património Cultural*, cit., p. 66 e ss.

exclusivamente a habitação, temos taxas progressivas que constam, respectivamente, das tabelas das alíneas *a*) e *b*) do nº 1 desse artigo.

A uma taxa agravada de 8% estão sujeitas as transmissões em que o adquirente tenha a residência ou sede em país, território ou região sujeito a um regime fiscal claramente mais favorável.

63.5. A liquidação e cobrança

Nos termos dos arts. 19º e seguintes do CIMT, a liquidação do IMT é da iniciativa dos interessados, para cujo efeito devem apresentar uma declaração em qualquer serviço de finanças ou por meios electrónicos. A liquidação, que deve preceder o acto ou facto translativo dos bens, ainda que a transmissão esteja subordinada a condição suspensiva ou haja reserva de propriedade, é realizada pelos serviços centrais da AT, considerando-se, para todos os efeitos legais, o acto tributário praticado no serviço de finanças da área da situação dos bens.

Segundo o art. 36º do CIMT, o imposto é pago, em princípio, no próprio dia da liquidação ou no dia seguinte, sob pena de esta ficar sem efeito. Quando a liquidação não preceder a transmissão dos bens, o pagamento deve ser efectuado nos 30 dias seguintes à celebração do contrato ou à respectiva notificação.

64. O imposto de selo

64.1. Os dois impostos de selo

Antes de tratarmos do imposto de selo sobre as transmissões gratuitas, aquele que aqui nos interessa, devemos dizer alguma coisa sobre esse imposto em geral. E uma primeira consideração prende-se com o facto de a disciplina deste imposto, um pouco à semelhança do que ocorre no domínio do direito alfandegário com as conhecidas pautas aduaneiras, se distribuir pelo Código do Imposto de Selo e pela Tabela Geral do Imposto de Selo, contendo aquele a disciplina geral do imposto e esta a lista dos factos tributários com as correspondentes taxas *ad valorem* ou taxas específicas.

Depois, é de assinalar que, com a reforma da tributação do património de 2003/04 e a consequente abolição do anterior imposto sobre sucessões e doações, o tradicional imposto de selo passou efectivamente a ter uma dupla natureza, desdobrando-se em dois impostos de selo, a saber: 1) o *imposto de selo propriamente dito*, que é o imposto de selo tradicional, e 2) o *imposto de selo sobre as transmissões gratuitas*, que é um imposto sobre o património transmitido gratuitamente a favor de pessoas singulares. Pois, como vimos, as transmissões patrimoniais gratuitas a favor de pessoas colectivas, passaram a integrar as variações patrimoniais positivas do lucro das empresas colectivas ou o rendimento global das pessoas colectivas que não sejam empresas, a título de incrementos patrimoniais.

Daí que o CIS contenha efectivamente a disciplina jurídica de dois impostos diferentes, não admirando, por isso, que a mesma situação tributária possa integrar o âmbito de incidência de ambos os impostos, havendo lugar à cumulação destes sem que possa falar-se de uma dupla tributação, como acontece na transmissão gratuita de bens sujeitos ao IS sobre transmissão gratuita à taxa de 10% e ao IS propriamente dito à taxa de 0,8%, nos termos, respectivamente, das verbas 1.1. e 1.2. da Tabela Geral.

Compreende-se, assim, que no tratamento do imposto de selo que se segue, que mais não é do que uma descrição sumária da sua dinâmica, não possamos deixar de ter presente esse dualismo nos termos em que ele se verifica.

64.2. Incidência

Nos termos do art. 1º do CIS, o imposto de selo incide sobre todos os actos, contratos, documentos, títulos, livros, papéis, e outros factos previstos na Tabela Geral, incluindo as transmissões gratuitas de bens. Não estão sujeitas ao imposto as operações sujeitas a IVA.

Relativamente ao IS sobre as transmissões gratuitas, integram esta, designadamente, as que tenham por objecto: o direito de propriedade ou figuras parcelares desse direito sobre bens imóveis, incluindo a aquisição por usucapião; bens móveis sujeitos a registo, matrícula ou inscrição; participações sociais; estabelecimentos comerciais industriais ou agrícolas; direitos de propriedade industrial, direitos de autor e direitos conexos; etc.

Em contrapartida, não estão sujeitas ao IS as seguintes aquisições gratuitas: de valores monetários, ainda que objecto de depósito em contas bancárias; de valores aplicados em fundos de poupança-reforma, fundos de poupança-educação, fundos de poupança-reforma-educação, fundos de poupança-acções, fundos de pensões ou fundos de investimento mobiliário ou imobiliário; donativos efectuados nos termos da Lei do Mecenato; donativos conforme os usos sociais até ao montante de € 500; transmissões a favor de sujeitos passivos de IRC[202]; bens de uso pessoal ou doméstico.

[202] Pois essas aquisições gratuitas estão sujeitas a IRC – v. o art. 21º, nº 2, do Código do IRC.

Em sede da incidência subjectiva, constante do art. 2º do Código, no IS propriamente dito são sujeitos passivos, entre numerosos outros, os notários, conservadores dos registos civil, comercial, predial e de outros bens sujeitos a registo, bem como outras entidades públicas, incluindo os estabelecimentos e organismos do Estado, relativamente aos actos, contratos e outros factos em que sejam intervenientes.

Por seu turno, no IS sobre as transmissões gratuitas, são sujeitos passivos as pessoas singulares para quem se transmitem os bens, sem prejuízo das seguintes regras: nas sucessões por morte, o imposto é devido pela herança, representado pelo cabeça de casal, e pelos legatários; nas demais transmissões gratuitas, incluindo as aquisições por usucapião, o imposto é devido pelos respectivos beneficiários.

É de assinalar que, segundo o art. 3º do CIS, o imposto de selo constitui encargo dos titulares do interesse económico revelado nas situações sobre as quais incide. O que significa que o legislador pretende que o imposto seja suportado pelo efectivo beneficiário.

Em termos territoriais, em conformidade com o disposto no art. 4º do CIS, o imposto incide sobre os factos constantes do art. 1º do Código ocorridos em território nacional ou, no caso das transmissões gratuitas, sobre os bens situados em território português.

64.3. Isenções

O CIS distingue, nos seus arts. 6º e 7º, entre isenções subjectivas e outras isenções. Nas primeiras, temos as isenções: a) do Estado, regiões autónomas, autarquias locais e suas associações e federações de direito público e quaisquer dos seus serviços, estabelecimentos e organismos, ainda que personalizados, compreendidos os institutos públicos, que não tenham carácter empresarial; b) das instituições de segurança social; c) das pessoas colectivas de utilidade pública administrativa e de mera utilidade pública; d) das instituições particulares de solidariedade social e entidades a estas legalmente equiparadas; e) do cônjuge ou unido de facto, descendentes e ascendentes, nas transmissões gratuitas de que forem beneficiários. Nas outras isenções, deparamo-nos com toda uma série constante da extensa lista do nº 1 do mencionado art. 7º do CIS.

Duas notas acerca das isenções em IS. Uma, para dizer que de todas as isenções deve salientar-se a das transmissões gratuitas a favor dos herdeiros legitimários, pelo seu profundo alcance, uma vez que, na prática, veio acabar com o tradicional imposto sobre as sucessões e doações relativamente a uma parte muito significativa dos seus potenciais contribuintes. Outra, para aludir ao dever de, nos termos do art. 8º do CIS, averbar no documento ou título a disposição legal que prevê a isenção a que haja lugar.

64.4. A determinação da matéria colectável

Segundo os arts. 9º e seguintes do CIS, o valor tributável do imposto de selo é o que resulta da Tabela Geral. Quanto ao imposto de selo sobre as transmissões gratuitas de bens imóveis, o valor tributável destes é o valor patrimonial tributário constante da matriz nos termos do CIMI, ou o determinado por avaliação no caso de se tratar de prédios omissos ou inscritos sem valor patrimonial.

64.5. A taxa

As taxas do IS são as constantes da Tabela Geral anexa ao Código em vigor no momento em que o imposto é devido. As taxas do IS propriamente dito distribuem-se entre taxas *ad valorem* e taxas específicas, sendo que, ao contrário do que sucedia no passado, hoje em dia dominam as taxas do primeiro tipo.

Em sede do IS sobre as transmissões gratuitas, a taxa é a constante da verba 1.2. da Tabela, ou seja, a taxa de 10%. Taxa a que acresce o IS propriamente dito da verba 1.1. da Tabela sobre a aquisição onerosa ou por doação do direito de propriedade ou de figuras parcelares desse direito sobre imóveis, que é de 0,8%.

64.6. A liquidação e a cobrança

A liquidação do imposto de selo propriamente dito compete aos sujeitos passivos a que nos referimos quando falámos da incidência, devendo ser mencionado nos documentos, títulos e livros sujeitos a imposto, o valor do imposto e a data da liquidação. Segundo o art. 24º do CIS, no serviço de finanças competente, organiza-se um processo em que se incorporam as declarações e outros elementos que se relacionem com o mesmo sujeito passivo.

Relativamente ao imposto de selo sobre as transmissões gratuitas, nos termos do art. 25º do CIS, a sua liquidação compete aos serviços centrais das AT, sendo promovida pelo serviço de finanças da residência do autor da transmissão ou do usucapiente, sempre que os mesmos residam em território nacional.

Efectuada a liquidação do imposto o seu pagamento é efectuado pelas pessoas ou entidades competentes para a sua liquidação. No caso do imposto de selo sobre as transmissões gratuitas, este é pago pela totalidade ou em prestações. No primeiro caso, é pago até ao fim do segundo mês seguinte ao da notificação, havendo lugar a um desconto de 0,5% ao mês calculado sobre a importância de cada uma das prestações em que o imposto tiver sido dividido, ou durante o mês em que se vence cada uma das prestações em que o imposto tiver sido dividido. No caso do pagamento em prestações, uma opção admitida quando o montante do imposto seja superior a € 1000, o IS é pago durante o mês em que se vence cada uma das prestações. O imposto pode ser dividido em prestações iguais, no máximo de 10 e com o mínimo por prestação de € 200.

§ 4 – OUTROS IMPOSTOS

65. A taxa social única

Vejamos agora a chamada Taxa Social Única, uma designação do DL nº 140-D/86, de 14 de Junho, que procedeu à integração das então chamadas quotizações para o Fundo de Desemprego nas contribuições obrigatórias para a Segurança Social, unificando assim a taxa contributiva para a segurança social dos trabalhadores por conta de outrem. A TSU é constituída, relativamente aos trabalhadores dependentes por dois tipos de contribuições: as *contribuições* a cargo das entidades patronais, de um lado, e as *quotizações* a cargo dos trabalhadores, de outro[203].

Quanto ao seu regime, podemos dizer que ela conhece um regime geral e diversos regimes especiais. Nos termos do art. 53º do Código dos Regimes Contributivos do Sistema Previdencial da Segurança Social[204], o regime geral aplica-se quando estamos perante um âmbito material geral de protecção, em que a Segurança Social cobre a generalidade de eventualidades (isto é, as eventualidades doença, doença profissional, parentalidade, desemprego, invalidez, velhice e morte), em que a taxa global é de 34,75%, sendo 23,75% a taxa das *quotizações* das entidades empregadoras e de 11% a taxa das *contribuições* dos trabalhadores.

[203] Designações que são as mais usadas.

[204] Em geral designado por Código Contributivo da Segurança Social, aprovado pela Lei nº 110/2009, de 16 de Setembro. V. sobre este Código, Teresa Ferandes e Noémia Goulart «O novo Código dos Regimes Contributivos da Segurança Social», *RFFDF*, Ano II, 4, p. 47 e ss.

Além do regime geral temos diversos regimes especiais, tais como os: 1) dos trabalhadores com âmbito material de prestação reduzido, 2) dos trabalhadores em regime de trabalho intermitente, 3) dos trabalhadores em actividades económicas débeis, 4) dos trabalhadores de entidades não lucrativas, 5) regimes de incentivo (ao emprego, à permanência no mercado de trabalho, à contratação de pessoas deficientes), etc.[205].

Dois aspectos merecem aqui alusão: o da convergência da base de incidência das contribuições para a segurança social com a do IRS e o relativo ao sistema de liquidação e cobrança dessas contribuições. Relativamente ao primeiro, é de assinalar a necessidade de harmonização da tributação concretizada nas contribuições para a segurança social com a tributação dos rendimentos do trabalho dependente. Com efeito, à semelhança do que ocorreu noutros países, também em Portugal se operou a convergência concretizada no referido Código Contributário. Daí que cada vez faça menos sentido integrar essas contribuições noutras figuras tributárias, seja na figura das taxas, seja na figura dos prémios de seguros públicos[206].

Uma questão que está intimamente ligada à compreensão das funções estaduais em matéria de segurança social. Pois, se esta for entendida, como o foi durante muito tempo, assunto que diz respeito sobretudo a cada um dos cidadãos, facilmente se aceita que as contribuições, que cada um realizar para lhe fazer face, não sejam consideradas impostos. Mas se a segurança social for concebida como um *direito de todos os cidadãos*, abrangendo inclusivamente os que para ela não podem contribuir, como o faz o art. 63º, nº 1, da nossa Constituição, que assim a concebe como um "bem público por imposição constitucional"[207], então já não haverá obstáculos a considerar as

[205] V., em especial, os arts. 61º e seguintes do Código Contributivo.

[206] No primeiro sentido, v. SÉRVULO CORREIA, «Teoria da relação jurídica de seguro social», *Estudos Sociais e Corporativos*, ano VII, nº 27, Julho-Setembro de 1968, esp. p. 300 e ss., e APELLES J. B. CONCEIÇÃO, *Segurança Social. Manual Prático*, 7ª ed., Lisboa, 2001, p. 85; e, no segundo, ALBERTO XAVIER, *Manual de Direito Fiscal*, cit., p. 66 e ss. Sobre as contribuições para a segurança social, v. também MARIA MATILDE LAVOURAS, *Financiamento da Segurança Social: Problemas e Perspectivas de Evolução*, Dissertação de Mestrado na FDUC, 2003, e o nosso texto: «O financiamento da segurança social em Portugal», em *Por um Estado Suportável – Estudos de Direito Fiscal*, vol. II, Coimbra, 2008, p. 198 e ss.

[207] Cf. o nosso livro *O Dever Fundamental de Pagar Impostos*, cit., p. 199 e ss. e 215, e *supra*, nº 9.1. Refira-se que actualmente se vem consolidando a ideia para aceitar que a segurança social assente em três pilares: o pilar da segurança social *tout court* ou segurança social pública, o pilar da segurança social empresarial ou profissional e o pilar da segurança social individual

contribuições para a segurança social impostos ou, pelo menos, para aceitar a sua equiparação aos impostos, como defende a generalidade da nossa doutrina e jurisprudência[208].

O que vem acontecendo um pouco por toda a parte e tem manifestações importantes entre nós, traduzidas no seguinte: 1) na integração das contribuições para a segurança social no nível de fiscalidade ou carga fiscal, nomeadamente para efeitos da sua comparação internacional; 2) na equiparação das contribuições para a segurança social aos impostos, ao menos para efeitos jurídico-constitucionais, que o mesmo é dizer em sede da constituição fiscal; 3) na aplicação às contribuições para a segurança social das normas do procedimento e processo tributários e do regime das infracções tributárias (v. o art. 1º do CPPT e os arts. 1º, nº 1, al. *d*), e 106º e 107º do RGIT)[209]. Manifestações essas a que se juntam os progressos concretizados no Código Contributivo da Segurança Social, em que a base da incidência das contribuições se veio aproximar da base de incidência do IRS[210].

Por seu turno, no respeitante à cobrança da Taxa Social Única, verifica-se uma autoliquidação relativamente às contribuições das entidades patronais e uma liquidação por terceiros (liquidação em substituição) no concernente às contribuições dos trabalhadores já que estas são objecto de retenção na fonte a título definitivo pelas entidades patronais[211].

ou, noutra terminologia, o pilar da segurança social, o pilar da segurança empresarial ou profissional e o pilar da segurança individual. V. a actual lei de bases da segurança social – a Lei nº 4/2007, de 16 de Janeiro, subordinada ao título: "Bases Gerais do Sistema de Solidariedade e de Segurança Social".

[208] Sobre a natureza jurídica das contribuições para a Segurança Social, v., na jurisprudência, relativamente às contribuições das entidades patronais, os Acs. do TC nº 183/96 e 1203/96, e, na doutrina, Xavier de Basto, «Para uma análise fiscal das contribuições para a segurança social», *Desenvolvimento Regional*, 2, 1983, CCRC, p. 11 e ss.; Braz Teixeira, «Natureza jurídica das contribuições para a previdência», em *Estudos de Comemoração do XX Aniversário do Centro de Estudos Fiscais*, vol. I, 1983, p. 45 e ss., e Ilídio das Neves, *Direito da Segurança Social. Princípios Fundamentais numa Análise Prospectiva*, Coimbra, 1996.

[209] Mas já não se aplica especificamente às contribuições para a segurança social a LGT, pois esta lei estabelece que o regime geral das taxas e demais contribuições financeiras a favor de entidades públicas constará de lei especial.

[210] V. L. Menezes Leitão, «O regime dos trabalhadores por conta de outrem», *RFPDF*, Ano II, 4, p. 77 e ss.

[211] V., para a situação anterior, M. H. Freitas Pereira, «Relações entre a tributação dos rendimentos do trabalho dependente e as contribuições para a Segurança Social – a experiência portuguesa», David Willians, «IRS e contribuições para a Segurança Social: dois

Refira-se ainda que, nos termos do art. 168º do Código Contributivo, a taxa das contribuições é de 21,4% para os trabalhadores independentes, de 25,2 % para os empresários em nome individual e os titulares de estabelecimento individual de responsabilidade limitada e respectivos cônjuges. Por seu lado, para as entidades contratantes a taxa, é de 10 % nas situações em que a dependência económica é superior a 80 % e de 7 % nas restantes situações[212].

66. Notícia sobre outros impostos

Como é do nosso conhecimento, para além destes impostos, outros há aos quais devemos fazer referência.

Quanto a esses outros impostos, são de mencionar, a mero título de exemplo: a "taxa" para a Autoridade Nacional de Protecção Civil, o Imposto de Jogo, a Contribuição para o Audiovisual, a "taxa" sobre lâmpadas de baixa eficiência energética e a "contribuição" sobre sacos de plástico. Uma palavra muito breve sobre cada um deles.

1. – *A "taxa" para a Autoridade Nacional de Protecção Civil* é um imposto de receita consignada a este Serviço que é cobrado pelas companhias de seguros juntamente com os respectivos prémios. A sua taxa é, nos termos da Norma Regulamentar nº 16/2001, de 22 de Novembro, do Instituto de Seguros de Portugal de: 13% sobre os prémios dos seguros contra fogo e de transporte de mercadorias perigosas, incluindo o seguro de carga e o seguro das viaturas especificamente destinadas a este tipo de transporte; e de 6% sobre os prémios de seguros agrícolas e pecuários.

2. – No referente ao *Imposto de Jogo*, é de assinalar que o mesmo concretiza o que, segundo sobretudo a doutrina italiana, podemos designar por um "regime fiscal substitutivo", em que se verifica a substituição do regime geral

problemas ou apenas um?», e ARTHUR PLEIJSIER, «O efeito de uma abordagem conjunta do IRS e das contribuições para a Segurança Social. A perspectiva holandesa», em GLÓRIA TEIXEIRA (Coord.), *Tributação do Trabalho Dependente. Relação com as Contribuições para a Segurança Social*, Porto, 2000, p. 9 e ss. 33 e ss.

[212] Taxas das contribuições de acordo com a actual redacção do Código Contributivo. Sobre o direito da segurança social, v., por todos, JOÃO CARLOS LOUREIRO, *Adeus ao Estado Social? A segurança social entre o crocodilo da economia e a medusa da ideologia dos direito adquiridos*, Coimbra Editora, 2010, e *Direito da Segurança Social: entre a necessidade e o risco*, Coimbra Editora, 2014.

de tributação, aplicável à generalidade dos contribuintes, por um regime especial de tributação.

Na verdade, o Imposto de Jogo constitui um imposto especial sobre a actividade de exploração de jogos de fortuna e azar desenvolvida pelas empresas concessionárias e exercida dentro dos imóveis afectos à respectiva concessão, substituindo, relativamente a essa actividade, qualquer outra tributação, designadamente a tributação em IRC (v. o art. 7º do CIRC). Regulado pelo DL nº 422/89, de 2 de Dezembro, o Imposto de Jogo tem um regime de liquidação e cobrança muito particular, já que o mesmo se concretiza num verdadeiro regime contratual designado por *regime de avença*[213]. Imposto que, como já referimos, substitui não apenas o IRC relativamente aos rendimentos, mas também o IMI relativo aos prédios afectos à concessão e o IMT respeitante às aquisições de prédios indispensáveis ao cumprimento das obrigações emergentes do contrato de concessão.

Importa referir que, desde 2015, ao lado do Imposto de Jogo, temos o Imposto Especial de Jogo Online, criado pelo Decreto-Lei nº 66/2015, de 29 de Abril, diploma que instituiu o Regime Jurídico dos Jogos e Apostas Online. Pois bem, atento o disposto nos art.s 87º a 92º desse Regime, trata-se de um imposto que procurou pôr termo às enormes dificuldades, para não dizer verdadeira impossibilidade, que a tributação dessa realidade enfrentava em virtude sobretudo de a mesma ocorrer online[214].

3 – No que concerne à *Contribuição para o Audiovisual*, trata-se de um imposto sobre o consumo de energia eléctrica, com a receita consignada ao financiamento do serviço público de radiodifusão e de televisão. Criada pela Lei nº 30/2003, de 22 de Agosto, que aprovou o modelo de financiamento do serviço público de radiodifusão e de televisão, a CAV incide sobre o fornecimento de energia eléctrica. Inicialmente prevista para incidir apenas sobre esse fornecimento para uso doméstico veio, depois, a ser alargado ao fornecimento para uso industrial[215].

[213] V., sobre este, ALBERTO XAVIER, *Conceito e Natureza do Acto Tributário*, Coimbra, 1972, p. 93 e ss., e o nosso Livro *Contratos Fiscais*, cit., p. 105 e ss. Sobre a delimitação da incidência do imposto de jogo face ao IRC, v. o acórdão do STA de 14-04-2012, Proc. 077/12.

[214] V. sobre essa situação ANTÓNIO CARLOS DOS SANTOS / CLOTILDE CELORICO PALMA, «A tributação do jogo em Portugal: o caso da (não) tributação do jogo online», em *Estudos em Homenagem ao Prof. Doutor Alberto Xavier*, Vol. I, Almedina, 2013, p. 147 e ss.

[215] Nos termos da Lei nº 169-A/2005, de 3 de Outubro.

O seu valor mensal é de € 2,85[216], estando isentos os consumidores cujo consumo anual fique abaixo de 400 kWh. A sua liquidação é feita por substituição tributária, através das empresas distribuidoras de energia eléctrica e cobrada conjuntamente com o preço relativo ao seu fornecimento. Uma substituição tributária que, como observámos aquando do tratamento dessa matéria, não cabe no conceito legal do art. 20º da LGT.

4 – *Taxa sobre as lâmpadas de baixa eficiência energética*. Apesar do nome legal, constante do Decreto-Lei nº 108/2007, de 12 de Abril, trata-se de um imposto sobre o consumo que tem de peculiar o facto de ser um imposto de natureza extrafiscal, mais especificamente um imposto ecológico. Pois o seu objectivo é penalizar a aquisição (e, por conseguinte, a fabricação) de lâmpadas de baixa eficiência energética, promovendo a aquisição e utilização de lâmpadas energeticamente mais eficientes, um objectivo que constitui uma imposição da União Europeia.

Há quem considere ser esta taxa inconstitucional por a mesma, sendo um imposto (extrafiscal), não ter por base uma lei ou um decreto-lei autorizado, como o impõe o princípio da legalidade fiscal. Nós, porém, temos dúvidas quanto a uma tal conclusão justamente porque, ao constituir um imposto extrafiscal, exige-se a devida articulação entre a "constituição económica", que suporta essa medida de natureza económico-ambiental, e a "constituição fiscal", que constitui parâmetro da disciplina jurídica dos instrumentos de natureza fiscal. O que tem como consequência a autorização parlamentar ao Governo para disciplinar tais medidas económico-ambientais através de instrumentos fiscais poder considerar-se satisfeita em termos bem menos exigentes e, portanto, mais amplos do que os que estritamente decorrem do princípio da legalidade fiscal, podendo aquela autorização encontrar-se, por exemplo, em indicações inequívocas contidas noutras leis ou mesmo no quadro legislativo parlamentar base das políticas que os instrumentos fiscais visam servir. No caso em análise, noutras leis ou no quadro legislativo parlamentar da política ambiental em geral ou de políticas ambientais específicas[217].

[216] No valor actualizado pela LOE/2016, pois nos termos do nº 2 do art. 4º da Lei nº 30/2003, "os valores da contribuição devem ser actualizados à taxa anual de inflação, através da Lei do Orçamento do Estado".

[217] No sentido discutido, v. José Eduardo F. Dias, «Breve apontamento sobre a natureza jurídico-tributária da 'taxa' sobre as lâmpadas de baixa eficiência energética», *RevCEDOUA*, nº 25, ano XIII, 2010, p. 9 e ss. Quanto à ideia do texto, v. *supra*, nº 40.

5 – *Contribuição sobre sacos de plástico.* Regulada no capítulo V da Lei nº 82-D/2014, que contém a que se designou por Reforma Fiscal Verde, trata-se de um imposto manifestamente ambiental, pois que, à semelhança do que tem ocorrido noutros países, visa reduzir significativamente o fabrico de sacos de plástico. A sua taxa é de € 0,08 por cada saco de plástico. Taxa esta sobre a qual incide o IVA à taxa de 23%. Um objectivo que, ao que nos é dado saber, terá sido plenamente atingido.

ÍNDICE DE MATÉRIAS
(com referência aos números, incluindo as notas)

ÍNDICE GERAL